HOFFNUNG FÜR ALLE

Das Neue Testament

HOFFNUNG FÜR ALLE

Das Neue Testament

BRUNNEN
VERLAG GIESSEN · BASEL

Hoffnung für alle, New Testament

Übersetzung: Brunnen Verlag Basel und Gießen

14. Sonderausgabe 2001
Herausgeber und Verlag der deutschen Ausgabe:
Brunnen Verlag Basel und Gießen

Umschlagmotiv Normalausgabe:
© Allen Garns, Superbild München
Umschlagmotiv Jugendausgabe:
Stockmarket Düsseldorf
Umschlaggestaltung: Ralf Simon
Herstellung: Ebner Ulm
ISBN 3-7655-5839-7 (Normalausgabe)
ISBN 3-7655-6027-8 (Jugendausgabe)
ISBN 3-7655-6028-6 (Buch und CD-ROM)

Inhalt

»Hoffnung für alle«

ist nicht nur der Titel dieses Buches; vielmehr wird in diesen drei Worten zusammengefaßt, was das Neue Testament will: Hoffnung wecken, die sich für alle Menschen erfüllen kann, für dieses Leben und darüber hinaus. Diese Hoffnung gründet sich auf Jesus Christus. Seine Worte und Taten stehen im Mittelpunkt der Erzählungen und Briefe des Neuen Testamentes. Hier haben Menschen beschrieben, was sie vor fast 2000 Jahren erlebten: Als sie Jesus begegneten, merkten sie, daß Gott selbst zu ihnen gekommen war.

Die Berichte des Neuen Testamentes sind Zeugnisse dieser Begegnung und deshalb auch für uns heute alles andere als unbedeutend. Sie laden dazu ein, sich auf Jesus Christus einzulassen, auf seine Worte zu hören und damit auch Gott kennenzulernen. Jeder, der sie liest und darüber nachdenkt, kann erfahren, was nach dem Bericht des Johannes (Johannesevangelium, Kapitel 4, Vers 42) jene Dorfbewohner in die Worte faßten: »Jetzt glauben wir nicht nur deshalb an Jesus, weil du uns von ihm erzählt hast. Wir haben ihn jetzt selbst gehört und wissen: Er ist wirklich der Retter der Welt!«

Es ist in der Regel nicht leicht, sich in einem Buch zu orientieren, das aus vielen verschiedenen Texten besteht. Auf den Seiten 371-373 finden Sie deshalb einen kurzen Überblick über wichtige Aussagen des Neuen Testamentes sowie Hinweise auf einzelne Textabschnitte.

Matthäus berichtet von Jesus

Verfasser: Matthäus, Jünger Jesu, Apostel
Ort: Palästina oder Syrien
Zeit: zwischen 58 und 70 n.Chr.

Matthäus war ein Zolleinnehmer, der im Auftrag der römischen Besatzungsmacht in Kapernaum Steuern und Zollgebühren einzog. Dort traf er auch zum ersten Mal mit Jesus zusammen. Diese Begegnung veränderte sein Leben: Er zog von nun an mit Jesus durch Palästina. Matthäus war also Augenzeuge der meisten Ereignisse, die er beschreibt. In seinem Bericht zitiert er immer wieder Stellen aus dem Alten Testament. Er macht dabei deutlich, daß Jesus der versprochene Retter ist, der schon im Alten Testament angekündigt wurde. Gott selbst hat Jesus gesandt, um sein Friedensreich bereits in dieser Welt aufzurichten. Deshalb hat Jesus auch die Autorität, Gottes Wort auszulegen und seinen Anspruch deutlich zu machen. Matthäus gibt fünf große Reden Jesu wieder: a) Die Bergpredigt (Kap. 5-7); b) Der Auftrag Jesu an seine Jünger (Kap. 10); c) Gleichnisse und Bilder vom Reich Gottes (Kap. 13); d) Praktische Ratschläge an die Jünger (Kap. 18); e) Die Zukunft der Welt (Kap. 24+25).

Die Vorfahren Jesu
(Luk. 3,23-38)

1 Dieses Buch berichtet die Geschichte
von Jesus Christus. Er ist Davids und
Abrahams Nachkomme, und das sind
seine Vorfahren: 2 Abraham – Isaak – Ja-
kob (der Vater Judas und dessen
Brüder) – 3 Juda – Perez und Serach
(Thamar war ihre Mutter) – Hezron –
4 Ram – Amminadab – Nachschon – 5 Sal-
ma – Boas (Sohn der Rahab) – Obed
(Sohn der Ruth) – Jesse – 6 König Da-
vid – Salomo (seine Mutter war Urias
Frau) – 7 Rehabeam – Abia – Asa – 8 Josa-
phat – Joram – Usia – 9 Jotham – Ahas –
Hiskia – 10 Manasse – Amon – Josia –
11 Jojachin und seine Brüder (zur Zeit der
Verbannung in Babylon) – 12 Sealthiel –
Serubabel (nach der babylonischen Ge-
fangenschaft) – 13 Abiud – Eliakim –
Asor – 14 Zadok – Achim – Eliud –
15 Eleasar – Matthan – Jakob. 16 Jakob war
der Vater Josephs. Joseph war der Mann
Marias. Sie war die Mutter Jesu Christi,
des Sohnes Gottes.
17 Von Abraham bis zu König David
sind es also vierzehn Generationen.
Auch von David bis zur Verbannung in
Babylon sind es vierzehn Generationen,
und von dieser Zeit bis zu Christus noch
einmal vierzehn.

Gott wird Mensch
(Luk. 1,26-2,20)

18Und so wurde der Sohn Gottes
Mensch:[a] Seine Mutter Maria war mit Jo-
seph verlobt. Noch ehe sie verheiratet wa-
ren, erwartete Maria ein Kind, das Got-
tes Geist in ihr geschaffen hatte. 19Joseph
sah keinen anderen Ausweg, als die Verlo-
bung stillschweigend aufzulösen. Er woll-
te nach Gottes Geboten handeln, aber
auch Maria nicht bloßstellen. 20Er grü-
belte noch darüber nach, wie er sein Pro-
blem lösen sollte, als ihm im Traum ein
Engel Gottes erschien, der zu ihm sagte:
»Joseph, du Sohn Davids, zögere nicht,
Maria als deine Frau zu dir zu nehmen!
Denn das Kind, das sie erwartet, ist vom
Heiligen Geist. 21Sie wird einen Sohn be-
kommen, den sollst du Jesus nennen, das
heißt ›Retter‹. Denn er wird sein Volk
von den Sünden befreien.«

22Damit erfüllte sich, was Gott durch
seinen Propheten vorhergesagt hatte:
23»Eine Jungfrau wird schwanger werden
und einen Sohn bekommen. Den wird
man Immanuel nennen. Das bedeutet:
›Gott ist mit uns!‹«[b]

24Als Joseph erwachte, tat er, was ihm
der Engel befohlen hatte, und nahm Ma-
ria als seine Frau zu sich. 25Sie blieb aber
Jungfrau bis zur Geburt ihres Sohnes. Jo-
seph gab ihm den Namen Jesus.

Gelehrte suchen den neuen König

2 Jesus wurde in Bethlehem geboren,
einer kleinen Stadt in Judäa. Herodes
war damals König. In dieser Zeit kamen
einige Sternforscher aus dem Orient nach
Jerusalem und erkundigten sich: 2»Wo ist
der neugeborene König der Juden? Wir
haben seinen Stern aufgehen sehen und
sind hierher gekommen, um ihn anzube-
ten.«

3König Herodes war bestürzt, und
nicht nur er, sondern alle Einwohner Je-
rusalems. 4Er rief die führenden Priester
und Schriftgelehrten zusammen und frag-
te sie: »Wo soll dieser neue König ge-
boren werden?« 5Sie antworteten ihm:
»Im Buch des Propheten Micha heißt es:
6›Bethlehem, du bist keineswegs die un-
bedeutendste Stadt im Land Judäa. Denn
aus dir kommt der Mann, der mein Volk
Israel führen wird.‹«[c]

7Da rief Herodes die Sternforscher
heimlich zu sich und fragte sie, wann sie
zum ersten Mal den Stern gesehen hät-
ten. Anschließend schickte er sie mit die-
sem Befehl nach Bethlehem: 8»Sucht
nach dem Kind, und gebt mir Nachricht,
wenn ihr es gefunden habt. Ich will dann
auch hingehen und ihm Ehre erweisen.«

9Nach diesem Gespräch gingen die
Sternforscher nach Bethlehem. Und das
Unglaubliche geschah: Der Stern, den sie
im Osten gesehen hatten, führte sie. Er
blieb über dem Haus stehen, in dem das
Kind war. 10Da kannte ihre Freude keine
Grenzen. 11Sie gingen in das Haus, wo sie
das Kind mit seiner Mutter Maria fan-
den, knieten vor ihm nieder und beteten
es an. Dann packten sie ihre Schätze aus
und beschenkten das Kind mit Gold,
Weihrauch und Myrrhe.

12Im Traum befahl ihnen Gott, nicht
mehr zu Herodes zurückzugehen. Des-
halb wählten sie für ihre Heimreise einen
anderen Weg.

Flucht nach Ägypten

13In der folgenden Nacht erschien dem
Joseph im Traum ein Engel Gottes, der
ihn aufforderte: »Steh schnell auf und
fliehe mit dem Kind und seiner Mutter
nach Ägypten! Bleibt so lange dort, bis
ich euch zurückrufe, denn Herodes will
das Kind umbringen.« 14Da zog Joseph
noch in der Nacht mit Maria und dem
Kind nach Ägypten. 15Dort blieben sie
bis zum Tode von Herodes. So erfüllte
sich das Wort des Propheten, durch das
Gott gesagt hatte: »Ich habe meinen
Sohn aus Ägypten gerufen.«[d]

Jesus soll getötet werden

16Herodes war außer sich vor Zorn, als er
merkte, daß ihn die Sternforscher hin-
tergangen hatten. Er ließ alle Jungen un-
ter zwei Jahren in Bethlehem und in der
Umgebung dieser Stadt umbringen. Das
Alter des Kindes hatte er nach den Anga-
ben der Sternforscher errechnet. 17Mit

a) Wörtlich: Mit der Geburt Jesu Christi verhielt es sich so: b) Jesaja 7,14 c) Micha 5,1
d) Hosea 11,1

diesem grausamen Mord erfüllte sich die Vorhersage des Propheten Jeremia: 18»Schreie der Angst hört man in der Stadt Rama, das Klagen nimmt kein Ende. Rahel beweint ihre Kinder und ist untröstlich. Denn sie sind alle tot.«[a]

Rückkehr aus Ägypten

19Als Herodes gestorben war, erschien dem Joseph in Ägypten wieder ein Engel Gottes im Traum und sagte zu ihm: 20»Stehe auf, nimm das Kind und seine Mutter und kehre heim in das Land Israel! Die Leute, die das Kind töten wollten, sind gestorben.«

21Da ging Joseph mit Maria und dem Kind nach Israel zurück.

22Als er aber erfuhr, daß Archelaus, der Sohn des Herodes, König von Judäa geworden war, bekam er Angst. Gott gab ihm im Traum die Anweisung, in die Provinz Galiläa zu ziehen. 23So kamen sie nach Nazareth und ließen sich dort nieder. Dadurch erfüllte sich das Wort der Propheten über Christus: »Man wird ihn den Nazarener nennen.«

Ändert euch, Gottes Herrschaft kommt!
(Mark. 1,2-8; Luk. 3,1-18; Joh. 1,19-28)

3 In dieser Zeit fing Johannes der Täufer an, in der judäischen Wüste zu predigen. Sein Hauptthema war: 2»Ändert euch von Grund auf! Kehrt um zu Gott! Denn jetzt beginnt die Herrschaft Gottes.« 3Der Prophet Jesaja hatte die Aufgabe des Johannes vorausschauend so beschrieben: »Ich höre jemand in der Wüste rufen: ›Macht den Weg frei für den Herrn! Räumt alle Hindernisse hinweg!‹«[b]

4Johannes trug einen aus Kamelhaar gewebten Umhang, der von einem Lederriemen zusammengehalten wurde. Er ernährte sich von Heuschrecken und Honig, den er draußen fand. 5Viele Menschen aus Jerusalem, aus dem Jordantal und aus allen Gegenden Judäas kamen zu Johannes. 6Sie bekannten ihre Sünden, und Johannes taufte sie im Jordan.

7Als er aber sah, daß auch viele Pharisäer und Sadduzäer kamen, um sich taufen zu lassen, wies er sie ab: »Ihr Teufelspack! Wie könnt ihr glauben, daß ihr dem kommenden Gericht Gottes entrinnen werdet? 8Beweist erst einmal durch Taten, daß ihr euch wirklich ändern wollt! 9Bildet euch nur nicht ein, daß ihr euch damit herausreden könnt: ›Abraham ist unser Vater!‹ Das wird euch gar nichts helfen! Gott kann selbst aus diesen Steinen hier Nachkommen Abrahams machen.

10Schon ist die Axt erhoben, um die Bäume an der Wurzel abzuschlagen. Jeder Baum, der keine guten Früchte bringt, wird umgehauen und ins Feuer geworfen. 11Wer umkehrt zu Gott, den taufe ich mit Wasser. Nach mir wird aber einer kommen, der ist größer als ich. Ich bin nicht einmal würdig, ihn zu bedienen.[c] Er wird euch mit dem Heiligen Geist und mit Feuer taufen. 12Er hat schon die Schaufel in seiner Hand, mit der er die Spreu vom Weizen trennt. Die Spreu wird er mit Feuer verbrennen, das niemand löschen kann, aber den Weizen wird er in seine Scheunen bringen.«

Gott bekennt sich zu seinem Sohn
(Mark. 1,9-11; Luk. 3,21-22; Joh. 1,32-34)

13Auch Jesus kam aus seiner Heimat in Galiläa an den Jordan, um sich von Johannes taufen zu lassen. 14Aber Johannes versuchte, ihn davon abzubringen: »Ich müßte eigentlich von dir getauft werden, und du kommst zu mir?« 15Jesus erwiderte: »Laß es so geschehen, denn wir müssen alles tun, was Gott will.«[d] Da wurde Jesus von Johannes getauft.

16Als Jesus wieder aus dem Wasser stieg, öffnete sich der Himmel über ihm, und er sah den Geist Gottes wie eine Taube herabschweben und auf sich kommen. 17Gleichzeitig sprach eine Stimme vom Himmel: »Dies ist mein geliebter

a) Jeremia 31,15 b) Jesaja 40,3 c) Wörtlich: ihm die Schuhe nachzutragen. d) Wörtlich: denn so ist es für uns richtig, alle Gerechtigkeit zu erfüllen.

Sohn, an dem ich Freude habe! Ihn habe
ich erwählt.«

Wenn du Gottes Sohn bist, beweise es!
(Mark. 1,12-13; Luk. 4,1-13)

4 Danach wurde Jesus vom Geist Got-
tes in die Wüste geführt, wo ihn der
Teufel versuchen sollte. 2Vierzig Tage
und Nächte lang aß er nichts. Der Hun-
ger quälte ihn. 3Da kam der Teufel zu
ihm und forderte ihn heraus: »Wenn du
Gottes Sohn bist, dann mach aus diesen
Steinen Brot!« 4Jesus antwortete: »Nein,
denn es steht in der Heiligen Schrift:
›Der Mensch lebt nicht allein von Brot,
sondern von allem, was der Herr ihm
zusagt!‹«[a]
5Da nahm ihn der Teufel mit nach Je-
rusalem und stellte ihn an den Rand der
Tempelmauer. 6»Spring hinunter!« for-
derte er Jesus auf. »Du bist doch Gottes
Sohn! Und es steht geschrieben: ›Gott
wird seine Engel schicken. Sie werden
dich auf Händen tragen, und du wirst
dich nicht einmal an einem Stein verlet-
zen!‹«[b] 7Jesus entgegnete ihm: »Es steht
aber auch geschrieben: ›Du sollst Gott,
deinen Herrn, nicht herausfordern!‹«[c]
8Nun führte ihn der Teufel auf einen
hohen Berg und zeigte ihm alle Reiche
der Welt und ihre Herrlichkeit. 9»Das al-
les gebe ich dir, wenn du vor mir nie-
derkniest und mich anbetest«, sagte er.
10Aber Jesus wies ihn ab: »Weg mit dir,
Satan, denn es steht geschrieben: ›Bete al-
lein Gott, deinen Herrn, an und ge-
horche ihm!‹«[d] 11Da gab der Teufel auf
und verließ ihn. Und die Engel Gottes
kamen und sorgten für Jesus.

Hoffnung für alle, die von Gott nichts wissen
(Mark. 1,14-15; Luk. 4,14-15)

12Als Jesus hörte, daß man Johannes
verhaftet hatte, zog er sich nach Galiläa
zurück. 13Er verließ Nazareth und
wohnte in Kapernaum am See Geneza-
reth, im Gebiet von Sebulon und Naph-
tali. 14Damit erfüllte sich das Wort Jesa-
jas: 15»Du Land Sebulon und Naphtali,
Land am See und jenseits des Jordan, du
gottloses Galiläa, höre zu! 16Das Volk,
das in der Finsternis wohnt, sieht ein gro-
ßes Licht. Hell strahlt es auf über denen,
die im Schatten des Todes leben und oh-
ne Hoffnung sind.«[e]
17Von da an begann Jesus zu predigen:
»Ändert euch von Grund auf! Kehrt um
zu Gott! Denn die Herrschaft Gottes
bricht jetzt an!«

Vier Fischer folgen Jesus
(Mark. 1,16-20; Luk. 5,1-11;
Joh. 1,35-51)

18Am See Genezareth sah Jesus zwei
Brüder: Simon, der später Petrus genannt
wurde, und seinen Bruder Andreas. Sie
waren Fischer und warfen gerade ihre
Netze aus. 19Jesus rief ihnen zu: »Kommt
mit mir! Ich will euch zeigen, wie ihr
Menschen für Gott gewinnen könnt.«[f]
20Da ließen sie ihre Netze liegen und folg-
ten ihm.
21Etwas später sah er am Strand zwei
andere Fischer, die Brüder Jakobus und
Johannes. Sie saßen mit ihrem Vater Ze-
bedäus im Boot und flickten Netze.
Auch sie rief Jesus zu sich. 22Sofort verlie-
ßen sie das Boot und ihren Vater und gin-
gen mit Jesus.

Jesus wirkt durch Wort und Tat

23Jesus wanderte durch das Land Galiläa,
predigte in den Synagogen und ver-
kündete überall die Heilsbotschaft vom
Reich Gottes. Er heilte alle Arten von
Krankheiten und Leiden. 24Bald wurde
überall von ihm gesprochen, selbst in Sy-
rien. Man brachte viele Kranke zu ihm,
die unter großen Schmerzen litten: Beses-
sene, Belastete und körperlich Behinder-
te.[g] Und er heilte sie alle. 25Eine gewaltige
Menschenmenge folgte Jesus, wohin er
auch ging. Leute aus Galiläa, aus dem Ge-

a) 5. Mose 8,3 b) Psalm 91,11-12 c) 5. Mose 6,16 d) 5. Mose 6,13 e) Jesaja 8,23-9,1
f) Wörtlich: Her, hinter mich! Ich werde euch zu Menschenfischern machen. g) Wörtlich: Und sie brachten alle, die mit verschiedenen Krankheiten übel dran und von Qualen beherrscht waren: Besessene und Mondsüchtige und Gelähmte.

biet der Zehn-Städte, aus Jerusalem und dem ganzen Gebiet von Judäa liefen ihm nach. Selbst vom gegenüberliegenden Jordanufer kamen sie.

Die Bergpredigt – Maßstäbe, die herausfordern
(Luk. 6,20-23)

5 Als Jesus die Menschenmenge sah, stieg er auf einen Berg. Nachdem er sich gesetzt hatte, traten seine Jünger zu ihm. [2]Da redete er zu ihnen und begann, sie zu unterweisen:

Wen Jesus glücklich nennt

[3]»Glücklich[a] sind, die erkennen, wie arm sie vor Gott sind, denn Gottes Herrschaft und Herrlichkeit gehört ihnen.

[4]Glücklich sind die Traurigen, denn Gott wird sie trösten.

[5]Glücklich sind, die auf Gewalt verzichten, denn sie werden die ganze Erde besitzen.

[6]Glücklich sind, die sich nach Gottes Gerechtigkeit sehnen, denn Gott wird ihre Sehnsucht stillen.

[7]Glücklich sind die Barmherzigen, denn Gott wird auch mit ihnen barmherzig sein.

[8]Glücklich sind, die ein reines Herz haben, denn sie werden Gott sehen.

[9]Glücklich sind, die Frieden stiften, denn Gott wird sie seine Kinder nennen.

[10]Glücklich sind, die deshalb verfolgt werden, weil sie Gottes Willen tun. Sie werden mit Gott in seinem Reich leben.

[11]Wenn ihr verachtet, verfolgt und zu Unrecht verleumdet werdet, weil ihr mir nachfolgt, dann könnt ihr darüber glücklich sein. [12]Ja, freut euch, denn im Himmel werdet ihr dafür belohnt werden. Genauso haben sie die Propheten früher auch verfolgt.«

Salz und Licht: die Funktion der Christen in der Welt
(Mark. 4,21; 9,50;
Luk. 8,16; 11,33; 14,34-35)

[13]»Ihr seid das Salz, das die Welt vor dem Verderben bewahrt. Aber so, wie das Salz nutzlos ist, wenn es seine Kraft verliert, so seid auch ihr nutzlos, und man wird über euch hinweggehen, wenn ihr eure Aufgabe in der Welt nicht erfüllt.[b]

[14]Ihr seid das Licht, das die Welt erhellt.[c] Eine Stadt, die hoch auf dem Berg liegt, kann nicht verborgen bleiben. [15]Man zündet ja auch keine Lampe an und deckt sie dann zu. Im Gegenteil: Man stellt sie so auf, daß sie allen im Haus Licht gibt. [16]Genauso soll euer Licht vor allen Menschen leuchten. An euren Taten sollen sie euren Vater im Himmel erkennen und ihn auch ehren.«[d]

Gottes Wort gilt
(Luk. 16,17)

[17]»Meint nur nicht, ich bin gekommen, das Gesetz und das, was Gott durch die Propheten gesagt hat, aufzuheben. Im Gegenteil, ich werde beides voll zur Geltung bringen und erfüllen.

[18]Denn das sage ich euch: Auch der kleinste Buchstabe im Gesetz Gottes behält seine Gültigkeit, solange die Erde besteht. [19]Wenn jemand auch nur den geringsten Befehl Gottes für ungültig erklärt oder andere dazu verleitet, der wird in Gottes Reich keine Rolle spielen. Wer aber anderen Gottes Gebote weitersagt und sich selbst danach richtet, der wird im Reich Gottes viel bedeuten.«

Die neue Gerechtigkeit
(Luk. 12,57-59)

[20]»Aber ich warne euch: Wenn ihr nicht mehr aufweisen könnt als die Pharisäer und Schriftgelehrten,[e] kommt ihr nicht

a) Wörtlich: Glückselig, glücklich zu preisen. b) Wörtlich: Ihr seid das Salz der Erde. Wenn aber das Salz fade geworden ist, womit soll man es salzen? Es taugt zu nichts mehr, als hinausgeworfen und von den Leuten zertreten zu werden. c) Wörtlich: Ihr seid das Licht der Welt. d) Wörtlich: ... daß sie eure guten Werke sehen und euren Vater, der in den Himmeln ist, verherrlichen. e) Wörtlich: Wenn eure Gerechtigkeit nicht weit über die der Pharisäer und Schriftgelehrten hinausgeht.

in Gottes Reich. 21Ihr habt gehört, daß es im Gesetz des Mose heißt: ›Du sollst nicht töten! Wer aber einen Mord begeht, muß vor ein Gericht.‹[a] 22Doch ich sage euch: Schon wer auf seinen Bruder zornig ist, den erwartet das Gericht. Wer zu seinem Bruder ›Du Idiot!‹ sagt, der wird vom Obersten Gericht abgeurteilt werden, und wer ihn verflucht, dem ist das Feuer der Hölle sicher.

23Wenn du während des Gottesdienstes ein Opfer bringen willst und dir fällt plötzlich ein, daß dein Bruder etwas gegen dich hat, 24dann laß dein Opfer liegen, gehe zu deinem Bruder und versöhne dich mit ihm. Erst danach bringe Gott dein Opfer. 25Setze alles daran, dich noch auf dem Weg zum Gericht mit deinem Gegner zu einigen. Du könntest sonst verurteilt werden und in das Gefängnis kommen. 26Von dort wirst du nicht eher wieder herauskommen, bis du auch den letzten Pfennig deiner Schuld bezahlt hast.«

Kampf gegen die Sünde

(Matth. 18,8-9; Mark. 9,43-48)

27»Wie ihr wißt, heißt es im Gesetz: ›Du sollst nicht die Ehe brechen!‹[b] 28Ich sage euch aber: Schon wer eine Frau mit begehrlichen Blicken ansieht, der hat im Herzen mit ihr die Ehe gebrochen.

29Wenn dich also dein rechtes Auge verführt, dann reiß es heraus und wirf es weg! Besser, du verlierst eins deiner Glieder, als daß du heil und unversehrt in die Hölle geworfen wirst. 30Und wenn dich deine rechte Hand verführt, Böses zu tun, so hack sie ab und wirf sie weg! Es ist besser, ein Krüppel zu sein, als mit Haut und Haaren in die Hölle geworfen zu werden.«

Ehescheidung

(Matth. 19,9; Mark. 10,11-12; Luk. 16,18)

31»Bisher hieß es: ›Wenn sich jemand von seiner Frau trennen will, soll er ihr eine Scheidungsurkunde geben.‹[c] 32Ich sage euch aber: Wenn ein Mann sich von seiner Frau trennt, obwohl sie ihn nicht mit einem anderen Mann betrogen hat, so treibt er sie zum Ehebruch. Und wer eine geschiedene Frau heiratet, der begeht auch Ehebruch.«

Wahrheit auch in kleinen Dingen

33»Ihr kennt auch diese Anweisung des Gesetzes: ›Du sollst keinen Meineid schwören, sondern das halten, was du vor Gott versprochen hast.‹[d] 34Ich sage euch aber: Schwört überhaupt nicht! Wenn jemand sagt: ›Der Himmel ist mein Zeuge!‹, so mißbraucht er Gottes himmlischen Thron für seine weltlichen Geschäfte. 35Und wenn du dich auf Dinge dieser Welt berufst, so mißbrauchst du Gott auch damit, denn die Erde ist sein Eigentum. Berufe dich nicht auf Jerusalem, denn sie ist die Stadt Gottes.[e] 36Verbürge dich auch nicht mit deinem Kopf für etwas, denn du kannst ja nicht einmal ein einziges deiner Haare weiß oder schwarz wachsen lassen. 37Sage einfach ›Ja‹ oder ›Nein‹. Alle anderen Beteuerungen zeigen nur, daß du dich vom Bösen bestimmen läßt.«

Vergeltung durch Liebe

(Luk. 6,27-30.32-36)

38»Es heißt auch: ›Wer einem anderen ein Auge ausschlägt, muß dafür mit seinem eigenen Auge büßen. Wer einem anderen einen Zahn ausschlägt, dem soll das gleiche geschehen.‹[f] 39Ich sage euch aber: Wehrt euch nicht, wenn euch Böses geschieht! Wenn man dir eine Ohrfeige gibt, dann halte die andere Wange auch noch hin! 40Wenn einer dir dein Hemd nehmen will, so gib ihm auch noch den Mantel! 41Wenn einer von dir verlangt, eine Meile mit ihm zu gehen, dann gehe zwei Meilen mit ihm! 42Gib dem, der dich um etwas bittet, und auch dem, der etwas von dir leihen will.

43Es heißt bei euch: ›Liebt eure Freunde und haßt eure Feinde!‹[g] 44Ich sage aber: Liebt eure Feinde und betet für alle, die euch hassen und verfolgen! 45Auf diese Weise handelt ihr nämlich als

a) 2. Mose 20,13; 21,12 b) 2. Mose 20,14 c) 5. Mose 24,1 d) 3. Mose 19,12; 4. Mose 30,3 e) Wörtlich: des großen Königs Stadt. f) Wörtlich: Auge um Auge, Zahn um Zahn. 2. Mose 21,24 g) 3. Mose 19,18

Kinder eures Vaters im Himmel. Denn er
läßt seine Sonne für die Bösen wie für die
Guten scheinen, und er läßt es regnen für
Fromme und Gottlose. 46Wollt ihr etwa
noch dafür belohnt werden, wenn ihr die
liebt, die euch auch lieben? Das tun sogar
die, die Gott verachten! 47Wenn ihr nur
euren Freunden liebevoll begegnet, ist
das etwas Besonderes? Das tun auch die,
die von Gott nichts wissen. 48Ihr aber
sollt so vollkommen sein wie euer Vater
im Himmel.«

Wertloser Gottesdienst

6 »Hütet euch davor, nur deshalb Gu-
tes zu tun, damit die Leute euch be-
wundern.[a] So könnt ihr von eurem Vater
im Himmel keinen Lohn mehr erwarten.
2Wenn du einem Armen etwas gibst,
mach kein großes Gerede davon, wie es
die Heuchler tun. Sie reden davon in al-
len Gottesdiensten und an jeder Straßen-
ecke. Sie wollen wegen ihrer Wohltätig-
keit von allen gelobt werden. Das sage
ich euch: Diese Leute haben ihren Lohn
schon selbst einkassiert.[b] 3Wenn du aber
jemandem hilfst, dann soll deine linke
Hand nicht wissen, was deine rechte tut;
niemand soll davon erfahren. 4Dein Va-
ter, der alles sieht, wird dich dafür beloh-
nen.«

Wie man beten soll

(Mark. 11,25-26; Luk. 11,2-4)

5»Betet nicht wie die Heuchler! Sie blei-
ben gern in den Synagogen und an den
Straßenecken stehen, um zu beten. Jeder
soll es sehen. Ich sage euch: Sie haben
von Gott nichts zu erwarten.[b] 6Wenn du
beten willst, gehe in dein Zimmer, schlie-
ße die Tür hinter dir zu, und bete zu dei-
nem Vater. Und dein Vater, der selbst dei-
ne geheimsten Gedanken kennt, wird
dich erhören.

7/8Leiere deine Gebete nicht herunter
wie Leute, die Gott nicht kennen. Sie mei-
nen, Gott würde schon antworten, wenn
sie nur viele Worte machen. Nein, euer
Vater weiß genau, was ihr braucht, noch
ehe ihr ihn um etwas bittet.

9Ihr sollt deshalb so beten: ›Unser Va-
ter im Himmel! Dein heiliger Name soll
geehrt werden. 10Richte bald deine Herr-
schaft bei uns auf. Laß deinen Willen hier
auf der Erde geschehen, wie er im Him-
mel geschieht. 11Gib uns auch heute wie-
der, was wir zum Leben brauchen.
12Vergib uns unsere Schuld, wie wir de-
nen vergeben, die uns Unrecht getan ha-
ben. 13Bewahre uns davor, daß wir dir un-
treu werden,[c] und befreie uns vom Bö-
sen. Denn dir gehören Herrschaft, Macht
und Ehre für alle Zeiten. Amen!‹
14/15Euer Vater im Himmel wird euch
vergeben, wenn ihr den Menschen ver-
gebt, die euch Unrecht getan haben.
Wenn ihr ihnen aber nicht vergeben
wollt, dann wird euch Gott eure Schuld
auch nicht vergeben.«

Verzichten, um zu gewinnen

16»Fastet nicht wie die Heuchler! Sie
setzen eine wehleidige Miene auf, damit
jeder merkt, was ihnen ihr Glaube wert
ist. Das ist dann auch der einzige Lohn,
den sie je bekommen werden.[b] 17Wenn
du fastest, dann pflege dein Äußeres so,
18daß keiner etwas von deinem Verzicht
merkt außer deinem Vater im Himmel.
Dein Vater, der jedes Geheimnis kennt,
wird dich belohnen.«

Reichtum, der seinen Wert nicht verliert

(Luk. 12,33-34)

19»Häuft in dieser Welt keine Reichtümer
an! Sie verlieren schnell ihren Wert oder
werden gestohlen. 20Sammelt euch viel-
mehr Schätze im Himmel, die nie ihren
Wert verlieren und die kein Dieb mitneh-
men kann. 21Wo nämlich eure Schätze
sind, da zieht es euch hin.«[d]

Licht und Finsternis

(Luk. 11,34-36)

22»Das Auge gibt dir Licht. Wenn deine
Augen klar sehen, wirst du dich überall
sicher bewegen können. 23Wenn du nun
schlecht siehst, tappst du unsicher her-

a) Wörtlich: ... daß ihr eure Gerechtigkeit nicht so vor den Menschen tut, um von ihnen gesehen zu werden. b) Wörtlich: Ihr Lohn ist schon ausbezahlt (Verse 2.5.16). c) Wörtlich: Und führe uns nicht in eine Versuchung. d) Wörtlich: Denn wo dein Schatz ist, dort wird auch dein Herz sein.

um. Hast du aber Gott aus den Augen
verloren, wie schrecklich wird dann dei-
ne Finsternis sein!«[a]

Gott gehört der erste Platz
(Luk. 12,22-31; 16,13)

24»Niemand kann gleichzeitig zwei
Herren dienen. Wer dem einen richtig
dienen will, wird sich um die Wünsche
des andern nicht kümmern können. Ge-
nausowenig könnt ihr zur selben Zeit für
Gott und das Geld leben.
25Darum sage ich euch: Sorgt euch
nicht um euren Lebensunterhalt, um Es-
sen, Trinken und Kleidung. Leben bedeu-
tet mehr als nur Essen und Trinken, und
der Mensch ist mehr als seine Kleidung.
26Seht euch die Vögel an! Sie säen nichts,
sie ernten nichts und sammeln auch kei-
ne Vorräte. Euer Vater im Himmel ver-
sorgt sie. Meint ihr nicht, daß er sich um
euch noch viel mehr kümmert? 27Und
wenn ihr euch noch so viel sorgt, könnt
ihr doch euer Leben auch nicht um einen
Augenblick verlängern.
28Weshalb macht ihr euch so viele
Sorgen um eure Kleidung? Seht euch die
Blumen auf den Wiesen an! Sie arbeiten
nicht und kümmern sich auch nicht um
ihre Kleidung. 29Doch selbst König Salo-
mo in seiner ganzen Herrlichkeit war lan-
ge nicht so prächtig gekleidet wie irgend-
eine dieser Blumen. 30Wenn aber Gott so-
gar das Gras so schön wachsen läßt, das
heute auf der Wiese grünt und morgen
vielleicht schon verbrannt wird, meint
ihr, daß er euch dann vergessen würde?
Vertraut ihr Gott so wenig?
31Hört also auf, voller Sorgen zu den-
ken: ›Werden wir genug zu essen haben?
Und was werden wir trinken? Was sollen
wir anziehen?‹ 32Wollt ihr denn leben wie
die Menschen, die Gott nicht kennen
und sich nur mit diesen Dingen beschäf-
tigen? Euer Vater im Himmel weiß ganz
genau, daß ihr das alles braucht. 33Gebt
nur Gott und seiner Sache den ersten
Platz in eurem Leben, so wird er euch
auch alles geben, was ihr nötig habt.[b]
34Deshalb habt keine Angst vor der Zu-
kunft! Es ist doch genug, wenn jeder Tag
seine eigenen Lasten hat. Gott wird auch
morgen für euch sorgen.«

Kritik und Selbstkritik
(Luk. 6,37-38. 41-42)

7 »Urteilt nicht über andere, damit
Gott euch nicht verurteilt. 2Denn so
wie ihr jetzt andere verurteilt, werdet
auch ihr verurteilt werden. Und mit dem
Maßstab, den ihr an andere legt, wird
man euch selber messen.
3Du regst dich auf über die kleinen
Schwächen deines Bruders und erkennst
nicht deine eigene, viel größere Schuld.
4Du sagst: ›Mein Freund, komm her! Ich
will dir die Augen für deine Fehler öff-
nen!‹ Dabei bist du blind für deine eigene
Schuld. 5Du Heuchler! Kümmere dich
zuerst um deine Fehler, dann versuche,
deinem Bruder zu helfen.[c]
6Gebt das, was euch heilig ist, nicht
Menschen preis, die es nicht achten. Und
was euch kostbar ist, verschleudert nicht
an solche, die seinen Wert nicht erken-
nen. Sie werden sonst euern Glauben in
den Dreck zerren und euch hinterher
auch noch angreifen.«[d]

Beten hilft!
(Luk. 11,5-13)

7»Bittet Gott, und er wird euch geben!
Sucht, und ihr werdet finden! Klopft an,
dann wird euch die Tür geöffnet! 8Denn
wer bittet, der wird bekommen. Wer
sucht, der findet. Und wer anklopft, dem
wird geöffnet. 9Wenn ein Kind seinen Va-

a) Verse 22-23 wörtlich: Das Licht des Leibes ist das Auge. Wenn nun dein Auge einfältig ist, wird dein ganzer Leib hell sein. Wenn aber dein Auge böse ist, wird dein ganzer Leib verfinstert sein. Wenn nun das Licht, das in dir ist, Finsternis ist, wie groß (ist dann) die Finsternis! b) Wörtlich: Sucht zuerst die Königsherrschaft Gottes und seine Gerechtigkeit, so wird euch dies alles hinzugegeben werden. c) Verse 3-5 wörtlich: Was aber siehst du den Splitter im Auge deines Bruders, den Balken in deinem Auge aber nimmst du nicht wahr? Oder wie wirst du zu deinem Bruder sagen: Erlaube, ich will den Splitter aus deinem Auge ziehen; und siehe, der Balken ist in deinem Auge? Heuchler, entferne zuerst den Balken aus deinem Auge. Dann wirst du klar sehen und kannst den Splitter aus dem Auge deines Bruders ziehen. d) Wörtlich: Gebt das Heilige nicht den Hunden, und werft eure Perlen nicht vor die Schweine. Sonst zertreten sie sie mit ihren Füßen und machen dann kehrt und zerreißen euch.

ter um ein Stück Brot bittet, wird er ihm
dann einen Stein geben? [10]Wenn es um
einen Fisch bittet, wird er ihm etwa eine
giftige Schlange anbieten? [11]Wenn schon
ihr hartherzigen, sündigen Menschen
euern Kindern Gutes gebt, wieviel mehr
wird euer Vater im Himmel denen gute
Gaben schenken, die ihn darum bitten!
[12]So wie ihr von den Menschen be-
handelt werden möchtet, so behandelt sie
auch. Das ist – kurz zusammengefaßt –
der Inhalt der ganzen Heiligen Schrift.«

Nur zwei Wege
(Luk. 13,24)

[13]»Nur durch eine sehr enge Tür könnt
ihr in das Reich Gottes kommen. Der
Weg zur Hölle dagegen ist breit und hat
ein weites Tor. Viele entscheiden sich für
diesen scheinbar bequemen Weg. [14]Aber
die Tür, die zum Leben führt, ist eng,
und der Weg dorthin ist schmal. Deshalb
gehen ihn nur wenige.«

Das Erkennungszeichen
(Luk. 6,43-45)

[15]»Nehmt euch in acht vor denen, die fal-
sche Lehren verbreiten! Sie tarnen sich
als sanfte Schafe, aber in Wirklichkeit
sind sie reißende Wölfe. [16]Wie man einen
Baum an seiner Frucht erkennt, so er-
kennt man auch sie an ihrem Tun und
Treiben. Weintrauben kann man nicht
von Dornbüschen und Feigen nicht von
Disteln ernten.
[17]Ein guter Baum bringt gute Früchte
und ein kranker Baum schlechte. [18]Ein gu-
ter Baum wird keine schlechten Früchte
tragen, genausowenig wie ein kranker
Baum gute Früchte hervorbringt. [19]Jeder
Baum, der keine guten Früchte bringt,
wird umgehauen und verbrannt.
[20]Ebenso werdet ihr auch einen Men-
schen an seinen Taten erkennen.«

Fromme Schwätzer
(Luk. 6,46; 13,26-27)

[21]»Nicht, wer mich dauernd ›Herr‹
nennt, wird in Gottes Reich kommen,
sondern wer den Willen meines Vaters
im Himmel tut. [22]Am Tag des Gerichts
werden zwar viele sagen: ›Aber Herr, wir
haben doch deine Wahrheiten gepredigt!
Wir haben doch in deinem Namen Dä-
monen ausgetrieben und mächtige Taten
vollbracht!‹ [23]Aber ich werde ihnen ant-
worten: ›Ihr habt nie wirklich zu mir ge-
hört. Was ihr getan habt, das habt ihr oh-
ne mich getan. Geht mir aus den Au-
gen!‹«[a]

Feste Fundamente
(Luk. 6,47-49)

[24]»Wer meine Worte hört und danach
handelt, der ist klug. Man kann ihn mit
einem Mann vergleichen, der sein Haus
auf felsigen Grund baut. [25]Wenn ein Wol-
kenbruch niedergeht, das Hochwasser
steigt und der Sturm am Haus rüttelt,
wird es trotzdem nicht einstürzen, weil
es auf Felsengrund gebaut ist. [26]Wer sich
meine Worte nur anhört, aber nicht da-
nach lebt, der ist so unvernünftig wie ei-
ner, der sein Haus auf Sand baut. [27]Denn
wenn ein Wolkenbruch kommt, die Flut
das Land überschwemmt und der Sturm
um das Haus tobt, wird es mit großem
Krachen einstürzen.«

Wirkung der Bergpredigt

[28]Als Jesus seine Rede beendet hatte, wa-
ren die Zuhörer tief betroffen. [29]Denn
was er gesagt hatte, waren nicht leere
Worte wie bei ihren Schriftgelehrten. Sie
merkten, daß Gott selbst durch Jesus zu
ihnen gesprochen hatte.

Jesus heilt einen Leprakranken
(Mark. 1,40-45; Luk. 5,12-16)

8 Eine große Menschenmenge folgte Je-
sus, als er vom Berg herabstieg. [2]Da
kam ein Leprakranker und fiel vor Jesus
nieder: »Herr, wenn du willst, kannst du
mich heilen!«
[3]Jesus berührte den Mann und sagte:
»Ich will's tun! Sei gesund!« Im selben
Augenblick war der Mann von seiner
Krankheit geheilt. [4]Da befahl ihm Jesus:
»Sprich mit niemandem über deine Hei-
lung, sondern gehe sofort zum Priester,
damit er dich untersucht. Nimm auch
das Opfer mit, so wie es Mose im Gesetz

a) Wörtlich: Geht weg von mir, die ihr die Gesetzlosigkeit tut.

verlangt, damit jeder sieht, daß Gott dich geheilt hat.«[a]

Der Glaube des römischen Offiziers: »Dein Wort genügt!«

(Luk. 7,1-10; 13,28-30; Joh. 4,46-53)

5 Als Jesus in Kapernaum eintraf, kam ein Offizier der römischen Garnison zu ihm 6 und sagte: »Herr, heile meinen Diener! Er liegt gelähmt im Bett und leidet entsetzlich.« 7 Jesus antwortete: »Ich will mitkommen und ihn heilen.« 8 Der Offizier erwiderte: »Herr, ich bin nicht wert, dich in meinem Haus zu empfangen. Wenn du nur ein einziges Wort sagst, wird mein Diener gesund. 9 Auch ich habe Vorgesetzte, und ich erteile selbst Befehle an Untergebene. Wenn ich zu dem einen sage: ›Geh!‹, dann geht er. Wenn ich einem andern befehle: ›Komm!‹, dann kommt er. Und wenn ich zu meinem Diener sage: ›Tu das!‹, dann führt er meinen Auftrag aus.«

10 Als Jesus das hörte, wunderte er sich sehr. Und zur Volksmenge gewandt, sagte er: »Das ist sicher: Solch einen Glauben habe ich in Israel bisher nicht gefunden. 11 Eins aber will ich euch sagen: Viele Menschen aus aller Welt werden kommen und mit Abraham, Isaak und Jakob im Himmel das Freudenfest feiern. 12 Aber die ursprünglich für das Reich Gottes bestimmt waren, werden in die tiefste Finsternis hinausgestoßen, wo niemand ihr Heulen und ohnmächtiges Jammern hören wird.«

13 Dann sagte Jesus zu dem Offizier: »Du kannst gehen! Was du geglaubt hast, ist Wirklichkeit geworden.« Und zur selben Zeit wurde der Diener gesund.

Viele werden geheilt

(Mark. 1,29-34; Luk. 4,38-41)

14 Als Jesus in das Haus des Petrus kam, lag dessen Schwiegermutter mit hohem Fieber im Bett. 15 Jesus ergriff ihre Hand, da verschwand das Fieber. Sie konnte sogar aufstehen und ihre Gäste versorgen.

16 Am selben Abend wurden viele von bösen Geistern beherrschte Menschen zu Jesus gebracht. Er brauchte nur ein Wort zu sagen, und die Besessenen wurden frei und alle Kranken geheilt. 17 So erfüllte sich die Vorhersage des Propheten Jesaja: »Er nahm unsere Leiden auf sich und heilte unsere Krankheiten.«[b]

Kosten der Nachfolge

(Luk. 9,57-62)

18 Als Jesus merkte, daß die Menschenmenge um ihn immer größer wurde, ließ er sich von seinen Jüngern über den See an das andere Ufer rudern. 19 Da kam ein Schriftgelehrter zu ihm und sagte: »Meister, ich will mit dir gehen, ganz gleich wohin!« 20 Jesus antwortete ihm: »Die Füchse haben ihren Bau, und die Vögel haben ihre Nester; aber der Menschensohn hat keinen Platz, an dem er ausruhen kann.«

21 Ein anderer bat Jesus: »Herr, ich will erst noch meinen Vater beerdigen, aber dann will ich für immer bei dir bleiben.« 22 Doch Jesus erwiderte: »Komm jetzt mit mir, und überlaß es denen, ihre Toten zu begraben, die ohne Gott leben!«[c] 23 Danach stieg er in ein Boot und fuhr mit seinen Jüngern weg.

Sturm auf dem See

(Mark. 4,35-41; Luk. 8,22-25)

24 Mitten auf dem See brach plötzlich ein gewaltiger Sturm los, so daß die Wellen ins Boot schlugen. Aber Jesus schlief. 25 Da weckten ihn die Jünger und riefen voller Angst: »Herr, hilf uns, wir gehen unter!« 26 Jesus antwortete: »Warum habt ihr Angst? Habt doch mehr Vertrauen zu mir!« Dann stand er auf und bedrohte den Wind und die Wellen. Sofort legte sich der Sturm, und der See lag still da.

27 Alle fragten sich voller Staunen: »Was ist das für ein Mensch? Selbst Wind und Wellen gehorchen ihm!«

Belastete werden frei

(Mark. 5,1-20; Luk. 8,26-39)

28 Als Jesus mit seinen Jüngern am anderen Seeufer das Land von Gadara erreichte, liefen ihnen zwei Männer entgegen, die von Dämonen beherrscht

a) Wörtlich: Und opfere die Gabe, die Mose angeordnet hat, ihnen zum Zeugnis. b) Jesaja 53,4
c) Wörtlich: Laß die Toten ihre Toten begraben.

wurden. Sie hausten in Grabhöhlen und waren so gefährlich, daß sich niemand in ihre Nähe wagte. 29Sie fingen an zu schreien: »Was willst du von uns, du Sohn Gottes? Sollen wir schon jetzt gequält werden?«

30In einiger Entfernung weidete gerade eine Schweineherde. 31Die Dämonen baten ihn: »Wenn du uns schon austreibst, dann laß uns wenigstens in diese Schweineherde fahren!«

32Jesus befahl ihnen: »Fort mit euch!« Da ließen die Dämonen die Männer frei, bemächtigten sich der Schweine, und die ganze Herde stürzte den Abhang hinunter und ertrank im See.

33Entsetzt flohen die Hirten in die Stadt und erzählten, wie es bei der Befreiung der Besessenen zugegangen war. 34Nun liefen alle Leute aus der Stadt Jesus entgegen. Sie baten ihn dringend, ihre Gegend wieder zu verlassen.

Ein Gelähmter wird gesund
(Mark. 2,1-12; Luk. 5,17-26)

9 Jesus stieg in ein Boot und fuhr über den See zurück nach Kapernaum, wo er wohnte[a]. 2Dort brachten sie auf einer Tragbahre einen Gelähmten zu ihm. Als Jesus ihren Glauben sah, sagte er zu dem Kranken: »Habe keine Angst! Deine Sünden sind dir vergeben.«

3»Dieser Gotteslästerer!« entsetzten sich einige Schriftgelehrte. 4Jesus durchschaute sie und fragte: »Warum habt ihr so böse Gedanken? 5Was ist leichter – zu sagen: ›Deine Sünden sind dir vergeben!‹ oder diesen Mann zu heilen? 6Aber ich will euch zeigen, daß der Menschensohn die Macht hat, schon jetzt[b] Sünden zu vergeben!« Und er sagte zu dem Gelähmten: »Steh auf, nimm deine Tragbahre und geh nach Hause!« 7Da stand der Kranke auf und ging nach Hause. 8Die Menschen erschraken, als sie das sahen. Sie lobten Gott, der einem Menschen so große Macht gegeben hatte.

Der Zolleinnehmer Matthäus
(Mark. 2,13-17; Luk. 5,27-32)

9Als Jesus durch die Stadt ging, sah er den Zolleinnehmer Matthäus am Zoll sitzen. Jesus forderte ihn auf: »Komm, geh mit mir!« Sofort stand Matthäus auf und folgte ihm.

10Später war Jesus mit seinen Jüngern bei Matthäus zu Gast. Matthäus lud viele seiner Kollegen ein und andere Leute, die ebenso verrufen waren. 11»Weshalb gibt sich euer Lehrer mit solchem Gesindel ab?« empörten sich die Pharisäer. 12Jesus hörte das und antwortete: »Die Gesunden brauchen keinen Arzt, sondern die Kranken!« 13Und er fügte hinzu: »Begreift doch endlich, was Gott meint, wenn er sagt: ›Nicht auf eure Opfer oder Gaben kommt es mir an, sondern darauf, daß ihr barmherzig seid.‹[c] Meine Aufgabe ist es, Sünder in die Gemeinschaft mit Gott zu rufen und nicht solche, die ihn schon kennen.«

Neue Formen für das neue Leben
(Mark. 2,18-22; Luk. 5,33-39)

14Eines Tages kamen die Jünger des Johannes zu Jesus und erkundigten sich: »Warum fasten deine Jünger eigentlich nicht wie wir und die Pharisäer?« 15»Sollen die Hochzeitsgäste denn traurig sein, solange der Bräutigam noch bei ihnen ist?« fragte Jesus. »Die Zeit kommt früh genug, daß ich nicht mehr bei meinen Jüngern bin. Dann werden sie fasten.

16Niemand flickt ein altes Kleid mit neuem Stoff. Der alte Stoff würde an der Flickstelle doch wieder reißen, und das Loch würde nur noch größer. 17Ebenso füllt niemand jungen, gärenden Wein in alte, brüchige Schläuche. Sonst platzen sie, der Wein läuft aus, und die Schläuche sind unbrauchbar.[d] So verlangt das neue Leben nach neuen Ordnungen.«

a) Wörtlich: in seine Stadt. b) Wörtlich: auf der Erde. c) Hosea 6,6 d) Wörtlich: Junger Wein gehört in neue Schläuche, damit beide erhalten bleiben.

Macht über Krankheit und Tod
(Mark. 5,21-43; Luk. 8,40-56)

[18]Als Jesus noch mit ihnen redete, kam
ein Vorsteher der jüdischen Gemeinde
zu ihm, warf sich vor ihm nieder und
sagte: »Meine Tochter ist gerade gestor-
ben. Aber du kannst sie wieder lebendig
machen. Komm doch und lege deine
Hände auf sie!«
[19]Während Jesus mit seinen Jüngern
zum Haus des Mannes ging, [20]berührte
eine Frau, die seit zwölf Jahren an
schweren Blutungen litt, von hinten
heimlich ein Stück seines Mantels.
[21]Denn sie dachte: »Wenn ich ihn nur be-
rühre, werde ich bestimmt gesund.« [22]Je-
sus drehte sich um, sah sie an und sagte:
»Sei unbesorgt! Dein Glaube hat dich ge-
heilt.«
Im selben Augenblick war die Frau ge-
sund.
[23]Jesus kam zum Haus des Synago-
genvorstehers. Als er den Tumult der
Leute sah und die Trauermusik hörte,
sagte er: [24]»Geht alle hinaus! Das Mäd-
chen ist nicht tot, es schläft nur.« Da lach-
ten sie ihn aus. [25]Als die Leute endlich
hinausgetrieben waren, trat Jesus in das
Zimmer des Mädchens und nahm die
Hand des Kindes. Da stand das Mädchen
auf und war gesund. [26]Die Nachricht von
diesem Geschehen verbreitete sich wie
ein Lauffeuer in der ganzen Gegend.

Blinde sehen

[27]Als Jesus weiterging, liefen ihm zwei
Blinde nach und schrien: »Du Sohn Da-
vids! Hilf uns doch!« [28]Sie folgten ihm
bis in das Haus, in dem er wohnte. Jesus
fragte sie: »Glaubt ihr denn, daß ich euch
helfen kann?« »Ja, Herr!« antworteten
sie. [29]Da berührte er ihre Augen und
sagte: »Was ihr mir zutraut, das soll sich
erfüllen.« [30]Sofort konnten sie sehen. Je-
sus aber befahl ihnen: »Niemand darf
von eurer Heilung erfahren.« [31]Trotzdem
gingen sie in die Stadt und erzählten
überall von Jesus.

Jesus heilt: Der Widerstand wächst

[32]Als die beiden gegangen waren, brachte
man einen Stummen zu ihm, der von ei-
nem bösen Geist beherrscht wurde. [33]Je-
sus trieb diesen Dämon aus, und sofort
konnte der Mann reden. Darüber
wunderten sich die Leute sehr und rie-
fen: »So etwas haben wir noch nie er-
lebt!«
[34]Aber die Pharisäer redeten ihnen ein:
»Er hat seine Macht vom Obersten aller
Dämonen bekommen, darum kann er die
Menschen von bösen Geistern befreien.«

Hilflose Menschen – Gottes Ernte
(Mark. 6,34; Luk. 10,2)

[35]Danach zog Jesus in viele Städte und
Dörfer. Er sprach in den Synagogen und
verkündigte überall im Land die Heils-
botschaft vom Reich Gottes. Wohin er
auch kam, heilte er alle Krankheiten und
Leiden. [36]Als er die vielen Menschen sah,
die ihm nachliefen, hatte er großes Mit-
leid mit ihnen. Sie waren hilflos und ver-
ängstigt, ohne Ziel und ohne Hoffnung.
Sie waren wie Schafe ohne ihren Hirten.
[37]»Die Ernte ist so groß, aber es gibt
nur wenige Arbeiter«, sagte Jesus zu
seinen Jüngern. [38]»Bittet darum den
Herrn, daß er noch mehr Arbeiter
schickt, die seine Ernte einbringen!«

Die zwölf Jünger Jesu
(Mark. 3,13-19; Luk. 6,13-16;
Apg. 1,13)

10 In dieser Zeit rief Jesus seine
zwölf Jünger zu sich und gab ih-
nen Vollmacht, böse Geister auszutrei-
ben, die Kranken und Leidenden zu hei-
len.
[2]Das sind die Namen der zwölf Apo-
stel: Simon, den man auch Petrus nannte,
und sein Bruder Andreas; Jakobus, der
Sohn des Zebedäus, und sein Bruder Jo-
hannes; [3]Philippus und Bartholomäus;
Thomas und Matthäus, der ehemalige
Zolleinnehmer; Jakobus, der Sohn des
Alphäus, und Thaddäus; [4]Simon, der ehe-
malige Freiheitskämpfer, und Judas Ischa-
riot, der Jesus später verriet.

Der Auftrag an die Jünger
(Mark. 6,7-11; Luk. 9,1-6; 10,3-12)

[5]Diese Zwölf sandte Jesus aus und gab
ihnen folgenden Auftrag: »Geht nicht zu
den Heiden oder in die Städte der Sa-
mariter, [6]sondern geht nur zu den Men-

schen aus dem Volk Israel, die sich von Gott entfernt haben. [7]Ihnen sollt ihr diese Nachricht bringen: ›Die Gottesherrschaft bricht jetzt an!‹ [8]Heilt, weckt Tote auf, macht Leprakranke gesund und treibt Dämonen aus!

Tut alles, ohne etwas dafür zu verlangen, denn ihr habt auch die Kraft dazu umsonst bekommen. [9]Nehmt kein Geld mit auf die Reise, [10]auch keine Tasche mit Kleidern, keine Schuhe und keinen Wanderstock. Denn Gott wird für euch sorgen.[a]

[11]Wenn ihr in eine Stadt oder in ein Dorf kommt, dann sucht jemand, der euch gern aufnimmt. Dort bleibt, bis ihr weiterzieht. [12]Wenn ihr in ein Haus eintretet, dann segnet es und sagt: ›Friede sei mit euch!‹ [13]Nimmt man euch auf, so wird der Friede, den ihr bringt, in diesem Haus bleiben. Nimmt man euch nicht auf, so wird Gottes Friede nicht bei ihnen sein.

[14]Wenn ihr in einer Stadt oder in einem Haus nicht willkommen seid und man eure Botschaft nicht hören will, so geht fort und kümmert euch nicht mehr um diese Leute! Schüttelt vielmehr den Staub von euren Füßen als Zeichen dafür, daß Gott diese Stadt strafen wird. [15]Aber das sage ich euch: Die Einwohner der Städte Sodom und Gomorrha werden am Gerichtstag besser wegkommen als die Menschen einer solchen Stadt.«

Jünger müssen mit Widerstand rechnen

(Mark. 13,9-13;
Luk. 12,11-12; 21,12-19)

[16]»Ich sende euch wie Schafe unter die Wölfe. Seid klug wie Schlangen, aber ohne Verschlagenheit wie Tauben. [17]Nehmt euch in acht vor den Menschen! Sie werden euch vor Gericht bringen, und in den Synagogen wird man euch auspeitschen. [18]Um meinetwillen werdet ihr vor Machthabern und Königen verhört werden. Dort werdet ihr meine Botschaft bezeugen, denn alle Völker müssen von mir erfahren.

[19]Wenn ihr verhört werdet, sollt ihr euch nicht darum sorgen, was ihr zu sagen habt! Denn zur rechten Zeit wird Gott euch das rechte Wort geben. [20]Nicht ihr werdet es sein, die Rede und Antwort stehen, sondern der Geist eures Vaters im Himmel wird durch euch sprechen.

[21]Ein Bruder wird den anderen dem Henker ausliefern. Väter werden ihre eigenen Kinder anzeigen. Kinder werden gegen ihre Eltern vorgehen und deren Hinrichtung veranlassen. [22]Alle Welt wird euch hassen, weil ihr euch zu mir bekennt. Aber wer bis zuletzt durchhält, der wird gerettet.

[23]Wenn man euch in der einen Stadt verfolgt, dann flieht in eine andere. Ich versichere euch: Noch ehe ihr meinen Auftrag in allen Städten Israels ausgeführt habt, wird der Menschensohn wiederkommen. [24]Der Schüler steht nicht über seinem Lehrer, und ein Diener hat es nicht besser als sein Herr. [25]Sie können zufrieden sein, wenn es ihnen genauso geht wie ihren Lehrern und Herren. Wenn sie aber den Herrn des Hauses schon ›Teufel‹ genannt haben, was werden sie erst zu seinen Angehörigen sagen?«

(Luk. 12,2-9; Mark. 8,38)

[26]»Darum fürchtet euch nicht vor denen, die euch bedrohen. Denn jetzt kommt bald die Zeit, in der die Wahrheit ans Licht kommt und die geheimsten Pläne bekannt werden. [27]Was ich euch im Dunkeln sage, das ruft am hellichten Tag laut hinaus! Was ich euch ins Ohr flüstere, das sagt aller Welt weiter! [28]Habt keine Angst vor denen, die nur den Körper, aber nicht eure Seele töten können! Fürchtet euch vor Gott, der Leib und Seele in der Hölle verderben kann.

[29]Welchen Wert hat schon ein Spatz auf dem Dach! Trotzdem fällt keiner tot zur Erde, wenn es euer Vater nicht will. [30]Selbst die Haare auf eurem Kopf sind alle gezählt. [31]Darum habt keine Angst! Ihr seid Gott mehr wert als ein ganzer Spatzenschwarm.

[32]Wer sich öffentlich zu mir bekennt, für den werde ich auch vor meinem Vater im Himmel eintreten. [33]Wer aber vor den Menschen nicht zu mir steht, für den

a) Wörtlich: Denn der Arbeiter ist seiner Ernährung wert.

werde ich auch vor meinem Vater im Himmel nicht eintreten.«

Konsequenzen der Nachfolge
(Luk. 12,51-53; 14,26-27; Mark. 8,34-35; Joh. 12,25)

34»Meint nur nicht, daß ich gekommen bin, um Frieden auf die Erde zu bringen. Nein, ich bringe Kampf! 35Ich werde Vater und Sohn, Mutter und Tochter, Schwiegertochter und Schwiegermutter gegeneinander aufbringen. 36Die schlimmsten Feinde werden in der eigenen Familie sein.

37Wer seinen Vater oder seine Mutter, seinen Sohn oder seine Tochter mehr liebt als mich, der ist es nicht wert, daß ich für ihn da bin. 38Und wer nicht bereit ist, diese Lasten auf sich zu nehmen und mir nachzufolgen, der kann nicht zu mir gehören. 39Wer sich an sein Leben klammert, der wird es endgültig verlieren. Wer es aber für mich einsetzt, der wird ewig leben.«

Nichts bleibt ohne Lohn
(Mark. 9,41; Luk. 10,16; Joh. 13,20)

40»Wer euch aufnimmt, der nimmt mich auf, und wer mich aufnimmt, der nimmt Gott auf, der mich gesandt hat. 41Wer einen von Gott gesandten Verkündiger der Heilsbotschaft aufnimmt, der wird wie dieser Gottesbote belohnt werden. Und wer einen frommen Menschen aufnimmt, weil dieser mit Gott lebt, der wird denselben Lohn empfangen. 42Wer einen meiner unbedeutendsten Nachfolger auch nur mit einem Schluck Wasser erfrischt, weil er zu mir gehört, der wird seinen Lohn erhalten. Darauf könnt ihr euch verlassen!«

11 Nachdem Jesus seinen zwölf Jüngern diese Anweisungen gegeben hatte, zog er weiter, um in den Städten des Landes die Heilsbotschaft zu verkündigen[a].

Jesus und Johannes der Täufer
(Luk. 7,18-30)

2Johannes der Täufer war zu der Zeit im Gefängnis und hörte dort von den Taten Jesu Christi. Er schickte seine Jünger mit der Frage zu Jesus: 3»Bist du wirklich der Retter, der kommen soll, oder müssen wir auf einen andern warten?«

4Jesus antwortete: »Geht zu Johannes zurück und erzählt ihm, was ihr miterlebt habt: 5Blinde sehen, Gelähmte gehen, Leprakranke werden geheilt, Taube hören, Tote werden wieder lebendig, und den Armen wird die frohe Botschaft verkündet. 6Sagt ihm außerdem: Glücklich ist jeder, der nicht an mir zweifelt.«

7Als die Jünger des Johannes gegangen waren, wandte sich Jesus an die Menschenmenge, die ihn umgab, und fragte: »Was habt ihr von Johannes erwartet, als ihr zu ihm in die Wüste hinausgezogen seid? Wolltet ihr ein Schilfrohr sehen, das von jedem Windhauch hin- und herbewegt wird? 8Oder wolltet ihr einen Mann in vornehmer Kleidung sehen? Dazu hättet ihr in die Königspaläste gehen müssen! 9Oder wolltet ihr einem Propheten begegnen? Ja, Johannes ist ein Prophet und mehr als das.

10Johannes ist der Mann, von dem geschrieben steht: ›Ich schicke meinen Boten voraus, der dein Kommen ankündigt und die Menschen darauf vorbereitet.‹[b] 11Das eine versichere ich euch: Von allen Menschen, die je geboren wurden, ist keiner bedeutender als Johannes der Täufer. Trotzdem werden die Geringsten im Reich Gottes größer sein als er. 12Seit Johannes der Täufer da ist, richtet Gott seine Herrschaft auf, wenn auch Gewalttätige versuchen, es zu verhindern.[c] 13Das ganze Gesetz und die Propheten bis hin zu Johannes haben darauf hingewiesen. 14Wenn ihr es begreifen könnt: Er ist Elia, von dem die Propheten sagten, daß er kommen wird, wenn Gottes Königreich beginnt. 15Hört auf meine Worte und handelt danach.«

a) Wörtlich: zu lehren und zu verkündigen. b) Maleachi 3,1 c) Hier sind verschiedene Übersetzungen möglich. Wörtlich: ... wird der Königsherrschaft der Himmel Gewalt angetan, und Gewalttätige rauben sie (reißen sie an sich). Vgl. Matth. 23,13.

Jesu Urteil über seine Zeitgenossen
(Luk. 7,31-35; 10,13-15)

[16]»Wie soll ich die Menschen von heute beschreiben? Sie sind wie spielende Kinder auf der Straße, die zu ihren Freunden sagen: [17]›Wir haben Musik gemacht, und ihr habt nicht getanzt. Danach haben wir Beerdigung gespielt, und ihr seid nicht traurig gewesen.‹ [18]Johannes fastete oft und trank keinen Wein. Da habt ihr gesagt: ›Der ist ja von einem bösen Geist besessen!‹ [19]Nun ist der Menschensohn gekommen, ißt und trinkt wie jeder andere, und ihr beschuldigt ihn: ›Er ißt unmäßig und trinkt wie ein Säufer; und zwielichtige Gestalten sind seine Freunde.‹ Doch wie recht die Weisheit Gottes hat, erweist sich in dem, was sie bewirkt.«[a]

[20]Dann drohte Jesus den Städten, in denen er die meisten Wunder getan hatte, ohne daß sie sich zu Gott bekehrt hätten: [21]»Weh euch, ihr Einwohner von Chorazin und Bethsaida! Wenn die Wunder, die ich bei euch getan habe, in den lasterhaften Hafenstädten Tyrus oder Sidon geschehen wären, ihre Einwohner hätten längst ihre Schuld erkannt und ihr Leben geändert. [22]Am Tage des Gerichts wird es Tyrus und Sidon besser ergehen als euch! [23]Und du, hoch gerühmtes Kapernaum, zur Hölle wirst du fahren! Wenn die Taten, die du erlebt hast, in Sodom geschehen wären, die Stadt würde noch heute stehen. [24]Darauf kannst du dich verlassen: Es wird Sodom am Gerichtstag besser ergehen als dir!«

Die neue Lebensordnung
(Luk. 10,21-22)

[25]Und Jesus betete: »Mein Vater, Herr über Himmel und Erde, ich danke dir, daß du die Wahrheit vor denen verbirgst, die sich für klug halten; aber den Unwissenden hast du sie enthüllt. [26]Ja, Vater, so entspricht es deinem Willen. [27]Mein Vater hat mir alle Macht gegeben. Nur der Vater kennt den Sohn. Und kein Mensch außer dem Sohn kennt den Vater – es sei denn, der Sohn zeigt ihm den Vater.«

[28]»Kommt alle her zu mir, die ihr euch abmüht und unter eurer Last leidet! Ich werde euch Frieden geben. [29]Nehmt meine Herrschaft an und lebt darin! Lernt von mir! Ich komme nicht mit Gewalt und Überheblichkeit. Bei mir findet ihr, was euerm Leben Sinn und Ruhe gibt. [30]Ich meine es gut mit euch und bürde euch keine unerträgliche Last auf.«

Gesetzlichkeit oder Liebe?
(Mark. 2,23-28; Luk. 6,1-11)

12 Eines Tages wanderte Jesus mit seinen Jüngern am Sabbat durch die Getreidefelder. Die Jünger waren hungrig und rissen einzelne Weizenähren ab, um die Körner zu essen. [2]Als das die Pharisäer sahen, beklagten sie sich bei Jesus: »Deine Jünger brechen Gottes Gebote! Sie ernten am Sabbat Getreide!«

[3]Jesus antwortete ihnen darauf: »Habt ihr nicht die Geschichte von König David und seinen Freunden gelesen? Als sie hungrig waren, [4]gingen sie in das Gotteshaus und aßen vom Opferbrot, das doch nur die Priester essen durften.[b] [5]Habt ihr nicht außerdem im Gesetz gelesen, daß die Priester den Sabbat durch ihre Arbeit im Tempel entweihen? Trotzdem sind sie schuldlos. [6]Ich will euch nur das eine sagen: Hier ist einer, der ist mehr als der Tempel. [7]Wenn ihr verstanden hättet, was das bedeutet: ›Barmherzigkeit ist mir lieber als Opfer!‹,[c] dann würdet ihr nicht Unschuldige verurteilen. [8]Denn der Menschensohn hat das Recht zu entscheiden, was am Sabbat erlaubt ist und was nicht.«

[9]Nach diesen Worten ging er weiter und kam in ihre Synagoge. [10]Dort bemerkte er einen Mann mit einer verkrüppelten Hand. Die Pharisäer fragten ihn: »Erlaubt das Gesetz Gottes, am Sabbat zu heilen?« Sie suchten damit einen Vorwand, um ihn anzuzeigen. [11]Jesus antwortete: »Wenn jemand von euch nur ein einziges Schaf besitzt, und das fällt am Sabbat in den Brunnen, wird er es nicht sofort herausholen? [12]Aber ein Mensch ist doch viel mehr wert als ein Schaf! Also ist es erlaubt, am Sabbat Gutes zu tun.« [13]Dann forderte er den Mann auf: »Strecke deine Hand aus!« Der

a) Wörtlich: Und die Weisheit ist durch ihre Werke gerechtfertigt worden. b) 1. Samuel 21,7
c) Hosea 6,6

Mann gehorchte, und seine Hand war gesund.

Jesus erfüllt das Alte Testament

14Nach diesem Ereignis berieten die Pharisäer, was sie tun könnten, um Jesus zu töten. 15Jesus wußte aber, was sie vorhatten, und ging weg. Viele folgten ihm, und er heilte alle Kranken. 16Er verbot ihnen jedoch, darüber zu reden.

17Damit erfüllte sich, was der Prophet Jesaja vorausgesagt hatte: 18»Dies ist mein Knecht, den ich erwählt habe. Ich liebe ihn, und an ihm habe ich meine Freude. Ich werde ihm meinen Geist geben, und er wird die Völker vor die Entscheidung stellen. 19Er kämpft und streitet nicht. Seine Stimme wird auf der Straße nicht zu hören sein. 20Das geknickte Schilfrohr wird er nicht abbrechen und den glimmenden Docht nicht auslöschen. Er wird das Recht zum Sieg führen. 21Deshalb ist er die Hoffnung der ganzen Welt.«[a]

Jesus warnt vor dem Widerstand gegen Gott

(Mark. 3,20-30; Luk. 11,14-23)

22Danach brachte man einen Mann zu ihm, der blind und stumm war, weil ein böser Geist ihn beherrschte. Jesus heilte ihn, und er konnte wieder reden und sehen. 23In großer Aufregung riefen da die Menschen: »Ist dieser Jesus vielleicht doch der verheißene Retter, der Sohn Davids?« 24Als die Pharisäer das hörten, sagten sie: »Er treibt die Dämonen aus, weil ihm Satan, der Oberste aller Dämonen, die Macht dazu gibt.«

25Jesus kannte ihre Gedanken und entgegnete: »Ein Reich, das von verschiedenen Machthabern hin- und hergerissen wird, steht vor dem Untergang. Eine Stadt oder eine Familie, in der man sich gegenseitig bekämpft, hat keinen Bestand. 26Wenn ein Teufel den anderen austreiben würde, dann bekämpfte Satan sich ja selbst und zerstörte damit sein eigenes Reich.

27Wenn ihr behauptet, ich würde die Dämonen durch die Kraft des Satans austreiben, welche Kraft wenden dann eure eigenen Leute an, um böse Geister auszutreiben? Sie selbst werden eure Richter sein. 28Wenn ich aber die Dämonen durch den Geist Gottes austreibe, so erkennt doch endlich, daß Gottes Herrschaft jetzt in eurer Mitte beginnt. 29Denn wer könnte in das Haus eines starken Mannes eindringen und ihn berauben? Man müßte ihn erst fesseln, und dann könnte man ihm etwas wegnehmen.

30Wer nicht für mich ist, der ist gegen mich, und wer mir nicht hilft, der schadet meiner Sache! 31Darum sage ich euch: Jede Sünde, ja sogar Gotteslästerung, kann vergeben werden. Wer aber den Heiligen Geist lästert, der wird keine Vergebung finden. 32Wer dem Sohn Gottes widerspricht, dem kann vergeben werden. Wer aber bewußt gegen den Geist Gottes redet, der wird niemals und nirgendwo[b] Vergebung finden.«

An den Früchten erkennt man den Baum

(Matth. 7,15-20; Luk. 6,43-45)

33»Wie der Baum, so die Frucht! Ein guter Baum trägt gute Früchte, ein schlechter Baum trägt schlechte Früchte. 34Ihr Teufelspack! Wie könnt ihr durch und durch verlogenen Leute überhaupt etwas Gutes reden? Wie es im Herzen eines Menschen aussieht, das erkennt man an seinen Worten. 35Wenn ein guter Mensch spricht, zeigt sich, was an Gutem in ihm ist. Ein Mensch mit einem bösen Herzen ist innerlich voller Gift, und alle merken es, wenn er redet.

36Ich sage euch das, weil ihr am Gerichtstag Rechenschaft ablegen müßt über jedes böse Wort, das ihr geredet habt. 37An euern Worten entscheidet sich eure Zukunft. Sie sind der Maßstab, nach

a) Jesaja 42,1-4 b) Wörtlich: weder in diesem Zeitalter noch im kommenden.

dem ihr freigesprochen oder verurteilt werdet.«[a]

Wir wollen Beweise!
(Matth. 16,1-4; Mark. 8,11-12; Luk. 11,29-32)

38 Einige Schriftgelehrte und Pharisäer traten an Jesus heran und sagten: »Vollbringe vor unseren Augen ein Wunder, an dem wir eindeutig erkennen können, ob du wirklich von Gott kommst!«

39 Jesus antwortete ihnen: »Nur böse, gottlose Menschen können dafür noch Beweise verlangen. Aber sie werden auch nur das gleiche Zeichen zu sehen bekommen, das am Propheten Jona geschah. 40 Jona war drei Tage und drei Nächte im Bauch des großen Fisches. Ebenso wird der Menschensohn drei Tage und drei Nächte im Grab sein. 41 Die Einwohner Ninives werden euch am Gerichtstag verurteilen, denn *sie* änderten sich. Nach Jonas Predigt wandten sie sich von ihrem sündigen Leben ab und bekehrten sich zu Gott. Der hier vor euch steht, ist aber größer als Jona. Und ihr glaubt ihm nicht!

42 Die Königin aus dem Süden wird einmal beim Gericht Gottes als Zeugin gegen dieses Volk auftreten und es verurteilen. Denn sie kam von weit her, um von der Weisheit des Königs Salomo zu lernen. Der hier vor euch steht, ist größer als Salomo, aber ihr weigert euch dennoch, seinen Worten zu glauben.«

Jesus warnt vor eigenmächtiger Freiheit
(Luk. 11,24-26)

43 »Wenn ein Dämon ausgetrieben wird, irrt er so lange ruhelos umher, bis er ein neues Opfer gefunden hat. Findet er keins, 44 entschließt er sich: ›Ich will dorthin zurückkehren, woher ich gekommen bin.‹ Wenn er nun zurückkommt und seine frühere Wohnung sauber und geschmückt, aber leer vorfindet, 45 dann sucht er sich sieben andere Geister, die noch schlimmer sind als er selbst. Zusammen ergreifen sie Besitz von dem Menschen, der nun schlimmer dran ist als vorher. Genauso wird es auch diesem gottlosen Volk ergehen.«

Wer gehört zu Jesus?
(Mark. 3,31-35; Luk. 8,19-21)

46/47 Als Jesus noch in dem überfüllten Haus redete, kamen seine Mutter und seine Brüder und wollten ihn sprechen. 48 Doch er fragte: »Wer ist meine Mutter? Wer sind meine Brüder?« 49 Dann zeigte er auf seine Jünger: »Seht diese Männer dort, sie sind meine Mutter und meine Brüder. 50 Denn jeder, der meinem Vater im Himmel gehorcht, der ist mein Bruder, meine Schwester und meine Mutter.«

Jesus redet in Gleichnissen

13 Am selben Tag verließ Jesus das Haus und setzte sich an das Seeufer. 2/3 Bald hatte sich eine große Menschenmenge um ihn versammelt. Deshalb stieg er in ein Boot und redete zu ihnen in Gleichnissen. Die Leute blieben am Ufer stehen und hörten zu.

Vom Sämann und der Saat: Hindernisse für den Glauben
(Mark. 4,1-9; Luk. 8,4-8)

»Ein Bauer säte Getreide. 4 Dabei fielen einige Körner auf einen Feldweg. Sofort kamen die Vögel und pickten sie auf. 5 Andere Körner fielen auf felsigen Boden, wo nur wenig Erde war. Dort ging die Saat schnell auf. 6 Die Sonne aber brannte, und die jungen Pflanzen vertrockneten, weil die Wurzeln nicht genügend Erde hatten. 7 Einige Samenkörner fielen zwischen die Disteln, in denen die junge Saat bald erstickte. 8 Aber der übrige Same fiel auf guten Boden, wuchs heran und brachte das Dreißigfache, das Sechzigfache und sogar das Hundertfache der Aussaat als Ertrag. 9 Hört auf das, was ich euch sage!«

a) Wörtlich: Denn aus deinen Worten wirst du gerechtfertigt werden, und aus deinen Worten wirst du verurteilt werden.

Warum redet Jesus in Gleichnissen?
(Mark. 4,10-12; Luk. 8,9-10)

10Später kamen seine Jünger und fragten
ihn: »Weshalb verwendest du solche Ver-
gleiche, wenn du zu den Leuten redest?«
11Jesus antwortete: »*Ihr* könnt die Ge-
heimnisse des Reiches Gottes verstehen,
anderen sind sie verborgen. 12Denn wer
schon viel versteht, dem wird die volle
Erkenntnis geschenkt werden.[a] Wer aber
wenig versteht, dem wird auch noch die
geringe Erkenntnis verlorengehen.

13Deshalb rede ich in Gleichnissen.
Denn obwohl sie Augen haben, erken-
nen sie nichts, und obwohl sie Ohren ha-
ben, verstehen sie doch nichts. 14Damit
erfüllt sich an ihnen, was Gott durch den
Propheten Jesaja sagt: ›Sie hören, aber sie
verstehen es nicht. Sie sehen, aber sie er-
kennen es nicht. 15Denn ihre Herzen sind
hart und gleichgültig. Sie sind schwerhö-
rig und verschließen die Augen. Deshalb
sehen und hören sie nicht. Sie wollen sich
nicht ändern und umkehren, darum kann
ich ihnen nicht helfen.‹[b]

16Aber ihr könnt glücklich sein, denn
eure Augen können sehen und eure Oh-
ren können hören. 17Ich sage euch: Viele
Propheten und fromme Menschen hätten
gern gesehen, was ihr seht, und gehört,
was ihr hört, aber die Zeit war noch nicht
da.«

Jesus erklärt das Gleichnis vom Sämann
(Mark. 4,13-20; Luk. 8,11-15)

18»Ich will euch nun die Geschichte von
dem Bauern, der seinen Samen aussäte,
erklären. 19Bei jedem, der die Botschaft
vom Reich Gottes hört, sie aber nicht
ernst nimmt, kommt der Satan und reißt
die Saat aus seinem Herzen. Damit ist
der gemeint, bei dem der Same auf den
Weg gesät wurde.

20Wie felsiger Boden ist ein Mensch,
der die Botschaft hört und mit Freuden
annimmt. 21Aber wenn er wegen seines
Glaubens Schwierigkeiten bekommt
oder Verfolgung einsetzt, dann ist es mit
seiner Begeisterung schnell vorbei.

22Der Boden, der mit Disteln bedeckt
ist, entspricht einem Menschen, der die
Botschaft zwar hört und anfängt, danach
zu leben. Aber die Sorgen des Alltags
und die Verführung durch den Wohl-
stand ersticken Gottes Wort. So bleibt al-
les beim alten.

23Der gute Boden aber ist wie ein
Mensch, der die Botschaft hört, versteht
und dann dreißig-, sechzig- oder hundert-
fache Frucht bringt.«

Unkraut im Weizen: Die letzte Entscheidung fällt Gott

24Jesus erzählte ein anderes Gleichnis:
»Gottes Reich ist mit einem Bauern zu
vergleichen, der gutes Saatgut auf sein
Feld säte. 25Eines Nachts, als alles schlief,
kam sein Feind, säte Unkraut zwischen
den Weizen und schlich sich davon.

26Als nun die Saat heranwuchs, ging
auch das Unkraut auf. 27Da kamen die Ar-
beiter des Bauern und fragten ihn: ›Hast
du das Feld nicht mit gutem Samen be-
stellt? Woher kommt denn das Un-
kraut?‹

28›Das muß mein Feind dazwischen-
gesät haben‹, antwortete der Bauer.
›Sollen wir das Unkraut ausreißen?‹ frag-
ten die Arbeiter. 29›Nein, dabei würdet
ihr ja den Weizen mit ausreißen. 30Laßt
beides bis zur Ernte wachsen.

Dann werde ich den Erntearbeitern be-
fehlen: Sammelt zuerst das Unkraut ein
und verbrennt es! Den Weizen aber
bringt in meine Scheunen!‹«

Senfkorn und Sauerteig: Gottes Herrschaft setzt sich durch
(Mark. 4,30-32; Luk. 13,18-21)

31Noch ein anderes Beispiel erzählte ih-
nen Jesus: »Mit dem Reich Gottes ist es
wie mit einem Senfkorn, das auf ein Feld
gesät wird. 32Es ist ein winziger Same,
aber wenn er aufgeht und wächst, wird er
zu einer großen Pflanze, ja zu einem
Baum, in dem die Vögel nisten können.
33Man kann das Reich Gottes auch mit
einem Sauerteig vergleichen, den eine
Frau zum Brotbacken braucht. Sie

a) Wörtlich: Wer nämlich hat, dem wird gegeben werden, und er wird Überfluß haben.
b) Jesaja 6,9-10

nimmt eine große Menge Mehl und
mischt ein wenig Sauerteig darunter, bis
alles davon durchsäuert ist.«
34 Jesus benutzte immer wieder solche
Beispiele, wenn er zu den Menschen
sprach. In keiner seiner Predigten fehlten
sie. 35 Hier erfüllte sich das Propheten-
wort: »Ich werde in Gleichnissen zu ih-
nen reden. Geheimnisse, die seit Weltbe-
ginn verborgen waren, will ich ihnen ent-
hüllen.«[a]

Jesus erklärt das Gleichnis vom Unkraut im Weizen

36 Dann entließ Jesus die Menschenmenge
und ging ins Haus. Später baten ihn seine
Jünger: »Erkläre uns doch das Gleichnis
vom Unkraut auf dem Acker.« 37 Und Je-
sus erklärte es ihnen: »Der Menschen-
sohn selbst ist der Landwirt, der den gu-
ten Samen aussät. 38 Der Acker ist die
Welt, der Same das Volk des Gottesrei-
ches, das Unkraut sind die Leute, die
dem Satan gehorchen. 39 Der Feind, der
das Unkraut zwischen den Weizen sät,
ist der Teufel. Die Ernte ist das Ende der
Welt, und die Erntearbeiter sind die En-
gel.
40 Wie das Unkraut vom Weizen ge-
trennt und verbrannt wird, so wird es
auch beim Gericht Gottes über die Welt
sein: 41 Der Menschensohn wird seine En-
gel senden. Sie werden aus dem Gottes-
reich alle Verführer und alle, die Unrecht
tun, aussondern, 42 sie in den Feuerofen
werfen und verbrennen. Dort wird viel
vergebliches Heulen und ohnmächtiges
Jammern zu hören sein. 43 Aber alle, die
Gottes Willen tun, werden im Reich ih-
res Vaters leuchten wie die Sonne.
Hört auf das, was ich euch sage!«

Der Schatz und die kostbare Perle: Ganzer Einsatz lohnt sich

44 ›Das Reich Gottes ist wie ein verbor-
gener Schatz, den ein Mann auf einem
Feld entdeckte und wieder verbarg. In sei-
ner Freude verkaufte er alles, was er
hatte, um den Acker zu kaufen und so
den Schatz zu bekommen.
45 Wer in das Reich Gottes will, muß
handeln wie ein Kaufmann, der auf der
Suche nach kostbaren Perlen ist. 46 Er ent-
deckt eine Perle von unschätzbarem
Wert. Deshalb verkauft er alles, was er
hat, um sie zu besitzen.«

Das Gleichnis vom Fischnetz

47 ›Man kann das Gottesreich auch mit ei-
nem Netz vergleichen, das ins Meer ge-
worfen wird und in dem viele verschiede-
ne Fische gefangen werden. 48 Wenn das
Netz voll ist, zieht man es an Land, setzt
sich hin und sortiert die eßbaren Fische
in Körbe. Die ungenießbaren aber wer-
den weggeworfen.
49 So wird es auch am Ende der Welt
sein. Die Engel werden kommen und die
Bösen von den Gerechten trennen, 50 um
sie in das höllische Feuer zu werfen.
Dort werden sie weinen und jammern,
aber niemand kann ihnen helfen.
51 Versteht ihr das alles?« »Ja«, erwi-
derten sie, »wir verstehen es.« 52 Und Je-
sus fügte hinzu: »Wer das Reich Gottes
verkündigt, macht es wie ein Hausherr,
der Altes und Neues aus seiner Erfah-
rung berichtet.«

Jesus in seiner Heimatstadt Nazareth

(Mark. 6,1-6; Luk. 4,16-30)

53 Nachdem Jesus diese Gleichnisse er-
zählt hatte, 54 kehrte er in seine Heimat-
stadt zurück und sprach dort in der
Synagoge.
Alle staunten über ihn und fragten:
»Woher hat er diese Weisheit und die
Kraft, Wunder zu tun? 55 Er ist doch der
Sohn eines Zimmermanns, und wir ken-
nen Maria, seine Mutter, und seine
Brüder Jakobus, Joseph, Simon und Ju-
das. 56 Leben seine Schwestern nicht alle
unter uns? Wie kann *er* etwas Beson-
deres sein!«
57 Und sie ärgerten sich über ihn. Da
sagte Jesus: »Ein Prophet findet nir-
gendwo so wenig Anerkennung wie in
seiner Heimat und in seiner eigenen Fa-
milie.« 58 Weil ihm seine Landsleute nicht
glaubten, tat er dort nur wenige Wunder.

a) Psalm 78,2

Johannes der Täufer wird ermordet
(Mark. 6,14-29; Luk. 3,19-20; 9,7-9)

14 Als König Herodes hörte, was
man über Jesus redete, [2]sagte er zu
seinen Leuten: »Das muß Johannes der
Täufer sein. Er ist von den Toten auf-
erstanden! Deshalb kann er auch solche
Wunder tun.«
[3]Herodes hatte Johannes nämlich
verhaften und ins Gefängnis werfen las-
sen, weil es seine Geliebte Herodias so
wollte. Sie war eigentlich die Frau seines
Bruders Philippus. [4]Johannes hatte ihm
gesagt: »Du hast nicht das Recht, die
Frau deines Bruders zu heiraten!« [5]He-
rodes hätte Johannes am liebsten umge-
bracht; aber er wagte es nicht, weil er
sich vor dem Volk fürchtete, das in Jo-
hannes einen Propheten sah.
[6]Als nun Herodes Geburtstag feierte,
tanzte die Tochter seiner Geliebten vor
den Gästen. Das gefiel dem König so gut,
[7]daß er ihr mit einem Schwur versprach:
»Ich gebe dir alles, was du haben willst.«
[8]Von ihrer Mutter angestiftet, bat sie
den König: »Dann laß mir sofort den
Kopf Johannes des Täufers auf einem Tel-
ler herbringen.«
[9]Diese Bitte brachte Herodes in große
Verlegenheit. Aber weil er sein Verspre-
chen vor allen Gästen gegeben hatte, be-
fahl er, [10]Johannes im Gefängnis zu ent-
haupten. [11]Man brachte den Kopf auf ei-
nem Teller und gab ihn dem Mädchen.
Es überreichte ihn seiner Mutter.
[12]Die Jünger des Johannes holten
seinen Leichnam und begruben ihn.
Dann berichteten sie Jesus, was gesche-
hen war. [13]Als Jesus dies hörte, fuhr er
mit einem Boot in eine entlegene Ge-
gend. Er wollte allein sein. Aber die
Leute merkten, wohin er gehen wollte,
und folgten ihm in Scharen von überall
her auf dem Landweg.

Fünftausend werden satt
(Mark. 6,30-44; Luk. 9,10-17;
Joh. 6,1-13)

[14]Als Jesus aus dem Boot stieg und die
vielen Menschen sah, hatte er Mitleid mit
ihnen und heilte die Kranken.
[15]Gegen Abend kamen die Jünger zu
ihm und sagten: »Es ist spät geworden,
und die Gegend ist einsam. Schick doch
die Leute weg, damit sie in die Dörfer
gehen und sich dort etwas zu essen kau-
fen können!« [16]Aber Jesus antwortete:
»Das ist nicht nötig. Gebt *ihr* ihnen doch
zu essen!« [17]›Wir haben ja nur fünf Brote
und zwei Fische hier!« meinten seine
Jünger. [18]›Dann bringt sie her!« sagte Je-
sus.
[19]Er forderte die Leute auf, sich im
Gras zu lagern. Er nahm die fünf Brote
und die zwei Fische, sah zum Himmel
auf und dankte Gott. Dann teilte er das
Brot, und die Jünger gaben es an die
Menge weiter.
[20]Jeder aß sich satt. Als man anschlie-
ßend die Reste einsammelte, da waren es
noch zwölf volle Körbe. [21]Etwa fünf-
tausend Männer hatten an der Mahlzeit
teilgenommen, außerdem noch viele
Frauen und Kinder.

Jesus geht auf dem Wasser
(Mark. 6,45-52; Joh. 6,15-21)

[22]Danach befahl Jesus seinen Jüngern, in
das Boot zu steigen und an das andere
Ufer des Sees vorauszufahren. Er blieb
zurück, um die Leute zu verabschieden.
[23]Dann ging er allein auf einen Berg, um
zu beten.
Es wurde Nacht. [24]Draußen auf dem
See gerieten seine Jünger in Not. Ein
Sturm war losgebrochen, und sie hatten
große Mühe, das Boot vor dem Kentern
zu bewahren.
[25]Gegen vier Uhr morgens kam Jesus
auf dem Wasser zu ihnen. [26]Als sie ihn
sahen, schrien die Jünger vor Entsetzen,
weil sie dachten, es sei ein Gespenst.
[27]Aber Jesus sprach sie sofort an: »Ich
bin es doch! Habt keine Angst!« [28]Da
rief Petrus: »Herr, wenn du es wirklich
bist, laß mich auf dem Wasser zu dir kom-
men.« [29]›Komm her!« antwortete Jesus.
Petrus stieg aus dem Boot und ging Je-
sus auf dem Wasser entgegen. [30]Als er
aber die hohen Wellen sah, erschrak Pe-
trus, und im selben Augenblick begann
er zu sinken. »Herr, hilf mir!« schrie er.
[31]Jesus streckte ihm die Hand entgegen,
ergriff ihn und sagte: »Hast du so wenig
Glauben, Petrus? Vertraue mir doch!«
[32]Nachdem beide das Boot bestiegen hat-
ten, legte sich der Sturm. [33]Da fielen die
anderen vor Jesus nieder und bekannten:
»Du bist wirklich der Sohn Gottes!«

Heilungen in Genezareth
(Mark. 6,53-56)

34Sie gingen in Genezareth an Land. 35Als
die Leute Jesus erkannten, schickten sie
Boten in die benachbarten Orte, und
man brachte alle Kranken zu ihm.
36Diese wollten wenigstens einmal
seine Kleider berühren; und alle, die das
taten, wurden gesund.

Zu fromm, um Gott zu gehorchen?
(Mark. 7,1-23; Luk. 11,37-41)

15 Kurz darauf kamen einige Pha-
risäer und Schriftgelehrte aus Je-
rusalem zu Jesus und fragten ihn:
2›Weshalb befolgen deine Jünger unsere
alten Traditionen nicht? Sie waschen sich
nicht einmal vor dem Essen die Hände.«
3Jesus fragte zurück: »Und weshalb
brecht ihr mit euren Vorschriften die Ge-
bote Gottes?
4So lautet ein Gebot Gottes: ›Ehre dei-
nen Vater und deine Mutter! Wer seine
Eltern verachtet, der soll sterben.‹[a] 5Ihr
aber sagt: ›Wenn jemand seinen hilfsbe-
dürftigen Eltern erklärt, daß er ihnen
nicht helfen kann, weil er sein Vermögen
dem Tempel vermacht hat, dann hat er
nicht gegen Gottes Gebot verstoßen.‹[b]
6Damit setzt ihr durch eure Vorschriften
das Gebot Gottes außer Kraft. 7Ihr
scheinheiligen Heuchler! Jesaja hat ganz
richtig von euch gesprochen: 8›Diese
Leute können schön über Gott reden,
aber mit dem Herzen sind sie nicht da-
bei. 9Ihr Gottesdienst ist wertlos, weil sie
ihre menschlichen Gebote als Gebote
Gottes ausgeben.‹«[c]
10Dann rief Jesus die Menschenmenge
zu sich: »Hört, was ich euch sage, und
begreift doch: 11Nicht was ein Mensch
ißt, macht ihn unrein, sondern das, was
er denkt und redet.«
12Da traten die Jünger näher zu ihm
und sagten: »Weißt du, daß du damit die
Pharisäer verärgert hast?« 13Jesus ant-
wortete: »Jede Pflanze, die nicht von mei-
nem himmlischen Vater gepflanzt wor-
den ist, wird ausgerissen. 14Laßt euch
nicht einschüchtern! Sie wollen Blinde
führen, sind aber selbst blind. Sie werden
zusammen mit den Blinden, die sie füh-
ren wollen, in den Abgrund stürzen.«
15Da sagte Petrus: »Das haben wir
nicht verstanden.« 16»Selbst ihr habt es
immer noch nicht begriffen?« fragte Je-
sus. 17»Versteht ihr denn nicht, daß alles,
was ein Mensch ißt, zuerst verdaut und
dann ausgeschieden wird? 18Aber böse
Worte kommen aus einem bösen Her-
zen, und sie beschmutzen den Menschen,
der sie ausspricht. 19Aus dem Herzen
kommen böse Gedanken, die dann zu
Mord, Ehebruch, Unzucht, Diebstahl,
Lüge und Verleumdung führen. 20Durch
sie wird der Mensch vor Gott unrein,
nicht dadurch, daß man zum Essen geht,
ohne sich vorher die Hände zu wa-
schen.«

Jesus hilft einer Ausländerin
(Mark. 7,24-30)

21Danach verließ Jesus diese Gegend und
wanderte bis in die Gegend der Städte Ty-
rus und Sidon. 22Dort begegnete ihm eine
nichtjüdische Frau, die ihn anflehte:
»Herr, du Sohn Davids, hab Erbarmen
mit mir! Meine Tochter wird von einem
bösen Geist furchtbar gequält.« 23Aber Je-
sus beachtete sie nicht. Seine Jünger
drängten ihn: »Schick sie doch weg! Sie
schreit sonst dauernd hinter uns her.«
24Da sagte er zu der Frau: »Ich habe
den Auftrag, nur denen zu helfen, die
zum Volk Israel gehören.«[d] 25Sie kam
aber noch näher, warf sich vor ihm nie-
der und bettelte: »Herr, hilf mir!« Aber
Jesus antwortete wieder: 26»Es ist nicht
richtig, wenn man den Kindern das Brot
wegnimmt und es den Hunden vor-
wirft.« 27»Das stimmt«, entgegnete die
Frau, »aber die kleinen Hunde dürfen
doch die Krümel fressen, die vom Tisch
ihrer Herren herunterfallen.« 28Jesus ant-
wortete ihr: »Dein Glaube ist groß. Was
du erwartest, soll geschehen.« Im selben
Augenblick wurde ihre Tochter gesund.

a) 2. Mose 20,12; 21,17 b) Wörtlich: Wenn jemand zu Vater oder Mutter sagt: Was dir von mir zusteht, soll eine Opfergabe sein, der braucht seinen Vater oder seine Mutter nicht zu ehren. c) Jesaja 29,13; Jeremia 8,8 d) Wörtlich: Ich bin nur gesandt zu den verlorenen Schafen des Hauses Israel.

Jesus heilt viele Kranke
(Mark. 7,31-37)

29Jesus kehrte an den See Genezareth zu-
rück. Er stieg auf einen Berg und setzte
sich dort hin. 30Eine große Menschenmen-
ge kam zu Jesus. Unter ihnen waren Lah-
me, Blinde, Krüppel, Stumme und viele
andere Kranke. Man brachte sie zu Jesus,
und er heilte sie alle. 31Die Menschen
konnten es kaum fassen, als sie sahen,
wie Stumme reden, Gelähmte gehen und
Blinde sehen konnten. Und sie lobten
den Gott Israels.

Viertausend werden satt
(Mark. 8,1-10)

32Danach rief Jesus seine Jünger zu sich:
»Diese Leute tun mir leid. Sie sind jetzt
drei Tage bei mir und haben nichts zu
essen. Ich will sie nicht hungrig wegschik-
ken, sie könnten unterwegs zusammen-
brechen.« 33Aber die Jünger antworteten:
»Woher sollen wir hier Brot für so viele
Menschen bekommen? Weit und breit
wohnt niemand.« 34Jesus fragte: »Was
habt ihr denn bei euch?« Sie antworteten:
»Sieben Brote und ein paar kleine Fi-
sche!« 35Da forderte Jesus die Menschen
auf, sich zum Essen niederzulassen.
36Nun nahm er die sieben Brote und
die Fische. Er dankte Gott für das Essen,
teilte die Brote und Fische und gab sie
den Jüngern, die sie an die Leute verteil-
ten. 37/38Jeder aß, soviel er wollte; etwa
viertausend Männer waren dabei, die
Frauen und Kinder nicht mitgerechnet.
Anschließend sammelten die Jünger die
Reste ein: Sieben Körbe voll waren noch
übriggeblieben. 39Jetzt erst schickte Jesus
die Leute nach Hause. Er selbst aber be-
stieg ein Boot und setzte nach Magadan
über.

»Beweise, daß du von Gott kommst!«
(Matth. 12,38-39; Mark. 8,11-13;
Luk.12,54-56)

16 Eines Tages kamen Pharisäer und
Sadduzäer, um Jesus eine Falle zu
stellen. Sie verlangten von ihm ein deutli-
ches Zeichen als Beweis für seinen gött-
lichen Auftrag. 2/3Jesus sagte ihnen: »Ihr
könnt das Wetter aus den Zeichen am
Himmel erkennen: Abendrot zeigt gutes
Wetter für den nächsten Tag an, Morgen-
röte bedeutet schlechtes Wetter. Aber
was heute vor euren Augen geschieht,
das könnt ihr nicht richtig beurteilen!
4Dieses böse, gottlose Volk verlangt im-
mer neue Beweise. Doch sie werden kein
anderes Zeichen zu sehen bekommen als
das, was an dem Propheten Jona ge-
schah.« Mit diesen Worten ließ Jesus sie
stehen und ging weg.

Schlimmer als Hunger
(Mark. 8,14-21; Luk. 12,1)

5Als sie an das andere Seeufer gekommen
waren, stellten seine Jünger fest, daß sie
kein Brot dabei hatten. 6Da warnte sie Je-
sus: »Hütet euch vor dem Sauerteig der
Pharisäer und Sadduzäer!« 7Die Jünger
meinten: »Das sagt er, weil wir das Brot
vergessen haben.«
8Jesus wußte natürlich, was sie dach-
ten, und sagte: »Weshalb sorgt ihr euch
gleich, wenn einmal nichts zu essen da
ist? Traut ihr mir so wenig zu? 9Werdet
ihr denn nie zur Einsicht kommen? Habt
ihr die fünftausend Menschen vergessen,
die ich mit fünf Broten gesättigt habe?
Und da waren noch Körbe voller Brot
übrig geblieben! 10Oder erinnert euch
doch an die viertausend, und wieviel da-
mals übriggeblieben ist! 11Wie kommt ihr
auf den Gedanken, daß ich vom Essen
rede? Ich sage euch noch einmal: Hütet
euch vor dem Sauerteig der Pharisäer
und Sadduzäer!« 12Erst jetzt merkten sie,
daß Jesus mit dem Sauerteig die falschen
Lehren der Pharisäer und Sadduzäer ge-
meint hatte.

Menschliche Einsicht reicht nicht aus
(Mark. 8,27-30; Luk. 9,18-21;
Joh. 6,67-71)

13Als Jesus in die Gegend von Cäsarea
Philippi kam, fragte er seine Jünger: »Für
wen halten mich die Leute eigentlich?«
14Sie erwiderten: »Manche halten dich für
Johannes den Täufer, andere für Elia, für
Jeremia oder einen anderen Propheten.«
15»Und für wen haltet ihr mich?« frag-
te er sie. 16Darauf antwortete Petrus: »Du
bist Christus, der von Gott verheißene
Retter, der Sohn des lebendigen Gottes!«
17»Du kannst wirklich glücklich sein, Si-
mon, Sohn des Jona!« erwiderte Jesus.

»Diese Erkenntnis hat dir mein Vater im Himmel gegeben; von sich aus kommt niemand zu dieser Einsicht. [18]Ich sage dir: Du bist Petrus, ein Fels. Auf diesen Felsen will ich meine Gemeinde bauen, und keine Macht der Welt wird sie vernichten können[a]. [19]Ich will dir die Schlüssel zum Reich Gottes geben. Wem du auf der Erde seine Sünde anlastest, der soll auch im Himmel damit belastet sein. Und wen du auf der Erde von seiner Schuld freisprichst, der soll auch im Himmel davon freigesprochen sein.«[b]

[20]Darauf verbot er seinen Jüngern streng, den Leuten zu sagen, daß er der Christus sei.

Jesus spricht von seinem Tod
(Mark. 8,31-33; Luk. 9,22)

[21]Während dieser Zeit begann Jesus mit seinen Jüngern über den Weg zu reden, den er noch gehen mußte: »In Jerusalem werden mich die Führer des Volkes, die Hohenpriester und Schriftgelehrten foltern und töten. Aber drei Tage später werde ich auferstehen und leben.« [22]Erschrocken nahm Petrus ihn zur Seite und bestürmte ihn: »Um Himmels willen! So etwas darf dir nicht zustoßen!« [23]Aber Jesus wandte sich um und sagte zu Petrus: »Geh weg, Satan! Du willst mir eine Falle stellen. Du denkst, wie Menschen denken, und verstehst Gottes Gedanken nicht.«

Jesus ruft in seine Nachfolge
(Mark. 8,34-9,1; Luk. 9,23-27; Joh. 12,25-26)

[24]Danach sprach Jesus zu seinen Jüngern: »Wer mir nachfolgen will, darf nicht mehr an sich selber denken, sondern muß sein Kreuz willig auf sich nehmen und mir nachfolgen. [25]Wer sein Leben um jeden Preis erhalten will, der wird es verlieren, aber wer sein Leben für mich einsetzt, der wird es für immer gewinnen. [26]Denn was gewinnt ein Mensch, selbst wenn ihm die ganze Welt zufällt und er dabei das ewige Leben verliert? Mit nichts auf dieser Welt kann er es wieder erwerben.[c] [27]Denn der Menschensohn wird mit seinen Engeln in der Herrlichkeit seines Vaters wiederkommen und jeden nach seinen Taten richten. [28]Und ich sage euch: »Einige von euch, die ihr hier steht, werden leben, wenn sie den Menschensohn in seiner Königsherrschaft kommen sehen.«

Die Jünger erleben Jesu Herrlichkeit
(Mark. 9,2-13; Luk. 9,28-36)

17 Sechs Tage später ging Jesus mit Petrus, Jakobus und dessen Bruder Johannes auf den Gipfel eines hohen Berges. Sie waren dort ganz allein. [2]Auf einmal wurde Jesus vor ihren Augen verwandelt: Sein Gesicht leuchtete wie die Sonne, und seine Kleider strahlten hell. [3]Plötzlich erschienen Mose und der Prophet Elia. Sie redeten mit Jesus. [4]Da rief Petrus: »Herr, hier gefällt es uns! Wenn du willst, werden wir drei Hütten bauen, eine für dich, eine für Mose und eine für Elia.« [5]Noch während er so redete, hüllte sie eine leuchtende Wolke ein, und aus der Wolke hörten sie eine Stimme: »Das ist mein geliebter Sohn, an dem ich meine Freude habe. Ihm sollt ihr gehorchen.« [6]Bei diesen Worten fielen die Jünger erschrocken zu Boden. [7]Aber Jesus kam zu ihnen, berührte sie und sagte: »Steht auf! Fürchtet euch nicht!« [8]Und als sie aufsahen, war nur noch Jesus bei ihnen.

[9]Als sie vom Berg herabstiegen, befahl ihnen Jesus: »Erzählt niemandem, was ihr gesehen habt, bis der Menschensohn von den Toten auferstanden ist.«

[10]Da fragten ihn seine Jünger: »Weshalb halten unsere Schriftgelehrten daran fest, daß zuerst der Prophet Elia kommen muß?« [11]Jesus antwortete: »Sie haben recht! Elia kommt und wird alles in Ordnung bringen. [12]Doch ich sage euch: Er ist bereits gekommen, aber man hat ihn nicht erkannt. Sie haben mit ihm gemacht, was sie wollten. Und auch der Menschensohn wird durch sie leiden müssen.« [13]Nun war es den Jüngern klar, daß er von Johannes dem Täufer sprach.

a) Wörtlich: und die Tore des Totenreiches werden sie nicht überwältigen. b) Wörtlich: Was du auf der Erde binden wirst, das soll im Himmel gebunden sein. Und was du auf der Erde lösen wirst, das soll im Himmel gelöst sein. c) Wörtlich: Oder was kann ein Mensch als Lösegeld für sein Leben geben?

Die Ohnmacht der Jünger und die Vollmacht Jesu
(Mark. 9,14-29; Luk. 9,37-43)

[14]Als sie zu der Menschenmenge zu-
rückgekehrt waren, kam ein Mann zu Je-
sus, fiel vor ihm nieder und sagte:
[15]»Herr, hab Erbarmen mit meinem
Sohn! Er leidet unter schweren Anfällen.
Oft stürzt er dabei sogar ins Feuer oder
ins Wasser. [16]Ich habe ihn zu deinen Jün-
gern gebracht, aber sie konnten ihm
nicht helfen.« [17]Jesus antwortete: »Ihr ei-
gensinnigen und ungläubigen Leute! Wie
lange muß ich noch bei euch sein und
euch ertragen? Bringt ihn her zu mir!«
[18]Man brachte den Jungen zu Jesus, und
er bedrohte den bösen Geist. Sofort ließ
er von dem Kranken ab, und der Junge
war wieder gesund.
[19]Als sie später unter sich waren, frag-
ten die Jünger Jesus: »Weshalb konnten
wir den Dämon nicht austreiben?«
[20]»Weil ihr nicht wirklich glaubt«, ant-
wortete Jesus. »Wenn euer Glaube nur
so groß wäre wie ein Senfkorn, könntet
ihr zu diesem Berg sagen: ›Rücke von
hier dorthin!‹, und es würde geschehen.
Nichts würde euch unmöglich sein! [21]Sol-
che Geister können nur vertrieben wer-
den, wenn ihr betet und fastet.«

Jesus spricht wieder von seinem Tod
(Mark. 9,30-32; Luk. 9,43-45)

[22/23]Eines Tages, als Jesus sich mit seinen
Jüngern in Galiläa aufhielt, sagte er zu ih-
nen: »Der Menschensohn wird bald in
der Gewalt der Menschen sein. Sie wer-
den ihn töten. Aber drei Tage später wird
er auferstehen.« Da wurden seine Jünger
sehr traurig.

Die Tempelsteuer

[24]Bei ihrer Ankunft in Kapernaum ka-
men die Steuereinnehmer des Tempels zu
Petrus und fragten: »Zahlt euer Lehrer
keine Tempelsteuer?« [25]»Natürlich tut er
das«, antwortete Petrus und ging in das
Haus, um mit Jesus darüber zu reden.
Doch Jesus fragte ihn: »Was meinst du,
Petrus, von wem fordern die Könige Ab-
gaben und Steuern, von ihrem eigenen
Volk oder von den Ausländern?« [26]»Von
den Ausländern natürlich«, antwortete
Petrus. »Dann sind die eigenen Bürger al-
so steuerfrei. [27]Doch wir wollen ihnen
keinen Anlaß geben, uns anzuklagen,
darum geh an den See und wirf die Angel
aus. Dem ersten Fisch, den du fängst, öff-
ne das Maul. Du wirst eine Münze fin-
den, die für deine und meine Abgabe aus-
reicht. Bezahle damit die Tempelsteuer!«

Gott hat andere Maßstäbe
(Mark. 9,33-37; Luk. 9,46-48)

18 In dieser Zeit fragten die Jünger
Jesus: »Wer ist wohl der Größte
im Reich Gottes?«
[2]Jesus rief ein kleines Kind, stellte es in
ihre Mitte [3]und sprach: »Das will ich
euch sagen: Wenn ihr euch nicht ändert
und so werdet wie die Kinder, kommt
ihr nie in das Reich Gottes. [4]Wer aber so
klein und demütig sein kann wie ein
Kind, der ist der Größte in Gottes Reich.
[5]Und wer solch ein Kind mir zuliebe auf-
nimmt, der nimmt mich auf.«

Verführung zum Unglauben
(Matth. 5,29-30; Mark. 9,42-48; Luk. 17,1-2)

[6]»Aber wenn jemand den Glauben eines
dieser Menschen, der mir wie ein Kind
vertraut, zerstört, käme er noch gut da-
von, wenn er mit einem Mühlstein um
den Hals ins Meer geworfen würde.
[7]Wehe der Welt, denn sie verführt zum
Unglauben! Versuchungen zur Sünde
können ja nicht ausbleiben. Aber wehe
dem Menschen, der daran schuld ist!
[8]Deshalb: Wenn deine Hand oder dein
Fuß dich zum Bösen verführen, hacke sie
ab und wirf sie weg. Es ist besser, du
gehst verstümmelt ins ewige Leben als
mit gesunden Händen und Füßen ins ewi-
ge Feuer. [9]Wenn dich dein Auge zur Sün-
de verführt, so reiß es heraus und wirf es
weg. Es ist besser, mit nur einem Auge
das ewige Leben zu erhalten, als mit
beiden Augen in die Feuerhölle geworfen
zu werden.
[10]Hütet euch davor, hochmütig auf die
herabzusehen, die euch gering erschei-
nen. Denn ich sage euch: Ihre Engel ha-
ben immer Zugang zu meinem Vater im
Himmel.«

Jesus sucht Verlorene
(Luk. 15,3-7)

[11]»Der Menschensohn ist gekommen, um
Verlorene zu retten. [12]Was meint ihr:
Wenn ein Mann hundert Schafe hat und
eins läuft ihm davon; was wird er tun?
Läßt er nicht die neunundneunzig zu-
rück, um das verirrte Schaf zu suchen?
[13]Und wenn er es endlich gefunden hat,
freut er sich über dieses eine mehr als
über die neunundneunzig, die sich nicht
verlaufen hatten. [14]Ebenso will mein Va-
ter nicht, daß auch nur einer, und sei es
der Geringste, verlorengeht.«

Einander ermahnen
(Luk. 17,3)

[15]»Wenn dein Bruder dir Unrecht getan
hat, dann gehe zu ihm und sage ihm, was
er verkehrt gemacht hat. Wenn er auf
dich hört, hast du deinen Bruder zurück-
gewonnen. [16]Will er davon nichts wissen,
nimm einen oder zwei andere mit, und
versucht es noch einmal gemeinsam, ihn
zur Einsicht zu bringen. [17]Wenn er auch
dann nicht hören will, bringe die Sache
vor die Gemeinde. Nimmt er selbst das
Urteil der Gemeinde nicht an, dann be-
handle ihn wie einen, der gottlos und un-
gläubig ist.

[18]Ich sage euch dies: Wem ihr auf der
Erde seine Sünde anlastet, der soll auch
im Himmel damit belastet sein. Und wen
ihr auf der Erde von seiner Schuld frei-
sprecht, der soll auch im Himmel frei
sein.[a]

[19]Aber auch das sage ich euch: Wenn
zwei von euch hier auf der Erde meinen
Vater um etwas bitten wollen und darin
übereinstimmen, dann wird er es ihnen
geben. [20]Denn wo zwei oder drei in mei-
nem Namen zusammenkommen, bin ich
in ihrer Mitte.«

Vom unbarmherzigen Schuldner: Vergebung kennt keine Grenzen
(Luk. 17,4)

[21]Da fragte Petrus: »Herr, wie oft muß
ich meinem Bruder vergeben, wenn er
mir Unrecht tut? Ist siebenmal denn
nicht genug?« [22]»Nein«, antwortete Je-
sus. »Nicht nur siebenmal. Es gibt gar
keine Grenze. Du mußt bereit sein, ihm
immer wieder zu vergeben.«[b]

[23]»Man kann das Reich Gottes mit ei-
nem König vergleichen, der mit seinen
Verwaltern abrechnen wollte. [24]Zu ihnen
gehörte ein Mann, der ihm einen Millio-
nenbetrag schuldete. [25]Aber er konnte
diese Schuld nicht bezahlen. Deshalb
wollte der König ihn, seine Frau, seine
Kinder und seinen gesamten Besitz ver-
kaufen lassen, um wenigstens einen Teil
seines Geldes zu bekommen. [26]Doch der
Mann fiel vor dem König nieder und fleh-
te ihn an: ›Herr, hab noch etwas Geduld!
Ich will ja alles bezahlen.‹ [27]Da hatte der
König Mitleid. Er gab ihn frei und erließ
ihm seine Schulden.

[28]Kaum war der Mann frei, ging er zu
einem Mitarbeiter, der ihm einen kleinen
Betrag schuldete, packte ihn und schrie:
›Bezahle jetzt endlich deine Schulden!‹
[29]Da fiel dieser Arbeiter vor ihm nieder
und bettelte: ›Hab noch etwas Geduld!
Ich will ja alles bezahlen!‹ [30]Aber der
Verwalter wollte nicht warten und ließ
ihn ins Gefängnis bringen, bis er alles be-
zahlt hätte.

[31]Als nun die anderen sahen, was sich
da ereignet hatte, waren sie empört und
berichteten es dem König. [32]Der König
ließ den Mann, dem er die Schulden erlas-
sen hatte, zu sich kommen und sagte:
›Was bist du doch für ein hartherziger
Mensch! Deine ganze Schuld habe ich dir
erlassen, weil du mich darum gebeten
hast. [33]Hättest du da nicht auch mit dei-
nem Mitarbeiter Erbarmen haben kön-
nen, so wie ich mit dir?‹ [34]Zornig über-
gab er ihn den Folterknechten. Sie sollten

a) Wörtlich: Was ihr auf der Erde binden werdet, das soll im Himmel gebunden sein. Und was ihr auf der Erde lösen werdet, das soll im Himmel gelöst sein. b) Wörtlich: Nicht bis siebenmal, sondern bis siebzig mal sieben.

ihn erst dann wieder freilassen, wenn er
alle seine Schulden zurückgezahlt hätte.
[35]Das gleiche wird mit euch geschehen,
wenn ihr euch weigert, eurem Bruder
wirklich zu vergeben.«

Die Frage nach der Ehescheidung
(Mark. 10,1-12; Luk. 16,18)

19 Nachdem Jesus das gesagt hatte,
verließ er Galiläa und kam in das
judäische Gebiet auf der anderen Seite
des Jordan. [2]Eine große Menschenmenge
folgte ihm, und er heilte ihre Kranken.
[3]Einige Pharisäer kamen zu ihm, weil
sie Jesus eine Falle stellen wollten. »Wie
stehst du zur Ehescheidung?« fragten sie.
»Darf man sich von seiner Frau aus jedem beliebigen Grund trennen?«
[4]Jesus antwortete: »Lest ihr denn die
Heiligen Schriften nicht? Da heißt es
doch, daß Gott am Anfang Mann und
Frau schuf und sagte: [5]›Ein Mann verläßt
seine Eltern und verbindet sich so eng
mit seiner Frau, daß die beiden eins sind
mit Leib und Seele.‹[a] [6]Sie werden also
eins sein und nicht länger zwei voneinander getrennte Menschen. Was aber
Gott zusammengefügt hat, darf der
Mensch nicht trennen.«
[7]»Doch weshalb«, fragten sie weiter,
»hat Mose dann vorgeschrieben, daß der
Mann seiner Frau eine Scheidungsurkunde gibt, wenn er sich von ihr
trennt?«[b] [8]Jesus antwortete: »Mose erlaubte es, weil er euer böses und hartes
Herz kannte. Aber Gottes Absicht war
das nicht, als er die Ehe stiftete. [9]Ich sage
euch, daß jeder die Ehe bricht, der sich
von seiner Frau trennt und eine andere
heiratet, es sei denn, seine Frau lebt
selbst im Ehebruch.«
[10]Da meinten seine Jünger: »Wenn es
so um die Ehe steht, dann ist es am besten, gar nicht zu heiraten!« [11]»Nicht jeder kann begreifen, was ich jetzt sage«,
antwortete Jesus. »Gott aber kann den
Menschen hierfür das rechte Verständnis
geben. [12]Manche sind von Geburt an zeugungsunfähig; andere werden es durch
menschlichen Eingriff. Und es gibt Menschen, die verzichten auf die Ehe, um
Gott besser dienen zu können. Wer es
versteht, der richte sich danach!«

Jesus und die Kinder
(Mark. 10,13-16; Luk. 18,15-17)

[13]Eines Tages brachte man kleine Kinder
zu Jesus, weil er sie segnen und für sie
beten sollte. Aber die Jünger wollten sie
wegschicken: »Laßt ihn damit in Ruhe!«
[14]Doch Jesus sagte: »Laßt die Kinder zu
mir kommen und hindert sie nicht, denn
für Menschen wie sie ist das Reich Gottes bestimmt.« [15]Er legte ihnen die
Hände auf und segnete sie. Danach zog
er weiter.

Was muß ich Gutes tun?
(Mark. 10,17-27; Luk. 18,18-27)

[16]Ein junger Mann kam mit der Frage zu
Jesus: »Herr, was muß ich Gutes tun, um
das ewige Leben zu bekommen?« [17]»Was
meinst du denn mit gut?« erwiderte Jesus. »Es gibt nur einen, der gut ist, und
das ist Gott. Du kannst ewiges Leben bekommen, wenn du Gottes Gebote
hältst.« [18]»Welche Gebote denn?« fragte
der Mann, und Jesus antwortete: »Du
sollst nicht töten! Du sollst nicht die Ehe
brechen. Du sollst nicht stehlen! Sag
nichts Unwahres über einen anderen.
[19]Achte deine Eltern, und liebe deine Mitmenschen wie dich selbst.«[c] [20]»Daran habe ich mich immer gehalten! Was muß
ich denn noch tun?« wollte der junge
Mann wissen.
[21]Jesus antwortete: »Wenn du wirklich
das ewige Leben haben willst, dann verkaufe, was du hast, und gib das Geld den
Armen. Damit wirst du im Himmel einen Schatz erwerben, der dir nicht mehr
verlorengeht. Dann komm und folge mir
nach.« [22]Als der junge Mann das hörte,
ging er traurig weg, denn er war sehr
reich.
[23]Da sagte Jesus zu seinen Jüngern:
»Eins ist sicher: Ein Reicher hat es sehr
schwer, zu Gott zu kommen. [24]Eher läßt
sich ein dickes Seil in ein Nadelöhr einfädeln,[d] als daß ein Reicher in das Reich
Gottes kommt.« [25]Darüber erschraken

a) 1. Mose 2,24 b) 5. Mose 24,1 c) 2. Mose 20,12-16; 3. Mose 19,18 d) Andere Übersetzung: Es ist leichter, daß ein Kamel durch ein Nadelöhr geht.

die Jünger: »Wer kann dann überhaupt gerettet werden?« [26]Jesus sah sie ernst an und sagte: »Für Menschen ist es unmöglich, aber bei Gott ist alles möglich!«

Nachfolge lohnt sich
(Mark. 10,28-31; Luk. 18,28-30)

[27]Jetzt fragte Petrus: »Du weißt, wir haben alles aufgegeben und sind mit dir gegangen. Was bekommen wir dafür?« [28]Jesus antwortete: »Das sollt ihr wissen, ihr, die ihr mit mir geht: Wenn der Menschensohn auf dem Thron der Herrlichkeit sitzen und über Gottes neue Welt herrschen wird, werdet ihr ebenfalls auf zwölf Thronen sitzen und die zwölf Stämme Israels richten. [29]Jeder, der sein Haus, seine Geschwister, seine Eltern, seine Frau, seine Kinder oder seinen Besitz zurückläßt, um mir zu folgen, wird dies alles hundertfach zurückerhalten und das ewige Leben empfangen.

[30]Viele, die heute eine große Rolle spielen, werden in Gottes neuer Welt nichts bedeuten. Und viele, die heute die Letzten sind, werden dann zu den Ersten gehören.«

Die Arbeiter im Weinberg: Gott rechnet anders

20 »Ich möchte euch ein Gleichnis erzählen«, sagte Jesus.[a] »Ein Weinbauer ging frühmorgens Arbeiter für seinen Weinberg anwerben. [2]Er einigte sich mit ihnen auf den üblichen Tageslohn und ließ sie in seinem Weinberg arbeiten. [3]Ein paar Stunden später ging er noch einmal über den Marktplatz und sah dort Leute herumstehen, die arbeitslos waren. [4]Auch diese schickte er in seinen Weinberg und versprach ihnen einen angemessenen Lohn. [5]Zur Mittagszeit und gegen drei Uhr nachmittags stellte er noch mehr Arbeiter ein. [6]Als er um fünf Uhr in die Stadt kam, sah er wieder ein paar Leute untätig herumstehen. Er fragte sie: ›Warum habt ihr heute nicht gearbeitet?‹ [7]›Uns wollte niemand haben‹, antworteten sie. ›Geht doch und arbeitet auch noch in meinem Weinberg!‹ forderte er sie auf.

[8]Am Abend beauftragte er seinen Verwalter: ›Ruf die Leute zusammen und zahle ihnen den Lohn aus! Beginne damit beim Letzten und höre beim Ersten auf!‹ Zuerst kamen also die zuletzt Eingestellten, [9]und jeder von ihnen bekam den vollen Tageslohn. [10]Jetzt meinten die anderen Arbeiter, sie würden mehr bekommen. Aber sie bekamen alle nur den vereinbarten Tageslohn.

[11/12]Da fingen sie an zu schimpfen: ›Diese Leute haben nur eine Stunde gearbeitet, und du zahlst ihnen dasselbe wie uns. Dabei haben wir uns den ganzen Tag in der brennenden Sonne abgerackert!‹

[13]›Mein Freund‹, entgegnete der Weinbauer, ›dir geschieht doch kein Unrecht! Haben wir uns nicht auf diesen Betrag geeinigt? [14]Nimm dein Geld und geh! Ich will den anderen genausoviel zahlen wie dir. [15]Schließlich darf ich doch wohl mit meinem Geld machen, was ich will! Oder ärgerst du dich, weil ich großzügig bin?‹

[16]Ebenso werden die Letzten einmal die Ersten sein, und die Ersten die Letzten.«

Jesus spricht noch einmal von seinem Tod
(Mark. 10,32-34; Luk. 18,31-34)

[17]Auf dem Weg nach Jerusalem nahm Jesus seine Jünger beiseite [18]und sagte ihnen: »Wir gehen jetzt nach Jerusalem. Dort wird der Menschensohn den Hohenpriestern und Schriftgelehrten ausgeliefert werden. Man wird ihn zum Tode verurteilen und den Römern übergeben. [19]Die werden ihn verspotten, auspeitschen und ans Kreuz schlagen. Aber drei Tage später wird er vom Tod auferstehen.«

Streit um die besten Plätze
(Mark. 10,35-45; Luk. 22,24-27)

[20]Da kam die Frau des Zebedäus mit ihren Söhnen Jakobus und Johannes zu Jesus. Sie warf sich vor ihm nieder und wollte ihn um etwas bitten. [21]»Was willst du denn?« fragte er. Sie antwortete: »Gib meinen beiden Söhnen in deinem Königreich die Ehrenplätze direkt neben dir!«

a) Wörtlich: Denn das Reich Gottes ist gleich einem Hausherrn ...

22Jesus antwortete ihnen: »Ihr wißt ja gar
nicht, was ihr da verlangt. Könnt ihr
denn das schwere Leiden ertragen, das
auf mich wartet?« »Jawohl«, antworteten
sie, »das können wir!« 23Darauf er-
widerte ihnen Jesus: »Ganz gewiß
werdet ihr leiden müssen, aber ich kann
nicht bestimmen, wer einmal neben mir
sitzen wird. Wer diese Plätze einnehmen
wird, bestimmt allein mein Vater.«

24Die anderen Jünger waren entrüstet,
als sie erfuhren, was Jakobus und Jo-
hannes gefordert hatten. 25Jesus rief sie
deshalb zusammen und sagte: »Die Köni-
ge herrschen über die Völker wie Tyran-
nen, und die Machthaber unterdrücken,
wen sie können. 26Aber gerade so darf es
bei euch nicht sein. Wer groß sein will,
der soll den anderen dienen, 27und wer
der Erste sein will, der soll sich allen un-
terordnen. 28Auch der Menschensohn ist
nicht gekommen, um sich dienen zu las-
sen. Er kam, um selbst zu dienen und mit
seinem Leben dafür zu bezahlen, daß vie-
le Menschen aus der Gewalt des Bösen
befreit werden.«

Blinde werden geheilt und gehen mit Jesus

(Mark. 10,46-52; Luk.18,35-43)

29Als Jesus und seine Jünger die Stadt Je-
richo verließen, zog eine große Men-
schenmenge mit ihnen. 30Zwei blinde
Männer saßen an der Straße. Als sie
hörten, daß Jesus vorüberkam, riefen sie:
»Herr, du Sohn Davids, hab Erbarmen
mit uns!« 31Die Leute versuchten, sie
zum Schweigen zu bringen, aber die Blin-
den schrien nur noch lauter: »Herr, erbar-
me dich über uns!« 32Da blieb Jesus ste-
hen, rief sie zu sich und fragte: »Was
wollt ihr von mir?« 33»Herr, wir
möchten gern sehen können!« 34Voll mit-
leidender Liebe berührte Jesus ihre Au-
gen. Sofort konnten sie sehen, und sie gin-
gen mit ihm.

Jesus wird als König empfangen

(Mark. 11,1-10; Luk. 19,28-38;
Joh. 12,12-19)

21 Nachdem Jesus mit seinen Jün-
gern in die Nähe von Jerusalem ge-
kommen war, erreichten sie Bethphage
am Ölberg. Jesus schickte zwei Jünger
mit dem Auftrag voraus: 2»Wenn ihr in
das Dorf kommt, werdet ihr dort eine
Eselin mit ihrem Fohlen finden. Bindet
sie los und bringt sie zu mir. 3Sollte euch
jemand fragen, was ihr vorhabt, dann
sagt einfach: ›Der Herr braucht sie.‹ Man
wird euch keine Schwierigkeiten ma-
chen.« 4Damit erfüllte sich das Propheten-
wort: 5»Sagt dem Volk von Jerusalem:
›Dein König kommt zu dir. Er kommt
ohne Gewalt und reitet auf einem Esels-
fohlen.‹«[a]

6Die beiden Jünger führten aus, was Je-
sus ihnen gesagt hatte. 7Sie brachten die
Tiere zu ihm, legten ihre Mäntel über sie,
und Jesus setzte sich darauf. 8Viele Men-
schen breiteten ihre Kleider als Teppich
auf der Straße aus, andere rissen Zweige
von den Bäumen und legten sie auf den
Weg. 9Vor und hinter ihm drängten sich
die Menschen und riefen: »Heil unserem
König, dem Sohn Davids! Ihn hat uns
Gott gesandt. Der Herr segne ihn! Ge-
lobt sei Gott!«

10Als er so in Jerusalem einzog, war die
ganze Stadt in großer Aufregung. »Wer
ist dieser Mann?« fragten die Leute.
11»Das ist Jesus, der Prophet aus Naza-
reth in Galiläa«, riefen die Menschen, die
ihn begleiteten.

Geschäfte im Tempel

(Mark. 11,15-19; Luk. 19,45-46;
Joh. 2,13-17)

12Dann ging Jesus in den Tempel, jagte
alle Händler und Käufer hinaus, stieß die
Tische der Geldwechsler und die Stände
der Taubenhändler um und rief: 13»Gott
sagt: ›Mein Haus soll ein Ort des Gebets
sein‹,[b] ihr aber habt eine Räuberhöhle
daraus gemacht!«

14Da kamen auch schon Blinde und
Krüppel, und er heilte sie im Tempel.
15Als die Hohenpriester und die Geset-
zeslehrer seine Wundertaten sahen und
als sie hörten, wie die Kinder sogar im
Tempel riefen: »Heil dem Sohn Da-
vids!«, wurden sie wütend und fragten Je-
sus: »Hörst du denn nicht, was die
Kinder da schreien?« 16»Ja, ich höre es«,
antwortete Jesus. »Habt ihr nie gelesen:

a) Sacharja 9,9 b) Jesaja 56,7

›Selbst unmündige, kleine Kinder wer-
den dich loben!‹?«[a] [17]Damit ließ er sie ste-
hen, verließ die Stadt und ging nach
Bethanien, um dort zu übernachten.

Der unfruchtbare Feigenbaum: Wer glaubt, erlebt Wunder
(Mark. 11,12-14. 20-24)

[18]Am nächsten Morgen, als Jesus nach Je-
rusalem zurückkehrte, bekam er Hunger.
[19]Da sah er am Wegrand einen Fei-
genbaum. Er ging hin, um sich ein paar
Feigen zu pflücken. Aber er fand nichts
als Blätter. Da sagte Jesus zu dem Baum:
»Du sollst in Zukunft nie wieder Feigen
tragen!« Im selben Augenblick verdorrte
der Baum.
[20]Erstaunt fragten die Jünger: »Wie
kommt es, daß der Feigenbaum so
schnell vertrocknet ist?« [21]Jesus er-
widerte: »Wenn ihr wirklich glaubt und
nicht zweifelt, könnt ihr nicht nur dies
tun, sondern noch größere Wunder. Ihr
könnt sogar zu diesem Berg sagen: ›Hebe
dich von der Stelle und stürze dich ins
Meer!‹ Es wird geschehen. [22]Ihr werdet
alles bekommen, wenn ihr im festen
Glauben darum bittet.«

Die Frage nach der Autorität Jesu
(Mark. 11,27-33; Luk. 20,1-8)

[23]Dann ging Jesus in den Tempel und
sprach zu den Menschen. Sofort be-
drängten ihn die Hohenpriester und Füh-
rer des Volkes mit der Frage: »Wer hat
dir das Recht gegeben, hier in dieser
Weise aufzutreten? Wer gab dir die Voll-
macht dazu?«
[24]»Ich will euch auch eine Frage stel-
len«, entgegnete Jesus. »Wenn ihr die be-
antwortet, will ich auf eure Fragen ant-
worten. [25]War Johannes der Täufer ein
Beauftragter Gottes oder nicht?«
Sie überlegten: »Wenn wir sagen: ›Er
kam von Gott‹, wird er uns fragen,
weshalb wir ihm nicht geglaubt haben.
[26]Wenn wir aber bestreiten, daß Gott ihn
gesandt hat, bekommen wir Ärger mit
dem Volk, weil alle überzeugt sind, daß
er ein Prophet war.« [27]Deswegen ant-
worteten sie: »Wir wissen es nicht!«
Da sagte Jesus: »Dann sage ich euch
auch nicht, wer *mir* die Vollmacht ge-
geben hat.«

Das Beispiel von den beiden Söhnen: Wer wirklich Gottes Willen tut

[28]»Was sagt ihr dazu: Ein Mann hatte
zwei Söhne. Er sagte zu dem ersten:
›Mein Sohn, arbeite heute in unserem
Weinberg!‹ [29]›Ja, Vater‹, antwortete er.
Doch er hatte keine Lust und ging nicht
hin. [30]Auch den zweiten Sohn forderte
der Vater auf, die Arbeit zu erledigen.
›Ich will aber nicht!‹ entgegnete dieser.
Später tat es ihm leid, und er ging doch
an die Arbeit.
[31]Wer von den beiden Söhnen hat nun
getan, was der Vater wollte?« Sie ant-
worteten: »Der zweite natürlich!«
Da erklärte ihnen Jesus, was er meinte:
»Das ist sicher: Betrüger und Dirnen wer-
den eher in Gottes Reich kommen als
ihr. [32]Johannes der Täufer zeigte euch
den Weg zu Gott und forderte euch zur
Buße auf. Aber ihr wolltet nichts von
ihm wissen.
Die Betrüger und Dirnen aber folgten
seinem Ruf. Und obwohl ihr das gesehen
habt, wolltet ihr ihm nicht glauben und
euer Leben nicht ändern.«

Von den bösen Pächtern: Auflehnung gegen Gott
(Mark. 12,1-12; Luk. 20,9-19)

[33]»Hört eine andere Geschichte: Ein
Grundbesitzer legte einen Weinberg an,
zäunte ihn ein, stellte eine Weinpresse
auf und baute auch einen Wachtturm.
Dann verpachtete er den Weinberg an
Weinbauern und reiste ins Ausland.
[34]Zur Zeit der Weinlese schickte er seine
Leute zu den Weinbauern mit dem Auf-
trag, den vereinbarten Anteil abzuholen.
[35]Die Weinbauern aber schlugen den ei-
nen nieder, töteten den andern und stei-
nigten den dritten.
[36]Da beauftragte der Grundbesitzer an-
dere Leute. Aber ihnen erging es nicht
besser. [37]Schließlich sandte er seinen
Sohn, weil er sich sagte: Den werden sie
bestimmt anerkennen! [38]Als die Wein-
bauern aber den Sohn kommen sahen,
sagten sie zueinander: ›Da kommt der Er-

a) Psalm 8,3

be! Den bringen wir um! Dann gehört
der Weinberg uns.‹ 39Sie jagten ihn aus
dem Weinberg und schlugen ihn tot.
40Was wird der Besitzer mit diesen
Weinbauern machen, wenn er zurück-
kehrt?«
41Sie antworteten: »Er wird diese
Verbrecher umbringen und den Wein-
berg an solche Weinbauern verpachten,
die ihm seinen Anteil abliefern.«
42»Richtig«, sagte Jesus, »es steht ja
schon in der Schrift: ›Der Stein, den die
Bauarbeiter weggeworfen haben, weil sie
ihn für unbrauchbar hielten, ist nun zum
Grundstein des ganzen Hauses ge-
worden. Was keiner für möglich gehalten
hat, das tut Gott vor euren Augen.‹[a]
43Deshalb sage ich euch: Das Reich
Gottes wird euch weggenommen und ei-
nem Volk gegeben werden, das Gott ge-
horcht.[b] 44Wer nicht mit Gott rechnet,
muß scheitern, und wer sich gegen Gott
auflehnt, den wird Gott vernichten.«[c]
45Als die Hohenpriester und die Pha-
risäer merkten, daß Jesus von ihnen
sprach und daß sie die Weinbauern in sei-
ner Geschichte waren, 46hätten sie ihn am
liebsten auf der Stelle festgenommen.
Aber sie fürchteten sich vor dem Volk,
das Jesus für einen Propheten hielt.

Keine Zeit für Gottes Fest
(Luk. 14,16-24)

22 Jesus erzählte ihnen noch ein an-
deres Gleichnis: 2»Wenn Gott
seine Königsherrschaft aufrichtet, ist das
wie bei dem König, der für seinen Sohn
ein großes Hochzeitsfest vorbereitete.
3Viele wurden zur Hochzeit eingeladen.
Als die Vorbereitungen beendet waren,
schickte er seine Diener, um die Gäste
abzuholen. Aber keiner wollte kommen.
4Er ließ sie durch andere Diener
nochmals bitten: ›Es ist alles fertig, die
Ochsen und Mastkälber sind geschlach-
tet. Das Fest kann beginnen. Kommt!‹
5Aber die geladenen Gäste interessierte
das nicht. Sie ließen sich in ihrer Arbeit
nicht stören. Der eine hatte auf dem Feld
zu tun, der andere im Geschäft. 6Einige
wurden sogar handgreiflich, mißhandel-
ten und töteten die Diener des Königs.
7Voller Zorn sandte der König seine
Truppen aus, ließ die Mörder umbringen
und ihre Stadt in Brand stecken. 8Dann
sagte er zu seinen Dienern: ›Die Hoch-
zeitsfeier ist vorbereitet, aber die gelade-
nen Gäste waren es nicht wert, an diesem
Fest teilzunehmen. 9Geht jetzt auf die
Straßen und ladet alle ein, die ihr trefft!‹
10Das taten die Boten und brachten alle
mit, die sie fanden: gute und böse Men-
schen. So füllte sich der Festsaal mit Gä-
sten.
11Als der König kam, um seine Gäste
zu begrüßen, bemerkte er einen Mann,
der nicht festlich angezogen war.
12/13›Mein Freund, wie bist du hier ohne
das Festgewand hereingekommen, das
für dich bereitlag?‹ fragte er ihn. Darauf
konnte der Mann nichts antworten. ›Fes-
selt ihm Hände und Füße und werft ihn
hinaus in die Finsternis!‹ befahl der Kö-
nig streng. ›Dort wird er weinen und
jammern, ohne daß ihm jemand helfen
kann.‹ 14Denn viele sind eingeladen, aber
nur wenige sind bereit zu kommen.«[d]

Gott oder der Kaiser?
(Mark. 12,13-17; Luk. 20,20-26)

15Nun begannen die Pharisäer zu bera-
ten, wie sie Jesus mit seinen eigenen Wor-
ten in eine Falle locken könnten. 16Sie
schickten ein paar von ihren Leuten und
einige Anhänger des Königs Herodes zu
ihm. Die fragten ihn:
»Meister, wir wissen, daß es dir allein
um die Wahrheit geht. Du sagst uns frei
heraus, wie wir nach Gottes Willen leben
sollen. Du fragst auch nicht danach, ob
die Wahrheit den Leuten gefällt oder
nicht. 17Deshalb sage uns: Ist es eigentlich
Gottes Wille, daß wir dem römischen
Kaiser Steuern zahlen, oder nicht?«
18Jesus erkannte ihre Hinterhältigkeit.
»Ihr Heuchler!« rief er. »Warum wollt
ihr mir eine Falle stellen? 19Gebt mir ein
Geldstück!« Sie gaben ihm eine römische
Münze. 20»Wessen Bild und Name ist
hier eingeprägt?« fragte er. 21»Das Bild

a) Psalm 118,22-23 b) Wörtlich: das seine Früchte bringt. c) Wörtlich: Und wer auf diesen Stein fällt, wird zerdrückt; auf wen er aber fällt, den wird er zermalmen. d) Wörtlich: Viele sind Gerufene, wenige aber Auserwählte.

und der Name des Kaisers«, antworteten sie. »Dann gebt dem Kaiser, was ihm zusteht, und gebt Gott, was ihm gehört!« [22]Diese Antwort verblüffte sie. Und sie ließen Jesus in Ruhe und gingen weg.

Die Frage nach der Auferstehung der Toten

(Mark. 12,18-27; Luk. 20,27-40)

[23]Am selben Tag kamen einige Sadduzäer zu Jesus. Das waren Leute, die behaupteten, daß es keine Auferstehung der Toten gibt. Sie fragten Jesus: [24]»Herr, Mose hat bestimmt: Wenn ein verheirateter Mann ohne Kinder stirbt, dann soll sein Bruder die Witwe heiraten, und das erste ihrer Kinder soll der Erbe des Verstorbenen sein.[a] [25]Nun lebten da unter uns sieben Brüder. Der erste heiratete und starb kinderlos. Sein Bruder heiratete die Witwe. [26]Auch der zweite Bruder starb, und der nächste Bruder nahm sie zur Frau. So ging es weiter, bis die Frau mit allen sieben verheiratet gewesen war. [27]Schließlich starb auch sie. [28]Wessen Frau wird sie nun nach der Auferstehung sein? Schließlich waren ja alle sieben mit ihr verheiratet.«

[29]Jesus antwortete: »Ihr kennt weder das Wort Gottes noch Gottes Macht! Ihr irrt euch! [30]Nach der Auferstehung gibt es keine Ehe mehr, sondern die Auferstandenen werden wie Engel im Himmel sein. [31]Doch wenn ihr behauptet, daß es keine Auferstehung gibt, möchte ich euch an Gottes Wort erinnern. Dort heißt es: [32]›Ich *bin* der Gott Abrahams, Isaaks und Jakobs.‹[b] Gott ist doch nicht ein Gott der Toten, sondern er ist der Gott der Lebenden!« [33]Diese Worte Jesu hinterließen einen tiefen Eindruck bei allen, die ihm zuhörten.

Das wichtigste Gebot

(Mark. 12,28-31; Luk. 10,25-28)

[34/35]Als die Pharisäer hörten, wie er die Sadduzäer zum Schweigen gebracht hatte, dachten sie sich eine neue Frage aus. Ein Schriftgelehrter fragte ihn: [36]»Herr, welches ist das wichtigste Gebot im Gesetz Gottes?« [37]Jesus antwortete ihm: »›Liebe Gott, den Herrn, von ganzem Herzen, mit ganzer Hingabe und mit deinem ganzen Verstand!‹[c] [38]Das ist das erste und wichtigste Gebot. [39]Ebenso wichtig ist aber das zweite: ›Liebe deinen Mitmenschen, so wie du dich selber liebst!‹[d] [40]Alle anderen Gebote und alle Forderungen der Propheten sind in diesen Geboten enthalten.«

Sohn Davids oder Sohn Gottes?

(Mark. 12,35-37; Luk. 20,41-44)

[41]Bei dieser Gelegenheit fragte Jesus die Pharisäer: [42]»Was denkt ihr über Christus, der zu euch als Retter kommen soll? Wessen Sohn ist er?« Sie antworteten: »Er ist der Sohn Davids.«

[43]»Warum aber hat ihn David, erleuchtet vom Geist Gottes, ›Herr‹ genannt? Denn David sagte: [44]›Gott sprach zu meinem Herrn: Setze dich auf den Ehrenplatz an meiner rechten Seite, bis ich dir alle deine Feinde unterworfen habe!‹[e] [45]Wenn David ihn also ›Herr‹ nennt, wie kann er dann Davids Sohn sein?« [46]Darauf wußten sie keine Antwort. Und von da an wagte niemand mehr, ihm weitere Fragen zu stellen.

Abrechnung mit den Pharisäern und Schriftgelehrten

(Mark. 12,38-39; Luk. 20,45-46)

23 Dann sprach Jesus zu der Volksmenge und zu seinen Jüngern: [2]»Eure Schriftgelehrten und Pharisäer lehren euch das Gesetz des Mose.[f] [3]Richtet euch nach ihren Vorschriften! Folgt aber nicht ihrem Beispiel! Denn sie selber tun nicht, was sie von den anderen verlangen.

[4]Sie bürden den Menschen unerträgliche Lasten auf, denken aber selbst nicht daran, diese Lasten auch nur mit einem Finger anzurühren. [5]Alles, was sie tun, ist nur Schau. Am Arm tragen sie breite Gebetsriemen, und die Fransen an ihren Talaren werden immer länger. Alle sollen sehen können, wie fromm sie sind. [6]Bei euren Festen wollen sie auf Ehrenplätzen sitzen, und beim Gottesdienst haben sie ihren Platz in der vordersten Reihe. [7]Sie haben es gern, wenn man sie auf der Stra-

a) 5. Mose 25,5-6 b) 2. Mose 3,6 c) 5. Mose 6,5 d) 3. Mose 19,18 e) Psalm 110,1
f) Wörtlich: Auf dem Lehrstuhl des Mose sitzen die Schriftgelehrten und Pharisäer.

ße ehrfurchtsvoll grüßt und ›Meister‹
nennt.
[8]Laßt *ihr* euch nicht so anreden! Nur
Gott ist euer Meister, ihr seid unterein-
ander alle Brüder. [9]Niemanden auf der
Erde sollt ihr ›Vater‹ nennen, denn nur
Gott im Himmel hat Anspruch auf
diesen Namen. [10]Ihr sollt euch auch nicht
Lehrer nennen lassen, weil ihr nur einen
Lehrer habt: Christus. [11]Wer allen ande-
ren dient, wird der Größte unter euch
sein. [12]Aber alle, die sich für wichtig hal-
ten, werden gedemütigt werden. Wer
sich aber selbst erniedrigt, den wird Gott
erhöhen.«

Fromm und doch gottlos
(Luk. 11,39-51)

[13]»Wehe euch, ihr Pharisäer und Schrift-
gelehrten! Ihr seid Heuchler! Durch
euch wird anderen der Zugang in das
Reich Gottes versperrt. Ihr selbst geht
nicht hinein, und die hinein wollen, hin-
dert ihr daran.
[14]Wehe euch! Gierig reißt ihr das
Vermögen der Witwen an euch, und eure
langen Gebete sind nichts als Heuchelei.
Dafür wird euch Gottes Urteil besonders
hart treffen. [15]Wehe euch, ihr Scheinheili-
gen! Ihr scheut keine Mühe, wenn es gilt,
auch nur einen Menschen für eure Lehre
zu gewinnen. Aber wenn ihr einen ge-
funden habt, dann wird er durch euch ein
Kind der Hölle, das euch an Bosheit
noch übertrifft.
[16]Wehe euch! Ihr seid selbst blind und
wollt doch andere führen. So behauptet
ihr: ›Beim Tempel Gottes schwören, das
hat nichts zu bedeuten. Diesen Eid
kannst du ruhig brechen. Aber wer beim
Gold im Tempel schwört, der muß
seinen Eid halten.‹ [17]Ihr blinden Narren!
Was zählt mehr: das Gold oder der Tem-
pel, durch den das Gold erst geheiligt
wird?
[18]Ihr sagt: ›Ein Eid, beim Altar ge-
schworen, hat keine Bedeutung. Wer
aber bei dem Opfer auf dem Altar
schwört, der muß sein Versprechen hal-
ten.‹ [19]Ihr Verblendeten! Was zählt denn
mehr: die Gabe auf dem Altar oder der
Altar, der die Gabe erst zum Opfer wer-
den läßt? [20]Wer beim Altar schwört,
schwört bei allem, was darauf liegt. [21]Wer
beim Tempel schwört, der ruft Gott zum
Zeugen an, der dort wohnt. [22]Und wer
beim Himmel schwört, schwört bei dem
Thron Gottes und damit bei Gott selbst,
der auf diesem Thron sitzt.
[23]Wehe euch, ihr Schriftgelehrten und
Pharisäer! Ihr Scheinheiligen! Sogar von
Küchenkräutern wie Minze, Dill und
Kümmel gebt ihr Gott den zehnten Teil.
Aber die viel wichtigeren Forderungen
Gottes nach Gerechtigkeit, Barmherzig-
keit und Glauben sind euch gleichgültig.
Doch gerade darum geht es hier: Das We-
sentliche tun und das Nebensächliche
nicht unterlassen. [24]Ihr aber entfernt jede
kleine Mücke entrüstet aus eurem Essen,
doch ganze Kamele schluckt ihr beden-
kenlos hinunter. Andere wollt ihr führen
und seid doch selber blind!
[25]Wehe euch, ihr Schriftgelehrten und
Pharisäer! Ihr Heuchler! Äußerlich seid
ihr wie die Becher, aus denen ihr trinkt:
auf Hochglanz poliert! Aber euer wirkli-
ches Leben besteht aus schmutziger Er-
pressung und Gier. [26]Ihr blinden Verfüh-
rer, sorgt erst einmal dafür, daß euer Le-
ben mit Gott in Ordnung kommt! Dann
wird auch alles andere in Ordnung kom-
men.[a]
[27]Wehe euch, ihr Schriftgelehrten und
Pharisäer! Ihr seid wie die gepflegten
Grabstätten: von außen sauber und ge-
schmückt, so daß man gern hinsieht; aber
innen ist alles voll stinkender Ver-
wesung. [28]Ihr wollt vor den Leuten als
die Gerechten dastehen, aber in Wirklich-
keit seid ihr voller Bosheit und Heu-
chelei.
[29]Wehe euch, ihr Schriftgelehrten und
Pharisäer! Ihr Scheinheiligen! Den Pro-
pheten baut ihr Denkmäler, und die Grä-
ber der Gerechten schmückt ihr. [30]Dazu
behauptet ihr noch: ›Wenn *wir* damals ge-
lebt hätten, wir hätten die Propheten
nicht umgebracht, wie es unsere Väter ge-
tan haben.‹ [31]Damit gebt ihr also zu, daß
ihr die Nachkommen der Prophetenmör-
der seid. [32]Ja, ihr geht tatsächlich in ihren
Fußspuren und steht ihnen an Bosheit
nicht nach.
[33]Ihr heimtückischen Verführer! Wie
wollt ihr der Hölle entrinnen? [34]Ich wer-
de euch Propheten, geisterfüllte Männer

a) Wörtlich: Reinige zuerst das Innere des Bechers, damit auch sein Äußeres rein werde.

und Lehrer schicken. Einige von ihnen
werdet ihr töten und kreuzigen. Andere
werdet ihr in den Synagogen blutig peit-
schen, sie von Stadt zu Stadt verfolgen.
[35]Dadurch seid ihr am Tod aller dieser
Gerechten schuldig; angefangen bei Abel
bis zu Zacharias, dem Sohn des Barachja,
den ihr zwischen Tempel und Altar er-
mordet habt.[a]
[36]Das sage ich euch: Das Strafgericht
für all diese Schuld wird noch über diese
Generation hereinbrechen.«

»Ihr habt nicht gewollt!«
(Luk. 13,34-35)

[37]»Jerusalem! O Jerusalem! Du tötest die
Propheten und erschlägst die Boten, die
Gott zu dir schickt. Wie oft habe ich dei-
ne Kinder sammeln wollen, so wie eine
Henne ihre Küken unter ihre Flügel
nimmt! Aber ihr habt es nicht gewollt!
[38]Seht, euer Haus[b] wird zerstört werden!
[39]Denn ich sage euch: Ihr werdet mich
erst dann wiedersehen, wenn ihr bereit
seid, mich als den von Gott Gesandten
aufzunehmen. Dann werdet ihr rufen:
›Heil dem Retter, den Gott gesandt
hat!‹«

Die Zukunft der Welt
(Mark. 13,1-20; Luk. 21,5-24)

24 Als Jesus den Tempel verließ, ka-
men seine Jünger und wollten ihm
die riesigen Ausmaße der Tempelanlage
zeigen. [2]Da sagte Jesus zu ihnen: »Ja, seht
euch alles genau an! Denn ich sage euch:
Alles hier wird so zerstört werden, daß
kein Stein mehr auf dem anderen bleibt.«
[3]»Wann wird das geschehen?« fragten
ihn später seine Jünger, als er mit ihnen
am Abhang des Ölbergs saß. »Welche Er-
eignisse werden deine Wiederkunft und
das Ende der Welt ankündigen?«
[4]Jesus antwortete: »Laßt euch von
keinem Menschen täuschen und verfüh-
ren! [5]Denn manche werden von sich be-
haupten: ›Ich bin Christus!‹ Und viele
werden sich von solchen Betrügern ir-
reführen lassen. [6]Wenn ihr von Kriegen
und Unruhen hört, achtet darauf, aber er-
schreckt nicht! Das muß geschehen,
doch es bedeutet noch nicht das Ende.
[7]Die Völker und die Machtblöcke der Er-
de werden gegeneinander Kriege führen.
In vielen Teilen der Welt wird es Hun-
gersnöte und Erdbeben geben. [8]Doch das
ist erst der Anfang vom Ende; so wie die
ersten Wehen einer Frau, die ein Kind
zur Welt bringt.
[9]Dann werdet ihr gefoltert, getötet und
in der ganzen Welt gehaßt werden, weil
ihr zu mir gehört. [10]Manche werden ih-
ren Glauben verleugnen, einander verra-
ten und hassen. [11]Falsche Propheten wer-
den auftreten und viele verführen. [12]Und
weil Gottes Gebote mißachtet werden,
setzt sich das Böse überall durch. Und
die Liebe wird bei vielen erlöschen.
[13]Wer aber bis zum Ende durchhält, der
wird gerettet. [14]Die Heilsbotschaft vom
Reich Gottes wird in der ganzen Welt
verkündet werden, damit alle Völker sie
hören. Dann erst wird das Ende kom-
men.[c]
[15]Wer dies liest, soll genau auf jedes
Wort achten: Wenn ihr das abscheuliche
Götzenbild seht, das die heilige Stätte ent-
weiht,[d] [16]dann sollen alle, die sich in Ju-
däa aufhalten, in das Gebirge fliehen.
[17]Wer sich gerade auf der Terrasse seines
Hauses aufhält, der soll nicht erst im
Haus sein Gepäck für die Flucht zu-
sammensuchen. [18]Wer auf dem Feld arbei-
tet, soll nicht erst nach Hause laufen, um
seinen Mantel zu holen. [19]Schlimm wird
es für die Frauen werden, die ein Kind
erwarten, und für Mütter mit Säuglingen.
[20]Betet deshalb, daß ihr nicht im Winter
oder am Sabbat fliehen müßt!
[21]Denn es wird eine Notzeit kommen,
wie sie die Welt in ihrer ganzen Geschich-
te noch nicht erlebt hat und wie sie auch
später nicht wieder eintreten wird.
[22]Wenn diese Leidenszeit nicht verkürzt
würde, könnte niemand gerettet werden!
Aber den Auserwählten Gottes zuliebe
wird Gott diese Zeit verkürzen.

a) 2. Chronik 24,20-21 b) Der Tempel: Jeremia 22,5 c) Wörtlich: Es wird verkündet werden dieses Evangelium auf dem ganzen Erdkreis zu einem Zeugnis allen Völkern, und dann wird das Ende kommen. d) Daniel 9,27; 11,31; 12,11

Warnung vor falschen »Rettern«
(Mark. 13,21-23; Luk. 17,23-24)

23Wenn jemand zu euch sagt: ›Hier ist
der Retter!‹[a] oder: ›Dort ist Christus er-
schienen!‹, glaubt ihm nicht! 24Denn es
werden sich manche als Retter der Welt
aufspielen, und falsche Propheten wer-
den auftreten. Sie werden erstaunliche
Wunder vollbringen, und wenn es mög-
lich wäre, würden sie sogar die von Gott
Auserwählten irreführen. 25Denkt also
daran, ich habe euch gewarnt! 26Wenn
euch jemand erzählt: ›Der Retter ist drau-
ßen in der Wüste‹, so geht nicht hin.
Wenn er sich irgendwo verborgen halten
soll, glaubt es nicht. 27Wenn aber der
Menschensohn wiederkommt, wird er so-
fort für alle sichtbar sein, wie ein Blitz,
der von Ost nach West am Himmel auf-
zuckt, 28oder wie ein verendetes Tier, um
das sich die Geier scharen.«

Retter und Richter
(Mark. 13,24-27; Luk. 21,25-28)

29»Unmittelbar nach dieser großen
Schreckenszeit werden sich Sonne und
Mond verfinstern. Die Sterne werden aus
ihrer Bahn geschleudert, und die kosmi-
schen Kräfte geraten durcheinander.
30Dann wird das Zeichen des Men-
schensohnes am Himmel erscheinen. Die
Menschen auf der ganzen Erde werden
vor Entsetzen jammern und heulen. Sie
werden sehen, wie der Menschensohn in
göttlicher Macht und Herrlichkeit in den
Wolken des Himmels kommt. 31Mit ge-
waltigem Posaunenschall wird er seine
Engel aussenden, und sie werden seine
Auserwählten aus allen Teilen der Welt
sammeln.«

»Seid bereit!«
(Mark. 13,28-32;
Luk. 12,39-40; 17,26-36; 21,29-33)

32»Der Feigenbaum soll euch dafür ein
Beispiel sein: Wenn seine Zweige saftig
werden und Blätter treiben, dann wißt
ihr, daß es bald Sommer ist. 33Wenn sich
dies alles anbahnt, sollt ihr wissen: Mein
Kommen steht unmittelbar bevor. 34Das
sage ich euch: Dieses Volk[b] wird nicht
untergehen, bevor das alles geschieht.
35Himmel und Erde werden vergehen;
meine Worte aber gelten immer und
vergehen nie.
36Niemand weiß, wann das Ende kom-
men wird. Keiner kennt den Tag oder die
Stunde, auch nicht die Engel im Himmel,
ja nicht einmal der Sohn Gottes. Allein
der Vater kennt den Zeitpunkt.
37Wenn der Menschensohn kommt,
wird es auf der Erde zugehen wie zur
Zeit Noahs, als die große Flut herein-
brach. 38Auch damals lebten die Men-
schen so weiter, wie sie immer gelebt hat-
ten: Essen, Trinken und Heiraten waren
ihr einziger Lebensinhalt. 39Selbst als
Noah in die Arche stieg, glaubten die
Leute nicht an das Unheil, bis die Flut sie
alle mit sich riß. So wird es auch beim
Kommen des Menschensohnes sein.
40Zwei Männer werden auf dem Feld ar-
beiten. Der eine wird angenommen, und
der andere bleibt zurück. 41Zwei Frauen
werden mit ihrer Hausarbeit beschäftigt
sein; die eine wird angenommen, die an-
dere bleibt zurück.
42Deshalb seid jederzeit bereit! Denn
ihr wißt nicht, wann euer Herr wieder-
kommen wird. 43Das ist doch klar: Wenn
der Hausherr wüßte, wann ein Dieb bei
ihm einbrechen will, würde er sich recht-
zeitig vor ihm schützen. 44Seid also zu je-
der Zeit bereit, denn der Menschensohn
wird gerade dann kommen, wenn ihr es
am wenigsten vermutet!«

Der treue Verwalter
(Luk. 12,42-46)

45»Wie verhält sich denn ein kluger und
zuverlässiger Verwalter?« fragte Jesus die
Jünger. »Er hat den Auftrag bekommen,
seine Mitarbeiter zu beschäftigen und sie
mit allem Nötigen zu versorgen! 46Er
darf sich glücklich nennen, wenn sein
Herr ihn bei der Rückkehr gewissenhaft
bei der Arbeit findet. 47Das sage ich euch:
Einem so zuverlässigen Mann wird er die
Verantwortung für seinen ganzen Besitz
übertragen.
48Wenn aber ein Verwalter unzuver-
lässig ist und im stillen denkt: ›Ach was,
es dauert bestimmt noch lange, bis mein
Herr kommt‹, 49und er fängt an, seine

a) Wörtlich: Christus – der Messias! b) Wörtlich: Dieses Geschlecht.

Mitarbeiter zu schlagen und Trinkgelage
zu veranstalten, 50dann wird die Rück-
kehr seines Herrn ihn völlig überraschen.
51Der wird ihn hart bestrafen, als Heuch-
ler verurteilen und hinausstoßen, dort-
hin, wo es nur Weinen und ohnmächti-
ges Jammern gibt.«

Die zehn Brautjungfern
(Luk. 12,35-38; 13,25-28)

25 »Wenn der Menschensohn seine
Herrschaft antritt, wird es sein
wie bei den zehn Mädchen, die bei einer
Hochzeit als Brautjungfern mit ihren
Lampen den Bräutigam abholen sollten.
2-4Aber nur fünf von ihnen waren so
klug, sich ausreichend mit Öl für ihre
Lampen zu versorgen. Die anderen wa-
ren gleichgültig und dachten überhaupt
nicht daran, genügend Öl mitzunehmen.
5Als sich die Ankunft des Bräutigams
verzögerte, wurden sie alle müde und
schliefen ein. 6Plötzlich um Mitternacht
wurden sie mit dem Ruf geweckt: ›Der
Bräutigam kommt! Steht auf und be-
grüßt ihn!‹
7Da sprangen die Mädchen auf und
brachten ihre Lampen in Ordnung. 8Die
fünf, die nicht genügend Öl hatten, baten
die anderen: ›Gebt uns etwas von euerm
Öl! Unsere Lampen gehen aus.‹ 9Aber
die Klugen antworteten: ›Unser Öl reicht
gerade für uns selbst. Geht doch in den
Laden und kauft euch welches!‹
10In der Zwischenzeit kam der Bräu-
tigam, und die Mädchen, die genügend
Öl für ihre Lampen hatten, gingen mit
ihm in den Festsaal. Dann wurde die Tür
verschlossen. 11Später kamen auch die
fünf anderen. Sie standen draußen und
riefen: ›Herr, mach uns die Tür auf!‹
12Aber er erwiderte: ›Was wollt ihr denn?
Ich kenne euch nicht!‹
13Deshalb seid wach und haltet euch be-
reit! Denn ihr wißt weder an welchem
Tag noch zu welchem Zeitpunkt ich kom-
men werde.«

Beauftragt, zu handeln
(Luk. 19,11-27)

14»Es wird dann so sein wie bei dem
Mann, der ins Ausland reisen wollte. Er
rief alle Verwalter zusammen und beauf-
tragte sie, während seiner Abwesenheit
mit seinem Vermögen zu arbeiten. 15Dem
einen gab er fünf Goldstücke, einem an-
deren zwei und dem dritten eins, ent-
sprechend den Fähigkeiten, die er bei ih-
nen voraussetzte.[a] Danach reiste er ab.
16Der Mann mit den fünf Goldstücken
war so erfolgreich bei seinen Geschäften,
daß er die Summe verdoppeln konnte.
17Auch der die zwei Goldstücke be-
kommen hatte, verdiente zwei hinzu.
18Der dritte versteckte sein Goldstück an
einem sicheren Ort, weil er nichts riskie-
ren wollte.
19Nach langer Zeit kehrte der Herr von
seiner Reise zurück und forderte seine
Verwalter auf, mit ihm abzurechnen.
20Der Mann, der fünf Goldstücke er-
halten hatte, brachte zehn Goldstücke.
Er sagte: ›Herr, fünf Goldstücke hast du
mir gegeben. Hier, ich habe fünf da-
zuverdient.‹ 21Da lobte ihn sein Herr:
›Du warst tüchtig und zuverlässig. In
kleinen Dingen bist du treu gewesen,
darum werde ich dir größere Aufgaben
anvertrauen. Ich lade dich zu meinem
Fest ein!‹
22Danach kam der Mann mit den zwei
Goldstücken. Er berichtete: ›Herr, ich ha-
be den Betrag verdoppeln können.‹ 23Da
lobte ihn der Herr: ›Du warst tüchtig
und zuverlässig. In kleinen Dingen bist
du treu gewesen, darum werde ich dir
größere Aufgaben anvertrauen. Ich lade
dich zu meinem Fest ein!‹
24Schließlich kam der mit dem einen
Goldstück und erklärte: ›Ich kenne dich
als strengen Herrn und dachte: Was ich
auch immer verdiene, du nimmst es mir
doch weg.[b] 25Und ich hatte Angst, das
Geld bei irgendwelchen Geschäften zu
verlieren. Deshalb habe ich es sicher auf-
bewahrt. Hier hast du es wieder zurück!‹
26Zornig antwortete ihm darauf sein

a) Es geht hier um »Talente«: Gold- oder Silbertalente waren die größte Münzeinheit. b) Wörtlich: Du erntest, wo du nicht gesät hast, und sammelst, wo du nicht ausgestreut hast.

Herr: ›Was bist du doch für ein Dumm-
kopf! Wenn du schon der Meinung bist,
daß es mir nur um Gewinn geht, 27hättest
du doch mein Vermögen bei einer Bank
angelegt! Dort hätte es wenigstens Zin-
sen gebracht! 28Nehmt ihm das Geld
weg, und gebt es dem, der die fünf Gold-
stücke hatte!
29Denn wer das, was er hat, gewissen-
haft nutzt, dem kann man noch mehr an-
vertrauen, bis er mehr als genug hat. Wer
aber mit Wenigem nachlässig umgeht,
dem wird man auch das noch nehmen.
30Und jetzt werft diesen nichtsnutzigen
Kerl hinaus in die Finsternis, wo nur
noch Verzweiflung herrscht.‹«

Das Weltgericht

31»Wenn der Menschensohn in seiner gan-
zen Herrlichkeit, begleitet von allen En-
geln, wiederkommt, dann wird er auf
dem Thron Gottes sitzen. 32Alle Völker
werden vor ihm erscheinen, und er wird
die Menschen in zwei Gruppen teilen, so
wie ein Hirte die Schafe von den Böcken
trennt. 33Rechts werden die Schafe und
links die Böcke stehen.
34Dann wird der Richter zu denen an
seiner rechten Seite sagen: ›Kommt her!
Euch hat mein Vater gesegnet. Nehmt
das Reich Gottes in Besitz, das er seit Er-
schaffung der Welt für euch als Erbe be-
reithält! 35Denn als ich hungrig war, habt
ihr mir zu essen gegeben. Als ich Durst
hatte, bekam ich von euch etwas zu trin-
ken. Ich war ein Fremder bei euch, und
ihr habt mich aufgenommen. 36Ich war
nackt, ihr habt mir Kleidung gegeben.
Ich war krank, und ihr habt mich be-
sucht. Ich war im Gefängnis, und ihr seid
zu mir gekommen.‹
37Dann werden sie fragen: ›Herr, wann
bist du denn hungrig gewesen und wir
haben dir zu essen gegeben? Oder dur-
stig und wir gaben dir zu trinken?
38Wann haben wir dir Gastfreundschaft
gewährt, und wann bist du nackt ge-
wesen und wir haben dir Kleider ge-
bracht? 39Wann warst du denn krank
oder im Gefängnis und wir haben dich
besucht?‹
40Der Richter wird ihnen dann antwor-
ten: ›Das will ich euch sagen. Was ihr für
einen meiner geringsten Brüder getan
habt, das habt ihr für mich getan!‹
41Zu denen auf seiner linken Seite aber
wird er sagen: ›Geht mir aus den Augen,
ihr Verfluchten, ins ewige Feuer, das für
den Teufel und seine Helfer bestimmt
ist! 42Denn ich war hungrig, aber ihr habt
mir nichts zu essen gegeben. Ich war dur-
stig, aber ihr habt mir nichts zu trinken
gegeben. 43Ich war ein Fremder unter
euch, aber ihr habt mich nicht aufgenom-
men. Ich war nackt, aber ihr wolltet mir
nichts zum Anziehen geben. Ich war
krank und im Gefängnis, aber ihr habt
euch nicht um mich gekümmert.‹
44Dann werden auch sie ihn fragen:
›Herr, wann haben wir dich denn hung-
rig oder durstig, ohne Unterkunft, nackt,
krank oder im Gefängnis gesehen und
dir nicht geholfen?‹ 45Darauf wird ihnen
der Richter antworten: ›Die Hilfe, die ihr
meinen geringsten Brüdern verweigert
habt, die habt ihr mir verweigert.‹ 46Und
sie werden der ewigen Strafe ausgeliefert
sein. Aber die Gottes Willen getan ha-
ben, erwartet unvergängliches Leben.«

Jesus soll getötet werden
(Mark. 14,1-2; Luk. 22,1-2;
Joh. 11,47-53)

26 Als Jesus diese Rede beendet
hatte, sagte er zu seinen Jüngern:
2»Ihr wißt, daß übermorgen das Passah-
fest beginnt. Dann wird der Menschen-
sohn an die Menschen ausgeliefert und
ans Kreuz genagelt werden.«
3Zu derselben Zeit hielten die Ho-
henpriester und die Führer des Volkes
im Palast des Hohenpriesters Kaiphas ei-
ne Sitzung ab. 4Sie berieten darüber, wie
sie Jesus heimlich verhaften und um-
bringen könnten. 5Eins war ihnen von
vornherein klar: »Es darf auf keinen Fall
während des Passahfestes geschehen, da-
mit es nicht zu Unruhen im Volk
kommt.«

Ein Vermögen für Jesus
(Mark. 14,3-9; Joh. 12,1-8)

6Jesus war in Bethanien Gast bei Simon,
der früher einmal leprakrank gewesen
war. 7Während der Mahlzeit kam eine
Frau herein. Sie trug ein Glas mit kostba-
rem Öl, mit dem sie sein Haupt salbte.
8/9Die Jünger regten sich auf: »Das Öl
ist ein Vermögen wert! Man hätte es ver-

kaufen und das Geld den Armen geben sollen. Das ist doch reine Verschwendung!«

10Als Jesus ihren Ärger bemerkte, sagte er: »Warum kränkt ihr die Frau durch eure Vorwürfe? Sie hat etwas Gutes für mich getan. 11Arme werdet ihr immer bei euch haben, ich dagegen werde nicht mehr lange bei euch sein.

12Mit diesem Salböl hat sie meinen Leib für mein Begräbnis vorbereitet. 13Überall da, wo man in der Welt Gottes Heilsbotschaft verkünden wird, wird man auch von ihr sprechen und von dem, was sie an mir getan hat.«

Der Verrat
(Mark. 14,10-11; Luk. 22,3-6)

14Anschließend ging einer der zwölf Jünger, Judas Ischarioth, zu den Hohenpriestern 15und fragte: »Was gebt ihr mir, wenn ich euch Jesus verrate?« Sie gaben ihm dreißig Silbermünzen. 16Von da an suchte Judas eine günstige Gelegenheit, um Jesus zu verraten.

Jesus feiert das Passahmahl mit seinen Jüngern
(Mark. 14,12-21; Luk. 22,7-14.21-23)

17Am ersten Tag der Festwoche, dem Tag der ungesäuerten Brote,[a] kamen die Jünger zu Jesus und fragten: »Wo sollen wir das Passahmahl für uns vorbereiten?« 18Er antwortete: »Geht in die Stadt zu dem und dem – er nannte den Namen – und teilt ihm mit: Unser Meister sagt: ›Meine Zeit ist gekommen. Ich will mit meinen Jüngern in deinem Haus das Passahmahl feiern.‹« 19Die Jünger führten den Auftrag aus und bereiteten alles vor.

20Am Abend dieses Tages saß Jesus mit den zwölf Jüngern beim Essen. 21Während sie aßen, sagte er: »Einer von euch wird mich verraten!« 22Erschrocken fragte jeder: »Meinst du etwa mich?« 23Jesus antwortete: »Der mit mir das Brot in die Schüssel eingetaucht hat, der ist es. 24Der Menschensohn muß zwar sterben, wie es vorausgesagt ist, aber seinem Verräter wird es schlimm ergehen. Es wäre besser für ihn, er wäre nie geboren worden.« 25Judas fragte wie die anderen auch: »Meister, du meinst doch nicht etwa, daß ich es bin?« Da antwortete ihm Jesus: »Doch, du bist es!«

(Mark. 14,22-26; Luk. 22,19-20;
1. Kor. 11,23-25)

26Während der Mahlzeit nahm Jesus ein Stück Brot, sprach das Dankgebet, teilte das Brot und gab es den Jüngern mit den Worten: »Nehmt und eßt, das ist mein Leib!« 27Anschließend nahm er einen Becher mit Wein, dankte dafür und reichte ihn seinen Jüngern: »Trinkt alle daraus! 28Das ist mein Blut, mit dem der neue Bund zwischen Gott und den Menschen besiegelt wird. Es wird zur Vergebung eurer Sünden vergossen. 29Ich sage euch: Von jetzt an werde ich keinen Wein mehr trinken, bis ich ihn wieder im Reich meines Vaters mit euch trinken werde.« 30Nachdem sie das Danklied gesungen hatten, gingen sie hinaus an den Ölberg.

Jesus warnt den selbstbewußten Petrus
(Mark. 14,27-31; Luk. 22,31-34;
Joh. 13,36-38)

31Unterwegs sagte Jesus zu seinen Jüngern: »In dieser Nacht werdet ihr alle an mir zweifeln und mich nicht mehr begreifen. Denn es steht geschrieben: ›Ich werde der Herde den Hirten nehmen, und die Schafe werden auseinanderlaufen.‹[b] 32Aber nach meiner Auferstehung gehe ich nach Galiläa. Dort werde ich euch wiedersehen.«

33Da erklärte Petrus: »Wenn auch alle anderen an dir zweifeln, ich halte zu dir!« 34Doch Jesus erwiderte ihm: »Ich sage dir: Ehe heute nacht der Hahn kräht, wirst du dreimal behaupten, daß du mich nicht kennst.« 35»Selbst wenn ich sterben müßte, würde ich das nicht tun!« beteuerte Petrus. Und die anderen Jünger sagten alle das gleiche.

a) 2. Mose 12,18-20 b) Sacharja 13,7

Gebetskampf in Gethsemane
(Mark. 14,32-42; Luk. 22,39-46; Joh. 18,1)

36 Dann ging Jesus mit ihnen in einen Garten, der Gethsemane hieß. »Setzt euch hier hin und wartet auf mich!« forderte er die Jünger auf. »Ich will ein Stück weiter gehen und beten.« 37 Petrus, Jakobus und Johannes nahm er mit. Tiefe Mutlosigkeit und Angst überfielen Jesus, 38 und er sagte zu ihnen: »Ich zerbreche beinahe unter der Last, die ich zu tragen habe.[a] Bleibt bei mir und laßt mich nicht allein.« 39 Nachdem er einige Schritte weitergegangen war, warf er sich auf die Erde und betete: »Mein Vater, wenn es möglich ist, so bewahre mich vor diesem Leiden[b]! Aber nicht mein Wille soll geschehen, sondern dein Wille.«

40 Danach ging er zu den drei Jüngern zurück und sah, daß sie eingeschlafen waren. Er rüttelte Petrus wach und rief: »Könnt ihr denn nicht eine einzige Stunde mit mir wachen? 41 Bleibt wach und betet, damit ihr die kommenden Tage überstehen könnt. Ich weiß, ihr wollt das Beste, aber aus eigener Kraft könnt ihr es nicht erreichen.«[c]

42 Noch einmal ließ er sie allein, um zu beten: »Mein Vater, auch wenn mir dieses Leiden nicht erspart bleiben kann, bin ich bereit, deinen Willen zu erfüllen!« 43 Als er zurückkam, sah er, daß seine Jünger wieder schliefen.

44 Er kehrte um und betete zum dritten Mal mit den gleichen Worten. 45 Dann kam er zu seinen Jüngern zurück und sagte: »Hört auf zu schlafen, ruht euch ein andermal aus! Jetzt wird der Menschensohn den Menschen ausgeliefert. 46 Steht auf, laßt uns gehen! Der Verräter ist schon da.«

Jesus wird verhaftet
(Mark. 14,43-50; Luk. 22,47-53; Joh. 18,3-11)

47 Noch während Jesus sprach, kam Judas, einer seiner Jünger, zusammen mit vielen Männern, die von den Hohenpriestern und den Führern des Volkes geschickt und mit Schwertern und Knüppeln bewaffnet worden waren. 48 Judas hatte mit ihnen vereinbart: »Der Mann, den ich küssen werde, der ist es. Ihn müßt ihr festnehmen!«

49 Judas ging auf Jesus zu und sagte: »Sei gegrüßt, Meister!« Dann küßte er ihn. 50 Jesus sah ihn an: »Mein Freund! Was tust du?«[d] Sofort packten ihn die Soldaten und nahmen ihn fest.

51 Aber einer der Jünger zog sein Schwert und schlug einem Soldaten des Hohenpriesters das Ohr ab. 52 Doch Jesus befahl ihm: »Stecke dein Schwert weg! Wer Gewalt anwendet, wird durch Gewalt umkommen.

53 Ist dir denn nicht klar, daß ich meinen Vater um eine ganze Armee Engel[e] bitten könnte, um uns zu schützen? Er würde sie mir sofort schicken. 54 Wie sollte sich aber dann das erfüllen, was in der Heiligen Schrift vorausgesagt ist? Es muß alles so geschehen!«

55 Danach wandte sich Jesus an die Soldaten: »Bin ich denn ein Schwerverbrecher, daß ihr mit Schwertern und Knüppeln gekommen seid, um mich zu verhaften? Jeden Tag habe ich öffentlich im Tempel gepredigt, und ihr habt nichts gegen mich unternommen! 56 Aber auch dies geschieht, damit sich die Vorhersagen der Propheten erfüllen.«

Entsetzt verließen ihn alle Jünger und flohen.

Das Verhör
(Mark. 14,53-65; Luk. 22,54-55.63-71; Joh. 18,12-14.19-24)

57 Man führte Jesus in das Haus des Hohenpriesters Kaiphas, wo sich die Schriftgelehrten und Führer des Volkes versammelt hatten. 58 In sicherem Abstand folgte ihnen Petrus bis zum Innenhof des Palastes. Er ging hinein und setzte sich zu den Wächtern, um zu beobachten, was mit Jesus geschehen würde.

59 Die Hohenpriester und der ganze Gerichtshof waren versammelt. Sie suchten Zeugen, die durch ihre falschen Aussagen Jesus so belasten sollten, daß man ihn zum Tode verurteilen konnte. 60 Es

a) Wörtlich: Tief betrübt ist meine Seele bis zum Tod. b) Wörtlich: so gehe dieser Kelch (des Leidens) an mir vorüber. c) Wörtlich: Der Geist ist zwar willig, das Fleisch aber ist kraftlos. d) Wörtlich: Wozu bist du gekommen? e) Wörtlich: mehr als zwölf Legionen Engel.

fanden sich auch ein paar Leute, die dazu bereit waren. Aber ihre Aussagen waren widersprüchlich. [61]Schließlich erklärten zwei Männer: »Dieser Mensch hat behauptet: ›Ich kann den Tempel Gottes abreißen und in drei Tagen wieder aufbauen.‹«

[62]Da stand der Hohepriester auf und fragte Jesus: »Was antwortest du darauf? Hast du das gesagt oder nicht?«[a] [63]Doch Jesus schwieg. Darauf sagte der Hohepriester: »Ich nehme dich vor dem lebendigen Gott unter Eid: Sage uns, bist du Christus, der Sohn Gottes?« [64]»Ja«, antwortete Jesus, »und von jetzt an werdet ihr den Menschensohn an der rechten Seite Gottes sitzen und dann auf den Wolken des Himmels wiederkommen sehen.«

[65]Empört zerriß der Hohepriester sein Gewand und rief: »Das ist Gotteslästerung! Wozu brauchen wir noch weitere Zeugen? Ihr habt seine Gotteslästerung ja selbst gehört! [66]Wie lautet euer Urteil?« Sie schrien: »Er muß zum Tode verurteilt werden!« [67]Und sie spuckten Jesus ins Gesicht, schlugen ihn mit Fäusten und verhöhnten ihn: [68]»Na, du Messias! Du bist doch ein Prophet! Sag uns, wer hat dich geschlagen?«

Petrus verleugnet Jesus
(Mark. 14,66-72; Luk. 22,56-62; Joh. 18,15-18.25-27)

[69]Petrus war immer noch im Hof. Da trat ein junges Mädchen auf ihn zu und sagte: »Du warst doch auch bei Jesus, diesem Galiläer!« [70]Aber Petrus bestritt das laut: »Ich weiß nicht, was du willst.« [71]Als er danach in den Vorhof hinausging, bemerkte ihn ein anderes Mädchen und sagte zu den Umherstehenden: »Der da gehört auch zu diesem Jesus von Nazareth!« [72]Doch Petrus behauptete wieder, diesmal sogar mit einem Schwur: »Ich kenne den Mann gar nicht!« [73]Kurze Zeit später kamen einige von den Leuten, die im Hof standen, und sagten zu Petrus: »Natürlich! Du gehörst auch zu seinen Freunden! Dein Dialekt verrät dich.« [74]Da fing Petrus an zu fluchen und zu schwören: »Ich habe diesen Menschen nie gesehen!«

In diesem Augenblick krähte ein Hahn, [75]und Petrus fielen die Worte ein, die Jesus gesagt hatte: »Ehe der Hahn kräht, wirst du mich dreimal verleugnen.« Da ging Petrus hinaus und weinte voller Verzweiflung.

An die Römer ausgeliefert
(Mark. 15,1; Luk. 23,1; Joh. 18,28-32)

27 Am frühen Morgen faßten die Hohenpriester und die Führer des Volkes den Beschluß, bei den römischen Behörden die Vollstreckung des Todesurteils über Jesus zu beantragen. [2]Sie schickten ihn gefesselt zu Pilatus, dem römischen Gouverneur.

Judas begeht Selbstmord
(Apg. 1,16-19)

[3]Als Judas, der Verräter, sah, daß Jesus zum Tode verurteilt worden war, bereute er bitter, was er getan hatte. Er brachte den Hohenpriestern und Führern des Volkes das Geld zurück. [4]»Ich habe eine große Schuld auf mich geladen und einen Unschuldigen verraten!« bekannte er. [5]»Was geht uns das an?« gaben sie ihm zur Antwort. »Das ist deine Sache!«

Da nahm Judas das Geld und warf es in den Tempel. Dann lief er fort und erhängte sich. [6]Die Hohenpriester sammelten die Münzen ein, waren aber der Meinung: »Dieses Geld dürfen wir nicht in den Tempelschatz legen, weil Blut daran klebt!« [7]Nachdem sie die Sache besprochen hatten, beschlossen sie, eine Tongrube zu kaufen und diese als Friedhof für die Fremden zu benutzen. [8]Noch heute heißt dieser Friedhof »Blutacker«.

[9]Auf diese Weise erfüllte sich das Wort des Propheten Jeremia: »Sie nahmen die dreißig Silbermünzen – soviel war er dem Volk Israel wert – [10]und kauften das Land von den Töpfern, wie Gott es befohlen hatte.«[b]

a) Wörtlich: Antwortest du nichts auf das, was sie gegen dich bezeugen? b) Sacharja 11,12-13; Jeremia 18,2-10; 32,6-9

Das Todesurteil
(Mark. 15,2-15; Luk. 23,2-5. 17-25; Joh. 18,33-19,16)

11Jesus aber wurde zu dem römischen Gouverneur Pilatus gebracht. Der fragte ihn: »Bist du der König der Juden?« Jesus antwortete: »Ja!«

12Als nun die Hohenpriester und die Führer des Volkes alle möglichen Anklagen gegen ihn vorbrachten, schwieg Jesus. 13»Hörst du denn nicht, wie sehr sie dich beschuldigen?« fragte Pilatus. 14Aber Jesus erwiderte kein Wort. Darüber wunderte sich Pilatus sehr.

15Der Gouverneur hatte die Gewohnheit, jedes Jahr zum Passahfest einen Gefangenen zu begnadigen, den sich das Volk selbst auswählen durfte. 16In diesem Jahr saß ein berüchtigter Gewaltverbrecher im Gefängnis. Er hieß Barabbas. 17Als sich am Morgen die Menschenmenge vor dem Haus des Pilatus versammelt hatte, fragte er sie: »Wen soll ich diesmal begnadigen? Barabbas oder Jesus, euren Messias?« 18Denn Pilatus wußte genau, daß die Führer des jüdischen Volkes das Verfahren gegen Jesus nur aus Neid und Haß angezettelt hatten.

19Während Pilatus die Gerichtsverhandlung leitete, schickte ihm seine Frau eine Nachricht: »Unternimm nichts gegen diesen Mann. Er ist unschuldig! Ich habe seinetwegen in der letzten Nacht einen fürchterlichen Traum gehabt.«

20Inzwischen aber hatten die Hohenpriester und die Führer des Volkes die Menge aufgewiegelt. Sie sollten von Pilatus verlangen, Barabbas zu begnadigen und nicht Jesus. 21Als der Gouverneur nun seine Frage wiederholte: »Wen von den beiden soll ich freilassen?«, schrie die Menge: »Barabbas!«

22»Und was soll ich mit Jesus, eurem Messias, anfangen?« Da kam wie aus einem Munde die Antwort: »Ans Kreuz mit ihm!« 23»Was für ein Verbrechen hat er denn begangen?« fragte Pilatus. Doch ununterbrochen schrie die Menge: »Ans Kreuz mit ihm!«

24Als Pilatus sah, daß er so nichts erreichte und daß der Tumult nur immer größer wurde, ließ er eine Schüssel mit Wasser bringen. Für alle sichtbar wusch er sich die Hände und sagte: »Ich bin für das Blut dieses Unschuldigen nicht verantwortlich. Die Verantwortung dafür tragt ihr!« 25Die Menge schrie zurück: »Ja, wir und unsere Kinder, wir tragen die Folgen!« 26Da gab Pilatus ihnen Barabbas frei. Jesus ließ er auspeitschen und übergab ihn den Soldaten mit dem Befehl, ihn zu kreuzigen.

Jesus wird verspottet und mißhandelt
(Mark. 15,16-20; Joh. 19,2-3)

27Die Soldaten brachten Jesus in ihre Unterkunft und riefen die ganze Mannschaft zusammen. 28Dann nahmen sie ihm seine Kleider weg und zogen ihm einen roten Mantel an. 29Aus Dornenzweigen flochten sie eine Krone und drückten sie ihm auf den Kopf. Sie gaben ihm einen Stock in die rechte Hand, knieten vor ihm nieder und riefen höhnisch: »Es lebe der König der Juden!« 30Alle spuckten ihn an und schlugen ihm mit dem Stock auf den Kopf. 31Als sie genug davon hatten, zogen sie ihm den roten Mantel wieder aus, gaben ihm seine eigenen Kleider zurück und führten ihn ab zur Kreuzigung.

Am Kreuz
(Mark. 15,21-32; Luk. 23,26-43; Joh. 19,17-27)

32Auf dem Weg zur Hinrichtungsstätte begegnete ihnen ein Mann aus Kyrene, der Simon hieß. Ihn zwangen sie, das Kreuz zu tragen, an das Jesus gehängt werden sollte. 33So zogen sie aus der Stadt hinaus nach Golgatha, was »Schädelstätte« heißt. 34Dort gaben ihm die Soldaten Wein, der ihn betäuben sollte. Als Jesus das merkte, wollte er ihn nicht trinken.

35Nachdem sie ihn ans Kreuz geschlagen hatten, verlosten die Soldaten seine Kleider. Dadurch erfüllte sich, was durch den Propheten vorausgesagt wurde: »Meine Kleider haben sie unter sich geteilt und mein Gewand verlost.«[a]

36Sie setzten sich neben das Kreuz und bewachten Jesus. 37Über seinem Kopf nagelten sie ein Schild an, auf dem stand, weshalb man ihn gekreuzigt hatte: »Das ist Jesus, der König der Juden!« 38Zur glei-

a) Psalm 22,19

chen Zeit wurden zwei Verbrecher ge-
kreuzigt, der eine rechts, der andere links
von ihm.
[39]Die Leute, die vorbeigingen, be-
schimpften und verspotteten Jesus: [40]»Du
also wolltest den Tempel zerstören und
in drei Tagen wieder aufbauen! Dann ret-
te dich doch jetzt selbst! Komm vom
Kreuz herunter, wenn du wirklich der
Sohn Gottes bist!«
[41]Auch die Priester, Gesetzeslehrer
und die Führer des Volkes machten sich
über ihn lustig: [42]»Anderen hat er gehol-
fen, aber sich selber kann er nicht helfen.
Wenn er wirklich der König Israels ist,
soll er doch vom Kreuz heruntersteigen.
Dann wollen wir an ihn glauben! [43]Er hat
sich doch immer auf Gott verlassen; jetzt
wollen wir sehen, ob Gott sich zu ihm
bekennt und ihm hilft. Hat er nicht ge-
sagt: ›Ich bin Gottes Sohn‹?« [44]Ebenso be-
schimpften ihn die beiden, die mit ihm
gekreuzigt worden waren.

Der Tod Jesu

(Mark. 15,33-41; Luk. 23,44-49;
Joh. 19,28-37)

[45]Um die Mittagszeit dieses Tages wurde
es plötzlich im ganzen Land dunkel.
Diese Finsternis dauerte drei Stunden.
[46]Gegen drei Uhr rief Jesus laut: »Eli, Eli,
lama sabachthani?« Das heißt: »Mein
Gott, mein Gott, warum hast du mich
verlassen?«[a]
[47]Einige von den Herumstehenden hat-
ten ihn aber falsch verstanden. Sie mein-
ten, er rufe den Propheten Elia. [48]Einer
von ihnen holte schnell einen Schwamm,
tauchte ihn in Essig, steckte ihn auf einen
Stab und wollte Jesus trinken lassen.[b]
[49]Aber die anderen sagten: »Laß doch!
Wir wollen sehen, ob Elia kommt und
ihm hilft.« [50]Da schrie Jesus noch einmal
laut auf und starb.
[51]Im selben Augenblick zerriß der Vor-
hang, der im Tempel das Allerheiligste ab-
schloß, von oben bis unten. Die Erde beb-
te, und die Felsen zerbrachen. [52]Gräber
öffneten sich, und viele, die Gottes Wil-
len getan hatten und schon gestorben wa-
ren, erwachten vom Tod [53]und verließen
ihre Gräber. Nach der Auferstehung Jesu
gingen sie in die Stadt und erschienen
dort vielen Leuten.
[54]Der Hauptmann und die Soldaten,
die den gekreuzigten Jesus bewachten, er-
schraken sehr bei diesem Erdbeben und
allem, was sich sonst ereignete. Sie sag-
ten: »Dieser Mann ist wirklich Gottes
Sohn gewesen!«
[55]Viele Frauen aus Galiläa waren mit
Jesus zusammen nach Jerusalem ge-
kommen. Sie hatten für ihn gesorgt, und
jetzt beobachteten sie das Geschehen aus
der Ferne. [56]Unter ihnen waren auch Ma-
ria aus Magdala und Maria, die Mutter
von Jakobus und Joseph, sowie die Mut-
ter der beiden Zebedäussöhne Jakobus
und Johannes.

Jesus wird begraben

(Mark. 15,42-47; Luk. 23,50-56;
Joh. 19,38-42)

[57]Am Abend kam ein reicher Mann aus
Arimathia. Er hieß Joseph und war ein
Freund Jesu. [58]Er ging zu Pilatus und bat
ihn um den Leichnam Jesu. Pilatus be-
fahl, diese Bitte zu erfüllen. [59]Joseph
nahm den Toten, wickelte ihn in ein
neues Leinentuch [60]und legte ihn in das
Grab, das er für sich selbst in einen Fel-
sen hatte hauen lassen. Dann verschloß
er den Eingang des Grabes mit einem
großen Stein und ging fort. [61]Maria von
Magdala und die andere Maria waren
auch dabei. Sie blieben beim Grab sitzen.

Die Wache am Grab

[62]Am nächsten Tag, es war der Sabbat,
kamen die Hohenpriester und Pharisäer
zu Pilatus [63]und sagten: »Uns ist eingefal-
len, daß dieser Verführer einmal behaup-
tet hat: ›Drei Tage nach meinem Tod wer-
de ich wieder lebendig werden!‹ [64]Laß
darum das Grab bis zum dritten Tag be-
wachen, sonst stehlen seine Jünger noch
den Leichnam und erzählen jedem, daß
er wieder lebendig geworden ist. Das
aber wäre ein noch größerer Betrug.«
[65]»Ich will euch eine Wache geben«, ant-
wortete Pilatus. »Tut, was ihr für richtig

a) Psalm 22,2 b) Psalm 69,22

haltet, und sichert das Grab!« 66Da versiegelten sie den Stein und stellten Posten auf, die das Grab bewachen sollten.

Jesus lebt

(Mark. 16,1-8; Luk. 24,1-12; Joh. 20,1-18)

28 Als der Sabbat vorüber war, am frühen Sonntagmorgen, gingen Maria von Magdala und die andere Maria hinaus an das Grab. 2Plötzlich fing die Erde an zu beben, und ein Engel Gottes kam vom Himmel herab, wälzte den Stein, der das Grab verschloß, beiseite und setzte sich darauf. 3Er leuchtete hell wie ein Blitz, und sein Gewand war weiß wie Schnee. 4Die Wachtposten stürzten vor Schrecken zu Boden und blieben wie tot liegen.

5Der Engel wandte sich an die Frauen: »Fürchtet euch nicht! Ich weiß, daß ihr Jesus, den Gekreuzigten, sucht. 6Er ist nicht mehr hier. Er ist auferstanden, wie er es vorhergesagt hat. Kommt und seht euch die Stelle an, wo er gelegen hat. 7Dann beeilt euch, geht zu seinen Jüngern und sagt ihnen, daß Jesus von den Toten auferstanden ist. Er wird nach Galiläa gehen, um euch dort zu treffen. Diese Botschaft soll ich euch ausrichten.«

8Erschrocken liefen die Frauen vom Grab weg. Gleichzeitig erfüllte sie unbeschreibliche Freude. Sie wollten sofort den Jüngern alles berichten, was sie erlebt hatten. 9Sie waren noch nicht weit gekommen, als Jesus plötzlich vor ihnen stand. »Seid gegrüßt!« sagte er. Da fielen sie vor ihm nieder und umklammerten seine Füße. 10Jesus beruhigte sie: »Fürchtet euch nicht! Geht, sagt meinen Brüdern, sie sollen nach Galiläa kommen! Dort werden sie mich sehen.«

Die Lüge der Wachmannschaft

11Nachdem die Frauen das Grab verlassen hatten, liefen einige von der Wachmannschaft zu den Hohenpriestern in die Stadt und berichteten, was geschehen war. 12Diese berieten mit den Führern des Volkes, was sie nun tun sollten. Schließlich gaben sie den Soldaten Geld und befahlen ihnen: 13»Erzählt überall: ›In der Nacht, als wir schliefen, sind seine Jünger gekommen und haben den Toten gestohlen.‹« 14Auch versprachen sie ihnen: »Wenn der Gouverneur dahinterkommt, werden wir dafür sorgen, daß euch nichts passiert.« 15Die Soldaten nahmen das Geld und hielten sich an den Befehl. So hat sich diese Lüge weiter verbreitet und bis auf den heutigen Tag gehalten.

Jesus begegnet den Jüngern

(Mark. 16,14; Luk. 24,36-43; Joh. 20,19-20)

16Die elf Jünger aber gingen nach Galiläa zu dem Berg, den Jesus ihnen genannt hatte. 17Als sie ihn dort sahen, fielen sie vor ihm nieder und beteten ihn an. Einige aber zweifelten, ob es wirklich Jesus war.

Der Auftrag

(Mark. 16,15-19; Luk. 24,47-51; Joh. 20,21-23)

18Da ging Jesus auf seine Jünger zu und sprach: »Ich habe von Gott alle Macht im Himmel und auf der Erde erhalten. 19Geht hinaus in die ganze Welt und ruft alle Menschen in meine Nachfolge! Tauft sie und führt sie hinein in die Gemeinschaft mit dem Vater, dem Sohn und dem Heiligen Geist! 20Lehrt sie, so zu leben, wie ich es euch aufgetragen habe.[a] Ihr dürft sicher sein: Ich bin immer und überall bei euch, bis an das Ende dieser Welt!«

a) Wörtlich: Geht also hin, macht zu Jüngern alle Völker, tauft sie auf den Namen des Vaters und des Sohnes und des Heiligen Geistes. Lehrt sie alles halten, was ich euch befohlen habe.

Markus berichtet von Jesus

Verfasser: Markus, Mitarbeiter des Apostels Paulus
Ort: Rom
Zeit: zwischen 64 und 68 n.Chr.

Johannes Markus war ein Mitarbeiter des Apostels Paulus. Sein Evangelium schrieb er, als er sich mit Petrus, einem Jünger Jesu, in Rom aufhielt. Er stützte sich dabei auf das, was Petrus aus eigenem Erleben mit Jesus berichten konnte. Dabei legte er großes Gewicht auf die Taten Jesu: Er zeigt, daß Jesus Christus der Sohn Gottes ist, der Macht besitzt über Krankheit, Leiden und Tod. Jesus mißbrauchte diese Macht nicht zu seinem eigenen Vorteil, sondern setzte seine ganze Kraft ein, um Menschen aus der Gewalt des Bösen zu befreien. Ein großer Teil der Erzählungen des Markus beschäftigt sich mit den letzten Lebenswochen Jesu, mit seinem Leiden und Sterben und mit seiner Auferstehung. Das Evangelium macht deutlich: Jesus hat den Tod besiegt.

Johannes der Täufer fordert: Ändert euch!
(Matth. 3,1-12; Luk. 3,1-18; Joh. 1,19-28)

1 Dies ist die Heilsbotschaft von Jesus
Christus, dem Sohn Gottes.
2 Alles begann so, wie es in der Heili-
gen Schrift vorausgesagt worden war:
»Gott wird einen Boten senden, der die
Welt darauf vorbereiten soll, daß Gottes
Sohn kommen wird.«[a]
3 Der Prophet Jesaja hatte voraus-
schauend die Aufgabe dieses Boten so be-
schrieben: »Ich höre jemand in der Wü-
ste rufen: ›Macht den Weg frei für den
Herrn! Räumt alle Hindernisse weg, da-
mit er kommen kann!‹«[b]
4 Dieser Bote war Johannes der Täufer.
Er lebte in der Wüste, taufte und ver-
kündete den Leuten, die zu ihm kamen:
»Ändert euch von Grund auf, und kehrt
um zu Gott, damit er euch eure Sünden
vergeben kann. Laßt euch von mir tau-
fen!«
5 Viele Menschen aus der ganzen
Provinz Judäa und aus Jerusalem kamen,
um Johannes zu hören. Sie bekannten ih-
re Sünden, und er taufte sie im Jordan.
6 Johannes war sehr einfach gekleidet:
Er trug einen groben, aus Kamelhaar ge-
webten Mantel, der von einem Le-
derriemen zusammengehalten wurde.
Seine Nahrung bestand aus Heuschrek-
ken und Honig, den er draußen fand.
7 Er
rief den Leuten zu: »Nach mir wird ein
anderer kommen, der viel mächtiger sein
wird, als ich es bin. Ich bin nicht einmal
würdig, ihm die Schuhe auszuziehen.
8 Ich taufe euch mit Wasser, aber er wird
euch mit dem Heiligen Geist taufen.«

a) Maleachi 3,1 b) Jesaja 40,3

Jesus läßt sich taufen
(Matth. 3,13-17; Luk. 3,21-22; Joh. 1,32-34)

9In dieser Zeit kam Jesus von Nazareth aus der Provinz Galiläa und ließ sich von Johannes im Jordan taufen. 10Gleich nach der Taufe, als Jesus aus dem Wasser gestiegen war, sah er, wie sich der Himmel über ihm öffnete und der Geist Gottes wie eine Taube auf ihn herabkam. 11Dabei hörte er eine Stimme aus dem Himmel: »Du bist mein geliebter Sohn, der meine ganze Freude ist.«

Jesus wird auf die Probe gestellt
(Matth. 4,1-11; Luk. 4,1-13)

12Gleich darauf führte der Geist Gottes Jesus in die Wüste. 13Vierzig Tage war er dort den Versuchungen des Teufels ausgesetzt. Er lebte mit wilden Tieren zusammen, und die Engel Gottes dienten ihm.

Die ersten Jünger
(Matth. 4,12-22; Luk. 4,14-15)

14Nachdem Johannes der Täufer vom König Herodes verhaftet worden war, kam Jesus in die Provinz Galiläa, um dort Gottes Botschaft zu verkündigen: 15»Jetzt ist Gottes Stunde gekommen. Seine Königsherrschaft wird nun aufgerichtet. Ändert euch von Grund auf! Kehrt um zu Gott und nehmt seine Heilsbotschaft im Glauben an!« 16Am See Genezareth traf Jesus den Fischer Simon und dessen Bruder Andreas. Sie warfen gerade ihre Netze aus. 17Da forderte Jesus sie auf: »Kommt mit mir! Ich will euch zeigen, wie ihr Menschen für Gott gewinnen könnt.« 18Sofort ließen die beiden Männer ihre Netze liegen und gingen mit ihm.

19Nicht weit davon entfernt begegnete Jesus den Söhnen des Zebedäus, Johannes und Jakobus. Sie saßen im Boot und flickten ihre Netze. Auch sie forderte er auf, mit ihm zu gehen. 20Da verließen sie ihren Vater mit seinen Gehilfen und gingen mit Jesus.

Jesus erweist seine Macht
(Luk. 4,31-37)

21Nun kamen sie in die Stadt Kapernaum. Am nächsten Sabbat besuchte Jesus die Synagoge und predigte dort. 22Die Zuhörer waren von seiner Rede tief betroffen. Es war anders als bei ihren Schriftgelehrten, denn alle spürten, daß durch Jesus Gott selbst zu ihnen sprach.

23In der Synagoge war ein Mann, der von einem bösen Geist beherrscht wurde. Er lief zu Jesus und schrie: 24»Was willst du von uns, Jesus von Nazareth? Du bist doch nur gekommen, um uns zu vernichten. Ich weiß genau, wer du bist: der Sohn Gottes.« 25Aber Jesus wußte, daß nicht der Mann selbst sprach, sondern der böse Geist in ihm. Deshalb befahl er dem Dämon: »Schweig und verlaß den Mann!« 26Der Dämon zerrte den Mann hin und her und verließ ihn dann mit einem lauten Schrei.

27Darüber erschraken alle in der Synagoge und fragten sich aufgeregt: »Was ist das nur für eine Lehre? Den Befehlen dieses Jesus müssen sogar die bösen Geister gehorchen!« 28In Windeseile wurde in ganz Galiläa bekannt, was Jesus getan hatte.

Kranke werden geheilt
(Matth. 8,14-17; Luk. 4,38-41)

29Nachdem Jesus die Synagoge verlassen hatte, ging er mit Jakobus und Johannes in Simons Haus, in dem auch Andreas wohnte. 30Dort erfuhr er, daß Simons Schwiegermutter mit hohem Fieber im Bett lag. 31Er ging zu ihr, nahm ihre Hand und richtete sie auf. Sofort war das Fieber verschwunden. Sie konnte sogar aufstehen und für ihre Gäste sorgen.

32Am Abend, als die Sonne untergegangen war, brachte man viele Kranke und von Dämonen beherrschte Leute herbei. 33Fast alle Bewohner der Stadt versammelten sich vor Simons Haus. 34Jesus heilte viele Menschen von ihren Krankheiten und zwang die Dämonen, ihre Opfer freizugeben. Dabei verbot er den bösen Geistern, von ihm zu reden, denn sie wußten genau, wer er war.

Alle müssen die Heilsbotschaft hören
(Luk. 4,42-44)

[35]Am nächsten Morgen stand Jesus vor Tagesanbruch auf und ging an eine einsam gelegene Stelle, um dort allein zu beten. [36]Petrus und die anderen suchten ihn. [37]Als sie ihn gefunden hatten, sagten sie vorwurfsvoll: »Alle Leute fragen nach dir!« [38]Aber er antwortete: »Wir müssen auch noch in die anderen Dörfer gehen, um dort die Heilsbotschaft zu verkünden. Das ist meine Aufgabe.« [39]Und Jesus reiste durch die ganze Provinz Galiläa, predigte in den Synagogen und befreite viele aus der Gewalt dämonischer Mächte.

Ein Geheilter kann nicht schweigen
(Matth. 8,2-4; Luk. 5,12-16)

[40]Einmal kam ein Leprakranker zu Jesus. Er fiel vor ihm nieder und bat: »Wenn du willst, kannst du mich heilen.« [41]Jesus hatte Mitleid mit dem Mann. Deshalb legte er segnend die Hand auf ihn: »Ich will es tun! Sei gesund!« [42]Von diesem Augenblick an war der Aussatz verschwunden und der Mann geheilt. [43/44]»Sprich mit niemandem über deine Heilung«, schärfte ihm Jesus ein, »sondern gehe direkt zum Priester, und laß dich von ihm untersuchen. Bring das Opfer für deine Heilung, wie es Mose vorgeschrieben hat. Jeder soll merken, daß Gott dich geheilt hat.«

[45]Aber der Mann erzählte überall, wie er geheilt worden war, so daß Jesus nicht länger in der Stadt bleiben konnte. Er mußte sich in eine einsame Gegend zurückziehen. Aber auch dorthin kamen von überall die Leute zu ihm.

Jesus hat die Macht, Sünden zu vergeben
(Matth. 9,1-8; Luk. 5,17-26)

2 Nach einigen Tagen kehrte Jesus nach Kapernaum zurück. Es sprach sich schnell herum, daß er wieder zu Hause war. [2]Viele Menschen strömten zusammen, so daß nicht einmal mehr vor der Tür noch Platz war. Ihnen allen verkündete Jesus die Heilsbotschaft.

[3]Da kamen vier Männer, die einen Gelähmten trugen. [4]Weil sie wegen der vielen Menschen nicht bis zu Jesus kommen konnten, deckten sie über ihm das Dach ab. Durch diese Öffnung ließen sie den Gelähmten auf seiner Trage hinunter.

[5]Als Jesus sah, wie fest sie darauf vertrauten, daß er ihrem Freund helfen würde, sagte er zu dem Gelähmten: »Mein Sohn, deine Sünden sind dir vergeben!«

[6]Aber einige der anwesenden Schriftgelehrten dachten: [7]»Das ist Gotteslästerung! Was bildet der sich ein! Nur Gott allein kann Sünden vergeben.« [8]Jesus durchschaute sie und fragte: »Wie könnt ihr nur so etwas denken! [9]Ist es leichter zu sagen: ›Dir sind deine Sünden vergeben‹ oder diesen Gelähmten zu heilen? [10]Ich will euch beweisen, daß der Menschensohn die Macht hat, schon jetzt[a] Sünden zu vergeben.« Und er forderte den Gelähmten auf: [11]»Steh auf, nimm dein Bett und geh nach Hause! Du bist gesund!«

[12]Der Mann stand auf, nahm seine Trage und ging hinaus. Fassungslos sahen ihm die Menschen nach und riefen begeistert: »Noch nie haben wir so etwas erlebt!« Und alle lobten Gott.

Gesunde brauchen keinen Arzt
(Matth. 9,9-13; Luk. 5,27-32)

[13]Jesus ging an das Ufer des Sees Genezareth und sprach zu den vielen Menschen, die sich dort versammelt hatten. [14]Als er weiterging, sah er Levi, den Sohn des Alphäus, am Zoll sitzen. »Komm, folge mir nach!« rief er ihm zu. Sofort stand Levi auf und ging mit ihm.

[15]Danach gab Levi ein großes Festessen. Dazu hatte er nicht nur Jesus und seine Jünger eingeladen, sondern auch viele von seinen früheren Kollegen und andere Leute, die einen schlechten Ruf hatten. Viele von ihnen waren zu Freunden Jesu geworden. [16]Als aber einige Schriftgelehrte, die zur Partei der Pharisäer gehörten, Jesus in dieser Gesellschaft essen sahen, fragten sie seine Jünger: »Wie kann sich euer Jesus bloß mit solchem Gesindel einlassen!« [17]Als Jesus das hörte, antwortete er ihnen: »Die Gesunden brauchen keinen Arzt, son-

a) Wörtlich: auf der Erde.

dern die Kranken. Meine Aufgabe ist es, Sünder in die Gemeinschaft mit Gott zu rufen, und nicht solche, die Gott bereits kennen.«[a]

Neues Leben und alte Formen
(Matth. 9,14-17; Luk. 5,33-39)

[18]Die Jünger des Johannes und die Pharisäer fasteten regelmäßig. Deshalb kamen einige von ihnen zu Jesus und fragten: »Die Jünger des Johannes und alle Pharisäer fasten. Warum fasten deine Jünger nicht?«

[19]Jesus antwortete ihnen: »Sollen die Hochzeitsgäste etwa fasten, wenn sie an der Festtafel sitzen? Sie denken nicht daran! Zumindest werden sie so lange feiern, wie der Bräutigam bei ihnen ist. [20]Die Zeit kommt ohnehin früh genug, daß der Bräutigam ihnen genommen wird. Dann werden sie fasten.

[21]Niemand flickt ein altes Kleid mit neuem Stoff. Der alte Stoff würde an der Flickstelle doch wieder reißen, und das Loch würde nur noch größer. [22]Ebenso füllt niemand jungen, gärenden Wein in alte, brüchige Schläuche. Sonst platzen die Schläuche, der Wein läuft aus, und die Schläuche sind unbrauchbar. So verlangt das neue Leben nach neuen Ordnungen.«[b]

Der Ruhetag ist für den Menschen da
(Matth. 12,1-8; Luk. 6,1-5)

[23]An einem Sabbat ging Jesus mit seinen Jüngern durch die Getreidefelder. Unterwegs rissen die Jünger Ähren ab und aßen die Körner. [24]Da begannen einige Pharisäer zu schimpfen: »Sieh dir das an! Es ist doch nicht erlaubt, am Sabbat Getreide zu ernten.«

[25]Aber Jesus antwortete ihnen: »Habt ihr denn nie gelesen, was David und seine Männer getan haben? [26]Als sie hungrig waren, gingen sie in das Haus Gottes – Abjathar war damals Hoherpriester – und aßen die Opferbrote, die nur die Priester essen durften.[c]

[27]Der Sabbat wurde doch für den Menschen geschaffen und nicht der Mensch für den Sabbat. [28]Deshalb hat der Menschensohn auch das Recht zu entscheiden, was am Sabbat erlaubt ist und was nicht.«

Gesetzlichkeit oder Liebe?
(Matth. 12,9-14; Luk. 6,6-11)

3 Als Jesus wie gewohnt zur Synagoge ging, traf er dort einen Mann, der eine verkrüppelte Hand hatte. [2]Seine Gegner warteten gespannt darauf, wie Jesus sich verhalten würde. Sollte er es nämlich wagen, auch am Sabbat zu heilen, so könnten sie Anklage gegen ihn erheben.

[3]Jesus rief den Mann zu sich: »Komm her zu mir!« [4]Dann fragte er die Anwesenden: »Darf man am Sabbat Gutes tun oder nicht? Soll man an einem solchen Tag Leben retten oder es zugrunde gehen lassen?«

Darauf wußten sie keine Antwort. [5]Zornig sah Jesus einen nach dem anderen an, tief erschüttert über ihre Hartherzigkeit. Zu dem Mann aber sagte er: »Strecke deine Hand aus!« Der Mann gehorchte, und sofort war seine Hand gesund.

[6]Erregt verließen die Pharisäer die Synagoge und trafen sich mit den Freunden und Anhängern des Königs Herodes. Sie berieten miteinander, wie sie Jesus am einfachsten aus dem Weg räumen könnten.

Jesus heilt am See Genezareth
(Matth. 12,15-16; Luk. 6,17-19)

[7/8]Jesus zog sich mit seinen Jüngern wieder an das Ufer des Sees Genezareth zurück. Aber eine große Menschenmenge aus ganz Galiläa lief hinter ihm her. Sogar aus Judäa, Jerusalem, Idumäa, von jenseits des Jordantals und von Tyrus und Sidon waren sie gekommen, weil sie von seinen Krankenheilungen und Wundern gehört hatten.

[9]Als immer mehr Menschen dazukamen, beauftragte er seine Jünger, ein Boot bereitzuhalten, wenn ihn die Menschen zu sehr bedrängen sollten.

[10]Jesus heilte viele Kranke. Darum drängten sich die Leute um ihn. Sie wollten wenigstens seine Kleider berühren,

a) Wörtlich: und nicht die Gerechten. b) Wörtlich: Neuer Wein gehört in neue Schläuche.
c) 1. Samuel 21,7

um dadurch gesund zu werden. [11]Von Dä-
monen Beherrschte stürzten vor ihm nie-
der und schrien: »Du bist der Sohn Got-
tes!« [12]Aber Jesus befahl ihnen zu schwei-
gen.

Die zwölf Jünger
(Matth. 10,1-4; Luk. 6,12-16)

[13]Danach stieg Jesus auf einen Berg. Ei-
nige seiner Freunde hatte er aufgefordert,
mit ihm zu kommen; und sie waren mit
ihm gegangen. [14/15]Diese zwölf Männer
erwählte er zu seinen Jüngern. Sie sollten
ständig bei ihm bleiben und von ihm ler-
nen. Er wollte sie mit dem Auftrag aus-
senden, die Heilsbotschaft zu predigen
und Menschen von der Macht der Dämo-
nen zu befreien.
[16]Diese zwölf Männer, die später Apo-
stel genannt wurden, waren: Simon, dem
Jesus den Namen Petrus gab; [17]Jakobus
und Johannes, die Söhne des Zebedäus –
Jesus nannte sie »Donnersöhne« –; [18]An-
dreas, Philippus, Bartholomäus, Mat-
thäus, Thomas, Jakobus, der Sohn des Al-
phäus, Thaddäus, Simon, der ehemalige
Freiheitskämpfer, [19]und Judas Ischarioth,
der ihn später verraten hat.

Widerstand gegen Jesus
(Matth. 12,24-32; Luk. 11,15-23; 12,10)

[20]Als Jesus nach Hause kam, liefen gleich
wieder so viele Menschen zu ihm, daß er
und seine Jünger nicht einmal Zeit zum
Essen hatten. [21]Als seine Angehörigen
das erfuhren, wollten sie ihn unbedingt
mit nach Hause nehmen. »Er hat den Ver-
stand verloren!« sagten sie.
[22]Einige der Schriftgelehrten aus Je-
rusalem behaupteten sogar: »Er hat sich
dem Teufel verschrieben. Nur weil er
vom Obersten aller Dämonen die Macht
bekommen hat, kann er Dämonen
austreiben.«
[23]Jesus aber rief die Leute zu sich und
fragte sie: »Warum sollte denn ein Satan
den anderen vertreiben? [24]Ein Staat wird
untergehen, wenn in ihm verschiedene
Herrscher um die Macht kämpfen. [25]Eine
Familie, die ständig in Zank und Streit
lebt, bricht auseinander. [26]Wenn sich also
der Satan gegen sich selbst erhebt, hätte
er keine Macht mehr. Das wäre sein Un-
tergang. [27]Niemand kann in das Haus ei-
nes starken Mannes eindringen und ihn
berauben. Erst wenn der Starke gefesselt
ist, kann man ihn ausplündern.
[28]Das eine will ich euch mit aller
Deutlichkeit sagen: Jede Sünde und jede
Gotteslästerung kann den Menschen
vergeben werden. [29]Wer aber den Heili-
gen Geist lästert, der wird niemals Verge-
bung finden; seine Sünde bleibt für im-
mer bestehen.«
[30]Das sagte er zu den Schriftgelehrten,
weil sie behauptet hatten: »Er hat sich
dem Teufel verschrieben.«

Wer gehört zu Jesus?
(Matth. 12,46-50; Luk. 8,19-21)

[31/32]Noch während Jesus sprach, kamen
seine Mutter und seine Brüder. Aber weil
so viele Menschen bei ihm waren, kamen
sie nicht an ihn heran. Deshalb baten sie,
Jesus auszurichten: »Deine Mutter und
deine Geschwister warten draußen. Sie
wollen mit dir reden!« [33]Er gab zur Ant-
wort: »Wer ist meine Mutter, und wer
sind meine Brüder?« [34]Dann sah er seine
Zuhörer an und sagte: »Das sind meine
Mutter und meine Geschwister: [35]Jeder,
der Gottes Willen tut, ist für mich Bru-
der, Schwester und Mutter!«

Das Gleichnis vom Sämann: Hören allein ist noch nicht Glauben
(Matth. 13,1-23; Luk. 8,4-15)

4 Wieder kam eine große Menschen-
menge zusammen, als Jesus am See
sprach. Darum stieg er in ein Boot und
redete von dort zu den Menschen am
Ufer. [2]Was er ihnen von Gott zu sagen
hatte, erklärte er ihnen durch Beispiele:
[3]»Hört mir zu! Ein Bauer säte Getrei-
de aus. [4]Dabei fielen ein paar Samen-
körner auf den Weg. Die wurden gleich
von den Vögeln aufgepickt. [5]Andere fie-
len auf felsigen Boden, wo die Ackerkru-
me nur dünn war. Dort ging die Saat
zwar schnell auf; [6]aber als die Sonne heiß
brannte, vertrockneten die Pflänzchen,
weil ihre Wurzeln in der dünnen Erd-
schicht zu wenig Nahrung fanden. [7]Ein
Teil des Samens fiel zwischen die Di-
steln, von denen die jungen Pflanzen
bald überwuchert wurden, so daß sie
schließlich erstickten. [8]Der übrige Same
aber fiel auf fruchtbaren Boden und

brachte das Dreißigfache, das Sechzigfache, ja sogar das Hundertfache an Frucht ein. [9]Hört genau auf das, was ich euch sage!«

[10]Später, als Jesus mit seinen zwölf Jüngern und den anderen Begleitern allein war, fragten sie ihn: »Warum erzählst du solche Beispiele?« [11]Er antwortete: »Ihr versteht die Geheimnisse des Reiches Gottes. Den anderen erkläre ich sie durch Gleichnisse. [12]Damit erfüllt sich an ihnen das Wort des Propheten Jesaja: ›Sie sehen, aber sie erkennen nicht; sie hören, aber sie verstehen es nicht. Sonst würden sie ja zu Gott umkehren und ihre Sünde würde ihnen vergeben.‹«[a]

[13]Zugleich sagte er zu seinen Jüngern: »Aber ich sehe, daß auch ihr diesen einfachen Vergleich nicht verstanden habt. Wie wollt ihr dann all die anderen begreifen?

[14]Wer Gottes Wort weitergibt, ist wie der Bauer, der Samen aussät. [15]Mit dem festgetretenen Weg, auf den ein paar Körner fallen, sind die hartherzigen Menschen gemeint. Sie hören zwar Gottes Botschaft, aber dann kommt der Satan und nimmt ihnen alles wieder weg.

[16]Der felsige Boden ist ein Beispiel für die Leute, die das Wort Gottes schnell und mit großer Begeisterung annehmen. [17]Aber das Wort kann nicht tief genug in ihr Leben eindringen. Sie sind hin- und hergerissen. Wenn sie wegen ihres Glaubens in Schwierigkeiten kommen oder verfolgt werden, geben sie gleich auf.

[18]Der von Disteln überwucherte Boden entspricht den Menschen, die Gottes Botschaft hören und aufnehmen. [19]Aber nur allzu schnell ersticken die Sorgen des Alltags, die Verführung des Wohlstandes und die Gier nach all den Dingen dieses Lebens Gottes Botschaft in ihrem Herzen, so daß keine Frucht wachsen kann.

[20]Aber es gibt auch fruchtbaren Boden: Menschen, die Gottes Wort hören und in ihr Leben aufnehmen, so daß es Frucht bringt, dreißigfach, sechzigfach oder hundertfach.«

Hören und Gehorchen
(Luk. 8,16-18)

[21]Dann fragte Jesus die Zuhörer: »Zündet man etwa eine Lampe an, um sie dann unter einen Eimer oder eine Bank zu stellen? Im Gegenteil! Eine brennende Lampe stellt man so auf, daß sie den ganzen Raum erhellt. Nur so erfüllt sie ihren Zweck. [22]Alles, was jetzt noch verborgen ist, wird einmal ans Licht kommen, und was jetzt noch ein Geheimnis ist, wird jeder verstehen. [23]Denkt genau darüber nach, was ich euch gesagt habe, [24]und richtet euch danach!

Eins steht fest: Mit dem Maßstab, den ihr an andere anlegt, werdet ihr selbst gemessen werden. Von euch wird man sogar noch mehr erwarten. [25]Denn wer viel hat, der bekommt noch mehr dazu. Wer meine Botschaft versteht, der wird einmal alles begreifen. Wer sie aber nicht versteht, dem wird noch die geringe Kenntnis, die er zu besitzen meint, verlorengehen.«[b]

Gott läßt die Saat aufgehen

[26]»Mit dem Reich Gottes ist es wie mit dem Samen, den ein Bauer auf sein Feld sät«, erklärte Jesus weiter. [27]»Nach der Arbeit geht er nach Hause, schläft, steht wieder auf, und das tagaus, tagein. Im Laufe der Zeit wächst die Saat ohne sein Zutun heran. [28]Denn die Erde läßt die Frucht aufgehen und wachsen. Zuerst kommt der Halm, dann die Ähre und endlich als Frucht die Körner. [29]Wenn aus dem Samen das reife Getreide geworden ist, wird es gemäht, denn die Erntezeit ist da.«

Vom Senfkorn: Gottes Reich beginnt im Kleinen
(Matth. 13,31-32; Luk. 13,18-19)

[30]Schließlich fragte Jesus: »Womit sollen wir das Reich Gottes noch vergleichen? Welches Bild könnte euch helfen, es zu verstehen? [31]Ich möchte das Reich Got-

a) Jesaja 6,9-10 b) Wörtlich: Denn wer hat, dem wird gegeben werden. Wer aber nicht hat, dem wird auch das, was er hat, genommen werden.

tes mit einem Senfkorn vergleichen. Das
ist ein winziges Samenkorn. [32]Wenn es
aber in den Boden gesät wird, wächst es
schnell heran und wird größer als andere
Sträucher. Es bekommt starke Zweige, in
denen die Vögel sogar ihre Nester bauen
können.«

[33]Jesus benutzte sehr oft Beispiele, da-
mit die Menschen seine Botschaft besser
verstehen konnten. [34]In der Öffentlich-
keit gebrauchte er immer solche Gleich-
nisse. Wenn er aber später mit seinen Jün-
gern allein war, erklärte er ihnen die Be-
deutung dieser Bilder.

Herr über Wind und Wellen
(Matth. 8,23-27; Luk. 8,22-25)

[35]Am Abend dieses Tages sagte Jesus zu
seinen Jüngern: »Kommt, wir wollen ans
andere Ufer übersetzen!« [36]Sie schickten
die Menschen weg und ruderten mit dem
Boot, in dem Jesus saß, auf den See hin-
aus. Einige andere Boote folgten ihnen.

[37]Da brach ein gewaltiger Sturm los.
Hohe Wellen schlugen ins Boot, es lief
voll Wasser und drohte zu sinken. [38]Jesus
aber schlief hinten im Boot auf einem Kis-
sen. Da rüttelten ihn die Jünger wach
und schrien voller Angst: »Herr, wir ge-
hen unter! Merkst du das nicht?«

[39]Sofort stand Jesus auf, bedrohte den
Wind und rief in das Toben der See: »Sei
still! Schweige!« Da legte sich der Sturm,
und tiefe Stille breitete sich aus.

[40]»Warum hattet ihr solche Angst?«
fragte Jesus seine Jünger, »habt ihr denn
gar kein Vertrauen zu mir?« [41]Voller
Entsetzen flüsterten die Jünger einander
zu: »Was ist das für ein Mann! Selbst
Wind und Wellen gehorchen ihm!«

Jesus heilt einen Besessenen
(Matth. 8,28-34; Luk. 8,26-39)

5 Als sie auf der anderen Seite des Sees
die Gegend um Gadara erreichten
[2]und Jesus aus dem Boot stieg, lief ihnen
ein Mann entgegen. [3]Dieser Mensch wur-
de von Dämonen beherrscht und lebte in
Grabhöhlen. Er war so wild, daß er nicht
einmal mit Ketten gebändigt werden
konnte. [4]Sooft man ihn auch fesselte und
in Ketten legte, jedesmal riß er sich wie-
der los. Niemand wagte sich in seine Nä-
he. [5]Tag und Nacht hielt er sich in den
Grabhöhlen auf oder irrte in den Bergen
umher. Dabei tobte er und schlug mit
Steinen auf sich ein.

[6]Kaum hatte er Jesus gesehen, warf er
sich vor ihm nieder, und es schrie laut
aus ihm: [7]»Was willst du von mir, Jesus,
du Sohn Gottes? Ich beschwöre dich
beim Allerhöchsten, quäle mich nicht!«
[8]Jesus hatte nämlich dem Dämon be-
fohlen: »Verlaß dein Opfer, du teufli-
scher Geist!« [9]Da fragte ihn Jesus: »Wie
heißt du?« Der Dämon antwortete:
»Mein Name ist Legion, denn nicht nur
ich, sondern viele von uns beherrschen
diesen Menschen.« [10]Immer wieder bat er
Jesus: »Vertreibe uns nicht aus dieser Ge-
gend!«

[11]Nicht weit entfernt an einem Abhang
wurde gerade eine große Herde Schwei-
ne gehütet. [12]»Laß uns in diese Schweine
fahren«, bettelten die Dämonen. [13]Jesus
erlaubte es ihnen. Jetzt ließen die bösen
Geister den Mann frei und bemächtigten
sich der Schweine, die den Abhang hin-
unter in den See stürzten. Und alle zwei-
tausend Tiere ertranken.

[14]Verstört liefen die Hirten in die Stadt
und berichteten überall, was geschehen
war. Viele kamen nun am See zusammen,
um sich selbst zu überzeugen. [15]Sie sahen
den Mann, den die vielen Dämonen ge-
quält hatten. Er war gekleidet wie jeder
andere und saß ganz ruhig neben Jesus.
Da wurde ihnen unheimlich zumute.
[16]Die Leute aber, die alles mitangesehen
hatten, erzählten, wie der Besessene ge-
heilt wurde und was mit den Schweinen
geschehen war. [17]Daraufhin baten die
Leute Jesus, er möge ihre Gegend wieder
verlassen.

[18]Jesus wollte gerade in das Boot stei-
gen, als ihn der Geheilte bat: »Ich
möchte gern bei dir bleiben.« [19]Aber Je-
sus erlaubte es ihm nicht. Er sagte: »Geh
nach Hause zu deiner Familie und berich-
te, welch großes Wunder Gott an dir ge-
tan hat und wie barmherzig er zu dir ge-
wesen ist!« [20]Da wanderte der Mann
durch das Gebiet der Zehn Städte und er-
zählte jedem, was für ein Wunder Jesus
an ihm getan hatte. Und alle staunten.

Macht über Krankheit und Tod
(Matth. 9,18-26; Luk. 8,40-56)

21Kaum war Jesus ans andere Ufer zurückgekehrt, als sich am Strand wieder eine große Menschenmenge um ihn versammelte. 22Da kam Jairus, ein Vorsteher der jüdischen Gemeinde, und warf sich vor Jesus nieder. 23Er bat ihn verzweifelt: »Meine Tochter liegt im Sterben. Komm und lege ihr die Hände auf, damit sie wieder gesund wird!« 24Jesus ging mit Jairus, gefolgt von einer dichten Menschenmenge.

25In der Menge war auch eine Frau, die seit zwölf Jahren an starken Blutungen litt. 26Sie hatte sich schon von vielen Ärzten behandeln lassen und dabei ihr ganzes Vermögen ausgegeben. Aber niemand konnte ihr helfen. Ihr Leiden war eher schlimmer geworden. 27Dann hatte sie davon gehört, daß Jesus Kranke heilt. Deshalb drängte sie sich durch die Menge an Jesus heran und berührte von hinten seinen Mantel. 28Dabei dachte sie: »Wenn ich wenigstens seine Kleider berühren kann, werde ich bestimmt gesund.« 29Und tatsächlich: Sie merkte sofort, daß sie von ihrem Leiden befreit war. Die Blutung hörte auf.

30Aber auch Jesus spürte, daß heilende Kraft von ihm ausgegangen war. Deshalb drehte er sich um und fragte: »Wer hat mich angefaßt?« 31Seine Jünger antworteten: »Die Leute bedrängen dich von allen Seiten, und da fragst du, wer dich angefaßt hat?« 32Aber Jesus sah die Frau an, die ihn berührt hatte. 33Die war erschrokken und zitterte am ganzen Leib, denn sie wußte ja, was an ihr geschehen war. Sie fiel vor ihm nieder und sagte ihm alles. 34Jesus sprach zu ihr: »Meine Tochter, weil du so fest an mich geglaubt hast, bist du gesund geworden. Gehe in Frieden. Du bist geheilt.«

35Noch während er mit der Frau redete, kamen einige Leute aus dem Haus des Jairus gelaufen und riefen: »Deine Tochter ist tot. Es hat keinen Zweck mehr, den Meister zu holen.« 36Jesus hörte das und sagte zu Jairus: »Verzweifle nicht! Verlaß dich ganz und gar auf mich!« 37Er wies die Menschen zurück, die ihm folgen wollten. Nur Petrus, Jakobus und Johannes durften ihn begleiten.

38Als sie im Hause des Jairus ankamen, sah Jesus die vielen Menschen und hörte ihr Weinen und Jammern. 39»Weshalb macht ihr solchen Lärm?« fragte er sie. »Warum weint ihr? Das Kind ist nicht tot, es schläft nur.« 40Das fanden die Leute so unsinnig, daß sie spöttisch lachten. Er schickte sie alle weg; nur die Eltern und seine drei Jünger gingen mit zum Bett des Mädchens. 41Dann faßte er die Tochter des Jairus bei der Hand und sagte: »Steh auf, mein Kind!« 42Da stand das zwölfjährige Mädchen auf und lief im Zimmer umher. Ihre Eltern waren fassungslos. Sie wußten nicht, was sie sagen sollten. 43Jesus verbot ihnen aber nachdrücklich, anderen davon zu erzählen. »Und nun gebt dem Kind etwas zu essen!« sagte er.

Der Prophet gilt nichts im eigenen Land
(Matth. 13,53-58; Luk. 4,15-30)

6 Bald darauf verließ Jesus diese Gegend und kehrte mit den Jüngern in seinen Heimatort Nazareth zurück. 2Am Sabbat ging er in die Synagoge, um dort zu lehren. Die Leute, die ihm zuhörten, staunten über ihn und fragten sich: »Wie ist so etwas nur möglich? Woher hat er diese Weisheit? Wer gibt ihm die Macht für solche Taten? 3Er ist doch der Zimmermann, Marias Sohn. Wir kennen seine Brüder Jakobus, Joses, Judas und Simon. Und auch seine Schwestern wohnen bei uns. Alle sind Leute wie wir.« Sie ärgerten sich über ihn. 4Da sagte Jesus: »Nirgendwo gilt ein Prophet weniger als in seiner Heimat, bei seinen Verwandten und in seiner eigenen Familie.«

5Weil die Menschen in Nazareth nicht an Jesus glaubten, konnte er dort nur wenigen Kranken helfen. Ihnen legte er die Hände auf, und sie wurden gesund. 6Er wunderte sich, daß ihn die meisten in ihrem Unglauben ablehnten. Darum ging er in andere Dörfer und sprach dort überall zu den Menschen.

Jesus schickt seine Jünger zu den Menschen
(Matth. 10,1.7-15; Luk. 9,1-6)

7Jesus rief seine zwölf Jünger zu sich. Jeweils zu zweit sollten sie in seinem Auf-

trag durch das ganze Land ziehen. Er gab
ihnen die Vollmacht, böse Geister aus-
zutreiben. [8]Jesus befahl ihnen, nichts als
ihren Wanderstock mit auf den Weg zu
nehmen: Sie sollten ganz von Gott ab-
hängig sein, keine Reiseverpflegung, kei-
ne Tasche und kein Geld bei sich haben.
[9]Nur Sandalen durften sie tragen, aber
selbst auf Kleider zum Wechseln mußten
sie verzichten.

[10]»Wenn ihr in ein Haus kommt«,
fügte er hinzu, »dann bleibt in diesem
Haus, bis ihr weiterzieht. [11]Will man
euch irgendwo nicht aufnehmen und eu-
re Botschaft nicht hören, so geht weiter
und kümmert euch nicht mehr um diese
Leute. Sie müssen ihr Verhalten einmal
selbst verantworten.«

[12]Dann zogen die Jünger los und for-
derten die Menschen auf: »Ändert euch
von Grund auf! Kehrt um zu Gott!« [13]Sie
befreiten Menschen, die von bösen Gei-
stern beherrscht waren, und salbten viele
Kranke mit Öl.[a] Und die Kranken
wurden gesund.

Johannes der Täufer wird ermordet

(Matth. 14,1-12; Luk. 3,19-20; 9,7-9)

[14]Überall sprach man von Jesus und dem,
was er tat. Auch König Herodes hörte
davon. Man sagte ihm: »Johannes der
Täufer ist von den Toten auferstanden.
Deshalb kann er solche Wunder tun.«
[15]Andere meinten: »Er ist der Prophet
Elia.« Wieder andere behaupteten: »Er
ist ein Prophet, wie Gott sie schon früher
geschickt hat.« [16]Aber Herodes hatte
Angst, weil er dachte: »Es ist Johannes,
den ich enthaupten ließ. Er ist wieder le-
bendig geworden.«

[17]Herodes hatte Johannes nämlich
verhaften und im Gefängnis in Ketten le-
gen lassen, weil es seine Frau Herodias so
wollte. Sie war eigentlich die Frau seines
Bruders Philippus. [18]Johannes hatte dem
König vorgeworfen: »Du hattest nicht
das Recht, die Frau deines Bruders zu hei-
raten!« [19]Darum haßte ihn Herodias. Sie
wollte Johannes umbringen lassen, aber
Herodes war dagegen. [20]Er fürchtete sich
nämlich vor Johannes, weil er wußte, daß
der ein frommer und heiliger Mann war.
Er hatte zwar Johannes ins Gefängnis
sperren lassen, aber er hörte ihm doch
gern zu, auch wenn ihn dessen Worte
sehr beunruhigten.

[21]Endlich aber kam die Stunde der He-
rodias. Herodes hatte zu seinem Ge-
burtstag seine Hofleute, Offiziere und
die führenden Persönlichkeiten von Gali-
läa eingeladen. [22]Bei diesem Festessen
tanzte die Tochter der Herodias. He-
rodes und seine Gäste waren begeistert.
Der König versprach ihr deshalb: »Bitte
mich, um was du willst; ich will es dir
geben. [23]Ich schwöre, dir alles zu geben,
was du willst, und wenn es die Hälfte
meines Königreiches wäre.«

[24]Sie ging zu ihrer Mutter: »Was soll
ich mir denn vom König wünschen?«
»Verlange von ihm, daß er Johannes den
Täufer enthaupten läßt!« antwortete die
Mutter. [25]Darauf sagte die Tochter zu He-
rodes: »Ich will, daß du mir sofort den
Kopf von Johannes dem Täufer auf einer
Schale bringen läßt!«

[26]Der König war bestürzt. Aber weil er
sein Versprechen vor allen Gästen ge-
geben hatte und sich vor ihnen nicht
bloßstellen wollte, konnte er die Bitte
nicht abschlagen. [27]So befahl er, Johannes
töten zu lassen. Der Henker enthauptete
Johannes [28]und brachte auf einem Teller
das Haupt des Toten. Das Mädchen gab
ihn seiner Mutter.

[29]Als die Jünger des Johannes davon er-
fuhren, holten sie den Leichnam und be-
gruben ihn.

Fünftausend werden satt

(Matth. 14,13-21; Luk. 9,11-17;
Joh. 6,1-13)

[30]Nach ihrer Rückkehr erzählten die von
Jesus ausgesandten Jünger alles, was sie
auf ihrer Reise getan und den Menschen
verkündet hatten. [31]»Geht jetzt an einen
einsamen, stillen Platz!« sagte Jesus zu ih-
nen. »Ihr habt Ruhe nötig!« Es waren
nämlich so viele Menschen bei ihnen, daß
sie nicht einmal Zeit zum Essen fanden.
[32]Deshalb fuhren sie mit dem Boot an ei-
ne einsame Stelle. [33]Aber das hatten viele
Leute beobachtet. Aus allen Dörfern lie-
fen sie dorthin. Sie beeilten sich so sehr,
daß sie noch vor Jesus und seinen Jün-
gern da waren.

a) Als Zeichen dafür, daß sie in Gottes Auftrag handelten.

[34]Als Jesus aus dem Boot stieg und die
vielen Menschen sah, schickte er sie nicht
weg, weil er Mitleid mit ihnen hatte; sie
waren wie eine Schafherde ohne ihren
Hirten. Deshalb nahm er sich viel Zeit,
ihnen Gottes Botschaft zu erklären.
[35/36]Gegen Abend kamen seine Jünger zu
ihm und sagten: »Es wird bald dunkel.
Schick doch die Leute weg, damit sie in
die Dörfer oder auf die Höfe in der Um-
gebung gehen und sich etwas zu essen
kaufen.«

[37]Aber Jesus forderte sie auf: »Gebt *ihr*
ihnen doch zu essen!« »Was sollen wir
ihnen denn geben?« fragten die Jünger
verwundert. »Außerdem würde es ein
Vermögen[a] kosten, sie alle zu ver-
pflegen.« [38]»Wieviel Brot habt ihr denn
bei euch?« erkundigte sich Jesus. »Seht
einmal nach!« Kurz darauf kamen sie zu-
rück und berichteten: »Fünf Brote und
zwei Fische haben wir!«

[39]Da ordnete Jesus an, daß sich die
Leute in Gruppen auf dem Gras lagern
sollten. [40]So bildeten sie Gruppen von
fünfzig bis zu hundert Personen. [41]Jetzt
nahm Jesus die fünf Brote und die beiden
Fische, sah auf zum Himmel und dankte
Gott dafür. Er teilte das Brot, und die
Jünger gaben jedem davon. Ebenso ließ
er auch die Fische verteilen. [42]Alle aßen
sich satt, [43]und dann sammelten die
Jünger noch zwölf Körbe mit Resten ein.
[44]An der Mahlzeit hatten etwa fünf-
tausend Männer teilgenommen.

[45]Gleich danach befahl Jesus seinen
Jüngern, in ihr Boot zu steigen und über
den See nach Bethsaida zu fahren. Er
selbst blieb zurück, um die Leute zu ver-
abschieden.

Jesus kommt seinen Jüngern zu Hilfe
(Matth. 14,22-33; Joh. 6,16-21)

[46]Endlich war Jesus allein. Er ging auf ei-
nen Berg, um zu beten. [47]Als es Nacht
wurde, waren die Jünger noch weit drau-
ßen auf dem See. [48]Jesus sah, daß sie
kaum noch das Boot steuern konnten,
weil sie gegen einen schweren Sturm an-
zukämpfen hatten. Gegen vier Uhr mor-
gens kam er auf dem Wasser zu ihnen. Er
wollte an ihnen vorbeigehen. [49]Als die
Jünger ihn auf dem Wasser gehen sahen,
schrien sie vor Entsetzen, denn sie hiel-
ten ihn für ein Gespenst. [50]Alle sahen ihn
und waren zu Tode erschrocken.

Aber er sprach sie an: »Habt keine
Angst! Ich bin es doch! Fürchtet euch
nicht!« [51]Er stieg zu ihnen ins Boot, und
gleich legte sich der Sturm.

Die Jünger aber waren fassungslos und
wußten nicht, was sie sagen sollten.
[52]Selbst nach dem Wunder mit den Bro-
ten hatten sie noch immer nicht begrif-
fen, wer Jesus eigentlich war. Es war ih-
nen einfach ein Rätsel.[b]

Jesus heilt Kranke
(Matth. 14,34-36)

[53]Nach ihrer Überfahrt kamen sie in Ge-
nezareth an. [54]Als sie das Boot verließen,
erkannten die Leute Jesus sofort. [55]Von
überall holten sie die Kranken, um sie auf
ihren Tragen dahin zu bringen, wo sie Je-
sus gerade vermuteten. [56]Wohin er auch
immer kam, in den Dörfern, Städten und
draußen auf den Bauernhöfen trug man
die Kranken auf die Plätze und Straßen.
Die Kranken baten Jesus, wenigstens ein
Stück seiner Kleidung berühren zu dür-
fen. Alle, die das taten, wurden gesund.

Was ist rein – was unrein?
(Matth. 15,1-20)

7 Eines Tages kamen Pharisäer und
Schriftgelehrte aus Jerusalem zu Je-
sus. [2]Dabei entdeckten sie, daß einige sei-
ner Jünger die jüdischen Speisevorschrif-
ten nicht beachteten. [3]Die Pharisäer und
alle Juden essen nämlich erst dann, wenn
sie sich die Hände so gewaschen haben,
wie es ihren überlieferten Satzungen ent-
spricht. [4]Auch wenn sie vom Markt kom-
men, essen sie erst, nachdem sie sich nach
bestimmten Vorschriften gewaschen ha-
ben. Es gibt noch viele solcher Vorschrif-
ten, die sie streng beachten, zum Beispiel
bei der Reinigung von Trinkbechern,
Krügen und Töpfen.

[5]Deshalb also fragten die Pharisäer
und Schriftgelehrten Jesus: »Warum be-
achten deine Leute unsere alten Vor-
schriften nicht und essen mit ungewa-
schenen Händen?« [6]Jesus antwortete:
»Wie recht hat Jesaja, wenn er von euch

a) Wörtlich: zweihundert Denare. b) Wörtlich: Ihr Herz war verhärtet.

Heuchlern schreibt: ›Diese Leute können
schön über Gott reden, aber mit dem
Herzen sind sie nicht dabei. Es ist alles
nur Geschwätz. [7]Ihre Gottesdienste sind
wertlos, weil sie ihre menschlichen Ge-
setze als Gebote Gottes ausgeben.‹[a]
[8]Aber Gottes Gebote beachtet ihr nicht,
sondern ersetzt sie durch eure Vorschrif-
ten.

[9]Dabei geht ihr sehr geschickt vor. [10]So
hat euch Mose von Gott das Gebot ge-
geben: ›Du sollst deinen Vater und deine
Mutter ehren!‹ Und Gott fügte noch hin-
zu: ›Wer seinen Vater oder seine Mutter
verachtet, der soll sterben!‹[b] [11]Ihr aber be-
hauptet nun: ›Wenn jemand zu seinem
hilfsbedürftigen Vater oder zu seiner
Mutter sagt, daß er ihnen nicht helfen
kann, weil er sein Vermögen dem Tem-
pel vermacht hat, dann hat er nicht gegen
Gottes Gebot verstoßen.‹ [12]In Wirklich-
keit habt ihr damit aber nur erreicht, daß
niemand mehr seinem Vater oder seiner
Mutter helfen kann. [13]Ihr setzt also durch
eure eigenen Vorschriften das ausdrück-
liche Gebot Gottes außer Kraft.[c] Aber
das ist nur *ein* Beispiel für viele.«

[14]Dann rief Jesus die Menschen wieder
zu sich. »Hört alle ganz genau zu und
merkt euch das, was ich euch jetzt sage:
[15]Nicht, was ein Mensch ißt, macht ihn
unrein, sondern das, was er denkt und re-
det oder wie er handelt; das kann ihn von
Gott trennen. [16]Es lohnt sich für euch,
wenn ihr darüber nachdenkt.«

[17]Danach ging Jesus in ein Haus und
war mit seinen Jüngern allein. Hier frag-
ten sie ihn, was er mit dieser Rede eigent-
lich hatte sagen wollen. [18]»Versteht ihr
das denn auch nicht?« erwiderte Jesus.
»Wißt ihr nicht, daß alles, was ein
Mensch ißt, ihn nicht verunreinigen
kann? [19]Denn was ihr eßt, hat nichts mit
euerm Verhältnis zu Gott zu tun; das Es-
sen kommt in den Magen und wird dann
wieder ausgeschieden.« Damit wollte Je-
sus sagen, daß im Grunde jede Nahrung
›rein‹ ist.

[20]Und er fügte noch hinzu: »Was aus
dem Inneren des Menschen kommt,
seine Gedanken, Worte und Taten, die
lassen ihn unrein werden. [21]Denn aus
dem Inneren, aus dem Herzen der Men-
schen, kommen all die bösen Gedanken
wie: Unzucht, Diebstahl, Mord, [22]Ehe-
bruch, Habsucht, Bosheit, Betrügerei,
Begehrlichkeit, Neid, Verleumdung,
Überheblichkeit und Leichtsinn. [23]Dies
kommt von innen heraus, und das ist es
auch, was die Menschen von Gott
trennt.«

Der unerschütterliche Glaube einer Heidin
(Matth. 15,21-28)

[24]Jesus zog nun mit seinen Jüngern in die
Nähe der Hafenstadt Tyrus. Er wollte un-
erkannt bleiben, aber es sprach sich
schnell herum, daß er gekommen war.
[25]Davon hatte auch eine Frau gehört, de-
ren Tochter von einem bösen Geist be-
herrscht wurde. Sie kam zu Jesus, warf
sich vor ihm nieder [26]und bat ihn, ihr
Kind aus der Gewalt der Dämonen zu
befreien. Die Frau war keine Jüdin; sie
wohnte in Phönizien.

[27]Jesus antwortete ihr: »Zuerst müssen
die Kinder versorgt werden, das Volk Is-
rael. Es ist nicht richtig, wenn man den
Kindern das Brot wegnimmt und es den
Hunden vorwirft.« [28]Darauf antwortete
sie: »Ja, Herr, aber die kleinen Hunde be-
kommen doch auch die Krümel, die den
Kindern vom Tisch fallen.«

[29]»Du hast recht«, antwortete Jesus,
»ich will deiner Tochter helfen. Geh
nach Hause! Der böse Geist hat dein
Kind bereits verlassen.« [30]Und tatsäch-
lich: Als die Frau nach Hause kam, lag
ihre Tochter friedlich im Bett. Der Dä-
mon hatte keine Macht mehr über sie.

Ein Taubstummer kann wieder hören und sprechen
(Matth. 15,29-31)

[31]Von Tyrus aus ging Jesus in die Stadt
Sidon und von dort wieder an den See
von Galiläa in das Gebiet der Zehn
Städte. [32]Dort wurde ein Taubstummer
zu ihm gebracht, damit er dem Mann die
Hände auflegen und ihn heilen sollte. [33]Je-
sus führte den Kranken von der Men-
schenmenge weg. Er legte seine Finger in
die Ohren des Mannes, berührte dessen

a) Jesaja 29,13 b) 2. Mose 20,12; 21,17 c) Jesaja 29,13; Jeremia 8,8

Zunge mit Speichel, 34sah auf zum Himmel, seufzte und sprach: »Öffne dich!«[a] 35Im selben Augenblick konnte der Taubstumme hören und sprechen.

36Jesus verbot den Leuten, darüber zu reden. Aber je mehr er den Menschen einschärfte, nichts über diese Ereignisse zu berichten, um so schneller wurden sie bekannt. 37Denn für die Leute war es unfaßbar, was sie gesehen hatten. »Es ist einfach großartig, was er tut!« erzählten sie überall. »Selbst Taube können wieder hören und Stumme sprechen!«

Viertausend werden satt
(Matth. 15,32-39)

8 In diesen Tagen war wieder einmal eine große Menschenmenge versammelt. Schließlich hatten die Leute nichts mehr zu essen. Jesus rief seine Jünger zu sich und sagte: 2»Die Leute tun mir leid, sie sind schon drei Tage hier und haben nichts mehr zu essen. 3Ich kann sie doch nicht hungrig fortschicken. Viele würden den weiten Weg nach Hause nicht schaffen.« 4»Aber woher sollen wir hier in dieser Einöde genügend Brot bekommen, damit sie alle satt werden?« fragten die Jünger ratlos. 5»Wie viele Brote habt ihr denn?« wollte Jesus wissen. Sie antworteten: »Sieben!«

6Jetzt forderte Jesus die Leute auf, sich hinzusetzen. Er nahm die sieben Brote, dankte Gott dafür, teilte sie, und die Jünger gaben jedem etwas. 7Sie hatten auch noch einige kleine Fische bei sich. Wieder dankte Jesus Gott dafür und ließ dann die Fische verteilen. 8Nachdem sie alle satt waren, wurden die Reste eingesammelt: sieben Körbe voll. 9Etwa viertausend Menschen hatten sich sattgegessen. Danach gingen sie alle in ihre Heimatorte zurück.

10Jesus selbst stieg mit seinen Jüngern in ein Boot und kam in die Gegend von Dalmanutha.

11Hier wollten einige Pharisäer mit Jesus diskutieren und ihm gleichzeitig eine Falle stellen. Sie verlangten nämlich von ihm ein eindeutiges Zeichen. Damit sollte er seinen göttlichen Auftrag beweisen. 12Zornig entgegnete er ihnen: »Wie viele Beweise wollt ihr denn noch haben? Eins steht fest: Leute wie ihr werden von Gott kein Zeichen zu sehen bekommen.« 13So ließ er sie stehen, stieg wieder in das Boot und fuhr ans andere Seeufer.

Auch die Jünger verstehen Jesus nicht
(Matth. 16,1-12)

14Seine Jünger hatten vergessen, Brot mitzunehmen, so daß für alle nur ein Brot da war. 15Während sie über den See fuhren, warnte Jesus seine Jünger: »Hütet euch vor dem Sauerteig des Herodes und der Pharisäer!«

16Sie überlegten, was er wohl damit meinte: »Das sagt er bestimmt, weil wir das Brot vergessen haben.«

17Jesus merkte, worüber sie sprachen, und fragte traurig: »Weshalb macht ihr euch gleich Sorgen, wenn ihr einmal nicht genug zu essen habt? Werdet ihr denn nie verstehen, was ich meine? Könnt ihr gar nichts begreifen? Ist euer Herz denn noch immer so hart und unempfänglich? 18Ihr habt doch Augen. Warum seht ihr nicht? Und ihr habt Ohren. Warum hört ihr nicht?

19Habt ihr vergessen, daß ich fünftausend Menschen mit fünf Broten gesättigt habe? Wieviel Körbe habt ihr mit Resten gefüllt?« Sie antworteten: »Zwölf!«

20»Oder denkt an die sieben Brote, die ich an viertausend Menschen verteilt habe! Wieviel blieb damals übrig?« Sie antworteten: »Sieben Körbe voll!« 21»Und da habt ihr immer noch nichts begriffen?« fragte sie Jesus.

Ein Blinder kann wieder sehen

22In Bethsaida brachten die Leute einen Blinden zu Jesus. Sie baten ihn, den Mann zu heilen. 23Jesus nahm den Blinden bei der Hand und führte ihn zum Dorf hinaus. Dann strich er etwas Speichel auf seine Augen, legte ihm die Hände auf und fragte: »Kannst du etwas sehen?«

24Der Mann blickte auf. »Ja«, sagte er, »ich sehe Menschen herumlaufen. Aber ich kann sie nicht klar erkennen. Es könnten genausogut Bäume sein.«

a) Aramäisch: Hephata.

[25]Da legte Jesus ihm noch einmal die Hände auf die Augen. Jetzt sah der Mann deutlich; alles konnte er genau erkennen. Er war geheilt. [26]Aber Jesus befahl ihm: »Geh nicht erst in das Dorf zurück, sondern gehe gleich nach Hause!«

Wer ist Jesus?
(Matth. 16,13-20; Luk. 9,18-21; Joh. 6,67-71)

[27]Jesus und seine Jünger kamen nun in die Dörfer bei Cäsarea Philippi. Auf dem Weg dorthin fragte er seine Jünger: »Für wen halten mich die Leute eigentlich? Was sagen sie von mir?« [28]»Einige meinen, du bist Johannes der Täufer. Andere halten dich für Elia oder für einen der Propheten«, antworteten die Jünger. [29]»Und für wen haltet *ihr* mich?« Da rief Petrus: »Du bist Christus, der verheißene Retter!« [30]Aber Jesus verbot ihnen, das irgendeinem Menschen weiterzusagen.

Jesus spricht zum ersten Mal von seinem Tod
(Matth. 16,21-23)

[31]An diesem Tag sprach Jesus zum ersten Mal von seinem Tod: »Der Menschensohn muß viel leiden. Die Führer des Volkes, die Hohenpriester und die Schriftgelehrten werden ihn verurteilen und töten. Aber nach drei Tagen wird er von den Toten auferstehen.« [32]So offen sprach Jesus mit seinen Jüngern.

Da nahm ihn Petrus beiseite, um ihn von diesen Gedanken abzubringen. [33]»Weg mit dir, Satan!« erwiderte Jesus, so daß alle Jünger es hören konnten. »So wie du denken alle Menschen, die Gottes Gedanken nicht begreifen.«

Alles hingeben, um alles zu gewinnen
(Matth. 16,24-28; Luk. 9,23-27)

[34]»Hört her!« rief Jesus seinen Jüngern und den Menschen zu, die bei ihm waren. »Wer mir nachfolgen will, der darf nicht mehr an sich selbst denken, sondern muß sein Kreuz willig auf sich nehmen und mir nachfolgen. [35]Wer sein Leben um jeden Preis erhalten will, der wird es verlieren. Wer aber sein Leben für mich einsetzt, der wird es für immer gewinnen.

[36]Denn was gewinnt ein Mensch, selbst wenn ihm die ganze Welt zufällt, er aber das ewige Leben dabei verliert? [37]Gibt es denn etwas, mit dem man sich das ewige Leben erkaufen kann?[a] [38]Wer sich hier vor den gottlosen Menschen schämt, sich zu mir und meiner Botschaft zu bekennen, den wird auch der Menschensohn nicht kennen, wenn er mit den heiligen Engeln in der Herrlichkeit seines Vaters wiederkommen wird.«

9 Dann sagte Jesus zu seinen Zuhörern: »Das sage ich euch: Einige von euch werden erleben, wie die Herrschaft Gottes in ihrer ganzen Macht sichtbar wird.«

Die Jünger erleben Jesu Herrlichkeit
(Matth. 17,1-13; Luk. 9,28-36)

[2]Sechs Tage später ging Jesus nur mit Petrus, Jakobus und Johannes auf den Gipfel eines hohen Berges. Da wurde Jesus vor ihren Augen verwandelt. [3]Seine Kleider strahlten so glänzend hell, wie nichts auf dieser Erde leuchten könnte. [4]Dann erschienen Elia und Mose und redeten mit Jesus.

[5]Begeistert rief Petrus: »Meister, hier gefällt es uns! Wir wollen gleich drei Hütten bauen, für dich, für Mose und für Elia.« [6]Er wußte aber gar nicht, was er sagte, denn die drei Jünger waren völlig verwirrt. [7]Da fiel der Schatten einer Wolke über sie, und aus der Wolke hörten sie eine Stimme: »Dies ist mein lieber Sohn! Auf ihn sollt ihr hören!« [8]Als sich die Jünger umsahen, waren sie plötzlich mit Jesus allein.

[9]Während sie den Berg hinabstiegen, befahl ihnen Jesus: »Erzählt keinem, was ihr gesehen habt, bis der Menschensohn von den Toten auferstanden ist!« [10]So behielten sie es für sich. Aber als sie allein waren, sprachen sie darüber, was Jesus wohl damit meinte, »von den Toten auferstehen«. [11]Deshalb fragten sie Jesus: »Die Schriftgelehrten behaupten doch, daß zuerst Elia kommen muß.«

[12]Jesus antwortete ihnen: »Sie haben recht. Zuerst kommt Elia, um alles vorzubereiten. Und doch heißt es in der Heiligen Schrift vom Menschensohn, daß er

a) Wörtlich: Was könnte ein Mensch als Lösegeld für sein Leben geben?

viel leiden muß und von allen verachtet wird. 13Das aber will ich euch sagen: Elia ist schon gekommen. Sie haben mit ihm gemacht, was sie wollten. Genau das steht schon in der Schrift.«

Wer kann im Auftrag Gottes handeln?
(Matth. 17,14-21; Luk. 9,37-43)

14Bei ihrer Rückkehr fanden sie die anderen Jünger zusammen mit einigen Schriftgelehrten mitten in einer großen Volksmenge. Die Schriftgelehrten hatten die Jünger in ein Streitgespräch verwickelt. 15Als die Leute Jesus sahen, liefen sie ihm aufgeregt entgegen und begrüßten ihn. 16»Worüber streitet ihr euch denn?« fragte er sie.

17Einer aus der Menge antwortete: »Herr, ich habe meinen Sohn hergebracht, damit du ihn heilst, denn er kann nicht sprechen, weil er von einem bösen Geist beherrscht wird. 18Wenn dieser Geist Gewalt über ihn gewinnt, wirft er ihn zu Boden. Hilflos wälzt er sich dann auf der Erde, Schaum tritt ihm vor den Mund, er knirscht mit den Zähnen und bleibt schließlich bewußtlos liegen. Ich habe schon deine Jünger angefleht, den bösen Geist auszutreiben; aber sie konnten es nicht.«

19»Wann wollt ihr endlich anfangen zu glauben?« rief Jesus. »Wie lange muß ich noch bei euch sein, bis ihr das gelernt habt? Bringt das Kind her zu mir!« 20Sie brachten es. Als aber der böse Geist Jesus erkannte, schüttelte er den Jungen mit fürchterlichen Krämpfen. Der stürzte zu Boden, wälzte sich hin und her, und der Schaum stand ihm vor dem Mund.

21»Wie lange leidet er schon darunter?« fragte Jesus den Vater. »Von Kindheit an. 22Schon oft hat ihn der böse Geist in ein Feuer oder ins Wasser geworfen, um ihn umzubringen. Habe doch Erbarmen mit uns! Hilf uns, wenn du kannst!« 23»Wenn ich kann?« meinte Jesus verwundert. »Alles ist möglich, wenn du mir vertraust.« 24Verzweifelt bat ihn der Mann: »Ich will dir ja vertrauen. Aber hilf mir doch, daß ich es kann!«

25Als Jesus sah, daß die Menschenmenge immer größer wurde, bedrohte er den bösen Geist, der das taubstumme Kind quälte: »Ich befehle dir, verlaß dieses Kind und kehre nie wieder zu ihm zurück.«

26Da stieß der Dämon einen furchtbaren Schrei aus, zerrte den Jungen hin und her und verließ ihn. Der Junge lag regungslos da, so daß die meisten sagten: »Er ist tot!« 27Aber Jesus nahm seine Hand und half ihm aufzustehen.

28Als Jesus mit seinen Jüngern ins Haus gegangen war, fragten sie ihn: »Weshalb konnten wir diesen Dämon nicht austreiben?« 29Jesus antwortete: »Das könnt ihr nur durch Beten und Fasten.«

Jesus spricht wieder von seinem Tod
(Matth. 17,22-23; Luk. 9,43-45)

30Jesus verließ mit seinen Jüngern diese Gegend und zog durch Galiläa. Weil er seinen Jüngern noch viel zu sagen hatte, wollte er mit ihnen allein bleiben. 31»Der Menschensohn wird bald in der Gewalt der Menschen sein«, sagte Jesus, um sie auf die kommenden Ereignisse vorzubereiten. »Sie werden ihn töten. Aber wenn sie ihn umgebracht haben, wird er nach drei Tagen wieder auferstehen.«

32Die Jünger verstanden nichts von dem, was er sagte, aber sie wagten auch nicht, ihn zu fragen.

Gott hat andere Maßstäbe
(Matth. 18,1-9; Luk. 9,46-50)

33Sie kamen nach Kapernaum. Als sie im Hause waren, fragte Jesus die Jünger: »Worüber habt ihr unterwegs gesprochen?« 34Doch sie schwiegen verlegen; denn sie hatten sich darüber gestritten, welcher von ihnen wichtiger sei als alle anderen. 35Jesus setzte sich, rief die zwölf Jünger zu sich und sagte: »Wer der Erste sein will, der soll sich allen anderen unterordnen und ihnen dienen.« 36Er rief ein kleines Kind, stellte es in die Mitte und umarmte es. Dann sagte er: 37»Wer ein solches Kind mir zuliebe aufnimmt, der nimmt mich auf. Und wer mich aufnimmt, der nimmt damit Gott selbst auf, weil Gott mich gesandt hat.«

Wer nicht gegen uns ist, der ist für uns

38Johannes sagte zu Jesus: »Herr, wir haben einen Mann getroffen, der in deinem

Namen Dämonen austrieb. Aber wir haben es ihm verboten, weil er ja gar nicht mit uns geht.« [39]»Das hättet ihr nicht tun sollen!« erwiderte Jesus. »Wer in meinem Namen große Taten vollbringt, wird nicht gleichzeitig gegen mich arbeiten. [40]Wer nicht gegen uns ist, der ist für uns. [41]Erfrischt euch ein Mensch mit einem Schluck Wasser, weil ihr zu Christus gehört, so wird er seinen Lohn erhalten. Darauf könnt ihr euch verlassen!«

Keine Halbheiten!
(Matth. 18,6-9; Luk. 17,1-2)

[42]»Wer in einem Menschen den festen Glauben, wie ihn ein Kind hat, zerstört, für den wäre es noch das beste, ihn mit einem Mühlstein um den Hals ins Meer zu werfen.

[43/44]Wenn deine Hand dich zum Bösen verführt, dann hack sie ab! Es ist besser, du gehst verstümmelt in das ewige Leben als mit beiden Händen in das unauslöschliche Feuer der Hölle.

[45/46]Verführt dich dein Fuß dazu, böse Wege zu gehen, dann hack ihn ab! Es ist besser für dich, mit kranken Füßen zum ewigen Leben zu kommen, als mit gesunden Füßen geradewegs in die Hölle zu marschieren.

[47]Wenn dich dein Auge zur Sünde verführt, dann reiß es heraus. Es ist viel besser, einäugig in Gottes Reich zu gelangen, als mit zwei gesunden Augen schließlich ins Feuer der Hölle geworfen zu werden. [48]Dort wird die Qual nicht enden und das Feuer nicht verlöschen.

[49]Niemand kann sich der Feuerprobe Gottes entziehen. So, wie man die Tiere im Tempel mit Salz für das Opfer vorbereitet, so sollt auch ihr euch vorbereiten.[a] [50]Salz ist gut und notwendig, solange es wirkt. Sonst ist es nutzlos. Deshalb achtet darauf, daß man an euch die Wirkung des Salzes sieht. Haltet Frieden miteinander.«

Die Frage nach der Ehescheidung
(Matth. 19,1-9)

10 Dann zog Jesus von Kapernaum nach Judäa und in die Gegend östlich des Jordan. Wie überall strömten auch hier die Menschen zusammen, und wie immer sprach er zu ihnen vom Reich Gottes. [2]Da kamen einige Pharisäer zu ihm. Sie wollten ihm auch diesmal eine Falle stellen, als sie ihn fragten: »Wie stehst du zur Ehescheidung? Darf sich ein Mann von seiner Frau scheiden lassen?«

[3]Jesus fragte zurück: »Was hat Mose denn im Gesetz vorgeschrieben?« [4]»Mose«, antworteten sie, »hat gesagt: ›Wenn sich der Mann von seiner Frau trennt, soll er ihr eine Scheidungsurkunde geben.‹«[b]

[5]Jesus entgegnete: »Das war nur ein Zugeständnis an euer böses und hartes Herz. [6]Aber Gott hat die Menschen von Anfang an als Mann und Frau geschaffen. Nach seinem Willen sollen sie ein Leben lang zusammengehören. [7]Deshalb verläßt ein Mann seine Eltern und verbindet sich so eng mit seiner Frau, [8]daß die beiden eins sind mit Leib und Seele.[c] So sind sie nicht länger zwei voneinander getrennte Menschen. [9]Was Gott zusammengefügt hat, darf der Mensch nicht scheiden.«

[10]Im Hause wollten seine Jünger noch mehr darüber hören. [11]Jesus sagte ihnen: »Wenn sich ein Mann von seiner Frau trennt, um eine andere zu heiraten, dann ist das Ehebruch. [12]Auch eine Frau bricht die Ehe, wenn sie sich von ihrem Mann trennt und wieder heiratet.«

Wem steht Gottes Reich offen?
(Matth. 19,13-15; Luk. 18,15-17)

[13]Einige Eltern brachten ihre Kinder zu Jesus, damit er sie segnen sollte. Die Jünger aber wollten sie wegschicken. [14]Als Jesus das merkte, wurde er zornig: »Laßt doch die Kinder zu mir kommen! Haltet sie nicht zurück! Denn für Menschen wie sie ist das Reich Gottes bestimmt. [15]Habt ihr denn immer noch nicht begriffen: Wer nicht wie ein kleines Kind voller Vertrauen zu Gott kommt, dem bleibt das Reich Gottes verschlossen.« [16]Dann nahm er die Kinder in seine Arme, legte ihnen die Hände auf und segnete sie.

a) Wörtlich: Jeder wird mit Feuer gesalzen werden. Vgl. 3. Mose 2,13 b) 5. Mose 24,1
c) 1. Mose 2,24

Die Reichen und das Reich Gottes
(Matth. 19,16-30; Luk. 18,18-30)

17 Als Jesus weitergehen wollte, lief ein jun-
ger Mann auf ihn zu, warf sich vor ihm
auf die Knie und fragte: »Guter Meister,
was muß ich alles tun, um ganz sicher das
ewige Leben zu bekommen?« 18 Jesus ent-
gegnete: »Weshalb nennst du mich gut?
Es gibt nur einen, der gut ist, und das ist
Gott. 19 Du kennst doch seine Gebote:
Du sollst nicht töten! Du sollst nicht die
Ehe brechen! Du sollst nicht stehlen! Sag
nichts Unwahres über deinen Mitmen-
schen! Du sollst nicht betrügen! Achte
deinen Vater und deine Mutter!«
20 »Meister«, antwortete der junge
Mann, »an diese Gebote habe ich mich
schon als Kind gehalten.« 21 Jesus sah ihn
voller Liebe an: »Eins fehlt dir noch: Ver-
kaufe alles, was du hast, und gib das Geld
den Armen. Damit wirst du im Himmel
einen Reichtum gewinnen, der niemals
verlorengeht. Und dann komm und folge
mir nach!« 22 Über diese Forderung war
der Mann tief betroffen. Traurig ging er
weg, denn er war sehr reich.
23 Zu seinen Jüngern sagte Jesus nun:
»Wie schwer ist es doch für einen Rei-
chen, in das Reich Gottes zu kommen!«
24 Er sah, wie entsetzt seine Jünger über
diese Worte waren. Deshalb wiederholte
er ganz nachdrücklich: »Für Menschen,
die viel besitzen, ist es fast unmöglich,
dieses Ziel zu erreichen. 25 Eher läßt sich
ein dickes Seil in ein Nadelöhr einfä-
deln,[a] als daß Menschen, die an ihrem
Reichtum hängen, in Gottes Reich kom-
men.« 26 Darüber erschraken die Jünger
noch mehr, und sie fragten sich: »Wer
kann dann überhaupt gerettet werden?«
27 Jesus sah sie ernst an: »Für Menschen
ist es unmöglich, aber nicht für Gott. Bei
ihm gibt es kein ›Unmöglich‹.«
28 Aufgeregt fragte Petrus: »Aber wie
ist es nun mit uns? Wir haben doch alles
aufgegeben und sind mit dir gegangen!«
29 Jesus antwortete: »Das sollt ihr wissen:
Jeder, der sein Haus, seine Geschwister,
seine Eltern, seine Kinder oder seinen Be-
sitz aufgibt, um mir zu folgen und das
Evangelium weiterzusagen, 30 der wird
schon hier alles hundertfach zurückerhal-
ten: ein Zuhause, Brüder und Schwe-
stern, Eltern, Kinder und alles, was er
zum Leben braucht. All dies wird ihm –
wenn auch mitten unter Verfolgungen –
hier auf dieser Erde gehören und außer-
dem in der zukünftigen Welt das ewige
Leben. 31 Viele, die jetzt eine große Rolle
spielen, werden dann nichts bedeuten.
Und andere, die heute die Letzten sind,
werden dort zu den Ersten gehören.«

Jesus spricht zum dritten Mal von seinem Tod
(Matth. 20,17-19; Luk. 18,31-34)

32 Auf dem Weg nach Jerusalem ging Je-
sus seinen Jüngern voran. Voller Angst
und Sorge folgten sie ihm. Unterwegs, an
einem ruhigen Platz, sprach Jesus mit
den zwölf Jüngern noch einmal darüber,
was ihn erwartete. 33 »Wir gehen jetzt
nach Jerusalem. Dort wird der Menschen-
sohn den Hohenpriestern und Schrift-
gelehrten ausgeliefert. Sie werden ihn
zum Tode verurteilen und den Römern
übergeben. 34 Die werden ihn verspotten,
anspucken, auspeitschen und kreuzigen.
Aber nach drei Tagen wird er vom Tode
auferstehen.«

Streit um die besten Plätze
(Matth. 20,20-28; Luk. 22,24-27)

35 Jakobus und Johannes, die Söhne des
Zebedäus, gingen zu Jesus und sagten:
»Herr, wirst du uns eine Bitte erfüllen?«
36 »Was wollt ihr?« fragte Jesus. 37 »Wir
möchten gern in deinem Königreich die
Plätze rechts und links neben dir einneh-
men.«
38 »Ihr wißt ja gar nicht, was ihr da ver-
langt!« antwortete Jesus. »Könnt ihr
denn das schwere Leiden tragen, das auf
mich wartet? Könnt ihr euer Leben hin-
geben, so wie ich es hingeben muß?«[b]
39 »Ja, das können wir!« antworteten sie,
ohne zu zögern. »Ihr werdet tatsächlich
leiden und euer Leben hingeben müs-
sen«, sagte Jesus zu ihnen. 40 »Aber trotz-
dem kann ich nicht bestimmen, wer ein-
mal die Plätze rechts und links neben mir

a) Andere Übersetzung: Es ist leichter, daß ein Kamel durch ein Nadelöhr geht. b) Wörtlich: Könnt ihr den Becher trinken, den ich trinke, und mit der Taufe getauft werden, mit der ich getauft werde?

einnehmen wird. Das hat bereits Gott entschieden.«

[41]Als die anderen Jünger von dem Wunsch des Johannes und Jakobus hörten, waren sie empört. [42]Da rief Jesus alle zusammen. »Ihr wißt«, sagte er, »wie die Machthaber der Welt ihre Völker unterdrücken. Wer die Macht hat, nutzt sie rücksichtslos aus. [43]Aber gerade so darf es bei euch nicht sein. Wer in Gottes Augen groß sein will, der soll allen anderen dienen, [44]und wer der Erste sein will, soll sich allen anderen unterordnen. [45]Auch der Menschensohn ist nicht gekommen, um sich bedienen zu lassen, sondern um zu dienen und mit seinem Leben viele Menschen aus der Gewalt des Bösen zu befreien.«

Ein Blinder wird geheilt und geht mit Jesus

(Matth. 20,29-34; Luk. 18,35-43)

[46]Dann kamen Jesus und seine Jünger nach Jericho. Als sie die Stadt wieder verlassen wollten, folgte ihnen eine große Menschenmenge. Am Weg saß ein Blinder und bettelte. Es war Bartimäus, der Sohn des Timäus. [47]Als er hörte, daß es Jesus von Nazareth war, der vorbeikam, begann er laut zu rufen: »Jesus, du Sohn Davids, hab Erbarmen mit mir!« [48]»Halt den Mund!« riefen ärgerlich die Leute. Aber er schrie nur um so lauter und immer wieder: »Du Sohn Davids, habe doch Mitleid mit mir!«

[49]Jesus blieb stehen: »Ruft ihn her zu mir.« Ein paar von den Leuten liefen zu dem Blinden und sagten zu ihm: »Du hast es geschafft. Komm mit! Jesus ruft dich.« [50]Vor Aufregung ließ Bartimäus seinen Mantel liegen, sprang auf und kam zu Jesus. [51]»Warum hast du nach mir gerufen?« fragte ihn Jesus. »Herr, ich möchte sehen können!« [52]Darauf antwortete Jesus: »Geh! Dein Glaube hat dich geheilt.« Sofort konnte der Blinde sehen, und er ging mit Jesus.

Großer Empfang für Jesus

(Matth. 21,1-9; Luk. 19,29-38; Joh. 12,12-18)

11 Als sie in die Nähe von Jerusalem nach Bethphage und Bethanien kamen – das sind zwei Ortschaften, die am Ölberg liegen –, schickte Jesus zwei Jünger voraus: [2]»Geht in das nächste Dorf!« trug er ihnen auf. »Gleich am Eingang werdet ihr einen jungen Esel finden. Er ist angebunden, und auf ihm ist noch nie jemand geritten. Bindet ihn los und bringt ihn her. [3]Sollte jemand fragen, was ihr da macht, dann sagt einfach: ›Unser Herr braucht das Tier, aber er wird es bald wieder zurückschicken.‹«

[4/5]Sie gingen hin und fanden den Esel an ein Hoftor angebunden. Sie banden ihn los; aber einige Leute, die dabeistanden, fragten: »Was macht ihr denn da? Was wollt ihr mit dem Esel?« [6]Sie antworteten so, wie Jesus ihnen gesagt hatte. Da ließ man sie gewähren.

[7]Die Jünger brachten den jungen Esel, legten ihre Mäntel auf das Tier, und Jesus setzte sich darauf. [8]Viele Leute breiteten ihre Kleider als Teppich vor ihm aus, andere rissen grüne Zweige von den Bäumen und legten sie auf den Weg. [9]Vor und hinter ihm drängten sich die Menschen und riefen: »Heil unserem König! [10]Ihn hat Gott zu uns gesandt! Jetzt kommt endlich Davids Reich! Gelobt sei Gott!«

[11]So zog Jesus in Jerusalem ein. Er ging in den Tempel und beobachtete aufmerksam das geschäftige Treiben. Am Abend kehrte er mit seinen Jüngern nach Bethanien zurück.

Der Feigenbaum

(Matth. 21,18-19)

[12]Am nächsten Morgen, als sie Bethanien verließen, hatte Jesus Hunger. [13]Schon von weitem sah er einen Feigenbaum mit vielen Blättern. Er ging hin, um sich ein paar Feigen zu pflücken. Aber er fand nichts als Blätter, denn zu dieser Jahreszeit gab es noch keine Feigen. [14]Da hörten die Jünger, wie Jesus zu dem Baum sagte: »Nie wieder soll jemand von dir eine Frucht essen!«

Jesus jagt die Händler aus dem Tempel

(Matth. 21,12-17; Luk. 19,45-48; Joh. 2,13-17)

[15]Sie kamen nach Jerusalem, und Jesus ging in den Tempel. Dort vertrieb er die Händler, die den Pilgern Opfertiere zum Kauf anboten, und ihre Kunden. Die

Tische der Geldwechsler stieß er um,
ebenso die Stände der Taubenhändler.
16Er duldete noch nicht einmal, daß je-
mand irgendwelche Dinge durch den
Tempel trug. 17»Ihr wißt doch, was Gott
sagt«, rief Jesus der aufgebrachten Men-
schenmenge zu: »›Mein Haus soll für alle
ein Haus des Gebets sein‹,[a] ihr aber habt
eine Räuberhöhle daraus gemacht.«
18Nachdem die Hohenpriester und
Schriftgelehrten von diesen Ereignissen
gehört hatten, stand ihr Entschluß fest,
Jesus umzubringen. Sie fürchteten den
ständig wachsenden Einfluß, den Jesus
auf das Volk hatte. Denn seine Worte hin-
terließen tiefen Eindruck bei den Men-
schen. 19Am Abend verließ Jesus mit
seinen Jüngern die Stadt.

Von der Kraft des Glaubens
(Matth. 21,20-22)

20Am nächsten Morgen, als sie wieder an
dem Feigenbaum vorbeikamen, sahen
sie, daß er völlig abgestorben war. 21Pe-
trus dachte daran, was Jesus gesagt hatte.
»Siehst du«, meinte er, »der Baum, den
du verflucht hast, ist vertrocknet.« 22Da
antwortete Jesus: »Ihr müßt Gott ganz
vertrauen! 23Denn das ist sicher: Wenn
ihr glaubt und nicht im geringsten
zweifelt, könnt ihr zu diesem Berg hier
sagen: ›Hebe dich von der Stelle und stür-
ze dich ins Meer!‹, und es wird gesche-
hen.
24Es ist wirklich so: Alles, worum ihr
im festen Glauben betet, wird Gott euch
geben. 25Aber wenn ihr ihn um etwas bit-
tet, sollt ihr vorher den Menschen verge-
ben, die euch Unrecht getan haben.
Dann wird euch der Vater im Himmel
eure Schuld auch vergeben. 26Wenn ihr
ihnen aber nicht vergeben wollt, dann
wird euch Gott eure Schuld auch nicht
vergeben.«

Die Frage nach der Autorität Jesu
(Matth. 21,23-27; Luk. 20,1-8)

27/28Sie kamen wieder nach Jerusalem.
Als Jesus im Tempel war, kamen die Ho-
henpriester, die Schriftgelehrten und die
Führer des Volkes zu Jesus und stellten
ihn zur Rede: »Woher nimmst du dir das
Recht, hier in dieser Weise aufzutreten?
Wer gab dir die Vollmacht dazu?«
29Jesus erwiderte: »Ich will euch eine
Gegenfrage stellen. Wenn ihr die beant-
wortet, will ich auf eure Frage eingehen.
30Von wem hatte eurer Meinung nach Jo-
hannes der Täufer die Vollmacht zu tau-
fen? War er von Gott beauftragt oder
nicht? Was meint ihr?«
31Sie überlegten: »Wenn wir antwor-
ten: ›Gott hat ihn gesandt‹, dann wird er
fragen: ›Warum habt ihr ihm dann nicht
geglaubt?‹ 32Wenn wir aber bestreiten,
daß Gott ihn gesandt hat, bekommen wir
Ärger mit dem Volk. Denn alle sind da-
von überzeugt, daß Johannes ein Prophet
war.«
33So antworteten sie schließlich: »Wir
wissen es nicht!« Worauf Jesus entgegne-
te: »Dann sage ich euch auch nicht, wer
mir die Vollmacht gegeben hat.«

Vom Weinbergbesitzer und den betrügerischen Pächtern
(Matth. 21,33-46; Luk. 20,9-19)

12 Wenn Jesus zu den Menschen re-
dete, gebrauchte er oft Beispiele.
So erzählte er: »Ein Mann legte einen
Weinberg an, zäunte ihn ein, stellte eine
Weinpresse auf und baute einen Wacht-
turm. Dann verpachtete er ihn an einige
Weinbauern und reiste ins Ausland.
2Zur Zeit der Weinlese beauftragte er
jemanden, den vereinbarten Anteil an der
Ernte abzuholen. 3Aber die Weinbauern
gaben ihm nichts, sondern schlugen ihn
nieder und jagten ihn davon. 4Da schick-
te der Besitzer einen zweiten Boten.
Auch den beschimpften sie und schlugen
ihn blutig. 5Den dritten Boten des Wein-
bergbesitzers brachten sie um. Immer
wieder versuchte der Besitzer, zu seinem
Ernteanteil zu kommen. Doch alle, die in
seinem Auftrag kamen, wurden schwer
mißhandelt oder sogar getötet.
6Nun blieb nur noch einer übrig: sein
einziger Sohn, den er sehr liebte. Ihn
schickte er zuletzt. ›Sie werden es nicht
wagen, ihm etwas anzutun‹, sagte er sich.
7Aber die Weinbauern waren sich einig:
›Jetzt kommt der Erbe! Wenn wir ihn
umbringen, dann gehört der Weinberg
endgültig uns.‹ 8Deshalb ergriffen sie ihn,

a) Jesaja 56,7

schlugen ihn tot und warfen ihn vor den
Weinberg.
9Was – meint ihr – wird der Besitzer
des Weinbergs jetzt wohl tun? Er wird
selbst kommen, die Weinbauern töten
und seinen Weinberg an andere verpach-
ten. 10Habt ihr nicht in den Psalmen gele-
sen: ›Der Stein, den die Bauarbeiter weg-
geworfen haben, weil sie ihn für un-
brauchbar hielten, ist nun zum Grund-
stein des ganzen Hauses geworden.
11Was keiner für möglich gehalten hat,
das tut Gott vor euren Augen.‹«[a]
12Am liebsten hätten die Hohenprie-
ster, Schriftgelehrten und Führer des Vol-
kes Jesus gleich verhaftet. Sie hatten ver-
standen, daß Jesus von ihnen gesprochen
hatte und daß sie die Weinbauern in sei-
ner Geschichte waren. Aber sie wagten
sich nicht an ihn heran, weil sie vor dem
Volk Angst hatten. So ließen sie ihn in
Ruhe und gingen weg.

Gott oder der Kaiser?
(Matth. 22,15-22; Luk. 20,20-26)

13Danach schickten sie einige Pharisäer
und Anhänger des Königs Herodes zu Je-
sus, weil sie hofften, ihn mit seinen eige-
nen Worten in eine Falle locken zu kön-
nen.
14»Meister«, sagten sie scheinheilig,
»wir wissen, daß es dir allein um die
Wahrheit geht. Du fragst nicht danach,
was den Leuten gefällt, sondern sagst uns
frei heraus, wie wir nach Gottes Willen
leben sollen. Deshalb sage uns: Ist es ei-
gentlich Gottes Wille, daß wir dem römi-
schen Kaiser Steuern zahlen? Sollen wir
bezahlen oder nicht?«
15Jesus durchschaute ihre Falschheit
und sagte: »Warum wollt ihr mir eine
Falle stellen? Zeigt mir ein Geldstück!«
16Sie gaben ihm eine römische Münze. Er
fragte sie: »Wessen Bild und Name ist
hier eingeprägt?« Sie antworteten: »Das
Bild und der Name des Kaisers!«
17»Nun, dann gebt dem Kaiser, was ihm
zusteht, und gebt Gott, was ihm gehört.«
Seine Zuhörer waren verblüfft: Diese
Antwort hatten sie nicht erwartet.

Gibt es eine Auferstehung der Toten?
(Matth. 22,23-33; Luk. 20,27-38)

18Später kamen einige Sadduzäer zu Je-
sus. Diese Leute behaupteten, daß es kei-
ne Auferstehung der Toten gibt. Sie frag-
ten ihn: 19»Meister, Mose hat uns im Ge-
setz gesagt: ›Wenn ein verheirateter
Mann stirbt und seine Frau ohne Kinder
hinterläßt, muß sein Bruder die Witwe
heiraten. Das erste ihrer Kinder soll der
Erbe des Verstorbenen sein.‹[b]
20Nun gab es da sieben Brüder. Der er-
ste heiratete und starb ohne Nach-
kommen. 21Da heiratete der zweite Bru-
der die Witwe. Auch er starb kinderlos,
und der nächste Bruder nahm sie zur
Frau. 22So ging es weiter, bis die Frau mit
allen sieben verheiratet gewesen war, oh-
ne daß sie Kinder bekommen hätte.
Schließlich starb auch die Frau. 23Wessen
Frau wird sie nun nach der Auferstehung
sein? Alle sieben Brüder waren doch mit
ihr verheiratet.«
24Jesus antwortete ihnen: »Ihr irrt
euch, weil ihr in eurem Denken von fal-
schen Voraussetzungen ausgeht, denn ihr
kennt weder die Heilige Schrift noch die
Macht Gottes. 25Wenn die Toten aufer-
stehen, werden sie nicht wie hier auf der
Erde verheiratet sein, sondern wie die En-
gel im Himmel leben. 26Doch was die
Auferstehung betrifft: Habt ihr nicht von
Mose gelesen, wie Gott am brennenden
Dornbusch zu ihm sagte: ›Ich *bin* der
Gott Abrahams, der Gott Isaaks und der
Gott Jakobs‹?[c] 27Er ist doch nicht ein
Gott der Toten, sondern er ist der Gott
der Lebenden. Ihr seid völlig im Irrtum!«

Was ist das wichtigste Gebot?
(Matth. 22,34-40; Luk. 20,39-40)

28Ein Schriftgelehrter war von der Ant-
wort beeindruckt, die Jesus den Saddu-
zäern gegeben hatte. Deshalb fragte er
ihn: »Welches von allen Geboten Gottes
ist das wichtigste?« 29Jesus erwiderte:
»Dies ist das wichtigste Gebot: ›Höre, Is-
rael! Der Herr ist unser Gott, der Herr
allein. 30Ihn sollst du von ganzem Herzen

a) Psalm 118,22-23 b) 5. Mose 25,5-6 c) 2. Mose 3,6

lieben, mit ganzer Hingabe, mit deinem
ganzen Verstand und mit all deiner
Kraft.‹[a] 31 Ebenso wichtig ist das andere
Gebot: ›Liebe deine Mitmenschen, so
wie du dich selber liebst!‹[b] Es gibt kein
anderes Gebot, das lebenswichtiger ist
als diese beiden.«
32 Darauf meinte der Schriftgelehrte:
»Meister, du hast recht. Es gibt nur einen
Gott und keinen anderen neben ihm.
33 Ihn sollen wir lieben mit ganzem Her-
zen, mit unserem ganzen Verstand und
mit aller Kraft. Und auch unsere Mitmen-
schen sollen wir so lieben wie uns selbst.
Das ist mehr als alle Opfer, die wir Gott
bringen könnten.« 34 Jesus erkannte, daß
dieser Mann ihn verstanden hatte. Des-
halb sagte er zu ihm: »Du bist nicht weit
vom Reich Gottes entfernt.« Danach
wagte niemand mehr, Jesus weitere Fra-
gen zu stellen.

Wer ist Christus?
(Matth. 22,41-46; Luk. 20,41-44)

35 Als Jesus später im Tempel redete, stell-
te er die Frage: »Wie können eure Schrift-
gelehrten behaupten, Christus sei ein
Nachkomme von König David? 36 David
selbst hat doch, geleitet vom Heiligen
Geist, gesagt: ›Gott sprach zu meinem
Herrn: Setze dich auf den Ehrenplatz an
meiner rechten Seite, bis ich dir alle deine
Feinde unterworfen habe.‹[c] 37 Wenn Da-
vid Christus nun seinen ›Herrn‹ nennt,
wie kann Christus dann Davids ›Sohn‹
sein?« Alle im Tempel hörten ihm ge-
spannt zu.

Jesus verurteilt die Heuchelei der Schriftgelehrten
(Matth. 23,5-7; Luk. 20,45-47)

38 Jesus redete weiter zu ihnen: »Hütet
euch vor den Schriftgelehrten! Sie laufen
gern in langen Talaren herum und er-
warten, daß man sie auf der Straße ehr-
furchtsvoll grüßt. 39 Beim Gottesdienst in
der Synagoge beanspruchen sie die Sitze
in der ersten Reihe, und bei allen Festen
wollen sie die Ehrenplätze einnehmen.
40 Gierig reißen sie das Vermögen der Wit-
wen an sich; dabei tarnen sie ihre Ab-
sichten mit langen Gebeten. Gottes Stra-
fe wird sie besonders hart treffen.«

Viel Geld – aber kein Opfer
(Luk. 21,1-4)

41 Jesus setzte sich nun in die Nähe des
Opferkastens im Tempel und beobach-
tete die Leute, die ihre Gaben einwarfen.
Viele Reiche spendeten hohe Beträge.
42 Dann aber kam eine arme Witwe und
steckte zwei kleine Münzen in den Op-
ferkasten. 43 »Das eine ist sicher«, erklärte
Jesus seinen Jüngern, die er zu sich ge-
rufen hatte, »diese arme Witwe hat mehr
gegeben als alle anderen. 44 Die Reichen
haben nur etwas von ihrem Überfluß ge-
geben, aber diese Frau opferte alles, was
sie hatte.«

Jesus kündigt die Zerstörung des Tempels an
(Matth. 24,1-2; Luk. 21,5-6)

13 Als Jesus den Tempel verließ, zeig-
te einer seiner Jünger voller Be-
wunderung auf die Tempelbauten: »Mei-
ster, sieh dir diese Steine und diese gewal-
tigen Bauwerke an!« 2 Jesus erwiderte:
»Ja, sieh dir alles genau an! Kein Stein
wird hier auf dem anderen bleiben. Bald
wird alles nur noch ein großer Trümmer-
haufen sein.«

Die Zukunft der Welt
(Matth. 24,3-28; Luk. 21,7-24)

3/4 Als Jesus am Abhang des Ölbergs saß
und zum Tempel auf der anderen Seite
des Tales hinübersah, kamen Petrus, Ja-
kobus, Johannes und Andreas zu ihm
und fragten: »Wann wird das alles gesche-
hen? An welchen Ereignissen werden wir
das Ende erkennen?« 5 Jesus antwortete:
»Laßt euch von keinem Menschen
täuschen und verführen! 6 Viele werden
nämlich behaupten: ›Ich bin Christus!‹
Und leider werden sich viele von ihnen
irreführen lassen.
7 Ihr werdet von Kriegen und Unruhen
hören. Erschreckt nicht! Das muß gesche-
hen; doch es bedeutet noch nicht das En-
de. 8 Die Völker und Machtblöcke der Er-

a) 5. Mose 6,4-5 b) 3. Mose 19,18 c) Psalm 110,1

de werden Kriege gegeneinander führen.
In vielen Teilen der Welt wird es Erd-
beben und Hungersnöte geben. Das ist
aber erst der Anfang vom Ende – so wie
die ersten Wehen einer Frau, die ein
Kind zur Welt bringt.
[9]Seid wachsam! Man wird euch vor die
Gerichte zerren, und in den Synagogen
wird man euch auspeitschen. Vor denen,
die in dieser Welt die Macht haben,
werdet ihr euch verantworten müssen.
Dort werdet ihr meine Botschaft bezeu-
gen. Und das alles, weil ihr zu mir ge-
hört.
[10]Das muß so geschehen, denn alle Völ-
ker sollen die Heilsbotschaft hören, be-
vor das Ende kommt. [11]Wenn sie euch
verhaften und vor Gericht bringen,
bleibt ruhig. Ihr braucht euch nicht
darum zu sorgen, was ihr aussagen sollt!
Zur rechten Zeit wird Gott euch das rech-
te Wort geben. Denn nicht ihr werdet es
sein, die Rede und Antwort stehen, son-
dern der Heilige Geist wird durch euch
sprechen.
[12]In dieser Zeit wird ein Bruder den an-
deren dem Henker ausliefern. Väter wer-
den ihre eigenen Kinder anzeigen.
Kinder werden gegen ihre Eltern vorge-
hen und sie sogar töten lassen. [13]Alle
Welt wird euch hassen, weil ihr euch zu
mir bekennt. Aber jeder, der im festen
Glauben bis ans Ende durchhält, der
wird gerettet.
[14]Wer das jetzt liest, soll genau auf je-
des Wort achten: Wenn ihr das abscheuli-
che Götzenbild im Tempel seht, das
diese heilige Stätte entweiht,[a] dann sollen
alle, die sich in Judäa aufhalten, in größ-
ter Eile in das Gebirge fliehen. [15]Wer sich
gerade auf der Terrasse seines Hauses auf-
hält, soll nicht erst im Haus sein Gepäck
für die Flucht zusammensuchen. [16]Wer
auf dem Feld arbeitet, soll nicht erst nach
Hause laufen, um seinen Mantel zu ho-
len. [17]Schlimm wird es für die Frauen wer-
den, die ein Kind erwarten, aber auch für
Mütter mit Säuglingen. [18]Betet deshalb,
daß ihr nicht im Winter fliehen müßt.
[19]Denn es wird eine Notzeit kommen,
wie sie die Welt seit der Schöpfung nicht
erlebt hat und wie sie auch nie wieder ein-
treten wird. [20]Kein Mensch könnte sol-
che Leiden überstehen, hätte Gott diese
Zeit nicht von vornherein verkürzt. Aber
seinen Auserwählten zuliebe hat Gott
diese Zeit begrenzt.
[21]Wenn dann jemand zu euch sagt:
›Hier ist der Retter!‹ oder: ›Dort ist Chri-
stus!‹, glaubt ihm nicht! [22]Viele werden
sich nämlich als Retter der Welt aufspie-
len, und falsche Propheten wird es in
Hülle und Fülle geben. Dabei kann man
diese Menschen nicht so leicht als
Schwindler entlarven, denn sie werden er-
staunliche Wunder vollbringen, und –
wenn es möglich wäre – würden sie so-
gar Gottes Auserwählte täuschen. [23]Des-
halb bleibt wachsam! Ich habe euch ge-
warnt!«

Retter und Richter
(Matth. 24,29-35; Luk. 21,25-33)

[24]»Nach dieser großen Schreckenszeit
wird sich die Sonne verfinstern und der
Mond nicht mehr scheinen. [25]Die Sterne
werden aus ihrer Bahn geschleudert und
die kosmischen Kräfte erschüttert. [26]Alle
sehen dann den Menschensohn, wie er in
göttlicher Macht und Herrlichkeit in den
Wolken des Himmels kommt. [27]Er wird
seine Engel aussenden, und sie bringen
Gottes Auserwählte aus allen Teilen der
Welt zu ihm.
[28]Ich will euch das am Beispiel des Fei-
genbaums erklären: Wenn seine Zweige
saftig werden und Blätter treiben, dann
wißt ihr, daß es bald Sommer ist.
[29]Sobald ihr all diese Dinge kommen
seht, könnt ihr sicher sein: Mein Kom-
men steht unmittelbar bevor. [30]Und auch
das will ich euch noch sagen: Dieses
Volk[b] wird nicht untergehen, bevor das
alles eintrifft. [31]Himmel und Erde wer-
den vergehen; meine Worte sind für alle
Zeiten gültig und vergehen nie.«

»Seid immer bereit!«
(Matth. 24,42-44)

[32]»Niemand weiß, wann das Ende kom-
men wird; weder die Engel im Himmel
noch der Sohn Gottes. Die genaue
Stunde kennt nur der Vater. [33]Darum
werdet nicht nachlässig und bleibt wach!
Denn ihr wißt nicht, wann es soweit ist.
[34]Es ist genau wie bei einem Mann, der

a) Daniel 9,27 b) Wörtlich: Dieses Geschlecht.

auf Reisen geht. Bevor er sein Haus ver-
läßt, weist er jedem Angestellten eine be-
stimmte Arbeit zu und befiehlt dem
Pförtner, wachsam zu sein.
35Genauso sollt auch ihr wach bleiben.
Ihr wißt ja nicht, wann der Herr kom-
men wird, ob am Abend oder um Mitter-
nacht, im Morgengrauen oder nach Son-
nenaufgang. 36Deshalb sollt ihr zu jeder
Stunde auf seine Ankunft vorbereitet
sein und nicht etwa schlafen. 37Was ich
euch sage, gilt auch für alle anderen Men-
schen: Ihr müßt immer wach und bereit
sein!«

Verschwörung gegen Jesus
(Matth. 26,1-5; Luk. 22,1-2)

14 Es waren nur noch zwei Tage bis
zum Passahfest und der Fest-
woche, in der die Juden nur ungesäuertes
Brot essen.[a] Die Hohenpriester und
Schriftgelehrten suchten schon lange
nach einer günstigen Gelegenheit, bei der
sie Jesus heimlich festnehmen und um-
bringen lassen konnten. Sie waren sich
aber einig: 2»Es darf auf keinen Fall
während der Festtage geschehen, damit
es nicht zu Unruhen im Volk kommt!«

Ein Vermögen für Jesus
(Matth. 26,6-13; Joh. 12,1-8)

3Jesus war in Bethanien Gast bei Simon,
der früher einmal leprakrank gewesen
war. Während der Mahlzeit kam eine
Frau. In ihren Händen hatte sie ein Glas
mit kostbarem Öl. Sie zerbrach dieses Ge-
fäß und salbte mit dem Öl das Haupt Je-
su. 4/5Darüber regten sich einige Gäste
auf: »Was soll diese Verschwendung?«
fragten sie verärgert. »Dieses Öl ist ein
Vermögen wert. Das Geld hätte man lie-
ber den Armen geben sollen!« So
machten sie der Frau Vorwürfe.
6Aber Jesus sagte: »Laßt sie in Ruhe!
Warum kränkt ihr sie? Was sie für mich
getan hat, war gut und richtig. 7Arme, die
eure Hilfe nötig haben, wird es immer
geben. Ihnen könnt ihr jederzeit helfen.
Aber ich bin nicht mehr lange bei euch.
8Diese Frau hat getan, was sie konnte.
Mit ihrem Öl hat sie meinen Leib zum
Begräbnis vorbereitet. 9Und das ist ganz
sicher: Überall in der Welt, wo man Got-
tes Heilsbotschaft verkünden wird, da
wird man auch von dieser Frau sprechen
und von dem, was sie getan hat!«

Jesus wird verraten
(Matth. 26,14-16; Luk. 22,3-6)

10Anschließend ging Judas Ischarioth, ei-
ner von den zwölf Jüngern, zu den Ho-
henpriestern, weil er Jesus an sie verraten
wollte. 11Die Hohenpriester freuten sich
darüber und versprachen ihm eine Beloh-
nung. Von da an suchte Judas nach einer
günstigen Gelegenheit, um Jesus zu verra-
ten.

Jesus bereitet sich mit seinen Jüngern auf das Passahfest vor
(Matth. 26,17-19; Luk. 22,7-13)

12Am ersten Tag des Festes der unge-
säuerten Brote, an dem das Passahlamm[b]
geschlachtet wurde, fragten die Jünger Je-
sus: »Wo sollen wir für dich das Pas-
sahmahl vorbereiten?« 13»Geht in die
Stadt«, beauftragte Jesus zwei von ihnen.
»Dort wird euch ein Mann begegnen, der
einen Wasserkrug trägt. Diesem Mann
folgt, 14bis er in ein Haus geht. Dem Besit-
zer des Hauses sollt ihr sagen: ›Unser
Herr läßt fragen: Wo ist der Raum, in
dem er mit seinen Jüngern das Pas-
sahmahl feiern kann?‹ 15Er wird euch ei-
nen großen Raum im Obergeschoß zei-
gen, der für das Festmahl hergerichtet ist.
Bereitet dort alles Weitere vor.«
16Die beiden Jünger gingen in die Stadt
und fanden alles so vor, wie Jesus es ih-
nen gesagt hatte, so daß sie das Pas-
sahmahl herrichten konnten.

Das Abendmahl: Gottes neuer Bund mit den Menschen
(Matth. 26,20-30; Luk. 22,14-23;
Joh. 13,21-26)

17Am Abend kam Jesus mit den zwölf
Jüngern. 18Während sie miteinander
aßen, sagte er zu ihnen: »Ich weiß, daß
mich einer von euch, der jetzt mit mir
ißt, verraten wird!« 19Bestürzt sahen sie
einander an, und einer nach dem andern
fragte Jesus: »Meinst du mich?«

a) Zur Erinnerung an den Auszug aus Ägypten. Vgl. 3. Mose 23,5-6 b) 2. Mose 12,3-6

[20]»Es ist einer von euch Zwölfen, der jetzt mit mir zusammen ißt. [21]Der Menschensohn muß zwar sterben, so wie es die Propheten vorausgesagt haben; aber wehe dem, der zu seinem Verräter wird! Für ihn wäre es besser, er wäre nie geboren worden.«

[22]Noch während sie aßen, nahm Jesus ein Stück Brot, sprach das Dankgebet, teilte das Brot und gab jedem seiner Jünger ein Stück davon: »Nehmt und eßt! Das ist mein Leib!« [23]Anschließend nahm er einen Becher Wein, dankte Gott und gab den Becher seinen Jüngern. Sie tranken alle daraus. [24]Jesus sagte: »Das ist mein Blut, mit dem der neue Bund zwischen Gott und den Menschen besiegelt wird. Es wird zur Vergebung der Sünden vergossen. [25]Ich sage euch: Von jetzt an werde ich keinen Wein mehr trinken, bis ich ihn wieder mit euch im Reich Gottes trinken werde.«

[26]Nachdem sie das Danklied gesungen hatten, gingen sie hinaus an den Ölberg.

Jesus warnt den selbstbewußten Petrus
(Matth. 26,31-35; Luk. 22,31-34; Joh. 13,36-38)

[27]Auf dem Weg zum Ölberg sagte Jesus zu den Jüngern: »Ihr werdet mich alle nicht mehr verstehen können und an mir zweifeln. Schon die Propheten haben gesagt: ›Ich werde der Herde den Hirten nehmen, und die Schafe werden auseinanderlaufen.‹[a] [28]Aber nach meiner Auferstehung werde ich nach Galiläa gehen, und dort werdet ihr mich wiedersehen.«

[29]Da beteuerte Petrus: »Wenn auch alle anderen an dir zweifeln sollten, ich halte zu dir!« [30]»Petrus«, erwiderte ihm Jesus, »eins will ich dir sagen: Noch ehe heute nacht der Hahn zweimal kräht, wirst du dreimal behaupten, daß du mich nicht kennst.« [31]»Ausgeschlossen!« rief Petrus. »Und wenn ich mit dir sterben müßte, würde ich das nicht tun!« Auch die anderen Jünger beteuerten dies.

Gethsemane: Die Jünger lassen Jesus allein
(Matth. 26,36-46; Luk. 22,40-46)

[32]Jesus und seine Jünger gingen dann in einen Garten, der Gethsemane heißt. Dort bat er sie: »Bleibt hier und wartet auf mich, bis ich gebetet habe!« [33]Petrus, Jakobus und Johannes gingen mit ihm. Grauen und Angst überfielen Jesus. [34]»Ich zerbreche beinahe unter der Last, die ich zu tragen habe«,[b] sagte er. »Bleibt bei mir und laßt mich nicht allein.« [35]Jesus ging ein paar Schritte weiter, kniete nieder und betete: »Mein Vater, wenn es möglich ist, so bewahre mich vor diesem Leiden.[c] [36]Dir ist alles möglich. Aber nicht, was ich will, sondern was du willst, soll geschehen.«

[37]Dann kam er zu den drei Jüngern zurück und sah, daß sie eingeschlafen waren. Traurig weckte er Petrus: »Simon!« rief er, »schläfst du? Kannst du denn nicht eine einzige Stunde mit mir wachen? [38]Bleibt wach und betet, damit ihr die kommenden Tage überstehen könnt. Ich weiß, ihr wollt das Beste, aber aus eigener Kraft könnt ihr es nicht erreichen.«[d] [39]Noch einmal ließ er sie allein und bat Gott mit den gleichen Worten um Hilfe. [40]Als er zurückkam, schliefen die Jünger schon wieder. Die Augen waren ihnen zugefallen, und sie wußten vor Müdigkeit nicht, was sie Jesus sagen sollten. [41]Als er zum dritten Mal zu ihnen zurückkehrte, rief er: »Hört auf zu schlafen! Ruht euch ein andermal aus! Jetzt wird der Menschensohn in die Hände der Menschen ausgeliefert. [42]Steht auf, laßt uns gehen! Der Verräter ist da!«

Verrat und Verhaftung
(Matth. 26,47-56; Luk. 22,47-53; Joh. 18,2-18)

[43]Noch während Jesus sprach, kam Judas, einer von seinen Jüngern, mit vielen Männern, die mit Schwertern und Knüppeln bewaffnet waren. Die Hohenprie-

a) Sacharja 13,7 b) Wörtlich: Tief betrübt ist meine Seele bis zum Tod. c) Wörtlich: so gehe dieser Kelch an mir vorüber. d) Wörtlich: Der Geist ist zwar willig, aber das Fleisch ist schwach.

ster, Schriftgelehrten und Führer des Vol-
kes hatten sie geschickt. 44 Judas hatte mit
ihnen vereinbart: »Der Mann, den ich
küssen werde, der ist es! Den müßt ihr
festnehmen.« 45 Er ging auf Jesus zu und
sagte: »Sei gegrüßt, Meister!« Dann
küßte er ihn. 46 Sofort packten die Solda-
ten Jesus und nahmen ihn fest.

47 Aber einer von den Männern, die bei
Jesus waren, wollte das verhindern. Er
zog sein Schwert und schlug einem der
Leute des Hohenpriesters das Ohr ab.

48 Jesus fragte die Soldaten: »Bin ich
denn ein Schwerverbrecher, daß ihr mit
Schwertern und Knüppeln gekommen
seid, um mich zu verhaften? 49 Jeden Tag
habe ich öffentlich im Tempel gepredigt.
Warum habt ihr mich nicht dort festge-
nommen? Aber auch dies geschieht, da-
mit sich die Vorhersagen der Propheten
erfüllen.«

50 Entsetzt verließen ihn jetzt alle
Jünger und flohen.

51 Nur ein junger Mann, der einen
leichten Umhang trug, folgte Jesus. Als
die Männer versuchten, auch ihn festzu-
nehmen, 52 riß er sich los. Die Soldaten
blieben mit dem Umhang in den Händen
zurück, und der junge Mann konnte
nackt entkommen.

Jesus vor Gericht

(Matth. 26,57-68; Luk. 22,63-71;
Joh. 18,19-24)

53 Gleich darauf brachte man Jesus zu
dem Hohenpriester, der in dieser Zeit
den Vorsitz hatte. Bei ihm waren alle Ho-
henpriester, Schriftgelehrten und Führer
des Volkes versammelt. 54 In sicherem Ab-
stand folgte Petrus der Truppe bis in den
Innenhof des Palastes. Dort setzte er sich
zu den Soldaten und wärmte sich am Feu-
er.

55 Währenddessen versuchten die Ho-
henpriester und alle Mitglieder des Ge-
richtshofes durch falsche Zeugenaussa-
gen Jesus so zu belasten, daß sie ihn zum
Tode verurteilen konnten. Aber sie fan-
den nichts. 56 Viele Zeugen brachten fal-
sche Anschuldigungen gegen Jesus vor,
doch ihre Aussagen widersprachen sich.
57 Schließlich erklärten einige Männer:
58 »Wir haben gehört, wie dieser Jesus be-
hauptete: ›Ich will den von Menschen ge-
bauten Tempel abreißen und dafür in
drei Tagen einen anderen aufbauen; den
aber werden keine Menschen errichten.‹«
59 Doch auch ihre Aussagen waren voller
Widersprüche, so daß die Hohenpriester
damit nichts anfangen konnten.

60 Jetzt erhob sich der Hohepriester,
stellte sich mitten unter die hier Ver-
sammelten und fragte Jesus: »Was ant-
wortest du darauf? Hast du das gesagt
oder nicht?« 61 Aber Jesus schwieg. Noch
einmal fragte ihn der Hohepriester: »Bist
du Christus, der Sohn Gottes?« 62 »Ja, der
bin ich«, antwortete Jesus. »Ihr werdet
den Menschensohn an der rechten Seite
Gottes sitzen und auf den Wolken des
Himmels wiederkommen sehen.«

63 Empört zerriß der Hohepriester sein
Gewand und rief: »Das genügt! Wir brau-
chen keine weiteren Zeugen. 64 Ihr habt ja
selber seine Gotteslästerung gehört. Wie
lautet euer Urteil?« Einstimmig beschlos-
sen sie: »Er muß zum Tode verurteilt
werden.«

65 Sie begannen, Jesus zu quälen: Einige
spuckten ihm in sein Gesicht, verbanden
ihm die Augen und schlugen mit den
Fäusten auf ihn ein. »Na, du Prophet«,
verhöhnten sie ihn, »sag uns, wer hat
dich geschlagen?« Auch die Männer, die
Jesus abführten, schlugen ihn.

Petrus behauptet, Jesus nicht zu kennen

(Matth. 26,69-75; Luk. 22,54-62;
Joh. 18,17.25-27)

66/67 Petrus war immer noch unten im
Hof. Eine Dienerin des Hohenpriesters
sah ihn am Feuer sitzen. »Du gehörst
doch auch zu diesem Jesus von Naza-
reth!« 68 Erschreckt behauptete Petrus:
»Ich weiß nicht, wovon du redest!« Und
schnell ging er hinaus in den Vorhof. Da
krähte ein Hahn.

69 Aber auch hier erkannte ihn das Mäd-
chen und sagte laut vor allen: »Das ist
auch einer von den Leuten, die bei Jesus
waren!« 70 Heftig bestritt es Petrus auch
diesmal. Doch nach einer Weile sagten
auch die Umstehenden: »Natürlich ge-
hörst du zu seinen Freunden; du kommst
doch auch aus Galiläa!« 71 Petrus begann,
sich zu verfluchen. »Ich kenne diesen
Menschen überhaupt nicht, von dem ihr
da redet! Das kann ich beschwören!«

72 Da krähte der Hahn zum zweiten

Mal. In diesem Augenblick erinnerte sich Petrus, daß Jesus gesagt hatte: »Ehe der Hahn zweimal kräht, wirst du mich dreimal verleugnen.« Und er fing an zu weinen.

Jesus wird verhört

(Matth. 27,1-2.11-14; Luk. 22,66-23,13; Joh. 18,28-38)

15 Am frühen Morgen schlossen die Hohenpriester, die Führer des Volkes, die Schriftgelehrten und der ganze Gerichtshof ihre Beratungen ab und trafen ihre Entscheidung. Jesus wurde gefesselt zu Pilatus, dem römischen Gouverneur, gebracht.

[2]Pilatus fragte ihn: »Bist du der König der Juden?« »Ja«, antwortete Jesus, »ich bin es.« [3]Die Hohenpriester brachten noch andere schwere Anklagen gegen ihn vor. [4]»Antworte doch!« forderte ihn Pilatus auf. »Willst du dich nicht verteidigen? Hörst du nicht, wie schwer sie dich beschuldigen?« [5]Aber Jesus sagte kein Wort. Darüber wunderte sich Pilatus sehr.

Die Juden erzwingen das Todesurteil

(Matth. 27,15-26; Luk. 23,13-25; Joh. 18,39-19,16)

[6]Nun war es üblich, daß Pilatus jedes Jahr zum Passahfest einen Gefangenen begnadigte, den das Volk selbst auswählen durfte. [7]Bei politischen Unruhen war kürzlich jemand ermordet worden. Zusammen mit den Anführern dieses Aufstandes hatte man einen Mann, der Barabbas hieß, gefangengenommen. [8]Vor dem Palast des Pilatus forderte jetzt eine große Menschenmenge die Freilassung eines Gefangenen. [9]»Was meint ihr? Soll ich euch den ›König der Juden‹ freigeben?« fragte Pilatus. [10]Denn er wußte genau, daß die Hohenpriester das Verfahren gegen Jesus nur aus Neid angezettelt hatten.

[11]Aber die Hohenpriester hetzten das Volk auf, die Freilassung des Barabbas zu verlangen. [12]Pilatus fragte zurück: »Und was soll mit dem Mann geschehen, den man euern König nennt?«

[13]Da brüllten sie alle: »Ans Kreuz mit ihm!« [14]»Warum denn? Was hat er getan?« fragte Pilatus. Doch ununterbrochen schrie die Menge: »Ans Kreuz mit ihm!« [15]Weil Pilatus sich fürchtete, gegen diese aufgebrachte Volksmenge zu entscheiden, gab er Barabbas frei. Jesus aber ließ er auspeitschen und zur Kreuzigung abführen.

Jesus wird verhöhnt und mißhandelt

(Matth. 27,27-31; Joh. 19,2-3)

[16]Die römischen Soldaten brachten Jesus in den Hof des Palastes. Dort riefen sie die ganze Mannschaft zusammen. [17]Sie zogen ihm einen roten Mantel an, damit er wie ein König aussehen sollte, flochten einen Kranz aus Dornenzweigen und drückten ihm den als Krone auf den Kopf. [18]Dann nahmen sie Haltung an und grüßten Jesus voller Hohn: »Es lebe der König der Juden!« [19]Mit einem Stock schlugen sie Jesus auf den Kopf, spuckten ihn an und knieten vor ihm nieder, um ihn zu verspotten. [20]Als sie davon genug hatten, zogen sie ihm den roten Mantel wieder aus und gaben ihm seine eigenen Kleider zurück. Jetzt führten sie ihn zur Kreuzigung ab.

Die Kreuzigung

(Matth. 27,32-44; Luk. 23,26-43; Joh. 19,16-27)

[21]Unterwegs begegnete ihnen Simon aus Kyrene, der Vater von Alexander und Rufus. Simon kam gerade von seinem Feld zurück, als ihn die Soldaten zwangen, das Kreuz zu tragen.

[22]Sie brachten Jesus nach Golgatha; das bedeutet »Schädelstätte«. [23]Dort wollten die Soldaten ihm ein betäubendes Getränk geben: Wein mit Myrrhe. Aber Jesus wollte nichts davon trinken.

[24]Dann nagelten sie ihn an das Kreuz. Seine Kleider verlosten sie unter sich. [25]Es war neun Uhr morgens, als sie ihn kreuzigten. [26]Über ihm wurde ein Schild angebracht, auf dem man lesen konnte, weshalb er verurteilt worden war. Darauf stand: »Der König der Juden!« [27]Mit Jesus wurden zwei Verbrecher gekreu-

zigt, einer rechts, der andere links von
ihm. [28]Damit erfüllte sich die Vorhersage
des Propheten Jesaja: »Er wurde zu den
Verbrechern gezählt.«[a]
[29]Die Leute, die am Kreuz vorüber-
gingen, beschimpften ihn und spotteten:
»So! Den Tempel wolltest du zerstören
und ihn in drei Tagen wieder aufbauen?
[30]Jetzt rette dich selber und komm vom
Kreuz herunter!«
[31]Auch die Hohenpriester und die
Schriftgelehrten standen voller Scha-
denfreude unter dem Kreuz und ver-
höhnten Jesus: »Anderen hat er geholfen,
aber sich selbst kann er nicht helfen!
[32]Dieser Messias, dieser König von Israel,
soll er doch vom Kreuz heruntersteigen!
Dann wollen wir an ihn glauben!«
Ebenso verspotteten ihn die beiden Män-
ner, die mit ihm gekreuzigt worden wa-
ren.

Jesus stirbt am Kreuz
(Matth. 27,45-56; Luk. 23,44-49;
Joh. 19,28-30)

[33]Am Mittag wurde es plötzlich im gan-
zen Land dunkel. Diese Finsternis dau-
erte drei Stunden. [34]Gegen drei Uhr rief
Jesus laut: »Eli, Eli, lama sabachthani?«
Das heißt: »Mein Gott, mein Gott,
warum hast du mich verlassen?«[b] [35]Ei-
nige von den Leuten, die dabeistanden,
meinten: »Er ruft den Propheten Elia.«
[36]Einer von ihnen tauchte sofort einen
Schwamm in Essig und steckte ihn auf
einen Stab, um Jesus davon trinken zu las-
sen. »Wir wollen doch sehen, ob Elia
kommt und ihn herunterholt!« sagte er.
[37]Aber Jesus schrie laut auf und starb.
[38]In demselben Augenblick zerriß im
Tempel der Vorhang vor dem Allerhei-
ligsten von oben bis unten.
[39]Erschüttert bekannte der römische
Hauptmann, der neben dem Kreuz stand
und mitangesehen hatte, wie Jesus starb:
»Dieser Mann ist wirklich Gottes Sohn
gewesen!«
[40]Einige Frauen hatten alles, was ge-
schah, aus der Ferne beobachtet. Unter
ihnen waren Maria aus Magdala und Ma-
ria, die Mutter von Jakobus dem Jünge-
ren und von Joses, sowie Salome. [41]Sie wa-
ren schon in Galiläa bei Jesus gewesen
und hatten für ihn gesorgt. Zusammen
mit vielen anderen waren sie mit Jesus
nach Jerusalem gekommen.

Jesus wird begraben
(Matth. 27,57-61; Luk. 23,50-55;
Joh. 19,38-42)

[42/43]Am Abend ging Joseph von Ari-
mathia, ein geachtetes Mitglied des Ho-
hen Rates, zu Pilatus. Joseph wartete auf
das Kommen des Reiches Gottes. Weil
am nächsten Tag Sabbat war, entschloß
er sich, Pilatus schon jetzt um den Leich-
nam Jesu zu bitten.
[44]Pilatus wollte nicht glauben, daß Je-
sus schon gestorben war. Darum rief er
den Hauptmann und erkundigte sich:
»Lebt Jesus tatsächlich nicht mehr?«
[45]Als der Hauptmann das bestätigte,
überließ er Joseph von Arimathia den
Leichnam. [46]Joseph kaufte ein großes Lei-
nentuch, nahm Jesus vom Kreuz, wickel-
te ihn in das Tuch und legte ihn in ein
Grab, das in einen Felsen gehauen war.
Dann wälzte er einen Stein vor den Ein-
gang des Grabes.
[47]Maria aus Magdala und Maria, die
Mutter von Joses, beobachteten, wohin
er Jesus legte.

Jesus ist auferstanden
(Matth. 28,1-10; Luk. 24,1-12;
Joh. 20,1-10)

16 Nachdem der Sabbat vorüber
war, kauften Maria aus Magdala,
Salome und Maria, die Mutter von Ja-
kobus, Öle und Salben, um den Toten
einzubalsamieren. [2]Früh am Sonntag-
morgen, gerade als die Sonne aufging, ka-
men die Frauen zum Grab. [3]Schon unter-
wegs hatten sie sich besorgt gefragt:
»Wie werden wir nur den schweren Stein
von der Grabkammer wegrollen kön-
nen?« [4]Um so erstaunter waren sie, als
sie merkten, daß der Stein nicht mehr vor
dem Grab lag.
[5]Sie betraten die Grabkammer, und da
sahen sie auf der rechten Seite einen jun-
gen Mann sitzen, der ein langes weißes
Gewand trug. Die Frauen erschraken
sehr. [6]Aber der Mann sagte zu ihnen:
»Habt keine Angst! Ihr sucht Jesus von

a) Jesaja 53,12 b) Psalm 22,2

Nazareth, den Gekreuzigten. Er ist nicht
mehr hier. Er ist auferstanden. Seht her,
an dieser Stelle hat er gelegen. [7]Und nun
geht zu seinen Jüngern und zu Petrus,
und sagt ihnen, daß Jesus euch nach Gali-
läa vorausgehen wird. Dort werdet ihr
ihn sehen, wie er es euch versprochen
hat.« [8]Da flohen die Frauen aus dem
Grab und liefen davon. Angst und Entset-
zen hatte sie erfaßt. Sie redeten mit nie-
mandem darüber, so erschrocken waren
sie.

[9]Jesus war am Sonntagmorgen von den
Toten auferstanden und erschien zuerst
der Maria aus Magdala, die er von sieben
Dämonen befreit hatte. [10]Sie lief zu den
Jüngern, die um Jesus trauerten und
weinten, [11]und berichtete ihnen: »Jesus
lebt! Ich habe ihn gesehen!« Aber sie
glaubten ihr nicht.

[12]Danach erschien er zwei von ihnen in
einer anderen Gestalt, als sie unterwegs
waren. [13]Sie kamen voller Aufregung
nach Jerusalem zurück, um es den ande-
ren zu berichten. Aber auch ihnen glaub-
ten sie nicht.

Der Auftrag an die Jünger
(Matth. 28,18-20; Luk. 24,36-53;
Joh. 20,19-23)

[14]Wenig später erschien Jesus den elf Jün-
gern, während sie gemeinsam aßen. Er
wies sie zurecht, weil sie in ihrem Unglau-
ben und Starrsinn nicht einmal denen
glauben wollten, die ihn nach seiner Auf-
erstehung gesehen hatten.

[15]Dann sagte er zu ihnen: »Geht hinaus
in die ganze Welt und verkündet allen
Menschen die Heilsbotschaft. [16]Denn
wer glaubt und sich taufen läßt, der wird
gerettet werden. Wer aber nicht glaubt,
der wird verurteilt werden.

[17]Die Glaubenden aber werde ich
durch folgende Zeichen bestätigen: In
meinem Namen werden sie Dämonen
austreiben und in neuen Sprachen[a] reden.
[18]Gefährliche Schlangen und tödliches
Gift werden ihnen nicht schaden. Den
Kranken werden sie die Hände auflegen
und sie heilen.«

[19]Nachdem Jesus, der Herr, das gesagt
hatte, wurde er in den Himmel aufgenom-
men und nahm den Platz an Gottes Seite
ein.

[20]Die Jünger aber zogen hinaus und
verkündeten überall die Heilsbotschaft.
Der Herr war mit ihnen und bestätigte
ihr Wort durch Zeichen seiner Macht.

a) Vgl. Apostelgeschichte 2,4

Lukas berichtet von Jesus

Verfasser: Lukas, Reisegefährte des Apostels Paulus
Ort: Cäsarea oder Rom
Zeit: zwischen 60 und 65 n.Chr.

Lukas war Arzt und ein Reisegefährte des Apostels Paulus. Er schrieb sein Evangelium für Theophilus, einen gebildeten Griechen, um ihm zu zeigen, wer Jesus war und was er getan hatte. Aus diesem Grunde ging Lukas mit besonderer Sorgfalt vor. Er bemühte sich, möglichst viele Augenzeugen zu befragen und alle schriftlichen Berichte über Jesus zusammenzutragen. Zu Beginn seines Buches schildert er ausführlich das Wirken Johannes des Täufers und die Ereignisse rund um die Geburt Jesu. Lukas erwähnt viele Einzelheiten, die anderswo nicht zu finden sind, und ordnet sie ein in die Geschichte der damaligen Zeit. Er zeigt, daß Gott selbst in Raum und Zeit Mensch geworden ist. Diese Botschaft gilt aber nicht nur den Menschen in Jesu unmittelbarer Umgebung, sondern der ganzen Welt. Lukas hat noch ein weiteres Buch des Neuen Testamentes verfaßt: die Apostelgeschichte.

1 Lieber Theophilus! Schon viele Leute
haben versucht, all das aufzuschrei-
ben, was bei uns geschehen ist, 2so, wie es
die Augenzeugen berichtet haben, die
von Anfang an dabei waren. Ihnen hat
Gott den Auftrag gegeben, die Heilsbot-
schaft weiterzusagen. 3Nun habe auch
ich mich sehr darum bemüht, alles von
Anfang an genau zu erfahren. Ich will es
dir, lieber Theophilus, jetzt der Reihe
nach berichten. 4Du wirst merken, daß
alles, was man dir über Jesus erzählt hat,
richtig und wahr ist.

Johannes wird das Kommen des Messias vorbereiten

5Als Herodes König von Judäa war, lebte
dort der Priester Zacharias. Er gehörte
zur Dienstgruppe Abia.[a] Seine Frau Eli-
sabeth stammte aus der Familie Aarons.
6Beide lebten so, wie es Gott gefällt. Sie
hielten sich genau an seine Gebote und
Ordnungen. 7Ihre Ehe war kinderlos ge-
blieben, denn Elisabeth konnte keine
Kinder bekommen, und beide waren in-
zwischen alt geworden.
8Wieder einmal hatte die Gruppe Abia
Tempeldienst. 9Wie üblich wurde ausge-
lost, wer zur Ehre Gottes im Tempel den
Weihrauch anzünden sollte. Das Los fiel
auf Zacharias.
10Er betrat den Tempel, während die
Volksmenge draußen betete. 11Plötzlich
stand auf der rechten Seite des Rauchop-
feraltars ein Engel Gottes. 12Zacharias er-
schrak und fürchtete sich.
13Doch der Engel sagte zu ihm:
»Fürchte dich nicht, Zacharias! Gott hat
dein Gebet erhört. Deine Frau Elisabeth
wird bald einen Sohn bekommen. Gib
ihm den Namen Johannes! 14Nicht nur

a) 1. Chronik 24,7-18

du wirst über dieses Kind froh und glück-
lich sein; auch viele andere werden sich
über seine Geburt freuen. 15Gott wird
ihm eine große Aufgabe übertragen. Er
wird weder Wein noch andere alkoholi-
sche Getränke zu sich nehmen.[a] Schon
vor seiner Geburt wird er mit dem Heili-
gen Geist erfüllt sein, 16und er wird viele
in Israel zu Gott, ihrem Herrn, zurück-
bringen. 17Entschlossen und stark wie
der Prophet Elia wird er das Kommen
des Messias vorbereiten: Wie die Väter
werden auch die Söhne wieder Gott die-
nen[b] und die Ungehorsamen wieder Got-
tes Willen erfüllen. Das ganze Volk wird
bereit sein, den Herrn zu empfangen.«

18»Wie ist so etwas möglich?« fragte
Zacharias erstaunt den Engel. »Ich bin
ein alter Mann, und auch meine Frau ist
alt!« 19Der Engel antwortete: »Ich bin
Gabriel und stehe unmittelbar vor Gott
als sein Diener. Er gab mir den Auftrag,
dir diese Nachricht zu überbringen.
20Aber weil du mir nicht geglaubt hast,
sollst du stumm sein, bis geschieht, was
ich gesagt habe. Dann wirst du sehen,
daß alles wahr ist.«

21Inzwischen wartete die Menschen-
menge draußen auf Zacharias. Alle
wunderten sich, daß er so lange im Tem-
pel blieb. 22Als er endlich herauskam,
konnte er nicht mehr reden. Daran er-
kannten sie, daß Gott in besonderer
Weise zu ihm gesprochen haben mußte.
Zacharias versuchte, die Menschen mit ei-
nem Segenswunsch zu entlassen; aber er
blieb stumm. 23Er verrichtete noch den
vorgeschriebenen Dienst im Tempel und
ging dann nach Hause.

24Nur wenig später erwartete seine
Frau Elisabeth ein Kind. Sie blieb fünf
Monate lang in ihrer Wohnung. 25»Ich
bin Gott so dankbar«, sagte sie, »daß ich
doch noch ein Kind bekomme. Nun
kann mich niemand mehr verachten, weil
ich keine Kinder habe.«

Ein Engel verkündet Maria die Geburt Jesu

26/27Elisabeth war im sechsten Monat
schwanger, als Gott den Engel Gabriel
zu einem Mädchen nach Nazareth schick-
te, einer Stadt in Galiläa. Das Mädchen
hieß Maria und war mit Joseph, einem
Nachkommen des großen Königs David,
verlobt.

28Der Engel kam zu ihr und sagte: »Sei
gegrüßt, Maria! Gott will dich beschen-
ken. Er hat dich unter allen Frauen auser-
wählt.« 29Maria fragte sich erschrocken,
was diese seltsamen Worte bedeuten
könnten. 30»Hab keine Angst, Maria«, re-
dete der Engel weiter. »Gott liebt dich
und hat etwas Besonderes mit dir vor.
31Du wirst ein Kind erwarten und einen
Sohn zur Welt bringen. Jesus soll er hei-
ßen. 32Er wird mächtig sein, und man
wird ihn Gottes Sohn nennen. Die Kö-
nigsherrschaft Davids wird er weiterfüh-
ren 33und die Nachkommen Jakobs für
immer regieren. Seine Herrschaft wird
kein Ende haben.«

34»Wie kann das geschehen?« fragte
Maria den Engel. »Ich bin doch gar nicht
verheiratet.« 35Der Engel antwortete ihr:
»Der Heilige Geist wird über dich kom-
men, und die Kraft Gottes wird sich an
dir zeigen. Darum wird dieses Kind auch
heilig sein und Sohn Gottes genannt wer-
den. 36Selbst Elisabeth, deine Verwandte,
von der man sagt, daß sie keine Kinder
bekommen kann, ist jetzt im sechsten
Monat schwanger. Sie wird in ihrem ho-
hen Alter einen Sohn zur Welt bringen.
37Für Gott ist nichts unmöglich.«

38»Ich will mich Gott ganz zur Verfü-
gung stellen«, erwiderte Maria. »Alles
soll so geschehen, wie du es mir gesagt
hast.« Darauf verließ sie der Engel.

Maria bei Elisabeth

39Maria entschloß sich, so schnell wie
möglich Elisabeth zu besuchen, die mit
ihrem Mann Zacharias in einer kleinen
Stadt in den Bergen Judäas wohnte. 40Sie
betrat das Haus und begrüßte Elisabeth.
41Als Elisabeth die Stimme Marias hörte,
bewegte sich das Kind in ihr, und – er-
füllt vom Heiligen Geist – rief sie:
42»Dich hat Gott gesegnet, mehr als alle
anderen Frauen, dich und dein Kind!
43Womit habe ich verdient, daß die Mut-
ter meines Herrn zu mir kommt! 44Als
ich deine Stimme hörte, hüpfte das Kind

a) 4. Mose 6,1 ff. b) Wörtlich: um die Herzen der Väter zu bekehren zu den Kindern.

in mir vor Freude. [45]Wie glücklich kannst
du sein, weil du geglaubt hast! Was Gott
dir angekündigt hat, wird geschehen.«

Maria lobt und dankt Gott

[46]Da lobte Maria Gott: »Von ganzem
Herzen preise ich den Herrn.
[47]Ich bin glücklich über Gott, meinen
Retter.
[48]Er hat mich – eine geringe und un-
bedeutende Frau – zu Großem berufen.
Zu allen Zeiten wird man mich glück-
lich preisen, [49]denn Gott hat große Dinge
an mir getan, er, der mächtig und heilig
ist!
[50]Ohne Ende kümmert er sich in seiner
Barmherzigkeit um alle, die ihn fürchten.
[51]Unübersehbar handelt Gott in der
Welt. Die Stolzen bekommen seine
Macht zu spüren.
[52]Er stürzt Herrscher von ihrem
Thron, doch Unterdrückte richtet er auf.
[53]Die Hungrigen beschenkt er mit Gü-
tern, und die Reichen schickt er mit lee-
ren Händen weg.
[54]Seine Barmherzigkeit hat er uns zu-
gesagt, ja, er wird seinem Volk Israel hel-
fen.
[55]So hat er es unseren Vätern, Abra-
ham und seinen Nachkommen, für im-
mer verheißen.«
[56]Maria blieb etwa drei Monate bei Eli-
sabeth und kehrte dann nach Hause zu-
rück.

Er soll Johannes heißen

[57]Für Elisabeth kam die Stunde der Ge-
burt, und sie brachte einen Sohn zur
Welt. [58]Als Nachbarn und Verwandte
hörten, daß Gott so barmherzig zu ihr
gewesen war, freuten sie sich mit ihr.
[59]Nach acht Tagen wurde das Kind zur
Beschneidung gebracht. Dabei sollte es
den gleichen Namen bekommen wie sein
Vater: Zacharias. [60]Doch Elisabeth wider-
sprach: »Nein, er soll Johannes heißen!«
[61]»Aber keiner in deiner Verwandtschaft
heißt so!« wandten die andern ein. [62]Sie
winkten dem Vater und fragten ihn:
»Wie soll dein Sohn heißen?« [63]Zacharias
ließ sich eine Tafel geben und schrieb dar-
auf: »Sein Name ist Johannes.« Darüber
wunderten sich alle. [64]Von diesem Augen-
blick an konnte Zacharias wieder spre-
chen, und er lobte Gott.
[65]Überall, wo man davon hörte – und
im ganzen Bergland von Judäa wurde dar-
über gesprochen –, erschraken die Leute.
[66]Nachdenklich fragten sie sich: »Was
wird aus diesem Kind noch werden?
Gott hat bestimmt etwas Besonderes mit
ihm vor.«

Zacharias sieht den Auftrag des Johannes voraus

[67]Erfüllt vom Heiligen Geist, verkündete
Zacharias, der Vater von Johannes, was
Gott ihm gezeigt hatte:
[68]»Gelobt sei der Herr, der Gott Is-
raels! Er ist zu unserem Volk gekommen
und hat es befreit.
[69]Aus dem Königshause seines Dieners
David hat er uns den starken Retter ge-
schickt.
[70]So hatten es seine heiligen Propheten
schon vor langer Zeit verkündet:
[71]Er wird uns von unseren Feinden er-
retten und aus der Hand aller Menschen,
die uns hassen.
[72]Gott war mit unseren Vorfahren
barmherzig. Er vergißt seinen heiligen
Bund nicht, [73]den Eid, den er unserem Va-
ter Abraham geschworen hat und der
auch für uns gilt.
[74]Er befreit uns aus der Hand unserer
Feinde, damit wir ihm ohne Furcht unser
Leben lang dienen, [75]als Menschen, die
ihm gehören und nach seinem Willen le-
ben[a].
[76]Und dich, mein Sohn, wird man ei-
nen Propheten des Höchsten nennen. Du
wirst vor dem Herrn hergehen und sein
Kommen vorbereiten.
[77]Seinem Volk wirst du zeigen, daß es
durch die Vergebung seiner Sünden geret-
tet wird. [78]Gott vergibt uns, weil seine
Barmherzigkeit so groß ist. Aus der Hö-
he kommt sein Licht zu uns.
[79]Dieses Licht wird allen Menschen
leuchten, die in Nacht und Todesfurcht
leben; es wird uns auf den Weg des Frie-
dens führen.«
[80]Johannes wuchs heran und lernte
Gottes Willen immer besser verstehen[b].
Als junger Mann zog er sich in die Ein-

a) Wörtlich: in Heiligkeit und Gerechtigkeit. b) Wörtlich: erstarkte im Geist.

samkeit der Wüste zurück bis zu dem
Tag, an dem er öffentlich vor dem Volk
Israel auftrat.

Gottes Sohn kommt in die Welt

2 In dieser Zeit befahl der Kaiser Au-
gustus, daß alle Bewohner des römi-
schen Reiches namentlich in Listen er-
faßt werden sollten.
2Eine solche Volkszählung hatte es
noch nie gegeben. Sie wurde durchge-
führt, als Quirinius Gouverneur in Sy-
rien war. 3Jeder mußte in die Stadt gehen,
aus der er stammte, um sich dort eintra-
gen zu lassen.
4Weil Joseph ein Nachkomme Davids
war, der in Bethlehem geboren wurde,
reiste er von Nazareth in Galiläa nach
Bethlehem in Judäa. 5Joseph mußte sich
dort einschreiben lassen, zusammen mit
seiner jungen Frau Maria, die ein Kind
erwartete.
6Als sie in Bethlehem waren, brachte
Maria ihr erstes Kind – einen Sohn – zur
Welt. 7Sie wickelte ihn in Windeln und
legte ihn in eine Futterkrippe im Stall,
weil sie in dem Gasthaus keinen Platz be-
kommen hatten.

Die Hirten auf dem Feld

8In dieser Nacht bewachten draußen auf
dem Feld einige Hirten ihre Herden.
9Plötzlich trat ein Engel Gottes zu ihnen,
und Gottes Licht umstrahlte sie. Die Hir-
ten erschraken sehr, 10aber der Engel
sagte: »Fürchtet euch nicht! Ich bringe
euch die größte Freude für alle Men-
schen: 11Heute ist für euch in der Stadt,
in der schon David geboren wurde, der
lang ersehnte Retter zur Welt ge-
kommen. Es ist Christus, der Herr.
12Und daran werdet ihr ihn erkennen:
Das Kind liegt, in Windeln gewickelt, in
einer Futterkrippe!«
13Auf einmal waren sie von unzähligen
Engeln umgeben, die Gott lobten:
14»Gott im Himmel gehört alle Ehre;
denn er hat den Frieden auf die Erde ge-
bracht für alle, die bereit sind, seinen Frie-
den anzunehmen.«[a]
15Nachdem die Engel sie verlassen hat-
ten, beschlossen die Hirten: »Kommt,
wir gehen nach Bethlehem. Wir wollen
sehen, was dort geschehen ist und wovon
Gottes Engel gesprochen hat.«
16Sie machten sich sofort auf den Weg
und fanden Maria und Joseph und das
Kind, das in der Futterkrippe lag. 17Als
sie das Kind sahen, erzählten die Hirten,
was ihnen der Engel gesagt hatte. 18Und
alle, die ihren Bericht hörten, waren dar-
über sehr erstaunt.
19Maria aber merkte sich jedes Wort
und dachte immer wieder darüber nach.
20Dann kehrten die Hirten zu ihren
Herden zurück. Sie lobten und dankten
Gott für das, was sie in dieser Nacht er-
lebt hatten. Alles war genau so, wie der
Engel es ihnen gesagt hatte.

Jesus wird als Retter erkannt

21Bei der Beschneidung acht Tage später
gab man dem Kind den Namen Jesus.
Dies war der Name, den der Engel nann-
te, noch ehe Maria das Kind empfangen
hatte.
22Als die Zeit der »Reinigung« vorüber
war, wie sie Mose im Gesetz nach der Ge-
burt eines Kindes vorschreibt,[b] brachten
Joseph und Maria das Kind nach Je-
rusalem, um es Gott zu weihen. 23Im Ge-
setz heißt es ausdrücklich: »Jeder erste
Sohn der Familie und jedes erstgeborene
männliche Tier sollen dem Herrn gehö-
ren.«[c] 24Und sie brachten auch ihr Opfer.
Das Gesetz verlangte: zwei Turteltauben
oder zwei andere Tauben.[d]
25In Jerusalem wohnte ein Mann, der
Simeon hieß. Er lebte so, wie Gott es ha-
ben will, hielt sich genau an seine Gebote
und wartete voller Sehnsucht auf den Ret-
ter Israels. Simeon war erfüllt von Gottes
Heiligem Geist. 26Durch ihn wußte er,
daß er nicht sterben würde, bevor er
Christus, den Retter, gesehen hätte.
27Vom Heiligen Geist dazu gedrängt, war
er an diesem Tag in den Tempel gegan-
gen. Als Maria und Joseph das Kind her-
einbrachten, um es Gott zu weihen,
28nahm Simeon es in seine Arme und lob-
te Gott:
29»Herr, jetzt kann ich in Frieden ster-
ben. 30Denn ich habe den Befreier gese-

a) Wörtlich: Friede auf Erden den Menschen des Wohlgefallens. b) 3. Mose 12,4.6
c) 2. Mose 13,2.11-16 d) 3. Mose 12,8

hen, 31den du der ganzen Welt gegeben hast. 32Er ist das Licht für alle Völker, und er wird der Ruhm für dein Volk Israel sein.«

33Maria und Joseph wunderten sich über seine Worte. 34/35Simeon segnete sie und sagte dann zu Maria: »An diesem Kind wird sich das Leben vieler Menschen in Israel entscheiden; denn es wird entweder ihr Richter oder ihr Retter sein. Viele werden sich ihm leidenschaftlich widersetzen und dadurch zeigen, daß sie gegen Gott sind. Der Schmerz darüber wird dir wie ein Schwert durchs Herz dringen.«

36An diesem Tag hielt sich auch die alte Prophetin Hanna im Tempel auf, eine Tochter Phanuels aus dem Stamm Asser. Sie war nur sieben Jahre verheiratet gewesen, 37seit langer Zeit Witwe und nun eine alte Frau von vierundachtzig Jahren. Hanna verließ den Tempel nur noch selten. Um Gott zu dienen, betete und fastete sie Tag und Nacht.

38Während Simeon noch mit Maria und Joseph sprach, trat sie hinzu und begann ebenfalls, Gott zu loben. Allen, die auf die Befreiung Jerusalems warteten, erzählte sie von diesem Kind.

39Nachdem Joseph und Maria alle Vorschriften des Gesetzes erfüllt hatten, kehrten sie nach Nazareth in Galiläa zurück. 40Das Kind wuchs heran, erfüllt mit göttlicher Weisheit. Alle konnten sehen, daß Gottes Segen auf ihm ruhte.

Der zwölfjährige Jesus im Tempel

41Jahr für Jahr gingen Joseph und Maria zum Passahfest nach Jerusalem. 42Als Jesus zwölf Jahre alt war, nahmen sie ihn zum ersten Mal mit. 43Nach den Festtagen machten sich die Eltern wieder auf den Heimweg. Doch ohne daß sie es bemerkten, blieb Jesus in Jerusalem. Am ersten Tag ihrer Rückreise vermißten sie ihn nicht, 44weil sie dachten: Er wird mit Verwandten oder Freunden gegangen sein. 45Als sie ihn aber dort nicht fanden, kehrten sie besorgt um und suchten ihn überall in Jerusalem.

46Endlich, nach drei Tagen, entdeckten sie Jesus im Tempel. Er saß bei den Schriftgelehrten, hörte ihnen aufmerksam zu und stellte Fragen.

47Alle wunderten sich über sein Wissen und seine Antworten.

48Die Eltern waren fassungslos, als sie ihn dort fanden. »Kind«, fragte ihn Maria, »wie konntest du uns nur so etwas antun? Wir haben dich überall verzweifelt gesucht!«

49»Warum habt ihr mich gesucht?« erwiderte Jesus. »Ihr hättet doch wissen müssen, daß ich dort sein muß, wo es um Gottes Sache geht.«[a] 50Doch sie begriffen nicht, was er damit meinte.

51Dann kehrten sie gemeinsam nach Nazareth zurück, und Jesus war seinen Eltern gehorsam. Seine Mutter aber vergaß nichts von dem, was sie erlebt hatte.

52So wuchs Jesus heran. Sein Wissen und sein Verständnis nahmen zu. Die Menschen liebten ihn und erkannten: Gott hat etwas Besonderes mit ihm vor.

Johannes, der Wegbereiter Jesu

(Matth. 3,1-12; Mark. 1,1-8)

3 Es war im fünfzehnten Regierungsjahr des Kaisers Tiberius. Pontius Pilatus verwaltete als Gouverneur die Provinz Judäa; Herodes herrschte als Fürst über Galiläa, sein Bruder Philippus über Ituräa und Trachonitis, und Lysanias regierte in Abilene; 2Hannas und später Kaiphas waren die Hohenpriester. Da erreichte Gottes Auftrag Johannes, den Sohn des Zacharias, der in der Wüste lebte.

3Johannes verließ die Wüste und zog durch das ganze Gebiet am Jordan. Überall forderte er die Leute auf: »Ändert euch von Grund auf! Kehrt um zu Gott, und laßt euch als Zeichen dafür taufen. Dann wird euch Gott eure Sünden vergeben!«[b] 4/5So erfüllte sich, was im Buch des Propheten Jesaja steht:

»Ich höre jemanden in der Wüste rufen: ›Macht den Weg frei für den Herrn! Räumt alle Hindernisse weg, damit er kommen kann! Jedes Tal soll aufgefüllt, jeder Berg und Hügel abgetragen werden, krumme Wege sollen begradigt und

a) Wörtlich: Wußtet ihr nicht, daß ich in dem sein muß, was meines Vaters ist? b) Wörtlich: Er predigte eine Taufe der Umkehr zur Vergebung der Sünden.

holprige Wege zu guten Straßen werden! 6 Dann werden wir alle den von Gott gesandten Retter sehen!‹«[a]

7 Der Menschenmenge, die gekommen war, um sich taufen zu lassen, rief Johannes zu: »Ihr Teufelspack! Glaubt ihr etwa, daß ihr dem kommenden Gericht Gottes entrinnen werdet? 8 Beweist erst einmal durch eure Taten, daß ihr wirklich zu Gott umgekehrt seid! Ihr sagt: ›Abraham ist unser Vater!‹ und wollt euch damit herausreden. Das wird euch gar nichts helfen! Selbst aus diesen Steinen hier kann Gott Nachkommen Abrahams machen.

9 Es ist jetzt allerhöchste Zeit zur Umkehr; denn die Axt ist schon erhoben, um die Bäume an der Wurzel abzuschlagen. Jeder Baum, der keine guten Früchte bringt, wird umgehauen und ins Feuer geworfen.«

10 Da wollten die Leute wissen: »Was sollen wir denn tun?« 11 Johannes antwortete: »Wer zwei Hemden hat, soll dem eins geben, der keins besitzt. Und wer etwas zu essen hat, soll seine Mahlzeit mit Hungrigen teilen.«

12 Es kamen auch Zolleinnehmer, die sich taufen lassen wollten. Sie fragten: »Und wir? Wie sollen wir uns verhalten?« 13 Johannes wies sie an: »Verlangt nur so viel Zollgebühren, wie ihr fordern dürft!«

14 »Und was sollen wir tun?« erkundigten sich einige Soldaten. »Plündert und erpreßt niemand! Seid zufrieden mit eurem Sold«, antwortete ihnen Johannes.

15 Die Leute ahnten, daß bald etwas geschehen würde, und sie fragten sich, ob nicht Johannes der ersehnte Befreier sei. 16 Doch Johannes erklärte öffentlich: »Ich taufe euch mit Wasser, aber nach mir wird einer kommen, der ist größer als ich. Ich bin nicht einmal würdig, ihm die Schuhe auszuziehen.[b] Er wird euch mit dem Heiligen Geist und mit Feuer taufen.

17 Schon hat er die Schaufel in der Hand, mit der er die Spreu vom Weizen trennt. Den Weizen wird er in seine Scheune bringen, aber die Spreu mit Feuer verbrennen, das niemand löschen kann.«

18 In vielen Reden verkündete Johannes den Menschen die Heilsbotschaft Gottes und forderte sie auf umzukehren. 19 Mit scharfen Worten griff er auch Herodes an, den Fürsten von Galiläa. Herodes lebte mit Herodias zusammen, der Frau seines Bruders. Er schreckte vor keinem Verbrechen zurück. 20 Schließlich ging er so weit, daß er Johannes ins Gefängnis werfen ließ.

Die Taufe Jesu: Gott bekennt sich zu seinem Sohn

(Matth. 3,13-17; Mark. 1,9-11; Joh. 1,32)

21 Als Johannes wieder einmal viele Menschen taufte, kam auch Jesus und ließ sich taufen. Während er betete, öffnete sich der Himmel, 22 und der Heilige Geist kam, wie eine Taube, sichtbar auf ihn herab. Gleichzeitig sprach eine Stimme vom Himmel: »Du bist mein lieber Sohn, an dem ich Freude habe.«[c]

Von Adam bis Jesus

(Matth. 1,1-17)

23 Jesus begann seine große Aufgabe, als er ungefähr dreißig Jahre alt war. Die Leute kannten ihn als den Sohn Josephs. Josephs Vater war Eli, und dessen Vorfahren waren:

24 Mattat, Levi, Melchi, Jannai,

25 Joseph, Mattathias, Amos, Nahum,

26 Hesli, Naggai, Mahat, Mattathias, Simei, Josech,

27 Joda, Johanan, Resa, Serubabel, Schealthiel,

28 Neri, Melchi, Addi, Kosam, Elmadam,

29 Ger, Jesus, Elieser, Jorim, Mattat, Levi,

30 Simeon, Juda, Joseph, Jonam,

31 Eljakim, Melea, Menna, Mattatha, Nathan,

32 David, Isai, Obed, Boas, Salmon,

33 Nachschon, Amminadab, Admin, Arni, Hezron, Perez,

34 Juda, Jakob, Isaak, Abraham, Tharah,

35 Nahor, Serug, Regu, Peleg, Eber,

36 Schelach, Kenan, Arpachschad, Sem, Noah,

a) Jesaja 40,3-5 b) Wörtlich: ihm die Schuhriemen aufzubinden. c) Wörtlich: An dir habe ich Wohlgefallen.

37 Lamech, Metuschelach, Henoch, Jared, Mahalaleel, Kenan,

38 Enosch, Seth. Seth war ein Sohn Adams, und Adam wurde von Gott geschaffen.

Versuchung und Widerstand

(Matth. 4,1-11; Mark. 1,12-13)

4 Erfüllt vom Heiligen Geist, kam Jesus vom Jordan zurück. Und der Geist Gottes führte ihn in die Wüste, 2 wo er sich vierzig Tage aufhielt. Dort war er den Versuchungen des Teufels ausgesetzt. Jesus aß nichts während dieser ganzen Zeit, und der Hunger quälte ihn. 3 Da forderte ihn der Teufel auf: »Wenn du Gottes Sohn bist, dann mach doch Brot aus diesem Stein!« 4 Aber Jesus wehrte ab: »Nein, denn es steht in der Heiligen Schrift: ›Der Mensch lebt nicht allein von Brot, sondern von allem, was der Herr ihm zusagt.‹«[a]

5 Dann führte ihn der Teufel auf einen hohen Berg und zeigte ihm in einem einzigen Augenblick alle Reiche der Welt 6 und bot sie Jesus an: »Alle Macht über diese Welt und ihre Herrlichkeit will ich dir geben; denn mir gehört die Welt, und ich schenke sie, wem ich will. 7 Wenn du vor mir niederkniest und mich anbetest, wird das alles dir gehören.«

8 Wieder wehrte Jesus ab: »Nein! Denn Gott verlangt in der Heiligen Schrift von uns: ›Du sollst allein Gott anbeten und nur ihm gehorchen!‹«[b]

9 Jetzt nahm ihn der Teufel mit nach Jerusalem und stellte ihn auf die höchste Stelle der Tempelmauer. »Spring hinunter!« forderte er Jesus auf. »Du bist doch Gottes Sohn! 10 Es steht geschrieben: ›Gott wird seinen Engeln befehlen, dich zu beschützen. 11 Sie werden dich auf Händen tragen, und du wirst dich nicht einmal an einem Stein verletzen!‹«[c] 12 Aber Jesus wies ihn auch diesmal zurück: »Es steht geschrieben: ›Du sollst Gott, deinen Herrn, nicht herausfordern!‹«[d]

13 Nachdem der Teufel mit seinen Versuchungen gescheitert war, verließ er Jesus für einige Zeit.

Ein Prophet gilt nichts in seinem Land

(Matth. 13,53-58; Mark. 6,1-6)

14 Mit der Kraft des Heiligen Geistes erfüllt, kehrte Jesus nach Galiläa zurück. Schon bald sprach man überall von ihm. 15 Er predigte in den Synagogen so überzeugend, daß alle mit größter Hochachtung von ihm redeten. 16 Eines Tages kam Jesus wieder in seine Heimatstadt Nazareth. Am Sabbat ging er wie gewohnt in die Synagoge. 17 Als er aufstand, um aus der Heiligen Schrift vorzulesen, reichte man ihm das Buch des Propheten Jesaja. Jesus las: 18 »Mit mir ist der Geist des Herrn, weil er mich berufen hat[e]. Er hat mich beauftragt, den Armen die frohe Botschaft zu bringen. Den Gefangenen soll ich die Freiheit verkünden, den Blinden sagen, daß sie sehen werden, und den Unterdrückten, daß sie bald von jeder Gewalt befreit sein sollen. 19 Jetzt erläßt Gott alle Schuld.«[f]

20 Jesus schloß das Buch, gab es zurück und setzte sich. Alle warteten gespannt darauf, was er dazu sagen würde. Er begann: 21 »Heute hat sich diese Voraussage des Propheten erfüllt.«

22 Während er sprach, konnte ihm die ganze Gemeinde nur zustimmen. Sie staunten alle über seine eindrückliche Rede und meinten: »Man kann es kaum glauben, daß er der Sohn des Zimmermanns[g] ist!«

23 Jesus redete weiter: »Sicher werdet ihr mir das Sprichwort vorhalten: ›Arzt, hilf dir selbst! In Kapernaum hast du große Wunder getan. Zeig auch hier, was du kannst!‹ 24 Aber ihr wißt doch: Keinem Propheten glaubt man in seiner Heimatstadt. 25 Denkt an Elia! Damals gab es genug Witwen in Israel, die Hilfe brauchten; denn es hatte dreieinhalb Jahre nicht geregnet, und alle Menschen im Land hungerten. 26 Aber nicht zu ihnen wurde Elia geschickt, sondern zu einer heidnischen Witwe in Zarpath bei Sidon. 27 Oder erinnert euch an den Propheten Elisa! Es gab unzählige Aussätzige in Israel, aber von ihnen wurde keiner geheilt. Naeman, der heidnische Syrer, war der einzige.«

a) 5. Mose 8,3 b) 5. Mose 6,13-14 c) Psalm 91,11-12 d) 5. Mose 6,16 e) Wörtlich: denn er hat mich gesalbt. f) Wörtlich: zu verkünden das Erlaßjahr des Herrn. Jesaja 61,1-2 g) Wörtlich: Josephs Sohn.

28Das war den Zuhörern zuviel. Wü-
tend sprangen sie auf 29und schleppten Je-
sus bis zu dem Steilabhang des Berges,
auf dem ihre Stadt gebaut war. Dort woll-
ten sie ihn hinunterstoßen. 30Doch Jesus
ging ruhig durch die aufgebrachte Volks-
menge weg, ohne daß es jemand gewagt
hätte, ihn auch nur anzufassen.

Jesus erweist seine Macht
(Mark. 1,21-28)

31Jesus kam nach Kapernaum in Galiläa
und predigte dort am Sabbat.
32Die Leute waren von seiner Lehre
tief beeindruckt; denn sie spürten, daß
aus seinen Worten Gott selbst zu ihnen
sprach.
33In der Synagoge war ein Mann, der
von einem Dämon beherrscht wurde.
34Der schrie laut: »Hör auf, Jesus von
Nazareth! Was willst du von uns? Du
bist doch nur gekommen, um uns zu ver-
nichten. Ich weiß genau, wer du bist: der
Sohn Gottes!«[a]
35Jesus unterbrach ihn: »Schweig!
Verlasse diesen Menschen!« Da schleu-
derte der Dämon den Mann mitten unter
sie auf den Boden und verließ ihn, ohne
ihm weiter zu schaden.
36Erschrocken und bestürzt fragten
sich die Leute: »Wie redet denn dieser
Mann? In der Kraft Gottes befiehlt er
den bösen Geistern, und sie müssen ge-
horchen!« 37Bald redete man in der gan-
zen Gegend über das, was Jesus getan
hatte.

Alle müssen die Heilsbotschaft hören
(Matth. 4,23; 8,14-17; Mark. 1,29-39)

38Nachdem Jesus die Synagoge verlassen
hatte, ging er in das Haus des Petrus. Des-
sen Schwiegermutter hatte hohes Fieber.
Man bat Jesus, ihr zu helfen. 39Er trat an
ihr Bett, beugte sich über sie und befahl
dem Fieber zu weichen. Sofort war sie
gesund. Sie stand auf und bediente ihre
Gäste.
40Die Heilung wurde schnell bekannt.
Wer einen Kranken in der Familie hatte,
brachte ihn zu Jesus, nachdem die Sonne
untergegangen war. Er legte ihnen die
Hände auf und heilte sie alle. 41Viele
wurden auch von Dämonen befreit, die
schrien: »Du bist der Sohn Gottes!«
Aber er bedrohte sie und befahl ihnen zu
schweigen; denn sie wußten, daß er der
von Gott gesandte Befreier ist.
42Am frühen Morgen verließ Jesus das
Haus und ging in eine einsame Gegend.
Aber die Leute suchten ihn überall, und
als sie ihn endlich gefunden hatten, woll-
ten sie ihn festhalten. Er sollte bei ihnen
bleiben. 43Doch er wies sie ab: »Ich muß
die frohe Botschaft vom Reich Gottes
auch in alle anderen Städte bringen. Das
ist mein Auftrag.«
44Er ging weiter und predigte in allen
Synagogen des Landes.

Jesus beruft seine ersten Jünger
(Matth. 4,18-22; Mark. 1,16-20)

5 Eines Tages drängte sich am See Ge-
nezareth eine große Menschenmenge
um Jesus. Alle wollten Gottes Wort hö-
ren. 2Am Ufer lagen zwei leere Boote.
Die Fischer hatten sie verlassen und arbei-
teten an ihren Netzen.
3Da stieg Jesus in das Boot, das Petrus
gehörte, und bat den Fischer, ein Stück
auf den See hinauszurudern, damit ihn al-
le besser sehen und hören konnten. Vom
Boot aus sprach Jesus dann zu den Men-
schen.
4Anschließend sagte er zu Petrus:
»Fahrt jetzt weiter auf den See, und werft
eure Netze aus!« 5»Herr«, gab Petrus zu
bedenken, »wir haben die ganze Nacht
gearbeitet und nichts gefangen. Aber
weil du es sagst, will ich es wagen.«
6Sie warfen ihre Netze aus und fingen
so viele Fische, daß die Netze zu zer-
reißen drohten. 7Deshalb winkten sie den
Fischern im anderen Boot, ihnen zu hel-
fen. Bald waren beide Boote bis zum
Rand beladen, so daß sie beinahe sanken.
8Als Petrus das sah, fiel er erschrocken
vor Jesus nieder und rief: »Herr, geh weg
von mir! Ich bin ein sündiger Mensch!«
9Er und alle anderen Fischer waren fas-
sungslos über diesen Fang, 10auch Ja-
kobus und Johannes, die Söhne des Ze-
bedäus, die Petrus bei der Arbeit gehol-
fen hatten. Aber Jesus sagte zu Petrus:
»Fürchte dich nicht! Du wirst jetzt keine
Fische mehr fangen, sondern Menschen

a) Wörtlich: der Heilige Gottes.

für mich gewinnen.« 11 Sie brachten die
Boote an Land, verließen alles und gin-
gen mit Jesus.

Ein Leprakranker wird geheilt
(Matth. 8,1-4; Mark. 1, 40-45)

12 In einer der Städte traf Jesus einen
Mann, dessen Körper von Lepra zer-
fressen war. Als er Jesus sah, warf er sich
vor ihm nieder und flehte ihn an: »Herr,
wenn du willst, kannst du mich heilen!«
13 Jesus streckte die Hand aus, berührte
ihn und sagte: »Ich will! Sei gesund!« Da
war der Mann von seiner Krankheit ge-
heilt.
14 Jesus befahl ihm, nicht über seine
Heilung zu reden. »Geh und laß dich
vom Priester untersuchen«, forderte er
ihn auf, »und bring das Opfer für deine
Heilung, wie es Mose im Gesetz an-
ordnet! Sie sollen sehen, daß Gott dich
geheilt hat.«
15 Aber das änderte nichts daran, daß
immer mehr Menschen von den Wun-
dern Jesu sprachen. In Scharen drängten
sie sich zu ihm. Sie wollten ihn hören
und von ihren Krankheiten geheilt wer-
den. 16 Aber Jesus entzog sich der Menge,
um in der Einsamkeit zu beten.

Jesus hat die Macht, Sünden zu vergeben
(Matth. 9,1-8; Mark. 2,1-12)

17 Als Jesus eines Tages Gottes Botschaft
erklärte, saßen unter den Zuhörern auch
Pharisäer und Schriftgelehrte. Sie waren
aus ganz Galiläa, aus Judäa und aus Je-
rusalem gekommen. In der Kraft Gottes
heilte Jesus die Kranken.[a]
18 Da brachten einige Männer einen Ge-
lähmten auf einer Trage. Sie versuchten,
sich durch die Menge zu drängen und
den Kranken zu Jesus zu bringen. 19 Aber
das war unmöglich. Die vielen Menschen
ließen sie nicht durch. Kurzentschlossen
stiegen sie auf das Dach, deckten die Zie-
gel ab und ließen den Mann auf seiner
Trage durch die Öffnung zu Jesus hin-
unter.
20 Als Jesus sah, wie groß ihr Glaube an
ihn war, sagte er zu dem Gelähmten:
»Deine Sünden sind dir vergeben!«
21 »Was bildet sich dieser Mensch ei-
gentlich ein?« entrüsteten sich da die Pha-
risäer und Schriftgelehrten. »Das ist Got-
teslästerung! Nur Gott kann Sünden
vergeben!«
22 Jesus durchschaute sie und fragte:
»Was habt ihr da für Gedanken? 23 Ist es
leichter zu sagen: ›Dir sind deine Sünden
vergeben‹, oder: ›Steh auf, du bist ge-
heilt‹? 24 Aber ich will euch beweisen, daß
der Menschensohn die Macht hat, schon
jetzt Sünden zu vergeben.« Und er for-
derte den Gelähmten auf: »Nimm deine
Trage und gehe nach Hause!«
25 Alle sahen, wie der Mann aufstand,
seine Trage nahm, nach Hause ging und
dabei Gott dankte. 26 Voller Entsetzen sa-
hen ihm die Leute nach. Doch dann rie-
fen sie begeistert: »Wir haben heute Un-
glaubliches gesehen!« Und alle lobten
Gott.

Gesunde brauchen keinen Arzt
(Matth. 9,9-13; Mark. 2,13-17)

27 Als Jesus weiterzog, sah er den Zoll-
einnehmer Levi am Zoll sitzen. Jesus for-
derte ihn auf: »Komm, geh mit mir!«
28 Ohne zu zögern, verließ Levi alles und
ging mit ihm. 29 Kurz darauf gab er für
Jesus in seinem Haus ein großes Fest. Vie-
le Zolleinnehmer und seine anderen
Freunde saßen mit Jesus und den Jün-
gern an der Festtafel.
30 »Wie könnt ihr nur mit solchem Ge-
sindel verkehren?« empörten sich die
Pharisäer und Schriftgelehrten bei den
Jüngern. 31 Jesus antwortete ihnen: »Ge-
sunde Menschen brauchen keinen Arzt,
aber die Kranken. 32 Meine Aufgabe ist es,
Sünder in die Gemeinschaft mit Gott zu
rufen, und nicht solche, die Gott bereits
kennen.«[b]

Neues Leben braucht neue Formen
(Matth. 9,14-17; Mark. 2,18-22)

33 Wieder einmal wollten die Pharisäer Je-
sus mit ihren Fragen in die Enge treiben.
»Die Jünger von Johannes dem Täufer fa-

a) Wörtlich: Die Kraft des Herrn war da, um zu heilen. b) Wörtlich: und nicht die Gerechten.

sten und beten viel, und unsere Freunde halten es auch so«, sagten sie zu Jesus. »Aber deine Jünger essen und trinken, ohne sich um die Fastentage zu kümmern.«

34 Da antwortete Jesus: »Wollt ihr vielleicht die Hochzeitsgäste hungern lassen, solange der Bräutigam mit ihnen an der Festtafel sitzt? 35 Die Zeit kommt früh genug, daß ich nicht mehr bei meinen Jüngern sein werde. Dann werden auch sie fasten.«

36 Noch mit einem anderen Beispiel ging er auf ihre Frage ein: »Niemand zerreißt ein neues Kleid, um damit ein altes zu flicken. Nicht nur, daß es um das neue Kleid zu schade wäre; sondern der neue Flicken paßt auch gar nicht zum alten Kleid. 37 Ebenso füllt niemand jungen, gärenden Wein in alte, brüchige Schläuche. Sie würden platzen, und man hätte Wein und Schläuche verloren. 38 Junger Wein gehört in neue Schläuche. 39 Wer aber gern alten Wein trinkt, der will vom jungen Wein nichts wissen. ›Der alte Wein ist immer noch der beste‹, wird er sagen.«

Gesetzlichkeit oder Liebe?
(Matth. 12,1-14; Mark. 2,23-3,6)

6 An einem Sabbat ging Jesus mit seinen Jüngern durch die Getreidefelder. Die Jünger rissen einzelne Ähren ab, rieben sie zwischen den Händen und aßen die Körner. 2 Einige Pharisäer, die das sahen, empörten sich: »Ihr übertretet Gottes Gebot! Am Sabbat ist es verboten, Getreide zu ernten!«

3 Darauf antwortete Jesus: »Kennt ihr nicht die Geschichte von König David und seinen Freunden? 4 Als er hungrig war, ging er in das Haus Gottes und aß mit ihnen vom Opferbrot, obwohl doch nur die Priester davon essen dürfen. 5 Erst recht hat der Menschensohn die Macht zu entscheiden, was am Sabbat erlaubt ist und was nicht.«

6 Als Jesus an einem anderen Sabbat in der Synagoge predigte, bemerkte er einen Mann, dessen rechte Hand verkrüppelt war. 7 Die Schriftgelehrten und Pharisäer ließen Jesus nicht aus den Augen. Wenn er den Mann am Sabbat heilen würde, hätten sie endlich einen Grund, ihn anzuzeigen. 8 Jesus wußte, was sie dachten. Deshalb sagte er zu dem Mann mit der verkrüppelten Hand: »Steh auf und komm hierher, damit dich alle sehen können!« Der Mann kam nach vorn.

9 Nun wandte sich Jesus an die Pharisäer und Schriftgelehrten: »Was soll man am Sabbat tun, Gutes oder Böses? Soll man das Leben eines Menschen retten, oder soll man ihn zugrunde gehen lassen?« 10 Jesus sah einen nach dem andern an, aber alle schwiegen. Schließlich sagte er zu dem Mann: »Zeige deine Hand her!« Er streckte sie aus, und die Hand war gesund.

11 Seine Gegner waren wütend. Und sie berieten miteinander, wie sie Jesus aus dem Weg schaffen könnten.

Jesus beruft seine zwölf Jünger
(Mark. 3,13-19)

12 In dieser Zeit stieg Jesus auf einen Berg, um zu beten. Er betete die ganze Nacht. 13 Als es hell wurde, rief er seine Jünger zu sich und wählte zwölf von ihnen aus, die er »Apostel« nannte. 14 Es waren Simon, dem er den Namen Petrus gab, und Simons Bruder Andreas; dann Jakobus und Johannes, Philippus, Bartholomäus, 15 Matthäus, Thomas und Jakobus, der Sohn des Alphäus, sowie Simon, der ehemalige Freiheitskämpfer, 16 Judas, der Sohn von Jakobus, und Judas Ischarioth, der Jesus später verraten hat.

Jesus heilt alle, die zu ihm kommen
(Matth. 4,23-25; Mark. 3,7-12)

17 Als Jesus mit seinen Jüngern den Berg hinuntergestiegen war, kamen sie zu einem großen freien Platz. Hier hatte sich eine riesige Menschenmenge versammelt, darunter viele seiner Anhänger. Die Leute kamen sogar aus Judäa, aus Jerusalem und aus den Hafenstädten Tyrus und Sidon. 18 Sie waren gekommen, um Jesus zu hören und von ihren Krankheiten geheilt zu werden. Alle, die von bösen Geistern beherrscht waren, wurden befreit. 19 Jeder versuchte, Jesus zu berühren; denn von ihm ging eine Kraft aus, die sie alle heilte.

Wer darf sich glücklich nennen?
(Matth. 5,1-12)

20Jesus sah seine Jünger an und sagte: »Glücklich[a] seid ihr Armen, denn ihr werdet Gottes Reich besitzen. 21Glücklich seid ihr, die ihr jetzt hungern müßt, denn Gott wird euren Hunger stillen. Glücklich seid ihr, die ihr jetzt weint, denn ihr werdet bald vor Freude jubeln!

22Glücklich seid ihr, wenn euch die Menschen hassen; wenn sie von euch nichts wissen wollen und euch verachten; wenn sie euch beschimpfen und Schlechtes über euch erzählen, nur weil ihr zu mir gehört[b]. 23Dann freut euch! Ja, ihr könnt jubeln, denn im Himmel werdet ihr dafür belohnt werden. So wie es euch ergeht, ist es auch schon den Propheten ergangen.

24Doch wehe euch, ihr Reichen! Ihr habt euer Glück schon auf Erden genossen. 25Wehe euch, ihr Satten! Ihr werdet Hunger leiden. Wehe euch, die ihr jetzt sorglos lacht! Ihr werdet weinen und jammern. 26Wehe euch, die ihr jetzt von allen umschmeichelt werdet, denn die falschen Propheten waren schon immer beliebt.«

Liebe deine Feinde!
(Matth. 5,38-48)

27»Euch allen sage ich: Liebt eure Feinde und tut denen Gutes, die euch hassen. 28Segnet die Menschen, die euch Böses wünschen, und betet für alle, die euch beleidigen.

29Schlägt dir jemand ins Gesicht, dann wehr dich nicht gegen den zweiten Schlag. Wenn dir einer den Mantel wegnimmt, dann weigere dich nicht, ihm auch noch das Hemd zu geben.

30Gib jedem, der dich um etwas bittet, und fordere nicht zurück, was man dir genommen hat.

31Seid zu den Leuten genauso, wie ihr auch von ihnen behandelt werden wollt. 32Oder erwartet ihr einen Lohn dafür, wenn ihr die Menschen liebt, die euch auch lieben? Das tut schließlich jeder.[c] 33Ist es etwas Besonderes, denen Gutes zu tun, die auch zu euch gut sind? Das können auch Menschen, die Gott ablehnen. 34Was ist schon dabei, Leuten Geld zu leihen, von denen man genau weiß, daß sie es zurückzahlen? Dazu braucht man nichts von Gott zu wissen.

35Ihr aber sollt eure Feinde lieben und den Menschen Gutes tun. Ihr sollt ihnen helfen, ohne einen Dank oder eine Gegenleistung zu erwarten. Gott wird euch reich belohnen, weil ihr wie seine Kinder handelt. Denn auch er ist gütig zu Undankbaren und Bösen.«

Kritik und Selbsterkenntnis
(Matth.7,1-5)

36»Seid so barmherzig wie euer Vater im Himmel! 37Richtet nicht über andere, dann wird Gott auch nicht über euch richten! Verurteilt keinen Menschen, dann wird Gott euch auch nicht verurteilen! Wenn ihr bereit seid, anderen zu vergeben, dann wird Gott auch euch vergeben. 38Gebt, was ihr habt, dann wird Gott euch so reich beschenken, daß ihr gar nicht alles aufnehmen könnt. Mit dem Maßstab, den ihr an andere legt, wird auch Gott euch messen.«

39In seinen Predigten gebrauchte Jesus immer wieder Beispiele: »Wie kann ein Blinder einen anderen Blinden führen? Werden sie nicht beide in den Abgrund stürzen? 40Ein Schüler kann nur so viel wissen wie sein Lehrer. Wenn er alles von ihm gelernt hat, wird er doch nur so klug wie der Lehrer sein.

41Weshalb regst du dich über die kleinen Schwächen deines Bruders auf und übersiehst deine eigene Schuld? 42Du sagst: ›Mein Freund, komm her! Ich will dir deine Fehler zeigen!‹ Dabei bist du blind für deine eigene Schuld. Du Heuchler! Kümmere dich erst um deine Fehler und dann versuche, deinem Bruder zu helfen.«[d]

a) Wörtlich: Glückselig. b) Wörtlich: um des Menschensohns willen. c) Wörtlich: Auch die Sünder lieben, die sie lieben. d) Verse 41-42 wörtlich: Was aber siehst du den Splitter im Auge deines Bruders, den Balken in deinem eigenen Auge aber nimmst du nicht wahr? Oder wie kannst du zu deinem Bruder sagen: Bruder, erlaube, ich will den Splitter herausziehen, der in deinem Auge ist, während du selbst den Balken in deinem Auge nicht siehst? Heuchler, entferne zuerst den Balken aus deinem Auge. Dann wirst du klar sehen und kannst den Splitter aus dem Auge deines Bruders ziehen.

Das Erkennungszeichen
(Matth. 7,15-20; 12,33-35)

[43]»Ein guter Baum trägt keine schlechten Früchte und ein schlechter Baum keine guten. [44]So kann man jeden Baum an seinen Früchten erkennen. Von Dornbüschen erntet man keine Feigen und von Gestrüpp keine Weintrauben. [45]Also wird ein guter Mensch auch Gutes tun, eben weil er gut ist. Aber ein böser Mensch wird schlecht handeln, weil seine Absichten und Gedanken böse sind. So wie unser Wesen ist – gut oder böse –, so werden wir reden und handeln.«

Jesus, das Fundament des Glaubens
(Matth. 7,24-27)

[46]»Warum nennt ihr mich dauernd ›Herr!‹, wenn ihr doch nicht tut, was ich euch sage? [47]Wißt ihr, mit wem ich einen Menschen vergleiche, der meine Worte hört und danach handelt? [48]Er ist wie ein Mann, der sich ein Haus bauen wollte. Zuerst hob er eine Baugrube aus, dann baute er die Fundamente seines Hauses auf festen, felsigen Grund. Als ein Unwetter kam und die Fluten gegen das Haus brandeten, konnte es keinen Schaden anrichten, denn das Haus war auf sicherem Grund gebaut. [49]Wer sich meine Worte allerdings nur anhört und nicht danach lebt, der ist wie einer, der beim Bauen auf das Fundament verzichtet und sein Haus auf weichen Boden baut. Bei einem Unwetter unterspülen die Fluten sein Haus, und es stürzt ein. Übrig bleibt nur ein Trümmerhaufen.«

Wo findet man solch einen Glauben?
(Matth. 8,5-13)

7 Nachdem Jesus zu der Menschenmenge geredet hatte, ging er nach Kapernaum. [2]In dieser Stadt lag der Diener eines römischen Offiziers im Sterben. [3]Weil der Offizier seinen Diener sehr schätzte, schickte er einige angesehene Juden zu Jesus, von dessen Ankunft er gehört hatte. Sie sollten ihn bitten, mitzukommen und seinen Diener zu heilen. [4]So kamen sie zu Jesus und redeten eindringlich auf ihn ein: »Du mußt diesem Mann unbedingt helfen! [5]Er liebt unser Volk und hat den Bau der Synagoge bezahlt.«

[6]Jesus ging mit ihnen. Aber noch ehe sie das Haus erreicht hatten, schickte ihm der Offizier einige Freunde entgegen und ließ ihm sagen: »Herr, ich möchte nicht, daß du selbst in mein Haus kommst; denn ich bin es nicht wert. [7]Deshalb bin ich auch nicht persönlich zu dir gekommen. Ich weiß, du brauchst nur ein Wort zu sagen, dann wird mein Diener gesund. [8]Auch ich habe Vorgesetzte, denen ich gehorchen muß, und meinen Soldaten erteile ich Befehle. Wenn ich zu einem sage: ›Geh!‹, dann geht er. Befehle ich einem anderen: ›Komm!‹, dann kommt er. Und wenn ich zu meinem Diener sage: ›Tu dies!‹, dann führt er den Auftrag aus.«

[9]Als Jesus das hörte, wunderte er sich sehr. Er sagte zu den Menschen, die ihm gefolgt waren: »Das ist sicher: Unter allen Juden in Israel bin ich keinem Menschen mit so festem Glauben begegnet.« [10]Als die Freunde des Offiziers in das Haus zurückkamen, war der Diener gesund.

Jesus erweckt ein totes Kind zum Leben

[11]Nicht lange danach kam Jesus mit seinen Jüngern in die Stadt Nain. Es folgte ihm wieder eine große Menschenmenge. [12]Als er sich dem Stadttor näherte, kam ihm ein Trauerzug entgegen. Der Verstorbene war der einzige Sohn einer Witwe. Viele Trauergäste aus der Stadt begleiteten die Frau. [13]Als Jesus sie sah, war er von ihrem Leid tief bewegt. »Weine nicht!« tröstete er sie. [14]Er ging zu der Bahre und legte seine Hand auf den Sarg. Die Träger blieben stehen. Jesus sagte zu dem toten Jungen: »Ich befehle dir: Steh auf!« [15]Da setzte sich der Junge auf und begann zu sprechen. Die Mutter hatte ihr Kind durch Jesus wiederbekommen.

[16]Alle erschraken über das, was sie gesehen hatten. Dann aber begriffen sie, und sie lobten Gott und sagten: »Gott hat uns einen mächtigen Propheten geschickt. Er hilft seinem Volk!«

[17]Bald wußte jeder in Israel und in den angrenzenden Ländern, was Jesus getan hatte.

Bist du der versprochene Retter?
(Matth. 11,2-6)

18Von den Wundertaten Jesu erfuhr auch
Johannes der Täufer durch seine Jünger.
19Er schickte zwei von ihnen zu Jesus. Sie
sollten ihn fragen: »Bist du der verspro-
chene Retter, oder müssen wir noch län-
ger auf ihn warten?«
20Die beiden kamen zu Jesus und sag-
ten: »Johannes läßt dich fragen: ›Bist du
der von Gott versprochene Retter, oder
müssen wir noch länger auf ihn war-
ten?‹«
21Jesus heilte gerade viele von ihren
Krankheiten und Leiden. Er befreite
Menschen, die von Dämonen geplagt
wurden, und den Blinden schenkte er das
Augenlicht wieder. 22So konnte er den
Jüngern des Johannes antworten: »Geht
zu Johannes zurück und erzählt ihm, was
ihr miterlebt habt: Blinde sehen, Ge-
lähmte gehen, Aussätzige werden geheilt,
Taube hören, Tote werden wieder leben-
dig, und den Armen wird die frohe Bot-
schaft verkündet! 23Und sagt ihm: Glück-
lich ist jeder, der nicht an mir zweifelt!«

Jesus und Johannes
(Matth. 11,7-19)

24Als die Jünger des Johannes gegangen
waren, wandte sich Jesus an die Men-
schen, die sich um ihn versammelt hat-
ten: »Was wolltet ihr sehen, als ihr zu Jo-
hannes in die Wüste hinausgezogen seid?
Ein Schilfrohr, das vom Wind hin- und
herbewegt wird? 25Oder was sonst? Ei-
nen Mann in vornehmer Kleidung? Dann
hättet ihr in die Königspaläste gehen müs-
sen. 26Oder wolltet ihr einem Propheten
begegnen? Das will ich euch sagen: Jo-
hannes ist ein Prophet, ja mehr als das.
27Johannes ist der Mann, von dem
Gott gesagt hat: ›Ich schicke meinen Bo-
ten voraus, der dein Kommen ankündigt
und die Menschen darauf vorbereitet.‹[a]
28Eins ist ganz sicher: Von allen Men-
schen, die je geboren wurden, ist keiner
bedeutender als Johannes der Täufer.
Trotzdem werden die Geringsten im
Reich Gottes größer sein als er.
29Alle, die Johannes zuhörten, selbst
die von allen verachteten Zolleinnehmer,
gaben Gott recht und ließen sich von Jo-
hannes taufen. 30Nur die Pharisäer und
Schriftgelehrten lehnten hochmütig Got-
tes Hilfe ab. Sie ließen sich nicht von Jo-
hannes taufen.
31Wie soll ich die Menschen von heute
beschreiben? Wem gleichen sie? 32Sie
sind wie spielende Kinder auf der Straße,
die ihren Freunden zurufen: ›Wir haben
Musik gemacht, und ihr habt nicht ge-
tanzt. Danach haben wir Beerdigung ge-
spielt, und ihr seid nicht traurig ge-
wesen!‹ 33Johannes der Täufer fastete oft
und trank keinen Wein. Da habt ihr ge-
sagt: ›Der ist doch verrückt!‹[b] 34Nun ist
der Menschensohn gekommen, ißt und
trinkt wie jeder andere Mensch, und ihr
beschimpft ihn: ›Er ist ein Fresser und
Säufer. Verbrecher und anderes Gesin-
del[c] sind seine Freunde!‹ 35Doch nicht an
solchen Äußerlichkeiten zeigt sich Got-
tes Weisheit; sie beweist sich in dem, was
sie bewirkt.«[d]

Worauf es ankommt – Jesus bei dem Pharisäer Simon

36Einmal wurde Jesus von einem Pha-
risäer zum Essen eingeladen. Er ging in
das Haus des Pharisäers und setzte sich
an den Tisch. 37Da kam eine Dirne her-
ein, die in dieser Stadt lebte. Sie hatte er-
fahren, daß Jesus bei Simon eingeladen
war. In ihrer Hand trug sie ein Glas mit
wertvollem Öl. 38Die Frau ging zu Jesus,
kniete bei ihm nieder und weinte so sehr,
daß seine Füße von ihren Tränen naß
wurden. Mit ihrem Haar trocknete sie
die Füße, küßte sie und goß das Öl dar-
über.
39Der Pharisäer hatte das alles be-
obachtet und dachte: »Wenn dieser
Mann wirklich ein Prophet Gottes wäre,
müßte er doch wissen, was das für eine
Frau ist!«
40»Simon, ich will dir etwas erzählen«,
unterbrach ihn Jesus in seinen Ge-
danken. »Ja, ich höre zu, Meister«, ant-
wortete Simon.
41»Ein reicher Mann hatte zwei Leuten
Geld geliehen. Der eine Mann schuldete
ihm fünftausend Mark, der andere fünf-

a) Maleachi 3,1 b) Wörtlich: Er hat einen Dämon. c) Wörtlich: Zöllner und Sünder. d) Wörtlich: Und die Weisheit ist durch ihre Werke gerechtfertigt worden.

hundert[a]. 42Weil sie aber zum festgesetzten Termin das Geld nicht zurückzahlen konnten, schenkte er es beiden. Welcher der beiden Männer wird ihm nun am meisten dankbar sein?«

43»Bestimmt der, dem er die größte Schuld erlassen hat«, antwortete Simon. »Du hast recht!« bestätigte ihm Jesus.

44Dann blickte er die Frau an und sagte: »Sieh diese Frau, Simon! Ich kam in dein Haus, und du hast mir kein Wasser für meine Füße gegeben, was doch sonst selbstverständlich ist. Aber sie hat meine Füße mit ihren Tränen gewaschen und mit ihrem Haar getrocknet. 45Du hast mich nicht mit einem Bruderkuß begrüßt. Aber diese Frau hat immer wieder meine Füße geküßt. 46Du hast meine Stirn nicht mit Öl gesalbt, während sie dieses kostbare Öl sogar über meine Füße gegossen hat. 47Ich sage dir: Ihre große Schuld ist ihr vergeben; sonst hätte sie mir nicht so viel Liebe zeigen können. Wem wenig vergeben wird, der liebt auch wenig.«

48Zu der Frau sagte Jesus: »Deine Sünden sind dir vergeben.«

49Da tuschelten die anderen Gäste untereinander: »Was ist das nur für ein Mensch! Kann der denn Sünden vergeben?«

50Doch Jesus sagte noch einmal zu der Frau: »Dein Glaube hat dich gerettet! Geh in Frieden.«

Frauen um Jesus

8 Bald darauf zog Jesus durch viele Städte und Dörfer. Überall predigte er und verkündete die frohe Botschaft vom Reich Gottes. Auf dieser Reise begleiteten ihn seine zwölf Jünger 2und einige Frauen, die er von bösen Geistern befreit und von ihren Krankheiten geheilt hatte. Zu ihnen gehörten Maria aus Magdala – Jesus hatte sie von sieben Dämonen befreit –, 3Johanna, die Frau des Chusa, eines Beamten von König Herodes, Susanna und viele andere. Sie waren vermögend und sorgten für Jesus und seine Jünger.

Das Gleichnis vom Bauern, der sein Korn aussät

(Matth. 13,1-23; Mark. 4,1-20)

4Vor einer großen Menschenmenge – aus allen Städten waren die Leute gekommen – erzählte Jesus dieses Gleichnis:

5»Ein Bauer säte auf seinem Feld Getreide aus. Dabei fielen einige Körner auf den Feldweg. Sie wurden zertreten und von den Vögeln aufgepickt. 6Andere Körner fielen auf felsigen Boden. Sie gingen auf, aber weil es nicht feucht genug war, vertrockneten sie. 7Einige Samenkörner fielen zwischen die Disteln, in denen die junge Saat bald erstickte. 8Die übrigen Körner fielen auf guten Boden. Das Getreide wuchs heran, und der Bauer brachte eine reiche Ernte ein. Hört auf das, was ich euch sage!«

9Später fragten ihn seine Jünger, was er mit diesem Gleichnis sagen wollte. 10Jesus antwortete ihnen: »Ihr könnt die Geheimnisse des Reiches Gottes verstehen. Zu allen anderen rede ich in Gleichnissen, damit sie nichts erkennen, obwohl sie sehen können, und nichts verstehen, obwohl sie es hören.

11Euch aber will ich das Gleichnis erklären: Das Samenkorn ist Gottes Wort. 12Der Feldweg ist ein Beispiel für Menschen, die Gottes Wort gehört haben. Aber dann kommt der Satan und nimmt das Wort aus ihren Herzen, damit sie nicht glauben und gerettet werden.

13Der felsige Boden soll auf Menschen hinweisen, die das Wort Gottes hören und bereitwillig aufnehmen. Aber alles bleibt an der Oberfläche. Eine Zeitlang sind sie begeistert, doch sobald sie wegen ihres Glaubens in Schwierigkeiten kommen, geben sie auf.

14Wie der Same, der zwischen die Disteln fiel, sind Menschen, die Gottes Wort hören, bei denen aber alles beim alten bleibt. Denn die Sorgen des Alltags, die Verführung durch den Wohlstand und die Jagd nach den Freuden dieses Lebens ersticken jeden Glauben.

15Aber es gibt auch fruchtbaren Boden.

a) Wörtlich: fünfhundert bzw. fünfzig Denare.

Das sind Menschen, die das Wort bereit-
willig und aufrichtig annehmen. Es kann
in ihnen wachsen und reiche Frucht
bringen.«

Das richtige Hören
(Matth. 5,15; Mark. 4,21-25)

16»Niemand zündet eine Lampe an und
versteckt sie dann unter einem Eimer
oder stellt sie unter ein Bett. Im Gegen-
teil: Man stellt die Lampe so auf, daß je-
der, der hereinkommt, das Licht sieht.
17Alles, was jetzt noch verborgen ist,
kommt einmal ans Licht, und was jetzt
noch ein Geheimnis ist, wird jeder verste-
hen. 18Entscheidend ist, wie ihr mir zu-
hört. Denn wer viel hat, der bekommt
noch mehr dazu: Wer meine Botschaft
versteht, der wird einmal alles verstehen.
Wer sie aber nicht begreift, dem wird
noch die geringe Kenntnis, die er zu besit-
zen meint, verlorengehen.«[a]

Wer gehört zu Jesus?
(Matth. 12,46-50; Mark. 3,31-35)

19Seine Mutter und seine Brüder versuch-
ten einmal, Jesus zu sprechen. Aber es
drängten sich so viele Menschen um ihn,
daß sie nicht bis zu ihm durchkommen
konnten.
20Sie ließen ihm ausrichten: »Deine
Mutter und deine Brüder stehen draußen
und wollen mit dir reden.« 21Jesus ant-
wortete: »Jeder, der Gottes Wort hört
und danach lebt, ist für mich Bruder und
Mutter.«

In Seenot
(Matth. 8,18.23-27; Mark. 4,35-41)

22Eines Tages stiegen Jesus und seine
Jünger in ein Boot, und er forderte sie
auf: »Fahrt über den See an das andere
Ufer!« Sie ruderten los. 23Unterwegs
schlief Jesus ein. Mitten auf dem See kam
plötzlich ein gewaltiger Sturm auf, und
die Wellen schlugen ins Boot. 24In höch-
ster Not rüttelten die Jünger Jesus wach:
»Herr!« schrien sie, »wir gehen unter!«
Jesus stand auf und bedrohte den Wind
und die Wellen. Da legte sich der Sturm,
und es wurde ganz still.
25»Wo ist denn euer Glaube?« wollte
Jesus von ihnen wissen. Entsetzt und er-
staunt fragten sich die Jünger unterein-
ander: »Wer ist dieser Mann? Sogar
Wind und Wellen gehorchen ihm, wenn
er es befiehlt!«

Der Besessene von Gerasa: Die Menschen erschrecken vor Jesu Macht
(Matth. 8,28-34; Mark. 5,1-20)

26Dann erreichten sie die Gegend von Ge-
rasa auf der anderen Seite des Sees Gene-
zareth.
27Als Jesus aus dem Boot stieg, lief ihm
aus der Stadt ein Mann entgegen, der von
Dämonen beherrscht wurde. Er zog kei-
ne Kleider an und blieb in keiner Woh-
nung, sondern hauste schon lange in
Grabhöhlen.
28Kaum hatte er Jesus gesehen, fing er
an zu schreien. Er warf sich vor ihm nie-
der und schrie laut: »Was willst du von
mir, du Sohn Gottes, des Höchsten! Ich
flehe dich an, quäle mich nicht!«
29Jesus hatte nämlich dem Dämon be-
fohlen, den Mann endlich freizulassen.

Immer wieder hatte der böse Geist den
Mann überwältigt. Obwohl man ihn an
Händen und Füßen fesselte und einsperr-
te, konnte er seine Ketten zerreißen und
in die Wüste entkommen.
30»Wie heißt du?« fragte ihn Jesus. »Le-
gion«, war die Antwort. Denn der Mann
war von vielen Dämonen besessen. 31Wie-
der und wieder bettelten sie: »Befiehl uns
nicht, in die Hölle zu fahren!« 32In ihrer
Nähe an einem Berghang weidete gerade
eine Schweineherde. In diese Schweine
wollten die Dämonen fahren, und Jesus
erlaubte es ihnen.
33Nun ließen die Dämonen den Mann
frei und stürzten sich auf die Schweine.
Da stürzte die ganze Herde in den See
und ertrank. 34Entsetzt flohen die Hirten
in die Stadt und in die umliegenden Dör-
fer und berichteten, was sich ereignet
hatte.
35Von überall her kamen die Leute ge-
laufen, um an Ort und Stelle zu sehen,

a) Wörtlich: Denn wer hat, dem wird gegeben; wer aber nichts hat, dem wird auch noch genommen, was er zu haben meint.

was geschehen war. Sie sahen den Mann, den Jesus gerade von den Dämonen befreit hatte. Er war ordentlich angezogen und hörte ihm ruhig zu.

Da erschraken die Leute. 36 Und die alles mitangesehen hatten, berichteten, wie der besessene Mann von Jesus geheilt worden war. 37 Entsetzt baten sie Jesus, er möge ihre Gegend doch wieder verlassen, denn sie fürchteten sich.

Jesus stieg in das Boot, um zurückzufahren. 38 Der geheilte Mann wollte mitgehen und bei ihm bleiben. Aber Jesus beauftragte ihn: 39 »Geh nach Hause und berichte, wie Gott dir geholfen hat.« Und der Mann ging und erzählte in der ganzen Stadt, wie Jesus ihn geheilt hatte.

Die Tochter des Jairus: Jesu Macht endet nicht bei Krankheit und Tod
(Matth. 9,18-26; Mark. 5,21-43)

40 Ungeduldig wartete auf der anderen Seite des Sees eine große Menschenmenge auf Jesus. 41 Als das Boot anlegte, drängte sich ein Mann nach vorn, Jairus, der Vorsteher der jüdischen Gemeinde. Er warf sich vor Jesus nieder und bat ihn inständig, in sein Haus zu kommen; 42 denn sein einziges Kind, ein zwölfjähriges Mädchen, lag im Sterben. Jesus ging mit ihm.

43 Unter den Leuten war eine Frau, die seit zwölf Jahren an starken Blutungen litt. Niemand hatte ihr helfen können, obwohl sie schon von vielen Ärzten behandelt worden war und dafür ihr ganzes Geld ausgegeben hatte. 44 Als sie bis zu Jesus gekommen war, berührte sie von hinten seinen Mantel. In diesem Augenblick hörten die Blutungen auf.

45 »Wer hat mich angefaßt?« fragte Jesus und blieb stehen. Aber alle zuckten mit den Schultern, und Petrus meinte: »Herr, bei diesem Gedränge ist es doch kein Wunder, daß dich jemand anstößt.« 46 »Nein«, erwiderte Jesus, »jemand hat mich absichtlich angefaßt. Ich habe gespürt, wie heilende Kraft von mir ausgegangen ist!« 47 Als die Frau erkannte, daß Jesus alles bemerkt hatte, fiel sie zitternd vor ihm auf die Knie. Vor allen Leuten erzählte sie, weshalb sie ihn berührt hatte und wie sie sofort geheilt worden war. 48 »Meine Tochter«, sagte Jesus zu ihr, »dein Glaube hat dir geholfen. Gehe in Frieden!«

49 Während er mit der Frau sprach, brachte jemand Jairus die Nachricht: »Deine Tochter ist gestorben. Der Meister braucht nicht mehr zu kommen.«

50 Jesus hörte das und sagte zu dem Vater: »Fürchte dich nicht! Glaube nur, und deine Tochter wird gerettet!«

51 Als sie das Haus erreichten, erlaubte er nur Petrus, Jakobus, Johannes und den Eltern des Mädchens, mit hineinzugehen. 52 Alle klagten und weinten um die Tote, aber Jesus sagte: »Hört auf zu weinen! Das Kind ist nicht tot, es schläft nur!« 53 Sie lachten ihn aus, denn jeder wußte, daß dieses Mädchen tot war. 54 Aber Jesus faßte es bei der Hand und rief: »Kind, steh auf!« 55 Da wurde das Mädchen wieder lebendig, stand auf, und Jesus ließ ihm etwas zu essen bringen. 56 Die Eltern konnten kaum fassen, was sie erlebt hatten. Doch Jesus schärfte ihnen ein, mit niemandem darüber zu reden.

Auftrag zum Dienst
(Matth. 10,1.5-15; Mark. 6,7-13)

9 Jesus rief seine zwölf Jünger zusammen und gab ihnen Kraft und Vollmacht, alle Dämonen auszutreiben und Kranke zu heilen. 2 Er beauftragte sie, überall das Kommen der Gottesherrschaft anzukündigen und die Kranken gesund zu machen.

3 »Nehmt nichts mit auf die Reise«, befahl er ihnen, »weder Wanderstab noch Tasche, weder Verpflegung noch Geld, nicht einmal Kleider zum Wechseln. 4 Bleibt in dem Haus, in dem ihr Aufnahme gefunden habt, so lange, bis ihr weiterzieht. 5 Will man euch in einer Stadt nicht haben, dann geht fort und kümmert euch nicht mehr um die Leute. Schüttelt den Staub von euren Füßen zum Zeichen dafür, daß Gott diese Stadt strafen wird.«

6 Die Jünger zogen los und wanderten von Ort zu Ort. Überall verkündeten sie die frohe Botschaft und heilten die Kranken.

Herodes ist ratlos: Wer ist dieser Jesus?
(Matth. 14,1-2; Mark. 6,14-16)

[7]Herodes, der Fürst von Galiläa, bekam
Angst, als er erfuhr, was Jesus tat; denn
einige behaupteten: »Johannes der Täufer
ist von den Toten zurückgekehrt.« [8]An-
dere wieder meinten, Elia sei erschienen
oder einer von den alten Propheten auf-
erstanden.
[9]»Johannes habe ich enthaupten las-
sen!« überlegte Herodes. »Aber wer ist
dieser Mann, von dem so erstaunliche
Dinge berichtet werden?« Darum wollte
er Jesus unbedingt kennenlernen.

Fünftausend Menschen werden satt
(Matth. 14,13-21; Mark. 6,30-44;
Joh. 6,1-13)

[10]Die zwölf Jünger kehrten zu Jesus zu-
rück und berichteten, was sie getan hat-
ten. Jesus nahm sie mit in die Stadt
Bethsaida. Dort wollte er mit ihnen allein
sein. [11]Es sprach sich aber schnell herum,
wo Jesus war, und die Menschen folgten
ihm. Er schickte sie nicht fort, sondern
sprach mit ihnen über das Reich Gottes
und heilte die Kranken.
[12]Es war spät geworden. Da kamen die
zwölf Jünger zu Jesus und sagten: »Es
wird Zeit, daß die Leute gehen, damit sie
in den umliegenden Dörfern und Höfen
übernachten und sich etwas zu essen kau-
fen können. Hier gibt es doch nichts!«
[13]»Gebt *ihr* ihnen zu essen!« forderte
Jesus sie auf. »Aber wir haben nur fünf
Brote und zwei Fische!« entgegneten die
Jünger. »Oder sollen wir etwa für all die
Leute Essen besorgen?« [14]Es hatten sich
etwa fünftausend Menschen um Jesus ver-
sammelt. »Sagt ihnen, sie sollen sich in
Gruppen von je fünfzig Personen la-
gern!« ordnete Jesus an. [15]Und so ge-
schah es.
[16]Jesus nahm die fünf Brote und zwei
Fische, die ihm die Jünger gegeben hat-
ten, sah zum Himmel auf und dankte
Gott. Er teilte Brot und Fische, und die
Jünger gaben sie an die Menge weiter.
[17]Jeder aß sich satt, und trotzdem blieb
noch viel übrig: zwölf Körbe voll.

Petrus bekennt: »Du bist der von Gott gesandte Retter!«
(Matth. 16,13-28; Mark. 8,27-9,1)

[18]Eines Tages war Jesus allein und betete.
Nur seine Jünger waren bei ihm. Da frag-
te er sie: »Für wen halten mich eigentlich
die Leute?«
[19]»Für Johannes den Täufer«, erwi-
derten die Jünger. »Andere halten dich
für den Propheten Elia, oder sie meinen,
einer der alten Propheten sei wieder er-
schienen.«
[20]»Und was meint ihr?« Voller Über-
zeugung bekannte Petrus: »Du bist Chri-
stus, der von Gott gesandte Retter!« [21]Je-
sus befahl seinen Jüngern nachdrücklich,
mit niemandem darüber zu reden, [22]und
er sagte: »Der Menschensohn muß viel
leiden. Die Führer des Volkes, die Ho-
henpriester und Schriftgelehrten werden
ihn ablehnen und töten. Aber drei Tage
später wird Gott ihn wieder auferwek-
ken.«

Bedingungen für die Nachfolge
(Matth. 10,33.39; Joh. 12,25)

[23]Danach wandte sich Jesus an alle: »Wer
mir folgen will, darf nicht mehr an sich
selber denken; er muß sein Kreuz willig
auf sich nehmen und mir nachfolgen.
[24]Wer sein Leben um jeden Preis erhalten
will, der wird es verlieren. Wer aber sein
Leben für mich einsetzt, der wird es für
immer gewinnen. [25]Denn was hat ein
Mensch davon, wenn er die ganze Welt
gewinnt, aber dabei das ewige Leben ver-
liert?
[26]Das steht fest: Wer sich schämt, sich
zu mir und meinen Worten zu bekennen,
für den wird auch der Menschensohn
nicht eintreten, wenn er in seiner Macht
und in der Herrlichkeit des Vaters und
der heiligen Engel wiederkommen wird.
[27]Glaubt mir: Einige von denen, die hier
stehen, werden leben und die Herrschaft
Gottes mit eigenen Augen sehen.«

Himmel auf Erden
(Matth. 17,1-9; Mark. 9,2-9)

[28]Acht Tage später stieg Jesus mit Petrus,
Johannes und Jakobus auf einen Berg,
um zu beten. [29]Als Jesus betete, veränder-
te sich sein Gesicht, und seine Kleider

strahlten hell. [30]Plötzlich standen zwei Männer bei ihm: Mose und Elia. [31]Auch sie waren von hellem Licht umgeben und sprachen mit Jesus über seinen Tod, den er nach Gottes Plan in Jerusalem erleiden sollte.

[32]Petrus und die beiden andern Jünger waren eingeschlafen. Jetzt wurden sie wach und sahen Jesus in verklärter Gestalt sowie die zwei Männer, die bei ihm standen. [33]Als die beiden gehen wollten, rief Petrus: »Herr, hier gefällt es uns. Wir wollen drei Hütten bauen: eine für dich, eine für Mose und eine für Elia!« Dabei war Petrus gar nicht bewußt, was er redete.

[34]Während er sprach, fiel der Schatten einer Wolke auf sie. Die Wolke hüllte sie ein, und sie fürchteten sich; [35]denn sie hörten eine Stimme: »Das ist mein Sohn, den ich euch gesandt habe. Tut, was er euch sagt!«

[36]Dann war Jesus wieder allein. Die Jünger sprachen lange Zeit nicht über das, was sie erlebt hatten.

Die Ohnmacht der Jünger und die Vollmacht Jesu

(Matth. 17,14-20; Mark. 9,14-29)

[37]Als sie am nächsten Tag vom Berg herabstiegen, kamen ihnen viele Menschen entgegen. [38]Ein Mann war dabei, der Jesus anflehte: »Bitte, Herr, sieh dir meinen Sohn an, mein einziges Kind! [39]Oft packt ihn ein Dämon! Dann schreit der Junge und windet sich in Krämpfen, bis der Schaum vor seinem Mund steht. Es gibt kaum eine Stunde, in der er nicht gequält wird. [40]Ich habe deine Jünger gebeten, den bösen Geist auszutreiben, aber sie waren machtlos.«

[41]»Wann fangt ihr endlich an zu glauben?«[a] rief Jesus. »Wie lange muß ich noch bei euch sein und euren Unglauben ertragen? Bringe deinen Sohn her!« [42]Als sie ihn zu ihm brachten, riß und zerrte der Dämon den Jungen hin und her. Jesus bedrohte den bösen Geist, heilte den Jungen und gab ihn seinem Vater wieder. [43]Alle waren erstaunt und erschrocken über die Macht, die Gott Jesus gegeben hatte.

Jesus spricht wieder von seinem Tod

(Matth. 17,22-23; Mark. 9,30-32)

Während die Leute noch fassungslos über diese Tat staunten, sagte Jesus zu seinen Jüngern:

[44]»Vergeßt nicht, was ich euch sage: Der Menschensohn wird den Menschen ausgeliefert werden.«

[45]Aber sie verstanden Jesus nicht. Sie konnten nicht begreifen, was er damit sagen wollte. Doch sie hatten nicht den Mut, ihn offen danach zu fragen.

Die anderen Maßstäbe

(Matth. 18,1-5; Mark. 9,33-40)

[46]Eines Tages verhandelten die Jünger darüber, welcher von ihnen der Angesehenste und Wichtigste sei. [47]Jesus merkte, was sie beschäftigte. Er rief ein Kind, stellte es neben sich [48]und sagte: »Wer ein solches Kind aus Liebe zu mir aufnimmt, der nimmt mich auf. Und wer mich aufnimmt, der nimmt gleichzeitig Gott auf, der mich gesandt hat. Wer am wenigsten von sich selbst hält, der ist wirklich groß.«

[49]»Herr«, berichtete Johannes aufgeregt, »wir haben einen gesehen, der in deinem Namen böse Geister austrieb. Weil er nicht zu uns gehört, haben wir es ihm verboten.« [50]»Laßt ihn weiter Dämonen austreiben«, sagte Jesus. »Wer nicht gegen euch ist, der ist für euch.«

Jesus geht nach Jerusalem

[51]Weil die Zeit nahe war, daß er wieder zu Gott zurückkehren sollte, entschloß sich Jesus, nach Jerusalem zu reisen. [52]Unterwegs schickte er Boten voraus, die in einem Dorf in Samarien für eine Unterkunft sorgen sollten. [53]Aber weil Jesus auf dem Weg nach Jerusalem war, wollte ihn keiner aufnehmen.

[54]Als seine Jünger Jakobus und Johannes das hörten, waren sie empört: »Herr, das brauchst du dir doch nicht gefallen zu lassen! Wenn du willst, lassen wir Feuer vom Himmel fallen wie damals Elia, damit sie alle verbrennen!«

[55]Jesus wies sie scharf zurecht: »Habt

a) Wörtlich: O du ungläubiges und verkehrtes Geschlecht!

ihr denn vergessen, von welchem Geist
ihr euch leiten lassen sollt? Der Men-
schensohn ist nicht gekommen, das Le-
ben der Menschen zu vernichten, son-
dern es zu retten.« 56Dann gingen sie in
ein anderes Dorf.

Nachfolge duldet keinen Aufschub
(Matth. 8,19-22)

57Unterwegs wurde Jesus von einem
Mann angesprochen: »Ich will mit dir ge-
hen, ganz gleich wohin.« 58Jesus gab ihm
zu bedenken: »Die Füchse haben ihren
Bau, die Vögel ihre Nester, aber der Men-
schensohn hat hier keinen Platz, an dem
er sich ausruhen kann.«
59Einen anderen forderte Jesus auf:
»Gehe mit mir!« Als dieser erwiderte:
»Ja, Herr, aber vorher laß mich noch mei-
nen Vater beerdigen«, 60antwortete ihm
Jesus: »Überlaß es denen, ihre Toten zu
begraben, die nicht auf Gott hören und
nichts vom ewigen Leben wissen wol-
len.[a] Du aber sollst verkünden, daß Gott
seine Herrschaft aufrichtet.«
61Noch einer sagte zu Jesus: »Ich will
mit dir gehen, Herr. Wenn ich mich von
meiner Familie verabschiedet habe, kom-
me ich mit.« 62Ihm antwortete Jesus:
»Wer anfängt zu arbeiten und sich dann
durch irgend etwas ablenken läßt, kann
Gottes Auftrag nicht ausführen.«[b]

Arbeiter für Gottes Ernte
(Matth. 10,7-16; 11,20-24; Mark. 6,7-13)

10 Danach wählte Jesus siebzig an-
dere Jünger aus und schickte sie
immer zu zweit in die Städte und Dörfer,
in die er später selbst kommen wollte.
2Bevor sie sich auf den Weg machten,
sagte er ihnen: »Die Ernte ist groß, aber
es gibt zu wenig Arbeiter, die sie ein-
bringen. Deshalb bittet Gott, den Herrn
der Ernte, daß er mehr Arbeiter aussen-
det, die seine Ernte einbringen.
3Geht nun! Ich weiß, daß ich euch wie
Lämmer mitten unter die Wölfe schicke.
4Nehmt kein Geld, keine Tasche, keine
zusätzlichen Schuhe mit auf die Reise
und vergeudet unterwegs keine Zeit.
5Wenn ihr in ein Haus eintretet, dann
segnet es und sagt: ›Friede sei mit diesem
Haus!‹ 6Wollen die Menschen Gottes
Frieden annehmen, wird der Friede, den
ihr ihnen bringt, bei ihnen bleiben. Lehnt
man aber eure Friedensbotschaft ab,
dann wird auch Gottes Friede nicht in
diesem Haus sein.
7Deshalb bleibt dort, wo man euch auf-
nimmt, und nehmt die angebotene Gast-
freundschaft dankbar an. Wer arbeitet,
soll auch seinen Lohn bekommen. Aber
geht nicht von Haus zu Haus. 8Wenn ihr
in eine Stadt kommt, in der euch die
Leute bereitwillig aufnehmen, da eßt,
was man euch anbietet. 9Heilt die Kran-
ken in der Stadt und sagt allen Leuten:
›Jetzt beginnt Gottes Herrschaft bei
euch.‹
10Will man aber irgendwo nichts von
euch wissen, dann verlaßt diese Stadt und
sagt den Einwohnern: 11›Ihr habt euch
selbst das Urteil gesprochen. Sogar den
Staub von euern Straßen schütteln wir
von unseren Füßen. Doch merkt euch
das eine: Gottes Reich ist euch sehr nahe
gewesen!‹
12Es ist ganz sicher: Den Einwohnern
von Sodom wird es am Gerichtstag bes-
ser ergehen als den Leuten einer solchen
Stadt. 13Wehe euch, ihr Bürger von Cho-
razin und Bethsaida! Wären diese Wun-
der in den lasterhaften Hafenstädten Ty-
rus und Sidon geschehen, ihre Bewohner
hätten längst ihre Schuld erkannt und ihr
Leben geändert. 14Am Tag des Gerichts
wird es Tyrus und Sidon besser ergehen
als euch. 15Und du, hochgerühmtes Ka-
pernaum, wirst du wirklich in den Him-
mel gehoben werden? Nein, zur Hölle
wirst du fahren!
16Wer auf euch hört, der hört mich.
Und wer euch ablehnt, der lehnt mich
ab. Aber wer mich ablehnt, der lehnt da-
mit auch Gott ab, der mich gesandt hat.«

Die Rückkehr der siebzig Jünger
(Mark. 16,18; Joh. 12,31)

17Als die siebzig Jünger zurückgekehrt
waren, berichteten sie begeistert: »Herr,
sogar die Dämonen mußten uns gehor-
chen, wenn wir deinen Namen nannten!«
18»Ich weiß«, antwortete Jesus, »denn ich

a) Wörtlich: Laß die Toten ihre Toten begraben. b) Wörtlich: Wer seine Hand an den Pflug legt und sieht zurück, der ist für das Reich Gottes nicht brauchbar.

sah den Satan wie einen Blitz vom Him-
mel fallen. [19]Ich habe euch die Macht ge-
geben, auf Schlangen und Skorpione zu
treten und die Gewalt des Feindes zu
brechen. Nichts wird euch schaden.
[20]Trotzdem: Laßt euch nicht davon beein-
drucken, daß euch die Dämonen gehor-
chen müssen; freut euch vielmehr dar-
über, daß eure Namen im Himmel einge-
tragen sind!«

Jesus dankt dem Vater

(Matth. 11,25-27)

[21]Erfüllt vom Heiligen Geist, betete Jesus
nun voller Freude: »Mein Vater, Herr
über Himmel und Erde! Ich danke dir,
daß du die Wahrheit vor denen verbirgst,
die sich für klug halten; aber den Unwis-
senden hast du sie enthüllt. Ja, Vater, das
war deine Absicht. [22]Mein Vater hat mir
alle Macht gegeben. Niemand außer dem
Vater weiß, wer der Sohn ist. Und wer
der Vater ist, weiß nur der Sohn und der,
dem er es zeigen will.«

[23]Zu seinen Jüngern sagte Jesus dann:
»Ihr könnt glücklich sein, daß ihr dies al-
les seht und erlebt. [24]Denn das ist sicher:
Propheten und Könige hätten viel darum
gegeben, das zu erleben, was ihr seht und
hört. Aber die Zeit war noch nicht da.«

Der barmherzige Samariter – Das wichtigste Gebot

(Matth. 22,34-40; Mark. 12,28-34)

[25]Da stand ein Schriftgelehrter auf, um Je-
sus eine Falle zu stellen. »Meister«, fragte
er scheinheilig, »was muß ich tun, um
das ewige Leben zu bekommen?« [26]Jesus
erwiderte: »Was steht denn darüber im
Gesetz Gottes? Was liest du dort?« [27]Der
Schriftgelehrte antwortete: »Du sollst
Gott, deinen Herrn, lieben mit deinem
ganzen Herzen, von ganzer Seele, mit al-
ler Kraft und deinem ganzen Verstand.
Und auch deinen Mitmenschen sollst du
so lieben wie dich selbst.«

[28]»Richtig!« erwiderte Jesus. »Tue das,
und du wirst ewig leben.«

[29]Aber der Mann wollte sich damit
nicht zufrieden geben und fragte weiter:
»Wer gehört denn zu meinen Mitmen-
schen? Wie ist das gemeint?«

[30]Jesus antwortete ihm mit einer Ge-
schichte: »Ein Mann wanderte von Je-
rusalem nach Jericho hinunter. Unter-
wegs wurde er von Räubern überfallen.
Sie schlugen ihn zusammen, plünderten
ihn aus und ließen ihn halbtot liegen.
Dann machten sie sich davon.

[31]Zufällig kam bald darauf ein Priester
vorbei. Er sah den Mann liegen und ging
schnell weiter. [32]Genauso verhielt sich
ein Tempeldiener. Er sah zwar den ver-
letzten Mann, aber er blieb nicht stehen,
sondern machte einen großen Bogen um
ihn. [33]Dann kam einer der verachteten Sa-
mariter vorbei. Als er den Verletzten sah,
hatte er Mitleid mit ihm. [34]Er beugte sich
zu ihm hinunter und behandelte seine
Wunden. Dann hob er ihn auf sein Reit-
tier und brachte ihn in den nächsten Gast-
hof, wo er den Kranken besser pflegen
und versorgen konnte.

[35]Als er am nächsten Tag weiterreisen
mußte, gab er dem Wirt Geld und bat
ihn: ›Pflege den Mann gesund! Sollte das
Geld nicht reichen, werde ich dir den
Rest auf meiner Rückreise bezahlen!‹«
[36]»Welcher von den dreien«, fragte Jesus
jetzt den Schriftgelehrten, »hat nach dei-
ner Meinung Gottes Gebot erfüllt und
an dem Überfallenen als Mitmensch ge-
handelt?« [37]Der Schriftgelehrte er-
widerte: »Natürlich der Mann, der ihm
geholfen hat.« »Dann geh und folge sei-
nem Beispiel!« forderte Jesus ihn auf.

Maria und Martha: Was ist wichtig?

[38]Jesus kam mit seinen Jüngern in ein
Dorf, wo sie bei einer Frau aufgenom-
men wurden, die Martha hieß. [39]Maria,
ihre Schwester, setzte sich zu Jesus und
hörte ihm aufmerksam zu. [40]Martha aber
war unentwegt mit der Bewirtung ihrer
Gäste beschäftigt.

Schließlich kam sie zu Jesus und frag-
te: »Herr, siehst du nicht, daß meine
Schwester mir gar nicht hilft? Sie über-
läßt mir die ganze Arbeit. Kannst du ihr
nicht sagen, daß auch sie etwas tun soll?«
[41]Doch Jesus antwortete ihr: »Martha,
Martha, du machst dir viel Sorgen und
mühst dich um Dinge, die im Grunde
nicht so wichtig sind. [42]Wichtig ist nur

eins! Das hat Maria verstanden, und davon werde ich sie nicht abbringen.«[a]

»So sollt ihr beten!«
(Matth. 6,9-13; 7,7-11)

11 Eines Tages, als Jesus gebetet hatte, baten ihn seine Jünger: »Herr, sage uns doch, wie wir richtig beten sollen. Auch Johannes hat dies seine Jünger gelehrt.« 2Jesus antwortete ihnen: »So sollt ihr beten:

Unser Vater im Himmel! Dein heiliger Name soll geehrt werden. Richte bald deine Herrschaft bei uns auf. 3Gib uns auch heute wieder, was wir zum Leben brauchen. 4Vergib uns unsere Schuld, wie wir all denen vergeben, die uns Unrecht getan haben. Bewahre uns davor, daß wir dir untreu werden.«[b]

5Dann sagte Jesus zu den Jüngern: »Stellt euch vor, einer von euch hat einen Freund. Mitten in der Nacht geht er zu ihm, klopft an die Tür und bittet ihn: ›Leihe mir doch bitte drei Brote. 6Ich habe unerwartet Besuch bekommen und nichts im Haus, was ich ihm anbieten könnte.‹ 7Vielleicht würde der Freund dann antworten: ›Stör mich nicht! Ich habe die Tür schon abgeschlossen und liege im Bett. Außerdem könnten die Kinder von dem Lärm wach werden. Ich kann jetzt nicht aufstehen und dir etwas geben.‹

8Das sage ich euch: Wenn er schon nicht aufstehen und dem Mann etwas geben will, weil er sein Freund ist, so wird er schließlich doch aus seinem Bett steigen und ihm alles Nötige geben, weil der andere ihm einfach keine Ruhe läßt.

9Darum sage ich euch: Bittet Gott, und er wird euch geben. Sucht, und ihr werdet finden. Klopft an, dann wird euch die Tür geöffnet. 10Denn wer bittet, der wird bekommen. Wer sucht, der findet. Und wer anklopft, dem wird geöffnet.

11Welcher Vater würde seinem Sohn denn eine Schlange geben, wenn der ihn um einen Fisch bittet, 12oder einen Skorpion, wenn er ein Ei haben möchte? 13Wenn schon ihr hartherzigen, sündigen Menschen euren Kindern Gutes gebt, dann wird doch der Vater im Himmel erst recht denen seinen Heiligen Geist geben, die ihn darum bitten.«

»Wer nicht für mich ist, der ist gegen mich«
(Matth. 12,22-30; Mark. 3,22-27)

14Einmal trieb Jesus einen Dämon aus, der einen Mann stumm gemacht hatte. Als der ihn verlassen hatte, konnte der Mann wieder sprechen. 15Die Leute, die das beobachteten, staunten; aber es gab auch einige, die sagten: »Er kann nur deshalb die Dämonen austreiben, weil ihm Satan, der Oberste aller Dämonen, die Macht dazu gegeben hat.« 16Andere wieder, die Jesus aushorchen wollten, verlangten von ihm ein göttliches Wunderzeichen als Beweis dafür, daß er wirklich in Gottes Namen handelte.

17Jesus wußte aber genau, was sie dachten, und sagte zu ihnen: »Jeder weiß, daß ein Staat sich selbst ruiniert und schließlich untergehen wird, wenn dort mehrere Machthaber um die Alleinherrschaft kämpfen. 18Würde nun ein Teufel den anderen austreiben, wie könnte dann das Reich des Teufels Bestand haben? Ihr behauptet, daß ich die Dämonen mit Hilfe des Satans austreibe. 19Wenn das tatsächlich so wäre: Welche Kraft gebrauchen dann eure Leute, wenn sie Dämonen austreiben? Sie selbst werden euch das Urteil sprechen. 20Wenn ich aber die Dämonen durch Gottes Macht austreibe, so begreift doch endlich, daß Gottes Herrschaft jetzt beginnt – mitten unter euch!

21Solange ein starker Mann, der dazu noch gute Waffen besitzt, sein Haus verteidigt, kann ihm niemand etwas rauben; 22es sei denn, er wird von einem Stärkeren angegriffen, überwältigt und entwaffnet. Dann freilich wird der Stärkere den ganzen Besitz an sich reißen. 23Das steht fest: Wer nicht für mich ist, der ist gegen mich. Und wer sich nicht ganz für mich einsetzt, der schadet meiner Sache.«

a) Wörtlich: Maria hat das gute Teil erwählt, das soll nicht von ihr genommen werden. b) Wörtlich: Führe uns nicht in Versuchung.

Die Gefahr des Rückfalls
(Matth. 12,43-45)

24»Wenn ein Dämon sein Opfer verläßt,
dann irrt er so lange ruhelos umher, bis
er ein neues Opfer gefunden hat. Findet
er keins, entschließt er sich: ›Ich will da-
hin zurückkehren, woher ich gekommen
bin.‹ 25Wenn er zurückkommt, findet er
seine frühere Wohnung sauber und or-
dentlich, aber leer.
26Dann sucht er sich noch sieben an-
dere Dämonen, die schlimmer sind als er
selbst. Sie ergreifen zusammen Besitz
von dem Menschen, der nun schlimmer
dran ist als vorher.«

Wer darf sich glücklich nennen?

27Während Jesus das sagte, rief plötzlich
eine Frau aus der Menschenmenge: »Wie
glücklich muß die Frau sein, die dich ge-
boren und aufgezogen hat!«
28Darauf sagte Jesus nur: »Wirklich
glücklich sind die Menschen, die Gottes
Wort hören und danach leben.«

Das Zeichen Gottes
(Matth. 12,38-42)

29Von allen Seiten drängten sich die Men-
schen um Jesus. Da sagte er zu ihnen:
»Die Menschen von heute sind böse und
gottlos. Sie verlangen nach Beweisen;
aber sie werden keine erhalten, außer ei-
nem. Denkt an den Propheten Jona! 30So
wie Jona für die Leute von Ninive ein
Zeichen Gottes wurde, so wird auch der
Menschensohn für euch ein Zeichen Got-
tes sein.
31Die Königin aus dem Süden wird am
Gerichtstag Gottes als Zeugin gegen die-
ses Volk auftreten und es verurteilen. Sie
kam von weit her, um von der Weisheit
des Königs Salomo zu lernen. Der hier
vor euch steht, ist größer als Salomo;
trotzdem weigert ihr euch, seinen Wor-
ten zu glauben.
32Auch die Einwohner von Ninive wer-
den euch am Gerichtstag verurteilen,
denn nach Jonas Predigt bereuten sie ihre
Sünden und wandten sich Gott zu. Der
hier vor euch steht, ist größer als Jona.«

Wer Gott nicht klar sieht
(Matth. 5,15; 6,22-23)

33»Könnt ihr euch vorstellen, daß jemand
eine Lampe anzündet, um sie dann zu ver-
stecken oder unter einen Eimer zu stel-
len? Nein, er stellt sie so auf, daß sie das
ganze Zimmer beleuchtet.
34Das Auge gibt dir Licht. Wenn deine
Augen klar sehen, wirst du dich überall
sicher bewegen können. Wenn du aber
schlecht siehst, tappst du unsicher um-
her. 35Deshalb achte darauf, daß deine Au-
gen nicht trübe oder sogar blind werden!
Kannst du nämlich Gott nicht mehr se-
hen, wie schrecklich wird dann deine
Finsternis sein![a] 36Wenn alles an dir licht
und nichts mehr finster ist, wirst du so
leuchten, als würdest du von einem hel-
len Licht angestrahlt.«

Fromm und nichts dahinter
(Matth. 23,1-36)

37Jesus sprach noch mit seinen Zuhörern,
als er von einem Pharisäer zum Mittages-
sen eingeladen wurde. Er ging mit und
setzte sich an den Tisch. 38Entrüstet beob-
achtete der Gastgeber, daß sich Jesus vor
dem Essen nicht die Hände gewaschen
hatte, wie es bei den Juden vorgeschrie-
ben war. 39Jesus bemerkte seinen Unwil-
len und wandte sich zu ihm: »Äußerlich
seid ihr Pharisäer ohne Fehler, ihr glänzt
wie die Becher, aus denen ihr trinkt.
Aber innerlich seid ihr schmutzig und
verkommen. 40Ihr Scheinheiligen! Ihr
wißt doch ganz genau, daß Gott beides
geschaffen hat – Äußeres und Inneres.
Meint ihr da wirklich, daß er nur auf das
Äußere achtet? 41Eure Schüsseln und Be-
cher sind voll. Gebt das, was drin ist, den
Armen, dann seid ihr auch vor Gott rein!
42Es steht schlimm mit euch, ihr Pha-
risäer. Sogar von den kleinsten Küchen-
kräutern gebt ihr Gott den zehnten Teil.
Aber Gerechtigkeit und die Liebe zu
Gott sind euch gleichgültig! Doch gerade

a) Verse 34-35 wörtlich: Das Licht des Leibes ist das Auge. Wenn dein Auge einfältig ist, wird auch dein ganzer Leib erleuchtet sein. Wenn es aber böse ist, wird auch dein Leib dunkel sein. Sieh also, daß das Licht, das in dir ist, nicht Finsternis ist.

darum geht es: Das Wesentliche tun und
das andere nicht unterlassen!
43Ich warne euch, ihr Pharisäer! Im
Gottesdienst sitzt ihr auf den ersten
Plätzen, und es gefällt euch, wenn man
euch auf der Straße ehrfürchtig grüßt.
44Wehe euch, ihr Pharisäer! Wer mit euch
zu tun hat, der weiß nicht, daß er sich
verunreinigt, so wie man unrein wird,
wenn man ohne es zu wissen über Grä-
ber geht, die vom Gras überwuchert
sind!«

Vorbilder, die verführen
(Matth. 23,1-36)

45»Meister«, rief einer der Schriftgelehr-
ten dazwischen, »damit beschimpfst du
auch uns!«
46Jesus erwiderte: »Ja, ich warne euch!
Ihr bürdet den Menschen unerträgliche
Lasten auf, aber ihr selber denkt nicht
daran, diese Lasten auch nur mit einem
Finger anzurühren. 47Wehe euch! Ihr
baut Denkmäler für die Propheten, die
von euren Vätern umgebracht wurden.
48Damit wollt ihr die Propheten ehren,
doch ihr bestätigt nur die Schandtaten eu-
rer Väter; denn ihr habt die gleiche Gesin-
nung wie sie. Sie haben die Propheten ge-
tötet, ihr vollendet ihr Werk, indem ihr
Denkmäler baut.
49Deshalb hat Gott in seiner Weisheit
gesagt: Ich werde ihnen Propheten und
Apostel schicken; doch sie werden einige
von ihnen töten und die anderen ver-
folgen! 50Ihr werdet zur Rechenschaft ge-
zogen für den Mord an allen Propheten
seit die Welt besteht: 51von Abel an-
gefangen, bis hin zu Zacharias, den ihr
im Tempel zwischen Brandopferaltar
und Heiligtum ermordet habt.[a] Ja, noch
diese Generation wird dafür die Verant-
wortung tragen müssen. 52Wehe euch, ihr
Schriftgelehrten! Denn durch eure Leh-
ren verhindert ihr, daß die Menschen den
Weg zur Wahrheit finden. Ihr selbst
kommt zwar ohnehin nicht in Gottes
Reich; aber – was schlimmer ist – allen,
die hineinwollen, versperrt ihr den Zu-
gang.«
53Seit der Zeit verfolgten die Pharisäer
und Schriftgelehrten Jesus. Sie stellten
ihm hinterhältige Fragen 54und warteten
nur darauf, daß sie ihn in eine Falle lok-
ken und so ein für allemal unschädlich
machen könnten.

Fürchtet Gott, bekennt ihn vor Menschen!
(Matth. 10,26-33)

12 Hunderte, ja Tausende strömten
zusammen, und das Gedränge
wurde bedrohlich. Doch Jesus sprach zu-
nächst nur zu seinen Jüngern: »Hütet
euch vor den Pharisäern und ihrer Schein-
heiligkeit, die sich wie eine ansteckende
Krankheit[b] ausbreitet. 2Jetzt ist die Zeit
da, in der die Wahrheit ans Licht kom-
men wird und alle Geheimnisse bekannt
werden. 3Was ihr im geheimen redet, wer-
den alle erfahren, und was ihr hinter vor-
gehaltener Hand flüstert, wird alle Welt
zu hören bekommen.
4Meine Freunde! Habt keine Angst
vor den Menschen, die euch zwar töten
können, aber nicht mehr. 5Gott sollt ihr
fürchten. Er kann euch töten und in die
Hölle werfen. Fürchtet ihn allein! 6Wel-
chen Wert hat schon ein Spatz auf dem
Dach? Und doch vergißt Gott keinen ein-
zigen von ihnen. 7Selbst die Haare auf eu-
rem Kopf sind alle gezählt. Ihr braucht
wirklich keine Angst zu haben! Ihr seid
mehr wert als ein ganzer Spatzen-
schwarm!
8Das sage ich euch: Wer sich öffentlich
zu mir bekennt, für den werde ich auch
in Gottes Gericht vor den Engeln eintre-
ten. 9Wer aber vor den Menschen nicht
zu mir steht, für den werde ich dann vor
den Engeln Gottes auch nicht eintreten.
10Wer den Sohn Gottes beschimpft oder
beleidigt, dem kann vergeben werden.
Wer aber den Geist Gottes lästert, der
wird niemals Vergebung finden.
11Wenn sie euch in den Synagogen zur
Rechenschaft ziehen oder vor Behörden
und Gerichten verhören, dann sorgt euch
nicht darum, was ihr sagen oder wie ihr
euch verteidigen sollt! 12Denn der Heili-
ge Geist wird euch zur rechten Zeit das
rechte Wort geben.«

a) 2. Chronik 24,20-21 b) Wörtlich: Sauerteig.

Der arme Reiche

13Da rief einer aus der Menge: »Herr, sa-
ge doch meinem Bruder, er soll unser Er-
be gerecht mit mir teilen.« 14Aber Jesus
wies ihn zurück: »Bin ich etwa euer Rich-
ter oder Schiedsmann?« 15Dann wandte
er sich an alle: »Hütet euch vor der Hab-
gier! Wenn jemand auch noch soviel
Geld hat, das Leben kann er sich damit
nicht kaufen.« 16An einem Beispiel er-
klärte er seinen Zuhörern, was er damit
meinte:
»Ein reicher Gutsbesitzer hatte eine be-
sonders gute Ernte. 17Er überlegte: ›Wo
soll ich bloß alles unterbringen? Meine
Scheunen sind voll; da geht nichts mehr
rein.‹ 18Er beschloß: ›Ich werde die alten
Scheunen abreißen und neue bauen, so
groß, daß ich das ganze Getreide, ja alles,
was ich habe, darin unterbringen kann.
19Dann will ich mich zur Ruhe setzen.
Ich habe für lange Zeit ausgesorgt. Jetzt
lasse ich es mir gut gehen. Ich will gut
essen und trinken und mein Leben ge-
nießen!‹ 20Aber Gott sagte zu ihm: ›Du
Narr! Noch in dieser Nacht wirst du ster-
ben. Was bleibt dir dann von deinem
Reichtum?‹ 21So wird es allen gehen, die
auf der Erde Reichtümer sammeln, aber
mit leeren Händen vor Gott stehen.«

Gott kennt unsere Sorgen
(Matth. 6,25-34)

22Seine Jünger ermutigte Jesus: »Macht
euch keine Sorgen um euern Lebensun-
terhalt, um Essen, Gesundheit und Klei-
dung. 23Leben bedeutet mehr als nur Es-
sen und Trinken, und der Mensch ist
wichtiger als das, was er anzieht.
24Seht euch die Raben an! Sie säen
nichts und ernten nichts, sie haben keine
Vorratskammern und keine Scheunen;
aber Gott versorgt sie doch. Meint ihr
nicht, daß er sich um euch noch viel
mehr kümmert? 25Und wenn ihr euch
noch so viel sorgt, könnt ihr damit euer
Leben auch nur um einen einzigen Au-
genblick verlängern? 26Wenn ihr aber
euer Leben nicht einmal um eine Sekun-
de verlängern könnt, was sorgt ihr euch
um all die anderen Dinge? 27Seht euch an,
wie die Lilien auf den Wiesen blühen! Sie
können weder spinnen noch weben. Ich
sage euch, selbst König Salomo war in
seiner ganzen Herrlichkeit nicht so
prächtig gekleidet wie irgendeine dieser
Blumen. 28Wenn Gott sogar das Gras so
schön wachsen läßt, das heute auf der
Wiese grünt und blüht, morgen aber
schon verdorrt ist, meint ihr wirklich, er
könnte euch vergessen? Seid doch nicht
so kleingläubig!
29Hört also auf, ängstlich danach zu fra-
gen: Was werden wir essen? Was werden
wir trinken? Macht euch darüber keine
Sorgen! 30Wollt ihr denn leben wie Men-
schen, die Gott nicht als Vater kennen?
Er weiß genau, was ihr alles braucht.
31Sorgt ihr euch vor allem um das Reich
Gottes, dann wird euch Gott alles andere
geben.
32Du kleine Herde, du brauchst keine
Angst vor der Zukunft zu haben! Denn
dir will der Vater sein Königreich schen-
ken. 33Verkauft euren Besitz, und gebt
das Geld den Armen! Sammelt euch so
einen Vorrat, der nicht alt wird und nie-
mals verderben kann, einen Schatz im
Himmel. Diesen Schatz kann kein Dieb
stehlen, und er behält immer seinen
Wert. 34Wo eure Schätze sind, da zieht es
euch auch hin.«

Der Herr kommt unerwartet: Seid bereit!
(Matth. 24,42-51)

35»Ihr sollt so leben wie Diener, die auf
die Rückkehr ihres Herrn warten, der
von einer Hochzeit kommt. 36Seid wie sie
dienstbereit,[a] und laßt eure Lampen an-
gezündet. Wenn ihr Herr zurückkommt
und klopft, können sie ihm schnell öff-
nen. 37Das wird für alle, die ihn erwartet
haben, eine große Freude sein. Ich bin si-
cher, der Herr wird sie bitten, am Tisch
Platz zu nehmen, und er selbst wird sich
eine Schürze umbinden und sie bedienen.
38Vielleicht kommt er spät am Abend,
vielleicht auch erst um Mitternacht. Aber
wenn er kommt, werden seine Diener al-
len Grund zur Freude haben, wenn sie
bereit sind.
39Das ist doch klar: Wenn ein Haus-

a) Wörtlich: Laßt eure Lenden umgürtet sein.

herr wüßte, daß jemand bei ihm einbrechen will, würde er wach bleiben und sich vor dem Dieb schützen.

[40]Ihr wißt aber nicht genau, wann der Herr zurückkommt. Darum müßt ihr jederzeit auf seine Ankunft vorbereitet sein, denn der Menschensohn wird wiederkommen, wenn ihr am wenigsten damit rechnet.«

[41]»Herr, gelten diese Worte nur für uns, oder meinst du alle Menschen damit?« fragte ihn Petrus. [42]Jesus entgegnete: »Erwartet man nicht von einem klugen und zuverlässigen Verwalter, daß ihm sein Herr beruhigt die Aufsicht über alle Mitarbeiter anvertrauen kann und er sie gewissenhaft mit allem Nötigen versorgt? [43]Wenn sein Herr zurückkommt und findet, daß er seine Arbeit gut getan hat, wird er glücklich und zufrieden sein. [44]Eins ist sicher: Einem so zuverlässigen und bewährten Mann wird er die Verantwortung für seinen ganzen Besitz übertragen.

[45]Wenn aber ein Verwalter unzuverlässig ist und denkt: ›Ach was, es dauert bestimmt noch lange, bis mein Herr kommt‹, und er fängt an, seine Mitarbeiter zu schikanieren und Trinkgelage zu veranstalten, [46]dann wird sein Herr ganz unerwartet zurückkehren. Er wird den unzuverlässigen Verwalter bestrafen[a] und ihm den Lohn geben, den die Gottlosen verdienen.

[47]Der Knecht, der den Willen seines Herrn kennt, sich aber bewußt nicht danach richtet, wird schwer bestraft werden. [48]Wer dagegen falsch handelt, ohne es zu wissen, wird mit einer leichteren Strafe davonkommen. So wird von jedem, der viel bekommen hat, auch viel erwartet; denn wem viel anvertraut wurde, von dem verlangt man auch viel.«

Frieden um jeden Preis?
(Matth. 10,34-36)

[49]»Ich bin gekommen, um auf der Erde ein Feuer anzuzünden. Wie froh wäre ich, es würde schon brennen! [50]Vorher muß ich aber am Kreuz noch Schweres erleiden.[b] Ich habe Angst davor, bis alles vollbracht ist.

[51]Meint nur nicht, daß ich gekommen bin, um Frieden auf die Erde zu bringen! Nein, ich bringe Auseinandersetzung. [52]Von jetzt an wird man sich in einer Familie um meinetwillen gegeneinander auflehnen: [53]der Vater gegen den Sohn und der Sohn gegen den Vater, die Mutter gegen die Tochter und die Tochter gegen die Mutter; die Schwiegermutter gegen die Schwiegertochter und die Schwiegertochter gegen die Schwiegermutter.«

Erkennen, was wichtig ist
(Matth. 16,1-4)

[54]Dann redete Jesus wieder zu allen: »Wenn die Wolken von Westen kommen, sagt ihr: ›Es gibt Regen‹, und das stimmt auch. [55]Wenn der Wind von Süden weht, sagt ihr: ›Es wird heiß‹, und ihr habt recht. [56]Ihr Heuchler! Das Wetter könnt ihr aus bestimmten Anzeichen voraussagen, aber was in dieser Zeit vor euren Augen geschieht, das wollt ihr nicht wahrhaben. [57]Warum weigert ihr euch zu erkennen, was die Stunde geschlagen hat?

[58]Hast du deine Schulden nicht bezahlt, und man bringt dich deswegen vor Gericht, dann setze alles daran, dich noch auf dem Weg dorthin mit deinem Gegner zu einigen. Sonst wird dich der Richter verurteilen und ins Gefängnis werfen lassen. [59]Eins kann ich dir jetzt schon sagen: Du wirst nicht eher wieder herauskommen, bis du den letzten Pfennig deiner Schuld bezahlt hast.«

Umkehr oder Untergang

13 Zu dieser Zeit berichtete man Jesus, daß Pilatus einige Männer aus Galiläa während des Opferdienstes im Tempel hatte niedermetzeln lassen. So hatte sich ihr Blut mit dem der Opfertiere vermischt. [2]»Ihr denkt jetzt vielleicht«, sagte Jesus, »diese Galiläer seien schlimmere Sünder gewesen als andere Leute, weil sie so grausam ermordet wurden. [3]Ihr irrt euch! Aber eins sollt ihr wissen: Wenn ihr euch nicht zu Gott hinwendet und euer schlechtes Leben ändert, dann werdet ihr genauso umkommen.

[4]Erinnert euch an die achtzehn Leute, die starben, als der Turm von Siloah ein-

a) Wörtlich: in Stücke hauen. b) Wörtlich: Ich muß mit einer Taufe getauft werden.

stürzte. Glaubt ihr wirklich, daß ausgerechnet sie die schlimmsten Sünder in Jerusalem waren? [5]Nein! Aber wenn ihr euer Leben nicht ändert, wird es euch ebenso gehen.«

Die letzte Gelegenheit

[6]Und dann erzählte Jesus ihnen diese Geschichte: »Ein Mann pflanzte in seinen Weinberg einen Feigenbaum. Jahr für Jahr sah er nach, ob der Baum Früchte trug. Aber vergeblich! [7]Endlich rief er seinen Gärtner: ›Schon drei Jahre habe ich gewartet, aber noch nie hing an dem Baum auch nur eine einzige Feige. Hau ihn um. Er nimmt nur Platz weg.‹ [8]›Laß ihn noch ein Jahr stehen!‹ bat ihn der Gärtner. ›Ich will diesen Baum gut düngen und sorgfältig pflegen. [9]Wenn er dann immer noch keine Früchte trägt, gut, dann werde ich ihn umhauen.‹«

Was gilt mehr: der Mensch oder die Vorschrift?

[10]Am Sabbat lehrte Jesus in einer Synagoge. [11]An dem Gottesdienst nahm auch eine Frau teil, die seit achtzehn Jahren schwer behindert war und sich nicht mehr aufrichten konnte. [12]Als Jesus sie sah, rief er sie zu sich: »Frau, du sollst von deinem Leiden erlöst sein!« [13]Segnend legte er seine Hände auf sie. Da richtete sie sich auf und dankte Gott von ganzem Herzen.

[14]Aber der Vorsteher der Synagoge entrüstete sich darüber, daß Jesus die Frau am Sabbat geheilt hatte. »Die Woche hat sechs Arbeitstage. An denen könnt ihr kommen und euch heilen lassen, aber nicht ausgerechnet am Sabbat«, ereiferte er sich.

[15]Doch Jesus erwiderte ihm: »Ihr Heuchler! Ihr bindet doch eure Ochsen und Esel auch am Sabbat los und führt sie zur Tränke. [16]Und mir verbietet ihr, diese Frau am Sabbat aus der Knechtschaft Satans zu befreien! Achtzehn Jahre lang war sie krank. Gehört sie nicht auch zu Gottes auserwähltem Volk?«[a] [17]Darauf konnten seine Feinde nichts erwidern. Aber alle anderen freuten sich über die wunderbaren Taten Jesu.

Gott fängt immer klein an
(Matth. 13,31-33; Mark. 4,30-32)

[18]Jesus fragte seine Zuhörer: »Womit kann ich das Reich Gottes vergleichen? [19]Es ist wie ein winziges Senfkorn, das ein Mann in seinem Garten aussät. Aus dem kleinen Samenkorn wird ein großer Baum, in dem die Vögel ihre Nester bauen.

[20/21]Ebenso kann ich das Reich Gottes mit dem Sauerteig vergleichen. Eine Frau nimmt ein wenig davon, knetet ihn unter eine große Menge Mehl, und er durchsäuert den ganzen Teig.«

Warum nicht alle zu Gott kommen
(Matth. 7,13-14.22-23; 8,11-12)

[22]Jesus zog predigend durch das Land, von Stadt zu Stadt, von Dorf zu Dorf. Auf dem Weg nach Jerusalem [23]sprach ihn ein Mann an: »Herr, stimmt es wirklich, daß nur wenige Menschen gerettet werden?« Jesus antwortete ihm: [24]»Die Tür zum Himmel ist schmal! Ihr müßt schon alles dransetzen, wenn ihr durch diese Tür hineinkommen wollt. Viele versuchen es, aber nur wenigen wird es gelingen.

[25]Hat der Hausherr erst einmal die Tür verschlossen, werdet ihr draußen stehen. So viel ihr dann auch klopft und bettelt: ›Herr, mach uns doch auf!‹ – es ist umsonst! ›Was wollt ihr von mir, ich kenne euch nicht!‹ wird er euch antworten. [26]›Aber wir haben doch zusammen gegessen und getrunken! Du hast bei uns gepredigt!‹

[27]Doch der Herr wird ihnen erwidern: ›Ich habe doch schon einmal gesagt, daß ich euch nicht kenne. Menschen wie ihr[b] haben hier nichts verloren. Geht endlich weg!‹

[28]Wenn ihr dann draußen seid und seht, daß Isaak, Jakob und alle Propheten im Reich Gottes sind, dann werdet ihr verzweifelt heulen und schreien.

[29]Aus der ganzen Welt, aus Ost und West, aus Nord und Süd werden die Menschen in Gottes Reich, zu Gottes Fest kommen.

[30]Vergeßt nicht: Viele, die hier nichts gelten, werden dort hoch geehrt, aber vie-

a) Wörtlich: Ist sie nicht auch eine Tochter Abrahams? b) Wörtlich: Übeltäter.

le, die hier einen großen Namen haben,
sind dort unbekannt.«

Warnung an Jerusalem
(Matth. 23,37-39)

31Kurze Zeit später kamen einige Pha-
risäer zu Jesus. »Wenn dir dein Leben
lieb ist«, warnten sie ihn, »dann sieh zu,
daß du schnell von hier fortkommst. Kö-
nig Herodes will dich töten lassen!« 32Je-
sus antwortete: »Sagt diesem Gauner:
›Heute und morgen treibe ich Dämonen
aus und heile Menschen. Aber am dritten
Tag werde ich mein Ziel erreicht haben.‹
33Ja, heute, morgen und übermorgen bin
ich noch unterwegs. Wo anders als in Je-
rusalem könnte denn ein Prophet umge-
bracht werden?
34Jerusalem! O Jerusalem! Du ermor-
dest deine Propheten und erschlägst die
Boten, die Gott zu dir schickt. Wie oft
schon wollte ich deine Bewohner um
mich sammeln, so wie eine Henne ihre
Küken unter ihre Flügel nimmt! Aber ihr
habt es nicht gewollt. 35Und nun? Von
euerm Tempel werden nur noch Trüm-
mer bleiben. Und mich werdet ihr erst
wiedersehen, wenn ihr rufen werdet: ›Ge-
lobt sei der, der im Namen Gottes zu uns
kommt!‹«

Helfen verboten?

14 An einem Sabbat war Jesus bei ei-
nem angesehenen Pharisäer zu
Gast. Scharf wurde er von allen Anwe-
senden beobachtet. 2Vor ihm stand ein
Mann, der an Wassersucht erkrankt war.
Würde Jesus es wagen, ihn in diesem
Haus an einem Sabbat zu heilen? 3Jesus
wußte, was sie dachten, und fragte die
Schriftgelehrten und Pharisäer: »Erlaubt
es das Gesetz, einen Mann am Sabbat zu
heilen, oder nicht?« 4Als sie ihm keine
Antwort gaben, faßte Jesus den Kranken
bei der Hand, heilte ihn und ließ ihn
nach Hause gehen. 5Dann fragte er die
Gäste: »Was macht ihr, wenn euer Kind
oder ein Ochse am Sabbat in den Brun-
nen fällt? Zieht ihr sie nicht sofort her-
aus? Oder wartet ihr, bis der Sabbat vor-
bei ist?« 6Darauf konnten sie nichts ant-
worten.

Wer bekommt die besten Plätze?

7Als Jesus bemerkte, wie sich die Gäste
nach den besten Plätzen drängten, nahm
er dies als Beispiel und sagte: 8»Wenn du
zu einer Hochzeit eingeladen wirst, dann
setze dich nicht gleich oben auf den be-
sten Platz. Es könnte ja noch jemand
kommen, der angesehener ist als du. 9Mit
ihm käme dann der Gastgeber zu dir:
›Der Platz war für diesen Mann hier re-
serviert!‹ Vor allen Gästen müßtest du
dich an das Ende des Tisches setzen.
10Wäre es nicht besser, du setzt dich
gleich dorthin? Wenn dich dann der Gast-
geber begrüßt, wird er vielleicht zu dir
sagen: ›Mein Freund, für dich habe ich
einen besseren Platz!‹ Du wirst damit
vor allen Gästen geehrt. 11Jeder, der sich
selbst ehrt, wird gedemütigt werden;
aber wer sich selbst erniedrigt, den wird
Gott ehren.«
12Schließlich sagte Jesus zu seinem
Gastgeber: »Zu einem Essen solltest du
nicht deine Freunde, Brüder, Verwand-
ten oder die reichen Nachbarn einladen.
Sie werden dir danken und dich wieder
einladen. Das ist alles.
13Bitte lieber die Armen, Behinderten,
Lahmen und Blinden an deinen Tisch.
14Dann hast du Menschen geholfen, die
sich dir nicht erkenntlich zeigen können.
Gott wird dich am Tage der Aufer-
stehung dafür belohnen.«

Gott lädt ein zu seinem Fest
(Matth. 22,1-10)

15Als einer von den Gästen das hörte, rief
er: »Was für ein Glück muß das sein, zu
Gottes Fest eingeladen zu werden!« 16Je-
sus antwortete mit einer Geschichte:
»Ein Mann bereitete ein großes Festes-
sen vor, zu dem er viele Gäste einlud.
17Als alles fertig war, schickte er seinen
Boten zu den Eingeladenen: ›Alles ist vor-
bereitet, kommt!‹ 18Aber niemand kam.
Jeder hatte auf einmal Ausreden.
Einer sagte: ›Ich habe ein Grundstück
gekauft, das muß ich unbedingt besichti-
gen. Bitte entschuldige mich!‹
19Ein anderer: ›Es geht leider nicht. Ich
habe mir fünf Gespanne Ochsen an-
geschafft. Die muß ich jetzt ansehen!‹
20Ein dritter entschuldigte sich: ›Ich ha-

be gerade geheiratet. Du wirst verstehen, daß ich nicht kommen kann.‹

[21]Der Bote kehrte zurück und berichtete alles seinem Herrn. Der wurde sehr zornig: ›Geh gleich auf die Straßen, auf alle Plätze der Stadt und hole die Bettler, Krüppel, Lahmen und Blinden herein!‹ [22]Der Bote kam zurück und berichtete: ›Es sind viele gekommen, aber noch immer sind Plätze frei!‹

[23]›Geh auf die Landstraßen‹, befahl der Herr, ›und bringe her, wen du finden kannst! Jeder ist eingeladen. Mein Haus soll voll werden. [24]Aber von denen, die ich zuerst eingeladen habe, wird keiner auch nur einen einzigen Bissen bekommen.‹«

Jesus fordert alles: Ist das zuviel?
(Matth. 10,37-39)

[25]Wie schon oft, war Jesus von einer großen Menschenmenge umlagert. Bei dieser Gelegenheit machte er seinen Zuhörern deutlich:

[26]»Wenn einer mit mir gehen will, so muß ich für ihn wichtiger sein als alles andere in seinem Leben: wichtiger als seine Eltern,[a] seine Frau, seine Kinder, seine Geschwister, ja wichtiger als das Leben selbst.

Nur so kann er mein Jünger sein. [27]Wer nicht bereit ist, diese Lasten um meinetwillen auf sich zu nehmen[b] und mir nachzufolgen, der gehört nicht zu mir.

[28]Will sich jemand ein Haus bauen, dann überlegt er doch auch vorher, ob er das überhaupt bezahlen kann. [29]Kein vernünftiger Bauherr wird einfach anfangen und dabei riskieren, daß er bereits nach dem Bau des Fundaments aufhören muß. Die Leute werden ihn auslachen: [30]›Ein Haus wollte er bauen! Aber es reichte nur bis zum Fundament!‹

[31]Oder welcher König würde wohl auf die Idee kommen, einem anderen den Krieg zu erklären, ohne mit seinen Beratern zu überlegen, ob seine Armee von zehntausend Mann stark genug ist, um die feindlichen Truppen mit zwanzigtausend Mann zu schlagen? [32]Erscheint ihm das Risiko zu groß, dann wird er, wenn die feindlichen Truppen noch weit entfernt sind, Unterhändler schicken, um über einen Frieden zu verhandeln.

[33]Überlegt es euch vorher, ob ihr wirklich bereit seid, alles für mich aufzugeben und mir nachzufolgen.

[34]Salz ist lebensnotwendig. Aber was soll man mit Salz anfangen, das seinen Geschmack verloren hat? [35]Fades Salz ist nutzlos. Es taugt nicht einmal als Dünger. Man muß es wegwerfen. Hört mir genau zu, damit ihr versteht, was ich meine!«

Jesus findet Verlorene
(Matth. 18,12-14)

15 Viele Zollbeamte und andere verrufene Leute kamen immer wieder zu Jesus, um ihn zu hören. [2]Empört zischten die Pharisäer und Schriftgelehrten: »Mit welchem Gesindel gibt der sich da ab! Und nicht genug, daß er mit ihnen redet: Er setzt sich sogar mit ihnen an einen Tisch!«

[3]Jesus benutzte wieder ein Gleichnis, um es ihnen zu erklären:

[4]»Wenn du hundert Schafe hast, und eins läuft weg, läßt du dann nicht die neunundneunzig allein zurück, um das verlorene zu suchen, bis du es gefunden hast? [5]Glücklich wirst du es dann auf deinen Schultern nach Hause tragen [6]und deinen Freunden und Nachbarn zurufen: ›Kommt her, freut euch mit mir, ich habe mein Schaf wiedergefunden!‹

[7]So wird man sich auch im Himmel über *einen* verlorenen Sünder, der zu Gott umkehrt, mehr freuen als über neunundneunzig andere, die es nicht nötig haben, Buße zu tun.«

Die verlorene Münze

[8]»Oder nehmt ein anderes Beispiel: Zehn Silbermünzen hatte eine Frau gespart. Als ihr eines Tages eine fehlt, zündet sie sofort eine Lampe an, stellt das ganze Haus auf den Kopf und sucht in allen Ecken. [9]Endlich hat sie die Münze gefunden. Sie rennt aus dem Haus zu ihren Freundinnen und Nachbarinnen: ›Ich hab' mein Geld wieder! Schaut her! Freut euch mit mir!‹

[10]Genau so freuen sich auch die Engel

a) Wörtlich: Wer nicht seine Eltern haßt … b) Wörtlich: Wer nicht sein Kreuz trägt …

Gottes, wenn ein einziger Sünder zu
Gott umkehrt.«

Die zwei verlorenen Söhne

[11]»Ein Mann hatte zwei Söhne«, erzählte
Jesus. [12]»Eines Tages sagte der Jüngere zu
ihm: ›Vater, ich will jetzt schon meinen
Anteil am Erbe ausbezahlt haben.‹ Da
teilte der Vater sein Vermögen unter ih-
nen auf.
[13]Nur wenige Tage später packte der
jüngere Sohn alles zusammen, verließ
seinen Vater und reiste ins Ausland. End-
lich konnte er sein Leben in vollen Zü-
gen genießen. Er leistete sich, was er woll-
te, [14]bis er schließlich keinen Pfennig
mehr besaß. Zu allem Unglück brach in
dieser Zeit eine große Hungersnot aus.
Es ging ihm sehr schlecht. [15]In seiner Ver-
zweiflung bettelte er so lange bei einem
Bauern, bis der ihn zum Schweinehüten
auf die Felder schickte. [16]Oft quälte ihn
der Hunger so, daß er froh gewesen wä-
re, etwas vom Schweinefutter zu be-
kommen. Aber selbst davon erhielt er
nichts.
[17]Da kam er zur Besinnung: ›Bei mei-
nem Vater hat jeder Arbeiter mehr als ge-
nug zu essen, und ich sterbe hier vor
Hunger. [18]Ich will zu meinem Vater ge-
hen und ihm sagen: Vater, ich bin schul-
dig geworden an Gott und an dir. [19]Sieh
mich nicht länger als deinen Sohn an, ich
bin es nicht mehr wert. Aber kann ich
nicht als Arbeiter bei dir bleiben?‹
[20]Er stand auf und ging zurück zu sei-
nem Vater. Der erkannte ihn schon von
weitem. Voller Mitleid lief er ihm ent-
gegen, fiel ihm um den Hals und küßte
ihn. [21]Doch der Sohn bekannte: ›Vater,
ich bin schuldig geworden an Gott und
an dir. Sieh mich nicht länger als deinen
Sohn an, ich bin es nicht mehr wert.‹
[22]Sein Vater aber befahl den Knechten:
›Beeilt euch! Holt den schönsten Anzug,
den wir im Hause haben, und gebt ihn
meinem Sohn. Bringt auch einen kostba-
ren Ring und Schuhe für ihn! [23]Schlachtet
das Kalb, das wir gemästet haben! Wir
wollen feiern! [24]Mein Sohn war tot, jetzt
lebt er wieder. Er war verloren, jetzt hat
er zurückgefunden.‹ Und sie begannen
ein fröhliches Fest.
[25]Inzwischen kam der ältere Sohn nach
Hause. Er hatte auf dem Feld gearbeitet
und hörte schon von weitem die Tanzmu-
sik. [26]Erstaunt fragte er einen Knecht:
›Was wird denn hier gefeiert?‹ [27]›Dein
Bruder ist wieder da‹, antwortete er ihm.
›Dein Vater hat sich darüber so gefreut,
daß er das Mastkalb schlachten ließ. Jetzt
feiern sie ein großes Fest.‹
[28]Der ältere Bruder wurde wütend und
wollte nicht ins Haus gehen. Da kam sein
Vater zu ihm und bat: ›Komm und freu
dich mit uns!‹ [29]Doch er entgegnete ihm
bitter: ›Wie ein Arbeiter habe ich mich all
diese Jahre für dich geschunden. Alles ha-
be ich getan, was du von mir verlangt
hast. Aber nie hast du mir auch nur eine
junge Ziege gegeben, damit ich mit mei-
nen Freunden einmal hätte richtig feiern
können. [30]Und jetzt, wo dein Sohn zu-
rückkommt, der dein Geld mit Huren
durchgebracht und alles verpraßt hat,
jetzt gibt es gleich ein Fest, und du läßt
sogar das Mastkalb schlachten!‹
[31]Sein Vater redete ihm zu: ›Mein
Sohn, du bist immer bei mir gewesen.
Was ich habe, gehört auch dir. [32]Darum
komm, wir haben allen Grund zu feiern.
Denn dein Bruder war für uns tot, jetzt
hat für ihn ein neues Leben begonnen. Er
war verloren, jetzt hat er zurückgefun-
den!‹«

Der durchtriebene Verwalter

16 Danach erzählte Jesus seinen Jün-
gern folgende Geschichte: »Ein
reicher Mann hatte einen Verwalter. Als
er entdeckte, daß dieser seinen Besitz ver-
schleuderte, [2]stellte er ihn zur Rede: ›Was
muß ich von dir hören? Bring mir deine
Abrechnung! Du bist entlassen!‹
[3]Der Verwalter überlegte: ›Was mache
ich jetzt? Meinen Posten bin ich los. Ein
Feld umgraben kann ich nicht, und zum
Betteln bin ich zu stolz. [4]Aber ich weiß,
was ich tue. Ich mache mir Freunde, die
mir weiterhelfen, wenn ich arbeitslos
bin.‹
[5]Er ließ alle Männer zu sich rufen, die
bei seinem Herrn Schulden hatten. Den
ersten fragte er: ›Wieviel bist du meinem
Herrn schuldig?‹ [6]›Ich muß ihm hundert
Faß Olivenöl geben‹, antwortete der
Mann. ›Hier ist dein Schuldschein!‹ er-
klärte ihm der Verwalter. ›Trage fünfzig
ein!‹
[7]›Und wie hoch sind deine Schulden?‹

fragte er einen anderen. ›Ich schulde deinem Herrn hundert Sack Weizen.‹ ›Hier, nimm den Schuldschein und schreibe achtzig!‹ forderte er ihn auf.«

[8]Jesus lobte das vorausplanende Handeln des gerissenen Verwalters. Denn die Menschen dieser Welt gehen klüger und geschickter miteinander um als die Menschen, die sich zu Gott bekennen.

Wie man am meisten aus seinem Geld macht
(Matth. 6,24)

[9]Jesus erklärte seinen Jüngern: »So klug wie dieser Verwalter sollt auch ihr das Geld einsetzen, das so viele zum Unrecht verführt. Helft damit solchen Menschen, die eure Hilfe brauchen. Dann werdet ihr, wenn euch das Geld nichts mehr nützen kann, von Gott einen Platz im Himmel bekommen.[a]

[10]Doch bedenkt: Nur wer im Kleinen ehrlich ist, wird es auch im Großen sein. Wenn ihr bei kleinen Dingen unzuverlässig seid, wird man euch niemals etwas Großes anvertrauen. [11]Geht ihr also schon mit Geld unehrlich um, wer wird euch dann die Reichtümer des Himmels geben wollen? [12]Verwaltet ihr das Geld anderer Leute nachlässig, wie kann euch Gott dann das schenken, was euch gehören soll?

[13]Niemand kann zwei Herren gleichzeitig dienen. Entweder wird er für den einen arbeiten und für den anderen nichts tun, oder er wird den einen anerkennen und den anderen ablehnen. Deshalb müßt ihr euch entscheiden, ob ihr Gott oder dem Geld dienen wollt. Beides zugleich geht nicht.«

Neue Maßstäbe
(Matth. 5,18.32; 11,12-13;
Mark. 10,11-12)

[14]Die geldgierigen Pharisäer spotteten über diese Worte. [15]Deshalb sagte er zu ihnen: »Ihr wollt, daß alle Menschen von eurer untadeligen Frömmigkeit überzeugt sind. Aber Gott kennt euch und weiß, daß ihr böse seid. Er verabscheut, wie ihr die Menschen beeindrucken wollt.«

[16]Weiter sagte Jesus: »Bis Johannes der Täufer kam, waren das Gesetz von Mose und die Lehren der Propheten die Maßstäbe für alles Handeln. Seitdem wird die frohe Botschaft vom Reich Gottes verkündet, und alle wollen unbedingt hinein.

[17]Doch denkt daran: Eher vergehen Himmel und Erde, als daß auch nur ein einziger Buchstabe vom Gesetz Gottes ungültig wird.

[18]Wer also seine Frau wegschickt und eine andere heiratet, der begeht Ehebruch; aber auch der bricht die Ehe, der eine geschiedene Frau heiratet.«

Der Reiche und der Arme: Es gibt doch Gerechtigkeit

[19]»Da lebte einmal ein reicher Mann«, berichtete Jesus. »Er war immer vornehm gekleidet und konnte sich alle Tage jeden Luxus leisten. [20]Vor dem Portal seines Hauses aber lag Lazarus, bettelarm und schwerkrank. Sein Körper war über und über mit Geschwüren bedeckt. [21]Während er dort um die Abfälle aus der Küche bettelte, kamen die Hunde und beleckten seine offenen Wunden.

[22]Lazarus starb, und die Engel brachten ihn dorthin, wo all sein Leiden zu Ende war.[b] Auch der reiche Mann starb und wurde begraben. [23]Als er im Totenreich unter Qualen erwachte, blickte er auf und erkannte in weiter Ferne Abraham und Lazarus. [24]›Vater Abraham‹, rief der Reiche laut, ›habe Mitleid mit mir! Schicke mir doch den Lazarus! Er soll seine Fingerspitze ins Wasser tauchen und damit meine Zunge kühlen. Ich leide in diesen Flammen furchtbare Qualen!‹

[25]Aber Abraham erwiderte: ›Erinnere dich! Du hast in deinem Leben alles gehabt, Lazarus hatte nichts. Jetzt geht es ihm gut, und du mußt leiden. [26]Außerdem liegt zwischen uns ein tiefer Abgrund. Niemand kann von der einen Seite zur anderen kommen, selbst wenn er es wollte.‹

[27]›Vater Abraham‹, bat jetzt der Rei-

a) Wörtlich: Macht euch Freunde mit dem ungerechten Mammon, damit, wenn er zu Ende geht, man euch aufnimmt in die ewigen Zelte. b) Wörtlich: in den Schoß Abrahams.

che, ›dann schicke ihn doch wenigstens
[28]zu meinen fünf Brüdern. Er soll sie war-
nen, damit sie nach ihrem Tod nicht auch
an diesen qualvollen Ort kommen.‹
[29]Aber Abraham entgegnete: ›Deine
Brüder sollen auf das hören, was sie bei
Mose und den Propheten lesen können.
Dann sind sie gewarnt.‹
[30]Der Reiche widersprach: ›Nein, Va-
ter Abraham, erst wenn einer von den To-
ten zu ihnen käme, würden sie ihr Leben
ändern.‹ [31]Doch Abraham blieb dabei:
›Wenn sie nicht auf Mose und die Prophe-
ten hören, werden sie sich auch nicht
überzeugen lassen, wenn einer von den
Toten aufersteht.‹«

Vergebung kennt keine Grenzen
(Matth. 18,6-7.15.21-22; Mark. 9,42)

17 [1/2]»Es wird immer wieder Versu-
chungen geben, die euch vom
Glauben abbringen wollen«, warnte Je-
sus seine Jünger. »Aber wehe dem, der
die in die Irre führt, die wie ein Kind an
mich glauben! Für ihn wäre es noch das
beste, man hätte ihm einen Mühlstein um
den Hals gehängt und ihn ins Meer ge-
worfen.
[3]Nehmt euch in acht! Wenn dein Bru-
der sündigt, dann sage ihm, was er ver-
kehrt gemacht hat. Tut es ihm leid, dann
vergib ihm! [4]Und wenn er dir siebenmal
am Tag Unrecht tut und dich immer wie-
der um Vergebung bittet: Vergib ihm!«

Kleiner Glaube an den großen Gott
(Matth. 17,20)

[5]Die Jünger baten Jesus eines Tages:
»Herr, wie kann unser Glaube groß und
fest werden?« [6]Darauf antwortete er:
»Auf einen ›großen‹ Glauben kommt es
gar nicht an. Selbst wenn euer Glaube so
winzig wäre wie ein Senfkorn, könntet
ihr diesem Maulbeerbaum befehlen:
›Reiß dich aus der Erde und verpflanze
dich ins Meer!‹ – es würde sofort gesche-
hen.«

Der selbstverständliche Dienst

[7]»Wie ist das bei euch?« fragte Jesus seine
Zuhörer. »Wenn euer Knecht vom Feld
oder von der Herde heimkommt, sagt ihr
dann zu ihm: ›Komm, setz dich an den
Tisch und iß‹? [8]Oder werdet ihr ihm
nicht den Auftrag geben: ›Zieh dich um,
mach mir etwas zu essen und deck den
Tisch! Wenn ich gegessen habe, dann
kannst du auch essen und trinken.‹
[9]Kann der Knecht dafür einen beson-
deren Dank erwarten? Es gehört doch
schließlich zu seiner Arbeit. [10]Das gilt
auch für euch. Wenn ihr in meinem
Dienst alles getan habt, was ich euch auf-
getragen habe, dann sollt ihr sagen: ›Wir
haben nur das getan, was zu unserem
Auftrag gehört!‹«

Nur einer dankt

[11]Sie waren unterwegs nach Jerusalem.
Ihr Weg führte sie durch das Grenzge-
biet zwischen Galiläa und Samarien. [12]In
einem Dorf begegneten ihnen zehn Le-
prakranke. In der vorgeschriebenen Ent-
fernung blieben sie stehen [13]und riefen:
»Jesus, Meister! Hab doch Erbarmen mit
uns!« [14]Er sah sie an und forderte sie auf:
»Geht zu den Priestern und zeigt ihnen,
daß ihr geheilt seid!«
Auf dem Wege dorthin wurden sie ge-
sund. [15]Einer von ihnen lief zu Jesus zu-
rück, als er merkte, daß er geheilt war.
Laut lobte er Gott. [16]Er warf sich vor Je-
sus nieder und dankte ihm. Und das war
ein Mann aus Samarien.
[17]Jesus fragte: »Habe ich nicht zehn
Männer geheilt? Wo sind denn die ande-
ren neun? [18]Weshalb kommt als einziger
dieser Fremde zurück, um sich bei Gott
zu bedanken?« [19]Zu dem Samariter aber
sagte er: »Stehe auf! Dein Glaube hat
dich gerettet.«

Was geschieht, wenn Jesus wiederkommt?
(Matth. 24,23-28)

[20]»Wann wird denn das Reich Gottes
kommen?« wollten die Pharisäer von Je-
sus wissen. Er antwortete ihnen: »Das
Reich Gottes kann man nicht sehen, wie
man ein irdisches Reich sieht. [21]Niemand
wird euch sagen können: ›Hier ist es!‹
oder ›Dort ist es!‹ Das Reich Gottes ist
schon jetzt da – mitten unter euch.«
[22]Zu seinen Jüngern aber sagte er: »Die
Zeit wird kommen, wo ihr alles dafür ge-
ben würdet, auch nur einen einzigen Tag
der Herrschaft des Menschensohnes mit-

zuerleben. Aber dieser Wunsch wird sich nicht erfüllen.

[23]Man wird euch immer wieder einreden wollen, daß der Menschensohn wiedergekommen ist und man ihn hier oder dort gesehen hat. Glaubt das auf keinen Fall, geht auch nicht dorthin und lauft ihnen nicht nach! [24]Denn wenn der Menschensohn wiederkommt, wird es jeder wissen. Er wird so unübersehbar sein wie ein Blitz, der den ganzen Horizont erhellt. [25]Aber vorher muß der Menschensohn noch viel leiden und es erdulden, daß ihn die Menschen dieser Zeit von sich stoßen.«

(Matth. 24,37-39)

[26]»Am Tage seiner Wiederkunft werden die Menschen genau so leben wie zur Zeit Noahs. [27]Diese dachten auch nur an Essen, Trinken und Heiraten. Das ging so lange gut, bis Noah in die Arche stieg. Dann kam die Flut, und keiner von ihnen blieb am Leben.

[28]Es wird genauso sein wie zu Lots Zeiten. Die Menschen kümmerten sich nur darum, daß sie genug zu essen und zu trinken hatten, daß sie kauften und verkauften, pflügten und bauten. [29]So ging es bis zu dem Tag, an dem Lot die Stadt Sodom verließ. Da regnete Feuer und Schwefel vom Himmel, und alle kamen in den Flammen um.

[30]Genauso wird es sein, wenn der Menschensohn kommt. [31]Wer dann gerade auf der Terrasse seines Hauses ist, der soll nicht mehr ins Haus laufen, um seine Sachen zu holen. Wer auf dem Feld arbeitet, soll nicht mehr in sein Haus zurückkehren. [32]Denkt daran, was mit Lots Frau geschah!

[33]Wer sich an sein Leben klammert, wird es verlieren. Wer sein Leben aber für Gott einsetzt, wird es für immer gewinnen.«

(Matth. 24,40-41)

[34]»Auch das wird sich bei meiner Wiederkunft ereignen: Zwei schlafen in dieser Nacht in einem Bett, einer wird angenommen, und der andere bleibt zurück.

[35]Zwei Frauen werden gemeinsam ihre Hausarbeit erledigen. Die eine wird angenommen, und die andere bleibt zurück.

[36]Zwei Männer werden auf dem Feld arbeiten. Der eine wird angenommen, der andere bleibt zurück.«

[37]»Herr, wo wird sich das ereignen?« fragten die Jünger. Da antwortete ihnen Jesus: »Das wird für alle sichtbar sein.«[a]

»Laßt Gott keine Ruhe!«

18 Wie wichtig es ist, Gott so lange zu bitten, bis er antwortet, machte Jesus durch ein Gleichnis deutlich:

[2]»In einer Stadt lebte ein Richter, der weder Gott noch Menschen fürchtete. [3]Tag für Tag bestürmte ihn eine Witwe mit ihrer Not: ›Verhilf mir doch endlich zu meinem Recht!‹ [4/5]Immer wieder stieß sie bei ihm auf taube Ohren, aber schließlich verlor er die Geduld. ›Mir sind zwar Gott und die Menschen gleichgültig, aber diese Frau macht mich noch verrückt‹, sagte er sich. ›Wenn sie nicht ihr Recht bekommt, wird sie am Ende noch handgreiflich.‹«

[6]Und Jesus fügte hinzu: »Begreift ihr, was ich euch damit sagen will? [7]Meint ihr, Gott wird seine Kinder übersehen und ihnen ihr Recht versagen, wenn sie ihm Tag und Nacht keine Ruhe lassen? [8]Ich versichere euch: Er wird ihnen schnellstens helfen. Die Frage ist: Wird der Menschensohn, wenn er wiederkommt, diesen Glauben bei euch finden?«

a) Wörtlich: Bei einem verendeten Tier sammeln sich die Geier.

Das Gebet, das Gott hört

[9]Mit einem Gleichnis wollte Jesus die Leute treffen, die sich gerecht vorkamen und hochmütig auf andere herabsahen:

[10]»Zwei Männer, ein Pharisäer und ein Zolleinnehmer, gingen in den Tempel, um zu beten. [11]Selbstsicher stand der Pharisäer dort und betete: ›Ich danke dir, Gott, daß ich nicht so bin wie andere Leute. Ich bin kein Räuber, kein Gottloser, kein Ehebrecher und schon gar nicht wie dieser Zolleinnehmer da hinten. [12]Ich faste zweimal in der Woche, und von allen meinen Einkünften gebe ich den zehnten Teil für Gott.‹

[13]Aber der Zolleinnehmer blieb verlegen am Eingang stehen und wagte kaum aufzusehen. Schuldbewußt betete er: ›Gott! Vergib mir, ich weiß, daß ich ein Sünder bin!‹

[14]Ihr könnt sicher sein, dieser Mann ging von seiner Schuld befreit nach Hause, nicht aber der Pharisäer. Denn der Stolze wird gedemütigt, und der Demütige wird erhöht werden.«

Nur für Kinder

(Matth. 19,13-15; Mark. 10,13-16)

[15]Eines Tages brachten einige Eltern ihre kleinen Kinder zu Jesus, damit er ihnen segnend die Hände auflegen sollte. Unwillig wollten die Jünger sie zurückweisen. [16]Doch Jesus rief die Kinder zu sich und wies die Jünger zurecht: »Laßt die Kinder zu mir kommen! Schickt sie nicht weg! Denn für Menschen wie sie ist das Reich Gottes bestimmt. [17]Habt ihr es denn noch immer nicht begriffen: Wer nicht wie ein kleines Kind voller Vertrauen zu Gott kommt, dem bleibt das Reich Gottes verschlossen.«

Reiche sind arm dran

(Matth. 19,16-30; Mark. 10,17-31)

[18]Jesus wurde von einem angesehenen und reichen Mann gefragt: »Guter Meister, was muß ich tun, damit ich das ewige Leben bekomme?« [19]»Weshalb nennst du mich gut? Nur Gott ist gut, sonst keiner«, stellte Jesus richtig. [20]»Um aber deine Frage zu beantworten: Du kennst doch Gottes Gebote: Du sollst nicht die Ehe brechen, du sollst nicht töten, nicht stehlen, du sollst über keinen deiner Mitmenschen etwas Unwahres sagen, und du sollst deine Eltern ehren.«

[21]Der Mann versicherte: »Alle diese Gebote habe ich von klein auf gehalten.« [22]»Aber etwas fehlt dir noch«, sagte Jesus. »Verkaufe alles, was du hast, und gib das Geld den Armen. Du gewinnst damit einen Schatz im Himmel. Dann komm und folge mir nach!«

[23]Als der Mann das hörte, ging er niedergeschlagen weg, denn er war sehr reich.

[24]Jesus sah ihm nach und sagte: »Wie schwer haben es doch die Reichen, in das Reich Gottes zu kommen! [25]Eher könnt ihr ein dickes Seil in ein Nadelöhr einfädeln,[a] als daß Menschen, die an ihrem Reichtum hängen, in Gottes Reich kommen.«

[26]»Wenn das so schwierig ist«, fragten ihn seine Zuhörer erschrocken, »kann dann überhaupt jemand gerettet werden?«

[27]Er antwortete: »Für Menschen ist es unmöglich, aber nicht für Gott.«

[28]Eifrig rief Petrus: »Wir haben doch schon alles für dich aufgegeben und sind mit dir gegangen!« [29]»Ja«, bestätigte Jesus, »jeder, der bereit ist, sein Haus, seine Frau, seine Geschwister, seine Eltern oder Kinder dem Reich Gottes unterzuordnen[b], [30]der wird dafür reich belohnt werden: hier schon, in dieser Welt, und erst recht in der zukünftigen Welt mit dem ewigen Leben.«

Jesus spricht zum dritten Mal von seinem Tod

(Matth. 20,17-19; Mark. 10,32-34)

[31]Jesus rief seine zwölf Jünger zu sich und sagte ihnen: »Ihr wißt, daß wir jetzt nach Jerusalem gehen. Dort wird sich alles erfüllen, was die Propheten über den Menschensohn geschrieben haben. [32]Man wird ihn an die Römer ausliefern, ihn verspotten, mißhandeln, anspucken und [33]schließlich auspeitschen und töten. Doch drei Tage später wird er von den

a) Andere Übersetzung: Es ist leichter, daß ein Kamel durch ein Nadelöhr geht. b) Wörtlich: zu verlassen.

Toten auferstehen.« [34]Aber die Jünger begriffen nichts. Vergeblich zerbrachen sie sich den Kopf: »Was wollte Jesus nur damit sagen?«

Der Blinde, der nicht aufgab
(Matth. 20,29-34; Mark. 10,46-52)

[35]Jesus und seine Jünger waren unterwegs nach Jericho. In der Nähe der Stadt saß ein Blinder am Straßenrand und bettelte. [36]Er hörte den Lärm der vorbeiziehenden Menge und fragte neugierig: »Was ist da los?« [37]Einige riefen ihm zu: »Jesus von Nazareth kommt nach Jericho!« [38]Als er das hörte, schrie er laut: »Jesus, du Sohn Davids, hilf mir!« [39]Die Leute fuhren ihn an: »Halt den Mund!« Er aber schrie nur noch lauter: »Sohn Davids, hilf mir doch!«

[40]Jesus blieb stehen und ließ den Mann zu sich führen. [41]Dann fragte er ihn: »Was willst du von mir?« »Herr«, flehte ihn der Blinde an, »ich möchte wieder sehen können!« [42]»Du sollst wieder sehen!« sagte Jesus zu ihm. »Dein Vertrauen hat dich geheilt.« [43]Von diesem Augenblick an konnte der Mann wieder sehen. Er ging mit Jesus und lobte Gott. Zusammen mit ihm lobten und dankten alle, die seine Heilung miterlebt hatten.

Jesus bei Zachäus: Ein Reicher kehrt um

19 Als Jesus durch Jericho zog, liefen viele Menschen zusammen. [2]Unter ihnen war Zachäus, der Oberaufseher über alle Zolleinnehmer. Er war sehr reich. [3]Zachäus wollte Jesus unbedingt sehen; aber er war sehr klein, und niemand machte ihm Platz. [4]Da rannte er ein Stück voraus und kletterte auf einen Maulbeerbaum, der am Wege stand. Von hier aus konnte er alles überblicken. [5]Als Jesus dort vorbeikam, entdeckte er ihn. »Zachäus, komm schnell herunter!« rief Jesus. »Ich möchte heute dein Gast sein!« [6]Im Nu war er vom Baum herunter und nahm Jesus voller Freude mit in sein Haus.

[7]Die anderen Leute empörten sich über Jesus. »Jeder weiß doch, daß Zachäus nur durch Betrug reich geworden ist! Wie kann Jesus nur dieses Haus betreten!«

[8]Zachäus wurde auf einmal sehr ernst: »Herr, ich werde die Hälfte meines Vermögens an die Armen verteilen, und wem ich am Zoll zuviel abgenommen habe, dem gebe ich es vierfach zurück.« [9]Da sagte Jesus zu ihm: »Heute ist ein großer Tag für dich und deine Familie; denn Gott hat euch heute als seine Kinder angenommen. Du warst einer von Abrahams verlorenen Söhnen. [10]Der Menschensohn ist gekommen, Verlorene zu suchen und zu retten.«

Gaben und Aufgaben
(Matth. 25,14-30)

[11]Jesus fügte noch ein Gleichnis hinzu. Es war ihm nicht entgangen, daß viele in seiner Umgebung damit rechneten, bei ihrem Einzug in Jerusalem würde Gott seine Herrschaft sichtbar aufrichten.

[12]»Ein Fürst trat eine weite Reise an, um sich zum König krönen zu lassen. [13]Bevor er abreiste, rief er zehn seiner Leute zu sich, gab jedem tausend Mark[a] und sagte: ›Setzt dieses Geld gewinnbringend ein! Ich komme bald zurück!‹

[14]Viele Bürger aber wollten ihn nicht als König haben. Deshalb schickten sie eine Abordnung hinter ihm her mit der Erklärung: ›Diesen Mann werden wir nicht als König anerkennen!‹ [15]Trotzdem wurde er gekrönt und kam als König in sein Land zurück. Er befahl die Leute zu sich, denen er das Geld gegeben hatte, und wollte wissen: ›Was habt ihr damit gemacht?‹

[16]Der erste berichtete: ›Herr, ich habe das Zehnfache deines Geldes als Gewinn erwirtschaftet.‹ [17]›Ausgezeichnet!‹ rief der König. ›Das hast du gut gemacht! Du hast dich in dieser kleinen Aufgabe bewährt. Ich vertraue dir die Verwaltung von zehn Städten an.‹ [18]Darauf trat der nächste Mann vor und berichtete: ›Herr, ich habe das Fünffache deines Kapitals hinzugewonnen.‹ [19]›Gut!‹ sprach sein Herr. ›Du wirst Verwalter über fünf Städte.‹

[20]Der dritte kam an die Reihe. ›Hier hast du deine tausend Mark zurück. Ich habe gut auf dein Geld aufgepaßt!‹ sagte

a) Wörtlich: zehn Minen (Goldstücke).

er. 21›Ich fürchte dich als harten Ge-
schäftsmann. Bestimmt hättest du mir
meinen Gewinn doch abgenommen.
Denn du nimmst, was dir nicht gehört,
und du erntest, was andere gesät haben.‹
22›Du richtest dich mit deinen eigenen
Worten, du Narr!‹ rief der König zornig.
›Wenn du weißt, daß ich ein harter Ge-
schäftsmann bin, daß ich nehme, was mir
nicht gehört, daß ich ernte, wo ich nicht
angebaut habe, 23warum hast du das Geld
dann nicht bei der Bank eingezahlt?
Dann hätte ich wenigstens Zinsen dafür
bekommen!‹

24Er forderte die Umstehenden auf:
›Nehmt ihm das Geld ab, und gebt es
dem Mann, der das meiste erwirtschaftet
hat.‹ 25›Aber Herr‹, widersprachen seine
Leute, ›der hat doch schon genug!‹ 26Da
sagte ihnen der König: ›Es ist nun einmal
so: Wer das, was er hat, gewissenhaft
nutzt, dem kann man noch mehr anver-
trauen. Wer aber mit Wenigem nachläs-
sig umgeht, dem wird man auch das noch
nehmen.

27Doch jetzt holt meine Feinde her, die
sich während meiner Abwesenheit gegen
mich aufgelehnt haben: Sie sollen vor mei-
nen Augen hingerichtet werden!‹«

Der Einzug in Jerusalem

(Matth. 21,1-9; Mark. 11,1-10;
Joh. 12,12-16)

28Nachdem Jesus diese Geschichte er-
zählt hatte, ging er nach Jerusalem. 29In
der Nähe der Dörfer Bethphage und
Bethanien, die beide am Ölberg liegen,
schickte er zwei seiner Jünger voraus:
30»Wenn ihr in dieses Dorf kommt,
werdet ihr einen jungen Esel finden, auf
dem noch nie jemand geritten ist. Bindet
ihn los und bringt ihn her! 31Sollte euch
jemand fragen, was ihr da macht, sagt ein-
fach: ›Der Herr braucht ihn.‹«

32Die Jünger fanden den Esel, wie Jesus
es ihnen beschrieben hatte. 33Als sie ihn
losbanden, fragten die Besitzer: »Was
macht ihr denn da?« 34Sie antworteten:
»Der Herr braucht ihn.«

35Und sie brachten den Esel zu Jesus.
Einige legten dem Tier ihre Mäntel auf
den Rücken, bevor sich Jesus darauf-
setzte. 36Auf dem Weg nach Jerusalem
breiteten die begeisterten Menschen ihre
Kleider auf der Straße aus. Sie wollten Je-
sus wie einen König empfangen.

37Als sie auf der Höhe des Ölbergs an-
gekommen waren und Jerusalem vor ih-
nen lag, jubelten und sangen die Men-
schen. Sie dankten Gott für die vielen
herrlichen Wunder, die Jesus getan hatte.
38Laut sangen sie: »Heil dem König, den
Gott uns sendet! Gott hat Frieden mit
uns geschlossen. Lob und Ehre dem Al-
lerhöchsten!«

39Empört riefen da einige Pharisäer aus
der Menge: »Meister, verbiete das deinen
Leuten! Das ist Gotteslästerung!« 40Er
antwortete ihnen nur: »Wenn sie schwei-
gen, dann werden die Steine am Wege
schreien.«

Tränen über eine Stadt

41Als Jesus Jerusalem vor sich liegen sah,
weinte er über die Stadt. 42»Der Friede
war dir so nahe, warum nur wolltest du
ihn nicht haben? Und auch jetzt willst du
ihn nicht«,[a] sagte Jesus traurig. 43»Der
Tag wird kommen, an dem deine Feinde
einen Wall um deine Mauern aufwerfen
und dich von allen Seiten belagern.
44Wenn deine Mauern fallen, werden alle
Bewohner getötet werden. Kein Stein
wird auf dem anderen bleiben. Warum
hast du die Gelegenheit nicht genutzt,
die Gott dir geboten hat?«

Jesus schafft Ordnung im Tempel

(Matth. 21,12-17; Mark. 11,15-19;
Joh. 2,13-16)

45Kaum hatte Jesus den Tempel betreten,
da begann er, die Händler hinauszujagen
46und rief: »Gott sagt: ›Mein Haus soll
ein Ort des Gebetes sein‹,[b] aber ihr habt
daraus eine Räuberhöhle gemacht!«

47Jeden Tag lehrte er im Tempel, ob-
wohl die Hohenpriester, die Schrift-
gelehrten und führenden Männer des Vol-
kes nach einer passenden Gelegenheit
suchten, Jesus umzubringen. 48Noch
konnten sie nichts gegen ihn unterneh-
men, wenn sie nicht zugleich das Volk
gegen sich aufbringen wollten, denn die

a) Wörtlich: Wenn auch du an diesem Tag erkannt hättest, was zu deinem Frieden dient. b) Jesa-
ja 56,7

Menschen hörten Jesus gern zu und achteten auf jedes seiner Worte.

Fragen ohne Antworten
(Matth. 21,23-27; Mark. 11,27-33)

20 An einem dieser Tage verkündete Jesus im Tempel die Heilsbotschaft. Da gingen die Hohenpriester, die Schriftgelehrten und führenden Männer des Volkes zu ihm. 2»Mit welchem Recht hast du die Händler aus dem Tempel vertrieben?« wollten sie von ihm wissen. »Wer hat dir den Auftrag dazu gegeben?«

3»Ehe ich eure Frage beantworte, möchte ich euch etwas fragen«, erwiderte Jesus. 4»Taufte Johannes die Menschen im Auftrag Gottes, oder wer sonst hatte ihn beauftragt?«

5Sie überlegten: »Wenn wir sagen, ›Gott hat ihn gesandt‹, so wird er uns fragen: ›Warum habt ihr ihm dann nicht geglaubt?‹ 6Sagen wir aber: ›Johannes war kein Bote Gottes‹, dann steinigt uns das Volk; denn alle glauben, daß Johannes ein Prophet war.«

7Deshalb antworteten sie schließlich: »Wir können deine Frage nicht beantworten, weil wir es nicht wissen.« 8»Nun, dann sage ich euch auch nicht, wer mir diesen Auftrag gegeben hat«, entgegnete ihnen Jesus.

Gott erntet Ablehnung
(Matth. 21,33-46; Mark. 12,1-12)

9Seinen Zuhörern erzählte Jesus nun die folgende Geschichte: »Ein Mann legte einen Weinberg an. Er verpachtete ihn an einige Winzer und reiste für längere Zeit ins Ausland. 10Zur Zeit der Weinlese sandte er einen Boten, der den vereinbarten Anteil an der Ernte abholen sollte. Aber die Pächter schlugen ihn zusammen und schickten ihn mit leeren Händen zurück.

11Nun beauftragte der Weinbergbesitzer einen anderen Mann. Aber dem ging es genauso. Die Pächter beschimpften ihn und jagten ihn weg. 12Er schickte einen dritten. Auch den schlugen sie blutig und vertrieben ihn.

13›Was soll ich machen?‹ fragte sich der Besitzer. ›Ich werde meinen einzigen Sohn zum Weinberg schicken. Sie werden es nicht wagen, ihm etwas anzutun.‹ 14Als die Pächter erkannten, daß der Sohn kam, beratschlagten sie: ›Das ist der Erbe. Wenn wir den aus dem Weg räumen, gehört der Weinberg uns!‹ 15Und sie zerrten ihn vor den Weinberg und töteten ihn.

Was meint ihr wohl«, fragte Jesus nun seine Zuhörer, »was der Besitzer des Weinbergs mit diesen Pächtern tun wird? 16Er wird kommen und sie töten und den Weinberg an andere verpachten!«

»Aber so etwas gibt es doch gar nicht!« meinten kopfschüttelnd die Zuhörer. 17Da sah Jesus sie an und fragte: »Was bedeutet denn dieser Satz: ›Der Stein, den die Bauarbeiter weggeworfen haben, weil sie ihn für unbrauchbar hielten, ist zum Grundstein des ganzen Hauses geworden‹?«[a] 18Und er fügte hinzu: »Wer auf diesen Stein fällt, wird sich zu Tode stürzen, und auf wen er fällt, den wird er zermalmen.«

»Gebt Gott, was Gott gehört«
(Matth. 22,15-22; Mark. 12,13-17)

19Nach diesem Gleichnis hätten die Hohenpriester und Schriftgelehrten Jesus am liebsten sofort verhaftet. Sie erkannten, daß sie mit dieser Erzählung gemeint waren. Aber sie wagten es nicht, weil Jesus beim Volk sehr beliebt war.

20Um einen Anlaß zu finden, ließen sie ihn überwachen. Sie versuchten, ihm eine Falle zu stellen, indem sie einige Männer vorschickten, die einen Gewissenskonflikt heucheln sollten. Ließe sich Jesus zu einer unbedachten Antwort verleiten, hätten sie endlich etwas in der Hand, um ihn den römischen Behörden auszuliefern.

21Die Leute kamen also zu Jesus und fragten ihn: »Meister, wir wissen, daß du unbestechlich bist. Du sagst die Wahrheit, ohne darauf Rücksicht zu nehmen, was die Leute hören wollen. Du lehrst, wie wir nach Gottes Willen handeln sollen. 22Deshalb bitten wir dich um einen Rat: Ist es eigentlich Gottes Wille, daß wir an den römischen Kaiser Steuern zahlen, oder nicht?« 23Jesus durchschaute sie und sagte: 24»Ihr wollt mich doch nur

a) Psalm 118,22-23

hereinlegen. Zeigt einmal eine Münze her! Welches Bild und welcher Name sind darauf zu erkennen?« Sie antworteten: »Das Bild und der Name des römischen Kaisers!«

25»Dann gebt dem Kaiser, worauf er einen Anspruch hat«, antwortete Jesus, »und gebt Gott, was ihm gehört!«

26So war es ihnen nicht gelungen, Jesus vor allen Leuten in eine Falle zu locken. Sie waren von seiner Antwort so überrascht, daß sie schweigend weggingen.

Werden die Toten auferstehen?

(Matth. 22,23-33.46; Mark. 12,18-27.34)

27Einige Sadduzäer – sie glauben nicht an eine Auferstehung der Toten – 28kamen zu Jesus und fragten ihn: »Im Gesetz des Mose steht: Wenn ein verheirateter Mann kinderlos stirbt, dann soll sein Bruder die Witwe heiraten. Das erste ihrer Kinder soll der Erbe des Verstorbenen sein.[a]

29Nun gab es da sieben Brüder. Der älteste heiratete und starb kinderlos. 30Darauf heiratete sein Bruder die Witwe, aber auch in dieser Ehe wurden keine Kinder geboren. 31So ging es weiter, bis alle sieben mit ihr verheiratet gewesen waren. Kinder aber hatten sie nicht bekommen. 32Schließlich starb auch die Frau. 33Nun unsere Frage: Zu welchem Mann wird diese Frau nach der Auferstehung gehören? Alle sieben Männer waren doch mit ihr verheiratet!«

34Jesus antwortete den Sadduzäern: »Die Ehe gibt es nur in dieser Welt. 35Wer aber das ewige Leben erlangt und einmal in Gottes Reich sein darf, für den wird es keine Ehe mehr geben. 36Er wird auch nicht mehr sterben wie die Menschen hier auf der Erde, sondern wie die Engel ewig leben und zu den Kindern Gottes gehören. Denn er ist vom Tod zu einem neuen Leben auferstanden. 37Aber die andere Frage, ob es überhaupt eine Auferstehung gibt, wird schon von Mose beantwortet. Er beschreibt, wie Gott ihm im brennenden Dornbusch erschien, und er nennt ihn den Gott Abrahams, Isaaks und Jakobs.[b] 38Er ist ein Gott der Lebenden, nicht der Toten. Für ihn sind sie alle lebendig.« 39Einige Schriftgelehrte stimmten ihm zu: »Das hast du gut gesagt, Meister.« 40Jetzt wagte niemand mehr, weitere Fragen zu stellen.

Wer ist Christus?

(Matth. 22,41-46; Mark. 12,35-37)

41Dann stellte Jesus ihnen eine Frage: »Wie könnt ihr behaupten, Christus sei ein Nachkomme von König David? 42David selbst schreibt doch in den Psalmen: ›Gott sprach zu meinem Herrn: Setze dich auf den Ehrenplatz an meiner rechten Seite, 43bis ich dir alle deine Feinde unterworfen habe, bis du deinen Fuß auf ihren Nacken setzt.‹[c] 44David nennt Christus also ›Herr‹. Meint ihr wirklich, jemand würde seinen Sohn mit ›Herr‹ anreden?«[d]

Heuchelei wird hart bestraft

(Matth. 23,1-14; Mark. 12,38-40)

45Vor allen Leuten, die sich um sie versammelt hatten, forderte Jesus seine Jünger auf: 46»Werdet nicht wie die Schriftgelehrten, die in ihren langen Talaren auf der Straße herumspazieren und es genießen, wenn die Leute sie ehrerbietig grüßen. Beim Gottesdienst in der Synagoge sitzen sie in der ersten Reihe, und es gefällt ihnen, wenn man ihnen bei allen Festen die Ehrenplätze anbietet. 47Gierig stürzen sie sich auf den Besitz wehrloser Witwen. Dabei verstecken sie ihre bösen Absichten hinter langen Gebeten. Gottes Strafe wird sie besonders hart treffen.«

Nur wer sich selbst gibt, gibt genug

(Mark. 12,41-44)

21 Während Jesus das sagte, konnte er beobachten, wie die Reichen großzügig ihre Gaben in den Opferkasten im Tempel legten. 2Er sah aber auch eine arme Witwe, die zwei kleine Münzen hineinwarf. 3»Das ist sicher«, meinte Jesus, »diese arme Witwe hat mehr geopfert als alle anderen. 4Die Reichen haben nur etwas von ihrem Überfluß gespendet; aber diese Frau ist arm und gab doch alles, was ihr zum Leben geblieben war.«

a) 5. Mose 25,5-6 b) 2. Mose 3,6 c) Psalm 110,1 d) Wörtlich: Wie ist er dann sein Sohn?

Die Zeit des Tempels geht zu Ende
(Matth. 24,1-2; Mark. 13,1-2)

[5]Einige sprachen begeistert von der Schönheit des Tempels, den wertvollen Steinen und Kostbarkeiten an seinen Wänden. [6]Aber Jesus sagte: »Seht es euch an! Bald kommt die Zeit, wo all das in Trümmer fällt. Kein Stein wird auf dem anderen bleiben.«

Die Zukunft der Welt
(Matth. 24,3-14; Mark. 13,3-13)

[7]Erschrocken wollten die Jünger wissen: »Herr, wann wird das geschehen? Woran erkennen wir, wann das Ende kommt?« [8]»Bleibt wachsam!« warnte sie Jesus, »laßt euch nicht verführen, denn viele werden kommen, die von sich behaupten: ›Ich bin Christus!‹ Andere werden verkünden: ›Das Ende ist da!‹ Glaubt ihnen nicht! [9]Wenn es zu Kriegen und Unruhen kommt, geratet nicht in Panik. Es muß so kommen; aber das ist noch nicht das Ende.«

[10]Dann sagte er zu ihnen: »Die Völker und Machtblöcke der Erde werden gegeneinander Kriege führen. [11]Erdbeben werden große Teile der Welt erschüttern, Seuchen und Hungersnöte die Menschen heimsuchen. Unerklärliche Erscheinungen am Himmel werden alle Menschen in Angst und Schrecken versetzen.

[12]Bevor das alles geschieht, wird man euch verfolgen. Weil ihr euch zu mir bekennt, werden sie euch verurteilen, ins Gefängnis werfen und vor die Mächtigen dieser Welt und ihre Herrscher stellen.

[13]Bedenkt aber, daß ihr dadurch Gelegenheit habt, mich zu bezeugen und meine Botschaft in aller Öffentlichkeit bekanntzumachen. [14]Prägt es euch ein: Grübelt nicht schon heute darüber nach, wie ihr euch vor Gericht verteidigen könnt. [15]Ich selber werde euch zeigen, wie ihr euch weise verhalten und was ihr sagen sollt, so daß eure Gegner nichts mehr erwidern können.

[16]Selbst eure nächsten Angehörigen, eure Eltern, Brüder und Freunde, werden euch verraten und verhaften lassen. Einige von euch wird man töten. [17]Alle Welt wird euch hassen, weil ihr zu mir gehört. [18]Aber Gott wird euch nie verlassen. Ohne seinen Willen wird euch kein Haar gekrümmt werden. [19]Bleibt fest und haltet durch, dann gewinnt ihr das ewige Leben.«

Die Zerstörung Jerusalems
(Matth. 24,15-21; Mark. 13,14-19)

[20]»Wenn die Feinde Israels Jerusalem belagern, dauert es nicht mehr lange, bis diese Stadt zerstört wird. [21]Dann sollen die Bewohner Judäas in das Gebirge flüchten. Wer in Jerusalem wohnt, verlasse die Stadt so schnell wie möglich, und niemand suche in ihr Schutz. [22]Die Tage des göttlichen Gerichts sind gekommen. Jetzt erfüllen sich die Worte der Propheten. [23]Besonders hart trifft es die werdenden Mütter und die Frauen mit Säuglingen. Leiden aber müssen alle, denn Gott straft in seinem Zorn das ganze Volk. [24]Die Menschen werden niedergemetzelt und die Gefangenen in die ganze Welt verschleppt. Jerusalem aber wird besetzt und zerstört sein, bis Gott die Herrschaft der Heiden beendet.«

Die Mitte der Nacht ist der Anfang des Tages
(Matth. 24,29-31; Mark. 13,24-26)

[25]»Zu dieser Zeit werden Zeichen an Sonne, Mond und Sternen Unheil verkünden. Angst und schreckliche Ratlosigkeit beherrschen die Menschen, weil Sturmfluten und Katastrophen über sie hereinbrechen. [26]Ungewißheit und Furcht treiben sie zur Verzweiflung. Sogar der Lauf der Gestirne wird in Unordnung geraten.

[27]Doch dann werden alle Völker den Menschensohn in den Wolken des Himmels mit göttlicher Macht und Herrlichkeit wiederkommen sehen. [28]Deshalb: Wenn sich diese Dinge ereignen, dann dürft ihr hoffen. Eure Befreiung steht vor der Tür.«

(Matth. 24,32-35; Mark. 13,28-31)

[29]»Ich will es euch an einem Beispiel verdeutlichen: Seht euch den Feigenbaum an oder die anderen Bäume. [30]Wenn sie anfangen zu blühen, weiß jeder, daß es bald Sommer wird. [31]So könnt ihr wissen, daß Gottes Reich nahe ist, wenn sich all das

ereignet. 32 Denn das steht fest: Dieses
Volk wird nicht untergehen, bevor sich
nicht alles erfüllt hat. 33 Und wenn auch
Himmel und Erde vergehen, meine
Worte vergehen nicht.«

»Bleibt wach und betet!«

34 »Ihr seid in Gefahr! Paßt auf, daß euch
nicht die Gier nach Luxus und Wohl-
stand,[a] auch nicht die Sorgen des Alltags
vom Ziel ablenken! Seid jederzeit auf
diesen Tag vorbereitet, sonst wird er
euch überfallen. 35 Denn das ist sicher: Er
kommt für alle plötzlich und überra-
schend. 36 Bleibt wachsam und betet alle-
zeit, damit ihr das übersteht, was euch
erwartet. Dann könnt ihr ohne Furcht
vor den Menschensohn treten.«
37 Täglich ging Jesus in den Tempel, um
dort zu lehren. Abends verließ er die
Stadt und verbrachte die Nächte am Öl-
berg. 38 Wenn er am frühen Morgen wie-
der in den Tempel kam, warteten schon
viele Menschen auf ihn, um ihn zu hören.

Verschwörung gegen Jesus
(Matth. 26,1-5; Mark. 14,1-2)

22 Es waren nur noch wenige Tage
bis zum Passahfest. Dieses Fest
nennen die Juden auch das ›Fest der unge-
säuerten Brote‹.[b] 2 Nach wie vor suchten
die Hohenpriester und Schriftgelehrten
nach einer Gelegenheit, Jesus heimlich
umzubringen; denn sie hatten Angst, daß
es sonst zu Unruhen im Volk kommen
würde.

Der Verräter
(Matth. 26,14-16; Mark. 14,10-11)

3 Zu der Zeit ergriff der Satan Besitz von
Judas Ischarioth, einem der zwölf Jünger
Jesu. 4 Judas ging zu den Hohenpriestern
und den Anführern der Tempelpolizei
und beriet mit ihnen, wie sie Jesus unauf-
fällig festnehmen könnten. 5 Hocherfreut
versprachen die Hohenpriester ihm eine
Belohnung. 6 Sie wurden sich einig, und
Judas suchte nach einer Gelegenheit, Je-
sus ohne Aufsehen an seine Feinde zu
verraten.

Alles ist vorbereitet
(Matth. 26,17-19; Mark. 14,12-16)

7 Es kam der Tag, an dem das Passah-
lamm geschlachtet werden mußte. 8 Des-
halb gab Jesus seinen Jüngern Petrus und
Johannes den Auftrag: »Bereitet alles
vor, damit wir gemeinsam das Pas-
sahmahl essen können.« 9 »Wo sollen wir
denn das Fest feiern?« fragten sie.
10 »Wenn ihr nach Jerusalem kommt«,
antwortete er, »wird euch ein Mann mit
einem Wasserkrug begegnen. Geht ihm
nach bis zu dem Haus, das er betritt.
11 Sagt dem Hausherrn: ›Unser Meister
bittet dich, uns den Raum zu zeigen, in
dem er mit seinen Jüngern das Passah-
lamm essen kann.‹ 12 Er wird euch im
Obergeschoß in einen großen Raum füh-
ren, der mit Polstern ausgestattet ist.
Dort bereitet das Essen zu.« 13 Die Jünger
gingen in die Stadt. Es kam alles so, wie
Jesus es gesagt hatte. Und sie bereiteten
dort das Fest vor.

Das Abendmahl: Gottes neuer Bund mit den Menschen
(Matth. 26,20-29; Mark. 14,17-25)

14 Als die Stunde für das Passahmahl da
war, nahm Jesus mit seinen Jüngern an
der Festtafel Platz. 15 »Wie sehr habe ich
mich danach gesehnt, mit euch das Pas-
sahmahl zu essen, bevor ich leiden muß«,
sagte er. 16 »Ihr sollt wissen: Ich werde
das Passahmahl erst wieder im Reich Got-
tes mit euch feiern. Dann hat sich erfüllt,
wofür das Fest jetzt nur ein Zeichen ist.«
17 Jesus nahm den Becher mit Wein,
sprach das Dankgebet und sagte:
»Nehmt den Becher und trinkt alle dar-
aus. 18 Denn ich werde keinen Wein mehr
trinken, bis das Reich Gottes gekommen
ist.«
19 Dann nahm er das Brot. Er dankte
Gott dafür, teilte es und gab es ihnen mit
den Worten: »Das ist mein Leib, der für
euch hingegeben wird. Feiert dieses Mahl
immer wieder. Denkt daran, was ich für
euch getan habe, sooft ihr dieses Brot
eßt.«
20 Nach dem Essen nahm er den Becher
mit Wein, gab ihn den Jüngern und sagte:

a) Wörtlich: daß eure Herzen nicht beschwert werden durch Völlerei und Trunksucht.
b) 2. Mose 12,18-21

»Dies ist mein Blut, mit dem der neue
Bund zwischen Gott und den Menschen
besiegelt wird. Es wird für euch zur Ver-
gebung der Sünden vergossen. 21Aber mit
uns an diesem Tisch sitzt der Mann, der
mich verraten wird. 22Es ist der Wille
Gottes, daß der Menschensohn sterben
muß. Aber wehe dem Verräter!« 23Be-
stürzt fragte einer den anderen: »Wer
von uns könnte so etwas tun?«

Wer will der Größte sein?
(Matth. 20,25-28; Mark. 10,42-45)

24Die Jünger stritten sich darüber, wem
unter ihnen der erste Platz zusteht. 25Da
sagte ihnen Jesus: »In dieser Welt unter-
drücken die Herrscher ihre Völker, und
Diktatoren lassen sich als Wohltäter fei-
ern. 26Aber so soll es bei euch nicht sein.
Der Erste unter euch soll sich allen ande-
ren unterordnen, und wer euch führen
will, muß allen dienen. 27Wer ist denn der
Herr? Wer sich bedienen läßt oder wer
dient? Ich aber bin unter euch wie ein
Diener.

28Ihr seid mir in diesen Tagen der Ge-
fahr und der Anfechtung treu geblieben.
29Deshalb verspreche ich euch: Ihr
werdet mit mir zusammen in meinem
Reich herrschen, das mein Vater mir
übergeben hat. 30Mit mir sollt ihr am sel-
ben Tisch essen und trinken und mit mir
über die zwölf Stämme Israels Gericht
halten.«

Keiner kann für sich garantieren
(Matth. 26,31-35; Mark. 14,27-31;
Joh. 13,36-38)

31»Simon, Simon! Der Satan ist hinter
euch her, die Spreu vom Weizen zu tren-
nen. 32Aber ich habe für dich gebetet, da-
mit du den Glauben nicht verlierst.
Wenn du dann zu mir zurückkehrst, so
stärke den Glauben deiner Brüder!«

33»Herr, wie kannst du so etwas sa-
gen?« fuhr Petrus auf. »Ich bin jederzeit
bereit, mit dir ins Gefängnis zu gehen
und sogar für dich zu sterben.« 34Doch
Jesus sagte: »Petrus, ich sage dir: Noch
ehe morgen früh der Hahn kräht, wirst
du dreimal geleugnet haben, daß du mich
kennst.«

Wie wird es weitergehen?

35Jesus fragte seine Jünger: »Als ich euch
damals ohne Geld, Tasche und Schuhe
aussandte, habt ihr da Not leiden müs-
sen?« »Nein, niemals!« beteuerten sie.

36»Jetzt aber nehmt das Geld, das ihr
habt, und euer Gepäck«, forderte er sie
auf. »Wer keine Waffe besitzt, soll seinen
Mantel verkaufen und sich eine beschaf-
fen. 37Denn jetzt ist die Zeit da, in der
sich auch dieses Wort an mir erfüllt:
›Man wird ihn wie einen Verbrecher be-
handeln.‹[a] Alles, was die Propheten von
mir geschrieben haben, geht nun in Erfül-
lung.« 38»Herr«, riefen die Jünger, »wir
haben hier zwei Schwerter.« Doch Jesus
unterbrach sie: »Genug damit!«

»Dein Wille geschehe!«
(Matth. 26,30.36-46; Mark. 14,26.32-42)

39Begleitet von seinen Jüngern, ging Jesus
nach dem Festmahl wieder hinaus zum
Ölberg. 40Dort sagte er zu ihnen: »Betet
darum, daß ihr der kommenden Ver-
suchung widerstehen könnt!« 41Nicht
weit von seinen Jüngern entfernt kniete
Jesus nieder 42und betete: »Vater, wenn
es möglich ist, bewahre mich vor diesem
Leiden. Aber nicht was ich will, sondern
was du willst, soll geschehen.«

43Da erschien ein Engel vom Himmel
und gab ihm neue Kraft. 44Jesus litt
Todesängste und betete so eindringlich,
daß sein Schweiß wie Blut auf die Erde
tropfte. 45Als er dann zu seinen Jüngern
zurückkehrte, schliefen sie, erschöpft
von ihren Sorgen und ihrer Trauer. 46»Ihr
dürft jetzt nicht schlafen«, rüttelte Jesus
sie wach. »Steht auf und betet, damit ihr
der Versuchung widersteht!«

Jesus wird verhaftet
(Matth. 26,47-56; Mark. 14,43-49;
Joh. 18,2-11)

47Noch während Jesus das sagte, kam ein
Trupp Männer auf sie zu. Sie wurden
von Judas, einem der zwölf Jünger, an-
geführt. Judas ging zu Jesus, um ihn mit
einem Kuß zu begrüßen. 48Aber Jesus
fragte ihn: »Judas, willst du den Men-
schensohn mit einem Kuß verraten?«

a) Jesaja 53,12

49 Jetzt hatten auch die anderen Jünger begriffen, was hier vorging. Aufgeregt riefen sie: »Herr, sollen wir uns wehren?« 50 Einer von ihnen zog auch gleich das Schwert und schlug auf einen Soldaten des Hohenpriesters ein. Er hieb ihm das rechte Ohr ab. 51 Aber Jesus befahl: »Hört auf damit!« Er berührte das Ohr des Mannes und heilte ihn.

52 Dann fragte Jesus die Hohenpriester, die Anführer der Tempelpolizei und die Führer des Volkes, die alle mitgekommen waren: »Bin ich denn ein Verbrecher, daß ihr euch mit Schwertern und Knüppeln bewaffnet habt, um mich zu verhaften? 53 Warum habt ihr mich nicht im Tempel festgenommen? Ich war schließlich jeden Tag dort! Aber jetzt ist eure Stunde da. Jetzt hat die Finsternis Macht.«

Petrus: »Ich kenne Jesus nicht!«

(Matth. 26,57-58.69-75;
Mark. 14,53-54.66-72;
Joh. 18,12-18.25-27)

54 Die Soldaten verhafteten Jesus und führten ihn zum Palast des Hohenpriesters. Petrus folgte ihnen in sicherem Abstand. 55 Im Hofe des Palastes zündeten sie ein Feuer an, um sich zu wärmen. Petrus setzte sich zu ihnen. 56 Im Schein des Feuers bemerkte ihn ein Dienstmädchen und sah ihn prüfend an. »Der Mann war auch bei Jesus!« rief sie. 57 Doch heftig widersprach Petrus: »Das ist unmöglich! Ich kenne den Mann überhaupt nicht!«

58 Kurz darauf sah ihn ein anderer und meinte: »Na klar, du bist einer von seinen Leuten!« »Ausgeschlossen! Ich doch nicht!« wehrte Petrus ab. 59 Nach etwa einer Stunde behauptete plötzlich wieder einer: »Der hier gehörte zu den Männern, die bei Jesus waren; man hört doch gleich, daß er auch aus Galiläa kommt.« 60 Aber aufgebracht stieß Petrus hervor: »Wovon redest du? Was meinst du eigentlich?« Da krähte ein Hahn.

61 In diesem Augenblick wandte sich Jesus um und sah seinen Jünger an. Da erinnerte sich Petrus daran, daß Jesus zu ihm gesagt hatte: »Noch ehe morgen früh der Hahn kräht, wirst du dreimal geleugnet haben, daß du mich jemals gesehen hast.«

62 Da ging Petrus hinaus und weinte sehr.

Die Soldaten mißhandeln Jesus

(Matth. 26,67-68; Mark. 14,65)

63 Die Soldaten, die Jesus bewachten, verhöhnten und schlugen ihn. 64 Sie banden ihm die Augen zu und spotteten: »Na, du Prophet! Sage uns, wer hat dich gerade geschlagen?« 65 In dieser Weise quälten sie ihn noch lange.

Die entscheidende Verhandlung

(Matth. 26,59-66; Mark. 14,55-64;
Joh. 18,19-24)

66 Bei Tagesanbruch kamen die führenden Männer des Volkes, die Hohenpriester und die Schriftgelehrten zu einer außerordentlichen Gerichtsverhandlung zusammen. 67 Sie fragten Jesus: »Bist du nun der Messias, der verheißene Befreier, oder bist du es nicht?« Er erwiderte: »Ihr glaubt doch nicht, was ich euch sage, 68 und wenn ich euch etwas frage, dann antwortet ihr mir nicht. 69 Schon bald wird der Menschensohn auf dem Platz an der rechten Seite Gottes sitzen.« 70 Empört schrien alle: »Willst du damit etwa sagen, daß du der Sohn Gottes bist?« Jesus antwortete: »Ihr habt recht, ich bin es!« 71 »Wozu brauchen wir da noch Zeugen?« riefen jetzt die Ankläger einmütig. »Alle haben seine Gotteslästerung gehört!«

Pilatus: »Jesus ist unschuldig!«

(Matth. 27,2.11-14; Mark. 15,1-5;
Joh. 18,28-38)

23 Nun erhoben sich die Mitglieder des Gerichtshofes und ließen Jesus zu dem römischen Gouverneur Pilatus bringen. 2 Dort beschuldigten sie ihn: »Dieser Mensch hetzt unser Volk auf. Er redet den Leuten ein, daß sie dem Kaiser keine Steuern zahlen sollen. Und er behauptet von sich, er sei der neue König, den Gott geschickt hat.«

3 »Stimmt das?« fragte Pilatus den Angeklagten. »Bist du wirklich der König der Juden?« Jesus antwortete: »Ja, ich bin es!« 4 Pilatus erklärte den Hohenpriestern und der ganzen Volksmenge: »Dieser Mann ist doch kein Verbrecher!« 5 Aber

sie widersprachen heftig: »Überall wo er
hinkommt, von Galiläa bis hierher nach
Jerusalem, hetzt er die Menschen auf.«

Herodes kann mit Jesus nichts anfangen

6»Ist der Mann denn aus Galiläa?« fragte
Pilatus. 7Als sie es bestätigten, sah er eine
Gelegenheit, den Fall loszuwerden. Er be-
fahl, Jesus zu König Herodes zu bringen,
der die Provinz Galiläa regierte und sich
während des Passahfestes auch in Je-
rusalem aufhielt. 8Herodes wollte Jesus
schon lange kennenlernen. Er hatte viel
von ihm gehört und hoffte, Jesus würde
ihm ein Wunder vorführen. 9Der König
stellte Frage um Frage, aber Jesus gab
ihm keine einzige Antwort. 10Um so
mehr redeten die Hohenpriester und
Schriftgelehrten, die mitgekommen wa-
ren und ihn immer heftiger beschul-
digten. 11Auch Herodes und seine Solda-
ten ließen Jesus ihre Verachtung spüren.
Sie hängten ihm einen Königsmantel um
und schickten ihn wieder zu Pilatus. 12He-
rodes und Pilatus waren bisher erbitterte
Feinde. Aber an diesem Tag wurden sie
Freunde.

Die Gegner erzwingen das Todesurteil

(Matth. 27,15-26; Mark. 15,6-15;
Joh. 18,38-19,16)

13Vor den Hohenpriestern, den Führern
des Volkes und der versammelten Menge
14verkündete Pilatus: »Ihr habt diesen
Mann zu mir gebracht und ihn beschul-
digt, daß er die Menschen aufhetzt. Ich
habe ihn vor euch verhört und bin zu
dem Urteil gekommen: Dieser Mann ist
unschuldig! 15Herodes ist derselben Mei-
nung. Deswegen hat er ihn hierher zu-
rückgeschickt. Der Angeklagte hat nichts
getan, was mit dem Tode bestraft werden
müßte. 16Ich werde ihn auspeitschen las-
sen, dann soll er frei sein.« 17Pilatus be-
gnadigte ohnehin in jedem Jahr am Pas-
sahfest einen Gefangenen.

18Da brach ein Sturm der Entrüstung
los. Wie mit einer Stimme schrie das
Volk: »Weg mit diesem Jesus! Laß Ba-
rabbas frei!« 19Barabbas saß im Gefäng-
nis, weil er sich an einem Aufstand in Je-
rusalem beteiligt hatte und wegen Mor-
des angeklagt war.

20Noch einmal versuchte Pilatus, die
Menge zu überzeugen; denn er wollte Je-
sus gern freilassen. 21Aber sie schrien nur
noch lauter: »Ans Kreuz mit ihm!«

22Pilatus versuchte es zum dritten Mal:
»Was für ein Verbrechen hat er denn be-
gangen? Ich finde nichts, worauf die To-
desstrafe steht! Ich werde ihn also aus-
peitschen lassen. Dann soll er frei sein.«

23Aber die aufgehetzte Menge brüllte
immer lauter: »Kreuzige ihn!«, bis Pi-
latus ihrem Schreien nachgab 24und ihre
Forderung erfüllte.

25Barabbas ließ er frei; den Mann, der
das Volk aufgehetzt hatte und wegen
Mord angeklagt war. Jesus aber verurteil-
te er zum Tod am Kreuz, wie sie es gefor-
dert hatten.

Auf dem Weg zur Hinrichtung

(Matth. 27,31-32; Mark. 15,20-22;
Joh. 19,16-17)

26Auf dem Weg zur Hinrichtungsstätte
begegnete ihnen Simon, der gerade vom
Feld kam. Er stammte aus Kyrene in
Nord-Afrika. Ihn zwangen sie, mit-
zugehen und für Jesus das Kreuz zu tra-
gen.

27Unzählige Menschen folgten Jesus
auf dem Weg zur Hinrichtung. In der
Menge waren viele Frauen, die laut
klagten und um Jesus weinten.

28Ihnen rief Jesus zu: »Weint nicht
über mich, ihr Frauen Jerusalems! Weint
über euch und eure Kinder! 29Die Zeit
wird kommen, in der man sagt: ›Glück-
lich sind die Frauen, die keine Kinder ha-
ben.‹ 30Die Menschen werden sich da-
nach sehnen, daß die Berge über ihnen
zusammenstürzen und die Hügel sie be-
decken, damit ihr Leid ein Ende hat.
31Wenn schon der Unschuldige so viel lei-
den muß, was haben dann erst die Schul-
digen zu erwarten?«[a]

Die Kreuzigung

(Matth. 27,33-44; Mark. 15,22-31;
Joh. 19,17-24)

32Mit Jesus wurden zwei Verbrecher vor
die Stadt geführt 33zu der Stelle, die man

a) Wörtlich: Denn wenn man das am grünen Holze tut, was wird dann mit dem dürren geschehen?

»Schädelstätte« nennt. Dort wurde Jesus ans Kreuz genagelt und rechts und links von ihm die beiden anderen.

34 Aber Jesus betete: »Vater, vergib ihnen, denn sie wissen nicht, was sie tun!« Unter dem Kreuz verlosten die Soldaten seine Kleider. 35 Neugierig stand die Menge dabei, denn sie wollte sich nichts entgehen lassen. Und die führenden Männer des Volkes verhöhnten Jesus: »Er hat so vielen geholfen! Wenn er wirklich der von Gott gesandte Befreier ist, dann soll er sich jetzt doch selber helfen!« 36 Auch die Soldaten verspotteten ihn. Sie gaben ihm Essig zu trinken 37 und riefen ihm zu: »Wenn du der König der Juden bist, dann rette dich doch selbst!«

38 Oben am Kreuz nagelten sie ein Brett an. Damit jeder es lesen konnte, stand dort in den Weltsprachen Griechisch, Hebräisch und Latein: »Dies ist der König der Juden!«

39 Auch einer der Verbrecher, die mit ihm gekreuzigt worden waren, lästerte: »Bist du nun der Messias? Dann beweise es! Hilf dir selbst und uns!« 40 Aber der am anderen Kreuz wies ihn zurecht: »Fürchtest du Gott nicht einmal jetzt, kurz vor dem Tod? 41 Wir hängen hier zu Recht. Wir haben den Tod verdient. Der hier aber ist unschuldig; er hat nichts Böses getan.« 42 Zu Jesus sagte er: »Herr, denke an mich, wenn du in dein Königreich kommst!« 43 Da antwortete ihm Jesus: »Ich versichere dir: Noch heute wirst du mit mir im Paradies sein.«

Jesus stirbt am Kreuz

(Matth. 27,45-56; Mark. 15,33-41; Joh. 19,28-30)

44 Am Mittag wurde es auf einmal im ganzen Land dunkel. Diese Finsternis dauerte drei Stunden. 45 Plötzlich zerriß der Vorhang im Tempel, der das Allerheiligste vor den Menschen verbergen sollte, von oben bis unten.

46 Jesus schrie noch einmal laut auf: »Vater, in deine Hände gebe ich meinen Geist!« Dann starb er.

47 Erschüttert bekannte der römische Offizier, der die Hinrichtung beaufsichtigt hatte: »Dieser Mann war wirklich unschuldig!« 48 Betroffen kehrten die Menschen, die ein Schauspiel erleben wollten, in die Stadt zurück. 49 Die Freunde Jesu und die Frauen, die mit ihm aus Galiläa gekommen waren, hatten aus einiger Entfernung alles mitangesehen.

Jesus wird begraben

(Matth. 27,57-61; Mark. 15,42-47; Joh. 19,38-42)

50-52 Joseph, ein Mann aus Arimathia, einer Stadt in Judäa, ging zu Pilatus und bat ihn, den toten Jesus begraben zu dürfen. Er war Mitglied des Gerichtshofes und ein guter und gerechter Mensch, der auf das Kommen des verheißenen Befreiers wartete. Er hatte nicht zugestimmt, als der Gerichtshof beschloß, Jesus hinrichten zu lassen.

53 Er nahm Jesus vom Kreuz, wickelte den Toten in ein großes Leinentuch und brachte ihn in ein neu angelegtes Felsengrab. 54 Das alles geschah am späten Freitagnachmittag, unmittelbar vor Beginn des Sabbats.

55 Mit Joseph gingen auch die Frauen, die Jesus aus Galiläa gefolgt waren. Sie sahen zu, wie man den Toten in das Grab legte. 56 Dann kehrten sie in die Stadt zurück, um dort Öle und Salben für die Einbalsamierung vorzubereiten.

Wie es das jüdische Gesetz verlangt, verbrachten sie den Sabbat in aller Stille.

Das Grab ist leer: Jesus lebt

(Matth. 28,1-8; Mark. 16,1-8; Joh. 20,1-13)

24 Ganz früh am Sonntagmorgen gingen die Frauen mit den Salben, die sie zubereitet hatten, zum Grab. 2 Der Stein, mit dem man es verschlossen hatte, war zur Seite gerollt. 3 Zögernd betraten sie die Grabhöhle. Sie war leer. 4 Verwirrt überlegten sie, was sie jetzt tun sollten. Da traten zwei Männer in glänzend weißen Kleidern zu ihnen. 5 Die Frauen erschraken und wagten nicht, die beiden anzusehen.

»Warum sucht ihr den Lebenden bei den Toten?« wurden sie von den Männern gefragt. 6 »Er ist nicht hier; er ist auferstanden! Habt ihr vergessen, was er euch in Galiläa gesagt hat: 7 ›Der Menschensohn muß den Gottlosen ausgeliefert werden. Sie werden ihn kreuzigen, aber am dritten Tag wird er von den Toten auferstehen.‹«

[8]Da erinnerten sich die Frauen an diese Worte Jesu. [9]So schnell sie konnten, liefen sie in die Stadt zurück, um den elf Jüngern und den anderen Freunden Jesu zu berichten, was sie erlebt hatten. [10]Zu den Frauen gehörten Maria aus Magdala, Johanna und Maria, die Mutter von Jakobus. [11]Aber den Jüngern erschien das alles so unwahrscheinlich, daß sie den Frauen nicht glaubten.

[12]Nur Petrus sprang auf und lief zum Grab. Als er hineinschaute, fand er außer den Leinentüchern nichts. Nachdenklich ging er in die Stadt zurück.

Der Auferstandene begegnet seinen Jüngern
(Mark. 16,12-13)

[13]Am selben Tag wanderten zwei Jünger nach Emmaus, einem Dorf, das ungefähr zehn Kilometer von Jerusalem entfernt liegt. [14]Unterwegs redeten sie über nichts anderes als über die Ereignisse der letzten Tage. [15]Während sie miteinander sprachen, gesellte sich Jesus zu ihnen. [16]Aber – wie mit Blindheit geschlagen – konnten sie ihn nicht erkennen.

[17]»Worüber unterhaltet ihr euch?« fragte sie Jesus. Die Jünger blieben traurig stehen, [18]und verwundert bemerkte Kleopas, einer von den beiden: »Ich glaube, du bist der einzige in Jerusalem, der nichts von den Ereignissen der letzten Tage gehört hat.« [19]»Was ist denn geschehen?« wollte Jesus wissen.

»Du hast nichts von Jesus gehört, dem Mann aus Nazareth?« antworteten die Jünger. »Er war ein Prophet, den Gott geschickt hat. Jeder im Volk konnte das an seinen Worten und Taten erkennen. [20]Aber unsere Hohenpriester und die Männer vom Hohen Rat haben ihn an die Römer ausgeliefert. Er wurde zum Tode verurteilt und dann ans Kreuz geschlagen. [21]Dabei hatten wir gehofft, daß er der von Gott verheißene Retter ist, der Israel befreien sollte.

Das war vor drei Tagen. [22]Heute morgen wurden wir sehr beunruhigt durch einige Frauen, die zu uns gehören. Schon vor Sonnenaufgang waren sie zum Grab gegangen; [23]aber sein Leichnam war nicht mehr da. Ihnen seien Engel erschienen, die sollen gesagt haben: ›Jesus lebt!‹ [24]Einige von uns sind gleich zum Grab gelaufen. Es war tatsächlich leer, wie die Frauen berichtet hatten. Aber Jesus haben sie nicht gesehen.«

[25]Darauf sagte Jesus zu ihnen: »Wie unverständig seid ihr doch! Warum begreift und glaubt ihr nicht, was die Propheten vorhergesagt haben? [26]Mußte Christus nicht all dies erleiden, bevor Gott ihn zum Herrn über alles einsetzt?«[a] [27]Dann erklärte ihnen Jesus, was in der Heiligen Schrift über ihn gesagt wird – von den Büchern Mose angefangen bis zu den Propheten.

[28]Inzwischen waren sie kurz vor Emmaus. Es sah aus, als wollte Jesus weitergehen. [29]Deshalb drängten ihn die Jünger: »Bleibe doch über Nacht bei uns! Es wird ja schon dunkel.« So ging er mit ihnen ins Haus. [30]Als sie sich zum Essen gesetzt hatten, nahm Jesus das Brot, dankte dafür, teilte es in Stücke und gab es ihnen. [31]Da plötzlich erkannten sie ihn. Doch er verschwand vor ihren Augen.

[32]Jetzt fiel es ihnen wie Schuppen von den Augen: »Haben wir nicht im Innersten gespürt, daß es Jesus ist, als er unterwegs mit uns sprach und uns die Verheißungen der Heiligen Schrift erklärte?«

[33]Ohne Zeit zu verlieren, liefen sie sofort nach Jerusalem zurück. Dort waren die elf Jünger und andere Freunde Jesu zusammen. [34]Von ihnen wurden sie mit den Worten begrüßt: »Der Herr ist auferstanden! Er ist tatsächlich auferstanden! Petrus hat ihn gesehen!« [35]Nun erzählten die beiden, was auf dem Weg nach Emmaus geschehen war und daß sie ihren Herrn daran erkannt hatten, wie er das Brot austeilte.

Jesus erklärt seine Auferstehung
(Mark. 16,14-18; Joh. 20,19-23; Apg. 1,4-8)

[36]Noch während sie berichteten, stand Jesus plötzlich mitten im Kreis der Jünger. »Friede sei mit euch!« begrüßte er sie. [37]Die Jünger erschraken furchtbar. Sie dachten, ein Geist stünde vor ihnen.

[38]»Warum habt ihr Angst?« fragte Je-

a) Wörtlich: und so eingehen in seine Herrlichkeit.

sus. »Wieso zweifelt ihr daran, daß ich es
bin? 39 Seht doch die Wunden an meinen
Händen und Füßen! Ich bin es wirklich.
Hier, faßt mich an und überzeugt euch,
daß ich kein Geist bin. Geister sind doch
nicht aus Fleisch und Blut[a].« 40 Und er
zeigte ihnen seine Hände und Füße.
41 Aber vor lauter Freude konnten sie es
noch immer nicht fassen, daß Jesus vor
ihnen stand. Endlich fragte er sie: »Habt
ihr etwas zu essen hier?« 42 Sie brachten
ihm ein Stück gebratenen Fisch, 43 den er
vor ihren Augen aß.

44 »Erinnert euch daran«, sagte er
seinen Jüngern, »daß ich euch oft gesagt
habe: ›Alles, was bei Mose, bei den Pro-
pheten und in den Psalmen über mich
steht, muß sich erfüllen.‹« 45 Dann er-
klärte er ihnen, wie sie die Propheten-
worte verstehen könnten. 46 »Dort heißt
es doch: Der Messias muß leiden und ster-
ben, und er wird am dritten Tag von den
Toten auferstehen.[b] 47 Alle Völker sollen
hören: Es gibt Vergebung der Sünden für
jeden, der zu Gott umkehrt.

Das soll zuerst in Jerusalem verkündet
werden. 48 Ihr selbst habt miterlebt, daß
Gottes Verheißungen in Erfüllung gegan-
gen sind. Ihr seid meine Zeugen. 49 Ich
werde euch Gottes Heiligen Geist[c] ge-
ben. Bleibt hier in Jerusalem, bis ihr mit
der Kraft des Heiligen Geistes ausgerü-
stet werdet!«

Jesus kehrt zu seinem Vater zurück
(Mark. 16,19; Apg. 1,9-12)

50 Jesus führte seine Jünger von Jerusalem
nach Bethanien. Er segnete sie mit er-
hobenen Händen und nahm Abschied
von ihnen. 51 Und während Gott ihn in
den Himmel zu sich nahm, fielen die
Jünger vor ihm nieder und beteten ihn
an. 52 Danach kehrten sie voller Freude
nach Jerusalem zurück. 53 Immer wieder
gingen sie in den Tempel, lobten und
dankten Gott.

a) Wörtlich: Fleisch und Knochen. b) Hosea 6,2 c) Wörtlich: die Verheißung meines Vaters.

Johannes berichtet von Jesus

Verfasser: Johannes, Jünger Jesu, Apostel
Ort: Ephesus
Zeit: zwischen 90 und 95 n.Chr.

Viele Jahre nach dem Tod und der Auferstehung Jesu schrieb Johannes sein Evangelium. Er gehörte wie Matthäus zu denen, die mit Jesus durch Palästina gezogen waren. Johannes stellt an den Anfang seines Berichtes einen Abschnitt, der davon spricht, daß Jesus bei Gott lebte, bevor er in unsere Welt kam. Er zeigt, daß Jesus nicht nur ein bedeutender Mensch war, sondern der Sohn Gottes. Johannes wählt aus den Reden Jesu vor allem die aus, in denen er in bildhaften Ausdrücken über sich selbst spricht: Jesus ist das Licht, die Wahrheit, der gute Hirte, das Leben, das Wasser und Brot des Lebens. Besonders wichtig ist Johannes die Beziehung Jesu zu einzelnen Menschen, zu seinen Jüngern ebenso wie zu Fremden. Das Ziel seines Evangeliums formuliert Johannes in Kapitel 20, Vers 31 selbst: »Die hier aufgezeichneten Berichte wurden geschrieben, damit ihr glaubt, daß Jesus Christus der Sohn Gottes ist und ihr durch den Glauben an ihn das ewige Leben habt.«

Jesus Christus – Gottes Wort an die Welt

1 Am Anfang war das ewige Wort Got-
tes: Christus. 2Immer war er bei Gott
und ihm in allem gleich.[a]
3Durch ihn wurde alles geschaffen.
Nichts ist ohne ihn geworden. 4Von ihm
kommt alles Leben, und sein Leben ist
das Licht für alle Menschen. 5Er ist das
Licht, das die Finsternis durchbricht,
und die Finsternis konnte dieses Licht
nicht auslöschen.
6Gott schickte einen Boten: Johannes
den Täufer. 7Er sollte bezeugen, daß Je-
sus Christus das Licht ist, damit alle an
ihn glauben. 8Johannes selbst war nicht
das Licht. Er sollte die Menschen nur auf
das kommende Licht vorbereiten.
9Christus ist dieses wahre Licht, das
für alle Menschen in der Welt leuchtet.
10Doch obwohl er unter ihnen lebte und
die Welt durch ihn geschaffen wurde, er-
kannten die Menschen nicht, wer er wirk-
lich war. 11Er kam in seine Welt, aber die
Menschen nahmen ihn nicht auf. 12Die
ihn aber aufnahmen und an ihn glaubten,
denen gab er das Recht, Kinder Gottes
zu sein. 13Das wurden sie nicht, weil sie
zu einem auserwählten Volk gehörten,
auch nicht durch menschliche Zeugung
und Geburt. Dieses neue Leben gab ih-
nen allein Gott.
14Gottes Sohn wurde Mensch und

a) Wörtlich: Am Anfang war das Wort, und das Wort war zu Gott hin(gewandt), und das Wort war Gott. Dieses war im Anfang zu Gott hin(gewandt). Vgl. 1. Mose 1

lebte unter uns Menschen. Wir selbst ha-
ben seine göttliche Herrlichkeit gesehen,
wie sie Gott nur seinem einzigen Sohn
gibt. In Christus sind Gottes Barmherzig-
keit und Liebe wirklich zu uns gekom-
men.[a]
15 Unüberhörbar wies Johannes auf
Christus hin. »Diesen habe ich gemeint«,
rief er, »wenn ich sagte: ›Es wird einer
kommen, der viel bedeutender ist als ich.
Denn er war schon da, bevor ich geboren
wurde!‹«
16 Immer und immer wieder hat er uns
aus seinem göttlichen Reichtum mit sei-
ner Liebe beschenkt.[b] 17 Durch Mose gab
uns Gott das Gesetz mit seinen Forde-
rungen. Aber durch Jesus schenkte er
uns seine vergebende Liebe und Treue.[c]
18 Kein Mensch hat jemals Gott gesehen.
Doch sein einziger Sohn, der den Vater
genau kennt, hat uns gezeigt, wer Gott
ist.

Johannes weist auf Christus hin
(Matth. 3,1-12; Mark. 1,1-8;
Luk. 3,1-18)

19 Die jüdischen Führer in Jerusalem
schickten eine Abordnung zu Johannes.
Sie fragten ihn: »Bist du der von Gott ver-
sprochene Retter?« 20 Ohne einen Zweifel
aufkommen zu lassen, bekannte Jo-
hannes: »Nein, ich bin nicht Christus,
auf den wir alle warten.« 21 »Wer bist du
dann?« fragten sie weiter. »Bist du viel-
leicht Elia?«[d] Johannes verneinte auch
das. »Bist du der von Mose verheißene
Prophet?«[e] »Nein!« entgegnete Jo-
hannes.
22 »Dann sage uns doch, wer du bist.
Was sollen wir denen berichten, die uns
hergeschickt haben?« 23 Da antwortete Jo-
hannes: »Der Prophet Jesaja hat es schon
gesagt: ›Ich bin die Stimme, die in der
Wüste ruft: Räumt die Hindernisse aus
dem Weg, damit der Herr kommen
kann!‹«[f]
24 Die von den jüdischen Führern ge-
schickten Leute – es waren Pharisäer –
fragten ihn nun: 25 »Wenn du nicht Chri-
stus, nicht Elia und auch nicht der von
Mose angekündigte Prophet bist, mit wel-
chem Recht taufst du dann?« 26 Darauf er-
widerte Johannes: »Ich taufe mit Wasser.
Aber mitten unter euch lebt schon der,
auf den wir warten. Ihr kennt ihn nur
noch nicht. 27 Er kommt nach mir; dann
ist meine Aufgabe erfüllt. Aber ich bin
nicht einmal würdig, ihm die Schuhe aus-
zuziehen.«[g] 28 Dieses Gespräch führten
sie in Bethanien, einem Dorf auf der ande-
ren Seite des Jordan, wo Johannes taufte.

Das Opferlamm Gottes
(Matth. 3,13-17; Mark. 1,9-11;
Luk. 3,21-22)

29 Am nächsten Tag kam Jesus an den Jor-
dan. Da rief Johannes: »Seht, das ist Got-
tes Opferlamm, das die Sünden aller Men-
schen hinwegtragen wird.[h] 30 Dieser
Mann ist es, von dem ich gesagt habe: ›Es
wird einer kommen, der schon vor mir
da war. Er steht weit über mir! 31 Auch
ich kannte ihn vorher nicht. Aber damit
das Volk Israel auf ihn vorbereitet wird,
taufe ich hier mit Wasser.‹«[i]
32 Und Johannes berichtete weiter: »Ich
sah den Geist Gottes wie eine Taube
vom Himmel herabkommen und bei ihm
bleiben. 33 Vorher habe ich ihn auch nicht
gekannt«, wiederholte Johannes, »aber
Gott, der mir den Auftrag gab, mit Was-
ser zu taufen, sagte zu mir: ›Wenn du den
Geist auf jemanden herabkommen und
bei ihm bleiben siehst, dann weißt du,
daß er es ist, der mit dem Heiligen Geist
tauft‹. 34 Und weil ich das gesehen habe,
kann ich euch bezeugen: Dieser Mann ist
Gottes Sohn!«

Die ersten Jünger

35 Johannes der Täufer und zwei seiner
Jünger waren am nächsten Tag wieder an
dieser Stelle, als Jesus vorüberging. 36 Da

a) Wörtlich: Und das Wort wurde Fleisch und wohnte unter uns, und wir sahen seine Herrlichkeit, eine Herrlichkeit wie eines einzigen Sohnes vom Vater, voller Gnade und Wahrheit. b) Wörtlich: Denn aus seiner Fülle haben wir alle genommen, und zwar Gnade um Gnade. c) Wörtlich: Denn das Gesetz ist durch Mose gegeben worden; die Gnade und Wahrheit sind durch Jesus Christus geschehen. d) Maleachi 3,23 e) 5. Mose 18,15.18 f) Jesaja 40,3 g) Wörtlich: ihm die Riemen der Schuhe aufzubinden. h) Wörtlich: Siehe, das Lamm Gottes, das die Sünde der Welt trägt. Vgl. 2. Mose 12,3-14; 3. Mose 16,20-22 i) Wörtlich: Aber damit er Israel geoffenbart werde, deshalb kam ich, mit Wasser taufend.

zeigte Johannes auf ihn und sagte: »Seht, dies ist Gottes Opferlamm!« 37 Als die beiden Jünger das hörten, folgten sie Jesus. 38 Jesus drehte sich zu ihnen um, sah sie kommen und fragte: »Was sucht ihr?« Sie antworteten: »Herr,[a] wo wohnst du?« 39 »Kommt mit und seht selbst, wo ich wohne!« sagte Jesus. Es war ungefähr vier Uhr nachmittags, als sie mit Jesus gingen; und sie blieben bei ihm bis zum Abend.

40 Einer der beiden hieß Andreas. Er war der Bruder von Simon Petrus. 41 Wenig später traf er seinen Bruder Simon. »Wir haben Christus gefunden, den von Gott versprochenen Retter!« berichtete ihm Andreas. 42 Dann nahm er seinen Bruder mit zu Jesus. Der sah ihn nur an und sagte: »Du bist Simon, der Sohn des Johannes. Du sollst Petrus[b] heißen!« Das bedeutet: der Fels.

Jesus beruft Philippus und überzeugt Nathanael

43 Als Jesus am nächsten Tag nach Galiläa gehen wollte, traf er unterwegs Philippus. Auch ihn forderte er auf: »Folge mir!« 44 Philippus stammte wie Andreas und Petrus aus Bethsaida. 45 Kurze Zeit später begegnete er Nathanael und erzählte ihm: »Endlich haben wir den gefunden, von dem Mose und die Propheten sprechen. Er heißt Jesus und ist der Sohn von Joseph aus Nazareth.« 46 »Nazareth?« entgegnete Nathanael. »Was kann von da schon Gutes kommen!« »Du mußt ihn selbst kennenlernen. Komm mit!« antwortete ihm Philippus.

47 Als Jesus den Nathanael erblickte, sagte er: »Hier kommt ein aufrichtiger Mensch, ein wahrer Israelit!« 48 »Woher kennst du mich?« wollte Nathanael wissen. Jesus erwiderte: »Noch bevor Philippus dich rief, habe ich dich unter dem Feigenbaum gesehen.« 49 »Herr, du bist wirklich Gottes Sohn!« bekannte Nathanael. »Du bist der König Israels!« 50 »Das glaubst du, weil ich dir gesagt habe, daß ich dich unter dem Feigenbaum sah«, erwiderte ihm Jesus. »Aber du wirst größere Dinge zu sehen bekommen. 51 Und das sage ich euch allen: Ihr werdet den Himmel offen und die Engel Gottes hinauf- und herabsteigen sehen zwischen Gott und dem Menschensohn!«[c]

Jesus auf der Hochzeit in Kana

2 Zwei Tage darauf wurde in dem Dorf Kana in Galiläa eine Hochzeit gefeiert. Maria, die Mutter Jesu, war dort, 2 und auch Jesus hatte man mit seinen Jüngern eingeladen.

3 Während des Festes stellte sich heraus, daß der Wein nicht ausreichte. Da sagte Maria zu ihrem Sohn: »Es ist kein Wein mehr da!« 4 Doch Jesus antwortete ihr: »Was kommst du mit solchen Dingen zu mir! Die Zeit zu helfen ist für mich noch nicht gekommen!« 5 Trotzdem sagte seine Mutter zu den Bediensteten: »Was immer er euch aufträgt, das tut!«

6 Nun gab es im Haus sechs steinerne Wasserkrüge. Man benutzte sie für die vom jüdischen Gesetz geforderten Waschungen. Jeder von ihnen faßte achtzig bis hundertzwanzig Liter. 7 Jesus forderte die Leute auf: »Füllt diese Krüge mit Wasser!« Und sie füllten die Gefäße bis zum Rand. Dann ordnete er an: 8 »Jetzt bringt dem Küchenchef eine Probe davon!« 9 Dieser probierte den Wein, der vorher Wasser gewesen war. Er wußte allerdings nicht, woher der Wein kam. Nur die Diener wußten Bescheid. Da rief er den Bräutigam zu sich und sagte vorwurfsvoll: 10 »Jeder bietet doch zuerst den besten Wein an! Und erst später, wenn alle schon genug getrunken haben, kommt der billigere Wein auf den Tisch. Aber du hast den besten Wein bis jetzt zurückgehalten!«

11 Dieses Wunder geschah in Kana. Dort in Galiläa zeigte Jesus zum ersten Mal seine göttliche Macht. Und seine Jünger glaubten an ihn. 12 Danach ging er für kurze Zeit mit seiner Mutter, seinen Brüdern und seinen Jüngern nach Kapernaum.

a) Wörtlich: Rabbi – das heißt übersetzt: Lehrer. b) Wörtlich: Kephas (das aramäische Wort für ›Fels‹). c) Vgl. 1. Mose 28,10-22

Die Händler im Tempel
(Matth. 21,12-13; Mark. 11,15-17;
Luk. 19,45-46)

13Kurz vor dem Passahfest reiste Jesus
nach Jerusalem. 14Dort sah er im Tempel
viele Händler, die Ochsen, Schafe und
Tauben als Opfertiere verkauften. Auch
Geldwechsler saßen hinter ihren Ti-
schen. 15Voller Zorn knüpfte Jesus aus
Stricken eine Peitsche und jagte die
Händler mit all ihren Schafen und Och-
sen aus dem Tempel. Er schleuderte das
Geld der Wechsler auf den Boden und
warf ihre Tische um. 16Den Taubenhänd-
lern befahl er: »Schafft das alles hinaus!
Das Haus meines Vaters ist doch kein
Krämerladen!« 17Seine Jünger aber muß-
ten an das Prophetenwort denken: »Der
Eifer für dein Haus wird mir den Tod
bringen!«[a]

Von wem hat Jesus seine Vollmacht?

18Die Führer der Juden stellten Jesus
daraufhin zur Rede: »Woher nimmst du
dir das Recht, die Leute hinauszuwerfen?
Wenn du dich dabei auf Gott berufst,
dann mußt du uns einen eindeutigen Be-
weis geben!« 19Jesus antwortete ihnen:
»Diesen Beweis sollt ihr haben. Zerstört
diesen Tempel! In drei Tagen werde ich
ihn wieder aufbauen.« 20»Was?« riefen
sie. »In sechsundvierzig Jahren ist dieser
Tempel erbaut worden, und du willst das
in drei Tagen schaffen?«

21Mit dem Tempel aber meinte Jesus
seinen Leib, der geopfert werden sollte.[b]
22Als er von den Toten auferstanden war,
erinnerten sich seine Jünger an diese
Worte. Sie erkannten, daß alles wahr ist,
was in der Heiligen Schrift steht, und sie
glaubten, was Jesus ihnen gesagt hatte.

23Während des Passahfestes in Je-
rusalem erlebten viele Menschen die
Wunder, die Jesus vollbrachte, und glaub-
ten deshalb an ihn. 24Aber Jesus vertraute
ihnen nicht, weil er sie genau kannte.
25Ihm brauchte niemand zu sagen, mit
wem er es zu tun hat, denn er wußte, was
im Herzen jedes Menschen vor sich geht.

Jesus und Nikodemus: Wer kann in Gottes Reich kommen?

3 Einer von den Männern des jüdi-
schen Gerichtshofes war der Pha-
risäer Nikodemus. 2Mitten in der Nacht
kam er heimlich zu Jesus: »Meister«,
sagte er, »wir wissen, daß Gott dich als
Lehrer zu uns gesandt hat. Deine Taten
beweisen: Gott ist mit dir.«

3Darauf erwiderte Jesus: »Ich sage dir
eins, Nikodemus: Wer nicht neu geboren
wird, kann nicht in Gottes Reich kom-
men.« 4Verständnislos fragte der Pha-
risäer: »Was meinst du damit? Wie kann
ein Erwachsener neu geboren werden?
Er kann doch nicht wieder in den Mutter-
leib zurück und noch einmal auf die Welt
kommen!«

5Aber Jesus wiederholte nur: »Eine an-
dere Möglichkeit gibt es nicht: Wer nicht
umkehrt und durch Gottes Geist neu ge-
boren wird, kann nicht in Gottes Reich
kommen![c] 6Ein Mensch kann immer nur
menschliches, vergängliches Leben zeu-
gen; aber der Geist Gottes gibt das neue,
das ewige Leben.[d] 7Wundere dich des-
halb nicht, wenn ich dir gesagt habe: Ihr
müßt neu geboren[e] werden. 8Es ist damit
wie beim Wind. Er weht, wie er will. Du
spürst ihn auch, aber du kannst nicht er-
klären, woher er kommt und wohin er
geht. So kann man auch nicht erklären,
wie diese Geburt aus Gottes Geist vor
sich geht, obwohl jeder ihre Auswirkung
spürt.«[f]

9»Aber wie soll das nur vor sich ge-
hen?« fragte Nikodemus noch einmal.
10Jesus erwiderte: »Du bist doch einer
der anerkannten Gelehrten in Israel und
müßtest das eigentlich verstehen!
11Glaube mir: Wir reden nur von dem,
was wir genau kennen. Und was wir be-
zeugen, das haben wir auch gesehen.
Trotzdem nehmt ihr unser Wort nicht
ernst. 12Ihr glaubt mir ja nicht einmal,

a) Wörtlich: wird mich verzehren. Psalm 69,10 b) Wörtlich: Jener aber sprach vom Tempel seines Leibes. c) Wörtlich: Wenn jemand nicht aus Wasser und Geist geboren wird, kann er nicht in die Königsherrschaft Gottes eingehen. d) Wörtlich: Was aus dem Fleisch geboren worden ist, das ist Fleisch; was aus dem Geist geboren worden ist, das ist Geist. e) Wörtlich: von oben geboren. f) Wörtlich: So ist es bei allen, die aus dem Geist geboren werden.

wenn ich von ganz alltäglichen Dingen rede! Wie also werdet ihr mir dann glauben, wenn ich euch erkläre, was im Himmel geschieht? [13]Und doch kann nur der Menschensohn, der vom Himmel gekommen ist, vom Himmel sprechen.

[14]Du weißt doch, wie Mose in der Wüste eine Schlange aus Bronze an einem Pfahl aufrichtete, damit jeder, der sie ansah, am Leben blieb.[a] Genauso muß auch der Menschensohn an einen Pfahl gehängt werden. [15]Jeder, der dann voller Vertrauen auf ihn sieht, wird das ewige Leben haben.

[16]Denn Gott hat die Menschen so sehr geliebt, daß er seinen einzigen Sohn für sie hergab. Jeder, der an ihn glaubt, wird nicht verlorengehen, sondern das ewige Leben haben.

[17]Gott hat nämlich seinen Sohn nicht zu den Menschen gesandt, um über sie Gericht zu halten, sondern um sie vor dem Verderben zu retten. [18]Wer an ihn glaubt, der wird nicht verurteilt werden. Wer aber nicht an den Sohn Gottes glaubt, über den ist wegen seines Unglaubens das Urteil schon gesprochen.

[19]Die Menschen werden gerichtet, weil das Licht zwar in die Welt gekommen ist, sie aber die Finsternis mehr lieben als das Licht. Denn alles, was sie tun, ist böse. [20]Wer Böses tut, scheut das Licht und bleibt lieber im Dunkeln, damit niemand seine Schandtaten sehen kann. [21]Wer aber Gott gehorcht, der tritt in das Licht. Es zeigt sich dann, daß er sein Leben nach dem Willen Gottes führt.«

Johannes der Täufer tritt hinter Jesus zurück

[22]Danach kam Jesus mit seinen Jüngern in die Provinz Judäa. Dort blieb er einige Zeit, um zu taufen. [23/24]Aber auch Johannes taufte bei Änon, in der Nähe von Salim, weil es dort genügend Wasser gab. Viele Menschen kamen zu Johannes – er war damals noch nicht im Gefängnis –, um sich von ihm taufen zu lassen.

[25]Eines Tages kam es zwischen den Jüngern des Johannes und einem Juden zum Streit über die Reinigungsvorschriften. [26]Gemeinsam gingen sie schließlich zu Johannes und berichteten ihm: »Meister, der Mann, der damals am anderen Jordanufer zu dir kam und von dem du gesagt hast, daß er der von Gott verheißene Retter ist, der tauft jetzt selber. Alle Leute gehen zu ihm, anstatt zu uns zu kommen.«

[27]»Gott gibt die Aufträge«, erwiderte ihnen Johannes. »Ohne ihn kann niemand etwas ausrichten. [28]Ich habe doch immer wieder erklärt, daß ich nicht Christus bin, der von Gott gesandte Retter. Habt ihr das vergessen? Ich sollte ihn nur ankündigen, mehr nicht. [29]Die Braut wird dahin gehen, wo der Bräutigam ist. Der Freund des Bräutigams freut sich mit den beiden, auch wenn er nur daneben steht. So geht es mir jetzt. Meine Freude ist grenzenlos. [30]Immer mehr Menschen sollen zu Christus kommen, und ich will immer mehr in den Hintergrund treten.

[31]Er ist vom Himmel gekommen und steht deshalb über allen. Wir aber gehören zur Erde und können nur von irdischen Dingen reden. [32]Christus kommt vom Himmel und kann bezeugen, was er dort gesehen und gehört hat. Trotzdem glaubt ihm keiner! [33]Wer aber an ihn glaubt, bestätigt damit, daß alles wahr ist, was Gott sagt. [34]Christus ist von Gott zu uns gesandt. Er redet Gottes Worte, weil Gottes Geist ihn ganz und gar erfüllt.[b] [35]Der Vater liebt den Sohn und hat ihm alle Macht gegeben.

[36]Wer an den Sohn Gottes glaubt, der hat das ewige Leben. Wer aber nicht an ihn glaubt, wird nie zum Leben gelangen, sondern Gottes Zorn wird ihn treffen.«[c]

Die Frau am Brunnen

4 Jesus erfuhr, wie aufgebracht die Pharisäer darüber waren, daß er noch mehr Nachfolger gewann und taufte als Johannes, [2]obwohl Jesus nicht einmal selber taufte; das taten nur seine Jünger. [3]Da verließ er Judäa und kehrte nach Galiläa zurück. [4]Auf seiner Reise kam er auch durch Samarien, [5]unter anderem nach Sychar. Dieser Ort liegt in der Nähe des Feldes, das Jakob seinem Sohn Joseph ge-

a) 4. Mose 21,4-9 b) Wörtlich: denn nicht nach Maß gibt er den Geist. c) Wörtlich: sondern der Zorn Gottes bleibt auf ihm.

schenkt hatte.[a] 6 Dort ist der Jakobsbrun-
nen. Müde von der langen Reise setzte
sich Jesus an den Brunnen. Es war gerade
Mittagszeit.
7 Da kam eine Samariterin aus der na-
hegelegenen Stadt zum Brunnen, um
Wasser zu holen. Jesus bat sie: »Gib mir
etwas zu trinken!« 8 Denn seine Jünger
waren in die Stadt gegangen, um Lebens-
mittel einzukaufen.
9 Die Frau fragte überrascht: »Du bist
doch ein Jude! Wieso bittest du mich um
Wasser, wo ich doch eine samaritische
Frau bin?« (Normalerweise wollten die
Juden nichts mit den Samaritern zu tun
haben.)
10 Jesus antwortete ihr: »Wenn du
wüßtest, was Gott dir geben will und
wer dich hier um Wasser bittet, würdest
du mich um das Wasser bitten, das du
zum Leben brauchst. Und ich würde es
dir geben.«
11 »Aber Herr«, meinte da die Frau,
»du hast doch gar nichts, womit du Was-
ser schöpfen kannst, und der Brunnen ist
tief! Wo willst du denn das Wasser für
mich hernehmen? 12 Kannst du etwa mehr
als Jakob, unser Stammvater, der diesen
Brunnen gegraben hat? Er selbst, seine
Kinder und sein Vieh haben schon dar-
aus getrunken.«
13 »Jeder, der dieses Wasser trinkt«, er-
widerte Jesus darauf, »wird bald wieder
durstig sein. 14 Wer aber von dem Wasser
trinkt, das ich ihm gebe, der wird nie wie-
der Durst bekommen. Dieses Wasser
wird in ihm zu einer Quelle, die bis ins
ewige Leben hinein fließt.«[b]
15 »Dann gib mir dieses Wasser«, sagte
die Frau, »damit ich nie mehr durstig bin
und nicht immer wieder herkommen und
Wasser holen muß!« 16 »Gut«, entgegnete
Jesus, »geh, und rufe deinen Mann. Dann
kommt beide hierher!« 17 »Ich bin nicht
verheiratet«, wandte die Frau ein. »Das
stimmt«, erwiderte Jesus, »verheiratet
bist du nicht. 18 Fünf Männer hast du ge-
habt, und der, mit dem du jetzt zusam-
menlebst, ist nicht dein Mann. Da hast
du die Wahrheit gesagt.«
19 Erstaunt meinte die Frau: »Ich sehe,
Herr, du bist ein Prophet! 20 Kannst du
mir dann eine Frage beantworten? Unse-
re Vorfahren haben Gott auf diesem
Berg dort[c] angebetet. Warum also be-
hauptet ihr Juden, man könne Gott nur
in Jerusalem anbeten?«
21 Jesus antwortete: »Glaube mir, die
Zeit wird kommen, in der es unwichtig
ist, ob ihr Gott auf diesem Berg oder in
Jerusalem anbetet. 22 Ihr wißt ja nicht ein-
mal, wen ihr anbetet. Wir aber wissen, zu
wem wir beten. Denn das Heil der Welt
kommt von den Juden. 23/24 Doch es
kommt die Zeit, ja sie ist schon da, in der
die Menschen Gott überall anbeten kön-
nen; wichtig ist allein, daß sie von Gottes
Geist und seiner Wahrheit erfüllt sind.[d]
Von diesen Menschen will Gott angebe-
tet werden. Denn Gott ist Geist. Und
wer Gott anbeten will, muß seinen Geist
haben und in seiner Wahrheit leben.«
25 Die Frau entgegnete: »Ja, ich weiß,
daß einmal der Messias kommen wird.[e]
Der wird uns schon alles erklären.« 26 Da
sagte Jesus: »Du sprichst mit ihm. Ich bin
der Messias.«
27 Seine Jünger, die gerade aus der Stadt
zurückkamen, wunderten sich, daß er
mit einer Frau redete. Aber keiner fragte
ihn: »Was willst du von ihr? Warum
sprichst du mit ihr?«
28 Da ließ die Frau ihren Wasserkrug
stehen, lief in die Stadt und berichtete auf-
geregt allen Leuten: 29 »Kommt mit! Ich
habe einen Mann getroffen, der alles von
mir weiß; dabei hat er mich noch nie gese-
hen! Ob er wohl der Messias ist?« 30 Neu-
gierig liefen die Leute aus der Stadt zu
Jesus.
31 Inzwischen hatten ihm seine Jünger
zugeredet: »Herr, iß doch etwas!« 32 Aber
er sagte zu ihnen: »Ich habe eine Speise,
die ihr nicht kennt.« 33 »Hat ihm denn je-
mand etwas zu essen gebracht?« fragten
sich die Jünger verwundert.
34 Aber Jesus erklärte ihnen: »Ich lebe
davon, daß ich Gottes Willen erfülle und
sein Werk zu Ende führe. Dazu hat er
mich in diese Welt gesandt. 35 Habt ihr

a) 1. Mose 48,22 b) Wörtlich: Das Wasser, das ich ihm geben werde, wird in ihm eine Quelle sprudelnden Wassers zum ewigen Leben werden. c) Gemeint ist der Berg Garizim (vgl. Josua 8,30-35 mit 5. Mose 11,26ff. und 27,1ff.). d) Wörtlich: Aber es kommt die Stunde, und jetzt ist sie da, da die wahrhaftigen Anbeter den Vater im Geist und in der Wahrheit anbeten werden. Denn der Vater sucht solche, die ihn in dieser Weise anbeten. e) Wörtlich: Ich weiß, daß der Messias kommt, den man Christus nennt.

nicht selbst gesagt: ›In vier Monaten beginnt die Ernte?‹ Macht doch eure Augen auf und seht euch um! Die Felder können abgeerntet werden [36]und die Arbeiter schon jetzt ihren Lohn bekommen, wenn sie die Frucht zum ewigen Leben ernten. Beide sollen sich über die Ernte freuen: wer gesät hat und wer die Ernte einbringt. [37]Hier trifft das Sprichwort zu: ›Einer sät, der andere erntet.‹ [38]Ich habe euch auf ein Feld geschickt, das ihr nicht bestellt habt, damit ihr dort ernten sollt. Andere haben sich abgemüht, und ihr erntet die Früchte ihrer Arbeit.«

[39]Viele von den Leuten aus Sychar glaubten allein deshalb an Jesus, weil die Frau überall erzählt hatte: »Dieser Mann weiß alles, was ich getan habe.« [40]Als sie nun zu Jesus kamen, baten sie ihn, länger bei ihnen zu bleiben, und er blieb noch zwei Tage. [41]So konnten ihn alle hören, und schließlich glaubten noch viel mehr Menschen an ihn. [42]Sie sagten zu der Frau: »Jetzt glauben wir nicht nur deshalb an Jesus, weil du uns von ihm erzählt hast. Wir haben ihn jetzt selbst gehört und wissen: Er ist wirklich der Retter der Welt!«

Jesus heilt ein schwerkrankes Kind

[43]Zwei Tage später reiste Jesus weiter nach Galiläa, [44]obwohl er selbst einmal gesagt hatte, daß ein Prophet in seiner Heimat nichts gilt. [45]Diesmal aber nahmen ihn die Galiläer freundlich auf. Sie waren während des Passahfestes in Jerusalem gewesen und hatten dort alles miterlebt, was er getan hatte.

[46]Auf seiner Reise durch Galiläa kam Jesus auch wieder nach Kana, wo er Wasser in Wein verwandelt hatte. [47]In Kapernaum lebte ein hoher königlicher Beamter, dessen Sohn sehr krank war. Als dieser Mann hörte, daß Jesus aus Judäa nach Galiläa zurückgekehrt war, ging er zu ihm und bat: »Komm schnell in mein Haus, und heile meinen todkranken Sohn!«

[48]»Wenn ihr nicht immer neue Zeichen und Wunder seht, glaubt ihr nicht«, hielt Jesus ihm entgegen. [49]Aber der Beamte flehte ihn an: »Herr, komm doch schnell, sonst stirbt mein Kind!« [50]»Geh nach Hause«, sagte Jesus, »dein Sohn ist gesund!« Der Mann glaubte ihm und ging nach Hause.

[51]Noch während er unterwegs war, liefen ihm einige seiner Leute entgegen. »Dein Kind ist gesund!« riefen sie aufgeregt. [52]Der Vater erkundigte sich: »Seit wann geht es ihm besser?« Sie antworteten: »Gestern mittag um ein Uhr hatte er plötzlich kein Fieber mehr.« [53]Da erinnerte sich der Vater, daß Jesus genau zu dieser Stunde gesagt hatte: »Dein Sohn ist gesund!« Seitdem glaubte dieser Mann mit seiner ganzen Familie an Jesus.

[54]Dies war das zweite Wunder in Galiläa, das Jesus wirkte, nachdem er aus Judäa zurückgekehrt war.

Der Kranke am Teich Bethesda

5 An einem der jüdischen Feiertage ging Jesus nach Jerusalem. [2]Dort liegt in der Nähe des Schaftors der Teich Bethesda, wie er auf Hebräisch genannt wird. Er ist von fünf Säulenhallen umgeben. [3]Viele Kranke, Blinde, Gelähmte und Gebrechliche lagen in diesen Hallen und warteten darauf, daß sich Wellen auf dem Wasser zeigten. [4]Von Zeit zu Zeit bewegte nämlich ein Engel Gottes das Wasser. Wer dann als erster in den Teich kam, der wurde gesund; ganz gleich, welches Leiden er hatte.

[5]Einer von den Menschen, die dort lagen, war schon seit achtunddreißig Jahren krank. [6]Als Jesus ihn sah und hörte, daß er schon so lange an seiner Krankheit litt, fragte er ihn: »Willst du gesund werden?« [7]»Ach Herr«, entgegnete der Kranke, »ich habe niemanden, der mir in den Teich hilft, wenn sich das Wasser bewegt. Versuche ich es aber allein, komme ich immer zu spät.« [8]Da forderte ihn Jesus auf: »Steh auf, rolle deine Matte zusammen und geh!« [9]In demselben Augenblick war der Mann geheilt. Er nahm seine Matte und ging glücklich seines Weges.

Das geschah an einem Sabbat. [10]Einige der Juden, die den Geheilten sahen, hielten ihm vor: »Heute ist doch Sabbat! Da ist es nicht erlaubt, diese Matte zu tragen!« [11]»Aber der Mann, der mich heilte, hat es mir ausdrücklich befohlen«, antwortete er ihnen. [12]»Wer hat dir so etwas befohlen?« fragten sie nun. [13]Doch das wußte der Mann nicht, denn Jesus war unbemerkt in der Menschenmenge verschwunden.

14Später traf Jesus den Geheilten im Tempel und sagte zu ihm: »Du bist gesund geworden. Sündige nicht mehr, damit du nicht etwas Schlimmeres als deine Krankheit erlebst!«[a] 15Da ging der Mann zu den Juden und berichtete: »Es war Jesus, der mich geheilt hat!«

16Von dieser Zeit an verfolgten die Juden Jesus, weil er sogar am Sabbat Kranke heilte. 17Aber Jesus sagte ihnen: »Immer, an jedem Tag, tut mein Vater Gutes, und ich folge nur seinem Beispiel.«[b] 18Nach dieser Antwort waren die Juden erst recht entschlossen, ihn umzubringen. Denn Jesus hatte nicht nur ihre Sabbatvorschriften mißachtet, sondern auch Gott seinen Vater genannt und sich dadurch mit Gott gleichgestellt.

Woher nimmt Jesus das Recht für sein Handeln?

19Zu dieser Anschuldigung der Juden sagte Jesus: »Das steht fest: Von sich aus kann der Sohn gar nichts tun. Er folgt in allem dem Beispiel seines Vaters.[c] 20Denn weil der Vater den Sohn liebt, zeigt er ihm alles, was er selbst tut. Und er wird ihn noch viel größere Wunder tun lassen, so daß ihr staunen werdet. 21So wie der Vater Tote auferweckt und ihnen neues Leben gibt, so hat auch der Sohn die Macht dazu, neues Leben zu geben. 22Denn nicht der Vater spricht das Urteil über die Menschen, er hat das Richteramt vielmehr dem Sohn übertragen, 23damit alle den Sohn ehren, genauso wie den Vater. Wer aber Gottes Sohn nicht als Herrn anerkennen will, der verachtet auch die Herrschaft des Vaters, der ja den Sohn gesandt hat.[d]

24Achtet deshalb genau darauf, was ich euch jetzt sage: Wer mein Wort hört und an den glaubt, der mich gesandt hat, der wird ewig leben. Ihn wird das Todesurteil Gottes nicht treffen, denn er hat die Grenze vom Tod zum Leben schon überschritten.

25Ich sage euch: Die Zeit wird kommen, ja sie hat schon begonnen, in der die Toten die Stimme des Sohnes Gottes hören werden. Und wer diesen Ruf hört, der wird leben. 26Denn in Gott ist das Leben, und nach Gottes Willen hat auch der Sohn dieses Leben in sich.[e] 27Er hat ihm die Macht gegeben, die ganze Menschheit zu richten, weil er der Menschensohn ist.

28Wundert euch nicht darüber! Der Tag wird kommen, an dem die Toten in ihren Gräbern die Stimme des Gottessohnes hören. 29Dann werden alle Menschen auferstehen: Die Gutes getan haben, werden ewig leben, die aber Böses getan haben, werden verurteilt.[f]

30Dabei kann ich nicht eigenmächtig handeln, sondern ich entscheide so, wie Gott es mir sagt. Deswegen ist mein Urteil auch gerecht, weil es nicht meinem eigenen Willen entspricht, sondern dem Willen Gottes, der mich gesandt hat.«

Glaubwürdige Zeugen für den Sohn Gottes

31»Ich könnte verstehen, daß ihr mir nicht glaubt, wenn ich für meine Worte keinen Zeugen hätte.[g] 32Aber ich habe einen Zeugen. Und was er über mich sagt, das ist wahr.

33Ihr seid zu Johannes dem Täufer gegangen, um die Wahrheit über mich zu hören, und er hat sie euch gesagt.[h] 34Dabei brauche ich aber gar keine Zeugenaussage von Menschen. Nur um euretwillen nenne ich Johannes als Zeugen, damit ihr an mich glaubt und errettet werdet. 35Johannes war ein strahlendes Licht, aber ihr wolltet euch in diesem Schein nur ein wenig sonnen. 36Doch ich habe noch wichtigere Zeugen als Johannes: die Taten nämlich, die ich im

a) Wörtlich: Sündige nicht mehr, damit dir nicht etwas Übleres geschehe. b) Wörtlich: Mein Vater wirkt unaufhörlich, und ebenso wirke ich. c) Wörtlich: Wahrlich, wahrlich, ich sage euch: Der Sohn kann nichts aus sich selber heraus tun, wenn er nicht den Vater es tun sieht. Denn was jener tut, das tut gleichfalls auch der Sohn. d) Wörtlich: Wer den Sohn nicht ehrt, ehrt auch den Vater nicht, der ihn gesandt hat. e) Wörtlich: Denn gleichwie der Vater Leben in sich selber hat, so hat er es auch dem Sohn gegeben, Leben in sich selber zu haben. f) Wörtlich: Und es werden die hervorgehen, die das Gute getan haben, zur Auferstehung des Lebens, und die das Böse verübt haben, zur Auferstehung des Gerichtes. g) Wörtlich: Wenn ich von mir selber Zeugnis gäbe, wäre mein Zeugnis nicht wahrhaftig. h) Wörtlich: Ihr habt zu Johannes gesandt, und er bezeugte die Wahrheit.

Auftrag meines Vaters vollbringe. Sie
sind der Beweis dafür, daß der Vater
mich gesandt hat.
[37]Gott selbst, der mich gesandt hat, ist
also mein Zeuge. Aber ihr habt noch nie-
mals seine Stimme gehört, habt ihn nie
gesehen. [38]Sein Wort habt ihr weder be-
griffen noch befolgt; denn sonst würdet
ihr den nicht ablehnen, den Gott zu euch
gesandt hat.
[39]Ihr studiert die Heilige Schrift, weil
ihr meint, dadurch zum ewigen Leben zu
gelangen. Und tatsächlich weist sie auf
mich hin. [40]Dennoch wollt ihr nicht zu
mir kommen, damit ich euch ewiges Le-
ben geben kann.
[41]Eure Zustimmung oder Ablehnung
bedeuten mir nichts, [42]weil ich euch ken-
ne und genau weiß, daß ihr Gottes Liebe
nicht in euch habt. [43]Mein Vater hat mich
zu euch geschickt, doch ihr lehnt mich
ab. Aber mit offenen Armen werdet ihr
jeden aufnehmen, der behauptet, alles aus
sich selbst tun zu können.
[44]Kein Wunder, daß ihr nicht glauben
könnt. Denn ihr seid doch nur darauf
aus, voreinander etwas zu gelten. Ob ihr
aber vor Gott etwas geltet, darüber
macht ihr euch keine Gedanken.[a]
[45]Es ist gar nicht nötig, daß ich euch
vor dem Vater anklage: Mose wird euer
Ankläger sein. Genau der, auf den ihr eu-
re ganze Hoffnung setzt! [46]Aber in Wirk-
lichkeit glaubt ihr Mose gar nicht; denn
sonst würdet ihr auch mir glauben.
Schließlich hat doch Mose von mir ge-
schrieben. [47]Wenn ihr aber nicht einmal
glaubt, was er geschrieben hat, wie könnt
ihr dann glauben, was ich euch sage?«

Über fünftausend Menschen werden satt
(Matth. 14,13-21; Mark. 6,30-44;
Luk. 9,10-17)

6 Danach kam Jesus an das andere Ufer
des Galiläischen Meeres, das man
auch See von Tiberias nennt. [2]Eine große
Menschenmenge folgte ihm, weil sie gese-
hen hatte, wie er Kranke heilte. [3]Zusam-
men mit seinen Jüngern ging Jesus auf ei-
ne Anhöhe. Dort setzten sie sich, und Je-
sus unterrichtete sie. [4]Das war in den Ta-
gen kurz vor dem jüdischen Passahfest.
[5]Als Jesus die vielen Menschen kom-
men sah, fragte er Philippus: »Wo kön-
nen wir für alle diese Leute Brot kau-
fen?« [6]Er wollte aber nur sehen, ob Phi-
lippus ihm vertraute; denn er wußte na-
türlich, wie er die Menschen versorgen
würde. [7]Philippus überlegte: »Wir müß-
ten ein Vermögen[b] ausgeben, wenn wir
für jeden auch nur ein kleines Stückchen
Brot kaufen wollten.« [8]Da brachte An-
dreas, der Bruder von Simon Petrus, ein
Kind zu ihnen: [9]»Hier ist ein Junge, der
hat fünf Gerstenbrote und zwei Fische
mitgebracht. Aber was ist das schon für
so viele Menschen!«
[10]Jetzt forderte Jesus die Jünger auf:
»Sagt den Leuten, daß sie sich hinsetzen
sollen!« Und alle – es waren etwa fünf-
tausend Mann, Frauen und Kinder gar
nicht mitgerechnet – lagerten sich auf
der Wiese. [11]Dann nahm Jesus die fünf
Gerstenbrote, dankte Gott dafür und
ließ sie an die Menschen austeilen. Mit
den beiden Fischen machte er es ebenso.
Jeder bekam so viel, wie er wollte. [12]Als
alle satt waren, sagte Jesus zu seinen Jün-
gern: »Sammelt die Reste ein, damit
nichts verdirbt!« [13]Und die Jünger füllten
noch zwölf Körbe mit den Resten. So
viel war von den fünf Gerstenbroten
übriggeblieben.
[14]Als die Leute begriffen, was Jesus ge-
tan hatte, riefen sie begeistert: »Das ist
wirklich der Prophet, auf den wir so lan-
ge gewartet haben!«[c] [15]Jesus merkte, daß
sie ihn jetzt unbedingt festhalten und zu
ihrem König ausrufen wollten. Deshalb
zog er sich in die Berge zurück; er ganz
allein.

Jesus geht auf dem Wasser
(Matth. 14,22-33; Mark. 6,45-52)

[16]Am Abend gingen seine Jünger hin-
unter an den See. [17]Sie stiegen in ein
Boot, um nach Kapernaum überzuset-
zen. Die Nacht brach herein, und Jesus
war nicht bei ihnen. [18]Ein heftiger Sturm
kam auf. [19]Die Jünger waren schon vier
bis fünf Kilometer vom Ufer entfernt, als

a) Wörtlich: Wie könnt ihr glauben, die ihr Herrlichkeit voneinander nehmt, und die Herrlichkeit, die bei dem einzigen Gott gilt, sucht ihr nicht? b) Wörtlich: zweihundert Denare. c) Wörtlich: Dieser ist wahrhaftig der Prophet, der in die Welt kommt.

sie Jesus sahen. Er ging über das Wasser auf ihr Boot zu. Da packte die Jünger das Grauen. [20]Beruhigend rief ihnen Jesus zu: »Fürchtet euch nicht! Ich bin es!« [21]Sie wollten ihn noch in ihr Boot nehmen; aber da hatten sie schon das andere Ufer erreicht.

Wo ist Jesus?

[22]Am nächsten Morgen erinnerten sich die Menschen, die auf der anderen Seite des Sees geblieben waren, daß nur ein Boot am Ufer gelegen hatte. Mit diesem Boot hätte Jesus den See überqueren müssen; aber sie hatten gesehen, daß er nicht mit den Jüngern gefahren war. [23]Inzwischen legten mehrere Schiffe aus Tiberias nahe bei der Stelle an, wo die Menschenmenge nach dem Dankgebet Jesu das Brot gegessen hatte. [24]Weil nun Jesus und seine Jünger nirgends zu finden waren, stiegen alle in diese Schiffe und fuhren hinüber nach Kapernaum, um ihn dort zu suchen.

Das Brot des Lebens

[25]Als sie Jesus auf der anderen Seite des Sees gefunden hatten, fragten sie ihn: »Herr, wann bist du denn hierhergekommen?« [26]Jesus antwortete ihnen: »Ich weiß, weshalb ihr zu mir kommt; doch nur, weil ihr von mir Brot bekommen habt und satt geworden seid; nicht weil ihr glaubt, daß Gott mich geschickt hat. [27]Denkt doch nicht immer nur an das, was ihr zum täglichen Leben braucht! Im Gegenteil! Setzt alles dafür ein, die Nahrung zu bekommen, die euch das ewige Leben bringt. Nur der Menschensohn kann sie euch geben. Denn Gott, der Vater, hat ihn dazu bestimmt.«[a]

[28]Jetzt fragten sie ihn: »Aber was sollen wir denn tun, damit Gott mit uns zufrieden ist?«[b] [29]Er erwiderte: »Nur eins erwartet Gott von euch: Ihr sollt an den glauben, den er gesandt hat.« [30/31]»Wenn wir an dich glauben sollen«, wandten sie ein, »mußt du schon durch eine Wundertat beweisen, daß du im Auftrag Gottes handelst. Zeige uns, was du kannst! Gib uns jeden Tag Brot zu essen, so wie unsere Väter damals in der Wüste Manna, das Brot vom Himmel, aßen. Es heißt doch in der Heiligen Schrift: ›Er gab ihnen Brot vom Himmel.‹«[c]

[32]Hierzu sagte ihnen Jesus: »Mose gab euch nicht das Brot, von dem ich gesprochen habe. Das wahre Brot vom Himmel gibt euch jetzt mein Vater. [33]Und nur dieses Brot, das vom Himmel kommt, schenkt der Welt das Leben.« [34]»Herr, gib uns jeden Tag dieses Brot!« baten ihn alle.

[35]»Ich bin das Brot des Lebens«, sagte Jesus zu ihnen. »Keiner, der zu mir kommt, wird jemals wieder Hunger leiden, und niemand, der an mich glaubt, wird jemals wieder Durst haben. [36]Doch ich habe euch ja schon einmal gesagt: Ihr glaubt nicht einmal das, was ihr mit euren eigenen Augen seht. [37]Alle Menschen, die mir der Vater gibt, werden zu mir kommen, und keinen von ihnen werde ich zurückstoßen. [38]Denn ich bin nicht vom Himmel gekommen, um zu tun, was mir gefällt, sondern um den Willen des Vaters zu erfüllen, der mich gesandt hat. [39]Und das ist Gottes Wille: Kein einziger von denen, die er mir anvertraut hat, soll verlorengehen. Ich werde sie alle am letzten Tag zum Leben erwekken. [40]Denn nach dem Willen meines Vaters wird jeder, der den Sohn sieht und an ihn glaubt, für immer leben. Darum werde ich sie am letzten Tag vom Tod auferwecken.«

[41]Weil Jesus behauptet hatte: »Ich bin das Brot, das vom Himmel gekommen ist«, riefen die Juden empört: [42]»Was? Das ist doch Jesus, Josephs Sohn. Wir kennen schließlich seine Eltern. Wie kann er behaupten: ›Ich bin vom Himmel gekommen!‹«

[43]Ruhig antwortete Jesus auf ihre Vorwürfe: »Warum regt ihr euch auf? [44]Keiner kann zu mir kommen, dem nicht der Vater, der mich gesandt hat, den Weg zeigt. Alle diese Menschen, die er mir gibt, will ich am letzten Tag zum Leben erwecken.

a) Wörtlich: Wirkt nicht vergängliche Speise, sondern Speise, die ins ewige Leben bleibt, das euch der Sohn des Menschen geben wird; denn diesen hat Gott, der Vater, versiegelt. b) Wörtlich: Was sollen wir tun, damit wir die Werke Gottes wirken? c) Psalm 78,24f.; 2. Mose 16,4.13-15

45Bei den Propheten heißt es: ›Alle werden Schüler Gottes sein!‹[a] Wer also auf den Vater hört und von ihm lernt, der kommt zu mir. 46Das bedeutet aber nicht, daß jemals ein Mensch den Vater gesehen hat. Nur einer hat ihn wirklich gesehen: der eine, der von Gott gekommen ist. 47Deshalb sage ich euch: Wer an mich glaubt, der hat jetzt schon das ewige Leben!

48Ich selbst bin das Brot, das euch dieses Leben gibt! 49Das Brot, das eure Väter in der Wüste gegessen haben, konnte ihnen kein ewiges Leben schenken. Obwohl sie ›Brot vom Himmel‹ aßen, sind sie doch alle gestorben. 50Aber hier ist das wahre Brot, das vom Himmel kommt. Wer davon ißt, wird nicht sterben. 51Ich bin dieses Brot, das von Gott gekommen ist und euch das Leben gibt. Jeder, der dieses Brot ißt, wird ewig leben. Und dieses Brot ist mein Leib, den ich hingeben werde, damit die Welt leben kann.«

52Nach diesen Worten Jesu kam es unter den Juden zu einer heftigen Auseinandersetzung. »Will dieser Mensch uns etwa seinen Leib zu essen geben?« fragten sie.

53Darauf erwiderte Jesus: »Das eine steht unumstößlich fest: Wenn ihr den Leib des Menschensohnes nicht eßt und sein Blut nicht trinkt, habt ihr kein ewiges Leben. 54Nur wer meinen Leib ißt und mein Blut trinkt, der hat ewiges Leben, und ihn werde ich am letzten Tag auferwecken. 55Denn mein Leib ist die lebensnotwendige Nahrung und mein Blut der lebenspendende Trank.[b] 56Wer meinen Leib ißt und mein Blut trinkt, der bleibt in mir, und ich bleibe in ihm. 57Ich lebe durch die Kraft des lebendigen Gottes, der mich gesandt hat. Ebenso wird jeder, der meinen Leib ißt, durch mich leben. 58So verhält es sich mit dem Brot, das vom Himmel zu euch gekommen ist! Eure Väter haben zwar auch in der Wüste ›Brot vom Himmel‹ gegessen, aber sie sind trotzdem gestorben. Doch wer dieses Brot ißt, wird für immer leben.«

Jesus stellt seine Jünger vor die Wahl
(Matth. 16,13-20; Mark. 8,27-30; Luk. 9,18-21)

59Dies alles sagte Jesus in der Synagoge von Kapernaum. 60Aber damit hatte er viele von denen verärgert, die ihm bisher gefolgt waren. »Das ist ja unerhört!« meinten sie. »Nein, das ist zuviel!«[c]

61Jesus sah ihre Entrüstung und fragte sie deshalb: »Nehmt ihr schon daran Anstoß? 62Was werdet ihr erst sagen, wenn ihr seht, wie der Menschensohn dahin zurückkehrt, woher er gekommen ist? 63Gottes Geist allein schafft Leben. Ihr selber könnt es nicht. Die Worte aber, die ich euch gesagt habe, sind aus Gottes Geist; deshalb bringen sie euch das Leben.[d] 64Aber einige von euch glauben mir trotzdem nicht.«

Jesus wußte nämlich von Anfang an, wer nicht an ihn glaubte, und kannte auch den, der ihn später verraten würde. 65»Deshalb«, so erklärte er weiter, »habe ich euch gesagt: Keiner kann zu mir kommen, wenn ihn nicht der Vater zu mir führt!«

66Nach dieser Rede wandten sich viele von Jesus ab und gingen nicht mehr mit ihm. 67Da fragte Jesus auch seine zwölf Jünger: »Wollt ihr auch weggehen und mich verlassen?« 68»Herr, zu wem sollen wir denn gehen?« antwortete Simon Petrus. »Nur deine Worte bringen ewiges Leben. 69Wir glauben und haben erkannt, daß du Christus, der Sohn Gottes, bist.«[e]

70Da sagte Jesus: »Ich selbst habe euch zwölf ausgewählt – und doch: Einer von euch ist ein Teufel!« 71Damit meinte er Judas, den Sohn von Simon Ischarioth, seinen eigenen Jünger. Und er war es tatsächlich, der Jesus später an die jüdischen Führer verriet.

a) Jesaja 54,13; Jeremia 31,33f. b) Wörtlich: Denn mein Fleisch ist wahrhaftige Speise, und mein Blut ist wahrhaftiger Trank. c) Wörtlich: Hart (unerträglich) ist dieses Wort, wer kann es hören? d) Wörtlich: Der Geist ist es, der lebendig macht, das Fleisch hat keinen Nutzen. Die Worte, die ich zu euch geredet habe, sind Geist und Leben. e) Wörtlich: Wir haben geglaubt und erkannt, daß du der Heilige Gottes bist.

»Zeige, was du kannst!«

7 Danach reiste Jesus weiter durch Gali-
läa. In Judäa konnte er sich nicht auf-
halten, weil dort die führenden Juden
seinen Tod beschlossen hatten. 2Kurz vor
dem Laubhüttenfest aber 3forderten ihn
seine Brüder auf, mit ihnen nach Judäa
zu reisen: »Komm mit und zeige den
Menschen dort, welche Wunder du tun
kannst! 4Kein Mensch versteckt sich,
wenn er bekannt werden will. Wenn du
schon Wunder vollbringst, dann zeige sie
auch vor aller Welt!« 5So konnten seine
Brüder nur reden, weil sie nicht an ihn
glaubten.
6Jesus antwortete ihnen: »Jetzt kann
ich noch nicht dorthin gehen. Ihr könnt
gehen und handeln, wann und wie ihr
wollt. 7Denn die Welt hat ja keinen
Grund, euch zu hassen. Aber mich haßt
sie, weil ich nicht aufhöre zu sagen, daß
ihr Tun und Treiben böse ist. 8Geht ihr
nur zum Fest! Ich komme nicht mit.
Denn die Zeit zum Handeln ist für mich
noch nicht da.« 9Das sagte er zu seinen
Brüdern und blieb in Galiläa.

Jesus auf dem Laubhüttenfest in Jerusalem

10Nachdem seine Brüder nach Jerusalem
gereist waren, ging auch Jesus heimlich
dorthin. 11Die Führer des Volkes suchten
ihn während des Festes und fragten
überall: »Wo ist er denn? Hat jemand mit
ihm geredet?« 12Auch unter den Festbe-
suchern wurde viel über ihn gesprochen.
Einige hielten ihn für einen guten Men-
schen, andere wieder behaupteten: »Er
verführt das Volk!« 13Aber keiner hatte
den Mut, frei und offen seine Meinung
über ihn zu sagen. Alle fürchteten sich
vor den Führern des jüdischen Volkes.
14Während des Festes ging Jesus in den
Tempel und predigte dort öffentlich.
15Die Juden, die ihm zuhörten, waren
überrascht. »Wie kann jemand so viel aus
der Heiligen Schrift wissen, obwohl er
sie nicht studiert hat?« fragten sie sich.
16Jesus beantwortete ihre Frage: »Was
ich euch sage, sind nicht meine eigenen
Gedanken. Es sind Gottes Worte. 17Wer
von euch bereit ist, Gottes Willen zu tun,
der wird erkennen, ob diese Worte von
Gott kommen oder ob es meine eigenen
Gedanken sind.
18Wer seine eigene Lehre verbreitet,
der möchte persönlich anerkannt wer-
den. Wer aber Anerkennung und Ehre
für den sucht, der ihn gesandt hat, der ist
zuverlässig, und ihm kann man ver-
trauen. 19Mose hat euch das Gesetz ge-
geben; aber keiner von euch lebt nach die-
sem Gesetz! Mit welchem Recht also
wollt ihr mich töten?«
20Da empörte sich die Menge: »Du bist
ja verrückt![a] Wer will dich denn um-
bringen?« 21»Ich habe doch nur am
Sabbat einen Menschen geheilt«, entgeg-
nete Jesus. »Und darüber regt ihr euch
auf! 22Mose hat angeordnet, daß eure
Kinder am achten Tag beschnitten wer-
den sollen[b] – eine Vorschrift, nach der
sich bereits eure Stammväter vor Mose
gerichtet haben. 23Auch eure Söhne wer-
den am achten Tag beschnitten, selbst
wenn es ein Sabbat ist, damit das Gesetz
des Mose nicht übertreten wird. Weshalb
also seid ihr so empört darüber, daß ich
einen Menschen am Sabbat geheilt habe?
24Seid doch nicht so oberflächlich, son-
dern urteilt gerecht.«

Jesus im Widerstreit der Meinungen

25Da meinten einige Leute von Jerusalem:
»Ist das nicht der Mann, den sie beseiti-
gen wollen? 26Jetzt redet er hier in aller
Öffentlichkeit, und keiner verbietet es
ihm. Sollten unsere führenden Männer
nun tatsächlich davon überzeugt sein,
daß er der Messias ist? 27Aber er kann es
doch gar nicht sein! Schließlich kennen
wir seine Herkunft. Woher aber der Mes-
sias kommt, wird niemand wissen.«
28Darauf rief Jesus im Tempel, so daß
es alle hören konnten: »Ja, ihr kennt
mich und wißt, woher ich komme. Aber
der mir den Auftrag gegeben hat, den
kennt ihr nicht. Er ist die Wahrheit. 29Ich
kenne ihn, weil ich von ihm komme und
er mich zu euch gesandt hat.«
30Nach diesen Worten hätten sie ihn
am liebsten festgenommen; doch keiner
wagte es. Denn Gottes Zeit dafür war
noch nicht da. 31Viele seiner Zuhörer im
Tempel aber glaubten an Jesus und sag-

a) Wörtlich: Du hast einen Dämon! b) 1. Mose 17,10-12; 3. Mose 12,3

ten: »Was erwartet ihr eigentlich noch
von diesem Mann? Mehr Wunder, als er
schon getan hat, kann doch auch der Mes-
sias nicht tun.«
32Als die Pharisäer hörten, was die
Leute über Jesus redeten, rieten sie den
Hohenpriestern dringend, Jesus von der
Tempelwache festnehmen zu lassen.
33Währenddessen sagte Jesus zu der
Volksmenge: »Ich bleibe nur noch kurze
Zeit bei euch. Danach kehre ich zu dem
zurück, der mich gesandt hat. 34Ihr
werdet mich überall suchen, aber nicht
mehr finden. Wo ich dann sein werde,
dorthin werdet *ihr* nie gelangen.«
35»Wo will er denn hin?« fragten die
Juden verwirrt. »Will er etwa ins Aus-
land gehen und den Griechen seine Leh-
re bringen? 36Was meint er, wenn er sagt:
›Ihr werdet mich suchen und nicht fin-
den‹, und ›Wo ich dann sein werde, dort-
hin werdet ihr nicht kommen‹?«

»Wer an mich glaubt ...«

37Am letzten Tag, dem Höhepunkt des
großen Festes,[a] trat Jesus wieder vor die
Menschenmenge und rief laut: »Wer
Durst hat, der soll zu mir kommen und
trinken! 38Wer an mich glaubt, wird erfah-
ren, was die Heilige Schrift sagt: Wie ein
Strom wird lebenschaffendes Wasser von
ihm ausgehen.«
39Damit meinte er den Heiligen Geist,
den alle bekommen würden, die an Jesus
glauben. (Den Geist Gottes bekamen sie
erst zu Pfingsten, nachdem Jesus in Got-
tes Herrlichkeit zurückgekehrt war. Jetzt
hatten die Menschen den Heiligen Geist
noch nicht.)
40Nach diesen Worten waren einige da-
von überzeugt: »Er ist der Prophet, der
vor dem Messias kommen soll.« 41An-
dere wieder sagten: »Nein, er ist selbst
der Messias!« Eine dritte Gruppe schließ-
lich meinte: »Das kann gar nicht sein! Er
kommt doch aus Galiläa; 42aber die Pro-
pheten sagen, der Messias soll von David
abstammen und wie David aus Bethle-
hem kommen.«[b]
43So waren die Meinungen über Jesus
sehr geteilt. 44Einige hätten ihn gern fest-
genommen; aber keiner wagte es, in die-
ser Situation gegen ihn vorzugehen.

Nikodemus spricht für Jesus

45So kehrte die Tempelpolizei zu den Ho-
henpriestern und Pharisäern zurück, oh-
ne Jesus festgenommen zu haben.
»Weshalb bringt ihr ihn nicht mit?« stell-
ten sie die Soldaten zur Rede. 46»Noch
nie hat ein Mensch so geredet wie dieser
Mann!« entschuldigten sie sich. 47Da reg-
ten sich die Pharisäer auf: »Habt ihr euch
also auch von ihm beschwatzen lassen?
48Gibt es denn unter uns, den führenden
Männern des Volkes, auch nur einen ein-
zigen, der diesem Menschen glaubt?
49Nur dieses verfluchte Volk läuft ihm
nach, das keine Ahnung vom Gesetz
hat.«[c]
50Doch Nikodemus, der auch zu den
Pharisäern gehörte und Jesus früher ein-
mal heimlich aufgesucht hatte,[d] wider-
sprach ihnen: 51»Seit wann verurteilt
denn unser Gesetz einen Menschen, ehe
man ihn verhört und ihm seine Schuld
nachgewiesen hat?« 52»Bist du etwa auch
aus Galiläa?« fragten ihn die Pharisäer.
»Du brauchst nur in der Heiligen Schrift
nachzulesen. Dann weißt du: Kein Pro-
phet kommt aus Galiläa!«
53Ohne sich geeinigt zu haben, gingen
sie nach Hause.

Jesus vergibt der Ehebrecherin

8 Jesus verließ die Stadt und ging zum
Ölberg. 2Aber schon am nächsten
Morgen war er wieder im Tempel. Viele
Menschen drängten sich um ihn. Er
setzte sich und begann, sie zu unter-
richten.
3Da schleppten die Schriftgelehrten
und Pharisäer eine Frau heran, die beim
Ehebruch ertappt worden war, stießen
sie in die Mitte, damit jeder sie sehen
konnte, 4und sagten zu Jesus: »Diese
Frau wurde beim Ehebruch überrascht.

a) 3. Mose 23,33-43;4. Mose 29,12-39. – Zur Zeit Jesu gehörte zur Festfeier u.a. der Zug der Festpilger zur Siloah-Quelle. Dort schöpfte der Priester Wasser in einen Krug, trug es unter dem Festgesang der Pilger zum Heiligtum und goß es unter dem Jubel des Volkes aus (vgl. den Bezug dieses Brauches zu Jesaja 12,3). b) Micha 5,1;1. Samuel 17,12 c) Wörtlich: Aber diese Leute, die das Gesetz nicht kennen, sie sind verflucht. d) Johannes 3,1 ff.

5Wenn wir das Gesetz des Mose befolgen
wollen, müssen wir sie steinigen. Was
meinst du dazu?«[a]
6Das war eine Fangfrage. Sie suchten
nämlich nach einem Anlaß, um Jesus an-
klagen zu können. Aber Jesus schien gar
nicht auf ihre Frage zu achten; er bückte
sich und schrieb mit seinem Finger auf
die Erde.[b] 7Als sie hartnäckig nach einer
Erklärung verlangten, richtete er sich auf
und sagte: »Nun, dann steinigt sie! Aber
den ersten Stein soll der werfen, der
selbst noch nie gesündigt hat!« 8Dann
bückte er sich wieder und schrieb weiter
auf die Erde. 9Als erstes gingen die Ankläger.
Dann schlichen sich auch alle übri-
gen stillschweigend davon – einer nach
dem andern. Schließlich war Jesus mit
der Frau allein.
10Da stand er auf und fragte sie: »Wo
sind jetzt deine Ankläger? Hat dich denn
keiner verurteilt?« 11»Nein, Herr«, ant-
wortete sie. »Dann will ich dich auch
nicht verurteilen«, entgegnete ihr Jesus.
»Geh, aber sündige nicht noch einmal!«

Das Licht, das zum Leben führt

12Ein andermal sagte Jesus zu den Men-
schen, die ihm zuhörten: »Ich bin das
Licht für die Welt. Wer mir nachfolgt,
wird nicht mehr in der Dunkelheit um-
herirren, sondern folgt dem Licht, das
ihn zum Leben führt.«[c]
13Da unterbrachen ihn die Pharisäer:
»Du redest doch wieder nur für dich
selbst, als dein eigener Zeuge. Das be-
weist doch gar nichts.« 14Jesus erwiderte
ihnen: »Auch wenn ich hier als mein eige-
ner Zeuge auftrete, sage ich die Wahr-
heit. Denn ich weiß, woher ich komme
und wohin ich gehe; aber ihr wißt das al-
les nicht. 15Ihr urteilt über mich, und da-
bei laßt ihr euch nur von Äußerlichkei-
ten leiten. Ich urteile über niemanden.[d]
16Wenn ich aber über jemanden das Ur-
teil spreche, dann ist mein Urteil gerecht.
Denn ich richte nicht allein, sondern der
Vater, der mich gesandt hat, spricht das
Urteil. 17Nach euerm Gesetz ist vor Ge-
richt eine Aussage glaubwürdig, wenn es
dafür mindestens zwei Zeugen gibt.[e]
18Nun, ich selbst trete für mich als Zeuge
auf, und mein Vater, der mich gesandt
hat, ist auch mein Zeuge.« 19»Wo ist denn
dein Vater?« fragten sie daraufhin. Jesus
antwortete: »Ihr wißt ja nicht einmal,
wer *ich* bin; deshalb kennt ihr meinen Va-
ter erst recht nicht. Wenn ihr mich ken-
nen würdet, wüßtet ihr auch, wer mein
Vater ist.«
20Das alles sagte Jesus an der Stelle des
Tempels, an der das Geldopfer ge-
sammelt wurde. Aber niemand nahm ihn
fest. Denn die Zeit dafür war noch nicht
gekommen.

Nur wer glaubt, kennt Jesus

21Später sagte Jesus noch einmal zu ih-
nen: »Ich gehe fort. Ihr werdet mich
dann verzweifelt suchen, aber ihr werdet
in euren Sünden umkommen. Denn ihr
könnt nicht dahin gehen, wo ich sein wer-
de.«
22»Will er sich etwa das Leben neh-
men?« fragten sich die Juden, »oder was
heißt das: ›Ihr könnt nicht dahin gehen,
wo ich sein werde‹?« 23Dazu sagte ihnen
Jesus: »Ihr kommt von unten; ich kom-
me von oben. Ihr gehört zu dieser Welt;
ich gehöre nicht zu dieser Welt. 24Des-
halb habe ich gesagt: Ihr werdet in euren
Sünden umkommen. Wenn ihr nicht
glaubt, daß ich es bin,[f] gibt es keine Ret-
tung für euch.«
25»Dann sage uns doch, wer du bist!«
forderten sie ihn auf. »Ich weiß über-
haupt nicht, weshalb ich noch darüber
mit euch reden soll. Denn das habe ich
euch von Anfang an gesagt«, erwiderte
Jesus. 26»Ich hätte euch viel vorzuwerfen
und viel an euch zu verurteilen. Trotz-
dem sage ich euch nur, was er mir gesagt
hat. Denn der Eine, der mich gesandt hat,
ist die Wahrheit.«
27Aber sie verstanden noch immer
nicht, daß Jesus von Gott sprach. 28Des-
halb erklärte er ihnen: »Wenn ihr den
Menschensohn erhöht[g] habt, werdet ihr
erkennen, wer ich bin, und einsehen, daß
ich euch nicht meine eigenen Gedanken

a) 3. Mose 20,10; 5. Mose 22,22 b) Vgl. Jeremia 17,13 c) Wörtlich: Er wird das Licht des Lebens haben. d) Wörtlich: Ihr richtet nach dem Fleisch; ich richte niemanden. e) 5. Mose 17,6; 19,15 f) Vgl. 2. Mose 3,14; Jesaja 43,10 g) Mit dem Wort »erhöhen« deutet Jesus seinen Kreuzestod an.

vortrage, sondern weitergebe, was mir
mein Vater gesagt hat. [29]Er, der mich gesandt hat, ist bei mir und verläßt mich
nicht, weil ich immer seinen Willen erfülle.«
[30]Nach diesen Worten glaubten viele
an Jesus.

Wer sündigt, ist ein Gefangener der Sünde

[31]Zu diesen Juden, die nun an ihn glaubten, sagte Jesus: »Wenn ihr an meinen
Worten festhaltet und das tut, was ich
euch gesagt habe, dann gehört ihr wirklich zu mir.
[32]Ihr werdet die Wahrheit erkennen, und die Wahrheit wird euch befreien!«

[33]»Aber wir sind Nachkommen Abrahams und niemals Sklaven gewesen«,
wandten sie ein. »Wovon sollen wir eigentlich befreit werden?«

[34]Jesus erwiderte ihnen: »Eins ist sicher: Jeder, der sündigt, ist ein Gefangener der Sünde.
[35]Ein Sklave kann
sich nicht darauf verlassen, daß er immer
in dem Haus bleibt, in dem er arbeitet.
Dieses Recht hat nur der Sohn der Familie.
[36]Wenn euch also der Sohn Gottes
befreit, dann seid ihr wirklich frei.

[37]Ich weiß natürlich auch, daß ihr
Nachkommen Abrahams seid. Und trotzdem wollt ihr mich töten, weil ihr meine
Worte ablehnt.
[38]Ich spreche von dem,
was ich bei meinem Vater gesehen habe.
Und ihr handelt danach, was ihr von
euerm Vater gehört habt.«

[39]»Unser Vater ist Abraham«, erklärten sie. »Nein«, widersprach ihnen Jesus, »wenn er es wirklich wäre, würdet
ihr auch so handeln wie er.
[40]Weil ich
euch die Wahrheit sage, die ich von Gott
gehört habe, wollt ihr mich töten. Das
hätte Abraham nie getan.
[41]Nein, ihr
handelt genau wie euer Vater.«

»Unsere Mutter ist doch schließlich
keine Dirne«, wandten sie ein. »Wir haben nur einen Vater, Gott selbst!«

[42]Doch Jesus entgegnete ihnen: »Wenn
es tatsächlich so wäre, dann würdet ihr
mich lieben; denn ich komme ja von
Gott zu euch; in seinem Auftrag und
nicht aus eigenem Entschluß.

[43]Aber ich will euch sagen, weshalb ihr
mich nicht versteht: Weil ihr meine
Worte überhaupt nicht hören könnt!
[44]Denn ihr seid Kinder des Teufels. Und
deshalb handelt ihr so, wie es euerm Vater gefällt. Der war schon von Anfang an
ein Mörder und ein Feind der Wahrheit.
Die Lüge gehört zu seinem Wesen; denn
er ist der Lügner schlechthin, ja der Vater
jeder Lüge.

[45]Mir aber glaubt ihr nicht, weil ich die
Wahrheit sage.
[46]Oder kann mir einer
von euch auch nur eine einzige Sünde
nachweisen? Demnach müßtet ihr mir
doch glauben, wenn ich euch die Wahrheit sage.
[47]Denn wer Gott zum Vater
hat, der versteht, was Gott sagt. Ihr aber
habt Gott nicht zum Vater, und deshalb
versteht ihr auch seine Worte nicht.«

Jesus, ein Gotteslästerer?

[48]»Also hatten wir doch recht«, schimpften die Juden. »Du bist ein gottloser, von
bösen Geistern besessener Mensch!«[a]

[49]»Nein«, antwortete Jesus, »ich bin
nicht besessen, sondern ich ehre meinen
Vater, aber ihr verleumdet mich.
[50]Ich
suche nicht meine eigene Ehre. Gott will,
daß ihr mich anerkennt. Er wird auch das
Urteil über euch sprechen.[b]
[51]Aber das ist
sicher: Wer mein Wort annimmt und danach lebt, wird niemals sterben.«

[52]Verärgert riefen die Juden: »Deine
Worte beweisen, daß du von einem bösen Dämon beherrscht wirst. Selbst Abraham und die Propheten sind gestorben.
Und da willst du behaupten: ›Wer nach
meinem Wort lebt, wird niemals sterben.‹
[53]Bist du etwa mehr als unser Vater
Abraham, der doch auch gestorben ist?
Oder willst du mehr sein als die Propheten, die schließlich alle sterben mußten?
Was bildest du dir eigentlich ein?«

[54]Jesus entgegnete: »Würde ich mich
selbst loben, könntet ihr mir zu Recht
mißtrauen. Aber mich ehrt mein Vater.
Ihr behauptet zwar von ihm, er sei euer
Gott.
[55]Dabei kennt ihr ihn überhaupt
nicht. Ich aber kenne ihn. Wenn ich sagen würde, ich kenne ihn nicht, dann wäre ich ebensolch ein Lügner, wie ihr es

a) Wörtlich: Sagen wir nicht mit Recht, daß du ein Samariter bist und einen Dämon hast? b) Wörtlich: Ich suche nicht meine Ehre. Es ist aber einer, der sie sucht, und der richtet.

seid. Doch ich kenne ihn und erfülle seinen Auftrag.[a] 56Euer Vater Abraham freute sich auf den Tag, an dem ich kommen würde. Er hat mein Kommen gesehen und war froh darüber.«

57Ungläubig fragten ihn die Juden: »Du bist noch nicht einmal fünfzig Jahre alt und willst Abraham gesehen haben?« 58»Und doch ist es so«, entgegnete ihnen Jesus, »lange bevor Abraham überhaupt geboren wurde, war ich da.« 59Zornig griffen sie da nach Steinen, um Jesus zu töten. Aber er entkam ihnen und verließ den Tempel.

Jesus heilt einen Blinden

9 Unterwegs sah Jesus einen Mann, der seit seiner Geburt blind war. 2»Herr«, fragten die Jünger, »wer ist schuld daran, daß dieser Mann blind ist? War es seine eigene Schuld oder die Sünde seiner Eltern?« 3»Weder er selbst ist schuld daran noch seine Eltern«, antwortete Jesus. »Er ist blind, weil an ihm die Macht Gottes sichtbar werden soll. 4Ich muß die Aufgaben, die Gott mir gegeben hat, erfüllen, solange es Tag ist. Bald kommt die Nacht, in der niemand mehr etwas tun kann. 5Doch solange ich in der Welt bin, werde ich für diese Welt das Licht sein.«

6Er spuckte auf die Erde, rührte daraus einen Brei und strich ihn auf die Augen des Blinden. 7Dann forderte er ihn auf: »Geh jetzt zum Teich Siloah, und wasche dich dort.« – (Siloah heißt: Von Gott gesandt.) Der Blinde ging hin, wusch sich, und als er zurückkam, konnte er sehen.

8Seine Nachbarn und andere Leute, die ihn als blinden Bettler kannten, fragten erstaunt: »Ist das nicht der Mann, der immer an der Straße saß und bettelte?« 9Einige meinten: »Er ist es.« Aber andere konnten es einfach nicht glauben und behaupteten: »Das ist unmöglich! Er sieht ihm nur sehr ähnlich.« »Doch, ich bin es«, bestätigte jetzt der Mann selbst. 10Da fragten sie ihn: »Wieso kannst du denn plötzlich sehen?«

11Er berichtete: »Ein Mann, er heißt Jesus, hat mir einen Brei auf die Augen gestrichen. Dann schickte er mich zum Teich Siloah. Dort sollte ich den Brei abwaschen. Das habe ich getan. Und jetzt kann ich sehen!« 12»Wo ist denn dieser Jesus?« fragten sie weiter. »Das weiß ich nicht«, gab er ihnen zur Antwort.

Das Verhör der Pharisäer

13Sie brachten den von seiner Blindheit geheilten Mann zu den Pharisäern. 14Es war nämlich gerade Sabbat, als Jesus den Brei gemacht und den Blinden geheilt hatte. 15Die Pharisäer fragten ihn: »Wie kommt es, daß du jetzt sehen kannst?« Der Mann erzählte: »Jesus strich einen Brei auf meine Augen. Ich habe mich dann gewaschen, und nun kann ich sehen.« 16»Von Gott kann dieser Mann nicht kommen«, meinten einige der Pharisäer, »denn er arbeitet ja am Sabbat.« Andere aber wandten ein: »Wie kann ein sündiger Mensch solche Taten vollbringen?« So fingen sie an, miteinander zu streiten.

17Dann erkundigten sich die Pharisäer noch einmal bei dem Mann, der blind gewesen war: »Durch ihn kannst du jetzt also sehen? Was glaubst denn du, wer dieser Mann ist?« »Er muß ein von Gott gesandter Prophet sein«, antwortete er. 18Doch die Juden wollten nicht glauben, daß er überhaupt blind gewesen war. Sie ließen deshalb seine Eltern holen 19und verhörten sie: »Ist das euer Sohn? Stimmt es, daß er blind geboren wurde? Wie kommt es, daß er jetzt sehen kann?«

20Die Eltern antworteten: »Ja, das ist unser Sohn, und er wurde blind geboren. Das wissen wir genau. 21Aber wie es kommt, daß er sehen kann, wissen wir nicht. Wir wissen auch nicht, wer ihn geheilt hat. Aber fragt ihn doch selbst! Er ist alt genug und kann euch am besten Auskunft geben.« 22Diese ausweichende Antwort gaben die Eltern, weil sie vor den jüdischen Führern Angst hatten. Denn die hatten beschlossen, jeden aus der Gemeinschaft des jüdischen Volkes auszustoßen, der Jesus als Messias anerkannte. 23Nur deshalb hatten die Eltern gesagt: »Er ist alt genug. Fragt ihn selbst.«

24Die Pharisäer verhörten den Geheilten zum zweiten Mal. Sie versuchten, ihn einzuschüchtern: »Bekenne dich zu

a) Wörtlich: Aber ich kenne ihn, und ich halte sein Wort.

Gott, und sage die Wahrheit! Wir wis-
sen, daß dieser Jesus ein gottloser und
sündiger Mensch ist.« [25]»Ob er gut oder
böse ist, das weiß ich nicht«, antwortete
der Mann. »Ich weiß nur eins: Ich war
blind, und jetzt kann ich sehen!« [26]»Aber
was hat er denn gemacht? Wie hat er dich
geheilt?« versuchten sie erneut herauszu-
bekommen.

[27]Verärgert erwiderte der Mann: »Das
habe ich euch doch schon gesagt. Habt
ihr denn nicht zugehört? Warum soll ich
alles noch einmal erzählen? Wollt ihr et-
wa seine Jünger werden?« [28]Da be-
schimpften sie ihn und schrien: »*Du* bist
sein Jünger. Wir sind Moses Jünger.
[29]Von Mose wissen wir, daß Gott zu ihm
geredet hat. Aber von diesem Menschen
wissen wir noch nicht einmal, wo er her-
kommt.«

[30]»Das ist ja merkwürdig!« entgegnete
der Mann. »Er kann einen Blinden hei-
len, und ihr kennt ihn nicht? [31]Jedes Kind
weiß doch, daß Gott die Gebete der Sün-
der nicht erhört, aber wer nach seinem
Willen lebt, den erhört er. [32]Noch nie,
seit die Welt besteht, hat jemand einem
Blindgeborenen das Augenlicht ge-
schenkt. [33]Wäre dieser Mann nicht von
Gott gesandt, könnte er das doch gar
nicht tun.« [34]Wütend schrien sie ihn an:
»Was, du Sünder[a] willst uns belehren?«
Dann warfen sie ihn hinaus.

Die Blindheit der Sehenden

[35]Jesus hörte, daß sie den Geheilten aus
der jüdischen Gemeinschaft ausgeschlos-
sen hatten. Als er den Mann wieder traf,
fragte er ihn: »Glaubst du an den Men-
schensohn?« [36]»Ja, ich will gern an ihn
glauben! Aber ich kenne ihn nicht«, er-
widerte der Geheilte. [37]»Du hast ihn
schon gesehen, und in diesem Augen-
blick spricht er mit dir!« gab sich Jesus
zu erkennen. [38]»Ja, Herr«, rief jetzt der
Mann, »ich glaube!« Und er warf sich
vor Jesus nieder.

[39]»Ich bin in diese Welt gekommen, da-
mit sich an mir die Geister scheiden«,
sagte Jesus. »Blinde sollen sehen können;
aber allen Sehenden werde ich zeigen,
wie blind sie sind.« [40]Einige Pharisäer
standen dabei und fragten: »Soll das etwa
heißen, daß wir blind sind?« [41]Jesus ant-
wortete: »Wärt ihr tatsächlich blind,
dann träfe euch keine Schuld und euch
könnte geholfen werden. Aber ihr sagt
ja: ›Wir sehen.‹ Deshalb kann euch nie-
mand eure Schuld abnehmen.«

Der Gute Hirte

10 »Merkt euch gut, was ich euch
jetzt sage«, forderte Jesus seine Zu-
hörer auf. »Wer nicht durch die Tür in
den Schafstall geht, sondern heimlich ein-
steigt, der ist sicherlich ein Dieb und Räu-
ber. [2]Der Hirte geht durch die Tür zu
seinen Schafen. [3]Ihm öffnet der Wächter
das Tor, und die Schafe erkennen ihn
schon an seiner Stimme. Dann ruft der
Hirte sie mit ihren Namen und führt sie
auf die Weide. [4]Wenn seine Schafe den
Stall verlassen haben, geht er vor ihnen
her, und die Schafe folgen ihm, weil sie
seine Stimme kennen. [5]Einem Fremden
würden sie niemals folgen. Ihm laufen sie
davon, weil die fremde Stimme sie er-
schreckt.«

[6]Die Leute, denen Jesus dieses Beispiel
erzählte, verstanden nicht, was er damit
meinte. [7]Deshalb erklärte er ihnen:
»Glaubt mir, ich selbst bin die Tür. [8]Alle,
die sich vor mir als eure Hirten ausgaben,
waren Diebe und Räuber. Aber die Scha-
fe haben nicht auf sie gehört. [9]Ich allein
bin die Tür. Wer durch mich zu meiner
Herde kommt, der wird gerettet werden.
Er kann durch diese Tür ein- und ausge-
hen, und er wird saftig grüne Weiden fin-
den. [10]Der Dieb kommt, um zu stehlen,
zu schlachten und zu vernichten. Ich
aber bringe allen, die zu mir gehören, das
Leben – und dies im Überfluß.

[11]Ich bin der gute Hirte. Ein guter Hir-
te setzt sein Leben für die Schafe ein.
[12]Anders ist es mit einem, dem die Schafe
nicht gehören und der nur wegen des Gel-
des als Hirte arbeitet. Er wird fliehen,
wenn der Wolf kommt, und die Schafe
sich selbst überlassen. Der Wolf wird die
Schafe packen und die Herde auseinan-
derjagen. [13]Einen solchen Mann interes-
sieren die Schafe überhaupt nicht. [14]Ich
aber bin der gute Hirte und kenne meine
Schafe, und sie kennen mich; [15]genauso
wie mich mein Vater kennt und ich den

a) Wörtlich: Du bist ganz und gar in Sünden geboren und …

Vater kenne. Ich gebe mein Leben für die Schafe.

16Zu meiner Herde gehören auch Schafe, die jetzt noch in anderen Ställen sind. Auch sie muß ich herführen, und sie werden wie die übrigen meinem Ruf folgen. Dann wird es nur noch eine Herde und einen Hirten geben.

17Der Vater liebt mich, weil ich mein Leben hingebe, um es neu zu empfangen. 18Niemand kann mir das Leben nehmen, ich gebe es freiwillig hin. Ich habe die Macht und die Freiheit, es hinzugeben, aber auch, es wieder zu nehmen. Das ist der Auftrag, den mir mein Vater gegeben hat.«

19Da fingen die Juden wieder an, sich über Jesus zu streiten. 20Die meisten sagten: »Er ist von einem bösen Geist besessen! Er ist wahnsinnig! Weshalb geben wir uns überhaupt noch mit ihm ab?« 21Andere aber meinten: »So spricht doch kein Besessener! Kann denn ein böser Geist einen Blinden heilen?«

Jesus im Kreuzverhör

22Es war Winter. In Jerusalem feierte man das Fest der Tempelweihe. 23Jesus hielt sich gerade im Tempel auf, in der Halle Salomos, 24als die Juden ihn umringten und fragten: »Wie lange läßt du uns noch im Ungewissen? Wenn du Christus bist, dann sage uns das ganz offen!«

25»Ich habe es euch schon gesagt, aber ihr wollt mir ja nicht glauben«, antwortete Jesus. »All das, was ich im Auftrag meines Vaters getan habe, sollte als Beweis genügen. 26Aber ihr glaubt mir nicht, denn ihr gehört nicht zu meiner Herde. 27Meine Schafe erkennen meine Stimme; ich kenne sie, und sie folgen meinem Ruf. 28Ihnen gebe ich das ewige Leben, und sie werden niemals umkommen. Niemand kann sie aus meiner Hand reißen. 29Mein Vater hat sie mir gegeben, und er ist stärker als alle anderen Mächte. Deshalb kann sie auch keiner der Hand meines Vaters entreißen; 30denn ich und der Vater sind eins.«

31Wütend griffen da die Juden wieder nach Steinen, um ihn zu töten. 32Jesus aber sagte: »In Gottes Auftrag habe ich viele große und wunderbare Dinge getan. Für welches von diesen Wundern wollt ihr mich töten?« 33»Nicht wegen einer guten Tat sollst du sterben«, antworteten sie, »sondern weil du nicht aufhörst, Gott zu lästern. Du bist nur ein Mensch und behauptest trotzdem, Gott zu sein!«[a]

34Jesus entgegnete: »Heißt es nicht in eurem Gesetz: ›Ich habe zu euch gesagt: Ihr seid Götter‹?[b] 35Gott nennt die schon Götter, an die er sein Wort richtet. Und ihr wollt doch nicht etwa die Heilige Schrift für ungültig erklären? 36Wie könnt ihr den, der von Gott selbst auserwählt und in die Welt gesandt wurde, als ›Gotteslästerer‹ beschimpfen, nur weil er sagt: ›Ich bin Gottes Sohn‹? 37Wenn ich nicht Gottes Werke tue, braucht ihr mir nicht zu glauben. 38Vollbringe ich sie aber, dann glaubt doch wenigstens den *Werken*, wenn ihr schon *mir* nicht glauben wollt, damit ihr endlich erkennt und einseht, daß der Vater in mir ist und ich im Vater bin!«

39Da versuchten sie wieder, Jesus festzunehmen, aber er konnte ihnen entkommen. 40Er ging auf die andere Seite des Jordan zurück und hielt sich dort auf, wo Johannes früher getauft hatte. 41Viele Menschen folgten ihm. »Johannes hat zwar keine Wunder getan«, meinten sie untereinander, »aber alles, was er von diesem Mann gesagt hat, ist wahr!« So kamen dort viele zum Glauben an Jesus.

Jesus ruft vom Tod zum Leben – Die Auferstehung des Lazarus

11 Lazarus, der in Bethanien wohnte, war schwer erkrankt. In diesem Dorf wohnten auch seine Schwestern Maria und Martha. 2(Maria war es gewesen, die mit kostbarem Salböl die Füße des Herrn übergossen und sie mit ihrem Haar getrocknet hatte.) Weil ihr Bruder Lazarus so krank war, 3ließen die beiden Schwestern Jesus die Nachricht zukommen: »Herr, dein Freund Lazarus ist schwer erkrankt!« 4Als Jesus das hörte, sagte er: »Diese Krankheit führt nicht zum Tode, sondern durch sie soll die Macht Gottes sichtbar werden, und der Sohn Gottes wird dadurch verherrlicht.«

5Jesus hatte Martha, ihre Schwester Ma-

a) Johannes 5,18; 8,24.28 b) Psalm 82,6

ria und Lazarus lieb. [6]Aber obwohl er
nun wußte, daß Lazarus schwerkrank
war, wartete er noch zwei Tage. [7]Erst da-
nach sagte er zu seinen Jüngern: »Wir
wollen wieder nach Judäa gehen.« [8]Doch
seine Jünger wandten ein: »Herr, vor
kurzem haben deine Feinde in Judäa ver-
sucht, dich umzubringen. Und jetzt
willst du wieder dorthin?« [9]Jesus ant-
wortete: »Zwölf Stunden am Tag ist es
hell. Wer sicher laufen will, muß diese
Zeit nutzen; denn nur bei Tageslicht
sieht er den Weg. [10]Wer nachts unter-
wegs ist, wird sich in der Dunkelheit ver-
irren.«[a]

[11]Nachdem er das seinen Jüngern ge-
sagt hatte, meinte er: »Unser Freund La-
zarus schläft jetzt, aber ich will hingehen
und ihn aufwecken!« [12]»Wenn er schläft,
wird er bald wieder gesund sein«, erwi-
derten die Jünger. [13]Sie glaubten nämlich,
Jesus hätte vom gewöhnlichen Schlaf ge-
sprochen, aber er redete vom Tod des La-
zarus.

[14]Deshalb sagte er ihnen jetzt: »Laza-
rus ist tot! [15]Doch euretwegen bin ich
froh, daß ich nicht bei ihm gewesen bin.
Denn jetzt könnt ihr lernen, was Glau-
ben heißt. Wir wollen jetzt gemeinsam
zu ihm gehen!« [16]»Ja«, sagte Thomas –
den man auch den Zwilling nannte – zu
den anderen Jüngern, »wir wollen mit Je-
sus nach Judäa gehen und dort mit ihm
sterben.«

[17]Als sie in Bethanien ankamen, lag La-
zarus schon vier Tage im Grab. [18]Betha-
nien ist nur wenige Kilometer von Je-
rusalem entfernt. [19]Deswegen waren viele
Juden zu Maria und Martha gekommen,
um die beiden Schwestern zu trösten.
[20]Als Martha hörte, daß Jesus auf dem
Wege zu ihnen war, lief sie ihm entgegen.
Maria aber blieb zu Hause.

[21]Traurig sagte Martha zu Jesus:
»Herr, wärst du hier gewesen, würde
mein Bruder noch leben. [22]Aber auch
jetzt weiß ich, daß Gott dir alles geben
wird, worum du ihn bittest.« [23]»Dein Bru-
der wird wieder leben!« versicherte ihr
Jesus. [24]»Ja, ich weiß«, sagte Martha, »am
letzten Tag, am Tag der Auferstehung.«

[25]Darauf erwiderte ihr Jesus: »Ich bin
die Auferstehung, und ich bin das Leben.
Wer an mich glaubt, der wird leben,
selbst wenn er stirbt. [26]Und wer lebt und
an mich glaubt, wird niemals sterben.
Glaubst du das?« [27]»Ja, Herr«, antworte-
te ihm Martha. »Ich glaube, daß du Chri-
stus bist, der Sohn Gottes, auf den wir so
lange gewartet haben.«[b]

[28]Jetzt lief Martha zu ihrer Schwester
Maria. Ohne daß die übrigen Trauergäste
es merkten, flüsterte sie ihr zu: »Jesus ist
da und will dich sprechen!« [29]Maria stand
sofort auf und lief ihm entgegen. [30]Jesus
hatte das Dorf noch nicht erreicht, son-
dern war dort geblieben, wo Martha ihn
getroffen hatte. [31]Als Maria aufsprang
und ganz eilig das Haus verließ, meinten
die Juden, die Maria trösten wollten: »Sie
will am Grab weinen« – und folgten ihr.

[32]Aber Maria lief zu Jesus. Sie fiel vor
ihm nieder und rief: »Herr, wenn du da-
gewesen wärst, würde mein Bruder noch
leben!«

[33]Jesus sah, wie sie und die Trauergäste
weinten. Da wurde er zornig, war aber
zugleich tief bewegt. [34]»Wo habt ihr ihn
hingelegt?« fragte er.

Sie antworteten: »Komm, Herr, wir
zeigen es dir!« [35]Alle sahen, daß Jesus
weinte. [36]»Seht«, sagten die Juden, »er
muß ihn sehr lieb gehabt haben!« [37]Doch
einige flüsterten einander zu: »Einen Blin-
den hat er sehend gemacht. Hätte er
nicht verhindern können, daß Lazarus
starb?«

[38]Da wurde Jesus erneut zornig. Er trat
an das Grab. Es war eine Höhle, die man
mit einem großen Stein verschlossen
hatte. [39]»Hebt den Stein weg!« befahl Je-
sus. Aber Martha, die Schwester des Ver-
storbenen, sagte: »Herr, der Geruch wird
unerträglich sein! Er ist doch schon vier
Tage tot!«

[40]»Habe ich dir nicht gesagt«, entgegne-
te ihr Jesus, »du würdest die Macht der
Herrlichkeit Gottes sehen, wenn du nur
glaubtest?«

[41]Nachdem sie den Stein weggescho-
ben hatten, sah Jesus zum Himmel auf
und betete: »Vater, ich danke dir, daß du
mein Gebet erhört hast! [42]Ich weiß, daß
du mich immer erhörst, aber ich sage es

a) Wörtlich: Wenn aber jemand in der Nacht umhergeht, stößt er an, weil das Licht nicht in ihm ist. b) Wörtlich: Ja, Herr; ich glaube, daß du der Messias, der Sohn Gottes, bist, der in die Welt kommt.

wegen der vielen Menschen, die hier stehen. Sie sollen alles miterleben und glauben, daß du mich gesandt hast.«

[43]Dann rief er laut: »Lazarus, komm heraus!« [44]Und Lazarus kam heraus. Hände und Füße waren mit Grabtüchern umwickelt, und auch sein Gesicht war mit einem Tuch verhüllt. »Nehmt ihm die Tücher ab«, forderte Jesus die Leute auf, »und laßt ihn gehen.«

Einer soll für alle sterben

[45]Viele von den Juden, die bei Maria gewesen waren, glaubten an Jesus, nachdem sie gesehen hatten, was er tat. [46]Aber einige liefen schnell zu den Pharisäern und berichteten ihnen alles.

[47]Unmittelbar darauf beriefen die Hohenpriester und Pharisäer eine Sitzung des Hohen Rates ein. »Was sollen wir bloß tun?«, fragten sie sich, »bei all den vielen Wundern, die dieser Mann vollbringt! [48]Wenn wir nichts gegen ihn unternehmen, wird bald das ganze Volk an ihn glauben. Dann werden die Römer eingreifen und uns auch noch die letzte Selbständigkeit nehmen.«[a]

[49]Einer von ihnen, Kaiphas, der in diesem Jahr Hoherpriester war, sagte: »Was gibt es denn hier zu überlegen! [50]Das ist doch ganz einfach: Für uns alle ist es besser, wenn einer für das Volk stirbt, als daß ein ganzes Volk zugrunde geht.« [51]Kaiphas sprach damit nicht seine eigenen Gedanken aus. Er war in diesem Jahr Hoherpriester, und Gott selbst hatte ihm diese Worte in den Mund gelegt. [52]Denn nach Gottes Willen sollte Jesus für das Volk sterben; aber nicht nur für das jüdische Volk allein, sondern für alle Kinder Gottes aus allen Völkern.

[53]Von dem Tage an waren die jüdischen Führer fest entschlossen, Jesus zu töten. [54]Deshalb vermied es Jesus, sich in der Öffentlichkeit sehen zu lassen. Er zog sich vielmehr nach Ephraim zurück, eine Stadt am Rande der Wüste. Dort blieb er mit seinen Jüngern.

[55]Es war kurz vor dem jüdischen Passahfest. Aus dem ganzen Land zogen die Leute nach Jerusalem, um schon vor Beginn des Festes die traditionellen Reinigungsvorschriften zu erfüllen[b]. [56]Sie alle wollten Jesus gern sehen und suchten ihn. Als sie im Tempel zusammenstanden, fragte einer den andern: »Was meint ihr, wird er wohl zum Fest kommen?« [57]Inzwischen hatten die Hohenpriester und Pharisäer nämlich den Befehl erlassen, daß jeder, der den Aufenthaltsort Jesu kannte, ihn sofort zu melden hatte; denn sie waren jetzt endgültig entschlossen, ihn festzunehmen.

Ein Vermögen für Jesus
(Matth. 26,6-13; Mark. 14,3-9)

12 Sechs Tage vor Beginn des Passahfestes kam Jesus wieder nach Bethanien, wo er Lazarus von den Toten auferweckt hatte. [2]Jesus zu Ehren hatte man dort ein Festmahl vorbereitet. Martha half beim Bedienen, während Lazarus bei den Gästen war. [3]Da nahm Maria ein Gefäß mit kostbarem Salböl, goß es über die Füße Jesu und trocknete sie mit ihrem Haar. Der Duft des Öls erfüllte das ganze Haus.

[4]Aber einer von seinen Jüngern, Judas Ischarioth, der ihn später verraten sollte, meinte entrüstet: [5]»Das Öl ist ein Vermögen wert. Es wäre besser gewesen, man hätte es für dreihundert Silberstücke verkauft und das Geld den Armen gegeben.« [6]In Wirklichkeit ging es ihm aber nicht um die Armen, sondern um das Geld. Er verwaltete die gemeinsame Kasse und hatte schon oft etwas für sich selbst daraus genommen. [7]Jesus erwiderte: »Laß sie doch! Maria hat damit nur die Salbung für mein Begräbnis vorweggenommen. [8]Arme, um die ihr euch kümmern könnt, wird es immer geben. Aber ich bin nicht mehr lange bei euch.«

[9]Als sich herumgesprochen hatte, wo Jesus war, liefen viele Menschen nach Bethanien. Sie kamen nicht nur, um Jesus zu sehen, sondern auch wegen Lazarus, den Jesus von den Toten auferweckt

a) Wörtlich: Wenn wir ihn so gewähren lassen, werden alle an ihn glauben, und die Römer werden kommen und uns den Ort (= Tempel) und das Volk wegnehmen. b) Wörtlich: um sich zu reinigen.

hatte. [10]Da beschlossen die Hohenpriester, auch Lazarus zu töten; [11]denn seinetwegen glaubten viele Juden an Jesus.

Jesus wird in Jerusalem als König empfangen

(Matth. 21,1-11; Mark. 11,1-10; Luk. 19,28-40)

[12]Am nächsten Tag verbreitete sich in der ganzen Stadt die Nachricht, daß Jesus auf dem Wege nach Jerusalem war. [13]Da brachen die Menschen Palmenzweige ab, liefen Jesus entgegen und riefen ihm begeistert zu: »Gelobt sei Gott! Gelobt sei, der in Gottes Namen kommt! Heil dem König von Israel!«[a] [14]Jesus ritt auf einem Eselsfohlen in die Stadt. Damit erfüllte sich das Prophetenwort: [15]»Fürchte dich nicht, du Volk Israel! Dein König kommt! Er reitet auf einem Eselsfohlen.«[b] [16]Doch das verstanden seine Jünger damals noch nicht. Erst nachdem Jesus in Gottes Herrlichkeit zurückgekehrt war, begriffen sie, daß sich hier die Voraussage der Heiligen Schrift erfüllt hatte.

[17]Alle, die dabeigewesen waren, als Jesus seinen Freund Lazarus aus dem Grab gerufen und wieder zum Leben erweckt hatte, erzählten es weiter. [18]Deswegen liefen Jesus auch so viele Menschen entgegen. Sie wollten den Mann sehen, der solche Wunder vollbringt. [19]Nur die Pharisäer warfen sich gegenseitig vor: »Nun seht ihr, daß ihr so nichts erreicht! Alle Welt rennt ihm hinterher!«

»Wir möchten Jesus kennenlernen!«

(Matth. 16,24-25; Mark. 8,34-35; Luk. 9,23-24)

[20]Unter den Festbesuchern waren auch einige Griechen. [21]Sie kamen zu Philippus, der aus Bethsaida in Galiläa stammte, und baten ihn: »Herr, wir möchten Jesus gern kennenlernen!« [22]Philippus sprach mit Andreas darüber, dann gingen sie gemeinsam zu Jesus.

[23]Er sagte ihnen: »Die Stunde ist gekommen. Jetzt soll der Menschensohn verherrlicht werden. [24]Hört mir genau zu: Ein Weizenkorn, das nicht in den Boden kommt und stirbt, kann keine Frucht bringen, sondern bleibt ein einzelnes Korn. In der Erde aber keimt es und bringt viel Frucht, obwohl es selbst dabei stirbt. [25]Wer sein Leben über alles liebt, der wird es verlieren. Wer aber bereit ist, sein Leben vorbehaltlos für Gott einzusetzen,[c] wird es für alle Ewigkeit erhalten. [26]Wer mir dienen will, der soll mir auf diesem Weg folgen. Denn wo ich bin, soll er auch sein. Und wer mir dient, den wird mein Vater ehren.«

Jesus spricht von seinem nahen Tod

[27]»Jetzt habe ich Angst. Soll ich deshalb beten: Vater, bewahre mich vor dem, was jetzt kommen wird? Nein, denn ich bin in die Welt gekommen, um diese Stunde zu durchleiden. [28]Vater, dein Name soll gerühmt und geehrt werden!« Da erklang eine Stimme vom Himmel: »Das ist bisher schon geschehen und wird durch deinen Tod wieder geschehen.«[d]

[29]Die Menschen um Jesus hatten die Stimme gehört und meinten: »Es hat gedonnert!« Andere behaupteten: »Ein Engel hat mit ihm geredet.« [30]Aber Jesus sagte: »Diese Stimme hat euch gegolten, nicht mir. [31]Jetzt kommt es zum Urteil über diese Welt; jetzt wird der Satan, der Herrscher dieser Welt, entmachtet.[e] [32]Wenn ich aber erhöht sein werde, will ich alle zu mir ziehen.« [33]Auf diese Weise deutete Jesus seinen Kreuzestod an.

[34]Die Menge entgegnete ihm: »Aus dem Gesetz wissen wir doch, daß Christus für immer bei uns bleiben wird. Wie kannst du dann sagen: ›Der Menschensohn muß erhöht werden‹? Wer ist eigentlich dieser Menschensohn?« [35]Hierzu sagte Jesus: »Das Licht ist nur noch kurze Zeit bei euch. Nutzt diese Zeit, damit ihr das Ziel erreicht, bevor euch die Dunkelheit überfällt. Wer im Dunkeln geht, kann weder seinen Weg noch das

a) Wörtlich: und sie riefen laut: Hosianna! Gepriesen werde, der in dem Namen des Herrn kommt, und der König Israels. Vgl. Psalm 118,26. b) Sacharja 9,9 c) Wörtlich: Wer sein Leben in dieser Welt haßt. d) Wörtlich: Ich habe ihn verherrlicht und will ihn wieder verherrlichen. e) Wörtlich: Nun ist das Gericht für diese Welt da; nun wird der Fürst dieser Welt hinausgeworfen werden.

Ziel erkennen. 36Vertraut euch dem Licht an, solange ihr es habt, dann werdet ihr im Licht leben.«

Nur wenige glauben

Nach diesen Worten verließ Jesus die Menge. Niemand konnte ihn finden. 37Trotz aller Wunder, die er getan hatte, glaubten die meisten Menschen nicht an ihn. 38So erfüllte sich, was der Prophet Jesaja vorhergesagt hatte: »Herr, wer glaubt denn unserer Botschaft? Wer erkennt, daß es Gott ist, der die mächtigen Taten vollbringt?«[a] 39Jesaja hat auch den Grund genannt, weshalb sie nicht glauben konnten; denn: 40»Gott hat ihre Augen geblendet und ihre Herzen verschlossen, so daß sie weder sehen noch verstehen, noch zu mir umkehren können, damit ich sie heile.«[b] 41Jesaja konnte so reden, weil Gott ihm die Herrlichkeit des kommenden Christus gezeigt hatte.

42Und doch gab es unter den führenden Männern viele, die an Jesus glaubten. Aber aus Angst vor den Pharisäern, die allen Nachfolgern Jesu mit dem Ausschluß aus der Gemeinschaft des jüdischen Volkes drohten, bekannten sie sich nicht öffentlich zu ihm. 43Ihnen bedeutete die Zustimmung der Menschen mehr als das Ansehen bei Gott.

44Laut verkündete Jesus: »Wer an mich glaubt, der glaubt in Wahrheit an den, der mich gesandt hat. 45Und wenn ihr mich seht, dann seht ihr den, der mich gesandt hat! 46Ich bin als das Licht in die Welt gekommen, damit keiner, der an mich glaubt, länger in der Dunkelheit leben muß. 47Wenn jemand auf mein Wort hört und nicht danach handelt, so werde ich ihn nicht verurteilen. Denn ich bin nicht als Richter für die Welt gekommen, sondern als ihr Retter.

48Wer mich ablehnt und nicht nach meinen Worten lebt, der hat schon seinen Richter gefunden. Das Wort, das ich verkündet habe, wird ihn am Tag des Gerichts verurteilen. 49Denn ich habe euch nicht meine Gedanken weitergegeben; sondern der Vater, der mich gesandt hat, sagte mir, was ich reden und verkündigen soll. 50Und das ist gewiß: Sein Wort führt euch zum ewigen Leben.[c] Deshalb gebe ich euch alles so weiter, wie ich es vom Vater weiß.«

Die Fußwaschung – Jesus dient seinen Jüngern

(Matth. 23,11-12; Luk. 22,24-28)

13 Am Vorabend des Passahfestes wußte Jesus, daß nun die Zeit gekommen war, diese Welt zu verlassen und zum Vater zurückzugehen. Er hatte die Menschen geliebt, die sich in dieser Welt zu ihm bekannten, und er hörte nicht auf, sie zu lieben. 2An diesem Abend, als Jesus mit seinen Jüngern beim Essen war, hatte der Teufel Judas Ischarioth schon zum Verrat an Jesus verführt. 3Jesus aber wußte, daß ihm der Vater unbegrenzte Macht gegeben hatte, daß er von Gott gekommen war und zu ihm zurückkehren würde. 4Da stand er vom Tisch auf, legte seinen Umhang ab und band sich ein Tuch um. 5Er goß Wasser in eine Schüssel und begann, seinen Jüngern die Füße zu waschen und mit dem Tuch abzutrocknen.

6Als er zu Simon Petrus kam, wehrte dieser ab: »Herr, wie kommst *du* dazu, mir die Füße zu waschen!« 7Jesus antwortete ihm: »Du verstehst jetzt noch nicht, was ich tue. Aber später wirst du es verstehen.« 8Doch Petrus blieb dabei: »Niemals sollst du mir die Füße waschen!«, worauf ihm Jesus erwiderte: »Wenn ich dir nicht die Füße wasche, gehörst du nicht zu mir.« 9Da sagte Petrus: »Herr, dann wasch mir auch die Hände und das Gesicht, nicht nur die Füße!« 10Jesus antwortete: »Wer gebadet hat, der ist ganz rein. Ihm braucht man nur noch den Straßenstaub von den Füßen zu waschen. Ihr seid alle rein – außer einem.« 11Jesus wußte nämlich, wer ihn verraten würde. Deshalb sagte er: »Ihr seid nicht alle rein.«

12Nachdem Jesus ihnen die Füße gewaschen hatte, zog er seinen Umhang wieder an, setzte sich und fragte seine Jünger: »Versteht ihr, was ich eben getan habe? 13Ihr nennt mich Meister und Herr. Das ist auch richtig so, denn ich bin es. 14Wie ich, euer Meister und Herr, euch jetzt die Füße gewaschen habe, so sollt auch ihr euch gegenseitig die Füße

a) Jesaja 53,1 b) Jesaja 6,9-10 c) Wörtlich: Sein Gebot (Auftrag) ist ewiges Leben.

waschen. 15Ich habe euch damit ein Beispiel gegeben, dem ihr folgen sollt. Handelt ebenso! 16Denkt immer daran: Ein Untergebener steht niemals höher als sein Vorgesetzter, und ein Botschafter untersteht dem, der ihn gesandt hat. 17Wenn ihr das eingesehen habt, dann handelt danach, und Gott wird euch segnen.[a]

18Jetzt spreche ich nicht von euch allen; denn ich weiß, wen ich als Jünger zu mir gerufen habe. Aber was die Heilige Schrift vorausgesagt hat, wird sich erfüllen: ›Einer, der mit mir zusammen das Brot ißt, tritt mich mit Füßen.‹[b] 19Ich sage euch das schon jetzt, damit ihr auch dann, wenn sich das Schreckliche ereignet, ganz sicher wißt: Ich bin der, den Gott gesandt hat. 20Vergeßt außerdem nicht: Wer einen Menschen aufnimmt, den ich senden werde, der nimmt mich auf. Und wer mich aufnimmt, nimmt den Vater auf, der mich gesandt hat.«

»Einer von euch wird mich verraten«
(Matth. 26,21-25; Mark. 14,18-21; Luk. 22,21-23)

21Traurig wiederholte Jesus, nachdem er das gesagt hatte: »Ja, es ist wahr: Einer von euch wird mich verraten!« 22Die Jünger sahen sich bestürzt an und bemühten sich erschrocken, herauszufinden, wen er meinte.

23Neben ihm am Tisch saß der Jünger, den Jesus liebte. 24Dem gab Petrus einen Wink: »Frage du ihn, wen er meint!« 25Da beugte er sich zu Jesus hinüber und fragte leise: »Herr, wer von uns ist es?« 26Jesus antwortete ihm: »Es ist der, dem ich das Brot geben werde, das ich jetzt in die Schüssel eintauche.«

Und nachdem er das Brot eingetaucht hatte, gab er es Judas, dem Sohn des Simon Ischarioth. 27Von diesem Augenblick an hatte Satan den Judas ganz in seiner Gewalt. »Beeile dich, Judas! Erledige bald, was du tun willst!« forderte Jesus ihn nun auf.

28Keiner von den anderen am Tisch verstand, was Jesus mit diesen Worten meinte. 29Manche dachten, daß Jesus den Judas, der ja das Geld verwaltete, hinausgeschickt hätte, um das Nötige für das Fest einzukaufen oder den Armen etwas zu geben. 30Judas nahm das Brot und ging eilig hinaus in die Nacht.

Das neue Gebot der Liebe

31Nachdem Judas sie verlassen hatte, sagte Jesus: »Jetzt wird Gott zeigen, wer der Menschensohn wirklich ist, und dadurch wird auch die Herrlichkeit Gottes sichtbar.[c] 32Wenn der Menschensohn erst Gott verherrlicht haben wird, dann wird auch Gott den Menschensohn verherrlichen, und das geschieht bald. 33Denn bei euch, meine lieben Kinder, werde ich nur noch kurze Zeit sein. Ihr werdet mich suchen. Doch was ich den Juden gesagt habe, muß ich jetzt auch euch sagen: Wohin ich gehen werde, dahin könnt ihr mir nicht folgen. Heute gebe ich euch ein neues Gebot: 34Ihr sollt einander lieben, so wie ich euch geliebt habe. 35An eurer Liebe füreinander wird die Welt erkennen, daß ihr meine Jünger seid.«

(Matth. 26,31-35; Mark. 14,27-31; Luk. 22,31-34)

36Da fragte ihn Petrus: »Herr, wo willst du hin?« »Diesmal kannst du nicht mit mir gehen«, antwortete ihm Jesus. »Aber du wirst mir später folgen.« 37»Laß mich doch jetzt bei dir bleiben«, bat ihn Petrus und beteuerte: »Ich wäre sogar bereit, für dich zu sterben!«

38Da antwortete Jesus: »Du willst für mich sterben? Petrus, ich sage dir: Ehe morgen früh der Hahn kräht, wirst du dreimal bestritten haben, mich überhaupt zu kennen!«

Ohne Jesus kommt niemand zu Gott

14 »Seid ohne Sorge, und habt keine Angst!«[d] forderte Jesus seine Jünger auf. »Vertraut Gott, und vertraut mir! 2Denn im Hause meines Vaters gibt es viele Wohnungen. Wenn es nicht so wäre, hätte ich euch nicht gesagt: Ich gehe hin, um dort alles für euch vorzuberei-

a) Wörtlich: Wenn ihr dies wißt, glückselig seid ihr, wenn ihr es tut. b) Psalm 41,10 c) Wörtlich: Nun ist der Menschensohn verherrlicht worden, und Gott ist durch ihn verherrlicht worden. d) Wörtlich: Euer Herz werde nicht in Unruhe versetzt!

ten. [3]Und wenn alles bereit ist, werde ich wiederkommen und euch zu mir holen. Dann werdet auch ihr dort sein, wo ich bin. [4]Den Weg dorthin kennt ihr ja.«[a]

[5]»Nein, Herr«, widersprach ihm Thomas, »wir wissen nicht einmal, wohin du gehst! Wie sollen wir dann den Weg dorthin finden?« [6]Jesus antwortete: »Ich bin der Weg, ich bin die Wahrheit, und ich bin das Leben! Ohne mich kann niemand zum Vater kommen. [7]Kennt ihr mich, dann kennt ihr auch meinen Vater. Von jetzt an kennt ihr ihn; ja, ihr habt ihn schon gesehen!«

[8]Da bat Philippus: »Herr, zeige uns den Vater, dann sind wir zufrieden!« [9]»Ich bin nun schon so lange bei euch«, entgegnete Jesus, »und du kennst mich noch immer nicht, Philippus? Wer mich gesehen hat, der hat auch den Vater gesehen. Wie also kannst du bitten: ›Zeige uns den Vater!‹ [10]Glaubst du nicht, daß ich im Vater bin und der Vater in mir ist? Was ich euch sage, habe ich mir nicht selbst ausgedacht. Es sind die Worte meines Vaters, der in mir lebt. Er handelt durch mich. [11]Glaubt mir doch, daß der Vater und ich eins sind. Und wenn ihr schon meinen Worten nicht glaubt, dann glaubt doch meinen Taten.

[12]Eins ist sicher: Wer an mich glaubt, wird die gleichen Taten vollbringen wie ich, ja sogar noch größere; denn ich gehe zum Vater. [13]Worum ihr in meinem Namen bitten werdet, das werde ich euch geben, damit durch die Taten des Sohnes die Herrlichkeit des Vaters sichtbar wird.[b] [14]Was ihr also in meinem Namen erbitten werdet, das werde ich tun.«

Vom Geist der Wahrheit

[15]»Wenn ihr mich liebt, werdet ihr so leben, wie ich es euch gesagt habe. [16]Dann werde ich den Vater bitten, daß er an meiner Stelle jemanden[c] zu euch senden soll, der euch helfen wird und euch nie verläßt. [17]Dies ist der Geist der Wahrheit. Die Welt kann ihn nicht aufnehmen, denn sie ist blind für ihn und erkennt ihn deshalb nicht. Aber ihr kennt ihn, denn er lebt schon jetzt bei euch, und einmal wird er in euch sein.[d]

[18]Nein, ich lasse euch nicht als Waisenkinder zurück. Ich komme wieder zu euch. [19]Schon bald wird mich niemand mehr in dieser Welt sehen. Ihr aber werdet mich sehen. Und weil ich lebe, werdet auch ihr leben. [20]Dann werdet ihr erkennen, daß ich eins bin mit meinem Vater und daß ihr in mir seid und ich in euch bin. [21]Wer meine Gebote annimmt und danach lebt, der liebt mich. Und wer mich liebt, den wird mein Vater lieben. Auch ich werde ihn lieben und mich ihm zu erkennen geben.«

[22]Da fragte ihn Judas (nicht Judas Ischarioth): »Herr, weshalb willst du dich nur uns, deinen Jüngern, zu erkennen geben, warum nicht der ganzen Welt?« [23]Ihm antwortete Jesus: »Weil ich mich nur dem zu erkennen gebe, der mich liebt und nach meinem Wort lebt. Den wird auch mein Vater lieben, und wir beide werden zu ihm kommen und immer bei ihm bleiben. [24]Wer mich aber nicht liebt, der richtet sich auch nicht nach dem, was ich sage. Was ich euch sage, kommt nicht von mir, sondern von meinem Vater, der mich gesandt hat.

[25]Ich sage euch dies alles, solange ich noch bei euch bin. [26]Der Heilige Geist, den euch der Vater an meiner Stelle senden wird, er wird euch an all das erinnern, was ich euch gesagt habe, und ihr werdet es verstehen.[e]

[27]Auch wenn ich nicht bei euch bleibe, sollt ihr doch Frieden haben. Es ist mein Friede, den ich euch gebe; ein Friede, den sonst keiner geben kann. Seid deshalb ohne Sorge und Furcht!

[28]Denkt daran, was ich euch gesagt habe: Ich gehe jetzt, aber ich komme ja wieder: Wenn ihr mich wirklich lieben würdet, müßtet ihr euch darüber freuen, daß ich jetzt zum Vater gehe; denn er ist größer als ich. [29]Ich sage euch das alles, bevor es geschieht, damit ihr auch dann an mich glaubt, wenn es eintrifft. [30]Ich habe nicht mehr viel Zeit, mit euch zu reden,

a) Wörtlich: Und wo ich hingehe, wißt ihr, und auch den Weg. b) Wörtlich: Und was irgend ihr bittet in meinem Namen, das werde ich tun, damit der Vater durch den Sohn verherrlicht werde. c) Wörtliche Bedeutung: Der Herbeigerufene, der einem anderen beistehen soll; der Anwalt, der Fürsprecher, der Tröster. d) Wörtlich: Ihr kennt ihn; denn er bleibt bei euch und wird in euch sein. e) Wörtlich: Aber der Tröster, der Heilige Geist, den mein Vater in meinem Namen senden wird, jener wird euch alles lehren und euch an alles erinnern, was ich euch gesagt habe.

denn der Herrscher dieser Welt, der Sa-
tan, ist schon unterwegs. Er hat zwar kei-
ne Macht über mich, [31]aber die Welt soll
erfahren, daß ich den Vater liebe. Und
deswegen werde ich erfüllen, was Gott
mir aufgetragen hat.
Und nun kommt, wir wollen gehen!«

Der Weinstock und die Reben

15 »Ich bin der wahre Weinstock,
und mein Vater ist der Weingärt-
ner,[a] [2]der alle unfruchtbaren Triebe ab-
schneidet. Aber die fruchttragenden Re-
ben beschneidet er sorgfältig, damit sie
noch mehr Frucht bringen. [3]Ihr gehört
schon zu diesen guten Reben, weil ihr
mein Wort angenommen habt.[b] [4]Bleibt
fest mit mir verbunden, dann wird mein
Leben in euch sein! Denn so wie eine Re-
be nur dann Früchte tragen kann, wenn
sie am Weinstock ist, so werdet auch ihr
nur Frucht bringen, wenn ihr mit mir ver-
bunden bleibt.
[5]Ich bin der Weinstock, und ihr seid
die Reben. Wer bei mir bleibt, in dem
bleibt mein Leben, und er wird viel
Frucht tragen. Wer sich aber von mir
trennt, kann nichts ausrichten. [6]Wer oh-
ne mich leben will, wird wie ein un-
fruchtbarer Trieb abgeschnitten und weg-
geworfen. Die verdorrten Triebe werden
gesammelt, ins Feuer geworfen und ver-
brannt. [7]Wenn ihr aber fest mit mir ver-
bunden bleibt und euch nach meinem
Wort richtet, dürft ihr von Gott erbitten,
was ihr wollt; ihr werdet es erhalten.
[8]Gott wird dadurch verherrlicht, daß ihr
viel Frucht bringt und ihr euch so als mei-
ne wirklichen Jünger erweist.
[9]Wie mich der Vater liebt, so liebe ich
euch. Bleibt in meiner Liebe! [10]Wenn ihr
meinen Geboten gehorcht, bleibt euch
meine Liebe erhalten. Auch ich bin den
Geboten meines Vaters gehorsam und le-
be in seiner Liebe. [11]Das alles sage ich
euch, damit meine Freude euch ganz er-
füllt und eure Freude dadurch voll-
kommen wird. [12]Und so lautet mein Ge-
bot: Ihr sollt einander so lieben, wie ich
euch geliebt habe.
[13]Die größte Liebe beweist jemand, der
sein Leben für die Freunde hingibt.
[14]Und ihr seid meine Freunde, wenn ihr
tut, was ich euch aufgetragen habe. [15]Ich
nenne euch nicht mehr Knechte; denn ei-
nem Knecht sagt der Herr nicht, was er
vorhat. Ihr aber seid meine Freunde;
denn ich habe euch alles gesagt, was ich
vom Vater gehört habe. [16]Nicht ihr habt
mich erwählt, sondern ich habe euch zu
mir gerufen, damit ihr hingeht und
Frucht bringt, die bleibt. Dann wird
euch der Vater alles geben, worum ihr
ihn in meinem Namen bittet. [17]Deshalb
sage ich euch noch einmal: Ihr sollt einan-
der lieben!«

Womit Christen rechnen müssen

[18]»Wenn die Menschen euch hassen,
dann vergeßt nicht, daß man mich schon
vor euch gehaßt hat. [19]Diese Welt würde
euch lieben; aber ihr müßtet zu ihr ge-
hören. Doch ihr gehört nicht mehr dazu.
Ich selbst habe euch aus der Welt heraus-
gerufen. Darum haßt sie euch. [20]Erinnert
euch daran, daß ich gesagt habe: ›Ein
Knecht ist nicht mehr als sein Herr!‹ Des-
halb werden sie euch verfolgen, wie sie
mich verfolgt haben. Wenn sie auf mein
Wort gehört haben, werden sie auch auf
euer Wort hören.
[21]Das alles wird man euch antun, weil
ihr zu mir gehört; denn die Welt kennt
Gott nicht, der mich gesandt hat. [22]Wäre
ich nicht in diese Welt gekommen und
hätte die Menschen alles über Gott ge-
lehrt, wäre sie nicht schuldig. Aber jetzt
gibt es für ihr Verhalten keine Entschuldi-
gung mehr. [23]Denn wer mich haßt, der
haßt auch meinen Vater. [24]Wenn ich
nicht vor aller Augen Gottes Wunder
vollbracht hätte, die kein anderer tun
kann, wären sie ohne Schuld. Aber nun
haben sie alles miterlebt, und trotzdem
hassen sie mich und auch meinen Vater.
[25]Doch darin erfüllt sich die Voraussage
der Heiligen Schrift: ›Sie hassen mich oh-
ne Grund!‹[c]
[26]Aber ich will euch jemanden senden,
der euch zur Seite stehen und trösten
wird, den Geist der Wahrheit. Er wird
vom Vater kommen und mein Zeuge

a) Jesaja 5,1-7; Jeremia 2,21; Psalm 80,9-12 b) Wörtlich: Ihr seid schon rein durch das Wort, das ich zu euch geredet habe. c) Psalm 69,5

sein. [27]Und auch ihr werdet meine Zeugen sein, denn ihr seid von Anfang an bei mir gewesen.«

16 »Ich sage euch das alles, damit ihr nicht an mir zu zweifeln beginnt und aufgebt. [2]Denn man wird euch aus der Gemeinschaft des jüdischen Volkes[a] ausschließen. Ja, es wird so weit kommen, daß man meint, Gott einen Dienst zu erweisen, wenn man euch tötet. [3]Zu all dem werden Menschen fähig sein, weil sie meinen Vater und mich nicht erkannt haben.«

Jesus läßt seine Jünger nicht allein zurück

[4]»Noch einmal: Ich sage euch das, damit ihr nicht überrascht seid, wenn dies alles eintrifft. Bisher war es nicht nötig, davon zu reden, weil ich ja bei euch war. [5]Jetzt aber verlasse ich euch, um zu dem zu gehen, der mich gesandt hat, und keiner von euch fragt mich, wohin ich gehe.

[6]Ihr seid nur traurig und voller Sorgen über das, was ich euch gesagt habe. [7]Doch glaubt mir: Es ist besser für euch, wenn ich gehe. Sonst käme der nicht, der meine Stelle einnehmen soll, um euch zu helfen und zu trösten. Wenn ich euch verlassen habe, werde ich ihn zu euch senden. [8]Und ist er erst gekommen, wird er den Menschen die Augen für ihre Sünde öffnen, aber auch für Gottes Gerechtigkeit und sein Gericht.[b] [9]Denn ihre Sünde ist, daß sie nicht an mich glauben. [10]Gottes Gerechtigkeit zeigt sich darin, daß er sich zu mir bekennt und ich zum Vater gehe, wenn ihr mich dann auch nicht mehr sehen werdet. [11]Und Gottes Gericht werden die Menschen daran erkennen, daß der Herrscher dieser Welt bereits abgeurteilt ist.

[12]Ich hätte euch noch viel mehr zu sagen, aber ihr könnt es jetzt noch nicht begreifen. [13]Wenn aber der Geist der Wahrheit kommt, werdet ihr die Wahrheit vollständig erfassen. Denn er redet nicht in seinem eigenen Auftrag, sondern gibt nur das weiter, was ihm gesagt wurde. Auch was in Zukunft auf euch wartet, wird er euch verkündigen. [14]Dadurch wird er mich verherrlichen; denn alles, was er euch zeigt, kommt von mir. [15]Was der Vater hat, gehört auch mir. Deshalb kann ich mit Recht sagen: Alles, was er euch zeigt, kommt von mir.«

»Eure Freude wird vollkommen sein«

[16]»Ich werde nur noch kurze Zeit bei euch sein. Bald nach meinem Weggehen aber werdet ihr mich wiedersehen.« [17]»Was meint er bloß damit?« fragten sich die Jünger. »Was heißt: ›Ich werde nur noch kurze Zeit bei euch sein! Aber bald darauf werdet ihr mich doch wiedersehen‹? Und was bedeutet es, wenn er sagt: ›Ich gehe zum Vater‹? [18]Und was meint er mit ›Nur noch kurze Zeit‹? Wir verstehen das nicht.«

[19]Jesus merkte, daß sie ihn fragen wollten, und sagte: »Macht ihr euch darüber Gedanken, daß ich gesagt habe: ›Ich werde nur noch kurze Zeit bei euch sein, aber bald darauf werdet ihr mich wiedersehen‹? [20]Es wird tatsächlich so kommen, wie ich es euch jetzt sage: Ihr werdet weinen und klagen, aber die Welt wird sich freuen. Ihr werdet traurig sein, doch eure Traurigkeit soll sich in Freude verwandeln.

[21]Das ist genauso wie bei einer Frau, die ein Kind bekommt. Sobald ihr Kind geboren ist, hat sie Angst und Schmerzen der Geburt vergessen. Sie ist nur noch glücklich darüber, daß ihr Kind zur Welt gekommen ist. [22]Auch ihr seid jetzt sehr traurig, aber ich werde euch wiedersehen. Dann werdet ihr froh und glücklich sein, und diese Freude kann euch niemand mehr nehmen. [23]Am Tage unseres Wiedersehens werden alle eure Fragen beantwortet sein.

Ich versichere euch: Wenn ihr den Vater in meinem Namen um etwas bittet, wird er es euch geben. [24]Bisher habt ihr in meinem Namen nichts von Gott erbeten. Bittet ihn, und er wird es euch geben. Dann wird eure Freude vollkommen sein.«

Die Welt ist besiegt

[25]»Was ich euch sagen wollte, habe ich euch bis jetzt an Beispielen erklärt. Aber

a) Wörtlich: aus den Synagogen. b) Wörtlich: Und nachdem jener gekommen ist, wird er die Welt überführen über die Sünde und über die Gerechtigkeit und über das Gericht.

die Zeit kommt bald, in der das nicht mehr nötig sein wird. Dann werde ich euch ohne Bilder und Umschreibungen zeigen, wer der Vater ist. 26Von diesem Tage an werdet ihr in meinem Namen zu ihm beten. Und dann muß ich den Vater nicht mehr bitten, euer Gebet zu erhören. 27Denn der Vater liebt euch, weil ihr mich liebt und daran glaubt, daß ich von Gott gekommen bin. 28Ja, ich kam vom Vater in die Welt, und jetzt verlasse ich sie wieder, um zum Vater zurückzugehen.«

29»Endlich redest du klar und deutlich zu uns, ohne diese schwerverständlichen Bilder«, sagten seine Jünger. 30»Jetzt haben wir erkannt, daß du um alles weißt, noch ehe wir dich fragen. Darum glauben wir dir, daß du von Gott gekommen bist.«

31»Glaubt ihr wirklich?« fragte Jesus. 32»Ihr sollt nämlich wissen: Die Zeit wird kommen – und eigentlich ist sie schon da –, in der man euch auseinandertreibt. Ihr werdet euch in Sicherheit bringen und mich allein lassen. Aber auch dann werde ich nicht allein sein, denn der Vater ist bei mir.

33Dies alles habe ich euch gesagt, damit ihr durch mich Frieden habt. In der Welt werdet ihr von allen Seiten bedrängt, aber vertraut darauf: Ich habe die Welt besiegt.«[a]

Jesus betet für seine Jünger

17 Nach diesen Worten sah Jesus zum Himmel auf und betete: »Vater, die Stunde ist da! Laß jetzt die Herrlichkeit deines Sohnes erkennbar werden, damit dein Sohn dich verherrlicht. 2Du hast ihm Macht über die Menschen gegeben, so daß durch ihn alle zum ewigen Leben gelangen, die du ihm anvertraut hast. 3Und das allein ist ewiges Leben: Dich, den einen wahren Gott, zu erkennen und an Jesus Christus zu glauben, den du gesandt hast. 4Ich habe hier auf der Erde den Menschen gezeigt, wie herrlich du bist. Ich habe den Auftrag erfüllt, den du mir gegeben hast. 5Und nun, Vater, zeige an mir die Herrlichkeit, die ich bereits mit dir teilte, bevor die Welt erschaffen wurde.

6Ich habe den Menschen gezeigt, wer du bist, und zwar allen, die du aus der Welt herausgerufen und mir anvertraut hast. Dir gehörten sie schon immer, und deswegen hast du sie mir gegeben. Sie haben deinem Wort geglaubt und leben danach. 7Jetzt wissen sie, daß alles, was ich habe, von dir gekommen ist. 8Denn was du mir gesagt hast, habe ich ihnen weitergegeben. Sie haben dein Wort angenommen und erkannt, daß ich von dir herkomme; sie glauben daran, daß du mich gesandt hast.

9Für sie bitte ich dich jetzt: für die Menschen, die du mir anvertraut hast und die zu dir gehören; nicht für die ganze Welt. 10Denn alles, was ich habe, das gehört dir, und was du hast, das gehört auch mir. Sie werden der Welt zeigen, wer ich bin.[b] 11Ich verlasse jetzt die Welt und komme zu dir. Sie aber bleiben zurück. Heiliger Vater, erhalte sie in der Gemeinschaft mit dir[c], damit sie untereinander eins werden, so wie wir eins sind. 12Solange ich bei ihnen war, habe ich sie in der Gemeinschaft mit dir erhalten, alle, die du mir anvertraut hast. Ich habe sie bewahrt, und keiner von ihnen ist verlorengegangen, außer dem einen[d], wie es schon in der Heiligen Schrift vorausgesagt ist.

13Jetzt komme ich zu dir zurück. Aber dies alles wollte ich noch sagen, solange ich bei ihnen bin, damit meine Freude auch sie ganz erfüllt. 14Ich habe sie deine Worte gelehrt, und die Welt haßt sie deswegen, weil sie ebenso wie ich nicht mehr zu ihr gehören. 15Dennoch bitte ich dich nicht, sie aus der Welt zu nehmen. Aber schütze sie vor der Macht des Bösen. 16Sie gehören ebensowenig zur Welt wie ich. 17Laß sie dir immer ähnlicher werden und der Wahrheit gehorchen.[e] Dein Wort ist die Wahrheit. 18Wie du mich in die Welt gesandt hast, so sende ich sie in die Welt. 19Für sie gebe ich mein Leben hin, damit ihr Leben dir gehört.[f]

20Ich bitte aber nicht nur für sie, son-

a) Wörtlich: In der Welt habt ihr Drangsal; doch seid guten Mutes, ich habe die Welt besiegt. b) Wörtlich: In ihnen bin ich verherrlicht. c) Wörtlich: in deinem Namen, den du mir gegeben hast. d) Wörtlich: dem Sohn des Verderbens (Judas). e) Wörtlich: Heilige sie in der Wahrheit. f) Wörtlich: Ich heilige mich selbst für sie, damit auch sie Geheiligte seien in Wahrheit.

dern für alle, die durch das Zeugnis meiner Jünger von mir hören werden und an
mich glauben. [21]Sie alle sollen eins sein,
genauso wie du, Vater, mit mir eins bist. So wie du in mir bist und ich in dir bin, sollen auch sie in uns fest miteinander verbunden sein. Dann werden sie die Welt überzeugen, daß du mich gesandt
hast. [22]Deshalb habe ich ihnen auch die
Herrlichkeit gegeben, die du mir anvertraut hast, damit sie die gleiche enge Ge-
meinschaft haben wie wir. [23]Sie bleiben
in mir und ich in dir: So sind wir vollständig eins. Und die Welt wird erkennen, daß du es bist, der mich gesandt hat, und daß du meine Jünger liebst, wie du mich liebst.

[24]Vater, ich will, daß alle, die du mir
gegeben hast, bei mir bleiben. Sie sollen an meiner Herrlichkeit teilhaben. Du hast mir die Herrlichkeit gegeben; denn du hast mich geliebt, längst bevor die
Welt geschaffen wurde. [25]Gerechter Va-
ter! Wenn die Welt dich auch nicht kennt, ich kenne dich, und diese hier haben erkannt, daß du mich gesandt hast.
[26]Ich habe ihnen gezeigt, wer du bist. Das
werde ich auch weiter tun, damit deine Liebe zu mir auch sie erfüllt, ja damit ich selbst in ihnen lebe.«[a]

Jesus stellt sich seinen Gegnern

(Matth. 26,47-56; Mark. 14,43-50; Luk. 22,47-53)

18 Nach diesem Gebet ging Jesus mit seinen Jüngern auf die andere Sei-
te des Kidrontals in einen Garten. [2]Judas,
der Verräter, kannte diese Stelle, denn Jesus hatte sich oft mit seinen Jüngern dort
aufgehalten. [3]Mit einem Trupp römischer
Soldaten und den Männern, die ihm die Hohenpriester und Pharisäer mitgegeben hatten, kam Judas dorthin. Sie trugen Fackeln und Lampen und waren schwer bewaffnet.

[4]Jesus wußte, was jetzt geschehen wür-
de. Er ging dem Trupp entgegen und frag-
te: »Wen sucht ihr?« [5]»Jesus von Naza-
reth«, war die Antwort. »Ich bin es!« erklärte da Jesus. Judas, sein Verräter,
stand mitten unter den Soldaten. [6]Als Je-
sus klar und offen sagte: »Ich bin es«, wichen die Bewaffneten erschrocken zu-
rück und fielen zu Boden. [7]Jesus fragte
noch einmal: »Wen sucht ihr denn?« »Jesus von Nazareth!« antworteten sie wie-
der. [8]»Ich habe euch doch schon gesagt,
daß ich es bin«, entgegnete Jesus. »Wenn ihr mich sucht, dann laßt die anderen
hier gehen!« [9]So erfüllte sich das Wort,
das Jesus vorher im Gebet gesprochen hatte: »Ich habe keinen von denen verloren, die du mir anvertraut hast.«

[10]Simon Petrus hatte ein Schwert da-
bei. Plötzlich zog er es und schlug damit Malchus, einem Diener des Hohenprie-
sters, das rechte Ohr ab. [11]Aber Jesus be-
fahl Petrus: »Stecke dein Schwert weg! Soll ich denn dem Leiden aus dem Weg gehen, das ich nach dem Willen meines Vaters auf mich nehmen muß?«[b]

[12]Da wurde Jesus von den römischen
Soldaten und der jüdischen Polizei
verhaftet. Sie fesselten ihn [13]und brachten
ihn zu Hannas, dem Schwiegervater von Kaiphas, der in diesem Jahr Hoherprie-
ster war, [14]derselbe Kaiphas, der den jüdi-
schen Führern geraten hatte: »Es ist für uns alle besser, wenn dieser eine Mann für das ganze Volk stirbt!«[c]

Petrus im Palast des Kaiphas

(Matth. 26,69-70; Mark. 14,66-68; Luk. 22,55-57)

[15]Petrus und ein anderer Jünger folgten
Jesus, als er abgeführt wurde. Weil dieser andere Jünger mit dem Hohenpriester bekannt war, ließ man ihn bis in den Hof
des Palastes gehen. [16]Petrus blieb drau-
ßen vor dem Tor. Da kam der andere Jünger wieder zurück, redete mit der Pförtnerin, und so gelangte auch Petrus
in den Palast des Kaiphas. [17]Doch schon
die Pförtnerin fragte Petrus: »Gehörst du nicht auch zu den Jüngern dieses Mannes?« »Nein, ich nicht!« antwortete
er schnell. [18]Die Wachmannschaft und
die anderen Soldaten hatten ein Feuer angezündet. Sie standen um das Feuer herum und wärmten sich, denn es war kalt. Petrus ging zu ihnen, um sich auch zu wärmen.

a) Wörtlich: Und ich habe ihnen deinen Namen bekanntgemacht, und ich werde ihn bekanntmachen, damit die Liebe, mit der du mich geliebt hast, in ihnen sei und ich in ihnen. b) Wörtlich: Den Kelch, den mir der Vater gegeben hat, soll ich ihn denn nicht trinken? c) Johannes 11,49-52

Das Verhör vor dem Hohenpriester
(Matth. 26,59-66; Mark.14,55-64; Luk. 22,66-71)

[19]Drinnen im Palast begann das Verhör. Der Hohepriester Hannas fragte Jesus nach seinen Jüngern und nach seiner Lehre. [20]Jesus antwortete: »Was ich gelehrt habe, ist überall bekannt. Denn ich habe in aller Öffentlichkeit gepredigt, in den Synagogen und im Tempel, wo es jeder hören kann. Niemals habe ich im geheimen etwas anderes gelehrt. [21]Weshalb fragst du mich also? Frage doch alle, die mich gehört haben! Sie wissen, was ich gesagt habe.«

[22]Da schlug ihm einer von den Wächtern, die neben ihm standen, ins Gesicht und rief: »So redest du mit dem Hohenpriester?« [23]»Wenn ich etwas Böses gesagt habe, dann beweise es!« antwortete ihm Jesus. »Habe ich aber die Wahrheit gesagt, weshalb schlägst du mich?«

[24]Da ließ Hannas Jesus in Fesseln zu Kaiphas bringen, dem amtierenden Hohenpriester.

Petrus behauptet noch einmal, Jesus nicht zu kennen
(Matth. 26,71-75; Mark. 14,69-72; Luk. 22,58-62)

[25]Petrus stand noch immer am Feuer und wärmte sich. Da wurde er gefragt: »Bist du nicht auch einer von seinen Jüngern?« »Ich? Nein, ich bin es nicht«, widersprach er heftig. [26]Aber einer der Diener des Hohenpriesters, ein Verwandter des Mannes, dem Petrus das Ohr abgehauen hatte, meinte: »Ich habe dich doch im Garten bei ihm gesehen!« [27]Wieder stritt Petrus energisch ab, Jesus zu kennen. Und in diesem Augenblick krähte ein Hahn.

Jesus vor Pilatus: »Bist du ein König?«
(Matth. 27,2.11-26; Mark. 15,1-15; Luk. 23,1-25)

[28]In den frühen Morgenstunden brachten sie Jesus von Kaiphas zum Amtssitz des römischen Gouverneurs. Die Juden selbst betraten dieses Gebäude nicht, weil sie dadurch nach ihren religiösen Vorschriften unrein geworden wären und nicht am Passahmahl hätten teilnehmen dürfen.

[29]Deshalb ging Pilatus zu ihnen hinaus und fragte: »Welche Anklage erhebt ihr gegen diesen Mann? Was hat er getan?« [30]»Wenn er kein Verbrecher wäre«, antworteten sie, »hätten wir ihn nicht zu dir gebracht.« [31]»Dann nehmt ihn mit, und verurteilt ihn nach euerm Gesetz!« entgegnete Pilatus. »Aber wir dürfen doch niemanden hinrichten«, wandten sie ein. [32]So sollten sich die Worte Jesu erfüllen, mit denen er vorausgesagt hatte, wie er sterben würde.

[33]Pilatus kam nun in den Gerichtssaal zurück, ließ Jesus vorführen und fragte ihn: »Bist du der König der Juden?« [34]»Fragst du als römischer Gouverneur, oder wollen das die Juden wissen?« entgegnete Jesus. [35]»Bin ich etwa ein Jude?« fragte Pilatus. »Die Führer deines eigenen Volkes und die Hohenpriester haben dich hergebracht, damit ich dich verurteilen soll. Was also hast du getan?«

[36]Jesus antwortete: »Mein Königreich gehört nicht zu dieser Welt, man kann es mit keinem anderen Reich vergleichen. Wäre ich ein weltlicher Herrscher, dann hätten meine Leute für mich gekämpft, damit ich nicht in die Hände der Juden falle. Aber mein Reich ist von anderer Art.« [37]Da fragte ihn Pilatus: »Dann bist du also doch ein König?« Jesus antwortete: »Ja, du hast recht. Ich bin ein König. Ich bin geboren und in diese Welt gekommen, um ihr die Wahrheit zu bezeugen. Wer bereit ist, auf die Wahrheit zu hören, der hört auf mich.«[a] [38]»Die Wahrheit? Was ist das überhaupt, die Wahrheit?« fragte Pilatus zurück.

Dann ging er zu den Juden hinaus und sagte ihnen: »Nach meiner Meinung ist der Mann unschuldig. [39]Ich will euch wie üblich auch in diesem Jahr am Passahfest einen Gefangenen freigeben. Wenn ihr wollt, lasse ich diesen ›König der Juden‹ frei.« [40]Aber sie schrien laut: »Nein! Nicht den! Wir wollen Barabbas!« Barabbas aber war ein Verbrecher.

a) Wörtlich: Ich bin dazu geboren worden und in diese Welt gekommen, daß ich Zeugnis von der Wahrheit gebe; jeder, der aus der Wahrheit ist, hört meine Stimme.

Das Todesurteil
(Matth. 27,26-31; Mark. 15,15-20)

19 Da befahl Pilatus, Jesus abzuführen und ihn auszupeitschen. [2]Die Soldaten flochten eine Krone aus Dornenzweigen und setzten sie ihm auf den Kopf. Dann hängten sie ihm einen purpurroten Mantel um, [3]stellten sich vor ihn hin und spotteten: »Sei gegrüßt, du König der Juden!« Und sie schlugen ihm ins Gesicht.

[4]Jetzt ging Pilatus wieder zu den Juden hinaus und sagte: »Ich will ihn noch einmal herbringen lassen, damit ihr erkennt, daß er unschuldig ist!« [5]Dann kam Jesus heraus. Er trug die Dornenkrone und den roten Mantel. Und Pilatus forderte die Menge auf: »Seht ihn euch an, diesen Menschen!«

[6]Aber kaum hatten die Hohenpriester und die anderen Juden Jesus erblickt, fingen sie an zu schreien: »Ans Kreuz! Ans Kreuz mit ihm!« »Dann nehmt ihn doch und kreuzigt ihn!« rief daraufhin Pilatus. »Denn ich bin überzeugt: Er ist unschuldig!« [7]»Nach unserem Gesetz aber muß er sterben«, entgegneten die Juden, »denn er hat behauptet, er sei der Sohn Gottes.«

[8]Als Pilatus das hörte, bekam er es mit der Angst zu tun. [9]Er ging wieder in den Palast zurück und fragte Jesus: »Wer bist du eigentlich?«[a] Doch Jesus antwortete nichts. [10]»Redest du nicht mehr mit mir?« fragte Pilatus drohend. »Hast du vergessen, daß es in meiner Macht steht, dich freizugeben oder dich ans Kreuz nageln zu lassen?« [11]Jetzt antwortete Jesus: »Du wärest machtlos, hätte dir Gott keine Macht über mich gegeben. Deswegen ist auch die Sünde der Leute, die mich ausgeliefert haben, größer als deine Schuld.«

[12]Da versuchte Pilatus noch einmal, Jesus freizulassen. Aber die Juden schrien: »Wenn du den laufen läßt, bist du kein Freund des Kaisers; denn wer sich selbst zum König macht, lehnt sich gegen den Kaiser auf.«

[13]Als Pilatus das hörte, ließ er Jesus hinausführen. Er setzte sich auf den Richterstuhl, an die Stelle, die man »Steinpflaster« nannte, auf hebräisch: Gabbatha. [14]Das war um die Mittagszeit, am Tag vor dem Passah, an dem sich alle auf das Fest vorbereiteten. Pilatus sagte zu den Juden: »Da habt ihr euren König!«

[15]»Weg mit ihm!« brüllten sie. »Schlagt ihn ans Kreuz!« »Soll ich wirklich euern König kreuzigen lassen?« fragte Pilatus noch einmal. »Wir haben keinen König, nur den Kaiser!« riefen die Hohenpriester. [16]Da gab Pilatus nach und befahl, Jesus zu kreuzigen.

Jesus am Kreuz
(Matth. 27,31-44; Mark. 15,21-32; Luk. 23,26-43)

Die Soldaten packten Jesus und führten ihn aus Jerusalem hinaus. [17]Sein Kreuz mußte er selbst tragen; vom Richtplatz bis hin zur »Schädelstätte«. Auf hebräisch heißt dieser Ort Golgatha. [18]Dort schlugen sie ihn ans Kreuz. Neben ihm wurden zwei andere Männer gekreuzigt.

[19]Pilatus ließ ein Schild an das Kreuz Jesu nageln, auf dem die Worte standen: »Jesus von Nazareth, der König der Juden!« [20]Die Stelle, an der Jesus gekreuzigt worden war, lag nahe bei der Stadt. Und so lasen viele Juden diese Inschrift, die in hebräischer, lateinischer und griechischer Sprache abgefaßt war. [21]Da kamen die Hohenpriester zu Pilatus und verlangten von ihm: »Laß das ändern. Es darf nicht heißen: ›Der König der Juden‹, sondern: ›Er hat behauptet: Ich bin der König der Juden‹.« [22]Pilatus aber weigerte sich: »Es bleibt genau so stehen, wie ich es geschrieben habe!«

[23/24]Als die Soldaten Jesus gekreuzigt hatten, teilten sie seine Kleider unter sich auf, so daß jeder der vier Soldaten etwas davon bekam. Dann beschlossen sie: »Das Untergewand wollen wir nicht aufteilen. Wir werden es verlosen.« Es war nämlich aus einem Stück gefertigt, ohne jede Naht. So erfüllte sich die Vorhersage der Heiligen Schrift: »Meine Kleider haben sie unter sich geteilt und mein Gewand verlost.«[b] Genauso geschah es auch.

[25]Unter dem Kreuz, an dem Jesus hing, standen seine Mutter und ihre Schwester, außerdem Maria, die Frau von Kleopas, und Maria Magdalena. [26]Als Jesus nun

a) Wörtlich: Woher bist du? b) Psalm 22,19

seine Mutter sah und neben ihr den
Jünger, den er liebhatte, sagte er zu ihr:
»Er soll jetzt dein Sohn sein!« 27Und zu
dem Jünger sagte er: »Sie ist jetzt deine
Mutter.« Da nahm der Jünger sie zu sich
in sein Haus.

»Es ist vollbracht!«

(Matth. 27,45-56; Mark. 15,33-41;
Luk. 23,44-49)

28Jesus wußte, daß nun sein Auftrag er-
füllt war. Da erst sagte er (und wieder
erfüllte sich damit eine Voraussage der
Heiligen Schrift): »Ich habe Durst!«[a] 29In
der Nähe stand ein Krug mit Essig-
wasser. Die Soldaten tauchten einen
Schwamm hinein, steckten ihn auf einen
Stab und hielten den Schwamm Jesus an
den Mund. 30Als Jesus davon getrunken
hatte, rief er: »Es ist vollbracht!« Dann
ließ er den Kopf sinken und starb.[b]

31Das alles geschah am Tag vor dem
Passahfest. Damit die Toten nicht an die-
sem hohen Feiertag am Kreuz hängen
blieben, gingen die Führer der Juden zu
Pilatus und baten ihn, er solle den Ge-
kreuzigten die Beine brechen und sie
vom Kreuz abnehmen lassen. 32Pilatus
schickte Soldaten, die den beiden mit Je-
sus gekreuzigten Verbrechern die Beine
brachen. 33Als sie zu Jesus kamen, stell-
ten sie fest, daß er bereits tot war. Des-
halb zerschlugen sie ihm nicht die Beine.
34Aber einer der Soldaten stieß ihm eine
Lanze in die Seite. Sofort flossen Blut
und Wasser aus der Wunde.

35Das bezeugt einer, der alles selbst mit-
angesehen hat. Sein Bericht ist zuver-
lässig und wahr; ihm könnt ihr glauben.
36Auch das ist geschehen, damit dieses
Wort der Heiligen Schrift in Erfüllung
geht: »Kein Knochen soll ihm zerbro-
chen werden.«[c] 37Ebenso erfüllte sich die
andere Voraussage: »Sie werden auf den
sehen, den sie durchbohrt haben.«[d]

Jesus wird vom Kreuz abgenommen und ins Grab gelegt

(Matth. 27,57-61; Mark. 15,42-47;
Luk. 23,50-56)

38Nachdem das alles geschehen war, bat
Joseph von Arimathia um die Erlaubnis,
den toten Jesus vom Kreuz abnehmen zu
dürfen. Er glaubte insgeheim an Jesus,
doch hatte er das bisher verschwiegen,
weil er vor den Juden Angst hatte. Pi-
latus erlaubte es ihm, und so ging er und
nahm den Leichnam vom Kreuz ab.
39Auch Nikodemus, der Jesus einmal in
der Nacht aufgesucht hatte,[e] kam und
brachte etwa hundert Pfund einer Mi-
schung aus Myrrhe und Aloe. 40Dann
nahmen sie den Leichnam Jesu und hüll-
ten ihn mit dieser Mischung aus Myrrhe
und Aloe in Leinentücher ein. So war es
beim Begräbnis von Juden üblich.

41In der Nähe der Hinrichtungsstätte
lag ein Garten. Dort war ein in den Fels
gehauenes, bisher noch nicht benutztes
Grab. 42In dieses Grab legten sie Jesus,
denn sie hatten es eilig, weil bald der
Sabbat begann.

Jesus lebt

(Matth. 28,1-8; Mark. 16,1-8;
Luk. 24,1-12)

20 Am ersten Tag nach dem Sabbat,
früh am Morgen, als es noch dun-
kel war, ging Maria Magdalena zum
Grab. Als sie sah, daß der Stein nicht
mehr vor dem Eingang des Grabes lag,
2lief sie zu Simon Petrus und dem ande-
ren Jünger, den Jesus liebte. Aufgeregt be-
richtete sie ihnen: »Sie haben den Herrn
aus dem Grab geholt, und wir wissen
nicht, wohin sie ihn gebracht haben.«

3Da beeilten sich Petrus und der an-
dere Jünger, um möglichst schnell zum
Grab zu kommen. 4Gemeinsam liefen sie
los, aber der andere war schneller als Pe-
trus und kam zuerst am Grab an. 5Ohne
hineinzugehen, sah er in die Grabkam-
mer und bemerkte die Leinentücher, die

a) Psalm 22,16; 69,22 b) Wörtlich: Als Jesus nun den Essig genommen hatte, sagte er: Es ist voll-
bracht (vollendet), und nachdem er sein Haupt geneigt hatte, gab er den Geist auf. c) 2. Mose 12,46;
4. Mose 9,12 d) Sacharja 12,10 e) Johannes 3,1-21

dort lagen. [6]Dann kam auch Simon Petrus. Er ging in das Grab hinein und sah ebenfalls die Leinentücher [7]zusammen mit dem Tuch, das den Kopf Jesu bedeckt hatte. Es lag nicht zwischen den Leinentüchern, sondern zusammengefaltet an der Seite. [8]Jetzt ging auch der andere Jünger, der zuerst angekommen war, in die Grabkammer. Er sah sich darin um, und nun glaubte er, daß Jesus vom Tod auferstanden war.[a] [9]Denn bis zu diesem Zeitpunkt hatten sie die Stelle in der Heiligen Schrift noch nicht verstanden, in der es heißt, daß Jesus von den Toten auferstehen wird. [10]Die Jünger verließen das Grab und gingen nach Jerusalem zurück.

Jesus begegnet Maria Magdalena

(Matth. 28,9-10; Mark. 16,9-11)

[11]Inzwischen war auch Maria zurückgekehrt und blieb voll Trauer vor dem Grab stehen. Weinend schaute sie in die Kammer [12]und sah plötzlich zwei weißgekleidete Engel an der Stelle sitzen, an der Jesus gelegen hatte; einen am Kopfende, den anderen am Fußende. [13]»Warum weinst du?« fragten die Engel. »Weil sie meinen Herrn weggenommen haben. Und ich weiß nicht, wo sie ihn hingebracht haben«, antwortete Maria Magdalena.

[14]Als Maria sich umdrehte, sah sie Jesus vor sich stehen. Aber sie erkannte ihn nicht. [15]»Warum weinst du?« fragte er sie. »Und wen suchst du?« Maria hielt Jesus für den Gärtner und fragte deshalb: »Hast du ihn weggenommen? Dann sage mir doch, wohin du ihn gebracht hast. Ich will ihn holen.«

[16]»Maria!« sagte Jesus nun. Da fuhr sie zusammen und erkannte ihn. »Rabbuni!« rief sie (das ist Hebräisch und heißt: Mein Meister). [17]Doch Jesus wehrte ab: »Halte mich nicht länger fest![b] Denn ich bin noch nicht zu meinem Vater zurückgekehrt. Gehe aber zu meinen Brüdern und sage ihnen: Ich gehe zurück zu meinem Vater und zu euerm Vater, zu meinem Gott und zu euerm Gott!« [18]Maria Magdalena lief nun zu den Jüngern und berichtete ihnen: »Ich habe den Herrn gesehen!« Und sie erzählte alles, was ihr Jesus gesagt hatte.

Der Auferstandene erscheint seinen Jüngern

(Matth. 28,16-20; Mark. 16,14-18; Luk. 24,36-49)

[19]An diesem Sonntagabend hatten sich alle Jünger versammelt. Aus Angst vor den Juden ließen sie die Türen fest verschlossen. Plötzlich war Jesus bei ihnen. Er trat in ihre Mitte und grüßte sie: »Friede sei mit euch!« [20]Dann zeigte er ihnen die Wunden in seinen Händen und an seiner Seite. Als die Jünger ihren Herrn sahen, freuten sie sich sehr.

[21]Und Jesus sagte noch einmal: »Friede sei mit euch! Wie mich der Vater in diese Welt gesandt hat, so sende ich euch in die Welt!« [22]Dann hauchte er sie an und sprach: »Empfangt den Heiligen Geist! [23]Wem ihr die Sünde erlaßt, dem ist sie erlassen. Und wem ihr die Schuld nicht vergebt, der bleibt schuldig.«

[24]Thomas, einer der zwölf Jünger, der auch Zwilling genannt wurde, war nicht dabeigewesen, als dies geschah. [25]Deshalb erzählten sie ihm: »Wir haben den Herrn gesehen!« Aber zweifelnd antwortete er: »Das glaube ich erst, wenn ich seine durchbohrten Hände gesehen habe. Mit meinen Fingern will ich sie fühlen, und meine Hand will ich in die Wunde an seiner Seite legen. Eher werde ich es nicht glauben.«

[26]Acht Tage später hatten sich die Jünger wieder versammelt. Diesmal war Thomas bei ihnen. Und obwohl sie die Türen wieder abgeschlossen hatten, stand Jesus auf einmal in ihrer Mitte und grüßte sie: »Friede sei mit euch!« [27]Dann wandte er sich an Thomas: »Lege deinen Finger auf meine durchbohrten Hände! Gib mir deine Hand und lege sie in die Wunde an meiner Seite! Zweifle nicht länger, sondern glaube!« [28]Thomas antwortete nur: »Mein Herr und mein Gott!« [29]Doch Jesus sagte zu ihm: »Du glaubst,

a) Wörtlich: Darauf ging auch der andere Jünger hinein, der zuerst zum Grab gekommen war, und sah und kam zum Glauben. b) Wörtlich: Rühre mich nicht an!

weil du mich gesehen hast. Wie glücklich können erst die sein, die nicht sehen und trotzdem glauben.«

Der Zweck dieses Buches

[30]Die Jünger erlebten noch viele andere Wunder Jesu, die nicht in diesem Buch geschildert werden. [31]Aber die hier aufgezeichneten Berichte wurden geschrieben, damit ihr glaubt, daß Jesus Christus der Sohn Gottes ist, und ihr durch den Glauben an ihn das ewige Leben habt.

Jesus begegnet den Jüngern am See Tiberias

21 Später erschien Jesus seinen Jüngern noch einmal am See von Tiberias; und zwar geschah das so: [2]Simon Petrus, Thomas, der Zwilling genannt wurde, Nathanael aus Kana in Galiläa, die beiden Söhne des Zebedäus und zwei andere Jünger waren dort zusammen. [3]Simon Petrus sagte: »Ich werde jetzt fischen gehen!« »Wir kommen mit«, meinten darauf die anderen. Sie stiegen ins Boot und fuhren hinaus auf den See. Aber während der ganzen Nacht fingen sie keinen einzigen Fisch.

[4]Im Morgengrauen stand Jesus am Ufer. Doch die Jünger erkannten ihn nicht. [5]Jesus rief ihnen zu: »Habt ihr denn nichts gefangen?« »Nein«, antworteten sie. [6]Da forderte er sie auf: »Werft das Netz auf der rechten Seite des Bootes aus, dann werdet ihr einen guten Fang machen!« Sie folgten diesem Rat und fingen so viele Fische, daß sie das Netz nicht mehr einholen konnten.

[7]Jetzt sagte der Jünger, den Jesus liebte, zu Petrus: »Das ist der Herr!« Kaum hatte Simon Petrus das gehört, zog er sich an (während der Arbeit war er nämlich nackt), sprang ins Wasser und schwamm an das Ufer. [8]Die anderen Jünger waren noch etwa hundert Meter vom Ufer entfernt. Sie folgten Petrus mit dem Boot und zogen das gefüllte Netz hinter sich her. [9]Als sie aus dem Boot stiegen, sahen sie ein Kohlenfeuer, auf dem Fische brieten. Auch Brot lag bereit.

[10]»Bringt ein paar von den Fischen her, die ihr gerade gefangen habt!« bat Jesus die Jünger. [11]Simon Petrus ging zum Boot und zog das Netz an Land. Es war gefüllt mit hundertdreiundfünfzig großen Fischen. Und obwohl es so viele waren, zerriß das Netz nicht.

[12]»Kommt her und eßt!« sagte Jesus. Keiner von den Jüngern wagte zu fragen: »Wer bist du?« Aber sie alle wußten: Es ist der Herr. [13]Jesus ging auf sie zu, nahm das Brot und verteilte es an sie, ebenso die Fische.

[14]Dies war das dritte Mal, daß Jesus nach seiner Auferstehung vom Tode den Jüngern erschienen war.

»Liebst du mich?«

[15]Nach diesem Essen fragte Jesus den Simon Petrus: »Simon, Sohn des Johannes, liebst du mich mehr als die anderen hier?« »Ja, Herr«, antwortete ihm Petrus, »du weißt, daß ich dich liebhabe.« »Dann hüte meine Lämmer«, sagte Jesus.

[16]Jesus wiederholte seine Frage: »Simon, Sohn des Johannes, liebst du mich?« »Ja, Herr, du weißt doch, daß ich dich liebe«, antwortete Petrus noch einmal. »Dann hüte meine Schafe!«

[17]Und zum dritten Mal fragte Jesus: »Simon, Sohn des Johannes, hast du mich wirklich lieb?« Jetzt wurde Petrus traurig, weil Jesus ihm nicht zu glauben schien und zum dritten Mal gefragt hatte: »Hast du mich lieb?« Deshalb antwortete er: »Herr, du weißt alles. Du weißt doch auch, wie sehr ich dich liebe!« Darauf sagte Jesus: »Dann hüte meine Schafe!

[18]Merke dir, was ich dir jetzt sage: Als du jung warst, hast du getan, was du wolltest, und du hattest deine eigenen Ziele.[a] Im Alter aber wirst du deine Hände ausstrecken, und ein anderer wird dich führen; dorthin, wo du nicht hingehen willst.« [19]Damit wollte Jesus andeuten, durch welchen Tod Petrus Gott verherrlichen würde. Dann forderte Jesus ihn auf: »Folge mir nach!«

[20]Petrus wandte sich um und sah hinter sich den Jünger, den Jesus liebte, der beim letzten Abendessen neben Jesus gesessen und ihn gefragt hatte: »Herr, wer

a) Wörtlich: Wahrlich, wahrlich, ich sage dir: Als du jünger warst, gürtetest du dich selbst und wandeltest, wohin du wolltest.

von uns wird dich verraten?« [21]Da fragte
Petrus: »Herr, was wird denn aus ihm?«
[22]Jesus erwiderte: »Was soll diese Frage?
Wenn ich will, daß er so lange lebt, bis
ich wiederkomme, was geht es dich an?
Folge du mir nach!«
[23]So entstand unter den ersten Chri-
sten das Gerücht: »Dieser Jünger wird
nicht sterben.« Aber das hatte Jesus über-
haupt nicht gesagt, sondern: »Wenn ich
will, daß er so lange lebt, bis ich wieder-
komme, was geht es dich an?«
[24]Eben dieser Jünger ist es, der all das
bezeugt und hier aufgeschrieben hat.
Und wir wissen, daß alles, was er be-
zeugt, wahr ist.

Schlußwort

[25]Es gibt noch vieles andere, was Jesus ge-
tan hat. Aber wollte man das alles eins
nach dem anderen aufschreiben, so wäre
wohl auf der ganzen Welt nicht ge-
nügend Platz für die vielen Bücher, die
dann geschrieben werden müßten.

Die Taten der Apostel

Verfasser: Lukas, Reisegefährte des Apostels Paulus
Ort: wahrscheinlich Rom
Zeit: zwischen 63 und 68 n.Chr.

Die Apostelgeschichte, eine Fortsetzung des Lukas-Evangeliums, ist wiederum an Theophilus gerichtet. Lukas macht deutlich: Gott will das, was er durch Jesus auf Erden begonnen hat, im Leben der Gemeinde fortsetzen. Darum kam es 50 Tage nach Jesu Auferstehung zu einem besonderen Ereignis: Gott gab den zwölf Jüngern Jesu und allen, die ihm vertrauten, seinen Heiligen Geist. Viele Menschen erkannten, daß Jesus der Retter der Welt ist. Sie gründeten die erste christliche Gemeinde in Jerusalem. Lukas beschreibt ausführlich, wie es von da an weiterging: Die gute Nachricht, daß Jesus gestorben und auferstanden war, wurde nicht nur in Jerusalem, sondern überall in der damals bekannten Welt verkündet. Ein wichtiger Mann für die Ausbreitung der christlichen Botschaft war der Missionar Paulus. Lukas berichtet im größten Teil seines Buches von den Reisen, die Paulus unternahm: Er zog durch die heutige Türkei, durch Griechenland und bis nach Rom. Überall erzählte er, was Gott zur Rettung für alle Menschen getan hatte. Die Überzeugungskraft dieser Nachricht bewirkte, daß viele christliche Gemeinden gegründet wurden.

1 Lieber Theophilus! In meinem ersten Bericht habe ich von allem geschrieben, was Jesus getan und gelehrt hat;
2und zwar von Anfang an bis zu seiner Rückkehr zu Gott. Bevor aber Jesus in den Himmel aufgenommen wurde, hatte ihm der Heilige Geist gezeigt, welche Männer er als seine Apostel berufen sollte. Ihnen gab er genaue Anweisungen für die Zukunft.
3Diesen Männern hat er sich auch nach seinem Leiden und Sterben gezeigt und damit bewiesen, daß er tatsächlich auferstanden ist. Vierzig Tage lang sahen sie ihn, und er sprach mit ihnen über das Reich Gottes.
4An einem dieser Tage[a] befahl Jesus seinen Jüngern: »Verlaßt Jerusalem nicht! Bleibt so lange hier, bis in Erfüllung gegangen ist, was euch der Vater durch mich versprochen hat.
5Johannes taufte mit Wasser; ihr aber werdet bald mit dem Heiligen Geist getauft werden.«

Jesus geht zurück zu Gott

6Bei dieser Gelegenheit fragten sie ihn: »Herr, wirst du jetzt Israel wieder zu einem freien und mächtigen Reich machen?«
7Darauf antwortete Jesus: »Die Zeit dafür hat allein Gott der Vater bestimmt. Das ist nicht eure Sache.
8Aber ihr werdet den Heiligen Geist empfangen

a) Wörtlich: Zusammen (mit ihnen) essend.

und durch seine Kraft meine Zeugen sein
in Jerusalem und Judäa, in Samarien und
auf der ganzen Erde.«
9Nachdem er das gesagt hatte, nahm
Gott ihn zu sich. Eine Wolke verhüllte
ihn vor ihren Augen, und sie sahen ihn
nicht mehr. 10Noch während sie über-
rascht nach oben blickten, standen auf
einmal zwei weißgekleidete Männer bei
ihnen. 11»Ihr Galiläer«, sprachen sie die
Jünger an, »was steht ihr hier und seht
zum Himmel? Gott hat Jesus aus eurer
Mitte zu sich in den Himmel genommen;
aber eines Tages wird er genauso zurück-
kehren.«

Die Wahl des Matthias zum Apostel

12Da gingen sie vom Ölberg nach Je-
rusalem zurück, das ungefähr einen Ki-
lometer entfernt liegt. 13/14Sie kamen im
oberen Stockwerk des Hauses zusam-
men, wo sie sich auch sonst immer tra-
fen, und beteten miteinander.[a] Es waren
Petrus, Johannes, Jakobus, Andreas, Phi-
lippus, Thomas, Bartholomäus, Mat-
thäus, Jakobus, der Sohn des Alphäus, Si-
mon, der ehemalige Freiheitskämpfer,
und Judas, der Sohn des Jakobus. Zu ih-
nen gehörten auch einige Frauen, unter
anderem Maria, die Mutter von Jesus,
und seine Brüder.
15An einem dieser Tage hatten sich et-
wa hundertzwanzig Menschen dort ver-
sammelt. Da stand Petrus auf und sagte:
16»Liebe Brüder! Die Voraussage der Hei-
ligen Schrift über Judas, der Jesus an
seine Feinde verriet, mußte sich erfüllen.
Es ist so gekommen, wie es der Heilige
Geist durch David vorhergesagt hat. 17Ju-
das gehörte zu uns und erhielt denselben
Auftrag wie wir. 18Von dem Geld, das er
für seinen Verrat bekam, kaufte er sich
ein Stück Land. Aber Judas hat ein
schreckliches Ende gefunden. Kopfüber
stürzte er zu Tode, sein Leib wurde zer-
schmettert, so daß die Eingeweide her-
austraten. 19Das weiß jeder in Jerusalem,
und deshalb nennt man diesen Acker auf
hebräisch Hakeldamach, das heißt ›Blut-
acker‹. 20Schon in den Psalmen steht:
›Sein Besitz wird veröden, und niemand
wird darin wohnen!‹[b] An einer anderen
Stelle heißt es: ›Seine Aufgabe soll ein an-
derer übernehmen.‹[c] 21Deshalb muß für
Judas ein Nachfolger gefunden werden.
Es muß ein Mann sein, der die ganze Zeit
bei Jesus war; 22angefangen von dem Tag,
an dem Jesus von Johannes getauft wur-
de, bis zu dem Tage, an dem Gott ihn zu
sich nahm. Denn zusammen mit uns soll
er bezeugen, daß Jesus auferstanden ist.«
23Sie stellten zwei Männer zur Wahl:
Joseph Justus, der auch Barsabas genannt
wurde, und Matthias. 24Dann beteten sie
alle: »Herr, du kennst jeden Menschen
ganz genau. Zeige uns, welcher von
diesen beiden nach deinem Willen den
Dienst und den Auftrag des Judas über-
nehmen soll. Denn Judas hat seinen Auf-
trag nicht erfüllt. 25Er ist jetzt an dem
Platz, der ihm zukommt.« 26Danach lo-
sten sie, und das Los fiel auf Matthias.
Seit dieser Zeit gehörte er zu den zwölf
Aposteln.

Pfingsten: Gottes Geist kommt

2 Zum Beginn des jüdischen Pfingst-
festes waren alle Jünger wieder bei-
einander. 2Plötzlich kam vom Himmel
her ein Brausen wie von einem gewalti-
gen Sturm und erfüllte das ganze Haus,
in dem sie sich versammelt hatten. 3Zu-
gleich sahen sie etwas wie züngelndes
Feuer, das sich auf jedem einzelnen von
ihnen niederließ. 4So wurden sie alle mit
dem Heiligen Geist erfüllt, und sie rede-
ten in fremden Sprachen; denn der Geist
hatte ihnen diese Fähigkeit gegeben.
5Zum Fest waren viele gottesfürchtige
Juden aus aller Welt nach Jerusalem ge-
kommen. 6Sie liefen von allen Seiten her-
bei, als das geschah. Fassungslos hörte je-
der die Apostel in seiner eigenen Sprache
reden.
7»Wie ist das möglich?«, riefen sie au-
ßer sich. »Alle diese Leute sind doch aus
Galiläa, 8und dennoch reden sie in unse-
rer Muttersprache; ganz gleich, ob wir
Parther, Meder oder Elamiter sind. 9An-
dere von uns kommen aus Mesopo-
tamien, Judäa, Kappadozien, Pontus und
der Provinz Asien, 10aus Phrygien, Pam-
phylien und aus Ägypten, aus der Ge-
gend von Kyrene in Libyen und selbst
aus Rom. Wir sind Juden oder Anhänger
des jüdischen Glaubens, 11Kreter und

a) Wörtlich: Diese alle verharrten einmütig im Gebet. b) Psalm 69,26 c) Psalm 109,8

Araber. Doch jeder von uns hört diese Männer in seiner eigenen Sprache von Gottes großen Taten reden!«

[12]Bestürzt und ratlos fragte einer den anderen: »Was soll das bedeuten?« [13]Einige aber spotteten: »Die haben doch nur zuviel getrunken!«

Petrus verkündet die Botschaft von Jesus

[14]Da erhob sich Petrus mit den anderen elf Aposteln und rief der Menge zu: »Hört her, ihr jüdischen Männer und ihr Einwohner von Jerusalem. Ich will euch erklären, was hier geschieht.

[15]Diese Männer sind nicht betrunken, wie einige von euch meinen. Es ist ja erst neun Uhr morgens. [16]Nein, hier erfüllt sich, was der Prophet Joel vorausgesagt hat. Bei ihm heißt es:

[17]›In den letzten Tagen, spricht Gott, will ich alle Menschen mit meinem Geist erfüllen. Eure Söhne und Töchter werden aus göttlicher Eingebung reden, eure jungen Männer werden Visionen haben und die alten Männer bedeutungsvolle Träume. [18]Allen Männern und Frauen, die mir dienen, will ich meinen Geist geben, und sie werden in meinem Auftrag reden. [19]Am Himmel und auf der Erde werdet ihr Wunderzeichen sehen: Blut, Feuer und Rauch. [20]Die Sonne wird sich verfinstern und der Mond blutrot scheinen, bevor der Tag des Herrn kommt, groß und herrlich. [21]Wer dann den Namen des Herrn anruft, soll gerettet werden.‹[a]

[22]Hört her, ihr Männer Israels! Wie ihr alle wißt, hat Jesus von Nazareth in Gottes Auftrag mitten unter euch viele mächtige Taten, Zeichen und Wunder gewirkt. Gott selbst hat es also durch ihn getan. [23]Aber Jesus wurde durch Verrat an euch ausgeliefert, und ihr habt ihn mit Hilfe der ungläubigen Römer ans Kreuz genagelt und umgebracht. Doch genau so war es von Gott vorausbestimmt.

[24]Diesen Jesus hat Gott auferweckt und damit die Macht des Todes gebrochen. Wie hätte auch der Tod über ihn Gewalt behalten können! [25]David sprach schon von Jesus, als er sagte: ›Ich sehe immer auf den Herrn. Er steht mir zur Seite, damit ich nicht falle. [26]Darüber freue ich mich so sehr, daß ich es nicht für mich behalten kann. Selbst wenn ich sterbe, hoffe ich auf dich, Herr! [27]Denn du wirst mich nicht dem Tod und der Verwesung überlassen, ich gehöre ja zu dir. [28]Du zeigst mir den Weg, der zum Leben führt. Du beschenkst mich mit Freude, denn du bist bei mir.‹[b]

[29]Liebe Brüder! Laßt es mich ganz offen sagen: Unser Vater David ist gestorben, und er wurde begraben. Sein Grab kann man heute noch sehen. [30]Gott hatte ihm aber mit einem Eid geschworen, einer von Davids Nachkommen werde als König auf seinem Thron sitzen. Weil David nun ein Prophet war, [31]hat er die Auferstehung des Christus vorausgesehen. Von ihm nämlich sagte er: Er wird nicht bei den Toten bleiben, und sein Leib wird nicht verwesen.

[32]Diesen Jesus hat Gott von den Toten auferweckt. Das können wir alle bezeugen. [33]Nun hat Gott ihn zum Herrscher eingesetzt. Er empfing vom Vater den Heiligen Geist und gab ihn uns, wie es vorausgesagt war. Ihr seht und hört jetzt selbst, daß es in Erfüllung gegangen ist. [34]Nicht David ist zum Himmel aufgefahren, denn er sagt: ›Gott sprach zu meinem Herrn: Setze dich auf den Ehrenplatz an meiner rechten Seite, [35]bis ich dir alle deine Feinde unterworfen habe, bis du deinen Fuß auf ihren Nacken setzt.‹[c]

[36]Kein Mensch in ganz Israel kann jetzt noch daran zweifeln: Gott hat Jesus, den ihr gekreuzigt habt, zum Herrn und Retter gemacht.«

[37]Tief betroffen wollten die Zuhörer von Petrus und den anderen Aposteln wissen: »Brüder, was sollen wir tun?«

[38]»Ändert euch und euer Leben! Wendet euch Gott zu!« forderte Petrus sie auf. »Laßt euch auf den Namen Jesu Christi taufen, damit euch Gott eure Sünden vergibt und ihr den Heiligen Geist empfangt. [39]Das alles ist euch, euern Nachkommen und den Menschen in aller Welt zugesagt, die der Herr, unser Gott, in seinen Dienst berufen wird.«

[40]Petrus sprach noch lange mit ihnen und forderte sie eindringlich auf: »Laßt euch von eurer Gottlosigkeit erretten!«[d]

a) Joel 3,1-5 b) Psalm 16,8-11 c) Psalm 110,1 d) Wörtlich: Laßt euch retten aus diesem verkehrten Geschlecht.

41 Viele Zuhörer glaubten, was Petrus ih-
nen sagte, und ließen sich taufen. Etwa
dreitausend Menschen wurden an diesem
Tag in die Gemeinde aufgenommen.

Die erste Christengemeinde

42 Diese ersten Christen ließen sich re-
gelmäßig von den Aposteln unterrichten
und lebten in brüderlicher Gemeinschaft,
feierten das Abendmahl und beteten mit-
einander. 43 Eine tiefe Ehrfurcht vor Gott
erfüllte sie alle. Er wirkte durch die Apo-
stel viele Wunder und bestätigte auf diese
Weise ihre Worte. 44 Die Gläubigen leb-
ten wie in einer großen Familie. Was sie
besaßen, gehörte ihnen gemeinsam.
45 Wer ein Grundstück oder anderen Be-
sitz hatte, verkaufte ihn und half mit dem
Geld denen, die in Not waren. 46 Täglich
kamen sie im Tempel zusammen und fei-
erten in den Häusern das Abendmahl. In
großer Freude und mit aufrichtigem Her-
zen trafen sie sich zu gemeinsamen
Mahlzeiten. 47 Sie lobten Gott und waren
im ganzen Volk geachtet und anerkannt.
Die Gemeinde wurde mit jedem Tag grö-
ßer, weil Gott viele Menschen rettete.

Gottes Wunder an einem Gelähmten

3 An einem Nachmittag gegen drei
Uhr gingen Petrus und Johannes wie
gewohnt zum Tempel. Sie wollten dort
am gemeinsamen Gebet teilnehmen. 2 Zur
selben Zeit brachte man einen Gelähm-
ten und setzte ihn an eine der Tempeltü-
ren, an das sogenannte »Schöne Tor«.
Der Mann war seit seiner Geburt krank
und bettelte dort wie an jedem Tag.
3 Als Petrus und Johannes den Tempel
betreten wollten, bat er auch sie um et-
was Geld. 4 Sie blieben stehen, und Petrus
sagte: »Sieh uns an!« 5 Erwartungsvoll
blickte der Mann auf: Würde er etwas
von ihnen bekommen? 6 Doch Petrus
sagte: »Geld habe ich nicht. Aber was ich
habe, will ich dir geben. Im Namen Jesu
Christi von Nazareth: Stehe auf und
geh!« 7 Dabei faßte er den Gelähmten an
der rechten Hand und richtete ihn auf. In
demselben Augenblick konnte der
Kranke Füße und Gelenke gebrauchen.
8 Er sprang auf, lief einige Schritte hin
und her und ging dann mit Petrus und
Johannes in den Tempel. Außer sich vor
Freude rannte er umher, sprang in die
Luft und lobte Gott.
9 So sahen ihn die anderen Tempelbe-
sucher. 10 Sie erkannten, daß es der Bettler
war, der immer an der »Schönen Tür«
des Tempels gesessen hatte. Fassungslos
starrten sie den Geheilten an. Wieso
konnte er jetzt laufen? 11 Alle drängten
aufgeregt in die Halle Salomos. Dort um-
ringten sie Petrus, Johannes und den Ge-
heilten, der nicht von der Seite der Apo-
stel wich.

Petrus predigt im Tempel

12 Als Petrus die vielen Menschen sah,
sprach er zu ihnen: »Ihr Männer aus Isra-
el! Warum wundert ihr euch? Und
weshalb staunt ihr uns an? Glaubt ihr
denn, wir hätten diesen Gelähmten aus
eigener Kraft geheilt oder weil wir so
fromm sind?
13 Nein, es ist der Gott Abrahams,
Isaaks und Jakobs, der Gott unserer Vä-
ter, der uns mit dieser Wundertat die
Macht und Ehre seines Sohnes[a] Jesus ge-
zeigt hat. Diesen Jesus habt ihr verraten
und verleugnet, obwohl Pilatus entschlos-
sen war, ihn freizulassen. 14 Für den Heili-
gen und Gerechten habt ihr das Todesur-
teil verlangt, aber den Mörder habt ihr
begnadigt. 15 Ihr habt den getötet, von
dem alles Leben kommt. Aber Gott hat
ihn von den Toten auferstehen lassen.
Das können wir bezeugen.
16 Weil wir an Jesus glauben, hat er
diesen Mann hier geheilt. Ihr alle kennt
ihn und wißt, daß er gelähmt war. Doch
nun ist er gesund geworden, weil er an
Jesus geglaubt hat.[b] 17 Ich weiß, liebe
Brüder, euch war nicht klar, was ihr da-
mals getan habt, und auch eure Führer
wußten es nicht. 18 Doch Gott hat da-
durch erfüllt, was alle Propheten ange-
kündigt haben: Der verheißene Retter
muß leiden.
19 Jetzt aber ändert euch von Grund
auf, und kehrt um zu Gott, damit er euch
die Sünden vergibt. 20 Dann wird auch die
Zeit kommen, in der sich Gott euch

a) Wörtlich: Knechtes. b) Wörtlich: aufgrund des Glaubens an seinen Namen.

freundlich zuwenden und den seit lan-
gem ausersehenen Messias senden wird,
nämlich Jesus.
21Jetzt herrscht er unsichtbar im Him-
mel, aber die Zeit wird kommen, in der
alles neu wird. Davon hat Gott schon im-
mer durch seine auserwählten Propheten
gesprochen. 22Bereits Mose hat gesagt:
›Einen Propheten wie mich wird der
Herr zu euch senden, einen Mann aus
euerm Volk. Dem sollt ihr in allem gehor-
chen. 23Wer ihm aber nicht gehorcht, der
soll aus dem Volk verstoßen werden und
sterben.‹[a]
24Ebenso haben Samuel und alle Pro-
pheten nach ihm diese Tage angekündigt.
25Was diese Männer gesagt haben, gilt
auch für euch. Auch für euch gilt der
Bund, den Gott mit euern Vätern ge-
schlossen hat. Denn Gott sprach zu Abra-
ham: ›Durch deine Nachkommen sollen
alle Völker der Erde gesegnet werden.‹[b]
26Gott hat seinen Knecht Jesus zu euch
geschickt und bietet euch damit das Heil
an. Er wird euch segnen, wenn ihr um-
kehrt und euer Leben ändert.«

Petrus und Johannes werden verhört

4 Noch während Petrus und die ande-
ren Apostel zu den Leuten sprachen,
drängten sich einige Priester, der Haupt-
mann der Tempelpolizei und ein paar
Sadduzäer nach vorn. 2Sie waren empört,
weil Petrus und Johannes in aller Öf-
fentlichkeit lehrten, daß es eine Aufer-
stehung von den Toten gibt, wie es Jesu
Auferstehung ja bewiesen habe. 3Des-
wegen ließen sie die beiden Apostel
verhaften und über Nacht ins Gefängnis
sperren, weil es inzwischen Abend ge-
worden war. 4Aber viele von den Zuhö-
rern waren durch die Predigt der Apostel
zum Glauben gekommen, so daß nun et-
wa fünftausend Männer zur Gemeinde
gehörten.
5Am nächsten Morgen berief man eine
Sitzung des jüdischen Gerichtshofes in Je-
rusalem ein. 6Der Hohepriester Hannas,
dazu Kaiphas, Johannes, Alexander und
andere aus der Verwandtschaft des Ho-
henpriesters waren anwesend. 7Sie ließen
Petrus und Johannes hereinbringen und
fragten die Apostel: »Wer hat euch für
das, was ihr getan habt, den Auftrag und
die Vollmacht gegeben?«
8Erfüllt vom Heiligen Geist antworte-
te ihnen Petrus: »Ihr Führer und Älte-
sten unseres Volkes! 9Wir werden heute
vor Gericht gestellt, weil wir einem Kran-
ken geholfen haben. 10Auf die Frage, wie
der Mann hier gesund geworden ist, gibt
es nur eine Antwort, und die wollen wir
euch und dem ganzen Volk Israel gern
geben: Daß dieser Mann geheilt wurde,
geschah allein im Namen Jesu Christi
von Nazareth. Er ist es, den ihr gekreu-
zigt habt und den Gott von den Toten
auferweckte. 11Jesus ist der Eckstein, von
dem in der Heiligen Schrift gesprochen
wird und den ihr Bauleute als unbrauch-
bar weggeworfen habt.[c] Er aber trägt
nun den ganzen Bau. 12Nur Jesus kann
den Menschen Rettung bringen. Nichts
und niemand sonst auf der ganzen Welt
rettet sie.«[d]
13Die Mitglieder des Gerichtshofes
wunderten sich darüber, wie mutig Pe-
trus und Johannes redeten; wußten sie
doch, daß es einfache Leute waren, die
niemals Theologie studiert hatten. Aber
sie erkannten die beiden als Jünger Jesu
wieder; 14und die Heilung selbst konnten
sie nicht bestreiten, denn der Geheilte
stand vor ihnen. 15Deshalb ließen sie zu-
nächst einmal die Angeklagten aus dem
Sitzungssaal führen.
16»Was sollen wir nur mit diesen Leu-
ten anfangen?« fragten sie sich. »Daß sie
in Jerusalem ein Wunder gewirkt haben,
können wir nicht ableugnen. Schließlich
haben das viele mit eigenen Augen gese-
hen. 17Damit ihr Einfluß auf das Volk
aber nicht noch größer wird, sollten wir
ihnen streng verbieten, jemals wieder
von diesem Jesus zu reden.«
18Nachdem sie die Apostel wieder in
den Sitzungssaal gerufen hatten, verbo-
ten sie ihnen sehr nachdrücklich, noch
einmal in der Öffentlichkeit von Jesus zu
reden. 19Aber Petrus und Johannes ant-
worteten nur: »Wollt ihr tatsächlich von
uns verlangen, daß wir euch mehr gehor-
chen als Gott? 20Wir können unmöglich

a) 5. Mose 18,15; 3. Mose 23,29 b) 1. Mose 12,3;18,18 c) Psalm 118, 22 d) Wörtlich: Es ist auch kein anderer Name unter dem Himmel den Menschen gegeben, durch den wir gerettet werden können.

verschweigen, was wir gesehen und gehört haben!«

21Da verwarnte das Gericht die Apostel noch einmal, ließ sie jedoch frei, weil die Richter Unruhe im Volk befürchteten. Denn alle Menschen in Jerusalem lobten Gott, der durch Petrus und Johannes ein solches Wunder vollbracht hatte. 22Immerhin war der Mann, an dem dieses Wunder geschah, schon über vierzig Jahre gelähmt gewesen.

Die Apostel berichten der Gemeinde

23Sofort nachdem Petrus und Johannes frei waren, gingen sie zu den anderen Christen[a] und berichteten, was ihnen die Hohenpriester und Führer des Volkes angedroht hatten. 24Da beteten alle gemeinsam zu Gott:

»Herr, du hast den Himmel, die Erde und das Meer erschaffen und dazu alles, was lebt. 25Es sind deine Worte, die unser Vater David, dein Knecht, durch den Heiligen Geist gesprochen hat: ›Warum toben die Heiden, und weshalb schmieden die Völker ihre nutzlosen Pläne? 26Die Machthaber der Erde rüsten auf, und alle Herrscher verbünden sich zum Kampf gegen Gott und seinen Christus.‹[b] 27Genau das ist in dieser Stadt geschehen. Sie haben sich verbündet: Herodes und Pilatus, die Römer und ganz Israel. Sie sind eins geworden im Kampf gegen Jesus, deinen heiligen Sohn, den du erwählt hast. 28Doch sie erfüllen nur, was du in deiner Macht schon seit langem beschlossen hast. 29Und nun, Herr, höre ihre Drohungen! Hilf allen, die an dich glauben, deine Botschaft ohne Angst weiterzusagen. 30Zeige deine Macht! Laß Heilungen und Wunder geschehen durch den Namen deines heiligen Sohnes Jesus!«

31Als sie gebetet hatten, bebte das Haus, in dem sie zusammengekommen waren. Sie wurden alle mit dem Heiligen Geist erfüllt und predigten das Wort Gottes furchtlos und unerschrocken.

Die Gemeinde wächst

32Alle Christen waren ein Herz und eine Seele. Niemand betrachtete sein Eigentum als privaten Besitz, sondern alles gehörte ihnen gemeinsam. 33Mit großer Überzeugungskraft berichteten die Apostel von der Auferstehung Jesu, und alle erlebten Gottes Güte.[c] 34Niemandem in der Gemeinde fehlte etwas; denn wer Häuser oder Äcker besaß, verkaufte seinen Besitz. 35Das Geld wurde von den Aposteln an die Bedürftigen weitergegeben. 36Einer der Spender war der Levit Joseph aus Zypern. Die Apostel nannten ihn auch Barnabas, das heißt »der Tröster«. Dieser Joseph hatte seinen Acker verkauft und das Geld den Aposteln gegeben.

Ananias und Saphira betrügen Gott

5 Ein Mann, er hieß Ananias, verkaufte zusammen mit seiner Frau Saphira ein Grundstück. 2Sie war damit einverstanden, daß er einen Teil des Geldes behielt und nur den Rest zu den Aposteln brachte. 3Aber Petrus durchschaute ihn. »Ananias«, fragte er, »warum hast du es zugelassen, daß der Satan von dir Besitz ergreift? Warum hast du den Heiligen Geist betrogen und einen Teil des Geldes unterschlagen? 4Niemand hat dich gezwungen, das Land zu verkaufen. Es war dein Eigentum. Sogar das Geld hättest du behalten können. Wie konntest du nur so etwas tun! Du hast nicht Menschen betrogen, sondern Gott selbst.«

5Bei diesen Worten brach Ananias tot zusammen. Alle, die davon hörten, waren entsetzt. 6Einige junge Männer bedeckten den Toten mit einem Tuch und trugen ihn hinaus, um ihn zu begraben.

7Etwa drei Stunden später kam seine Frau Saphira in die Gemeinde. Sie wußte noch nicht, was geschehen war. 8Petrus fragte sie: »Ist das hier alles gewesen, was ihr für euern Acker bekommen habt?« »Ja«, antwortete sie, »das war alles.« 9»Wie konntet ihr jemals annehmen, Gottes Heiliger Geist würde euern Betrug nicht merken?« erwiderte Petrus. »Die Männer, die deinen Mann begraben haben, kommen gerade zurück. Sie werden auch dich hinaustragen.« 10In demselben Augenblick stürzte Saphira tot zu Boden. Als die jungen Männer hereinkamen

a) Wörtlich: zu den Ihren. b) Psalm 2,1-2 c) Wörtlich: und große Gnade war mit ihnen allen.

und sahen, daß sie tot war, trugen sie auch die Frau hinaus und begruben sie neben ihrem Mann. [11]Die ganze Gemeinde aber und alle, die davon hörten, erschraken zutiefst.

Gott bekennt sich zu seiner Gemeinde

[12]In Gottes Auftrag vollbrachten die Apostel viele erstaunliche Taten und Wunder. Die ganze Gemeinde traf sich immer wieder im Tempel in der Halle Salomos, fest vereint im Glauben. [13]Die anderen wagten nicht, sich ihnen anzuschließen; sie sprachen aber mit Hochachtung von der Gemeinde. [14]Immer mehr glaubten an Jesus, Männer wie Frauen. [15]Es kam soweit, daß man die Kranken auf Betten und Bahren an die Straße brachte, damit wenigstens der Schatten des vorübergehenden Petrus auf sie fallen sollte. [16]Selbst aus den umliegenden Städten Jerusalems strömten die Menschen herbei. Sie brachten ihre Kranken und von Dämonen Besessenen, und alle wurden gesund.

Erneute Verfolgung der Apostel

[17]Der Hohepriester aber und seine Freunde aus der Partei der Sadduzäer waren neidisch auf die ständig wachsende Gemeinde Christi und beschlossen deshalb, nicht länger tatenlos zuzusehen. [18]Kurzerhand ließen sie die Apostel festnehmen und ins Gefängnis werfen.

[19]Aber in der Nacht öffnete ein Engel des Herrn die Gefängnistüren und führte die Apostel hinaus. [20]»Geht in den Tempel«, sagte er, »und verkündet dort allen die Botschaft vom neuen Leben durch Jesus!« [21]Also gingen die Apostel frühmorgens in den Tempel und predigten dort in aller Öffentlichkeit.

Zur selben Zeit berief der Hohepriester mit seinen Gesinnungsgenossen den jüdischen Gerichtshof, die Führer des Volkes, zu einer Sitzung ein. Dann ließen sie die Apostel zum Verhör holen. [22]Aber die waren nicht mehr im Gefängnis. So gingen die Beauftragten des Hohenpriesters zurück und meldeten: [23]»Die Gefangenen sind fort. Die Türen des Gefängnisses waren sorgfältig verschlossen und ordnungsgemäß bewacht. Aber als wir die Türen öffneten, war niemand in der Zelle.« [24]Der Befehlshaber der Tempelpolizei und der Hohepriester waren ratlos. Wie sollte das alles noch enden?

[25]In diesem Augenblick stürzte jemand mit der Nachricht herein: »Die Männer, die ihr ins Gefängnis geworfen habt, sind schon wieder im Tempel und reden von Jesus!« [26]Sofort zog der Befehlshaber der Tempelpolizei mit seinen Männern zum Tempel und holte die Apostel. Allerdings wendeten sie keine Gewalt an, weil sie sonst fürchten mußten, vom Volk gesteinigt zu werden.

[27]Die Apostel wurden in den Gerichtssaal gebracht, wo der Hohepriester sie verhörte. [28]»Haben wir euch nicht streng verboten, jemals wieder von diesem Jesus zu reden?« begann er. »Und doch spricht inzwischen ganz Jerusalem davon. Ihr wollt uns sogar für den Tod dieses Menschen verantwortlich machen!«

[29]Petrus und die anderen Apostel erwiderten: »Man muß Gott mehr gehorchen als den Menschen! [30]Der Gott unserer Väter hat Jesus, den ihr ans Kreuz geschlagen und getötet habt, von den Toten auferweckt. [31]Gott hat ihn durch seine Macht zum Herrscher und Retter erhoben, damit sich das Volk Israel von Grund auf ändern kann und ihm seine Sünden vergeben werden. [32]Das werden wir immer bezeugen und auch der Heilige Geist, den Gott allen gibt, die ihm gehorchen.«

[33]Diese Worte versetzten die Mitglieder des Gerichtshofes in maßlose Wut, und sie beschlossen, die Apostel töten zu lassen.

Gamaliels weiser Rat

[34]Da stand Gamaliel auf, ein Pharisäer und hochangesehener Schriftgelehrter. Er ließ die Apostel für kurze Zeit hinausbringen; [35]dann wandte er sich an die Gerichtsversammlung: »Ihr Männer von Israel, seid vorsichtig und überlegt euch genau, was ihr gegen diese Leute unternehmt. [36]Schon früher glaubten manche Männer, etwas Besonderes zu sein, wie Theudas zum Beispiel. Etwa vierhundert Männer konnte er als Anhänger gewinnen. Aber er wurde getötet, und von seinen Leuten ist keiner mehr zu finden. Niemand spricht mehr von ihnen. [37]Zur Zeit der Volkszählung unternahm Judas

aus Galiläa einen Aufstand. Viele Leute
schlossen sich ihm an. Aber auch er kam
um, und von seiner Bewegung spricht
kein Mensch mehr. [38]Deshalb rate ich
euch: Laßt diese Männer in Ruhe! Wenn
es ihre eigenen Ideen und Taten sind, für
die sie sich einsetzen, werden sie schei-
tern. [39]Steht aber Gott dahinter, könnt
ihr ohnehin nichts dagegen unterneh-
men. Oder wollt ihr gegen Gott kämp-
fen?«

[40]Das überzeugte alle. Man rief die
Apostel wieder herein, ließ sie auspeit-
schen und verbot ihnen noch einmal, von
Jesus zu reden. Dann wurden sie freige-
lassen. [41]Die Apostel aber verließen den
Gerichtssaal voller Freude darüber, daß
Gott ihnen das Vorrecht gegeben hatte,
für Jesus Verachtung und Schmerzen zu
ertragen. [42]Sie verkündeten weiter jeden
Tag öffentlich im Tempel und auch in Pri-
vathäusern, daß Jesus der schon lange er-
wartete Messias ist.

Die Wahl der sieben Diakone

6 In dieser Zeit wuchs die Gemeinde
rasch. Dabei kam es zu Schwierigkei-
ten zwischen den Hebräern und den Ju-
den, die griechisch sprachen. Diese be-
klagten sich darüber, daß ihre Witwen
bei der täglichen Versorgung benachtei-
ligt würden. [2]Deshalb riefen die zwölf
Apostel alle Gläubigen zusammen. »Es
ist nicht richtig«, sagten sie, »wenn wir
Lebensmittel verteilen müssen, statt Got-
tes Wort zu verkündigen. [3]Darum, liebe
Brüder, sucht in der Gemeinde nach sie-
ben zuverlässigen Männern, die ihr Le-
ben ganz vom Heiligen Geist bestimmen
lassen und wissen, was zu tun ist. Sie
sollen diese Aufgabe übernehmen. [4]Wir
selbst aber wollen nach wie vor alle Kraft
für das Gebet und die Verkündigung des
Wortes Gottes einsetzen.«

[5]Mit diesem Vorschlag waren alle
einverstanden. Zuerst wählten sie Stepha-
nus, einen Mann mit festem Glauben und
erfüllt mit dem Heiligen Geist; danach
Philippus, Prochorus, Nikanor, Timon,
Parmenas und Nikolaus von Antiochia;
er war zum jüdischen Glauben übergetre-
ten und dann erst Christ geworden.
[6]Diese sieben Männer wurden den Apo-
steln vorgestellt, die für sie beteten und
ihnen segnend die Hände auflegten.

[7]Das Wort Gottes aber wurde immer
mehr Menschen verkündet. Vor allem in
Jerusalem wuchs die Zahl der Christen
ständig. Unter ihnen waren viele jüdische
Priester, die zum Glauben gefunden hat-
ten.

Stephanus vor Gericht

[8]Stephanus vollbrachte durch Gottes
Gnade und Kraft aufsehenerregende
Wunder im Volk. [9]Eines Tages verwik-
kelten ihn Anhänger einer jüdischen Ge-
meinde, die sich die »Freigelassenen«
nannten, in ein Streitgespräch. Auch
Leute aus Kyrene, Alexandria, Zilizien
und der Provinz Asia beteiligten sich
daran. [10]Aber keiner von ihnen konnte
den Argumenten des Stephanus, die Got-
tes Geist ihm eingab, etwas Überzeugen-
des entgegenhalten.

[11]Weil sie sich darüber ärgerten, hetz-
ten sie ein paar Leute auf, die behaupten
sollten: »Er hat Gott und Mose beleidigt.
Wir haben es selbst gehört.« [12]Dadurch
gelang es ihnen, das Volk, seine Führer
und die Gesetzeslehrer so aufzuwiegeln,
daß sie über Stephanus herfielen und ihn
vor ihren Gerichtshof schleppten.

[13]Dort traten Zeugen gegen Stephanus
auf, die man vorher bestochen hatte.
»Dieser Mensch«, so behaupteten sie,
»lästert fortwährend den heiligen Tempel
und das Gesetz Gottes. [14]Wir haben
selbst gehört, daß er gesagt hat: ›Jesus
von Nazareth wird den Tempel zer-
stören und die Ordnungen ändern, wie
sie Mose uns gegeben hat.‹«

[15]Jeder im Gerichtssaal blickte ge-
spannt auf Stephanus, und jeder konnte
sehen, daß sein Gesicht leuchtete wie das
Gesicht eines Engels.

Die Verteidigungsrede des Stephanus

7 Der Hohepriester fragte ihn:
»Stimmt es, was die Männer hier von
dir behaupten?« [2]Stephanus antwortete:
»Hört mich an, liebe Brüder und Väter!
Gott, dem alle Ehre zukommt, erschien
unserem Vater Abraham in Mesopo-
tamien, noch ehe Abraham nach Haran
gezogen war. [3]Gott forderte ihn auf: ›Ver-
laß deine Heimat und deine Verwandt-
schaft, und zieh in das Land, das ich dir

zeigen werde!‹[a] 4So verließ Abraham das
Land der Chaldäer und wohnte in Ha-
ran, bis sein Vater starb. Dann brachte
Gott ihn hierher, wo ihr jetzt wohnt.
5Aber Gott gab ihm keinen Fußbreit eige-
nes Land, obwohl er ihm zugesagt hatte,
daß seinen Nachkommen alles Land ge-
hören würde. Zu der Zeit aber hatte
Abraham noch keine Kinder! 6Gott sagte
zu ihm: ›Deine Nachkommen werden in
einem fremden Land heimatlos sein. Vier-
hundert Jahre wird man sie ausbeuten,
und sie werden viel leiden müssen.‹

7Aber Gott versprach Abraham auch:
›Ich werde das Volk bestrafen, das die Is-
raeliten so lange unterdrückt hat. Dann
werden deine Nachkommen Ägypten
verlassen und mir hier dienen.‹[b]

8Damals schloß Gott mit Abraham
den Bund, dessen Zeichen die Beschnei-
dung ist. Als später Isaak geboren wurde,
beschnitt ihn sein Vater Abraham acht
Tage nach der Geburt. Auch Isaak und
sein Sohn Jakob hielten an dieser
Ordnung fest, ebenso Jakobs zwölf Söh-
ne, unsere Stammväter.

9Weil aber Jakobs Söhne auf ihren Bru-
der Joseph neidisch waren, verkauften sie
ihn als Sklaven nach Ägypten. Doch
Gott verließ Joseph nicht, 10sondern half
ihm jedesmal, wenn er in Not geriet. Jo-
seph konnte die Gunst des ägyptischen
Königs, des Pharao, gewinnen. Wegen
der ungewöhnlichen Weisheit, die Gott
ihm gegeben hatte, wurde Joseph vom
Pharao schließlich zum Verwalter über
ganz Ägypten und den Königshof einge-
setzt.

11Dann aber brach in Ägypten und Ka-
naan eine Hungersnot aus. Die Not war
so groß, daß auch unsere Väter nichts
mehr zu essen hatten. 12Als Jakob erfuhr,
daß es in Ägypten noch Getreide gab,
schickte er seine Söhne in dieses Land.
13Bei ihrer zweiten Reise nach Ägypten
gab sich Joseph seinen Brüdern zu erken-
nen. Nun erfuhr der Pharao, aus wel-
chem Land Joseph stammte. 14Joseph ließ
seinen Vater Jakob und alle seine Ver-
wandten nach Ägypten kommen, insge-
samt fünfundsiebzig Menschen. 15So kam
Jakob nach Ägypten. Er und alle unsere
Vorfahren lebten dort bis zu ihrem Tode.
16Später wurden sie nach Sichem über-
führt und in dem Grab beigesetzt, das
Abraham von den Nachkommen He-
mors erworben hatte.

17Dann kam die Zeit, daß Gott sein
Versprechen erfüllen wollte, wie er es
Abraham gegeben hatte. Die Nach-
kommen Josephs und seiner Brüder wa-
ren in Ägypten zu einem großen Volk ge-
worden. 18Ein neuer Pharao kam an die
Macht, der von Joseph nichts mehr wuß-
te. 19Grausam unterdrückte er unser
Volk. Er schreckte nicht einmal davor zu-
rück, unsere Väter zu zwingen, ihre neu-
geborenen Kinder auszusetzen und auf
diese Weise zu töten.

20In dieser Zeit wurde Mose geboren,
mit dem Gott etwas Besonderes vorhat-
te.[c] Drei Monate lang versteckten ihn
seine Eltern in ihrem Haus. 21Als er dann
doch ausgesetzt werden mußte, fand ihn
die Tochter des Pharao. Sie zog ihn auf
wie ihren eigenen Sohn. 22Mose wurde in
allen Wissenschaften der Ägypter gründ-
lich ausgebildet, und er stand – mit al-
lem, was er sagte oder tat – in hohem An-
sehen.

23Als Mose vierzig Jahre alt war, be-
gann er sich um seine Brüder, die Israe-
liten, zu kümmern. 24Eines Tages mußte
er mitansehen, wie ein Israelit von einem
Ägypter mißhandelt wurde. Ohne zu zö-
gern, griff er ein und schlug den Ägypter
tot. 25Mose meinte, seine Landsleute müß-
ten jetzt erkennen, daß Gott ihn zur Be-
freiung seines Volkes geschickt hatte.
Doch sie erkannten es nicht. 26Am näch-
sten Tag sah Mose, wie sich zwei Israe-
liten stritten. Er versuchte, den Streit zu
schlichten, und sagte zu ihnen: ›Ihr ge-
hört doch zu ein und demselben Volk,
warum schlagt ihr euch?‹ 27Aber der mit
dem Streit angefangen hatte, stieß ihn zu-
rück und schrie: ›Wer hat dich eigentlich
zu unserem Herrn und Richter gemacht?
28Willst du mich etwa auch umbringen,
wie du gestern den Ägypter getötet
hast?‹ 29Mose erschrak über diese Worte.
Er verließ Ägypten und floh nach Mi-
dian, wo er als Ausländer lebte.

Dort wurden ihm zwei Söhne ge-
boren. 30Vierzig Jahre vergingen. Da er-
schien ihm in der Wüste am Berg Sinai
der Engel Gottes im Feuer eines brennen-
den Dornbusches. 31Mose sah die Flam-

a) 1. Mose 12,1 b) 1. Mose 15,13-14 c) Wörtlich: Er war schön vor Gott.

me und wunderte sich über die seltsame
Erscheinung. Als er aber näher an den
Busch herantrat, hörte er die Stimme Got-
tes:
32›Ich bin der Gott deiner Väter, der
Gott Abrahams, Isaaks und Jakobs.‹
Mose zitterte vor Angst und wagte nicht
aufzusehen. 33Aber der Herr redete wei-
ter zu ihm: ›Ziehe deine Schuhe aus; das
Land, auf dem du stehst, ist heilig. 34Mir
sind die Leiden meines Volkes in
Ägypten nicht verborgen geblieben, und
sein Weinen und Klagen habe ich gehört.
Nun bin ich gekommen, um es zu be-
freien. Gehe deshalb zurück nach Ägyp-
ten!‹[a]

35Gott sandte also gerade den Mann als
Befreier zu den Israeliten, den sie mit den
Worten abgewiesen hatten: ›Wer hat dich
zu unserem Herrn und Richter ge-
macht?‹ Ihn erwählte Gott durch den En-
gel im brennenden Dornbusch zu ihrem
Befreier, 36und Mose führte unser Volk
aus Ägypten. Überall wirkte er Zeichen
und Wunder: in Ägypten, am Roten
Meer und während der vierzig Jahre in
der Wüste.

37Mose war es auch, der zum Volk Isra-
el sagte: ›Einen Propheten wie mich wird
der Herr, euer Gott, zu euch senden, ei-
nen Mann aus euerm Volk.‹[b] 38Dieser
Mose wurde zum Vermittler zwischen
unserem Volk und dem Engel, der ihm
auf dem Berg Sinai das Gesetz Gottes
gab. Mose sollte uns Gottes Gebote über-
mitteln, die allen das Leben bringen.
39Aber unsere Väter wollten ihm nicht ge-
horchen. Sie begannen, sich nach dem Le-
ben in Ägypten zurückzusehnen, und er-
hoben sich sogar gegen Mose, als er auf
dem Berg Sinai war. 40Von seinem Bru-
der Aaron verlangten sie: ›Mache uns
Götzenbilder. Wir wollen sie vor uns her-
tragen, damit sie uns führen. Mose hat
uns überredet, Ägypten zu verlassen.
Aber niemand von uns weiß, was aus
ihm geworden, wo er geblieben ist.‹

41Sie gossen sich ein Stierkalb aus
Gold, das ihr Gott sein sollte. Als es fer-
tig war, freuten sie sich über ihren Göt-
zen und brachten ihm ihre Opfer. 42Da
wandte sich Gott von ihnen ab und
überließ sie ihrem Schicksal. So kam es,
daß sie zur Sonne, dem Mond und den
Sternen beteten, wie es im Buch des Pro-
pheten Amos steht: ›Habt ihr vom Volk
Israel mir in den vierzig Jahren eurer
Wüstenwanderung jemals Opfertiere
und Schlachtopfer gebracht und mich als
Gott verehrt? 43Nein, ihr habt die Ab-
bilder des Gottes Moloch und Romphan
vor euch hergetragen; Götzenbilder, die
ihr euch selbst gemacht habt, um sie anzu-
beten. Deshalb werde ich euch in die Ge-
fangenschaft führen, noch weit über Ba-
bylon hinaus.‹[c]

44Während ihrer ganzen Wanderung
durch die Wüste trugen unsere Väter ein
Zelt mit sich, das ihnen als Tempel dien-
te. Gott selbst hatte ihnen befohlen, ein
solches Zelt zu bauen, und zwar genau
so, wie er es Mose gezeigt hatte. 45Die fol-
gende Generation übernahm das Zelt,
und als Josua später das Land eroberte,
aus dem die Heiden von Gott vertrieben
wurden, nahmen sie das Zelt mit in ihre
neue Heimat. Dort blieb es noch bis zur
Zeit des Königs David.

46Diesem König bewies Gott immer
wieder seine Gunst. David war es auch,
der den Gott Israels bat, ihm einen Tem-
pel bauen zu dürfen. 47Doch erst Salomo
verwirklichte diesen Plan. 48Aber der
höchste Gott wohnt ohnehin nicht in
Häusern, die ihm Menschen bauen. So
sagt schon der Prophet Jesaja: 49›Der
Himmel ist mein Thron und die Erde der
Schemel, auf den ich meine Füße setze.
Was für ein Haus also wollt ihr mir bau-
en, in dem ich wohnen könnte? 50Habe
ich doch das Weltall geschaffen!‹[d]

51Ihr Unbelehrbaren, ungehorsam seid
ihr, unablässig widersetzt ihr euch Got-
tes Geist.[e] Wie eure Väter weigert ihr
euch, Gottes Willen zu erfüllen. 52Nennt
mir einen einzigen Propheten, den eure
Väter nicht verfolgt haben. Sie haben alle
umgebracht, die vom Kommen eures Ret-
ters sprachen. Ihr aber seid die Verräter
und Mörder dieses Gerechten! 53Gott hat
euch durch seine Engel das Gesetz ge-
geben, aber ihr habt euch nie danach ge-
richtet.«

a) 2. Mose 3,5-10 b) 5. Mose 18,15 c) Amos 5,25-27 d) Jesaja 66,1-2 e) Wörtlich: Ihr Halsstarrigen und Unbeschnittenen an Herzen und Ohren.

Der Märtyrertod des Stephanus

54Über diese Worte des Stephanus ge-
rieten seine Zuhörer in maßlose Wut.
55Stephanus aber blickte, erfüllt vom Hei-
ligen Geist, zum Himmel auf und sah
dort Gott in seiner Herrlichkeit und Je-
sus an seiner rechten Seite. 56»Ich sehe
den Himmel offen!« rief Stephanus,
»und Jesus, den Menschensohn, auf dem
Ehrenplatz an der rechten Seite Gottes!«
57Jetzt schrien sie ihn nieder, hielten
sich die Ohren zu, um seine Worte nicht
länger hören zu müssen, stürzten sich auf
ihn 58und zerrten ihn aus der Stadt. Hier
steinigten sie ihn. Die Männer, die das
Urteil vollstreckten, legten ihre weiten
Umhänge ab und gaben sie einem jungen
Mann, der Saulus hieß.
59Als sie Stephanus töteten, betete er
laut: »Herr Jesus, nimm meinen Geist zu
dir!« 60Er kniete nieder und rief: »Herr,
vergib ihnen diese Schuld!« Mit diesen
Worten starb er.

Die erste Christenverfolgung

8 Saulus hatte die Steinigung des
Stephanus mit Genugtuung angese-
hen. Noch am selben Tag setzte eine
schwere Verfolgung der Christen in Je-
rusalem ein. Von den Aposteln abgese-
hen, flohen alle in die Landbezirke Ju-
däas und Samariens. 2Stephanus wurde
von einigen frommen Männern begra-
ben, die seinen Tod laut beklagten.
3Saulus aber setzte alles daran, die Ge-
meinde Jesu auszurotten. Er schleppte
die Christen aus ihren Häusern und ließ
sie – Männer wie Frauen – ins Gefängnis
werfen.

Das Evangelium in Samaria

4Doch die aus Jerusalem geflohenen Chri-
sten verkündeten überall die Heilsbot-
schaft von Jesus. 5Einer von ihnen war
Philippus. Er kam in die Stadt Samaria
und sprach dort von Christus. 6Die Ein-
wohner hörten ihm bereitwillig zu; vor
allem, nachdem sie die Wunder sahen,
die er wirkte. 7Böse Geister wurden aus-
getrieben und ließen mit lautem Geschrei
von ihren Opfern ab. Ebenso heilte Phi-
lippus viele Gelähmte und Körperbehin-
derte. 8Darüber herrschte große Freude
in Samaria.

Gottes Gnade läßt sich nicht kaufen

9In Samaria lebte auch Simon, ein Mann,
der seit vielen Jahren Zauberei getrieben
und durch seine Künste viele in Erstau-
nen versetzt hatte. Er behauptete, etwas
Besonderes zu sein. 10Alle Leute, die
seine Zauberei miterlebt hatten, sagten
nämlich: »In diesem Mann wirkt Gottes
Kraft!« 11Sie standen ganz in seinem
Bann, weil er sie jahrelang mit seinen Zau-
berkünsten beeinflußt hatte.
12Aber nun glaubten viele an die Bot-
schaft vom Reich Gottes, wie sie ihnen
Philippus verkündet hatte, und an Jesus
Christus. Männer und Frauen – unter ih-
nen auch der Zauberer Simon – ließen
sich taufen. 13Nach seiner Taufe begleite-
te Simon den Philippus überallhin und
sah dabei staunend die Wunder, die Phi-
lippus wirkte.
14Als nun die Apostel in Jerusalem da-
von hörten, daß die Leute in Samaria Got-
tes Botschaft angenommen hatten, schick-
ten sie Petrus und Johannes dorthin.
15Die beiden Apostel kamen nach Sama-
ria und beteten für die Gläubigen, daß
Gott ihnen seinen Heiligen Geist schen-
ken möge. 16Denn bisher hatte keiner
von ihnen den Geist empfangen, obwohl
sie auf den Namen Jesu getauft worden
waren. 17Als ihnen aber die Apostel die
Hände auflegten, empfingen sie den Hei-
ligen Geist.
18Simon hatte gesehen, daß den Gläu-
bigen der Heilige Geist gegeben wurde,
als die Apostel ihnen die Hände auf-
legten. Da bot er Petrus und Johannes
Geld an und sagte: 19»Verhelft auch mir
dazu, daß jemand, dem ich die Hände auf-
lege, den Heiligen Geist bekommt.«
20Aufgebracht rief da Petrus: »Fahr zur
Hölle mit deinem Geld! Denkst du wirk-
lich, daß sich Gottes Gnade kaufen läßt?
21Gottes Botschaft gilt nicht für dich,
denn du meinst es nicht ehrlich. 22Bereue
deine Sünde, und ändere dich von Grund
auf. Bitte Gott, daß er dir diese abscheuli-
chen Gedanken vergibt. 23Denn ich sehe,
daß du voller Gift und Galle bist und den
Weg zu Gott noch gar nicht gefunden
hast.«
24»Betet für mich!« rief da Simon er-

schrocken, »damit mir erspart bleibt, was
ihr mir angedroht habt.«
25Nachdem sie in Samaria Gottes Wort
gepredigt hatten, kehrten Petrus und Jo-
hannes nach Jerusalem zurück. Unter-
wegs verkündeten sie auch in vielen Dör-
fern Samariens das Evangelium von Je-
sus.

Philippus und der äthiopische Finanzminister

26Ein Engel des Herrn forderte Philippus
auf: »Geh in Richtung Süden, und zwar
auf die einsame Straße, die von Jerusalem
nach Gaza führt.« 27Philippus gehorchte
sofort.
Zur selben Zeit war auf dieser Straße
auch ein Mann aus Äthiopien mit seinem
Wagen unterwegs. Er war Finanzmini-
ster der äthiopischen Königin Kandake
und ein hoher Würdenträger seines Lan-
des. 28Auf dem Rückweg von Jerusalem,
wo er als Pilger im Tempel gebetet hatte,
las er im Buch des Propheten Jesaja.
29Da sprach der Heilige Geist zu Philip-
pus: »Geh zu diesem Wagen, und bleib
in seiner Nähe.« 30Philippus lief hin und
hörte, daß der Mann laut aus dem Buch
Jesaja las. Er fragte den Äthiopier: »Ver-
stehst du eigentlich, was du da liest?«
31»Nein«, erwiderte der Mann, »wie soll
ich das denn verstehen, wo es mir noch
niemand erklärt hat!« Er bat Philippus,
einzusteigen und sich neben ihn zu
setzen.
32Er hatte gerade die Sätze gelesen:
»Wie ein Schaf, das geschlachtet werden
soll, hat man ihn abgeführt. Und wie ein
Lamm, das sich nicht wehrt, wenn es ge-
schoren wird, hat er alles erduldet.
33Nicht einmal ein gerechtes Urteil war
er ihnen wert. Niemand glaubte, daß er
noch eine Zukunft haben würde. Denn
man hat sein Leben auf dieser Erde ver-
nichtet.«[a]
34Der äthiopische Minister fragte Phi-
lippus: »Von wem spricht hier der Pro-
phet? Von sich selbst oder von einem an-
deren?« 35Da begann Philippus, ihm das
Evangelium von Jesus anhand dieses
Prophetenwortes zu erklären.
36Als sie bald darauf an einer Wasser-
stelle vorüberfuhren, sagte der Äthiopier:
»Dort ist Wasser! Kannst du mich jetzt
gleich taufen?« 37»Wenn du von ganzem
Herzen an Christus glaubst, kann ich es
tun«, erwiderte Philippus. »Ich glaube,
daß Jesus Christus der Sohn Gottes ist«,
bekannte der Minister. 38Dann ließ er den
Wagen halten. Gemeinsam stiegen sie ins
Wasser, und Philippus taufte ihn. 39Nach-
dem sie aus dem Wasser gestiegen waren,
entrückte der Geist des Herrn den Philip-
pus. Der Äthiopier sah ihn nicht mehr,
aber er reiste mit frohem Herzen weiter.
40Philippus wurde danach in Asdod ge-
sehen. Von dort aus zog er von Stadt zu
Stadt und predigte überall das Evan-
gelium von Jesus, selbst im entfernten Cä-
sarea.

Saulus begegnet Christus

9 Saulus verfolgte noch immer mit fana-
tischem Haß alle Christen. 2Darum
ließ er sich vom Hohenpriester in Je-
rusalem ein Beglaubigungsschreiben für
die jüdischen Gemeinden in Damaskus
geben, die ihm beim Aufspüren von Chri-
sten behilflich sein sollten. Auf diese
Weise wollte er die Christen – ganz
gleich, ob Männer oder Frauen – als Ge-
fangene nach Jerusalem bringen.
3Kurz vor Damaskus umgab Saulus
plötzlich ein blendendes Licht vom Him-
mel. 4Er stürzte zu Boden. Dabei hörte er
eine Stimme: »Saul, Saul, warum ver-
folgst du mich?« 5»Wer bist du, Herr?«
fragte Saulus.
»Ich bin Jesus, den du verfolgst!« ant-
wortete die Stimme. 6»Steh auf und geh
in die Stadt. Dort wird man dir sagen,
was du tun sollst.«
7Die Begleiter des Saulus waren starr
vor Schrecken, denn sie hatten zwar die
Stimme gehört, aber nichts gesehen. 8Als
Saulus sich vom Boden erhob und die Au-
gen öffnete, konnte er nicht mehr sehen.
Man mußte ihn an der Hand nach Damas-
kus führen. 9Drei Tage lang war er blind
und wollte weder essen noch trinken.
10In Damaskus wohnte ein Christ, der
Ananias hieß. Dem erschien der Herr in
einer Vision. »Ananias«, sagte er zu ihm.
»Ja, Herr, hier bin ich«, erwiderte der
Mann. 11»Gehe in der Geraden Straße in
das Haus des Judas, und frage dort nach

a) Jesaja 53,7-8

einem Saulus von Tarsus. Er betet gerade [12]und hat in einer Vision einen Mann gesehen, der Ananias heißt. Dieser kam zu ihm und legte ihm die Hände auf, damit er wieder sehen kann.«

[13]»Aber Herr«, wandte Ananias ein, »ich habe schon von so vielen gehört, wie grausam dieser Saulus deine Gemeinde in Jerusalem verfolgt. [14]Außerdem haben wir erfahren, daß er eine Vollmacht der Hohenpriester hat, damit er auch hier alle gefangennehmen kann, die an dich glauben.«

[15]Doch der Herr sprach zu Ananias: »Erfülle alles so, wie ich es dir gesagt habe. Ich habe diesen Mann dazu auserwählt, allen Völkern und den Herrschern der Erde, aber auch den Israeliten meine Botschaft[a] zu verkündigen. [16]Dabei wird er erfahren, wieviel er um meines Namens willen leiden muß.«

[17]Ananias gehorchte. Er ging in das Haus des Judas, fand dort Saulus und legte ihm die Hände auf. »Lieber Bruder Saulus«, sagte er, »Jesus, der dir unterwegs erschienen ist, hat mich zu dir geschickt, damit du mit dem Heiligen Geist erfüllt wirst und wieder sehen kannst.« [18]Im selben Moment fiel es Saulus wie Schuppen von den Augen, und er konnte wieder sehen. Er stand auf und ließ sich taufen. [19]Nachdem er gegessen hatte, erholte er sich schnell.

Aus dem Verfolger wird ein Verfolgter

Einige Tage blieb Saulus bei den Christen in Damaskus. [20]Gleich nach seiner Taufe begann er, in den Synagogen zu predigen und zu verkünden, daß Jesus der Sohn Gottes ist.

[21]Seine Zuhörer waren fassungslos. Ungläubig fragten sie: »Ist das nicht der, von dem die Christen in Jerusalem so erbarmungslos verfolgt wurden? Und ist er nicht hierhergekommen, um sie auch in Damaskus zu verhaften und als Gefangene an die Hohenpriester in Jerusalem auszuliefern?«

[22]Saulus aber konnte immer überzeugender beweisen, daß Jesus der verheißene Messias ist, so daß die Juden in Damaskus schließlich keine Argumente mehr dagegen vorbringen konnten.

[23]Deshalb beschlossen sie nach einiger Zeit, Saulus zu töten. [24]Der aber erfuhr von ihren Plänen; und weil die Juden Tag und Nacht die Stadttore bewachten, um zu verhindern, daß er ihnen entkommt, [25]ließen die Christen ihn nachts in einem Korb über die Stadtmauer hinunter.

Saulus bei den Christen in Jerusalem

[26]Nachdem Saulus in Jerusalem angekommen war, versuchte er, sich dort der Gemeinde anzuschließen. Aber alle hatten Angst vor ihm, weil sie nicht glauben konnten, daß er wirklich Christ geworden war.

[27]Endlich nahm sich Barnabas seiner an. Er brachte ihn zu den Aposteln und berichtete dort, wie Saulus auf der Reise nach Damaskus den Herrn gesehen, daß Jesus zu ihm geredet habe und Saulus dann in Damaskus furchtlos den Namen des Herrn verkündigt hatte.

[28]Nun erst wurde Saulus von den Christen in Jerusalem herzlich aufgenommen. Er ging bei ihnen aus und ein und predigte unerschrocken im Namen Jesu. [29]Mit den griechischsprechenden Juden führte er Streitgespräche.

[30]Als bekannt wurde, daß diese Juden ihn töten wollten, brachten ihn seine Glaubensbrüder sicher nach Cäsarea. Von dort reiste Saulus in seine Heimatstadt Tarsus.

[31]Die Gemeinden in Judäa, Galiläa und Samarien hatten nun Frieden. Sie wuchsen im Gehorsam und in der Hingabe an Gott. Durch das Wirken des Heiligen Geistes wurden viele Menschen für Gott gewonnen.

Petrus in Lydda und Joppe

[32]Auf einer seiner vielen Reisen, die Petrus durch das ganze Land führten, kam er auch zu der Christengemeinde in der Stadt Lydda. [33]Dort traf er Äneas, einen Mann, der schon acht Jahre lang gelähmt im Bett lag. [34]Petrus sagte zu ihm: »Äneas, Jesus Christus heilt dich. Steh auf, und versorge dich selbst!« Tatsächlich stand der Gelähmte auf und konnte gehen. [35]Als die Einwohner von Lydda und

a) Wörtlich: meinen Namen.

den umliegenden Orten in der Saron-Ebene den Geheilten sahen, begannen sie, an Jesus als ihren Herrn zu glauben.

36In der Stadt Joppe lebte damals eine Christin, die Tabea hieß. Der Name bedeutet »Gazelle«. Tabea tat viel Gutes und half den Armen. 37Als Petrus in Lydda war, wurde sie plötzlich krank und starb. Man bahrte sie in einer Dachkammer auf und bereitete das Begräbnis vor. 38Joppe liegt nicht weit von Lydda. Die Christen in Joppe schickten deshalb zwei Männer mit der dringenden Bitte zu Petrus: »Komm so schnell du kannst zu uns nach Joppe!«

39Petrus ging sofort mit ihnen. Als er angekommen war, führte man ihn in die Kammer, in der die Tote lag. Dort hatten sich viele Witwen eingefunden, denen Tabea in ihrer Not geholfen hatte. Weinend zeigten sie Petrus Kleider und Röcke, die Tabea ihnen genäht hatte. 40Doch Petrus schickte sie alle hinaus. Er kniete nieder und betete. Dann sagte er zu der Toten: »Tabea, stehe auf!« Sofort öffnete sie die Augen, sah Petrus an und richtete sich auf. 41Petrus gab Tabea die Hand und half ihr aufzustehen. Dann rief er die Gläubigen und die Witwen herein, die nicht fassen konnten, daß Tabea lebendig vor ihnen stand. 42Bald wußte ganz Joppe, was geschehen war, und viele glaubten deswegen an den Herrn. 43Petrus blieb danach noch längere Zeit in Joppe im Haus des Gerbers Simon.

Der römische Offizier Kornelius

10 In Cäsarea lebte damals ein römischer Offizier, der Kornelius hieß und Hauptmann im »Italienischen Regiment« war. 2Er war ein frommer[a] Mann, der sich mit seiner ganzen Familie zu Gott bekannte. Er tat viel für die Hilfsbedürftigen und Armen und betete regelmäßig zu Gott.

3Diesem Mann erschien gegen drei Uhr nachmittags ein Engel Gottes. »Kornelius!« rief der Engel. 4Erschrokken sah Kornelius auf und fragte: »Was willst du, Herr?« Da antwortete ihm der Engel: »Gott hat deine Gebete gehört und kennt deine guten Taten. 5Deshalb schicke ein paar Leute nach Joppe. Sie sollen sich dort nach einem Simon Petrus erkundigen, 6der am Meer im Haus des Gerbers Simon wohnt. Dieser Simon Petrus soll zu dir kommen!«

7Gleich nachdem der Engel gegangen war, rief Kornelius zwei von seinen Dienern zu sich, außerdem einen Soldaten, der wie Kornelius dem jüdischen Glauben nahestand und zu seinem persönlichen Schutz eingesetzt war. 8Ihnen berichtete er genau, was sich ereignet hatte, und sandte sie nach Joppe.

Petrus hat eine Vision

9Als die Boten am folgenden Tag schon dicht bei der Stadt Joppe waren, stieg Petrus auf das flache Dach des Hauses, um dort ungestört zu beten. 10Es war gerade um die Mittagszeit, und Petrus hatte Hunger. Während man sein Essen zubereitete, hatte er eine Vision:

11Petrus sah etwas vom Himmel herabkommen. Es sah aus wie ein großes Leinentuch, das – an seinen vier Ecken zusammengehalten – auf die Erde heruntergelassen wurde. 12In dem Tuch waren alle möglichen Arten von vierfüßigen Tieren, aber auch von Schlangen und Vögeln; alles Tiere, die für Juden »unrein« sind und deshalb nicht gegessen werden dürfen. 13Dann hörte Petrus eine Stimme, die ihn aufforderte: »Petrus, schlachte diese Tiere und iß davon!« 14»Niemals, Herr!« entgegnete Petrus. »Noch nie in meinem Leben habe ich etwas Verbotenes oder Unreines gegessen.« 15Da rief die Stimme zum zweiten Mal: »Widersprich Gott nicht! Wenn er sagt, daß etwas ›rein‹ ist, dann ist es auch rein.«[b] 16Das geschah dreimal. Dann wurde das Tuch wieder in den Himmel gehoben.

17Petrus verstand nicht, was Gott ihm durch diese Erscheinung sagen wollte. Aber während er noch angestrengt überlegte, klopften die Boten des Kornelius an die Haustür. 18»Wohnt hier ein Mann, der Simon Petrus heißt?« erkundigten sie sich.

19Petrus dachte noch immer darüber nach, was die Erscheinung zu bedeuten hatte. Da sprach der Heilige Geist zu

a) Wörtlich: fromm und gottesfürchtig. b) Wörtlich: Was Gott gereinigt hat, erkläre du nicht für unrein.

ihm: »Es sind drei Männer zu dir gekommen. 20 Gehe hinunter und reise mit ihnen nach Cäsarea. Du brauchst keine Bedenken zu haben, denn ich habe sie gesandt.« 21 Petrus ging hinunter. »Ich bin der, den ihr sucht«, sagte er. »Warum seid ihr hierhergekommen?« 22 Sie erwiderten: »Der Hauptmann Kornelius schickt uns. Er ist ein guter und gottesfürchtiger Mann, der von allen Juden hoch geachtet wird. Durch einen heiligen Engel erhielt er von Gott den Auftrag, dich in sein Haus einzuladen und darauf zu hören, was du ihm zu sagen hast.«

23 Petrus ließ die Männer in das Haus eintreten, und sie wohnten dort. Bereits am nächsten Tag aber ging er mit ihnen nach Cäsarea, wobei ihn einige Christen aus Joppe begleiteten.

24 Als sie am folgenden Tag dort ankamen, wurden sie schon von Kornelius erwartet. Alle seine Verwandten und Freunde waren bei ihm. 25 Noch bevor Petrus das Haus betreten hatte, kam ihm Kornelius entgegen und fiel ehrerbietig vor ihm auf die Knie. 26 Doch Petrus wehrte ab: »Steh auf, ich bin auch nur ein Mensch!« und half ihm, sich wieder aufzurichten. 27 Dann betraten sie das Haus. Petrus sah die vielen Menschen, die auf ihn warteten.

28 »Ihr wißt ebenso wie ich«, begann er, »daß es einem Juden streng verboten ist, in das Haus eines Nichtjuden zu gehen oder sich auch nur mit ihm zu treffen. Aber Gott hat mir gezeigt, daß ich keinen Menschen für minderwertig[a] halten darf. 29 Deshalb bin ich auch gleich zu euch gekommen, als ihr mich gerufen habt. Aber was wollt ihr nun von mir?«

30 Kornelius antwortete: »Vor vier Tagen betete ich nachmittags in meinem Hause. Es war drei Uhr, ungefähr dieselbe Zeit wie heute. Da stand plötzlich ein Mann in einem leuchtenden Gewand vor mir 31 und sagte: ›Kornelius, Gott hat deine Gebete gehört. Er kennt deine guten Taten. 32 Deshalb beauftragt er dich, Leute nach Joppe zu schicken, die Petrus zu dir bringen sollen. Er wohnt am Meer im Haus des Gerbers Simon. Höre darauf, was er dir zu sagen hat.‹ 33 Ich habe meine Boten sofort zu dir geschickt, und ich freue mich, daß du gekommen bist. Nun sind wir alle hier in Gottes Gegenwart versammelt und wollen hören, was du uns in seinem Auftrag zu sagen hast.«

Gott liebt jeden Menschen

34 Da sagte Petrus zu Kornelius und dessen Verwandten: »Jetzt erst habe ich richtig verstanden, daß Gott keinen Menschen wegen seiner Herkunft bevorzugt oder benachteiligt, 35 sondern daß er jeden liebt, der an ihn glaubt und nach seinen Geboten lebt. 36 Ihr kennt die Friedensbotschaft Gottes, die er dem Volk Israel durch Jesus Christus mitgeteilt hat, und er ist ja der Herr über alle.

37 Ihr wißt auch, was in Judäa geschehen ist, nachdem Johannes der Täufer in Galiläa durch die Taufe zur Umkehr gerufen hatte. 38 Jesus aus Nazareth ist von Ort zu Ort gezogen. Er hat überall Gutes getan und alle befreit, die der Teufel gefangenhielt, denn Gott selbst hatte ihm seine Macht und seinen göttlichen Geist gegeben. Er war mit ihm.

39 Wir Apostel sind Augenzeugen für alles, was er in Israel und in Jerusalem unter den Juden getan hat. Diesen Jesus haben sie an das Kreuz genagelt und getötet. 40 Aber schon drei Tage später hat Gott ihn wieder zum Leben erweckt. 41 Danach ist er als Auferstandener zwar nicht dem ganzen Volk, aber seinen Jüngern[b] erschienen. Das können wir bezeugen. Wir haben nach seiner Auferstehung sogar mit ihm gegessen und getrunken. 42 Er gab uns den Auftrag, allen Menschen zu sagen und zu bezeugen, daß Gott ihn als Richter über die Lebenden und die Toten eingesetzt hat. 43 Schon die Propheten haben in ihren Schriften vorausgesagt, daß durch Jesus allen Menschen die Sünden vergeben werden, wenn sie an ihn glauben.«[c]

Zum ersten Mal werden Heiden in die Gemeinde aufgenommen

44 Petrus hatte seine Rede noch nicht beendet, da wurden alle, die zuhörten, mit dem Heiligen Geist erfüllt. 45 Die Juden aus der Gemeinde in Joppe, die mit Pe-

a) Wörtlich: unheilig und unrein. b) Wörtlich: den von Gott auserwählten Zeugen. c) Jesaja 53,5-6; Jeremia 31,34

trus gekommen waren, konnten es kaum fassen, daß Gott auch Nichtjuden den Heiligen Geist schenkte. [46]Denn sie hörten die Menschen Gott in einer Weise anbeten und loben, wie sie selbst es zu Pfingsten erlebt hatten.

Petrus aber sagte: [47]»Wer könnte ihnen jetzt noch die Taufe verweigern, wo sie genau wie wir den Heiligen Geist empfangen haben?« [48]Und er ließ alle, die im Hause des Kornelius versammelt waren, auf den Namen Jesu Christi taufen. Danach baten sie Petrus, er möge noch einige Tage bei ihnen bleiben.

Petrus rechtfertigt die Taufe von Heiden

11 Bald darauf erfuhren die Apostel und die anderen Brüder in Judäa, daß nun auch Heiden Gottes Wort angenommen hatten.

[2]Als Petrus nach Jerusalem zurückkehrte, warfen ihm die jüdischen Gemeindeglieder vor: [3]»Du hast dich mit Heiden verbrüdert und sogar mit ihnen gegessen!« [4]Nun berichtete ihnen Petrus der Reihe nach, was geschehen war:

[5]»In der Stadt Joppe zeigte mir Gott während des Gebets ein riesiges Tuch, das an seinen vier Ecken vom Himmel herabgelassen wurde. [6]Darin sah ich die unterschiedlichsten Arten von vierfüßigen, kriechenden, fliegenden und wilden Tieren, die für uns alle unrein sind. [7]Ich hörte eine Stimme, die mich aufforderte: ›Petrus, schlachte das und iß davon!‹ [8]›Niemals, Herr‹, widersprach ich. ›Bisher habe ich noch nie etwas Unreines oder Verbotenes gegessen.‹ [9]Aber die Stimme vom Himmel sprach noch einmal: ›Wenn Gott sagt: Das ist rein, darfst du es nicht ›unrein‹ nennen.‹

[10]Dreimal wiederholte sich dieser Vorgang. Dann wurde das Tuch mit seinem Inhalt wieder in den Himmel gehoben. [11]Zu eben dieser Zeit hatten drei Männer das Haus erreicht, in dem ich wohnte. Sie kamen aus Cäsarea und waren zu mir geschickt worden. [12]Der Heilige Geist befahl mir, ohne Bedenken mit diesen Männern zu gehen. Außerdem begleiteten mich noch diese sechs Brüder hier aus der Gemeinde in Joppe. Bald trafen wir im Hause des Mannes ein, der die Boten geschickt hatte. [13]Er berichtete uns, daß ihm ein Engel erschienen war, der ihm befohlen hatte: ›Schicke Boten nach Joppe und laß Petrus holen. [14]Der wird dir sagen, wie du mit allen, die zu dir gehören, gerettet werden kannst.‹ [15]Ich war noch gar nicht lange bei ihnen und hatte gerade zu reden angefangen, da kam der Heilige Geist auf sie, genauso wie es bei uns am Pfingsttag gewesen war.

[16]In diesem Moment fiel mir ein, was uns der Herr einmal gesagt hatte: ›Johannes hat mit Wasser getauft, ihr aber sollt mit dem Heiligen Geist getauft werden.‹ [17]Weil diese Nichtjuden an den Herrn Jesus Christus glaubten, schenkte Gott ihnen dieselbe Gabe wie uns. Wer bin ich, daß ich Gott daran hätte hindern können?!«

[18]Diese Worte überzeugten sie. Sie lobten Gott und verkündeten: »Gott hat allen Menschen den Weg zur Umkehr gezeigt, den einzigen Weg, der zum Leben führt.«

Gründung der Gemeinde in Antiochia

[19]Die Gläubigen, die wegen der einsetzenden Christenverfolgung nach dem Märtyrertod des Stephanus aus Jerusalem geflohen waren, kamen bis nach Phönizien, Zypern und Antiochia. Das Evangelium verkündigten sie aber nur den Juden. [20]Lediglich ein paar Männer aus Zypern und Kyrene, die jetzt in Antiochia lebten, predigten auch den Griechen die Frohe Botschaft von Jesus Christus. [21]Der Herr aber war mit ihnen, und so begannen viele dieser Heiden an Jesus Christus als ihren Herrn zu glauben.

[22]Als die Gemeinde in Jerusalem von dieser Entwicklung in Antiochia erfuhr, schickten sie Barnabas dorthin. [23]Der kam in die Stadt und erkannte voller Freude, was Gott getan hatte. Barnabas ermutigte die Gläubigen, fest und entschlossen in ihrem Glauben an den Herrn zu bleiben. [24]Barnabas war nämlich ein vorbildlicher Mann, erfüllt vom Heiligen Geist und stark im Glauben. So fanden damals viele Menschen den Weg zu Jesus Christus.

[25]Von Antiochia reiste Barnabas nach Tarsus, um Saulus aufzusuchen. [26]Er traf ihn, und gemeinsam gingen sie nach Antiochia zurück. Dort blieben beide ein

ganzes Jahr, um den vielen Gläubigen zu zeigen, wie sie als Jünger Jesu leben sollen. In Antiochia wurden die Nachfolger Jesu auch zum ersten Mal »Christen« genannt.

[27]In diesen Tagen kamen Propheten aus Jerusalem nach Antiochia. [28]Während des Gottesdienstes sagte einer von ihnen – er hieß Agabus – eine große Hungersnot voraus. Sie würde sich über die ganze Welt erstrecken. So hatte es ihm der Heilige Geist gezeigt. Tatsächlich trat diese Hungersnot während der Regierungszeit des Kaisers Claudius ein. [29]Deshalb beschloß die Gemeinde in Antiochia, den Christen in Judäa zu helfen. Jeder in der Gemeinde gab, soviel er nur konnte, [30]und die gesamte Spende wurde dann von Barnabas und Saulus den Ältesten der Gemeinde in Jerusalem überbracht.

Die Verhaftung des Petrus und seine Befreiung

12 In dieser Zeit ließ König Herodes einige Christen in Jerusalem verhaften und foltern. [2]Jakobus, der Bruder des Johannes, wurde enthauptet. [3]Als Herodes merkte, daß er dadurch bei den jüdischen Führern an Ansehen gewann, ließ er noch während des Passahfestes Petrus gefangennehmen. [4]Man warf den Apostel ins Gefängnis. Dort bewachten ihn ununterbrochen vier Soldaten, die alle sechs Stunden abgelöst wurden. Herodes wollte nach dem Passahfest Petrus öffentlich den Prozeß machen.

[5]Aber die Gemeinde in Jerusalem hörte nicht auf, Gott um Hilfe für den Gefangenen zu bitten. [6]In der letzten Nacht vor dem Prozeß schlief Petrus angekettet zwischen zwei Soldaten, während zwei andere vor der Zelle Wache hielten. [7]Plötzlich betrat ein Engel des Herrn die Zelle, und Licht erfüllte den Raum. Der Engel weckte Petrus und sagte zu ihm: »Steh schnell auf!« Sofort fielen Petrus die Ketten von den Handgelenken. [8]»Ziehe deine Kleider und deine Schuhe an«, befahl ihm dann der Engel. »Nimm deinen Mantel, und folge mir!«

[9]Petrus ging hinter dem Engel aus der Zelle. Aber die ganze Zeit über konnte er nicht glauben, daß all dies wirklich geschah. Er meinte zu träumen. [10]Doch sie passierten die erste Wache, die zweite und kamen schließlich an das schwere Eisentor, das zur Stadt führt. Es öffnete sich vor ihnen. Jetzt hatten sie das Gefängnis verlassen und bogen in eine schmale Straße ein. Da verschwand der Engel, [11]und erst jetzt begriff Petrus: »Es ist kein Traum. Der Herr hat mir tatsächlich seinen Engel geschickt, um mich aus der Gewalt des Herodes zu retten. Vergebens werden die Juden auf meine Hinrichtung warten.«

[12]Petrus überlegte und ging dann zu dem Haus, in dem Maria wohnte, die Mutter von Johannes Markus. Dort hatten sich viele Christen aus der Gemeinde zusammengefunden, um zu beten.

[13]Als Petrus an die Haustür klopfte, kam ein Mädchen, das Rhode hieß, und wollte nachsehen, wer da ist. [14]Sie erkannte Petrus sofort an seiner Stimme, war aber vor Freude so überrascht, daß sie die Tür verschlossen ließ und ins Haus zurücklief. »Petrus steht draußen vor der Tür!« rief sie. [15]»Das ist doch ganz unmöglich!« meinten die anderen ungläubig. »Du mußt dich irren.« Aber sie blieb bei ihrer Behauptung. [16]Jetzt vermuteten einige: »Vielleicht ist es sein Engel!«

Petrus hörte nicht auf, an die Tür zu klopfen. Als sie ihm endlich öffneten und Petrus erkannten, gerieten sie vor Freude außer sich. [17]Mit einer Handbewegung brachte er sie zur Ruhe, und dann berichtete er, wie ihn der Herr aus dem Gefängnis befreit hatte. »Sagt das auch Jakobus und den anderen«, bat er zum Schluß. Dann trennten sie sich, und Petrus verließ Jerusalem, um sich in Sicherheit zu bringen.

[18]Am nächsten Morgen entdeckten die Soldaten voller Entsetzen, daß Petrus nicht mehr da war. Sie konnten es sich einfach nicht erklären. [19]Als Herodes den Gefangenen vorführen lassen wollte, er aber nirgendwo zu finden war, ließ der König die Wachen nach eindringlichen Verhören hinrichten. Anschließend verließ Herodes Judäa und blieb längere Zeit in Cäsarea.

Das Ende des Herodes

20 In dieser Zeit plante Herodes Vergeltungsmaßnahmen gegen die Städte Tyrus und Sidon. Um den König umzustimmen und zum Frieden zu bewegen, schickten die Städte eine Abordnung zu ihm. Dieser Abordnung gelang es, Blastus, den Finanzverwalter des Königs, für sich zu gewinnen. So hofften sie, zu einer Einigung zu gelangen, denn sie waren auf die Lieferung von Lebensmitteln aus dem Herrschaftsbereich des Herodes angewiesen. 21 Nach dem Abschluß der Verhandlungen zog Herodes sein königliches Prachtgewand an und hielt von seinem Thron aus eine öffentliche Ansprache. 22 Begeistert jubelte ihm das Volk zu: »So spricht nur Gott und kein Mensch!« 23 Im selben Augenblick strafte ein Engel des Herrn den König, weil er sich als Gott verehren ließ. Er wurde von Würmern zerfressen und starb unter Qualen. 24 An Gottes Wort aber glaubten immer mehr Menschen. 25 Barnabas und Saulus hatten inzwischen ihre Aufgabe in Jerusalem erfüllt und kehrten zusammen mit Johannes Markus nach Antiochia zurück.

Paulus und Barnabas werden als Missionare ausgesandt

13 In der Gemeinde Antiochia gab es mehrere Propheten und Lehrer, zum Beispiel Barnabas, den Afrikaner Simon, Lucius von Kyrene, Manahen, einen Jugendfreund des Königs Herodes, und Saulus. 2 Als diese Männer während eines Fastens gemeinsam beteten, sprach der Heilige Geist zu ihnen: »Gebt Barnabas und Saulus für die Aufgabe frei, zu der ich sie berufen habe!« 3 Da fasteten und beteten sie, segneten Barnabas und Saulus und sandten sie zum Missionsdienst aus.

Auf Zypern: Erster Widerstand – erster Erfolg

4 Auf diese Weise vom Heiligen Geist selbst ausgesandt, kamen Barnabas und Saulus zuerst nach Seleukia und von dort mit einem Schiff nach Zypern. 5 Gleich nachdem sie in der Stadt Salamis angekommen waren, verkündigten sie in den Synagogen das Wort Gottes. Johannes Markus hatten sie als Gehilfen bei sich.

6 So kamen sie an das andere Ende der Insel, bis nach Paphos. Dort trafen sie einen Juden, der sich mit Zauberei abgab. Er hieß Bar-Jesus und bezeichnete sich selbst als Propheten. 7 Dieser Jude war mit dem Gouverneur Sergius Paulus befreundet, einem klugen und sehr verständigen Mann. Der Gouverneur lud Barnabas und Saulus zu sich ein, weil er von ihnen Gottes Wort hören wollte. 8 Aber Elymas, wie der Name des Zauberers auf griechisch hieß, wollte mit allen Mitteln verhindern, daß der Gouverneur zum Glauben an Christus kam.

9 Saulus aber, der sich auch Paulus nannte, sah den Zauberer durchdringend an 10 und sagte, erfüllt vom Heiligen Geist: »Du Sohn der Hölle, voller Lüge und Bosheit! In dir ist nichts Gutes. Wann endlich wirst du aufhören, Gottes Wort zu verdrehen? 11 Gott wird dich dafür strafen: Du sollst blind werden und einige Zeit nicht sehen können.« In demselben Augenblick erblindete der Mann. Er tappte hilflos umher und brauchte jemanden, der ihn an der Hand führte. 12 Beeindruckt von der Macht Gottes, begann der Gouverneur, der alles mitangesehen hatte, an den Herrn zu glauben.

Missionsarbeit in Antiochia/Pisidien

13 Danach verließen Paulus und seine Gefährten Paphos. Mit einem Schiff fuhren sie nach Perge in Pamphylien, wo sich Johannes Markus von ihnen trennte und nach Jerusalem zurückkehrte. 14 Barnabas und Paulus jedoch zogen allein weiter nach Antiochia in Pisidien. Am Sabbat gingen sie dort zum Gottesdienst in die Synagoge. 15 Nach der üblichen Lesung aus den Büchern des Mose und der Propheten ließen ihnen die Synagogenvorsteher ausrichten: »Liebe Brüder, wenn ihr etwas lehren wollt, was der Gemeinde nützt, dann redet nur!«

16 Da erhob sich Paulus, bat mit einem Handzeichen um Ruhe und begann: »Ihr Männer Israels, aber auch ihr andern alle, die ihr an den Gott Israels glaubt, hört mir zu! 17 Der Gott des Volkes Israel hat unsere Vorfahren auserwählt und sie in Ägypten zu einem großen Volk werden lassen. Durch seine Macht und Stärke ge-

lang unserem Volk der Auszug aus die-
sem Land. 18 Vierzig Jahre lang erhielt er
sie auf ihrem Weg durch die Wüste.
19 Und nachdem Gott sieben Völker in Ka-
naan vernichtet hatte, konnten sie dieses
Land in Besitz nehmen. 20 Etwa vier-
hundertfünfzig Jahre lang gab er ihnen
Richter; der letzte war Samuel, ein Pro-
phet Gottes.

21 Als das Volk einen König haben woll-
te, gab Gott ihnen Saul, den Sohn des Kis
aus dem Stamm Benjamin.

Saul regierte vierzig Jahre. 22 Dann
wandte sich Gott von ihm ab und er-
wählte David zum König über Israel,
von dem er sagte: ›Ich habe David, den
Sohn Isais, gefunden, einen Mann nach
meinem Herzen. Er wird mir gehor-
chen.‹

23 Ein Nachkomme Davids ist Jesus,
der von Gott versprochene Retter Is-
raels. 24 Er kam, nachdem Johannes das
ganze Volk Israel aufgerufen hatte, nicht
länger ein sündiges Leben zu führen und
sich taufen zu lassen. 25 Johannes hatte
seinen Auftrag erfüllt, als er sagte: ›Ich
bin nicht der, für den ihr mich haltet.
Aber nach mir wird einer kommen, dem
dürfte ich nicht einmal die Schuhe aufbin-
den.‹

26 Euch, liebe Brüder, die ihr von Abra-
ham abstammt, und euch, die ihr an Gott
glaubt und ihn ehrt, gilt diese rettende
Botschaft. 27 Die Einwohner Jerusalems
und ihre führenden Männer haben nicht
verstanden, wer Jesus ist. Trotzdem er-
füllten sie mit ihrem Urteil die Vorhersa-
gen der Propheten, die jeden Sabbat vor-
gelesen werden. 28 Denn obwohl sie ihm
nicht das Geringste nachweisen konnten,
was die Todesstrafe gerechtfertigt hätte,
verlangten sie von Pilatus, daß Jesus hin-
gerichtet wird. 29 Als sich alles so erfüllt
hatte, wie es in der Heiligen Schrift vor-
ausgesagt ist, nahmen sie ihn vom Kreuz
herunter und legten ihn in ein Grab.

30 Aber Gott hat ihn von den Toten auf-
erstehen lassen. 31 Danach ist Jesus noch
oft seinen Jüngern erschienen, die mit
ihm von Galiläa nach Jerusalem ge-
kommen waren. Sie sind jetzt vor dem
Volk Israel die Zeugen dafür, daß Jesus
Gottes Sohn ist.

32 Euch verkündigen wir nun diese
frohe Botschaft: Die Verheißung, die
Gott unseren Vorfahren gab, 33 hat er für
uns jetzt erfüllt, als er Jesus von den To-
ten auferweckte. So heißt es im zweiten
Psalm: ›Du bist mein Sohn. Heute setze
ich dich zum König ein.‹[a] 34 Daß Jesus
von den Toten auferstehen und nicht
mehr verwesen würde, hat Gott in der
Heiligen Schrift vorausgesagt: ›Ich will
euch die Gnade erweisen, die ich David
versprochen habe.‹[b] 35 An einer anderen
Stelle heißt es noch deutlicher: ›Du wirst
nicht zulassen, daß dein Heiliger verwe-
sen wird.‹[c]

36 Das bezog sich nicht etwa auf David.
Der starb, nachdem er den Menschen sei-
ner Zeit nach Gottes Willen gedient
hatte. Er wurde begraben und verweste.
37 Aber der, den Gott von den Toten hat
auferstehen lassen, der ist nicht verwest.
38 Das ist der Beweis dafür, liebe Brüder,
daß es Jesus ist, durch den ihr Vergebung
der Sünden erlangt.

39 Jeder, der an ihn glaubt, wird frei von
seinen Sünden. Das Gesetz des Mose
konnte ihn davon nicht lossprechen.
40 Seht euch also vor, daß auf euch nicht
zutrifft, was in den Propheten geschrie-
ben steht: 41 ›Ihr Verächter der Wahrheit!
Wacht auf aus eurer Gleichgültigkeit und
erschreckt zu Tode. Denn was ich noch
zu euren Lebzeiten geschehen lasse, wür-
det ihr nicht für möglich halten, wenn an-
dere es euch erzählten.‹«[d]

42 Als Paulus und Barnabas den Gottes-
dienst verließen, wurden sie gebeten, am
nächsten Sabbat wiederzukommen, um
noch einmal über diese Botschaft zu spre-
chen. 43 Viele Juden, aber auch andere, die
zum Gottesdienst in der Synagoge ge-
wesen waren, begleiteten Paulus und
Barnabas. Die Apostel ermahnten alle
diese Menschen, Gottes Gnade nicht zu-
rückzuweisen.

Konflikt mit den Juden

44 Am folgenden Sabbat waren fast alle
Einwohner der Stadt zusammengekom-
men, um das Wort Gottes zu hören.
45 Als die Juden die vielen Menschen in
der Synagoge sahen, wurden sie neidisch.

a) Wörtlich: Heute habe ich dich gezeugt. Psalm 2,7 b) Jesaja 55,3 c) Psalm 16,10 d) Habakuk 1,5

Sie widersprachen Paulus und spotteten.
46Doch Paulus und Barnabas ließen sich
nicht beirren. Ruhig und fest erklärten
sie: »Zuerst mußte euch Juden das Wort
Gottes verkündet werden. Weil ihr es
aber nicht hören wollt und damit selbst
gezeigt habt, daß ihr des ewigen Lebens
nicht wert seid, wenden wir uns jetzt an
die Heiden. 47Denn der Herr hat uns be-
fohlen: ›Ich habe dich zum Licht für alle
Völker gemacht, damit du der ganzen
Welt die Rettung bringst, die von mir
kommt.‹«[a]

48Als die Nichtjuden das hörten,
freuten sie sich sehr und dankten Gott
für sein Wort. Und alle, die zum ewigen
Leben bestimmt waren, begannen zu
glauben. 49So wurde das Wort Gottes –
über die Stadtgrenzen hinaus – in der
ganzen Umgebung bekannt. 50Den Juden
aber gelang es, fromme, angesehene Frau-
en und einflußreiche Männer der Stadt
gegen Paulus und Barnabas aufzuhetzen
und sie aus der Stadt zu vertreiben. 51Da
überließen sie die Stadt ihrem Schicksal[b]
und reisten weiter nach Ikonium. 52Die
in Antiochia gebliebenen Jünger aber wa-
ren erfüllt vom Heiligen Geist und voller
Freude.

Reise nach Ikonium

14 In Ikonium gingen Paulus und
Barnabas zuerst wieder in die
Synagoge und predigten dort so über-
zeugend, daß viele – Juden wie Grie-
chen – zu glauben begannen. 2Aber die
Juden, die von Gottes Botschaft nichts
wissen wollten, verleumdeten die junge
Christengemeinde bei der heidnischen
Bevölkerung. 3Trotzdem blieben Paulus
und Barnabas längere Zeit dort und pre-
digten furchtlos in aller Öffentlichkeit.
Denn sie vertrauten auf die Hilfe des
Herrn, der sein Wort sichtbar durch Zei-
chen und Wunder bestätigte, die durch
Paulus und Barnabas geschahen.

4Die Meinung der Bevölkerung war ge-
teilt. Manche hielten zu den jüdischen
Führern, andere zu den Aposteln. 5/6Als
diese merkten, daß ihre jüdischen wie
nichtjüdischen Gegner zusammen mit
den Behörden entschlossen waren, sie zu
verfolgen und zu steinigen, flohen sie in
die Provinz Lykaonien, 7in die Städte
Lystra und Derbe, um dort und in der
ganzen Umgebung das Evangelium zu
verkündigen.

Heilung eines Gelähmten in Lystra

8In Lystra lebte ein Mann, dessen Füße
von Geburt an gelähmt und kraftlos wa-
ren. Noch nie hatte er einen Schritt ge-
hen können. 9Dieser Mann hörte Paulus
reden. Paulus wurde auf ihn aufmerksam
und sah, daß der Mann glaubte, er könne
geheilt werden. 10Laut rief er ihm zu:
»Steh auf, stelle dich auf deine Füße!«
Und der Mann sprang auf und konnte ge-
hen.

11Als die Leute erkannten, was Paulus
getan hatte, riefen sie in ihrer Mutterspra-
che, die von den Aposteln nicht ver-
standen wurde[c]: »Die Götter sind als
Menschen zu uns herabgekommen!«
12Sie nannten Barnabas »Zeus« und
Paulus »Hermes«, weil er der Wortfüh-
rer war. 13Der Priester des Zeustempels
vor den Toren der Stadt brachte Stiere
und Kränze zum Stadttor, um den Apo-
steln vor dem ganzen Volk ein Opfer zu
bringen.

14Als Paulus und Barnabas begriffen,
was die Leute vorhatten, zerrissen sie ih-
re Kleider, liefen unter die Menge und
riefen entsetzt: 15»Was macht ihr da, Män-
ner! Wir sind nur Menschen aus Fleisch
und Blut wie ihr. Mit unserer Predigt
wollen wir doch gerade erreichen, daß
ihr euch von diesen toten Götzen abwen-
det und dafür an den lebendigen Gott
glaubt, der das Weltall, die Erde, das
Meer und alles, was darin ist, erschaffen
hat! 16Bisher hat er die Völker ihre eige-
nen Wege gehen lassen. 17Trotzdem
hättet ihr wissen müssen, daß er lebt,
denn er hat euch viel Gutes getan. Ihm
verdankt ihr den Regen und die guten
Ernten; er gibt euch zu essen und
schenkt euch Freude.«

18Mit diesen Worten konnten Paulus
und Barnabas die Leute nur mit Mühe
davon zurückhalten, ihnen zu opfern.
19Dann aber kamen Juden aus Antiochia

a) Jesaja 49,6 b) Wörtlich: Sie aber schüttelten den Staub von ihren Füßen. c) Wörtlich: auf Lykaonisch.

und Ikonium. Sie hetzten die Volks-
menge gegen die Apostel so sehr auf, daß
Paulus gesteinigt wurde.
Weil die Leute dachten, Paulus sei tot,
schleiften sie ihn vor die Tore der Stadt.
20Doch als die Jünger ihn umringten,
kam Paulus wieder zu sich, stand auf und
ging in die Stadt zurück. Am folgenden
Tag zog er mit Barnabas weiter nach Der-
be.

Paulus und Barnabas kehren nach Antiochia in Syrien zurück

21Nachdem die Apostel in Derbe die
Frohe Botschaft gepredigt hatten und vie-
le dort zu Christen geworden waren,
kehrten sie nach Lystra, Ikonium und
Antiochia zurück. 22Dort ermutigten sie
die jungen Christen, im Glauben festzu-
bleiben, und erinnerten sie noch einmal:
»Der Weg in Gottes Reich führt durch
viel Leid.«
23Paulus und Barnabas setzten in jeder
Gemeinde Älteste ein, die während ihres
ersten Aufenthalts Christen geworden
waren. Für sie fasteten und beteten die
Apostel.
24Dann reisten sie durch die Provinzen
Pisidien und Pamphylien 25und ver-
kündigten in der Stadt Perge das Evan-
gelium. 26Von der Hafenstadt Attalia aus
segelten sie wieder nach Antiochia. Dort
hatte man sie am Beginn ihrer Reise der
Gnade Gottes anvertraut und ihnen den
Auftrag gegeben, den sie nun ausgeführt
hatten.
27Unmittelbar nach ihrer Ankunft in
Antiochia riefen sie die Gemeinde zusam-
men. Die Apostel berichteten von Gottes
Wundern auf ihrer Reise und wie Gott
auch den Heiden den Weg zum Glauben
gezeigt hatte. 28Paulus und Barnabas blie-
ben längere Zeit bei den Christen in An-
tiochia.

Eine schwierige Entscheidung

15 Eines Tages kamen Gläubige aus
Judäa in die Gemeinde von Antio-
chia. Sie behaupteten: »Wer sich nicht be-
schneiden läßt, so wie es im Gesetz des
Mose vorgeschrieben ist, kann nicht ge-
rettet werden.« 2Paulus und Barnabas wi-
dersprachen dieser Meinung sehr heftig.
Schließlich beschlossen die Brüder in An-
tiochia, daß Paulus und Barnabas mit eini-
gen anderen aus der Gemeinde zu den
Aposteln und Ältesten nach Jerusalem ge-
hen sollten, um diese Streitfrage zu klä-
ren.
3Nachdem die Gemeinde sie verab-
schiedet hatte, zogen sie durch die Pro-
vinzen Phönizien und Samarien. Überall
berichteten sie, wie sich auch die Nicht-
juden zu Gott bekehrt hatten, und alle
freuten sich darüber. 4In Jerusalem
wurden sie von der Gemeinde, den Apo-
steln und den Ältesten herzlich auf-
genommen. Auch dort erzählten sie, wel-
che Wunder Gott unter den Heiden ge-
tan hatte.
5Aber auch hier verlangten einige der
Gläubigen, die früher zu den Pharisäern
gehört hatten: »Man muß die Heiden be-
schneiden und von ihnen verlangen, daß
sie das Gesetz des Mose befolgen.«

»Gott hat längst entschieden«

6Daraufhin setzten sich die Apostel und
Ältesten zusammen, um diese Frage zu
klären. 7Nach heftigen Auseinanderset-
zungen stand schließlich Petrus auf und
sagte: »Liebe Brüder! Ihr wißt doch, daß
Gott mir schon lange vor diesem Ge-
spräch aufgetragen hat, das Evangelium
auch denen zu verkünden, die keine Ju-
den sind, denn auch sie sollen Jesus als
ihren Herrn annehmen. 8Und Gott, der
jeden von uns ganz genau kennt, hat sich
zu ihnen bekannt, als er den Nichtjuden
genauso wie uns den Heiligen Geist gab.
9Und auch darin machte Gott keinen Un-
terschied zwischen Juden und Heiden,
daß er sie von aller Schuld befreite, nach-
dem sie an ihn glaubten. 10Warum wollt
ihr jetzt Gott herausfordern und diesen
Brüdern eine Last aufbürden, die weder
wir noch unsere Väter tragen konnten?
11Wir glauben, daß wir allein durch die
Gnade Jesu gerettet werden. Dasselbe
gilt auch für die Nichtjuden.«
12Nach diesen Worten gab es keine wei-
tere Diskussion, und Barnabas und
Paulus konnten berichten, welche
großen Wunder Gott durch sie unter den
Heiden getan hatte.

Der Vorschlag des Jakobus

[13]Jetzt stand Jakobus auf: »Liebe Brüder!« sagte er. [14]»Simon Petrus hat eben erzählt, wie Gott selbst begonnen hat, unter den Heiden ein Volk zu sammeln, das ihm gehört. [15]Das sagen ja schon die Propheten, denn es heißt bei ihnen: [16]›Danach werde ich mich meinem Volk wieder zuwenden, das zerfallene Haus Davids und alles Zerstörte wieder aufbauen. [17]Alle Überlebenden sollen den Herrn suchen, auch alle Heiden, die zu mir gehören, [18]spricht der Herr, der das alles schon lange beschlossen hat.‹[a]

[19]Ich meine deshalb«, erklärte Jakobus, »wir sollten den Nichtjuden, die sich zu Gott bekehren, keine unnötigen Lasten aufbürden und ihnen nicht die jüdischen Gesetze aufzwingen. [20]Wir sollten von ihnen allerdings verlangen, sich vom Götzendienst und jeder Unzucht fernzuhalten, kein Fleisch von Tieren zu essen, die nicht ausbluteten, oder gar das Blut selber zu trinken. [21]Denn diese Gebote sind überall bekannt. Sie wurden schon immer an jedem Sabbat in allen Synagogen vorgelesen.«

Eine einmütige Entscheidung

[22]Am Ende der Beratungen beschlossen die Apostel und Ältesten zusammen mit der ganzen Gemeinde, einige Männer auszuwählen und sie mit Paulus und Barnabas nach Antiochia zu schicken. Man wählte Judas, der auch Barsabas genannt wurde, und Silas. Beide hatten in der Gemeinde ein hohes Ansehen. [23]In dem Brief, den man ihnen mitgab, hieß es:

»Wir, die Apostel und Ältesten in Jerusalem, senden brüderliche Grüße an alle Christen in Antiochia, Syrien und Zilizien, die nicht aus dem Judentum stammen. [24]Wir haben gehört, daß euch einige Leute aus unserer Gemeinde – ohne unser Wissen und ohne von uns beauftragt zu sein – durch ihre Lehren beunruhigt und verunsichert haben. [25]Deshalb beschlossen wir einstimmig, euch mit unseren lieben Brüdern Barnabas und Paulus, [26]die ihr Leben für die Sache unseres Herrn Jesus Christus eingesetzt haben, zwei geeignete Männer aus unserer Gemeinde zu senden: [27]Judas und Silas. Sie werden selbst noch berichten, was wir in der strittigen Frage entschieden haben.

[28]Geleitet durch den Heiligen Geist kamen wir zu dem Entschluß, euch außer den folgenden Regeln keine weitere Last aufzuerlegen: [29]Ihr sollt kein Fleisch von Tieren essen, die den Götzen geopfert wurden, kein Fleisch von erstickten Tieren und auch kein Blut. Hütet euch vor aller Unzucht. Wenn ihr danach handelt, verhaltet ihr euch richtig. Herzliche Grüße an euch alle.«

[30]Judas und Silas wurden von der Gemeinde verabschiedet und kamen nach Antiochia. Dort beriefen sie eine Gemeindeversammlung ein und übergaben das Schreiben. [31]Als man es vorgelesen hatte, freute sich die ganze Gemeinde über diese Ermutigung.

[32]Judas und Silas – beide hatten prophetische Gaben – stärkten und ermutigten die Brüder durch ihre Predigten. [33]Begleitet von den besten Wünschen der Gemeinde kehrten sie erst einige Zeit später nach Jerusalem zurück. [34]Silas aber erschien es zweckmäßig, vorerst noch in Antiochia zu bleiben.

[35]Auch Paulus und Barnabas blieben noch länger dort. Sie verkündigten und lehrten zusammen mit vielen anderen das Wort des Herrn.

Aufbruch zur zweiten Missionsreise

[36]Nach einiger Zeit forderte Paulus den Barnabas auf: »Wir wollen noch einmal alle die Orte aufsuchen, in denen wir bereits das Evangelium verkündigt haben, damit wir sehen, wie es unseren Brüdern dort geht.«

[37]Barnabas wollte auch Johannes Markus mitnehmen. [38]Aber Paulus lehnte das entschieden ab, weil Johannes Markus sie damals in Pamphylien im Stich gelassen hatte. [39]Sie stritten so heftig miteinander, daß sie sich schließlich trennten. Während Barnabas mit Markus nach Zypern hinüberfuhr, [40]wählte Paulus als seinen Reisebegleiter Silas. Gestärkt durch das Gebet der Gemeinde, traten die beiden ihre Reise an. [41]Sie zogen zunächst durch Syrien sowie durch

a) Amos 9,11-12; vgl. Jesaja 45,21; Jeremia 12,15

Zilizien und ermutigten dort die Gemein-
den im Glauben.

Timotheus wird Mitarbeiter von Paulus

16 Nachdem Paulus die Stadt Derbe
besucht hatte, erreichte er schließ-
lich Lystra. Dort trafen sie Timotheus,
einen jungen Christen. Seine Mutter,
auch eine Christin, war jüdischer Ab-
stammung, sein Vater ein Grieche. 2In
der Gemeinde von Lystra und Ikonium
war Timotheus als zuverlässig bekannt
und geschätzt. 3Ihn nahm Paulus als wei-
teren Begleiter mit auf die Reise. Um auf
die jüdischen Christen in diesem Gebiet
Rücksicht zu nehmen, von denen jeder
wußte, daß der Vater des Timotheus ein
Grieche war, ließ Paulus ihn beschnei-
den.
4In jeder Stadt, durch die sie reisten,
informierten sie die Gemeinden über den
Beschluß der Apostel und Ältesten von
Jerusalem, nach dem sich die Christen
richten sollten.
5So wurden die Gemeinden im Glau-
ben immer fester, und die Zahl der Ge-
meindeglieder nahm täglich zu.

Der Heilige Geist weist Paulus den Weg nach Europa

6Nach ihrem Aufenthalt in Lystra zogen
sie durch die Provinzen Phrygien und
Galatien. Aber der Heilige Geist ließ sie
erkennen, daß sie in der Provinz Asia zu
dieser Zeit Gottes Botschaft noch nicht
verkündigen sollten. 7Auch als sie dann
nach Mysien kamen und weiter nach
Norden in die Provinz Bithynien reisen
wollten, erlaubte es ihnen der Geist Jesu
nicht.
8So zogen sie durch Mysien, bis sie die
Hafenstadt Troas erreichten. 9Dort
sprach Gott nachts in einer Vision zu
Paulus. Der Apostel sah einen Mann aus
Mazedonien, der ihn bat: »Komm nach
Mazedonien herüber und hilf uns!« 10Da-
nach war uns klar, daß Gott uns gerufen
hatte, in Mazedonien die Heilsbotschaft
zu verkündigen. Wir suchten sofort nach
einer Gelegenheit zur Überfahrt.

Philippi – die erste Christengemeinde in Europa

11Wir gingen in Troas an Bord eines Schif-
fes und segelten auf dem kürzesten Weg
zur Insel Samothrake; am nächsten Tag
weiter nach Neapolis, 12und von dort gin-
gen wir zu Fuß nach Philippi, der be-
deutendsten römischen Garnisonsstadt
in diesem Teil Mazedoniens. Hier blie-
ben wir einige Tage.
13Am Sabbat verließen wir die Stadt
und kamen an das Flußufer, wo sich –
wie wir annahmen – eine kleine jüdische
Gemeinde zum Gebet versammelte. Wir
setzten uns und sprachen mit den Frau-
en, die sich dort eingefunden hatten. 14Zu
ihnen gehörte Lydia, die zum jüdischen
Glauben übergetreten war. Sie stammte
aus Thyatira und handelte mit Purpur-
stoffen. Der Herr selbst ließ sie erken-
nen, daß Paulus die Wahrheit ver-
kündete. Sie begann zu glauben 15und
ließ sich mit ihrer ganzen Familie taufen.
Danach forderte sie uns auf: »Wenn ihr
davon überzeugt seid, daß ich an den
Herrn glaube, dann kommt und wohnt
in meinem Haus.« Sie gab nicht eher Ru-
he, bis wir einwilligten.

Paulus und Silas im Gefängnis

16Auf dem Weg zur Gebetsstätte begeg-
nete uns eines Tages eine Sklavin, die von
einem Dämon besessen war. Sie konnte
die Zukunft voraussagen und brachte auf
diese Weise ihren Besitzern viel Geld ein.
17Die Frau lief hinter uns her und schrie:
»Diese Männer sind Diener des höchsten
Gottes und zeigen euch den Weg zum
Heil!«
18Das wiederholte sich an mehreren Ta-
gen, bis Paulus es nicht mehr ertragen
konnte. Er wandte sich zu der Frau um
und befahl dem Dämon: »Im Namen Je-
su Christi, verlasse diese Frau!« In dem-
selben Augenblick verließ der Dämon
die Sklavin.
19Als aber ihre Besitzer merkten, daß
sie mit ihr nichts mehr verdienen konn-
ten, packten sie Paulus und Silas und
schleppten die Apostel auf den Markt-
platz, wo sie verhört wurden. 20»Diese
Männer bringen unsere Stadt in Auf-
ruhr«, beschuldigte man sie vor den
Richtern. »Es sind Juden! 21Sie wollen

hier Sitten einführen, die gegen das römische Recht verstoßen!«

[22]Da stellte sich die aufgehetzte Menschenmenge drohend gegen Paulus und Silas, und man ließ den beiden die Kleider vom Leib reißen und sie auspeitschen. [23]Nachdem sie so brutal mißhandelt worden waren, warf man sie ins Gefängnis und gab dem Aufseher die Anweisung, die Gefangenen besonders scharf zu bewachen. [24]Also sperrte er sie in die sicherste Zelle und schloß zusätzlich ihre Füße in einen Holzblock ein.

[25]Gegen Mitternacht beteten Paulus und Silas. Sie priesen Gott laut, und die übrigen Gefangenen hörten ihnen zu. [26]Da erschütterte plötzlich ein gewaltiges Erdbeben das ganze Gefängnis bis in die Grundmauern; alle Türen sprangen auf, und die Ketten der Gefangenen zerbrachen.

Die Bekehrung des Gefängnisaufsehers

[27]Aus dem Schlaf gerissen, sah der Gefängnisaufseher, daß die Zellentüren offenstanden. Voller Schrecken zog er sein Schwert und wollte sich töten, denn er dachte, die Gefangenen seien geflohen.

[28]»Töte dich nicht!« rief da Paulus laut. »Wir sind alle hier.«

[29]Der Gefängnisaufseher ließ sich ein Licht geben, dann lief er in die Zelle, wo er sich zitternd vor Paulus und Silas niederwarf. [30]Als er die beiden hinausführte, fragte er sie: »Was muß ich tun, um gerettet zu werden?«

[31]»Glaube an den Herrn Jesus, dann wirst du mit deiner Familie gerettet«, erwiderten Paulus und Silas. [32]Sie verkündigten ihm und seiner ganzen Familie die Heilsbotschaft.

[33]Der Gefängnisaufseher nahm Paulus und Silas noch in derselben Stunde zu sich, reinigte und verband ihre Wunden und ließ sich mit allen Familienangehörigen taufen.

[34]Dann führte er sie in seine Wohnung, bewirtete sie und freute sich mit seiner ganzen Familie, daß er zum Glauben an Gott gefunden hatte.

[35]Bei Tagesanbruch schickten die römischen Justizbeamten die Gerichtsdiener mit dem Befehl zu ihm: »Laß die Leute gehen!«

[36]Der Gefängnisaufseher teilte das Paulus und Silas mit. »Die Stadträte lassen euch sagen«, erklärte er ihnen, »daß ihr frei seid. Ihr könnt jetzt unbesorgt die Stadt verlassen.«

[37]Doch Paulus widersprach: »Sie haben uns in aller Öffentlichkeit geschlagen und ohne jedes Gerichtsverfahren ins Gefängnis geworfen, obwohl wir römische Bürger sind. Und jetzt wollen sie uns auf bequeme Weise loswerden! Aber damit bin ich nicht einverstanden. Die Männer, die dafür verantwortlich sind, sollen persönlich kommen und uns aus dem Gefängnis führen.«

[38]Mit dieser Nachricht kehrten die Gerichtsdiener zu den Richtern zurück. Als die hörten, daß Paulus und Silas römische Bürger waren, erschraken sie [39]und liefen sofort zum Gefängnis. Unter vielen Entschuldigungen führten sie Paulus und Silas hinaus und baten die beiden höflich, die Stadt zu verlassen.

[40]Sie aber gingen zunächst in das Haus der Lydia. Dort hatte sich die ganze Gemeinde versammelt. Nachdem die Apostel sie ermutigt hatten, im Glauben fest zu bleiben, verabschiedeten sie sich und verließen die Stadt.

Paulus und Silas in Thessalonich

17 Paulus und Silas reisten über Amphipolis und Apollonia nach Thessalonich. In dieser Stadt gab es eine Synagoge. [2]Wie gewohnt ging Paulus zunächst dorthin und sprach an drei Sabbaten zu den Leuten. [3]Er erklärte ihnen aus der Heiligen Schrift, daß die Propheten die Leiden des Messias und seine Auferstehung von den Toten vorausgesagt hatten. »Und dieser Messias«, so betonte er, »ist der Jesus, von dem ich euch berichtet habe.«

[4]Einige Juden ließen sich überzeugen und unterstützten Paulus und Silas. Dazu kamen noch viele Griechen, die zum jüdischen Glauben übergetreten waren, sowie eine große Zahl der vornehmsten und angesehensten Frauen der Stadt.

[5]Dieser Erfolg weckte Neid und Eifersucht bei den Juden. Mit Hilfe übler Burschen, die sie von der Straße holten, inszenierten sie einen Tumult und brachten die ganze Stadt in Aufruhr. Dann zogen sie vor das Haus des Jason, in dem Paulus und Silas wohnten, drangen dort

ein und wollten die beiden vor die aufgebrachte Menge zerren. [6]Die Apostel waren aber nicht im Haus, und deshalb schleppte man Jason und einige andere Christen vor die römischen Verwalter der Stadt. »Diese Kerle wiegeln das ganze Land auf!« schrien sie. »Jetzt sind sie auch hierhergekommen [7]und haben sich bei Jason einquartiert. Sie empören sich außerdem gegen den Kaiser und behaupten, ein anderer sei der Herr, nämlich Jesus.« [8]Die Volksmenge und die verantwortlichen Beamten waren außer sich. [9]Erst nachdem Jason und die anderen eine Bürgschaft geleistet hatten, ließ man sie wieder frei.

Neue Schwierigkeiten in Beröa

[10]Noch in derselben Nacht sorgten die Christen in Thessalonich dafür, daß Paulus und Silas nach Beröa abreisen konnten. Auch dort gingen die beiden gleich wieder in die Synagoge. [11]Doch die Juden in Beröa waren eher bereit, Gottes Wort anzunehmen, als die in Thessalonich. Sie hörten sich aufmerksam an, was Paulus und Silas lehrten, wobei sie täglich nachforschten, ob dies mit der Heiligen Schrift übereinstimmt. [12]Viele von ihnen begannen zu glauben; außer den Juden auch zahlreiche angesehene griechische Frauen und Männer.

[13]Bald darauf erfuhren die Juden in Thessalonich, daß Paulus auch in Beröa Gottes Wort predigte. Deshalb kamen sie dorthin und wiegelten auch hier die Leute gegen die Apostel auf. [14/15]Doch die Christen in Beröa schickten Paulus sofort aus der Stadt. Sie begleiteten ihn auf dem Weg zur Küste und brachten ihn bis nach Athen. Silas und Timotheus blieben zurück. Doch sollten sie so schnell wie möglich nachkommen! Das ließ Paulus durch seine Begleiter ausrichten, die sich in Athen von ihm verabschiedeten und nach Beröa zurückkehrten.

Paulus in Athen

[16]Während Paulus in Athen auf Silas und Timotheus wartete, wurde er zornig über die vielen Götterbilder und Statuen in der Stadt. [17]Er sprach in der Synagoge zu den Juden und den zum jüdischen Glauben übergetretenen Griechen. Außerdem predigte er an jedem Tag auf dem Marktplatz zu den Menschen, die gerade da waren. [18]Bei einer solchen Gelegenheit kam es zu einem Streitgespräch mit einigen Philosophen, und zwar mit Epikuräern und Stoikern. Meinten einige von ihnen: »Dieser Mann ist doch ein Schwätzer!«, so sagten andere: »Er scheint eine fremde Religion zu verkündigen.« Denn Paulus hatte von Jesus und seiner Auferstehung gesprochen.

[19]Weil die Philosophen mehr über die neue Religion erfahren wollten, nahmen sie den Apostel mit auf den Areopag, einen mitten in der Stadt gelegenen Hügel. [20]»Es ist alles neu für uns, was wir von dir hören, und recht seltsam«, erklärten sie Paulus. »Wir möchten gern mehr davon wissen.« [21]Diese Bitte war nicht ungewöhnlich, denn sowohl den Athenern wie auch den Fremden in dieser Stadt ging es vor allem darum, neue Ideen zu hören und über sie zu diskutieren.

[22]Da stellte sich Paulus vor alle, die auf dem Areopag versammelt waren, und rief: »Athener! Mir ist aufgefallen, daß ihr sehr religiös seid; [23]denn ich habe in eurer Stadt viele Altäre gesehen. Auf einem stand ›Dem unbekannten Gott‹. Von diesem Gott, den ihr verehrt, ohne ihn zu kennen, spreche ich.

[24]Es ist der Gott, der die Welt und alles, was in ihr ist, geschaffen hat. Dieser Herr des Himmels und der Erde wohnt nicht in Tempeln, die Menschen gebaut haben. [25]Er braucht auch nicht den Opferdienst irgendeines Menschen. Er, der allen das Leben gibt und was zum Leben notwendig ist, [26]er hat den *einen* Menschen geschaffen, von dem alle Völker auf der ganzen Erde abstammen. Er hat auch bestimmt, wie lange und wo sie leben sollen. [27]Das alles hat er getan, weil er wollte, daß die Menschen ihn suchen, damit sie ihn spüren und finden können. Und wirklich, er ist uns ja so nahe! [28]Durch ihn allein leben und existieren wir. So wie es einige eurer Dichter gesagt haben: ›Wir sind seine Kinder.‹[a]

[29]Weil wir nun von Gott abstammen, ist es doch unsinnig zu glauben, daß wir Gott in Standbildern aus Gold, Silber

a) Wörtlich: Denn wir sind auch seines Geschlechts.

oder behauenen Steinen darstellen könnten, so wie es unserem Können und unseren Vorstellungen entspricht. 30Bisher haben die Menschen das nicht erkannt, und Gott hatte Geduld mit ihnen. Aber jetzt befiehlt er allen Menschen auf der ganzen Welt, sich von Grund auf zu ändern. 31Denn der Tag ist schon festgesetzt, an dem Gott alle Menschen richten wird;[a] richten durch den *einen* Mann, den er selbst dazu bestimmt hat. Daran hat Gott keinen Zweifel gelassen, indem er ihn von den Toten auferweckte.«

32Als Paulus von der Auferstehung der Toten sprach, begannen einige zu spotten, andere aber meinten: »Darüber wollen wir später noch mehr hören.«

33Paulus verließ jetzt die Versammlung auf dem Areopag. 34Einige Männer, die durch die Rede des Paulus zum Glauben gefunden hatten, gingen mit ihm. Darunter waren Dionysius, ein Mitglied des Gerichtshofes, eine Frau, die Damaris hieß, und manche andere.

Ein vielversprechender Anfang in Korinth

18 Bald darauf verließ Paulus Athen und reiste nach Korinth. 2Dort lernte er den Juden Aquila kennen, der aus der Provinz Pontus stammte. Er war vor kurzem mit seiner Frau Priszilla aus Italien nach Korinth übergesiedelt, weil Kaiser Claudius alle Juden aus Rom ausgewiesen hatte. 3Paulus wohnte bei ihnen, und schließlich arbeiteten sie zusammen, denn Aquila war wie Paulus von Beruf Zeltmacher.

4Paulus lehrte an jedem Sabbat in der Synagoge, und was er sagte, überzeugte Juden wie Griechen. 5Als dann Silas und Timotheus aus Mazedonien eintrafen, arbeitete Paulus nicht länger als Zeltmacher, sondern nutzte seine ganze Zeit, um Gottes Wort zu verkündigen und den Juden zu bezeugen, daß Jesus der von Gott verheißene Retter ist.

6Doch die Juden widersprachen ihm und spotteten über seine Lehre. Da weigerte sich Paulus, ihnen das Evangelium noch länger zu verkündigen.[b] »Ich habe euch Gottes Frohe Botschaft bringen wollen«, sagte er. »Aber ihr habt sie abgelehnt. Deswegen bin ich nicht schuld an euerm Tod und Verderben.[c] Von jetzt an werde ich den Heiden das Wort Gottes predigen.«

7Danach wohnte er bei Titius Justus. Dieser Mann glaubte an Gott, auch wenn er kein Jude war. Sein Haus stand direkt neben der Synagoge. 8Schließlich kam sogar Krispus, der Vorsteher der Synagoge, mit seiner ganzen Familie zum Glauben an den Herrn. Wie er glaubten noch viele Korinther, die Paulus gehört hatten, und ließen sich taufen.

9Eines Nachts sprach der Herr in einer Vision zu Paulus: »Habe keine Angst! Predige weiter und schweige nicht! 10Ich bin bei dir, und niemand soll es wagen, dir irgendeinen Schaden zuzufügen. Denn viele Menschen in dieser Stadt werden an mich glauben.« 11So blieb Paulus noch anderthalb Jahre in Korinth und verkündigte dort das Wort Gottes.

12Als aber Gallio Gouverneur von Achaja wurde, nutzten die Juden die Gelegenheit und verklagten Paulus. Sie brachten ihn vor Gericht 13und beschuldigten ihn: »Dieser Mann verführt die Leute, Gott in einer Weise zu dienen, die im Widerspruch zum Gesetz steht.«

14Noch ehe Paulus etwas erwidern konnte, wandte sich Gallio an die Juden: »Wenn es sich um ein Verbrechen oder sonst ein schweres Vergehen handelte, müßte ich euch Juden anhören. 15Weil ihr aber um Lehrfragen streitet, über irgendwelche Personen und religiösen Gesetze, müßt ihr euch schon selbst einigen. Ich jedenfalls werde darüber nicht entscheiden.«

16Damit wies er die Ankläger aus dem Gerichtssaal. 17Jetzt fielen die Zuhörer über den neuen Synagogenleiter Sosthenes her und verprügelten ihn noch im Gerichtssaal. Er nämlich hatte die Anklage vorgebracht. Doch Gallio kümmerte sich überhaupt nicht darum.

Rückkehr nach Antiochia und Aufbruch zur dritten Missionsreise

18Paulus blieb noch einige Zeit in Korinth. Dann verabschiedete er sich von

a) Psalm 9,9; 96,13; 98,9 b) Wörtlich: Da schüttelte er seine Kleider aus. c) Wörtlich: Euer Blut komme auf euer Haupt.

den Christen, und zusammen mit Priszilla und Aquila fuhr er mit dem Schiff in Richtung Syrien. Vorher hatte er in Kenchreä ein Gelübde abgelegt und sich deswegen – wie es bei den Juden üblich war – die Haare abschneiden lassen.

19Nach ihrer Ankunft in Ephesus blieben Priszilla und Aquila in der Stadt, während Paulus in die Synagoge ging. Dort sprach er mit den Juden. 20Und obwohl sie ihn baten, länger bei ihnen zu bleiben, verabschiedete er sich mit den Worten: 21»Wenn Gott es will, werde ich später wiederkommen.« Dann verließ er Ephesus auf einem Schiff. 22Von Cäsarea aus ging er nach Jerusalem. Dort besuchte er die Gemeinde, um schließlich nach Antiochia weiterzuziehen.

23Aber auch hier blieb er nicht lange, sondern durchquerte ganz Galatien und Phrygien. Er besuchte alle Christengemeinden und ermutigte sie, in ihrem Glauben festzubleiben.

Apollos in Ephesus und Korinth

24In der Zwischenzeit war Apollos, ein Jude aus Alexandria, nach Ephesus gekommen. Er kannte sich in Gottes Wort gut aus und war ein gewandter Redner. 25Von der christlichen Lehre hatte er schon gehört, und er sprach voller Begeisterung von Jesus. Dennoch kannte er lediglich die Taufe des Johannes. 26Dieser Apollos begann, unerschrocken in der Synagoge zu predigen. Unter seinen Zuhörern waren auch Priszilla und Aquila. Sie nahmen ihn als Gast in ihrem Hause auf, um ihm dort Gottes Weg zur Erlösung genauer zu erklären.

27Als Apollos plante, in die griechische Provinz Achaja zu reisen, gaben ihm die Christen von Ephesus ein Empfehlungsschreiben an die Gemeinde in Korinth mit, in dem sie darum baten, ihn dort freundlich aufzunehmen. In Achaja war Apollos mit seiner Begabung den Christen dann wirklich eine große Hilfe. 28Denn in öffentlich geführten Streitgesprächen widerlegte er die Einwände der Juden und wies anhand der Heiligen Schrift nach, daß Jesus der verheißene Messias ist.

Paulus in Ephesus

19 Während Apollos in Korinth war, reiste Paulus durch das kleinasiatische Hochland und kam nach Ephesus. Dort traf er einige Jünger von Johannes dem Täufer[a]. 2Er fragte sie: »Habt ihr den Heiligen Geist empfangen, als ihr zum Glauben gekommen seid?« »Nein«, erwiderten sie. »Was ist denn das, der ›Heilige Geist‹? Wir haben noch nie etwas davon gehört.«

3»Welche Taufe habt ihr denn empfangen?« wollte Paulus jetzt wissen. »Die Taufe des Johannes«, war die Antwort. 4»Wer sich von Johannes taufen ließ, bekannte damit, daß er ein neues Leben beginnen will«,[b] erklärte Paulus. »Johannes hat aber immer gesagt, daß man an den glauben muß, der nach ihm kommt: nämlich Jesus.«

5Nachdem sie das gehört hatten, ließen sie sich auf den Namen Jesu taufen. 6Und als Paulus ihnen die Hände auflegte, empfingen sie den Heiligen Geist. Sie beteten in anderen Sprachen und redeten, wie Gott es ihnen eingab. 7Es waren an die zwölf Männer.

8Paulus ging darauf in die Synagoge. Drei Monate lang predigte er dort unerschrocken Gottes Wort und gewann Menschen für Gottes Reich. 9Es gab aber auch einige, die vom Glauben nichts wissen wollten und schließlich in aller Öffentlichkeit über das Evangelium spotteten. Da verließ Paulus mit den anderen Christen die Synagoge. Von nun an predigte er täglich im Lehrsaal eines Mannes, der Tyrannus hieß. 10Das tat er zwei Jahre lang, so daß alle in der Provinz Asia, Juden wie Griechen, das Wort Gottes hörten.

11Gott ließ durch Paulus außerordentliche Dinge geschehen. 12Es kam so weit, daß man Tücher und Kleidungsstücke des Paulus auf die Kranken legte, damit sie gesund werden und die Dämonen ausfahren sollten.

a) Wörtlich nur: Jünger. b) Wörtlich: Johannes hat mit der Taufe der Umkehr getauft.

Geisterbeschwörer mißbrauchen den Namen Jesus

13Einige im Land umherziehende jüdi-
sche Geisterbeschwörer versuchten Dä-
monen dadurch auszutreiben, daß sie
über den Besessenen den Namen Jesu aus-
sprachen. Sie sagten zum Beispiel: »Wir
beschwören euch bei dem Jesus, den
Paulus predigt!«
14So trieben es auch die sieben Söhne
des jüdischen Hohenpriesters Skevas.
15Doch der Dämon verhöhnte sie: »Jesus
kenne ich, und von Paulus habe ich ge-
hört. Aber wer seid ihr?!« 16Dann stürzte
sich der Besessene auf sie, warf sie zu Bo-
den, so daß sie schließlich alle nackt und
zerschunden aus dem Haus fliehen muß-
ten.
17Bald wußte ganz Ephesus – Juden
wie Griechen – von diesem Vorfall. Alle
waren zutiefst erschrocken, und der Na-
me des Herrn Jesus wurde nun überall
gelobt. 18Viele Christen bekannten jetzt
offen, was sie früher getrieben hatten.
19Andere brachten ihre Zauberbücher,
für die sie ein Vermögen ausgegeben hat-
ten,[a] und verbrannten sie in aller Öf-
fentlichkeit. 20So erwies Gottes Wort
seine Macht, und immer mehr Menschen
glaubten daran.
21Danach beschloß Paulus, über Ma-
zedonien und Achaja nach Jerusalem zu
reisen und von dort aus nach Rom. 22Er
schickte zwei seiner Mitarbeiter, Ti-
motheus und Erastus, voraus nach Ma-
zedonien, während er selber noch einige
Zeit in der Provinz Asia blieb.

Aufruhr der Silberschmiede von Ephesus

23Etwa zur selben Zeit kam es in Ephesus
wegen der von Paulus verkündeten neu-
en Lehre zu heftigen Unruhen. 24An-
gefangen hatte alles mit dem Silber-
schmied Demetrius, der kleine Nachbil-
dungen des Tempels der griechischen
Göttin Artemis herstellte. Nicht nur er
selber, sondern auch die Händler der gan-
zen Stadt verdienten sehr gut daran. 25Al-
le diese Leute rief er eines Tages zusam-
men und sagte ihnen:
»Ihr wißt ebensogut wie ich, daß wir
alle an den kleinen Nachbildungen des
Tempels gut verdienen. 26Wie ihr sicher
schon gehört habt, behauptet nun dieser
Paulus, von Menschen angefertigte Göt-
ter sind nichts wert. Das verbreitet er
nicht nur in Ephesus, sondern in der gan-
zen Provinz Asia, und viele Leute glau-
ben ihm schon. 27Aber es geht ja nicht
nur darum, daß unsere Arbeit nicht mehr
anerkannt wird! Auch der Tempel der
herrlichen Göttin Artemis, die man nicht
nur in Kleinasien, sondern in der ganzen
Welt verehrt, wird bedeutungslos wer-
den und in Vergessenheit geraten ...«
28Wutentbrannt schrien jetzt die Zu-
hörer: »Groß ist die Artemis der Ephe-
ser!« 29In kürzester Zeit war die Bevölke-
rung der ganzen Stadt auf den Beinen.
Das Volk rottete sich zusammen und
drängte ins Amphitheater. Dorthin
schleppten sie auch die beiden Mazedo-
nier Gajus und Aristarchus, die Paulus
begleitet hatten.
30Paulus wollte nun selbst im Amphi-
theater Rede und Antwort stehen, aber
seine Glaubensbrüder ließen das nicht
zu. 31Auch einige hohe Beamte der Pro-
vinzverwaltung, die Paulus schätzten,
warnten ihn eindringlich davor, sich in
der Öffentlichkeit zu zeigen.
32Bei der versammelten Volksmenge
herrschte das größte Durcheinander; der
eine schrie dies, der andere das. Die mei-
sten wußten nicht einmal, warum sie sich
hier versammelt hatten. 33Die Juden
drängten Alexander nach vorn, der bezeu-
gen sollte, daß sie mit der Sache nichts zu
tun hätten. Er versuchte, die Menschen
mit einem Handzeichen zum Schweigen
zu bringen. 34Doch als die merkten, daß
er Jude war, schrien sie zwei Stunden
lang in Sprechchören: »Groß ist die Arte-
mis der Epheser!«
35Schließlich gelang es dem Stadt-
kanzler, die Menge zu beruhigen, so daß
er sich verständlich machen konnte.
»Leute von Ephesus!« rief er. »Es gibt
doch niemanden, der nicht weiß, daß un-
sere Stadt die Hüterin des Tempels der
großen Artemis ist und ihres vom Him-
mel gefallenen Bildes. 36Das ist einfach ei-
ne Tatsache, und dem wird niemand wi-
dersprechen. Deshalb bleibt ruhig, und
tut nichts Unüberlegtes. 37Diese Männer

a) Wörtlich: Ihren Wert schätzte man auf 50.000 Silberstücke.

hier haben weder den Tempel beraubt noch unsere Göttin gelästert. [38]Sollten Demetrius und seine Kollegen irgendwelche Anklagen gegen sie vorbringen wollen, so gibt es dafür ordentliche Gerichte und Behörden. Sollen sie dort ihren Streit austragen! [39]Und wenn ihr noch andere Anliegen habt, die über die Anklage des Demetrius hinausgehen, dann müssen die in der ordentlichen Volksversammlung vorgebracht werden. [40]Ich fürchte nämlich, daß uns die römische Regierung sonst wegen dieses Aufruhrs zur Rechenschaft ziehen wird, und wir können wirklich keinen triftigen Grund dafür nennen.«

Danach löste er die Versammlung auf.

Paulus verläßt Ephesus und reist nach Griechenland

20 Nachdem der Tumult vorüber war, rief Paulus die ganze Gemeinde zusammen, um sie zu ermutigen und sich von ihr zu verabschieden. Dann begann er seine Reise nach Mazedonien. [2]Unterwegs besuchte er alle Christengemeinden und nahm sich viel Zeit, sie im Glauben zu stärken. [3]So erreichte er Griechenland, wo er drei Monate lang blieb. Er bereitete sich gerade auf die Überfahrt nach Syrien vor, als er davon erfuhr, daß die Juden ihn auf dieser Reise umbringen wollten. Deshalb entschloß er sich, auf dem Landweg über Mazedonien zurückzukehren.

[4]Mit ihm reisten Sopater aus Beröa, der Sohn des Pyrrhus, Aristarchus und Sekundus aus Thessalonich, Gajus aus Derbe und Timotheus; außerdem Tychikus und Trophimus, die aus der Provinz Asia stammten. [5]Sie waren schon vorausgereist und wollten in Troas auf uns warten. [6]Wir anderen verließen nach dem Passahfest Philippi und erreichten mit einem Schiff in fünf Tagen Troas. Dort blieben wir eine Woche.

Besuch in Troas

[7]Am Sonntag[a] kamen wir zusammen, um das Abendmahl zu feiern,[b] und Paulus predigte. Weil er schon am nächsten Tag weiterreisen wollte, nahm er sich viel Zeit und sprach bis Mitternacht. [8]Der Raum im Obergeschoß, in dem wir uns befanden, war durch viele Öllampen erhellt. [9]Ein junger Mann – er hieß Eutychus – saß auf der Fensterbank. Während der langen Predigt des Paulus wurde er vom Schlaf überwältigt. Dabei verlor er das Gleichgewicht und fiel durch das offene Fenster drei Stockwerke tief. Als die Männer ihn aufhoben, war er tot.

[10]Paulus lief hinunter, beugte sich über den Toten und nahm ihn in seine Arme. Dann sagte er zu den Leuten: »Seid ruhig! Er lebt.« [11]Paulus ging wieder hinauf, und sie feierten gemeinsam das Abendmahl. Er sprach noch lange mit ihnen, bevor er sie dann bei Tagesanbruch verließ. [12]Alle waren glücklich darüber, daß Eutychus wieder am Leben war.

Reise nach Milet

[13]Wir anderen waren inzwischen an Bord eines Schiffes gegangen und nach Assos gesegelt. Paulus hatte darauf bestanden, bis dorthin zu Fuß zu gehen. [14]In Assos nahmen wir ihn dann an Bord und segelten weiter nach Mitylene. [15]Am nächsten Tag kamen wir bis Chios, tags darauf nach Samos, und einen Tag später erreichten wir Milet. [16]Um keine Zeit zu verlieren, hatte sich Paulus entschlossen, nicht nach Ephesus zu reisen. Wenn irgend möglich, wollte er nämlich zum Pfingstfest in Jerusalem sein.

Abschied von den Christen in Ephesus

[17]Von Milet aus schickte Paulus einen Boten mit der Nachricht nach Ephesus, daß er gern mit den Ältesten der Gemeinde sprechen würde. [18]Als sie alle zusammen waren, sagte er zu ihnen: »Ihr wißt, wie ich mich in der Provinz Asia vom ersten Tage an bis heute bei euch verhalten habe. [19]Daß ich dem Herrn diente, ohne an mich selbst zu denken, oft unter Tränen und obwohl die Juden mich verfolgten.

[20]Ihr wißt auch, daß ich nichts verschwiegen habe. Ich habe euch alles gepredigt und gelehrt, was euerm Heil dient – öffentlich, aber auch in euern Häusern. [21]Juden wie Griechen habe ich

a) Wörtlich: Am ersten Tag der Woche. b) Wörtlich: um das Brot zu brechen.

in aller Deutlichkeit erklärt, daß sie ihr Leben von Grund auf ändern und an unseren Herrn Jesus Christus glauben sollen.

[22]Jetzt folge ich dem Willen des Heiligen Geistes, wenn ich nach Jerusalem gehe. Was dort mit mir geschehen wird, weiß ich nicht.

[23]Nur dies eine weiß ich, daß mich Gefangenschaft und Leiden erwarten. Denn so sagt es mir der Heilige Geist durch Propheten in allen Gemeinden, die ich besuche. [24]Aber mein Leben ist mir nicht wichtig, wenn es darum geht, den Auftrag auszuführen, den mir Jesus Christus gegeben hat, nämlich das Evangelium von Gottes Gnade und Liebe zu verkündigen.

[25]Ich weiß, daß keiner von euch, denen ich das Evangelium gepredigt und bei denen ich gelebt habe, mich wiedersehen wird. [26]Deshalb sage ich euch heute in aller Deutlichkeit: Ich bin nicht schuld daran, wenn einer von euch verlorengeht. [27]Denn ich habe nichts verschwiegen, sondern euch den ganzen Plan Gottes zur Rettung der Welt verkündigt.

[28]Von jetzt an müßt ihr auf euch selbst achten und auf die ganze Gemeinde, für die euch der Heilige Geist als Hirten einsetzte. Ihr sollt die Gemeinde Gottes hüten, die er sich durch das Blut seines Sohnes erworben hat. [29]Denn ich weiß: Wenn ich nicht mehr da bin, werden falsche Lehrer wie reißende Wölfe über euch herfallen, und sie werden die Herde nicht schonen. [30]Sogar unter euch wird es Männer geben, die nur deshalb die Wahrheit verfälschen, weil sie Menschen für sich gewinnen wollen. [31]Seid also wachsam! Denkt daran, daß ich drei Jahre lang unermüdlich jedem von euch Tag und Nacht, manchmal sogar unter Tränen, den rechten Weg gewiesen habe.

[32]Und nun vertraue ich euch Gottes Schutz an und dem Wort seiner Gnade. Er allein hat die Macht, euern Glauben wachsen zu lassen und euch das Erbe zu geben, das er seinen Kindern zugesagt hat.[a]

[33]Niemals habe ich von euch auch nur einen einzigen Pfennig[b] verlangt. [34]Ihr wißt selbst, daß ich den Lebensunterhalt für mich und die Leute, die bei mir waren, mit diesen meinen Händen durch eigene Arbeit verdient habe. [35]Damit habe ich euch zeigen wollen, wie man arbeiten muß, um den Armen zu helfen und das zu erfüllen, was unser Herr selbst gesagt hat: Geben macht glücklicher als Nehmen.«

[36]Nun knieten alle nieder und beteten miteinander. [37]Sie küßten und umarmten Paulus zum Abschied; viele weinten laut, [38]weil er ihnen gesagt hatte, sie würden ihn nicht wiedersehen. Dann begleiteten sie ihn auf das Schiff.

Paulus reist nach Jerusalem

21 Als wir uns schweren Herzens von den Ältesten aus Ephesus verabschiedet hatten, segelte unser Schiff direkt nach Kos. Am folgenden Tag erreichten wir Rhodos und dann Patara. [2]Dort gingen wir an Bord eines anderen Schiffes, das nach Phönizien segeln sollte. [3]Bald sahen wir in der Ferne die Insel Zypern, segelten aber südlich an ihr vorbei in Richtung auf die syrische Hafenstadt Tyrus, wo die Ladung des Schiffes gelöscht wurde.

[4]In Tyrus besuchten wir die Gemeinde und blieben eine Woche dort. Diese Christen warnten Paulus mehrmals davor, nach Jerusalem zu reisen, denn so hatte es ihnen der Heilige Geist aufgetragen. [5]Aber am Ende der Woche gingen wir dann doch zu unserem Schiff. Die ganze Gemeinde mit Frauen und Kindern begleitete uns bis vor die Stadt. Am Strand knieten wir nieder und beteten. [6]Nachdem wir uns verabschiedet hatten, gingen wir an Bord des Schiffes, und sie kehrten in die Stadt zurück.

[7]Von Tyrus kamen wir dann nach Ptolemais. Auch dort besuchten wir die Christen, blieben aber nur einen Tag bei ihnen.

[8]Von Ptolemais ging es zu Fuß weiter nach Cäsarea. Dort wohnten wir im Haus des Evangelisten Philippus, einem der sieben Diakone. [9]Die vier Töchter des Philippus waren unverheiratet geblieben und hatten von Gott prophetische Gaben bekommen.

a) Wörtlich: und das Erbe unter allen Geheiligten zu geben. b) Wörtlich: Silber, Gold oder Kleidung.

10Wir waren schon einige Tage bei Philippus, als Agabus aus Judäa kam. Er war ein Prophet. 11Mit dem Gürtel des Paulus fesselte er sich Hände und Füße. Dann erklärte er: »Der Heilige Geist sagt: Genauso wird der Besitzer dieses Gürtels in Jerusalem von den Juden gefesselt und an die Römer ausgeliefert werden.« 12Da bestürmten wir und die anderen Christen der Gemeinde Paulus, nicht nach Jerusalem zu gehen. 13Er aber antwortete nur: »Warum weint ihr und macht mir das Herz schwer? Ich bin nicht nur bereit, mich in Jerusalem fesseln und ins Gefängnis werfen zu lassen, ich bin auch bereit, dort für Jesus Christus zu sterben.« 14Weil er sich nicht umstimmen ließ, bedrängten wir ihn schließlich nicht länger und sagten: »Gottes Wille soll geschehen!«

Paulus soll seine Gesetzestreue beweisen

15Bald darauf reisten wir nach Jerusalem. 16Einige Brüder aus Cäsarea begleiteten uns. Sie führten uns zu Mnason, der aus Zypern stammte und einer der ersten Christen war. In seinem Hause sollten wir übernachten.

17Von der Gemeinde in Jerusalem wurden wir herzlich aufgenommen. 18Am Tag nach unserer Ankunft ging Paulus zu Jakobus; auch alle Ältesten der Gemeinde hatten sich bei ihm versammelt.

19Paulus begrüßte sie alle und berichtete ausführlich, was Gott unter den Heiden getan hatte. 20Darüber waren alle froh; sie lobten und dankten Gott. Dann aber sagten sie:

»Du weißt, lieber Bruder, daß Tausende von Juden zum Glauben gekommen sind, und jeder von ihnen befolgt streng die Gesetze des Mose. 21Man hat nun von dir berichtet, du würdest die Juden außerhalb Israels auffordern, nicht mehr nach dem Gesetz zu leben. Sie sollten zum Beispiel ihre Kinder nicht mehr beschneiden lassen und die Ordnungen unseres Volkes mißachten. 22Was sollen wir jetzt tun? Sie werden auf jeden Fall erfahren, daß du in Jerusalem bist. 23Wir möchten dir deshalb folgendes raten: Hier sind vier Männer, die ein Gelübde einlösen müssen. 24Schließe dich ihnen an, und erfülle alle vom Gesetz geforderten Reinigungsvorschriften, wozu ja auch gehört, daß sie sich die Haare schneiden lassen. Wenn du dafür die Kosten übernimmst, werden alle sehen, daß an den Gerüchten über dich nichts Wahres ist und du gewissenhaft das Gesetz befolgst. 25Wie die nichtjüdischen Christen leben sollen, haben wir ja schriftlich geregelt. Wir haben damals entschieden, daß sie kein Fleisch von Tieren essen dürfen, die Götzen geopfert wurden, kein Blut oder das Fleisch von Tieren, die nicht ausbluteten. Außerdem sollen sie sich vor Unzucht hüten.«

Paulus wird in Jerusalem verhaftet

26Paulus nahm ihren Vorschlag an. Zusammen mit den Männern ging er am folgenden Tag in den Tempel. Dort wollten sie melden, daß ihr Gelübde erfüllt sei, wenn sie ihr Opfer gebracht hätten. 27Die festgesetzten sieben Tage waren fast vorüber, als einige Juden aus Kleinasien Paulus im Tempel wiedererkannten. Sie wiegelten das Volk gegen ihn auf, packten ihn und schrien:

28»Helft uns, ihr Männer aus Israel! Das ist er, der überall in der Welt gegen unser Volk, gegen das Gesetz und gegen diesen Tempel hetzt! Und nicht genug damit! Er hat sogar Griechen in den Tempel gebracht und dadurch diese heilige Stätte entweiht!« 29Weil sie nämlich Paulus zusammen mit dem Griechen Trophimus aus Ephesus in der Stadt gesehen hatten, vermuteten sie nun, Paulus habe ihn auch mit in den Tempel genommen. 30Ganz Jerusalem geriet in Aufruhr. Sie griffen Paulus und zerrten ihn aus dem Tempel, dessen Türen man eilig schloß.

31Die Menge war nahe daran, Paulus umzubringen, als dem Kommandanten der römischen Garnison gemeldet wurde: »Die ganze Stadt ist in Aufruhr!« 32Mit einem Trupp Soldaten und einigen Offizieren lief er sofort zum Tempelplatz. Als die Menge den Kommandanten und die Soldaten sah, ließen sie Paulus los.

33Paulus wurde festgenommen und mit zwei Ketten gefesselt. Anschließend fragte der Kommandant die aufgebrachte Menge, wer dieser Mann sei und was er

getan habe. 34Aber die einen schrien dies,
die anderen das, und der Tumult war so
groß, daß er letztlich überhaupt nichts er-
fuhr. Deshalb befahl der Kommandant,
Paulus in die Festung zu bringen. 35Auf
dem Weg dorthin wütete das Volk so auf-
gebracht gegen Paulus, daß ihn die Solda-
ten tragen mußten. 36Die Leute tobten:
»Weg mit dem! Bringt ihn um!«
37Als man Paulus gerade in die Festung
bringen wollte, sagte er zu dem Komman-
danten: »Kann ich kurz mit dir spre-
chen?« »Du sprichst Griechisch?« fragte
dieser überrascht. 38»Dann bist du also
nicht der Ägypter, der vor einiger Zeit
den Aufstand mit viertausend bewaffne-
ten Rebellen anführte, die er in der Wü-
ste um sich sammelte?« 39»Nein«, er-
widerte Paulus, »ich bin ein Jude aus Tar-
sus und ein Bürger dieser bekannten
Stadt in Zilizien. Bitte erlaube mir, zu
den Leuten zu reden.« 40Der Komman-
dant willigte ein. Paulus blieb auf der
obersten Treppenstufe stehen und gab
dem Volk mit der Hand ein Zeichen, daß
er etwas sagen wollte. Nachdem sie sich
beruhigt hatten, sprach er auf hebräisch
zu ihnen:

Paulus rechtfertigt sich vor den Juden

22 »Ihr Männer, liebe Brüder und Vä-
ter! Hört euch an, was ich zu mei-
ner Verteidigung sagen möchte.« 2Als die
Juden merkten, daß Paulus in ihrer Spra-
che zu ihnen redete, wurden sie noch stil-
ler, und er konnte ungehindert weiter-
sprechen: 3»Ich bin Jude, geboren in Tar-
sus, einer Stadt in Zilizien. Erzogen wur-
de ich hier in Jerusalem. Als Schüler Ga-
maliels habe ich gelernt, streng nach dem
Gesetz unserer Väter zu leben. Ebenso
wie ihr wollte ich nichts anderes, als Got-
tes Gebote erfüllen.
4Deshalb habe ich diese neue Lehre
auch bis auf den Tod bekämpft. Männer
und Frauen ließ ich festnehmen und in
das Gefängnis werfen. 5Das können der
Hohepriester und der ganze Hohe Rat
bezeugen. Von ihnen bekam ich die Emp-
fehlungsschreiben für die jüdische Ge-
meinde in Damaskus. So wollte ich er-
reichen, daß auch die Christen in dieser
Stadt gefesselt hierher nach Jerusalem ge-
bracht und bestraft werden sollten.
6Als ich auf dieser Reise Damaskus
schon fast erreicht hatte, umgab mich zur
Mittagszeit plötzlich vom Himmel her
ein strahlend helles Licht. 7Ich fiel zu Bo-
den und hörte eine Stimme: ›Saul, Saul,
warum verfolgst du mich?‹ 8Voller
Schrecken fragte ich: ›Wer bist du,
Herr?‹ und hörte als Antwort: ›Ich bin
Jesus von Nazareth, den du verfolgst.‹
9Meine Begleiter sahen genauso wie
ich das Licht, aber sie hörten nicht, was
gesagt wurde. 10›Was soll ich tun, Herr?‹
fragte ich nun, und der Herr antwortete
mir: ›Steh auf! Geh nach Damaskus.
Dort wird man dir sagen, welche Aufga-
be du übernehmen sollst.‹ 11Von dem hel-
len Licht war ich so geblendet, daß ich
nicht mehr sehen konnte und meine Be-
gleiter mich nach Damaskus führen muß-
ten.
12Dort lebte ein Mann, der Ananias
hieß. Er war fromm und erfüllte Gottes
Gebote so genau, daß er bei allen Juden
in Damaskus hoch angesehen war. 13Die-
ser Mann kam zu mir und sagte: ›Lieber
Bruder Saul, du sollst wieder sehen kön-
nen!‹ Und sofort konnte ich wieder se-
hen. 14Dann erklärte er mir: ›Der Gott un-
serer Väter hat dich erwählt, seinen Wil-
len zu erkennen, seinen Sohn zu sehen
und ihn zu hören. 15So wirst du vor allen
Menschen sein Zeuge sein, weil du ihn
selber gesehen und gehört hast. 16Zögere
also nicht länger! Laß dich taufen und
von deinen Sünden reinigen, indem du
dem Herrn deine Schuld bekennst.‹
17Ich kehrte nach Jerusalem zurück. Ei-
nes Tages betete ich im Tempel. Da er-
schien mir der Herr in einer Vision 18und
sagte: ›Beeile dich und verlasse Jerusalem
so schnell wie möglich, denn niemand
wird dir glauben, was du von mir sagst.‹
19›Herr‹, antwortete ich, ›aber alle wissen
doch, daß ich die in das Gefängnis wer-
fen und in den Synagogen auspeitschen
ließ, die an dich glaubten. 20Als dein Zeu-
ge Stephanus getötet wurde, habe ich so-
gar voller Genugtuung zugesehen und
die Kleider seiner Mörder bewacht.‹
21Doch der Herr befahl: ›Geh, denn ich
will dich weit weg zu den Heiden sen-
den.‹«

Paulus beruft sich auf sein römisches Bürgerrecht

[22]Bis dahin hatten alle Paulus ruhig an-
gehört. Doch nun begannen sie zu toben:
»Weg mit ihm! Er darf nicht länger le-
ben!« [23]Voller Empörung zerrissen sie ih-
re Kleider und wüteten, daß der Staub
hoch aufwirbelte.
[24]Da ließ der Kommandant Paulus in
die Festung bringen und befahl, ihn
auszupeitschen und zu verhören. Auf
diese Weise wollte er erfahren, weshalb
die Menge so erregt den Tod des Paulus
forderte. [25]Man hatte den Apostel bereits
zum Auspeitschen festgebunden, als
Paulus den dabeistehenden Offizier frag-
te: »Seit wann ist es bei euch erlaubt, ei-
nen römischen Bürger auszupeitschen,
noch dazu ohne Urteil?«
[26]Der Offizier lief zum Komman-
danten: »Der Mann ist ein römischer Bür-
ger! Was willst du jetzt tun?« [27]Da ging
der Kommandant selbst zu Paulus und
fragte ihn: »Stimmt es, daß du ein rö-
mischer Bürger bist?« »Ja, das stimmt«,
erwiderte Paulus. [28]»Ich habe für dieses
Bürgerrecht ein Vermögen gezahlt«, er-
klärte der Kommandant. »Ich aber wur-
de schon als römischer Bürger geboren«,
erwiderte Paulus. [29]Sofort banden die
Soldaten den Apostel los, denn der Kom-
mandant fürchtete, Schwierigkeiten zu
bekommen, weil er befohlen hatte, einen
römischen Bürger auszupeitschen.

Paulus vor dem Gerichtshof

[30]Der Kommandant wollte wissen, was
die Juden Paulus eigentlich vorwarfen.
Deswegen befahl er am nächsten Tag den
Hohenpriestern und dem Gerichtshof,
zu einer Sitzung zu kommen, und nach-
dem man Paulus aus dem Gefängnis ge-
holt und ihm die Fesseln abgenommen
hatte, wurde auch er dorthin gebracht.
23 Ruhig und furchtlos blickte
Paulus die Mitglieder des hohen
Gerichts an und sagte: »Ihr Männer,
liebe Brüder! Was mich anbelangt, so ha-
be ich bis zum heutigen Tag Gott ge-
dient, und zwar mit gutem Gewissen.«
[2]Aufgebracht befahl daraufhin der Ho-
hepriester Ananias seinen Leuten, Paulus
auf den Mund zu schlagen. [3]Der aber
rief: »Du Heuchler, Gott wird dich dafür
strafen. Du willst hier nach dem Gesetz
Recht sprechen, aber brichst selber das
Gesetz und läßt mich schlagen!«
[4]Da empörten sich einige: »Du wagst
es, den Hohenpriester Gottes zu be-
leidigen?« [5]»Ich wußte nicht, Brüder,
daß es der Hohepriester ist«, lenkte
Paulus ein, »denn natürlich ist mir be-
kannt, daß es in der Heiligen Schrift
heißt: ›Den Führer deines Volkes sollst
du nicht beleidigen.‹«[a]
[6]Paulus wußte, daß unter den Anwe-
senden sowohl Sadduzäer als auch Pha-
risäer waren. Deshalb rief er laut:
»Brüder, ich bin ein Pharisäer wie viele
meiner Vorfahren[b], und nun stehe ich
hier vor Gericht, weil ich an die Aufer-
stehung der Toten glaube.«
[7]Diese Worte lösten einen heftigen
Streit zwischen den Pharisäern und
Sadduzäern aus, und die Versammlung
spaltete sich in zwei Lager. [8]Denn im Ge-
gensatz zu den Pharisäern behaupten die
Sadduzäer: Es gibt keine Auferstehung
und weder Engel noch Geister. [9]Immer
lauter wurde die Debatte. Aufgeregt
sprangen einige Schriftgelehrte der Pha-
risäer auf und riefen: »An dem Mann ist
doch nichts, wofür er verurteilt werden
könnte. Vielleicht hat ja wirklich ein
Geist oder Engel zu ihm geredet.«
[10]Der Tumult nahm solche Formen an,
daß der römische Kommandant fürchte-
te, Paulus vor der aufgebrachten Menge
nicht länger schützen zu können. Des-
halb ließ er Soldaten kommen, die Paulus
holten und ihn wieder in die Festung zu-
rückbrachten.
[11]In der folgenden Nacht trat der Herr
zu Paulus und sagte: »Sei unbesorgt! So
wie du in Jerusalem mein Zeuge gewesen
bist, sollst du auch in Rom mein Zeuge
sein!«

Mordpläne gegen Paulus

[12]Bei Tagesanbruch kamen einige Juden
zusammen. Feierlich schworen sie sich,
weder zu essen noch zu trinken, bis es
ihnen gelungen wäre, Paulus zu beseiti-
gen. [13]Mehr als vierzig Leute waren an
dieser Verschwörung beteiligt. [14]Sie gin-

a) 2. Mose 22,27 b) Wörtlich: und ein Sohn von Pharisäern.

gen zu den Hohenpriestern und Führern
des Volkes, um ihnen mitzuteilen: »Wir
haben geschworen, nichts zu essen, bis
wir diesen Paulus getötet haben. 15Sorgt
nun dafür, daß der Kommandant ihn
noch einmal zum Verhör bringen läßt.
Sagt, ihr wolltet die Angelegenheit ge-
nauer untersuchen. Alles andere überlaßt
uns: Er wird nicht bei euch ankommen.«
16Ein Neffe des Paulus erfuhr von die-
sem Anschlag. Er lief zur Festung und
berichtete ihm alles. 17Da rief der Apostel
einen der Offiziere zu sich und bat:
»Bringe diesen jungen Mann zum Kom-
mandanten; er hat eine wichtige Mittei-
lung für ihn!« 18Der Offizier führte den
Verwandten des Paulus zum Komman-
danten und meldete: »Der Gefangene
Paulus hat mich rufen lassen und darum
gebeten, diesen jungen Mann zu dir zu
bringen. Er soll dir etwas mitteilen.«
19Da führte der Kommandant den jun-
gen Mann beiseite und fragte: »Was hast
du mir zu melden?« 20Eilig begann der zu
berichten: »Die Juden werden dich bit-
ten, Paulus morgen noch einmal dem jü-
dischen Gerichtshof vorzuführen. Aber
das ist nur ein Vorwand. 21 Glaube ihnen
nicht, denn vierzig Männer halten sich be-
reit, die ihn ermorden wollen. Sie haben
sich geschworen, nichts zu essen und zu
trinken, bis er tot ist. Jetzt warten sie nur
auf deine Zusage.«
22Der junge Mann verließ die Festung,
nachdem der Kommandant ihm einge-
schärft hatte, daß niemand von dem Plan
erfahren dürfte.

Paulus wird nach Cäsarea gebracht

23Gleich darauf ließ der Kommandant
zwei Offiziere zu sich kommen. Ihnen
gab er den Auftrag: »Stellt für heute
abend neun Uhr zweihundert Soldaten
zum Marsch nach Cäsarea bereit, dazu
noch siebzig Reiter und zweihundert
Leichtbewaffnete. 24Kümmert euch auch
um Reittiere für den Gefangenen, und
bringt ihn sicher zu Gouverneur Felix.«
25Dann schrieb er diesen Brief:
26»Claudius Lysias grüßt seine Exzel-
lenz, den Gouverneur Felix. 27Diesen
Mann hier hatten die Juden ergriffen. Sie
wollten ihn gerade töten, als ich ihn mit
Gewalt aus ihren Händen befreite; denn
ich hatte erfahren, daß er römischer Bür-
ger ist. 28Weil ich wissen wollte, was er
getan hat, brachte ich ihn vor ihren Ge-
richtshof. 29Dort stellte sich heraus, daß
er nichts getan hat, wofür er die Todes-
strafe verdient hätte oder wofür man ihn
auch nur hätte gefangennehmen dürfen.
Es handelt sich lediglich um Streitfragen
ihrer Religion. 30Inzwischen habe ich von
einem neuen Mordanschlag gegen ihn er-
fahren, und deshalb schicke ich ihn zu
dir. Seine Kläger habe ich angewiesen,
bei dir Anklage gegen ihn zu erheben.«
31Wie man es ihnen befohlen hatte,
brachten die Soldaten Paulus noch in der-
selben Nacht bis nach Antipatris. 32Am
folgenden Tag kehrten die Fußtruppen
nach Jerusalem zurück, während die Be-
rittenen mit Paulus weiterzogen. 33In Cä-
sarea übergaben sie das Schreiben dem
Gouverneur und lieferten ihm den Ge-
fangenen aus.
34Nachdem der Gouverneur den Brief
gelesen hatte, fragte er Paulus, aus wel-
cher Provinz er stamme. »Aus Zilizien«,
antwortete Paulus. 35»Wenn sich deine
Ankläger hier eingefunden haben«, ent-
schied nun der Gouverneur, »werde ich
deine Angelegenheit klären.« Auf Befehl
des Felix wurde Paulus im Palast des Kö-
nigs Herodes weiter gefangengehalten.

Anklage gegen Paulus

24 Fünf Tage später erschienen der
Hohepriester Ananias, einige Füh-
rer des Volkes und der Anwalt Tertullus,
um Anklage gegen Paulus zu erheben.
2Nachdem man Paulus hereingerufen
hatte, begann Tertullus:
3»Verehrter Felix! Voller Dankbarkeit
erkennen wir Juden an, daß wir durch
dich endlich Ruhe und Frieden genießen
und es unserem Volk durch deine Für-
sorge so gut geht wie selten zuvor. 4Um
aber deine kostbare Zeit nicht unnötig in
Anspruch zu nehmen, bitten wir dich,
uns kurz anzuhören. 5Wir wissen, daß
dieser Mann gefährlich ist wie die Pest.
Überall im Römischen Reich zettelt er
unter den Juden Aufstände an. Und er
selbst ist der Anführer der Nazarener-
Sekte. 6Als er versuchte, den Tempel zu
entweihen, haben wir ihn gefaßt und
wollten ihn nach unseren Gesetzen abur-
teilen. 7Aber der Kommandant Lysias
kam dazu und ließ ihn durch seine Solda-

ten abführen. [8]Außerdem befahl er, die Anklage gegen ihn bei dir vorzubringen. Wenn du ihn verhörst, wirst du feststellen, daß unsere Beschuldigungen wahr sind.«

[9]Die anderen Juden unterstützten die Anklagerede in allen Punkten und erklärten, daß sie die reine Wahrheit enthält.

Paulus verteidigt sich vor Felix

[10]Auf einen Wink des Gouverneurs stand Paulus auf und sagte: »Weil ich weiß, daß du seit vielen Jahren Richter für dieses Volk bist, will ich mich gern vor dir verantworten. [11]Wie du leicht nachprüfen kannst, bin ich erst vor zwölf Tagen nach Jerusalem gekommen, um im Tempel zu beten. [12]Dabei habe ich weder im Tempel noch in den Synagogen oder in der Öffentlichkeit mit jemandem gestritten oder gar einen Aufstand unter dem Volk angezettelt. [13]Deshalb gibt es auch für keine der gegen mich vorgebrachten Anklagen irgendwelche Beweise.

[14]Dies eine bekenne ich allerdings offen: Ich diene dem Gott unserer Väter, und zwar nach der Glaubensrichtung, die sie für sektiererisch halten. Ich glaube alles, was im Gesetz des Mose und in den Propheten geschrieben steht. [15]Wie meine Ankläger hoffe ich, daß Gott alle Menschen – Gerechte und Ungerechte – auferweckt. [16]Deshalb will ich auch in allem ein reines Gewissen vor Gott und den Menschen haben.

[17]Nachdem ich nun viele Jahre nicht in diesem Lande gelebt habe, bin ich nach Jerusalem zurückgekehrt, um mit einer Geldspende meinem Volk zu helfen und um Gott im Tempel ein Opfer darzubringen. [18]Als ich gerade – unauffällig und ohne jedes Aufsehen – das Reinigungsopfer brachte, erkannten mich einige Juden aus der Provinz Asia. [19]Sie müßten eigentlich hier als Ankläger auftreten, wenn wirklich etwas gegen mich vorzubringen wäre! [20]Oder laß dir von den hier Anwesenden sagen, welche Verbrechen sie mir vorwerfen konnten, als ich vor dem jüdischen Gerichtshof stand. [21]Es kann lediglich der Satz gewesen sein: ›Weil ich an die Auferstehung der Toten glaube, werde ich heute angeklagt!‹«

[22]Felix, der über den Glauben der Christen viel wußte, vertagte daraufhin die Verhandlung und sagte: »Wenn der Kommandant Lysias hier ist, werde ich die Sache entscheiden!« [23]Paulus blieb weiter in Haft. Aber Felix wies den verantwortlichen Offizier an, die Haft zu mildern. Außerdem durften Angehörige und Freunde Paulus versorgen.

Felix will sich nicht entscheiden

[24]Nach einigen Tagen ließen Felix und seine jüdische Frau Drusilla den Gefangenen Paulus zu sich rufen. Sie wollten mehr über den Glauben an Jesus Christus hören. [25]Aber als Paulus von Gerechtigkeit, von der Enthaltsamkeit und dem künftigen Gericht Gottes sprach, erschrak Felix und sagte schnell: »Für heute reicht es! Wenn ich mehr Zeit habe, werde ich dich wieder rufen lassen.« [26]Insgeheim hoffte er, von Paulus Bestechungsgelder zu bekommen. Deshalb ließ er ihn häufig zu sich holen und unterhielt sich mit ihm.

[27]Nach zwei Jahren wurde Felix von Porcius Festus abgelöst. Um den Juden am Ende seiner Amtszeit noch einen Gefallen zu tun, ließ er Paulus als Gefangenen zurück.

Die Verhandlung vor Festus

25 Drei Tage nachdem Festus sein Amt angetreten hatte, reiste er von Cäsarea nach Jerusalem. [2]Dort kamen die Hohenpriester und die einflußreichsten Juden zu ihm, um Paulus erneut anzuklagen. [3]Als ein Zeichen seines Wohlwollens baten sie Festus darum, Paulus nach Jerusalem bringen zu lassen. In Wirklichkeit wollten sie den Gefangenen unterwegs überfallen und töten. [4]Aber Festus durchschaute sie und lehnte den Vorschlag ab. »Paulus bleibt in Cäsarea«, entschied er. »Ich reise bald wieder zurück. [5]Wenn er tatsächlich etwas Unrechtes getan hat, können eure Anklagevertreter mitkommen und ihn verklagen.«

[6]Nach etwa acht bis zehn Tagen kehrte Festus nach Cäsarea zurück. Schon am folgenden Tag setzte er die Verhandlung an und ließ Paulus vorführen. [7]Kaum hatte man ihn hereingebracht, da drängten sich die Juden aus Jerusalem um

Paulus und beschuldigten ihn schwer.
Aber sie konnten nichts beweisen.
8Paulus verteidigte sich mit den Worten:
»Ich habe weder gegen das Gesetz der Ju-
den verstoßen noch den Tempel entweiht
oder die Gesetze des Kaisers übertreten.«

Paulus beruft sich auf den Kaiser

9Festus wollte den Juden einen Gefallen
tun und fragte Paulus: »Bist du damit
einverstanden, daß wir deinen Prozeß un-
ter meinem Vorsitz in Jerusalem weiter-
führen?« 10Paulus erwiderte: »Für mich
ist das Gericht des Kaisers zuständig.
Wie du weißt, habe ich das jüdische
Recht nicht verletzt. 11Sollte ich ein Un-
recht begangen haben, das mit dem Tode
bestraft werden muß, dann bin ich bereit
zu sterben. Wenn die Beschuldigungen
der Juden aber unbegründet sind, darf
mich auch niemand an sie ausliefern. Ich
fordere, daß meine Angelegenheit vor
dem Kaiser in Rom verhandelt wird!«
12Nachdem Festus sich mit den Bei-
sitzern beraten hatte, entschied er: »Du
hast dich auf den Kaiser berufen; man
wird dich also vor den Kaiser bringen.«

Festus berät sich mit König Agrippa

13Einige Tage später kamen König
Agrippa und seine Schwester Berenice
nach Cäsarea, um Festus offiziell zu be-
grüßen. 14Während ihres Aufenthaltes
sprach Festus mit dem König über
Paulus. »Von meinem Vorgänger Felix«,
so erklärte Festus, »habe ich einen Ge-
fangenen übernommen, dessen Fall noch
nicht entschieden wurde. 15Kurz nach
meiner Ankunft in Jerusalem erschienen
seinetwegen die Hohenpriester und die
Führer der Juden bei mir. Sie verlangten
seine Verurteilung. 16Ich antwortete ih-
nen aber, daß die Römer einen Menschen
erst verurteilen, wenn er sich in einem or-
dentlichen Gerichtsverfahren verteidigen
konnte. 17Nachdem sie hierhergekom-
men waren, zögerte ich nicht und setzte
schon am nächsten Tag die Gerichtsver-
handlung an, bei der ich den Gefangenen
vorführen ließ. 18Doch ein Verbrechen,
wie ich es vermutet hatte, konnten ihm
seine Ankläger nicht vorwerfen. 19Es
ging lediglich um Streitfragen ihrer Reli-
gion und um irgendeinen verstorbenen
Jesus, von dem Paulus behauptet, daß er
am Leben ist. 20Nun kenne ich mich auf
diesem Gebiet sehr wenig aus. Deshalb
schlug ich Paulus vor, die Verhandlung
in Jerusalem fortzuführen. 21Doch Paulus
verlangte, vor den Kaiser gebracht zu
werden, und forderte dessen Entschei-
dung. So befahl ich, ihn weiter in Haft zu
halten, bis ich ihn vor den Kaiser bringen
kann.«
22»Diesen Mann würde ich gern selber
einmal hören!« erwiderte Agrippa. »Mor-
gen hast du die Möglichkeit dazu«, ant-
wortete Festus.
23Am folgenden Tag zogen Agrippa
und Berenice mit ihrem ganzen Hofstaat
in den Gerichtssaal ein. Sie wurden von
hohen Offizieren und den vornehmsten
Bürgern der Stadt begleitet. Auf einen Be-
fehl des Festus brachte man Paulus her-
ein.
24Festus begann: »König Agrippa! Ver-
ehrte Anwesende! Vor euch steht der
Mann, dessen Hinrichtung alle Juden in
Jerusalem wie auch hier lautstark gefor-
dert haben. 25Aus meiner Sicht hat er al-
lerdings nichts getan, was die Todesstrafe
rechtfertigen würde. Weil er sich aber
selbst auf den Kaiser berufen hat, werde
ich ihn nach Rom bringen lassen. 26Doch
ich weiß nicht, was ich dem Kaiser als
Anklageschrift vorlegen soll. Deshalb ha-
be ich ihn euch vorführen lassen, be-
sonders dir, König Agrippa, damit ich
nach dem Verhör weiß, was ich schrei-
ben soll. 27Denn es wäre doch unsinnig,
einen Gefangenen vor den Kaiser zu
bringen, ohne sagen zu können, was ge-
gen ihn vorliegt.«

Die Verteidigungsrede des Paulus

26 Nun sagte Agrippa zu Paulus:
»Du darfst dich jetzt selbst ver-
teidigen.« Paulus hob die Hand und be-
gann: 2»Ich bin sehr froh, König
Agrippa, daß ich mich wegen der An-
schuldigungen der Juden vor dir recht-
fertigen kann; 3denn du kennst ja die jüdi-
schen Sitten und Lehren sehr genau.
Darum bitte ich dich, mich geduldig an-
zuhören.
4Zunächst: Weil ich seit meiner Jugend
in Jerusalem lebte, bin ich allen Juden
dort sehr gut bekannt. 5Wenn sie es nur
wollten, könnten sie bezeugen, daß ich

von Anfang an zur strengsten jüdischen
Glaubensrichtung, zu den Pharisäern, ge-
hört habe. 6Heute stehe ich nun vor Ge-
richt, weil ich an die Verheißungen
glaube, die Gott unserem Volk[a] gab.
7Auf ihre Erfüllung warten die zwölf
Stämme Israels, wenn sie Gott Tag und
Nacht dienen. Und trotzdem – König
Agrippa – werde ich wegen dieser Hoff-
nung von den Juden angeklagt! 8Warum
erscheint es euch denn so unglaublich,
daß Gott Tote auferweckt?

9Zwar meinte auch ich zunächst, daß
man den Namen und die Lehre des Jesus
von Nazareth mit allen Mitteln be-
kämpfen muß. 10Und das habe ich in Je-
rusalem auch getan. Ich ließ mir eine Voll-
macht des Hohenpriesters geben und
brachte viele Christen ins Gefängnis.
Wenn sie zum Tode verurteilt werden
sollten, stimmte ich dafür. 11In den Syn-
agogen quälte ich sie so lange, bis sie
Christus verleugneten. In meinem maßlo-
sen Haß verfolgte ich sie schließlich so-
gar bis ins Ausland.

12Aus diesem Grunde reiste ich im Auf-
trag der Hohenpriester und mit ihrer
Vollmacht versehen nach Damaskus.
13Plötzlich umstrahlte mich und meine
Begleiter mitten am Tag, o König, ein
Licht vom Himmel, das heller als die
Sonne war. 14Wir stürzten zu Boden, und
ich hörte eine Stimme in hebräischer
Sprache: ›Saul, Saul, warum verfolgst du
mich? Dein Kampf gegen mich ist sinn-
los.‹[b]

15Ich fragte: ›Herr, wer bist du?‹, wor-
auf er antwortete: ›Ich bin Jesus, den du
verfolgst! 16Aber stehe jetzt auf; denn ich
bin dir erschienen, damit du mir dienst.
Du sollst bezeugen, was du heute erlebt
hast und was ich dir in Zukunft zeigen
werde. 17Ich will dich behüten vor dei-
nem Volk und den Heidenvölkern, zu de-
nen ich dich sende. 18Ihnen sollst du die
Augen öffnen, damit sie sich von der
Finsternis dem Licht zuwenden und aus
der Herrschaft des Teufels zu Gott kom-
men. Dann werde ich ihnen die Sünden
vergeben, und als die Auserwählten[c] Got-
tes werden sie durch den Glauben an
mich in sein Reich aufgenommen.‹

19Diesem Auftrag des auferstandenen
Jesus[d] bin ich gefolgt, König Agrippa.
20Zuerst habe ich in Damaskus und Je-
rusalem gepredigt, dann in Judäa und bei
den übrigen Völkern. Überall habe ich
verkündet, die Menschen sollen sich von
der Sünde abwenden, zu Gott umkehren
und ihre Sinnesänderung durch gute Ta-
ten beweisen.

21Allein deswegen haben mich die Ju-
den im Tempel ergriffen, und deswegen
wollen sie mich umbringen. 22Aber Gott
hat mich bewahrt, so daß ich noch heute
vor allen, den Machthabern wie dem ein-
fachen Volk, bezeugen kann, was schon
die Propheten und Mose vorhergesagt ha-
ben: 23daß der verheißene Messias leiden
und als erster von den Toten auferstehen
wird, um den Juden, aber auch den Hei-
den das Licht zu bringen.«

24An dieser Stelle unterbrach ihn Fe-
stus erregt: »Das ist Wahnsinn, Paulus!
Vor lauter Studieren hast du den Ver-
stand verloren!« 25Doch Paulus er-
widerte: »Ich bin nicht wahnsinnig, Fe-
stus. Meine Worte sind wahr, und ich
weiß, was ich sage. 26Der König, zu dem
ich in aller Offenheit spreche, kann das
bestätigen. Ich bin überzeugt, daß er da-
von erfahren hat, denn schließlich ist das
nicht in irgendeinem verborgenen Win-
kel der Welt geschehen. 27Glaubst du den
Propheten, König Agrippa? Du glaubst
ihnen! Ich weiß es.« 28Jetzt sagte
Agrippa: »Es fehlt nicht viel, und du
überredest mich noch, ein Christ zu wer-
den!« 29»Wollte Gott«, entgegnete
Paulus, »daß nicht nur du, sondern alle
hier über kurz oder lang Christen wür-
den wie ich – nur ohne Fesseln!«

30Da erhoben sich der König, der
Prokurator, Berenice und alle anderen.
31Nach der anschließenden Beratung er-
klärten sie einstimmig: »Dieser Mann hat
nichts getan, wofür er die Todesstrafe
oder Haft verdient hätte.« 32»Wir
könnten diesen Mann freilassen«, meinte
Agrippa zu Festus, »hätte er sich nicht
auf den Kaiser berufen.«

Auf dem Weg nach Rom

27 Nachdem feststand, daß wir nach
Italien segeln sollten, wurde

a) Wörtlich: unseren Vätern. b) Wörtlich: Schwer ist es für dich, gegen den Stachel auszuschlagen. c) Wörtlich: Geheiligten. d) Wörtlich: Dieser himmlischen Erscheinung.

Paulus mit einigen anderen Gefangenen
dem Offizier Julius vom kaiserlichen Re-
giment übergeben. 2Wir gingen an Bord
eines Schiffes, das aus Adramyttium kam
und verschiedene kleinasiatische Häfen
anlaufen sollte. Die Seereise begann. Uns
begleitete auch der Mazedonier Aristarch
aus Thessalonich.
3Am nächsten Tag legten wir in Sidon
an. Der Offizier Julius war sehr freund-
lich zu Paulus und gestattete ihm, seine
Freunde zu besuchen, die ihn mit allem
Nötigen versorgten. 4Wegen des ungün-
stigen Windes blieben wir in Küstennähe
und segelten im Schutz der Insel Zypern
weiter. 5Nachdem unser Schiff das offene
Meer vor Zilizien und Pamphylien über-
quert hatte, erreichten wir Myra in der
Provinz Lycien. 6Dort fand unser Offi-
zier ein Schiff aus Alexandria, das nach
Italien segelte. Mit diesem Schiff setzten
wir unsere Reise fort.
7Wir kamen sehr langsam voran und
erreichten nur mit Mühe Knidus. Weil
der Wind immer noch ungünstig war, se-
gelten wir südwärts nach Kreta und im
Schutz dieser Insel in Richtung Salmone.
8Langsam trieben wir an der Küste ent-
lang und erreichten eine Bucht in der Nä-
he der Stadt Lasäa, die »Guter-Hafen«
heißt.
9Inzwischen war viel Zeit vergangen.
Es war bereits Anfang Oktober,[a] und die
Seefahrt begann gefährlich zu werden.
Deshalb warnte Paulus: 10»Ihr Männer,
wenn wir weitersegeln, sehe ich große
Gefahren und Schwierigkeiten, und zwar
nicht nur für das Schiff und seine La-
dung, sondern auch für unser Leben.«
11Doch der Offizier gab mehr auf das
Urteil des Kapitäns, zumal auch der Besit-
zer des Schiffes zur Weiterfahrt riet.
12Weil sich außerdem der Hafen zum
Überwintern schlecht eignete, bestanden
die meisten darauf, weiterzufahren.
Wenn irgend möglich, wollte man Phö-
nix erreichen und dort überwintern. Die-
ser Hafen der Insel Kreta war nämlich
nur nach Nordwesten und Südwesten of-
fen und bot deswegen besseren Schutz.

Eine gefährliche Überfahrt

13Als Südwind aufkam, wurde die Schiffs-
besatzung in ihrem Plan bestärkt. Sie lich-
teten die Anker und segelten dicht an der
Küste Kretas entlang. 14Doch schon bald
schlug das Wetter um, und der gefürchte-
te Nordoststurm 15trieb das Schiff weit
auf das offene Meer hinaus, nachdem die
Mannschaft vergeblich versucht hatte, es
auf dem eingeschlagenen Kurs zu halten.
Wir trieben dahin, Wind und Wogen aus-
geliefert.
16Im Schutz der kleinen Insel Klauda
versuchten wir, das Rettungsboot ein-
zuholen. Es gelang nur mit Mühe. 17Um
den Rumpf des Schiffes zu verstärken
und zu sichern, banden die Seeleute dik-
ke Taue um das Schiff. Außerdem warfen
sie den Treibanker aus, weil sie fürch-
teten, sonst auf die Sandbänke vor der
afrikanischen Küste zu geraten. 18Der
Sturm wurde so stark, daß die Besatzung
am nächsten Tag einen Teil der Ladung
über Bord warf, 19tags darauf sogar die
Schiffsausrüstung. 20Tagelang hatten wir
weder Sonne noch Sterne gesehen, und
der Orkan tobte so heftig weiter, daß
schließlich keiner mehr an eine Rettung
glaubte.
21Während dieser ganzen Zeit hatte nie-
mand etwas gegessen. Da sagte Paulus zu
der Schiffsbesatzung: »Leute! Es wäre
besser gewesen, ihr hättet auf mich ge-
hört und in Kreta überwintert. Dann wä-
ren uns allen diese Ängste und Schwierig-
keiten erspart geblieben. 22Doch jetzt
bitte ich euch eindringlich: Gebt nicht
auf! Keiner von uns wird umkommen,
nur das Schiff ist verloren! 23In der letz-
ten Nacht stand neben mir ein Engel des
Gottes, dem ich gehöre und dem ich die-
ne. Er sagte: 24›Fürchte dich nicht,
Paulus. Du wirst vor den Kaiser gebracht
werden. Gott hat deine Bitte erfüllt. Mit
dir werden auch alle anderen am Leben
bleiben. Nicht einer wird umkommen.‹
25Deshalb habt keine Angst, Leute! Ich
vertraue Gott. Es wird sich erfüllen, was
er mir gesagt hat. 26Wir werden auf einer
Insel stranden.«

a) Wörtlich: Die Zeit des Fastens war schon vorüber.

[27]Wir trieben schon die vierzehnte Sturmnacht im Adriatischen Meer. Gegen Mitternacht meinten die Matrosen, daß sich das Schiff einer Küste näherte. [28]Deshalb warfen sie ein Lot aus und stellten eine Wassertiefe von vierzig Metern fest. Kurz darauf waren es nur noch dreißig Meter. [29]Da bekamen sie Angst, auf Grund zu laufen. Sie warfen am Heck vier Anker aus und warteten sehnsüchtig darauf, daß es hell würde.

[30]Im Morgengrauen versuchten die Matrosen, das Schiff heimlich zu verlassen. Unter dem Vorwand, sie müßten auch vom Bug aus Anker auswerfen, ließen sie das Rettungsboot zu Wasser. [31]Doch Paulus machte dem Offizier und den Soldaten klar: »Wenn die Besatzung nicht auf dem Schiff bleibt, sind wir alle verloren.« [32]Da kappten die Soldaten die Haltetaue, und das Rettungsboot stürzte in die Tiefe.

[33]Als es hell wurde, forderte Paulus alle auf, endlich etwas zu essen. »Ihr habt vierzehn Tage lang gehungert«, sagte er. [34]»Wenn ihr überleben wollt, müßt ihr jetzt etwas essen! Und ihr dürft sicher sein: Euch wird nichts passieren. Keinem von euch wird auch nur ein Haar gekrümmt werden!« [35]Nachdem Paulus das gesagt hatte, nahm er ein Brot, dankte Gott laut und vernehmlich, so daß alle es hören konnten, und begann zu essen. [36]Da faßten alle neuen Mut und aßen ebenfalls. [37]Insgesamt waren zweihundertsechsundsiebzig Mann an Bord. [38]Als alle gegessen hatten, warfen sie die restliche Ladung Getreide über Bord, damit das Schiff leichter wurde.

Rettung in letzter Minute

[39]Bei Tagesanbruch wußte keiner der Seeleute, welche Küste vor ihnen lag. Sie entdeckten aber eine Bucht mit flachem Strand. Dahin wollten sie das Schiff treiben lassen. [40]Sie kappten sämtliche Ankertaue, ließen die Anker im Meer zurück und machten die Steuerruder klar. Schließlich hißten sie das Vorsegel und hielten mit dem Wind auf das Land zu. [41]Kurz darauf lief das Schiff auf eine Sandbank auf. Während der Bug fest eingerammt war, wurde das Heck des Schiffes von der Brandung zertrümmert.

[42]Jetzt wollten die Soldaten alle Gefangenen töten, um zu verhindern, daß einer von ihnen an Land schwimmt und entkommt. [43]Doch der Hauptmann Julius hinderte sie daran, weil er Paulus retten wollte. Er befahl zunächst allen Schwimmern, über Bord zu springen und so das Ufer zu erreichen. [44]Dann sollten die Nichtschwimmer versuchen, auf Brettern und Wrackteilen an Land zu kommen. Auf diese Weise konnten sich alle retten.

Auf der Insel Malta

28 Als wir in Sicherheit waren, erfuhren wir, daß die Insel Malta hieß. [2]Ihre Bewohner waren sehr freundlich. Sie zündeten ein Feuer an und nahmen uns bei sich auf; denn es hatte zu regnen begonnen, und es war sehr kalt. [3]Paulus sammelte trockenes Reisig und warf es aufs Feuer. Von der Hitze aufgescheucht, fuhr da eine Schlange heraus und biß sich an seiner Hand fest. [4]Die Inselbewohner sahen die Schlange an seiner Hand und riefen entsetzt: »Das muß ein Mörder sein. Er ist dem Meer entkommen, und nun trifft ihn hier die Rache der Götter!« [5]Aber Paulus schleuderte das Tier ins Feuer, ohne daß ihm etwas geschehen wäre. [6]Gespannt warteten die Leute darauf, daß sein Arm anschwellen oder Paulus plötzlich tot umfallen würde. Doch als sie auch nach langer Zeit nichts Ungewöhnliches beobachten konnten, änderten sie ihre Meinung. Jetzt sagten sie: »Er muß ein Gott sein!«

[7]Ganz in der Nähe der Küste lag das Landgut des obersten Regierungsbeamten der Insel. Er hieß Publius. Von ihm wurden wir freundlich aufgenommen, und wir blieben drei Tage dort. [8]Während dieser Zeit bekam der Vater des Publius Fieber und erkrankte an der Ruhr. Paulus ging zu ihm, betete, legte ihm die Hände auf, und der Kranke war wieder gesund. [9]Als das bekannt wurde, kamen auch alle anderen Kranken der Insel und ließen sich heilen. [10]Sie beschenkten uns überreich, und bei unserer Abfahrt versorgten sie uns mit allem, was wir brauchten.

Ankunft in Rom

[11]Drei Monate später segelten wir mit einem ägyptischen Schiff weiter, das aus Alexandria kam und in Malta überwintert hatte. Man konnte es an seinen Gallionsfiguren, den »Zwillingen«[a], erkennen. [12]Wir liefen Syrakus an und blieben drei Tage dort. [13]In Küstennähe ging es von da weiter nach Regium. Weil schon nach einem Tag ein günstiger Südwind aufkam, erreichten wir in nur zwei Tagen Puteoli. [14]Dort begegneten wir Christen. Sie luden uns ein, eine Woche bei ihnen zu bleiben. Und dann ging es nach Rom!

[15]Die Christen in Rom hatten schon von uns gehört und kamen uns bis zum Forum des Appius und Tres Tabernä entgegen. Als Paulus seine Glaubensbrüder sah, dankte er Gott und blickte mit neuem Mut in die Zukunft.

Paulus in Rom

[16]In Rom erlaubte man Paulus, eine eigene Wohnung zu nehmen, in der er von einem Soldaten bewacht wurde. [17]Drei Tage nach seiner Ankunft lud er die führenden Männer der jüdischen Gemeinde zu sich ein. Als sich alle bei Paulus versammelt hatten, sagte er:

»Liebe Brüder! Ich habe nichts gegen unser Volk und nichts gegen die Überlieferungen unserer Väter getan. Trotzdem hat man mich in Jerusalem gefangengenommen und an die römischen Behörden ausgeliefert. [18]Die Römer haben mich verhört, und weil sie nichts fanden, was die Todesstrafe gerechtfertigt hätte, wollten sie mich freilassen. [19]Aber die Juden waren dagegen. Nur deshalb mußte ich mich auf den Kaiser berufen; nicht etwa, weil ich die Absicht habe, mein Volk in irgendeiner Weise anzuklagen. [20]Um euch das zu sagen, habe ich euch gebeten herzukommen, denn ich trage diese Ketten, weil ich an den Messias glaube, auf den ganz Israel hofft.«

[21]Darauf sagten die Juden zu Paulus: »Wir haben bisher aus Jerusalem weder in einem Brief noch von einem Abgesandten des Hohen Rates etwas Nachteiliges über dich gehört. [22]Wir würden aber gern erfahren, was du zu sagen hast, denn uns ist von dieser Glaubensrichtung bisher nur bekannt, daß sie sehr umstritten ist.«

[23]An einem festgesetzten Tag kamen viele Juden in die Wohnung des Paulus. Ihnen erklärte und bezeugte er den Weg der Rettung[b]. Vom Morgen bis zum Abend sprach er zu ihnen über Jesus und dessen Auftrag, so wie es im Gesetz des Mose und in den Büchern der Propheten vorausgesagt ist. [24]Einige ließen sich auch überzeugen, andere aber wollten nichts davon wissen.

[25]Zerstritten und uneinig verließen sie Paulus, als er sagte: »Der Heilige Geist hatte recht, als er euern Vätern durch den Propheten Jesaja sagen ließ: [26]›Gehe zu diesem Volk und sprich: Ihr werdet hören und nicht verstehen, sehen und nicht erkennen. [27]Denn das Herz dieses Volkes ist hart. Ihre Ohren und Augen halten sie fest verschlossen, um nur ja nichts zu sehen, zu hören und zu verstehen. Sie würden sich sonst bekehren, und ich würde sie heilen.‹«[c]

[28]»Das sollt ihr wissen«, meinte nun Paulus: »Dieses Heil Gottes werden jetzt andere Völker empfangen, und sie werden hören!«

[29]Als Paulus dies gesagt hatte, gingen die Juden heftig diskutierend aus dem Haus.

[30]Der Apostel blieb zwei Jahre in seiner Wohnung. Jeder durfte zu ihm kommen, [31]und niemand hinderte Paulus daran, in aller Offenheit vom Reich Gottes zu predigen und Jesus Christus als den Herrn zu bekennen.[d]

a) Wörtlich: Dioskuren (Kastor und Pollux). b) Wörtlich: das Reich Gottes. c) Jesaja 6,9-10
d) Wörtlich: verkündigend das Reich Gottes und lehrend von dem Herrn Jesus Christus mit allem Freimut ungehindert.

Der Brief des Paulus an die Christen in Rom

Verfasser: Paulus, Apostel
Ort: Korinth
Zeit: 56 oder 57 n.Chr.

Paulus war ein jüdischer Gelehrter, der Christ wurde, als ihm der auferstandene Jesus selbst begegnete. Viele der neutestamentlichen Briefe stammen aus seiner Feder. Er beschreibt in ihnen die Inhalte des christlichen Glaubens, aber auch die Fragen, die unter Christen auftauchen, nimmt er auf und beantwortet sie. So ist auch sein Brief an die Gemeinde in Rom, den er während seiner dritten Missionsreise schrieb, eine zusammenhängende und geordnete Darstellung über die Grundlagen des christlichen Glaubens. Paulus beschreibt, wie die Menschen sich gegen Gott auflehnen, seinen Willen mißachten und es deshalb verdient hätten, daß Gott sich von ihnen abwendet. Doch Gott überläßt die Menschen nicht ihrem Schicksal; was sich keiner verdienen kann, schenkt uns Gott aus freien Stücken: Er nimmt uns an, weil Christus die Strafe an unserer Stelle auf sich genommen hat. Jeder, der sich darauf verläßt, kann vor Gott bestehen. Diese Tatsache bestimmt das Leben eines Christen von Grund auf. Als jüdischer Gelehrter hat Paulus besonders seine Landsleute im Blick und behandelt ausführlich ihr Verhältnis zum christlichen Glauben. Zum Schluß gibt Paulus einige Hinweise, wie Christen leben sollen: Weil sie von Gott geliebt sind, können sie diese Liebe an andere weitergeben.

Anschrift und Gruß

1 Diesen Brief schickt Paulus an alle
Christen in Rom. Jesus Christus hat
mich zu seinem Botschafter berufen. Ihm
diene ich mit meinem ganzen Leben[a],
und in seinem Auftrag verkündige ich
Gottes frohe Botschaft. 2In der Heiligen
Schrift hat Gott sie schon lange durch
seine Propheten angekündigt. Jetzt ist sie
in Erfüllung gegangen. 3Es ist die Botschaft
von seinem Sohn Jesus Christus,
unserem Herrn. Er ist als Mensch geboren
worden und ein Nachkomme König
Davids. 4Daß er aber auch Gottes
Sohn ist,[b] dem alle Macht gegeben wurde,
beweist seine Auferstehung von den
Toten.

a) Wörtlich: Paulus, Sklave Christi Jesu.

b) Wörtlich: Eingesetzt zum Sohn Gottes ... nach dem Geist der Heiligkeit.

5 Ich habe seine erbarmende Liebe[a] er-
fahren und bin als sein Apostel beauf-
tragt, in seinem Namen bei allen Völkern
Menschen für Gott zu gewinnen, damit
sie an ihn glauben und ihm gehorsam
sind. 6 Auch ihr in Rom habt euch ja von
Jesus Christus rufen lassen und gehört
jetzt zu ihm.

7 Ich grüße euch alle, die ihr von Gott
geliebt und zu seinem Dienst berufen
seid, und wünsche euch Gnade und Frie-
den von Gott, unserem Vater, und un-
serem Herrn Jesus Christus!

Paulus will die Christen in Rom kennenlernen

8 Zunächst danke ich meinem Gott im Na-
men Jesu Christi dafür, daß man von
euerm Glauben überall in der Welt nur
Gutes hört. 9 Und wie oft ich an euch den-
ke, das weiß Gott ganz genau. Ihm diene
ich mit allem, was ich bin und habe,[b] in-
dem ich die Heilsbotschaft von seinem
Sohn verkündige.

10 Gott weiß auch, daß ich im Gebet im-
mer und immer wieder darum bitte, end-
lich einmal zu euch zu kommen, wenn es
sein Wille ist. 11 Denn ich möchte euch
sehr gern persönlich kennenlernen und
euern Glauben stärken, indem ich etwas
von dem weitergebe, was mir Gottes
Geist geschenkt hat. 12 Aber auch ihr wür-
det mir neuen Mut geben, so daß wir alle
in unserem gemeinsamen Glauben Trost
und Zuversicht fänden.

13 Ihr könnt euch gar nicht vorstellen,
liebe Brüder, wie oft ich schon zu euch
kommen wollte. Bis jetzt war das nicht
möglich. Denn nur allzugern würde ich
auch bei euch wie bei anderen Völkern
Menschen für Christus gewinnen; 14 fühle
ich mich doch allen verpflichtet, ob sie
nun eine hohe Kultur haben oder nicht,
ob sie gebildet oder ungebildet sind. 15 So-
weit es an mir liegt, möchte ich auch bei
euch in Rom Gottes Wort verkündigen.

Wie man vor Gott bestehen kann

16 Ich schäme mich nicht, diese Heilsbot-
schaft von Christus überall weiterzusa-
gen. Denn diese Botschaft ist eine gewal-
tige Kraft Gottes. Wer an sie glaubt, er-
fährt, daß Gott ihn von seiner Schuld be-
freit und aus seiner Verzweiflung rettet.[c]

Zunächst galt diese Botschaft nur den
Juden, aber jetzt sollen sie auch alle ande-
ren Menschen hören. 17 Denn in ihr wird
klar und deutlich gesagt, wer vor Gott
bestehen kann: jeder, der sich allein auf
das verläßt, was Gott für ihn getan hat,
und daran festhält. So heißt es schon in
der Heiligen Schrift: »Nur der wird Got-
tes Anerkennung finden und leben, der
ihm vertraut.«[d]

Gottes Gericht über alle, die ohne ihn leben wollen

18 Gottes heiliger Zorn trifft alle Men-
schen, die sich gegen ihn auflehnen. Sie
führen ein gottloses Leben, voller Un-
gerechtigkeit, und unterdrücken dadurch
die Wahrheit. 19 Dabei wissen sie ganz ge-
nau, daß es Gott gibt, er selbst hat ihnen
dieses Wissen gegeben. 20 Gott ist zwar
unsichtbar, doch an seinen Werken, der
Schöpfung, haben die Menschen seit je-
her seine göttliche Macht und Größe se-
hen und erfahren können. Deshalb kann
sich niemand damit entschuldigen, daß er
von Gott nichts gewußt hat.

21 Obwohl die Menschen Gott schon
immer kannten, wollten sie ihn nicht an-
erkennen und ihm nicht danken. Statt
dessen beschäftigten sie sich mit belanglo-
sen Dingen und konnten schließlich in
ihrer Unvernunft Gottes Willen nicht
mehr erkennen[e]. 22 Sie meinten, besonders
klug zu sein, und waren in Wirklichkeit
die größten Narren. 23 Statt den ewigen
Gott zu ehren, begeisterten sie sich für
vergängliche Idole; abgöttisch verehrten
sie sterbliche Menschen, ja sogar alle
möglichen Tiere[f]. 24 Deshalb hat Gott sie
auch all ihren Trieben und Leidenschaf-
ten überlassen, so daß sie sogar ihre eige-
nen Körper schändeten. 25 Indem sie die
Schöpfung anbeteten und nicht den
Schöpfer, haben sie Gottes Wahrheit ver-
dreht und ihrer eigenen Lüge geglaubt.
Aber dem Schöpfer allein gehören doch

a) Wörtlich: Gnade. b) Wörtlich: in meinem Geist. c) Wörtlich: Gottes Kraft zum Heil für jeden, der glaubt. d) Wörtlich: Der Gerechte aber wird aus Glauben leben. Habakuk 2,4 e) Wörtlich: und ihr unvernünftiges Herz wurde verfinstert. f) Wörtlich: Vögel, Vierfüßler, Schlangen.

Lob und Ehre bis in alle Ewigkeit – das ist gewiß!

[26]Weil die Menschen Gottes Wahrheit mit Füßen traten, ließ Gott sie in abscheuliche Laster fallen: Ihre Frauen praktizierten gleichgeschlechtliche Liebe [27]ebenso schamlos wie die Männer. Damit haben sie die natürliche Ordnung mit einer unnatürlichen vertauscht. Wie es nicht anders sein konnte, haben sie die gerechte Strafe für ihren Götzendienst am eigenen Leib erfahren.

[28]Gott war ihnen gleichgültig, und deshalb überließ Gott sie schließlich der ganzen Verwerflichkeit ihres Denkens. [29]Sie sind voller Unrecht und Schlechtigkeit, voll von Habgier, Bosheit und Neid; Mord, Streit, Hinterlist und Verlogenheit bestimmen ihr Leben. [30]Einer wie der andere sind sie gemeine Verleumder und Gotteshasser, dazu anmaßend und überheblich. Um sich Erfolg zu verschaffen, ist ihnen jedes Mittel recht. Sie verachten ihre Eltern, [31]sind unvernünftig, treulos, lieblos und unbarmherzig. [32]Dabei wissen sie ganz genau, daß sie nach dem Urteil Gottes dafür nichts anderes als den Tod verdient haben. Trotzdem lassen sie sich nicht von ihrem schändlichen Tun abbringen, sondern freuen sich noch, wenn andere es genauso treiben.

Niemand kann sich dem Urteil Gottes entziehen

2 Aber auch ihr anderen – wer immer ihr seid – könnt euch nicht herausreden oder gar entschuldigen, selbst wenn ihr meint, alle verachten zu können, die solches Unrecht begehen. Klagt ihr nicht bei anderen an, was ihr selbst tut, und sprecht ihr euch damit nicht euer eigenes Urteil? [2]Es steht fest, daß Gott über *alle*, die so handeln, ein gerechtes Urteil fällen wird. [3]Meint ihr etwa, ihr könntet dem Urteil Gottes entgehen, wenn ihr genauso wie die handelt, die ihr verurteilt? [4]Oder verachtet ihr etwa Gottes Güte, Geduld und anhaltende Fürsorge? Seht ihr denn nicht, daß gerade diese Güte euch zur Umkehr bringen will? [5]Ihr aber weigert euch hartnäckig, euer Leben zu ändern. Es ist allein eure Schuld, wenn euch Gottes Zorn am Tage des Gerichts mit ganzer Härte trifft; [6]dann nämlich wird Gott jedem geben, was er verdient hat.[a]

[7]Ewiges Leben wird er denen geben, die sich durch nichts davon abbringen lassen, Gottes Willen zu tun,[b] weil sie sich nach Gott sehnen und ihm gefallen möchten[c].

[8]Die aber aus Selbstsucht Gottes Wahrheit leugnen, sich ihr widersetzen und dafür der Lüge und dem Unrecht[d] gehorchen, die wird Gottes unversöhnlicher Zorn treffen. [9]Angst und Not werden über alle kommen, die Böses tun; zunächst über die Juden, dann aber auch über alle anderen. [10]Aber jedem, der Gutes tut, wird Gott seine Herrlichkeit und seinen Frieden schenken, ganz gleich, ob dieser Mensch nun Jude ist oder ob er aus irgendeinem anderen Volk stammt. [11]Denn vor Gott sind alle Menschen gleich.

[12]Wer also Gottes Willen nicht beachtet und gegen seine Gebote handelt, wird sein Leben auf ewig verlieren. Dabei spielt es keine Rolle, ob er – wie die Heiden – Gottes geschriebenes Gesetz gar nicht kannte oder ob er – wie die Juden – davon wußte und dennoch dagegen verstieß. [13]Entscheidend ist nämlich nicht, ob man Gottes Gebote kennt. Nur wenn man auch danach handelt, wird man von Gott angenommen.

[14]Freilich gibt es Menschen, die Gottes Gebote gar nicht kennen und doch danach leben, weil ihr Gewissen ihnen das vorschreibt. [15]Durch ihr Handeln beweisen sie, daß Gott ihnen seinen Willen in ihre Herzen geschrieben hat, denn ihr Gewissen und ihre Gedanken klagen sie entweder an oder sprechen sie frei. [16]Was heute noch in den Menschen verborgen ist, wird einmal sichtbar und offenkundig werden, und zwar an dem Tag, an dem Gott durch Jesus Christus die Menschen richten wird. Das verbürgt die Heilsbotschaft, die ich verkündige.

Wer gehört wirklich zum Volk Gottes?

[17]Wenn du ein Jude bist, siehst du das als besondere Ehre an. Du verläßt dich dar-

a) Wörtlich: nach seinen Werken. b) Psalm 62,13; Sprüche 24,12 c) Wörtlich: nach Herrlichkeit, Ehre und Unvergänglichkeit suchen. d) Wörtlich: der Ungerechtigkeit.

auf, daß du Gottes Gesetz kennst, bist stolz auf deinen Gott [18]und auf dein besonderes Verhältnis zu ihm. Denn du hast Gottes Gebote gelernt und weißt genau, wie man sich verhalten soll. [19]Deshalb bist du davon überzeugt, den Blinden und allen, die keinen Weg mehr sehen, den Weg zu Gottes Licht zeigen zu können. [20]Du willst die Unwissenden belehren und so die Ungläubigen zu Gott führen; denn du kennst ja Gottes Wort, in dem alles über ihn und seine Wahrheit steht.[a]

[21]Doch wenn du die anderen so gut belehren kannst, weshalb nimmst du selbst keine Lehre an? Du forderst lauthals, daß man nicht stehlen soll, und stiehlst selber? [22]Du sagst den Leuten, daß Ehebruch Sünde ist, aber du selbst riskierst Seitensprünge? Von anderen verlangst du, keine Götzen anzubeten, und dabei bereicherst du dich an ihren Tempelschätzen. [23]Du bist so stolz darauf, daß Gott euch seine Gebote gegeben hat, und dennoch nimmst du ihn nicht ernst, weil du nicht nach seinen Geboten lebst. [24]Aber das steht ja schon in der Heiligen Schrift: »Euretwegen werden die Völker den Namen Gottes verspotten.«[b]

[25]Nun, es ist schon ein ganz besonderer Vorzug, ein Jude zu sein[c] und an Gott zu glauben, wenn du seine Gebote befolgst. Tust du es aber nicht, dann bist du nicht besser als jeder Heide. [26]Mußt du nicht zugeben, daß jeder andere, der nach Gottes Geboten lebt, einem Juden gleichzustellen ist?[d] [27]Ja, solche Menschen werden sogar über euch Juden Richter sein; denn ihr habt zwar Gottes Gebote, lebt aber nicht danach. [28]Die Abstammung von jüdischen Eltern und die Beschneidung lassen noch niemanden wirklich zum Juden werden. [29]Ein richtiger Jude, das heißt jemand, der zum Volk Gottes gehört, ist man nur, wenn die Beschneidung mehr bedeutet als die Erfüllung toter Buchstaben. Erst die Beschneidung, die vom Heiligen Geist kommt und zu einem Gesinnungswandel führt, zählt vor Gott. Bei den Menschen bedeutet das vielleicht nicht viel, aber es ist das einzige, was bei Gott zählt.

Gott steht zu seinem Wort

3 Welchen Vorteil hat man also davon, ein Jude zu sein, und was nützt die Beschneidung? [2]Das hat durchaus Vorteile! Gott hat dem jüdischen Volk als erstem sein Wort anvertraut. [3]Freilich, einige sind ihre eigenen Wege gegangen, aber was ändert das? Meint ihr wirklich, die Untreue dieser Menschen könnte Gottes Treue aufheben? [4]Niemals! Gott steht auf jeden Fall zu seinem Wort[e], auch wenn die Menschen wortbrüchig werden. Es heißt ja schon in der Heiligen Schrift: »Deine Worte, Gott, werden sich als wahr erweisen, und du wirst siegen, wenn man dich verurteilen will.«[f]

[5]Ist es nicht aber so, fragen manche Menschen, daß wir ungerecht sein müssen, damit Gottes Gerechtigkeit erst richtig zur Geltung kommt? Und ist es eigentlich gerecht von Gott, wenn er uns dann wegen unserer Sünden bestraft? [6]Nein, Gott ist nicht ungerecht! Könnte er denn sonst Richter über uns Menschen sein? [7]Aber fragen wir noch einmal: Wie kann Gott mich als Sünder ansehen und verurteilen, wenn doch erst durch meine Lüge seine Wahrheit in ihrer ganzen Größe sichtbar wird? [8]Wäre es dann nicht viel besser, nach dem Motto zu leben: »Wir können beruhigt das Böse tun, denn es kommt ja letztlich das Gute dabei heraus!«? Bösartig behaupten einige, ich wäre dieser Meinung. Gott wird jeden zu Recht bestrafen, der mich so verleumdet.

Vor Gott sind alle Menschen schuldig

[9]Haben wir Juden nun irgendeinen Vorzug vor den anderen Menschen? Ich sage: Nein! Denn eben habe ich allen Menschen – ob Juden oder Nichtjuden[g] – bewiesen, daß sie Unrecht tun

a) Wörtlich: Ein Erzieher der Unweisen, ein Lehrer der Unmündigen, die Ausprägung der Erkenntnis und Wahrheit im Gesetz besitzend. b) Jesaja 52,5 c) Wörtlich: Die Beschneidung nützt allerdings. d) Wörtlich: Wenn nun der Unbeschnittene die Forderungen des Gesetzes erfüllt, wird ihm da sein Unbeschnittensein nicht für Beschneidung angerechnet werden? e) Wörtlich: ist wahrhaftig. f) Psalm 51,6 g) Wörtlich: Griechen.

und unter der Herrschaft der Sünde leben. [10]Dasselbe sagt schon die Heilige Schrift:

»Es gibt keinen, auch nicht einen einzigen, der ohne Sünde ist.[a] [11]Es gibt keinen, der einsichtig ist und nach Gottes Willen fragt. [12]Alle haben sich von ihm abgewandt und sind dadurch für Gott unbrauchbar geworden. Da ist wirklich keiner, der Gutes tut, kein einziger.[b] [13]Ihre Worte bringen Tod und Verderben.[c] Durch und durch verlogen ist all ihr Reden, und was über ihre Lippen kommt, ist bösartig und todbringend wie Schlangengift.[d] [14]Ihr Mund ist voller Flüche und gemeiner Worte.[e] [15]Sie sind schnell bereit, Blut zu vergießen. [16]Wo sie auftauchen, da entstehen Verwüstung und Elend. [17]Den Weg zum Frieden kennen sie nicht,[f] [18]denn sie haben keine Ehrfurcht vor Gott.«[g]

[19]Nun wissen wir: Diese Worte Gottes gelten gerade für die, denen das Gesetz gegeben wurde. Deshalb kann sich keiner herausreden, auch ihr nicht. Alle Menschen auf der Welt sind vor Gott schuldig. [20]Denn kein Mensch wird jemals vor Gott damit bestehen, daß er die Gebote so erfüllt, wie das Gesetz es erfordert. Die Aufgabe des Gesetzes ist es, daß wir die Sünde erkennen.

Wen spricht Gott von seiner Schuld frei?

[21]Jetzt aber hat Gott eingegriffen und uns gezeigt, wie seine Gerechtigkeit aussieht, das heißt, wie wir – unabhängig vom Gesetz – vor ihm bestehen können. So bezeugt es die Heilige Schrift. [22]Gott spricht nämlich jeden von seiner Schuld frei und nimmt jeden an, der an Jesus Christus glaubt. Nur diese Gerechtigkeit läßt Gott gelten.

[23]Denn darin sind die Menschen gleich: Alle sind Sünder und haben nichts aufzuweisen, was Gott gefallen könnte.[h] [24]Aber was sich keiner verdienen kann, schenkt Gott in seiner Güte: Er nimmt uns an, weil Jesus Christus uns erlöst hat. [25]Um unsere Schuld zu sühnen, hat Gott seinen Sohn am Kreuz für uns verbluten lassen. Das erkennen wir im Glauben, und darin zeigt sich, wie Gottes Gerechtigkeit aussieht.

In seiner Geduld hatte Gott ja bis dahin die Sünden der Menschen ertragen, [26]um sie jetzt um Jesu willen zu vergeben und damit seine Gerechtigkeit zu erweisen. So steht fest, daß Gott allein gerecht ist und nur den von seiner Schuld freispricht, der an Jesus Christus glaubt.

[27]Bleibt uns denn nichts, womit wir uns vor Gott rühmen können? – Nein, gar nichts! Woher wissen wir das? Durch das Gesetz, das unsere eigene Leistung verlangt? Nein! Nur durch den Glauben, der uns geschenkt ist.[i]

[28]Also steht fest: Nicht wegen meiner guten Taten, die ich Gott vorweise, werde ich von meiner Schuld freigesprochen. Gott spricht mich erst dann frei, wenn ich mein Vertrauen allein auf Jesus Christus setze.

[29]Gilt dies vielleicht nur für die Juden, weil Gott ein Gott der Juden ist? Oder gilt das auch für die anderen Völker[j]? Natürlich gilt das auch für sie, weil Gott für alle Menschen da ist. [30]Denn es ist ein und derselbe Gott[k], der Juden wie Heiden durch den Glauben an Jesus von ihrer Schuld befreit und ihnen dadurch ein neues Leben mit Gott ermöglicht.[l] [31]Bedeutet das etwa, daß wir durch den Glauben das Gesetz Gottes abschaffen? Nein, im Gegenteil! Wir bringen es neu zur Geltung.

Abraham: ein Mensch, der vor Gott bestehen kann

4 Ich möchte das jetzt noch deutlicher machen. Warum hat Gott gerade Abraham zum Stammvater des jüdischen Volkes ausgewählt? [2]Bestimmt nicht wegen seiner guten Taten! Damit hätte er zwar bei den Menschen Ruhm und Ansehen gewinnen können, nicht aber bei Gott. [3]In der Heiligen Schrift heißt es: »Abraham setzte sein ganzes Vertrauen

a) Wörtlich: Da ist kein Gerechter. b) Psalm 14,1-3; 53,2-4 c) Wörtlich: Ein geöffnetes Grab ist ihr Schlund. d) Psalm 5,10; 140,4 e) Psalm 10,7 f) Jesaja 59,7-8 g) Psalm 36,2 h) Wörtlich: (Alle) entbehren der Herrlichkeit Gottes. i) Wörtlich: Durch das Gesetz des Glaubens. j) Wörtlich: Heiden. k) Wörtlich: *ein* Gott. l) Wörtlich: der rechtfertigen wird die Beschneidung aus Glauben und die Unbeschnittenheit durch den Glauben.

auf Gott, und so fand er Gottes Anerken-
nung.«[a]
4 Es ist doch so: Wenn ich eine Arbeit
leiste, habe ich Anspruch auf Lohn. Oh-
ne Leistung werde ich nichts bekommen.
5 Aber bei Gott ist das anders. Bei ihm
werde ich nichts erreichen, wenn ich
mich auf meine »guten« Taten berufe.
Nur wenn ich Gott vertraue, der mich
trotz meiner Schuld freispricht, kann ich
vor ihm bestehen.[b] 6 Davon hat schon Kö-
nig David gesprochen, als er den Men-
schen glückselig nannte, der von Gott oh-
ne jede Gegenleistung angenommen
wird. David sagte:
7 »Glückselig sind alle, denen Gott ihr
Unrecht vergeben hat und die von ihren
Sünden befreit wurden! 8 Glückselig ist
der Mann, dem Gott seine Sünden nicht
länger vorhält.«[c]
9 Für uns ergibt sich hier die Frage: Gel-
ten Davids Worte nur für die Juden oder
auch für alle anderen? Wie gesagt, es
heißt in der Heiligen Schrift: »Abraham
setzte sein ganzes Vertrauen auf Gott,
und so fand er Gottes Anerkennung.«
10 Aber nun müssen wir genauer fragen:
Wann fand Abraham die Anerkennung
Gottes? War es vor oder nach seiner Be-
schneidung? Wir wissen aus den Be-
richten der Heiligen Schrift, daß es
vorher war. 11 Denn Abrahams Beschnei-
dung war ja gerade das äußere Zeichen
dafür, daß er durch seinen Glauben Aner-
kennung bei Gott gefunden hatte. Und
das, noch ehe er beschnitten war! Auf
diese Weise ist Abraham zum Stammva-
ter für alle Unbeschnittenen geworden,
die allein wegen ihres Glaubens von Gott
angenommen sind.
12 Doch Abraham ist ebenso der Vater
der Beschnittenen. Allerdings genügt die
Beschneidung nicht, um zu seinen Nach-
kommen gezählt zu werden. Entschei-
dend ist vielmehr, daß wir denselben
Glauben haben, wie ihn unser Vater
Abraham schon vor seiner Beschneidung
hatte.

Gesetz und Glaube

13 Gott hatte Abraham versprochen, ihn
mit seinen Nachkommen zum Segen für
die ganze Welt[d] werden zu lassen. Aber
dieses Versprechen gab Gott nicht, weil
Abraham das Gesetz erfüllte, sondern
weil Abraham Gott unerschütterlich
vertraute. 14 Wer sich dagegen auf die Er-
füllung des Gesetzes verläßt, für den gilt
die Verheißung nicht. Denn damit setzt
er den Glauben außer Kraft.
15 Tatsächlich bringt uns das Gesetz
nichts als den Zorn Gottes ein. Nur da,
wo es kein Gesetz gibt, wird niemand
schuldig. 16 Deshalb gilt Gottes Zusage
nur dem, der glaubt. Denn was Gott ver-
sprochen hatte, sollte ja ein Geschenk
sein. Nur so bleibt die Verheißung über-
haupt gültig, und zwar für *alle* Nach-
kommen Abrahams. Das sind nicht nur
die Juden, die nach dem Gesetz leben,
sondern auch alle anderen Menschen, die
Gott so vertrauen wie Abraham. Deshalb
ist Abraham der Vater aller Gläubigen[e].
17 So sagt Gott schon in der Heiligen
Schrift zu Abraham: »Ich habe dich zum
Vater vieler Völker bestimmt!«[f] Und
Abraham vertraute Gott; dem Gott, der
die Toten zum Leben erweckt und die zu
seinem Volk beruft, die bisher nicht dazu-
gehörten.[g] 18 Gott versprach Abraham:
»Deine Nachkommen werden so zahl-
reich wie die Sterne am Himmel sein,
und du sollst zum Vater vieler Völker
werden.«[h]
Abraham glaubte diesen Worten. Da-
bei schien die Erfüllung dieses Verspre-
chens ganz und gar unmöglich. 19 Denn er
selbst war fast hundert Jahre alt, und
auch seine Frau Sara konnte in ihrem ho-
hen Alter nach menschlichem Ermessen
keine Kinder mehr bekommen. 20 Den-
noch zweifelte Abraham nicht und
vertraute Gottes Zusage. Mit seinem un-
erschütterlichen Glauben ehrte er Gott.
21 Er war fest davon überzeugt, daß Gott
erfüllen würde, was er versprochen hatte.
22 Deshalb fand er Gottes Anerkennung.[i]

a) Wörtlich: und das wurde ihm zur Gerechtigkeit angerechnet. 1. Mose 15,6 b) Wörtlich: Dem, der nicht Werke leistet, aber an den glaubt, der den Gottlosen rechtfertigt, wird hingegen sein Glaube als Gerechtigkeit angerechnet. c) Psalm 32,1-2 d) Wörtlich: Erbe der Welt. 1. Mose 18,18; 22,17-18 e) Wörtlich: unser aller Vater. f) 1. Mose 17,5 g) Wörtlich: und dem Nichtseienden ruft, daß es sei. h) 1. Mose 15,5 i) Wörtlich: Deshalb wurde es ihm zur Gerechtigkeit angerechnet. 1. Mose 15,6

23Das hat nicht nur Abraham erfahren,
24auch wir sollen Gottes Anerkennung
finden. Deswegen können wir sicher
sein, daß Gott, der unseren Herrn Jesus
Christus von den Toten auferweckt hat,
uns ebenso annehmen wird, wenn wir an
ihn glauben. 25Denn Jesus mußte sterben,
um unsere Sünden zu tilgen; er wurde
auferweckt, damit wir vor Gott bestehen
können.[a]

Mit Gott versöhnt

5 Nachdem wir durch den Glauben
von unserer Schuld freigesprochen
sind, steht nun nichts mehr zwischen uns
und Gott. Wir haben Frieden mit ihm.
Wem verdanken wir das? Allein Jesus
Christus. 2Er hat uns die Tür zu diesem
neuen Leben mit Gott geöffnet. Voller
Freude danken wir Gott dafür, daß wir
einmal an seiner Herrlichkeit teilhaben
werden.

3Doch nicht nur dafür sind wir
dankbar. Wir danken Gott auch für die
Leiden, die wir wegen unseres Glaubens
auf uns nehmen müssen. Denn in solchen
Leiden lernen wir, geduldig zu werden.
4Geduld aber vertieft und festigt unseren
Glauben, und das wiederum gibt uns
Hoffnung. 5Und diese Hoffnung wird
uns nicht enttäuschen. Denn durch den
Heiligen Geist, der uns geschenkt wurde,
ist Gottes Liebe in uns.

6Schon damals, als wir noch hilflos der
Sünde ausgeliefert waren, ist Christus für
uns gottlose Menschen gestorben. 7Selbst
für einen guten Menschen[b] würde kaum
jemand von uns sterben, obwohl es das
vielleicht geben mag. 8Gott aber hat uns
seine große Liebe gerade dadurch be-
wiesen, daß Christus für uns starb, als
wir noch Sünder waren.

9Wieviel weniger müssen wir einmal
am Gerichtstag Gottes Zorn fürchten,
nachdem wir jetzt durch den Opfertod
Jesu[c] von unserer Schuld freigesprochen
sind. 10Als wir noch seine Feinde waren,
hat Gott uns durch den Tod seines Soh-
nes mit sich selbst versöhnt. Wieviel
mehr werden wir, da wir jetzt Frieden
mit Gott haben, am Tage des Gerichts
bewahrt bleiben, nachdem ja Christus
auferstanden ist und lebt.[d]

11Lob und Dank sei ihm dafür! Schon
jetzt sind wir durch unseren Herrn Jesus
Christus mit Gott versöhnt.

Adam brachte den Tod – Christus bringt das Leben

12Durch einen einzigen Menschen, durch
Adam, ist die Sünde in die Welt ge-
kommen und als Folge davon der Tod.
Weil nun alle Menschen gesündigt ha-
ben, sind sie alle dem Tod ausgeliefert.
13Demnach war die Sünde schon da, lan-
ge bevor Gott durch Mose das Gesetz
gab. Aber wo kein Gesetz ist, kann auch
keine Sünde, das heißt eine Übertretung
des Gesetzes, angerechnet werden. 14Den-
noch muß man sagen, daß alle Menschen
von Adam bis zu Mose ebenfalls dem
Tod verfallen waren, auch wenn sie nicht
bewußt gegen Gottes Willen handelten,
wie es Adam getan hatte. Und doch weist
Adam in seiner Person auf den kommen-
den Christus hin.[e]

15Freilich läßt sich die Erlösung, die
uns Christus gebracht hat, nicht mit der
Sünde Adams vergleichen. Denn durch
die Sünde des einen wurde die gesamte
Menschheit dem Tode ausgeliefert;
durch Jesus Christus aber erfuhren wir in
überreichem Maße Gottes Barmherzig-
keit und Liebe. 16Man kann also die Er-
lösung durch Christus und die Sünde
Adams nicht auf eine Stufe stellen. Got-
tes Urteilsspruch brachte wegen der *ei-
nen* Sünde Adams allen die Verdammnis;
was Christus getan hat, brachte uns trotz
unzähliger Sünden den Freispruch.

17Hat aber der Ungehorsam eines ein-
zigen Menschen zur Herrschaft des To-
des geführt, um wieviel gewisser werden
dann alle, die Gottes überreiche Barmher-
zigkeit und seine Vergebung erfahren ha-
ben, durch Jesus Christus leben und ein-
mal mit ihm herrschen.[f]

18Es steht also fest: Durch die Sünde
eines Menschen – Adam – sind alle Men-
schen in Tod und Verderben geraten.

a) Wörtlich: um unserer Rechtfertigung willen. b) Wörtlich: einen Gerechten. c) Wörtlich: durch sein Blut. d) Wörtlich: gerettet werden durch sein Leben. e) Wörtlich: Dieser (Adam) ist Typos (das Gegenbild) des Kommenden. f) Wörtlich: im Leben herrschen durch den einen, Jesus Christus.

Aber durch die Erlösungstat eines Men-
schen – Christus – haben alle die Chan-
ce zu einem neuen Leben mit Gott.
[19]Oder anders gesagt: Durch Adams Un-
gehorsam wurden alle Menschen vor
Gott schuldig; aber weil Jesus Christus
gehorsam war, sollen alle von Gott freige-
sprochen werden.

[20]Das Gesetz aber, das später gegeben
wurde, ließ uns erst erkennen, wie sehr
wir gegen Gottes Willen verstoßen ha-
ben. Denn wo sich die ganze Macht der
Sünde zeigte, da erwies sich auch Gottes
Barmherzigkeit in ihrer ganzen Größe.
[21]Dort, wo bisher die Sünde über alle
Menschen herrschte und ihnen den Tod
brachte, soll jetzt Gottes Gnade herr-
schen. So erweist Gott seine Gerechtig-
keit, indem er uns ewiges Leben schenkt
durch Jesus Christus, unseren Herrn.

Das neue Leben

6 Was bedeutet das nun für uns? Sollen
wir etwa weitersündigen, damit Gott
Gelegenheit hat, uns seine Barmherzig-
keit und Liebe zu beweisen? [2]Natürlich
nicht! Als Christen sind wir für die Sün-
de tot. Wie könnten wir da noch länger
mit ihr leben? [3]Oder wißt ihr etwa nicht,
daß alle, die im Namen Jesu Christi ge-
tauft wurden, Anteil an seinem Tod ha-
ben?[a] [4]Durch die Taufe sind wir also mit
Christus gestorben und begraben. Und
wie Christus durch die Herrlichkeit und
Macht seines Vaters von den Toten aufer-
weckt wurde, so sollen auch wir ein
neues Leben führen.

[5]Denn wenn wir in der Taufe sein To-
desschicksal mit ihm geteilt haben, so
werden wir auch mit ihm leben. [6]Damit
steht fest: Unser früheres Leben endete
mit Christus am Kreuz. Unser von der
Sünde beherrschtes Wesen ist vernichtet,
und wir müssen nicht länger der Sünde
dienen. [7]Wer gestorben ist, kann nicht
mehr beherrscht werden – auch nicht
von der Sünde.

[8]Sind wir aber mit Christus gestorben,
dann – und davon sind wir überzeugt –
werden wir auch mit ihm leben. [9]Wir wis-
sen ja, daß Christus von den Toten auf-
erstanden ist und nie wieder sterben
wird. Der Tod hat keine Macht mehr
über ihn. [10]Christus ist wegen unserer
Sünde gestorben, und zwar ein für alle-
mal. Jetzt aber lebt er, und er lebt für
Gott. [11]Das gilt genauso für euch, und
daran müßt ihr festhalten: Ihr seid tot für
die Sünde. Lebt nun für Gott, der euch
durch Jesus Christus das neue Leben ge-
geben hat.

[12]Achtet darauf, daß euer vergängli-
cher Leib nicht von der Sünde, von sei-
ner Triebhaftigkeit beherrscht wird.
[13]Nichts, keinen einzigen Teil eures
Körpers sollt ihr der Sünde als Werkzeug
für das Böse[b] zur Verfügung stellen.
Dient vielmehr Gott mit allem, was ihr
seid und habt. Weil ihr mit Christus ge-
storben seid und er euch neues Leben
schenkte, sollt ihr jetzt Werkzeuge[c] in
Gottes Hand sein, damit er euch für
seine Ziele einsetzen kann. [14]Die Sünde
hat ihre Macht über euch verloren. Denn
ihr seid nicht länger an das Gesetz ge-
bunden, sondern ihr lebt von der
Barmherzigkeit Gottes.

Befreit zum Gehorsam

[15]Soll das nun etwa heißen, daß wir ein-
fach weitersündigen können, weil wir
uns ja der Barmherzigkeit Gottes gewiß
sind und das Urteil des Gesetzes nicht
mehr zu fürchten brauchen?

Nein, so ist das nicht gemeint! [16]Wißt
ihr nicht, daß ihr *dem* Herrn gehorchen
müßt, dem ihr euch verpflichtet habt?
Und das heißt: Wenn ihr euch für die
Sünde entscheidet, dann werdet ihr ster-
ben. Entscheidet ihr euch aber für den
Gehorsam, der aus dem Glauben kommt,
dann wird Gott euch annehmen.[d]

[17]Aber Gott sei Dank! Ihr seid nicht
mehr hilflos der Sünde ausgeliefert, son-
dern ihr gehorcht mit Leib und Seele[e]
dem Evangelium, wie es euch gelehrt
worden ist. [18]Denn nachdem ihr von der
Herrschaft der Sünde wirklich frei ge-
worden seid, könnt ihr jetzt Gott die-
nen.[f]

a) Wörtlich: in seinen Tod getauft sind. b) Wörtlich: Waffen der Ungerechtigkeit. c) Wörtlich: Waffen der Gerechtigkeit. d) Wörtlich: Entweder seid ihr Sklaven der Sünde zum Tod oder des Gehorsams zur Gerechtigkeit. e) Wörtlich: von Herzen. f) Wörtlich: seid ihr Sklaven der Gerechtigkeit geworden.

19 Damit ihr mich besser versteht, will ich es euch am Beispiel des Sklaven verdeutlichen. Früher wart ihr ganz und gar der Unmoral und dem Unrecht verfallen. Jetzt aber sollt ihr uneingeschränkt Gott dienen; so wird ihm euer Leben gefallen.[a] 20 Als ihr Sklaven der Sünde wart, da wart ihr zwar frei, allerdings nur vom Guten.[b] 21 Und was kam dabei heraus?[c] Bei dem Gedanken daran könnt ihr euch heute nur schämen, denn ihr hattet nichts anderes als den Tod dafür verdient.

22 Aber jetzt seid ihr frei von der Sünde und dient Gott als seine Knechte. Daraus ergibt sich, daß ihr tut, was Gott gefällt, und er euch das ewige Leben schenkt.

23 Denn die Sünde wird mit dem Tod bezahlt. Gott aber schenkt uns in der Gemeinschaft mit Jesus Christus, unserem Herrn, das ewige Leben, das schon jetzt beginnt und niemals aufhören wird.

Die Grenzen des Gesetzes

7 Meine lieben Brüder! Ihr kennt doch das Gesetz. Eigentlich solltet ihr dann wissen, daß Gesetze für uns nur Gültigkeit haben, solange wir leben.

2 Was bedeutet das? Eine verheiratete Frau zum Beispiel ist an ihren Mann durch das Gesetz so lange gebunden, wie er lebt. Stirbt der Mann, dann ist sie von diesem Gesetz frei und kann wieder heiraten. 3 Hätte diese Frau zu Lebzeiten ihres Mannes einen anderen Mann gehabt, wäre sie eine Ehebrecherin gewesen. Nach dem Tode ihres Mannes aber ist sie frei von den Verpflichtungen des Ehegesetzes. Niemand wird sie eine Ehebrecherin nennen, wenn sie als Witwe einen anderen Mann heiratet.

4 In genau derselben Situation seid auch ihr. Auch ihr wart gewissermaßen an einen »Ehemann« gebunden, an das Gesetz. Aber ihr seid davon befreit worden, als Christus am Kreuz für euch starb. Und jetzt gehört ihr nur noch ihm, der von den Toten auferweckt wurde. Nur so werden wir für Gott Frucht bringen, das heißt leben, wie es ihm gefällt.

5 Als wir Christus noch nicht kannten[d], waren wir der Gewalt der Sünde ausgeliefert und wurden von unseren Trieben beherrscht. Durch das Gesetz wurde die Sünde in uns erst geweckt, so daß wir taten, was ins Verderben führt.[e] 6 Aber jetzt sind wir von diesen Zwängen frei, denn für das Gesetz sind wir tot. Deswegen können wir Gott durch seinen Heiligen Geist in einer völlig neuen Weise dienen und müssen uns nicht länger an die Buchstaben des Gesetzes klammern.

Der Mensch und Gottes Gesetz

7 Soll das alles nun etwa bedeuten, daß Gottes Gesetz sündig ist? Natürlich nicht! Aber es ist doch so: Ohne die Gebote Gottes hätten wir nie erfahren, was Sünde ist. Würde es dort nicht heißen: »Du sollst nicht begehren ...«[f], so wüßte ich nicht, daß meine Leidenschaften Sünde sind. 8 Die Sünde aber gebrauchte dieses Gebot des Gesetzes, um in mir alle möglichen Leidenschaften zu wecken. Denn ohne das Gesetz wußte ich nichts von der Macht der Sünde in mir.[g]

9 Früher haben wir ohne das Gesetz gelebt. Erst seit wir das Gesetz mit seinen Geboten kennen, wurde auch die Sünde in uns lebendig. 10 Wir aber starben (denn keiner kann leben, den die Sünde von Gott trennt). So hat uns Gottes Gebot, das den Weg zum Leben zeigen sollte, letztlich dem Tod ausgeliefert. 11 Denn die Sünde benutzte das Gebot und betrog uns, indem sie statt des versprochenen Lebens den Tod brachte.

12 Das Gesetz selbst aber entspricht Gottes Willen; jedes einzelne Gebot ist heilig, gerecht und gut. 13 Kann aber etwas, das heilig, gerecht und gut ist, unseren Tod bewirken? Nein, ganz und gar nicht. Aber gerade dadurch, daß die Sünde das Gute benutzte, um mir den Tod zu bringen, hat sie sich als Sünde entlarvt; durch das Gebot ist sie in ihrer ganzen Abscheulichkeit sichtbar geworden.

14 Das Gesetz ist von Gottes Geist bestimmt[h]. Das wissen wir genau. Ich aber

a) Wörtlich: Gebt eure Glieder jetzt der Gerechtigkeit dienstbar zur Heiligung hin. b) Wörtlich: frei von der Gerechtigkeit. c) Wörtlich: Welche Frucht hattet ihr damals? d) Wörtlich: wir im Fleische waren. e) Wörtlich: so daß wir dem Tode Frucht brachten. f) Vgl. 2. Mose 20,17 g) Wörtlich: Denn ohne das Gesetz ist die Sünde tot. h) Wörtlich: ist geistlich.

bin nur ein Mensch[a] und der Herrschaft der Sünde ausgeliefert. [15]Ich verstehe ja selber nicht, was ich tue. Das Gute, das ich mir vornehme, tue ich nicht; aber was ich verabscheue, das tue ich. [16]Bin ich mir aber bewußt, daß ich falsch handle, dann gebe ich damit zu, daß Gottes Gesetz gut ist. [17]Das aber bedeutet: Nicht ich selbst tue das Böse, sondern die Sünde, die in mir wohnt, treibt mich dazu.

Die Herrschaft der Sünde

[18]Ich weiß wohl, daß der Mensch von Natur aus nicht gut ist. Deshalb werde ich niemals das Gute tun können, so sehr ich mich auch darum bemühe. [19]Ich will zwar immer wieder Gutes tun und tue doch das Schlechte; ich verabscheue das Böse, aber ich tue es dennoch. [20]Wenn ich also immer wieder gegen meine Absicht handle, dann ist klar, daß es die Sünde in mir ist, die mich zu allem Bösen verführt.

[21]Ich mache immer wieder dieselbe Erfahrung: Das Gute will ich tun, aber ich tue das Böse. [22]Ich wünsche mir nichts sehnlicher, als Gottes Gesetz zu erfüllen. [23]Dennoch handle ich nach einem anderen Gesetz, das in mir wohnt. Dieser Widerspruch zwischen meiner richtigen Einsicht und meinem falschen Handeln beweist, daß ich ein Gefangener der Sünde bin. [24/25]Ich stelle also fest: Innerlich stimme ich zwar dem Gesetz Gottes zu, aber in meinen Taten folge ich dem Gesetz der Sünde. Ich unglückseliger Mensch! Wer wird mich jemals aus dieser Gefangenschaft[b] befreien? Gott sei Dank! Durch unseren Herrn Jesus Christus sind wir bereits befreit.

Leben durch Gottes Geist

8 Wer nun zu Jesus Christus gehört, wird der Verurteilung durch Gott entgehen; er wird leben. [2]Denn für ihn gilt nicht länger das Gesetz der Sünde und des Todes. Es ist durch ein neues Gesetz aufgehoben, nämlich durch das Gesetz des Geistes Gottes, der durch Jesus Christus das Leben bringt.

[3]Wie ist es dazu gekommen? Das Gesetz konnte uns nicht helfen, so zu leben, wie es Gott gefällt, weil wir, an die Sünde versklavt, zu schwach sind, es zu erfüllen. Deshalb sandte Gott seinen Sohn zu uns. Er wurde Mensch und war wie wir der Macht der Sünde ausgesetzt. An unserer Stelle nahm er Gottes Verurteilung der Sünde auf sich.

[4]Jetzt können wir den Willen Gottes tun, wie es das Gesetz schon immer von uns verlangt hat; denn jetzt bestimmt Gottes Geist und nicht mehr die sündige menschliche Natur unser Leben. [5]Wer nur seinen menschlichen Wünschen und Trieben folgt, der bleibt seiner sündigen Natur ausgeliefert. Wenn aber Gottes Geist in uns wohnt, wird auch unser Leben von seinem Geist bestimmt. [6]Was uns die alte, sündige Natur einbringt, sind Verzweiflung und Tod. Gottes Geist aber schenkt uns Frieden und Leben.

[7]Von unserem Wesen her lehnen wir Menschen uns gegen Gott auf, weil wir seine Gebote nicht erfüllen und auch gar nicht erfüllen können. [8]Deshalb kann Gott an uns – so wie wir sind – keinen Gefallen finden. [9]Nun aber ist Gottes Geist in euch, und ihr seid nicht länger der Herrschaft eures sündigen Wesens ausgeliefert. Seid euch darüber im klaren: Wer den Geist Christi nicht hat, der gehört auch nicht zu ihm.

[10]Wenn Christus in euch lebt, dann ist zwar euer Leib wegen eurer Sünde noch dem Tod ausgeliefert. Doch Gottes Geist schenkt euch ein neues Leben, weil Gott euch als seine Kinder angenommen hat.[c] [11]Ist der Geist Gottes in euch, so wird Gott, der Jesus von den Toten auferweckte, auch euren sterblichen Leib durch seinen Geist wieder lebendig machen; er wohnt ja in euch.

[12]Darum, liebe Brüder, müssen wir nicht länger den Wünschen und dem Verlangen unserer alten menschlichen Natur folgen. [13]Denn wer ihr folgt, ist dem Tode ausgeliefert. Wenn du aber auf die Stimme Gottes hörst und ihr gehorchst, werden die selbstsüchtigen Wünsche in dir getötet, und du wirst leben.

a) Wörtlich: bin fleischlich. b) Wörtlich: aus diesem Todesleib. c) Wörtlich: Wenn aber Christus in euch ist, dann ist der Leib tot um der Sünde willen, der Geist jedoch Leben um der Gerechtigkeit willen.

14Alle, die sich vom Geist Gottes regie-
ren lassen, sind Kinder[a] Gottes. 15Denn
der Geist Gottes führt euch nicht in eine
neue Sklaverei; nein, er macht euch zu
Gottes Kindern. Deshalb dürft ihr furcht-
los und ohne Angst zu Gott kommen
und ihn euern Vater nennen.[b] 16Gottes
Geist selbst gibt uns die innere Gewiß-
heit, daß wir Gottes Kinder sind. 17Als
seine Kinder aber sind wir – gemeinsam
mit Christus – auch seine Erben. Und lei-
den wir jetzt mit Christus, werden wir
einmal auch seine Herrlichkeit mit ihm
teilen.

Hoffnung für die ganze Schöpfung

18Ich bin ganz sicher, daß alles, was wir
jetzt erleiden,[c] nichts ist, verglichen mit
der Herrlichkeit, die wir einmal erfahren
werden. 19Darum wartet die ganze Schöp-
fung sehnsüchtig und voller Hoffnung
auf den Tag, an dem Gott seine Kinder in
diese Herrlichkeit aufnimmt.

20Ohne eigenes Verschulden sind alle
Geschöpfe durch die Schuld des Men-
schen der Vergänglichkeit ausgeliefert.
Aber Gott hat ihnen die Hoffnung ge-
geben, 21daß sie zusammen mit den Kin-
dern Gottes einmal von Tod und Ver-
gänglichkeit erlöst und zu einem neuen,
herrlichen Leben befreit werden. 22Denn
wir sehen ja, wie die gesamte Schöpfung
leidet und unter Qualen auf ihre Neuge-
burt wartet.

23Aber auch wir selbst, denen Gott be-
reits jetzt seinen Geist[d] gegeben hat, war-
ten voller Sehnsucht darauf, daß Gott
uns als seine Kinder zu sich nimmt und
auch unseren Leib von aller Vergänglich-
keit befreit.

24Darauf können wir zunächst nur hof-
fen und warten. Hoffen aber bedeutet:
noch nicht haben. Denn was einer schon
hat und sieht, darauf braucht er nicht
mehr zu hoffen. 25Hoffen wir aber auf et-
was, das wir noch nicht sehen können,
dann warten wir zuversichtlich darauf.

26Dabei hilft uns der Heilige Geist in
all unseren Schwächen und Nöten. Wis-
sen wir doch nicht einmal, wie wir beten
sollen, damit Gott uns erhören kann.
Deshalb hilft uns der Heilige Geist und
betet für uns auf eine Weise, wie wir es
mit unseren Worten nie könnten.[e] 27Aber
Gott, der uns ganz genau kennt, weiß na-
türlich auch, was der Heilige Geist für
uns betet; denn er vertritt uns im Gebet,
wie es dem Willen Gottes entspricht.

28Das eine aber wissen wir: Wer Gott
liebt, dem dient alles, aber auch wirklich
alles zu seinem Heil; denn dazu hat Gott
selbst ihn erwählt und berufen. 29Wen
Gott nämlich auserwählt hat, der ist nach
seinem Willen auch dazu bestimmt, sei-
nem Sohn ähnlich zu werden, dem ersten
unter vielen Brüdern. 30Und wen Gott da-
für bestimmt hat, den hat er auch in seine
Gemeinschaft berufen; wen er aber beru-
fen hat, den hat er auch von seiner Schuld
befreit. Und wen er von seiner Schuld be-
freit hat, der hat schon im Glauben An-
teil an seiner Herrlichkeit.

Gottes grenzenlose Liebe

31Kann man wirklich noch mehr er-
warten? Wenn Gott für uns ist, wer kann
dann gegen uns sein? 32Gott, der für uns
seinen eigenen Sohn geopfert hat, sollte
er uns noch etwas vorenthalten? 33Wer
könnte es wagen, die von Gott Aus-
erwählten anzuklagen? Niemand, denn
Gott selbst hat sie von aller Schuld freige-
sprochen. 34Wer wollte es wagen, sie zu
verurteilen? Keiner, denn Christus ist für
sie gestorben, ja noch mehr: Er ist vom
Tode auferweckt worden und tritt jetzt
vor Gott für uns ein.

35Was also könnte uns von Christus
und seiner Liebe trennen? Leiden und
Angst vielleicht? Verfolgung? Hunger?
Armut? Gefahr oder gewaltsamer Tod?
36Gewiß nicht! Es heißt ja schon in der
Heiligen Schrift: »Wie Schafe, die ge-
schlachtet werden sollen, wird man uns
deinetwegen überall verfolgen und tö-
ten.«[f]

37Aber dennoch: Wir werden über das
alles triumphieren, weil Christus uns so
geliebt hat. 38Denn da bin ich ganz sicher:
Weder Tod noch Leben, weder Engel

a) Wörtlich: Söhne. b) Wörtlich: Ihr habt ja nicht einen Sklavengeist empfangen, so daß ihr wieder Angst haben müßtet, sondern ihr habt den Geist der Sohnschaft empfangen, in welchem wir rufen: Abba, Vater! c) Wörtlich: die Leiden der gegenwärtigen Zeit. d) Wörtlich: die Erstlingsgabe des Geistes. e) Wörtlich: mit unaussprechlichen Seufzern. f) Psalm 44,23

noch Dämonen[a], weder Gegenwärtiges
noch Zukünftiges, noch irgendwelche
Gewalten, weder Himmel noch Hölle
oder sonst irgend etwas können uns von
der Liebe Gottes trennen, die er uns in
Jesus Christus, unserem Herrn, bewiesen
hat.

Israel, das von Gott erwählte Volk

9 Christus ist mein Zeuge, und der
Heilige Geist bestätigt es mir in mei-
nem Gewissen, daß es wahr ist, wenn ich
euch versichere: 2Ich bin voller Trauer
und empfinde tiefen Schmerz, wenn ich
an Israel denke. 3Käme es meinen Brü-
dern, meinem eigenen Volk, zugute, ich
würde es auf mich nehmen, verflucht
und von Christus getrennt zu sein. 4Gott
hat doch Israel so reich beschenkt; es ist
ja das von ihm auserwählte Volk.[b] Er hat
sich diesem Volk in seiner Macht und
Herrlichkeit offenbart. Immer wieder
hat er mit ihm Bündnisse geschlossen
und ihm seine Gebote gegeben. In ihren
Gottesdiensten ist Gott gegenwärtig,
und ihnen gelten seine Verheißungen.
5Abraham, Isaak und Jakob sind ihre Vä-
ter, und Christus selbst stammt aus ih-
rem Volk. Ihn, der als Gott über alles re-
giert, preisen wir in alle Ewigkeit. Amen.

Wer gehört zu Gottes Volk?

6All dies hat nach wie vor Gültigkeit,
auch wenn nicht alle aus dem Volk Israel
zu Gottes auserwähltem Volk gehören.
7Nicht alle Nachkommen Abrahams sind
auch wirklich seine Kinder. Denn Gott
hatte zu Abraham gesagt: »Nur die Nach-
kommen deines Sohnes Isaak werden das
auserwählte Volk sein.«[c] 8Das bedeutet:
Nicht alle, die auf natürliche Weise von
Abraham abstammen, gehören zu Gottes
Volk, seinen Kindern. Nur der zählt da-
zu, wer – so wie Isaak – Gottes Verhei-
ßung hat. 9Denn das hatte Gott Abraham
zugesagt: »Im nächsten Jahr um diese
Zeit werde ich kommen, und dann wird
Sara einen Sohn haben.«[d]

10Aber nicht nur Abrahams Frau Sara
erging es so. Was geschah denn mit Re-
bekka, der Frau Isaaks? 11Noch ehe ihre
Söhne Esau und Jakob geboren waren,
das heißt, noch ehe sie etwas Gutes oder
Böses getan haben konnten, hatte Gott
zu ihr gesagt: 12»Der Ältere wird dem
Jüngeren dienen.«[e] Damit gab Gott ganz
klar zu erkennen, daß seine Verheißun-
gen ausschließlich auf seinem Willen, sei-
ner Gnade beruhen und nicht von den
Leistungen des Menschen abhängig sind.
13So sagt Gott ausdrücklich: »Jakob –
nicht Esau – habe ich erwählt.«[f]

Kein Anspruch auf Gottes Barmherzigkeit

14Bedeutet das etwa, daß Gott ungerecht
ist? Auf keinen Fall! 15Denn Gott hat ein-
mal zu Mose gesagt: »Ich erweise meine
Güte, wem ich will. Und über wen ich
mich erbarmen will, über den werde ich
mich erbarmen.«[g] 16Entscheidend ist also
nicht, wie sehr sich jemand anstrengt und
müht, sondern daß Gott sich über ihn er-
barmt. 17Wie erging es dem Pharao, dem
König Ägyptens, der sich gegen Gottes
Befehle auflehnte? Zu ihm sagte Gott:
»Ich habe dich als König über Ägypten
eingesetzt, damit an deinem Ungehorsam
meine Macht allen sichtbar und dadurch
der ganzen Welt mein Name bekannt
wird.«[h] 18Gott schenkt also seine
Barmherzigkeit, wem er will, aber er
macht Menschen auch hart und gleich-
gültig, wenn er es will.

19Sicher werdet ihr mich jetzt fragen:
»Wie kann Gott dann noch von unserer
Schuld sprechen? Wer kann denn etwas
gegen Gottes Willen unternehmen?«
20Darauf kann ich nur antworten: Wer
seid ihr denn eigentlich, ihr Menschen,
daß ihr meint, Gott zur Rechenschaft zie-
hen zu können? Glaubt ihr wirklich, daß
sich der Schöpfer vor seinen Geschöpfen
verantworten muß? 21Schließlich kann
auch ein Töpfer aus einem Klumpen
Lehm ein wertvolles oder ein gewöhnli-
ches Gefäß formen.

22Genauso wollte Gott an den Ägyp-
tern[i] seinen Zorn und seine Macht sicht-

a) Wörtlich: Herrschaften, Mächte. b) Wörtlich: Sie sind Israeliten und ihnen gehört die Sohnschaft. c) 1. Mose 21,12 d) 1. Mose 18,10.14 e) 1. Mose 25,23 f) Wörtlich: Jakob habe ich geliebt, Esau aber gehaßt. Maleachi 1,2-3 g) 2. Mose 33,19 h) 2. Mose 9,16 i) Wörtlich: an den einen.

bar werden lassen. Und obwohl sie ih-
rem Untergang nicht entgehen konnten,
hat er große Geduld mit ihnen[a] gehabt.
23An den Israeliten,[b] die an seiner Herr-
lichkeit teilhaben sollen, wollte er dage-
gen seine Barmherzigkeit besonders be-
weisen.
24Zu ihnen gehören auch wir. Und er
hat uns nicht nur aus dem jüdischen
Volk, sondern aus *allen* Völkern berufen.
25Erinnert euch nur einmal an die Worte
des Propheten Hosea! Dort sagt Gott:
»Einmal werde ich die mein Volk nen-
nen, die bisher nicht dazugehörten; und
ich werde die auserwählen, die bisher
nicht meine Auserwählten waren. 26Und
wo ihnen gesagt wurde: ›Ihr seid nicht
mein Volk‹, da werden sie ›Kinder des
lebendigen Gottes‹ genannt.«[c]
27Aber seinem Volk Israel ließ Gott
durch den Propheten Jesaja sagen:
»Selbst wenn es so viele Israeliten wie
Sand am Meer gibt, werden doch nur we-
nige von ihnen gerettet. 28Denn der Herr
wird sein Urteil auf der Erde bald voll-
strecken.«[d] 29So hat es Jesaja schon
vorher gesagt: »Hätte der Herr der himm-
lischen Heere[e] nicht einen kleinen Teil
des jüdischen Volkes bewahrt, dann wä-
ren wir alle umgekommen wie die Leute
von Sodom und Gomorra.«[f]

Der falsche Weg

30Was will ich nun damit sagen? Men-
schen aller Völker, die sich nicht (wie die
Juden) darum bemüht haben, bei Gott
Anerkennung zu finden, wurden von
ihm angenommen, und zwar durch ihren
Glauben an Jesus Christus. 31Israel aber,
das sich so sehr bemühte, Gottes Gebote
zu erfüllen, um dadurch vor Gott be-
stehen zu können, hat dieses Ziel nicht
erreicht. 32Warum eigentlich nicht? Weil
dieses Volk nicht durch den Glauben an
Christus, sondern durch seine Werke
und seine eigenen Verdienste Anerken-
nung bei Gott finden wollte. Deshalb
wurde ihnen Christus zum ›Stein des An-
stoßes‹. 33Von ihm hat Gott schon durch
den Propheten Jesaja sagen lassen: »Seht
her, ich lege in Jerusalem einen Stein, an
dem man sich stoßen wird, und ein Hin-
dernis, über das sie stürzen werden. Wer
aber an ihn glaubt, wird leben.«[g]

Christus hat die Herrschaft des Gesetzes beendet

10 Liebe Brüder, ich wünsche mir
sehnlichst, und ich bitte Gott in-
ständig, daß auch mein Volk den richti-
gen Weg zu Gott findet. 2Denn ich kann
bezeugen, daß die Israeliten mit Eifer
und Hingabe Gott dienen wollen, aber es
fehlt ihnen die richtige Einsicht. 3Sie ha-
ben nämlich nicht erkannt, daß Christus
für sie gestorben ist, um sie mit Gott zu
versöhnen. Statt dessen versuchen sie im-
mer noch, sich durch eigene Leistungen
Gottes Anerkennung zu verdienen. Des-
halb lehnen sie ab, was Gott ihnen schen-
ken will.[h] 4Christus hat das Gesetz erfüllt
und damit die Herrschaft des Gesetzes
beendet. Wer an ihn glaubt, wird von
Gott angenommen.
5Wer dennoch durch das Gesetz vor
Gott bestehen will, für den gilt, was
Mose geschrieben hat: »Wer *alle* Forde-
rungen des Gesetzes erfüllt, wird da-
durch leben.«[i]
6Aber wer den Weg zu Gott durch den
Glauben an Christus gefunden hat, der
kann sagen: »Du brauchst nicht länger
darüber nachzudenken, wie du in den
Himmel steigen willst«[j] – um Christus
herabzuholen. Und er muß nicht mehr
fragen: 7»Wer will hinabsteigen zu den
Toten?« – um Jesus von dort heraufzuho-
len. 8Wer glaubt, der weiß: »Gottes Wort
ist mir ganz nahe; es ist in meinem Mund
und in meinem Herzen.« Das ist nämlich
das Wort vom Glauben an Christus, das
wir verkündigen.
9Denn wenn du mit deinem Munde be-
kennst: »Jesus Christus ist der Herr!«,
und wenn du von ganzem Herzen
glaubst, daß Gott ihn von den Toten auf-
erweckt hat, dann wirst du gerettet wer-
den. 10Wer also von Herzen an Christus

a) Wörtlich: mit den Gefäßen des Zorns. b) Wörtlich: An den Gefäßen der Barmherzigkeit. c) Hosea 2,25;2,1 d) Jesaja 10,22-23 e) Wörtlich: der Herr Zebaoth. f) Jesaja 1,9 g) Jesaja 8,14; 28,16 h) Wörtlich: Indem sie nämlich Gottes Gerechtigkeit verkannten und die eigene aufzurichten suchten, haben sie sich nicht der Gottesgerechtigkeit unterworfen. i) 3. Mose 18,5 j) 5. Mose 30,11-14

glaubt und seinen Glauben auch be-
kennt, der erlebt, was es heißt, von Chri-
stus erlöst zu sein. 11Gott sagte schon
durch den Propheten Jesaja: »Wer an ihn
glaubt, wird nicht verlorengehen.«[a] 12Da
gibt es auch keinen Unterschied zwi-
schen Juden und anderen Völkern[b]: Gott
ist ein und derselbe Herr, der aus seinem
Reichtum alle beschenkt, die ihn darum
bitten. 13»Denn jeder, der den Namen des
Herrn anruft, wird gerettet werden.«[c]

Israel nimmt Gottes Angebot nicht an

14Wie aber sollen die Menschen zu Gott
beten, wenn sie nicht an ihn glauben?
Wie sollen sie zum Glauben an ihn kom-
men, wenn sie nie von ihm gehört haben?
Und wie können sie von ihm hören,
wenn ihnen niemand Gottes Wort sagt?
15Wer aber soll Gottes Wort sagen, ohne
dazu beauftragt zu sein? Schon Jesaja
wußte: »Wieviel Gutes bewirken alle, die
das Evangelium verkündigen!«[d] 16Aber
nicht jeder, der diese Heilsbotschaft hört,
nimmt sie auch an. So klagte schon der
Prophet Jesaja: »Herr, wer glaubt denn
unseren Worten?«[e]

17Doch es bleibt dabei: Der Glaube
kommt allein aus dem Hören der Bot-
schaft; die Botschaft aber gibt uns Chri-
stus. 18Wie ist das nun bei den Juden? Ha-
ben sie etwa Gottes Wort nicht zu hören
bekommen? Natürlich haben sie es ge-
hört, denn »diese Botschaft ist überall
verkündigt worden, ihre Worte gelang-
ten bis an das Ende der Welt.«[f]

19Man kann nun fragen: Haben sie
diese Botschaft vielleicht nicht ver-
standen? Doch, sie haben sie verstanden.
Denn schon bei Mose heißt es: »Ich will
mein Volk eifersüchtig machen auf Men-
schen, die bisher nicht zu mir gehörten,
und ihr werdet zornig sein auf ein Volk,
das mich jetzt noch nicht kennt.«[g] 20Spä-
ter wagte Jesaja sogar ganz offen zu sa-
gen: »Die mich gar nicht gesucht haben,
die haben mich gefunden, und die nie-
mals nach mir fragten, werden mich ken-
nen.«[h] 21Aber zu seinem eigenen Volk
muß Gott sagen: »Den ganzen Tag, im-
mer wieder habe ich meine Hände nach
dem Volk ausgestreckt, das sich nichts sa-
gen läßt und gegen meinen Willen han-
delt!«[i]

Hat Gott sein Volk aufgegeben?

11 Ich frage jetzt: Will Gott von sei-
nem Volk nichts mehr wissen? Da-
von kann keine Rede sein! Auch ich bin
ja ein Israelit, ein Nachkomme Abra-
hams aus dem Stamm Benjamin. 2Wie
könnte Gott sein Volk, das er sich einmal
erwählt hat, einfach aufgeben? Oder habt
ihr vergessen, wie Elia sich bei Gott über
Israel beklagte? 3»Herr!« rief er, »alle dei-
ne Propheten haben sie ermordet, und
deine Altäre haben sie niedergerissen.
Nur ich bin übriggeblieben. Und nun
trachten sie auch mir nach dem Leben.«[j]

4Und was antwortete Gott damals?
»Nein, du bist nicht der einzige. Sieben-
tausend Menschen lasse ich am Leben, al-
le, die nicht vor dem Götzen Baal auf die
Knie gefallen sind.«[k] 5So war es damals,
und so ist es auch noch heute. In seiner
Barmherzigkeit und Gnade hat Gott ei-
nen Teil des Volkes Israel gerettet.
6Wenn das aber aus Gnade geschah, dann
hatte es nichts mit eigenen Leistungen zu
tun. Sonst wäre es ja keine Gnade.

7Was heißt das also? Es heißt, Israel
hat nicht erreicht, worum es sich mit al-
ler Kraft bemühte. Das wurde nur einem
kleinen, von Gott auserwählten Teil des
Volkes geschenkt. Alle übrigen aber sind
taub für Gottes Wort. 8Von ihnen sagt
die Heilige Schrift: »Sie sind wie be-
täubt.[l] Mit ihren Augen sehen sie nichts,
mit ihren Ohren hören sie nichts – und
das bis auf den heutigen Tag.«[m] 9Auch
König David sagt: »Ihr Gottesdienst soll
zum Götzendienst werden, zu einer
Falle, in der sie sich selbst fangen und der
Strafe Gottes ausliefern.[n] 10Laß ihre Au-
gen blind werden, damit sie nichts mehr
sehen können, und beuge für immer ih-

a) Jesaja 28,16 b) Wörtlich: Griechen. c) Joel 3,5 d) Wörtlich: Wie lieblich sind die Füße derer, die eine gute Botschaft verkündigen. Jesaja 52,5 e) Jesaja 53,1 f) Psalm 19,5 g) Wörtlich: Ich will euch reizen mit einem Volk, das keines ist. Ich will euch herausfordern durch ein Volk ohne Erkenntnis. 5. Mose 32,21 h) Jesaja 65,1 i) Jesaja 65,2 j) 1. Könige 19,10 k) 1. Könige 19,18 l) Wörtlich: Eingegeben hat ihnen Gott einen Geist tiefen Schlafes. m) Jesaja 29,10; 5. Mose 29,3 n) Wörtlich: Es werde ihnen ihr Tisch (Altar) zur Schlinge und zum Netz und zum Fallstrick und zum Anlaß der Vergeltung.

ren Rücken unter der Last des Geset-
zes.«[a]

Warnung vor Überheblichkeit

11War es nun Gottes Absicht, dieses Volk
fallenzulassen, weil er sich endgültig von
ihm abwenden wollte? Nie und nimmer!
Aber durch den Ungehorsam des Volkes
Israel wurde der Weg bereitet, um den
übrigen Völkern die Heilsbotschaft zu
bringen. Ihrem Beispiel soll Israel nun
nacheifern. 12Bedenken wir aber, welchen
Segen schon das Versagen Israels allen an-
deren Völkern brachte, wie groß wird
erst der Segen sein, wenn das ganze Israel
für Christus gewonnen ist.

13Euch, die ihr keine Juden seid,
möchte ich sagen: Ich freue mich, daß
Gott mich gerade zu euch geschickt hat,
um euch das Evangelium zu verkün-
digen. 14Vielleicht wird dadurch auch bei
einigen aus meinem Volk der Glaube ge-
weckt, so daß sie doch noch gerettet wer-
den.[b] 15Denn kam es schon zur Versöh-
nung der Völker mit Gott, als er sich von
Israel abwandte, wie herrlich muß es wer-
den, wenn Gott sich seinem Volk wieder
zuwendet. Dann werden Tote zum Le-
ben auferstehen. 16Mit dem ersten Brot,
das Gott zum Opfer gebracht wird, ist
nämlich die ganze Ernte gesegnet; und
sind die Wurzeln eines Baumes gut[c],
dann sind es auch die Zweige.

17Einige Zweige dieses Baumes – ich
spreche von Gottes auserwähltem
Volk – sind herausgebrochen worden.
An ihrer Stelle wurdet ihr als Zweige ei-
nes wilden Ölbaums aufgepfropft, so daß
ihr von den Wurzeln und Säften des ed-
len Ölbaums lebt. 18Bildet euch aber des-
halb nicht ein, besser als die herausge-
brochenen Zweige zu sein! Denn nicht
ihr tragt die Wurzel, sondern die Wurzel
trägt euch.

19Freilich könnte jemand einwenden:
»Man hat die Zweige doch herausge-
brochen, damit ich dort Platz habe.«
20Das ist richtig, sie wurden herausge-
brochen, weil sie nicht glaubten. Und ihr
seid an ihrer Stelle, weil ihr glaubt. Seid
deshalb nicht hochmütig, sondern paßt
auf, daß es euch nicht genauso ergeht.[d]
21Denn hat Gott die Zweige des edlen Öl-
baums nicht verschont, wird er euch erst
recht nicht schonen.

22Zweierlei sollt ihr daran erkennen:
Gottes Güte und seine Strenge. Gottes
Strenge seht ihr an denen, die von ihm
abgefallen sind; seine Güte aber erfahrt
ihr, solange ihr glaubt. Sonst werdet auch
ihr wie jene Zweige herausgebrochen.
23Umgekehrt werden alle aus dem Volk
Israel wieder eingepfropft, die nicht län-
ger im Unglauben bleiben. Gott hat die
Macht dazu. 24Immerhin hat er euch als
Zweige eines wilden Ölbaumes dem gu-
ten Ölbaum aufgepfropft, was sonst nie-
mand tun würde. Wieviel mehr wird
Gott bereit sein, die herausgebrochenen
Zweige wieder auf den Ölbaum zu pfrop-
fen, auf den sie ursprünglich gehörten.

Gott hält seine Zusagen

25Damit ihr nicht überheblich werdet,
liebe Brüder, möchte ich euch anver-
trauen, was mir Gott offenbart hat. Ein
Teil des jüdischen Volkes ist zwar blind
für die Botschaft von Jesus Christus.
Aber das wird nur so lange dauern, bis
alle Heiden, die Gott dafür ausersehen
hat, den Weg zu Christus gefunden ha-
ben. 26Danach wird ganz Israel gerettet,
so wie es bei den Propheten heißt: »Aus
Jerusalem[e] wird der Retter kommen. Er
wird Israel[f] von seiner Gottlosigkeit be-
kehren. 27Und das ist der Bund, den ich
mit ihnen schließe: Ich werde sie von ih-
ren Sünden befreien.«[g]

28Indem sie das Evangelium ablehnen,
sind viele Juden zu Feinden Gottes ge-
worden. Aber gerade dadurch wurde für
euch der Weg zu Christus frei. Doch
Gott hält seine Zusagen, und weil er ihre
Vorväter erwählt hat, bleiben sie sein ge-
liebtes Volk. 29Denn Gott fordert weder
seine Gaben zurück, noch widerruft er
seine Zusagen.

30Früher habt ihr als Heiden Gott
nicht gehorcht. Aber weil die Juden Chri-
stus ablehnten, hat Gott euch seine
Barmherzigkeit erfahren lassen. 31Jetzt
wollen die Juden nicht glauben, daß Gott

a) Psalm 69,23-24 b) Wörtlich: Ob ich wohl mein Fleisch (Volk) reizen und einige von ihnen retten kann. c) Wörtlich: heilig. d) Wörtlich: sondern fürchtet euch. e) Wörtlich: Zion. f) Wörtlich: Jakob. g) Jesaja 59,20-21

jedem Menschen in Christus barmherzig
ist, obwohl sie es doch an euch sehen.
Aber auch sie sollen jetzt Gottes
Barmherzigkeit erfahren. 32Denn Gott
hat alle Menschen – Juden wie Heiden –
ihrem Unglauben überlassen, weil er al-
len seine Barmherzigkeit schenken will.

Gott ist unbegreiflich groß

33Wie groß ist doch Gott! Wie unendlich
sein Reichtum, seine Weisheit, wie tief
seine Gedanken. Wie unbegreiflich für
uns seine Entscheidungen[a] und seine Plä-
ne! 34Denn »wer könnte jemals Gottes
Absichten erkennen? Wer könnte ihm ra-
ten?«[b] 35Oder: »Wer hätte Gott jemals et-
was gegeben, das er nun von ihm zurück-
fordern könnte?«[c] 36Denn alles, aber
auch wirklich alles ist von ihm, dem
Schöpfer, ausgegangen, besteht durch
ihn, und er wird alles vollenden. Ihm ge-
hören Lob und Ehre in alle Ewigkeit.
Amen.

Das ganze Leben – ein Gottesdienst

12 Weil ihr Gottes Barmherzigkeit er-
fahren habt, fordere ich euch auf,
liebe Brüder, mit Leib und Leben für
Gott dazusein. Seid ein lebendiges und
heiliges Opfer, das Gott gefällt. Einen sol-
chen Gottesdienst erwartet er von euch.
2Nehmt nicht die Forderungen dieser
Welt zum Maßstab, sondern ändert euch,
indem ihr euch an Gottes Maßstäben
orientiert. Nur dann könnt ihr beurtei-
len, was Gottes Wille ist, was gut und
vollkommen ist und was ihm gefällt.

3In der Vollmacht,[d] die mir Gott als
Apostel gegeben hat, warne ich jeden ein-
zelnen von euch: Schätzt euch nicht hö-
her ein, als euch zukommt. Bleibt be-
scheiden, und maßt euch nicht etwas an,
was über die Gaben hinausgeht, die Gott
euch geschenkt hat.

4Unser Körper besteht aus vielen Tei-
len, die ganz unterschiedliche Funktio-
nen haben. 5Ebenso ist es mit uns Chri-
sten. Gemeinsam bilden wir alle den Leib
Christi – die Gemeinde –, und jeder ein-
zelne ist auf die anderen angewiesen.

6Gott hat jedem von uns durch seinen
Heiligen Geist unterschiedliche Gaben
geschenkt. 7Hat jemand zum Beispiel die
Gabe, in Gottes Auftrag prophetisch zu
reden, dann muß dies mit dem Glauben
übereinstimmen. Wem Gott einen prakti-
schen Dienst übertragen hat, der soll ihn
gewissenhaft ausführen. Wer Gottes
Wort lehrt, soll diesem besonderen Auf-
trag gerecht werden. 8Wer andere im
Glauben ermutigen kann, der soll diese
Gabe nutzen. Wer von der Gemeinde be-
auftragt ist, die Armen zu versorgen, der
soll das gerecht und unparteiisch tun.
Wer eine Gemeinde zu leiten hat, soll
sich ganz für sie einsetzen. Wer Kranke
und Alte zu pflegen hat, der soll es gern
tun.

Ermutigung zu einem Leben aus Gottes Geist

9Eure Liebe muß aufrichtig sein. Und
wie ihr das Böse hassen müßt, sollt ihr
das Gute lieben. 10In herzlicher Liebe
sollt ihr miteinander verbunden sein, und
gegenseitige Achtung soll euer Zu-
sammenleben bestimmen. 11Setzt euch un-
ermüdlich für Gottes Sache ein. Laßt
euch ganz vom Heiligen Geist durchdrin-
gen, und steht Gott jeden Augenblick
zur Verfügung. 12Seid fröhlich in der
Hoffnung darauf, daß Gott seine Zusa-
gen erfüllt. Seid standhaft, wenn ihr ver-
folgt werdet. Und laßt euch durch nichts
vom Gebet abbringen.

13Helft anderen Christen, die in Not
geraten sind, und seid gastfreundlich!
14Wenn Menschen euch das Leben
schwermachen[e], so betet[f] für sie, statt ih-
nen Schlechtes zu wünschen[g]. 15Wenn an-
dere fröhlich sind, dann freut euch mit
ihnen. Weint aber auch mit den Trauern-
den! 16Seid einmütig untereinander und
streitet nicht. Versucht nicht immer wie-
der, hoch hinauszuwollen, sondern seid
euch auch für geringe Dinge nicht zu
schade. Hütet euch vor Selbstüberschät-
zung und Besserwisserei.

17Vergeltet niemals Unrecht mit neuem
Unrecht. Seid darauf bedacht, allen Men-
schen Gutes zu tun. 18Soweit es irgend
möglich ist und von euch abhängt, lebt
mit allen Menschen in Frieden. 19Liebe

a) Wörtlich: Gerichte. b) Jesaja 40,13 c) Hiob 41,2-3 d) Wörtlich: Durch die Gnade.
e) Wörtlich: euch verfolgen. f) Wörtlich: segnet. g) Wörtlich: verflucht nicht.

Freunde, denkt daran, daß es nicht eure
Sache ist, euch selbst Recht zu verschaf-
fen. Überlaßt dieses Urteil vielmehr
Gott[a], denn er hat gesagt: »Es ist allein
meine Sache, Rache zu nehmen. Ich wer-
de alles vergelten.«[b]
[20]Handelt so, wie es die Heilige Schrift
von euch verlangt: »Wenn dein Feind
hungrig ist, dann gib ihm zu essen; ist er
durstig, gib ihm zu trinken. So wirst du
›feurige Kohlen auf seinem Haupt sam-
meln‹, du wirst ihn überwinden.«[c] [21]Laß
dich nicht vom Bösen besiegen, sondern
besiege das Böse durch das Gute.

Der Christ und die staatliche Ordnung

13 Jeder soll sich den bestehenden
staatlichen Gewalten unterord-
nen. Denn es gibt keine Autorität, die
nicht von Gott kommt. Jede staatliche
Autorität ist von Gott eingesetzt. [2]Wer
sich also den Behörden widersetzt,
handelt gegen die von Gott eingesetzte
Ordnung und wird dafür von ihm be-
straft werden.
[3]Wer gut und richtig handelt, braucht
die Autorität des Staates ohnehin nicht
zu fürchten; das muß nur, wer gegen das
Recht verstößt. Wollt ihr also ohne
Angst vor Bestrafung leben, dann haltet
euch an die Gesetze. Euer gutes Verhal-
ten wird Anerkennung finden. [4]Die öf-
fentliche Gewalt steht im Dienst Gottes
zum Nutzen jedes einzelnen. Wer aber
Unrecht tut, muß sie fürchten, denn
Gott hat ihr nicht ohne Grund die Macht
übertragen, Strafen zu verhängen. Sie
handelt im Auftrag Gottes, wenn sie Ge-
setzesbrecher verfolgt und bestraft. [5]Es
sind also zwei Gründe, weshalb sich
Christen den staatlichen Organen un-
terordnen müssen: zum einen ist es der
drohende Zorn Gottes, zum anderen
aber auch unser Gewissen, das uns sonst
vor Gott anklagen würde.
[6]Und weil die Beamten als Beauftragte
des Staates ihren Dienst im Auftrag Got-
tes ausüben, zahlt ihr ja auch Steuern.
[7]Gebt also jedem, was ihr ihm schuldig
seid. Zahlt die Steuern, die man von euch
verlangt, ebenso den Zoll. Unterstellt
euch der Autorität des Staates, und er-
weist denen, die Anspruch darauf haben,
den notwendigen Respekt.

Das wichtigste Gebot

[8]Bleibt keinem etwas schuldig, abgesehen
davon, daß ihr euch untereinander lieben
sollt. Denn nur wer seine Mitmenschen
liebt, der hat Gottes Gesetz erfüllt. [9]Alle
Gebote, die Gott Mose gegeben hat –
wie zum Beispiel: »Du sollst nicht die
Ehe brechen, du sollst nicht töten, du
sollst nicht stehlen, du sollst nicht das be-
gehren, was anderen gehört«[d] –, alle
diese Gebote lassen sich in einem Satz zu-
sammenfassen: »Du sollst deinen Mit-
menschen lieben wie dich selbst.«[e]
[10]Denn wer seinen Mitmenschen liebt,
tut ihm nichts Böses. Deshalb ist die
Liebe das Entscheidende an Gottes Ge-
setz.[f]

Leben im Licht Gottes

[11]Liebt also euren Nächsten, denn ihr
wißt doch, daß es Zeit ist, aus aller
Gleichgültigkeit aufzuwachen. Bald wird
Christus wiederkommen und uns endgül-
tig erlösen. Dieser Zeit sind wir jetzt nä-
her als zu Beginn unseres Glaubens.
[12]Bald ist die Nacht vorüber, und Gottes
Tag bricht an. Deshalb wollen wir uns
von den finsteren Werken der Nacht tren-
nen und uns statt dessen mit den Waffen
des Lichts rüsten. [13]Wir haben vor nie-
mandem etwas zu verbergen und wollen
ein gutes, anständiges Leben führen;[g] oh-
ne üppige Gelage und Saufereien, ohne
Ausschweifungen und Sittenlosigkeit, oh-
ne Streit und Eifersucht. [14]Statt dessen
soll Jesus Christus in allem euer Vorbild
sein.[h] Hütet euch davor, euern Leib mit
seinen Wünschen und Begierden zum
Mittelpunkt eures Lebens zu machen.

Einander annehmen

14 Nehmt auch den ohne Vorbehalte
an, der als Christ meint, vieles

a) Wörtlich: dem Zorngericht Gottes. b) 5. Mose 32,35 c) Sprüche 25,21-22
d) 2. Mose 20,13-17 e) 3. Mose 19,18; vgl. Matthäus 22,34-40 f) Wörtlich: So ist die Liebe die Erfüllung des Gesetzes. g) Wörtlich: Als am Tage laßt uns unser Leben ehrbar führen. h) Wörtlich: Zieht den Herrn Jesus Christus an.

ängstlich meiden zu müssen. Verwirrt ihn nicht noch dadurch, daß ihr über unterschiedliche Ansichten streitet. [2]So essen die einen alles, ohne daß ihr Glaube in Gefahr gerät, während andere meinen, sich zu versündigen, wenn sie Fleisch essen.[a] [3]Niemand sollte deswegen auf die im Glauben Schwachen verächtlich herabschauen. Diese wiederum haben nicht das Recht, jemanden zu verurteilen, weil er das Fleisch der Opfertiere ißt. Denn Gott hat den einen wie den anderen in seine Gemeinschaft aufgenommen. [4]Du bist nicht der Herr deines Nächsten. Mit welchem Recht willst du ihn also verurteilen? Er ist nicht dir verantwortlich, sondern Gott, und der ist stark genug, ihn vor falschen Wegen zu bewahren.[b]

[5]Es gibt Leute, für die bestimmte Tage von besonderer Bedeutung sind. Für andere wieder sind alle Tage gleich. Das soll jeder so halten, wie es nach seiner Überzeugung richtig ist. [6]Wer nämlich Fastentage einhält, der will damit Gott ehren. Und wer an solchen Tagen ißt, der ehrt auch Gott, denn im Gebet dankt er ihm für das Essen. Fastet aber jemand an diesen Tagen, dann fastet er aus Liebe zu Gott, und auch er dankt Gott im Gebet und erweist ihm dadurch die Ehre.

[7]Schließlich: Niemand von uns lebt für sich selbst, und niemand stirbt für sich selbst. [8]Leben wir, dann leben wir für den Herrn, und sterben wir, dann sterben wir für den Herrn. Ganz gleich also, ob wir leben oder sterben: Wir gehören dem Herrn. [9]Denn dafür ist Christus gestorben und zu neuem Leben auferstanden, daß er im Leben wie im Sterben unser Herr ist.[c]

[10]Mit welchem Recht verurteilst du also einen anderen? Und warum verachtest du deinen Bruder, nur weil er sich anders verhält? Vergiß nicht, daß wir einmal alle vor Gott stehen werden und er über uns urteilt. [11]Hat nicht schon Jesaja geschrieben: »So wahr ich lebe, spricht der Herr: Vor mir werden alle niederknien, und alle werden bekennen, daß ich der Herr bin!«[d] [12]So wird also jeder für sich selbst vor Gott Rechenschaft ablegen müssen.

Füreinander verantwortlich

[13]Deshalb wollen wir uns nicht länger gegenseitig verurteilen. Keiner soll durch sein Verhalten den anderen in Bedrängnis bringen oder in seinem Glauben verunsichern. [14]Ich weiß, und Christus bestätigt es mir, daß es keine Speise gibt, die uns von Gott trennt, weil sie »unrein« wäre. Wer aber etwas für »unrein« hält, für den ist es tatsächlich »unrein«.

[15]Wenn du aber durch das, was du ißt, deinen Bruder verwirrst oder ihn sogar dazu verführst, gegen sein Gewissen zu handeln, dann bist du lieblos. Wegen irgendwelcher Speisen dürft ihr auf keinen Fall den Glauben eures Bruders zerstören, für den doch Christus auch gestorben ist. [16]Achtet also darauf, daß nicht durch derartige Nebensächlichkeiten der Glaube an Christus[e] in Verruf gerät. [17]Denn es geht allein um das Reich Gottes, nicht um Essen und Trinken. Es geht darum, daß Gott jeden annimmt, der zu ihm kommt, und ihn durch seinen Heiligen Geist mit Frieden und Freude erfüllt. [18]Wer Christus in dieser Weise dient, an dem hat Gott Freude, und auch die Menschen werden ihn achten.

[19]Deshalb wollen wir uns mit allen Kräften darum bemühen, in Frieden miteinander zu leben, und einander helfen, im Glauben zu wachsen. [20]Zerstört nicht Gottes Werk wegen irgendwelcher Speisevorschriften. Einige von euch sagen zwar: »Vor Gott ist alles rein.« Das stimmt. Aber andere kommen in Gewissensnöte, wenn sie bestimmte Speisen essen. Damit schaden sie sich selbst.

[21]Deswegen ist es besser, du ißt kein Fleisch, trinkst keinen Wein und vermeidest überhaupt alles, was deinen Bruder zur Sünde verführen könnte.

[22]Bleibe bei deiner persönlichen Überzeugung, wenn du sie vor Gott vertreten kannst, aber versuche nicht, sie anderen aufzudrängen.[f] Denn nur der hat Frieden, der mit seiner Überzeugung vor dem eigenen Gewissen bestehen kann.

[23]Glaubt aber jemand, daß die Speisevorschriften richtig sind, und er verstößt

a) Wörtlich: der Schwache aber ißt (nur) Gemüse. b) Wörtlich: Dem eigenen Herrn steht oder fällt er. Er wird aber stehenbleiben, denn der Herr kann ihn aufrecht erhalten. c) Wörtlich: daß er über Tote und Lebende herrsche. d) Jesaja 45,23 e) Wörtlich: das euch verliehene Gute. f) Wörtlich: Behalte du den Glauben, den du hast, bei dir vor Gott.

dennoch gegen sie, so verurteilt ihn schon sein Gewissen, weil er gegen den Glauben handelt und damit Christus ungehorsam wird. Denn alles, was wir nicht im Glauben an Christus tun, ist Sünde.

Das Vorbild: Jesus Christus

15 Weil wir aber so eng mit Christus verbunden sind, daß wir uns von solchen Äußerlichkeiten frei wissen,[a] sind wir erst recht dazu verpflichtet, auf die Ängstlichkeit der anderen[b] Rücksicht zu nehmen und nicht selbstgefällig auf die eigene Freiheit zu pochen. 2Jeder von uns soll sich so verhalten, daß sein persönliches Vorbild den Nächsten zum Guten ermutigt und ihn im Glauben stärkt.[c]

3Auch Christus lebte nicht für sich selbst. Von ihm heißt es: »Die Anfeindungen, die gegen Gott gerichtet waren, haben mich getroffen.«[d] 4Und aus dem, was in der Heiligen Schrift vorausgesagt wurde, sollen wir lernen. Ermutigt und getröstet durch Gottes Wort, können wir an der Hoffnung auf Gottes kommendes Reich festhalten.

5Gott aber, von dem alle Ermutigung und aller Trost kommen, schenke es euch, daß ihr in Frieden miteinander lebt, so wie es euch Jesus Christus gezeigt hat. 6Dann erst könnt ihr alle wie mit einer Stimme Gott, den Vater unseres Herrn Jesus Christus, loben und preisen.

Die ganze Gemeinde lobt Gott

7Nehmt euch gegenseitig an, so wie ihr seid, denn auch Christus hat euch ohne Vorbehalte angenommen. Auf diese Weise wird Gott geehrt. 8Kam doch Christus in diese Welt, um seinem Volk Israel zu zeigen, wie treu Gott seine Zusagen hält, die er Abraham, Isaak und Jakob gegeben hat. So diente Christus seinem Volk.[e]

9Aber wie die Juden Gott wegen seiner Treue loben sollen, so müssen ihm die Heiden für seine Barmherzigkeit danken. Schon in den Psalmen lesen wir: »Ich will bei den Heiden deinen Namen loben und dich preisen.«[f] 10Und bei Mose heißt es: »Jubelt, ihr Heidenvölker, zusammen mit seinem Volk Israel!«[g] 11An einer anderen Stelle sagt der Psalmist: »Rühmt den Herrn, ihr Heiden! Alle Völker sollen ihn preisen!«[h] 12Und Jesaja prophezeite: »Der versprochene Retter aus dem Stamm Isai wird kommen, um über die Heidenvölker zu herrschen. Er wird ihre einzige Hoffnung sein.«[i]

13Deshalb bete ich für euch alle, daß Gott, der diese Hoffnung schenkt, euch in euerm Glauben mit großer Freude und vollkommenem Frieden erfüllt, damit eure Hoffnung durch die Kraft des Heiligen Geistes immer stärker wird.

Paulus beschreibt seinen Auftrag

14Liebe Brüder! Ich bin fest davon überzeugt, daß ihr meine Ermahnung im Grunde nicht nötig habt, weil ihr selbst wißt, wieviel Gott euch geschenkt hat und was er von euch erwartet. Deshalb könnt ihr euch gegenseitig ermahnen und helfen, als Christen zu leben. 15Trotzdem habe ich mir die Freiheit genommen, euch an einige Dinge zu erinnern, wobei ich stellenweise sehr deutlich geworden bin. Das habe ich getan, weil Gott mich beauftragt hat, 16als Diener Jesu Christi allen Menschen die Frohe Botschaft zu verkündigen. Wie ein Priester im Tempel Gott dient und ihm opfert, so sehe ich meinen Auftrag. Durch den Heiligen Geist sollen Menschen aus allen Völkern für Gott eine Opfergabe werden, die ihm gefällt.

17Ich bin vor Gott stolz auf alles, was Jesus Christus durch mich getan hat. 18Hätte nicht er es bewirkt, daß Menschen aus vielen Völkern zum Glauben und Gehorsam gekommen sind, würde ich es nicht wagen, auch nur davon zu reden. 19So aber wirkte Gott durch meine Verkündigung und meinen Einsatz und bestätigte dies alles durch Zeichen und Wunder seines Geistes. Von Jerusalem bis hin zur Provinz Illyrien habe ich das Evangelium verkündet und ihm Geltung

a) Wörtlich: Wir, die Starken. b) Wörtlich: der Schwachen. c) Wörtlich: Jeder von uns suche dem Nächsten zu gefallen, zum Guten, zur Auferbauung. d) Psalm 69,10 e) Wörtlich: Christus ist ein Diener der Beschnittenen geworden. f) Psalm 18,50 g) 5. Mose 32,43 h) Psalm 117,1 i) Jesaja 11,10

verschafft. [20]Dabei achtete ich vor allem
darauf, nur dort zu predigen, wo man
noch nichts von Jesus Christus gehört
hatte und wo noch keine Gemeinde be-
stand. [21]Ich folgte damit den Worten des
Propheten Jesaja: »Gerade die sollen ihn
sehen, denen er nicht angekündigt war,
und die noch nichts von ihm gehört ha-
ben, werden ihn begreifen.«[a]

Reisepläne

[22]Weil ich damit so beschäftigt war, bin
ich auch bisher noch nicht bei euch ge-
wesen. [23]Aber jetzt habe ich meine Ar-
beit hier beendet, und wie ich es mir
schon seit Jahren wünsche, möchte ich
nun zu euch kommen. [24]Ich habe vor,
nach Spanien zu reisen, und bei dieser Ge-
legenheit hoffe ich, euch in Rom per-
sönlich kennenzulernen. Wenn ich dann
in der Gemeinschaft mit euch neue Kraft
geschöpft habe, könntet ihr mich viel-
leicht auf meiner Weiterreise begleiten.

[25]Im Augenblick bin ich auf dem Weg
nach Jerusalem, um der Gemeinde dort
zu helfen.[b] [26]Denn die Christen in den
Provinzen Mazedonien und Achaja ha-
ben für die Armen der Gemeinde von Je-
rusalem Geld gesammelt. [27]Sie haben das
gern getan, weil sie, die früher Heiden
waren, gerade dieser Gemeinde viel
Dank schulden. Denn von Jerusalem aus
hat sie das Evangelium von Jesus Chri-
stus erreicht, und insofern ist es nur recht
und billig, daß sie jetzt der Jerusalemer
Gemeinde in ihrer Not helfen. [28]Sobald
man mir dort bestätigt hat, daß ich das
Geld ordnungsgemäß abgeliefert habe,
kann ich auf dem Weg nach Spanien zu
euch kommen. [29]Ich weiß, daß ich euch
dann den reichen Segen Jesu Christi wei-
tergeben werde.

[30]Liebe Brüder, weil Jesus Christus es
so will und weil wir in der Liebe des Hei-
ligen Geistes miteinander verbunden
sind, bitte ich euch: Helft mir bei mei-
nem Kampf, indem ihr für mich betet.
[31]Bittet Gott, daß er mich vor denen in
Judäa bewahrt, die mich um Jesu willen
verfolgen. Und betet darum, daß die
Geldspende von den Christen in Je-
rusalem dankbar angenommen wird.
[32]Dann erst kann ich frohen Herzens zu
euch kommen und – so Gott will – mich
über die Gemeinschaft mit euch freuen.
[33]Gott aber, der allein Frieden schenken
kann, sei mit euch allen. Amen.

Grüße

16 Unserer Schwester Phöbe, die im
Dienst der Gemeinde von Ken-
chreä steht (und euch diesen Brief über-
bringen wird), dürft ihr vertrauen.
[2]Nehmt sie freundlich auf, wie es für
Christen selbstverständlich ist. Ihr tut es
ja für den Herrn. Steht ihr bei, wo immer
sie eure Hilfe braucht. Sie selbst hat auch
vielen geholfen, die in Not waren, nicht
zuletzt mir.

[3]Grüßt Priska und Aquila, die mit mir
für die Sache Jesu Christi arbeiten. [4]Sie
haben ihr Leben für mich gewagt, und
ich bin nicht der einzige, der ihnen zu
Dank verpflichtet ist. Auch die anderen
Gemeinden[c] verdanken ihnen viel.
[5]Grüßt die ganze Gemeinde von mir, die
sich in ihrem Haus versammelt.

Grüßt meinen lieben Epänetus, der als
erster in der Provinz Asia zum Glauben
an Jesus Christus kam. [6]Grüßt Maria von
mir, die so viel Mühe und Arbeit mit
euch hatte. [7]Herzliche Grüße auch an An-
dronikus und Junias, meine jüdischen
Landsleute, die mit mir wegen ihres Glau-
bens im Gefängnis waren. Beide sind ja
noch vor mir Christen geworden und
überall als Botschafter des Evangeliums[d]
hoch angesehen.

[8]Grüßt Ampliatus, mit dem ich mich
im Glauben verbunden weiß, [9]unseren
Mitarbeiter Urban sowie den lieben
Stachys. [10]Grüßt ebenso Apelles, diesen
im Glauben bewährten Mann. Meine be-
sten Wünsche gelten der Familie des Ari-
stobul. [11]Grüßt meinen Landsmann He-
rodion und die Christen aus der Familie
des Narzissus.

[12]Viele Grüße auch an Tryphäna und
Tryphosa sowie meine liebe Persis, die
alle so unermüdlich für den Herrn ar-
beiten. [13]Grüßt Rufus, den der Herr zu
seinem Dienst auserwählt hat, und seine
liebe Mutter, die auch mir eine Mutter
gewesen ist. [14]Herzliche Grüße außer-

a) Jesaja 52,15 b) Wörtlich: den Heiligen dienend. c) Wörtlich: Alle Gemeinden aus den Heiden. d) Wörtlich: als Apostel.

dem an Asynkritus, Phlegon, Hermes,
Patrobas, Hermas und die anderen
Brüder bei ihnen.
15Schließlich möchte ich noch be-
sonders Philologus, Julia, Nereus und
dessen Schwester grüßen sowie Olympas
und alle Christen, die bei ihnen sind.
16Grüßt einander mit dem Bruderkuß. Al-
le Gemeinden hier lassen euch grüßen.

Abschließende Ermahnung

17Zum Schluß, meine lieben Brüder, muß
ich euch noch auf eins hinweisen: Es gibt
Leute, vor denen ihr euch in acht neh-
men müßt. Sie wollen eure Gemeinde
spalten und stiften Unfrieden, weil sie ei-
ne andere Lehre verbreiten und dem wi-
dersprechen, was ihr gelernt habt. Mit
solchen Leuten sollt ihr nichts zu tun ha-
ben. 18Denn ihnen geht es nicht um un-
seren Herrn Christus, sondern um die Er-
füllung ihrer persönlichen Wünsche und
Begierden. Mit schönen Worten und
Schmeicheleien verführen sie ihre arglo-
sen Zuhörer.
19Von euch allerdings hört man nur Gu-
tes. Jeder weiß, daß ihr dem Wort Gottes
gehorsam seid. Darüber freue ich mich.
Ich möchte, daß ihr auch in Zukunft
beim Guten bleibt und mit dem Bösen
nichts zu tun habt. 20Denn Gott, der
euch seinen Frieden schenkt, wird dafür
sorgen, daß bei euch der Satan bald end-
gültig besiegt ist. Die Gnade unseres
Herrn Jesus Christus sei mit euch!
21Mein Mitarbeiter Timotheus und mei-
ne Landsleute Lucius, Jason und So-
sipater schicken euch viele Grüße.
22Auch ich, Tertius, möchte euch als
meine Glaubensbrüder herzlich grüßen.
Paulus hat mir diesen Brief an euch dik-
tiert.
23Gajus läßt ebenfalls herzlich grüßen.
Ich bin sein Gast, und die ganze Ge-
meinde trifft sich hier in seinem Haus.
Erastus, der Stadtkämmerer, und unser
Freund Quartus schicken euch viele Grü-
ße. 24Die Gnade unseres Herrn Jesus
Christus sei mit euch allen!

Lobpreis Gottes

25Gott sei gelobt, der euch durch das
Evangelium und die Botschaft von Jesus
Christus Kraft und Stärke gibt. Er allein
ist weise. Er hat euch durch das Evan-
gelium erkennen lassen, was bisher je-
dem verborgen war. 26Schon die Prophe-
ten haben davon gesprochen, und auf Be-
fehl des ewigen Gottes sollen nun Men-
schen aus allen Völkern das Evangelium
hören, daran glauben und ihm gehorsam
sein. 27Diesen allein weisen Gott, den wir
durch Jesus Christus kennen, ihn wollen
wir loben und preisen in alle Ewigkeit.
Amen!

Der erste Brief des Paulus an die Christen in Korinth

Verfasser: Paulus, Apostel
Ort: Ephesus
Zeit: 55 n.Chr.

Paulus hatte auf seiner zweiten Missionsreise in der griechischen Stadt Korinth eine Gemeinde gegründet, wie wir es aus der Apostelgeschichte, Kapitel 18, wissen. Aber nach seiner Abreise traten viele Probleme auf. Paulus schrieb den Korinthern, um auf Mißstände hinzuweisen und um einige Gemeindeglieder zu ermahnen. Denn sie stellten nicht nur seine Autorität als Apostel in Frage, sondern mißbrauchten das Abendmahl und diskutierten darüber, wer der Wichtigste in der Gemeinde sei. Sie wußten nicht, ob sie Fleisch essen durften, das den griechischen Göttern geweiht war, sie stritten vor Gericht gegeneinander, sie duldeten Ehebruch und Prostitution und leugneten die Auferstehung. Um ein Auseinanderfallen der Gemeinde zu verhindern, geht Paulus auf die einzelnen Probleme ausführlich ein und zeigt dabei viele grundlegende Wahrheiten des christlichen Glaubens auf. Er versucht, die Probleme der Korinther zu lösen, indem er auf Jesus verweist: Seine Liebe zu den Menschen soll der Maßstab sein für das Verhältnis der Christen untereinander.

Anschrift und Gruß

1 Paulus, den Gott zum Botschafter Je-
su Christi berufen hat, und sein Mit-
arbeiter[a] Sosthenes schreiben diesen
Brief 2an die Gemeinde Gottes in Ko-
rinth.

Auch euch hat Gott durch Jesus Christus berufen, ihr gehört nun zu ihm. Gott hat euch für seine Aufgaben bestimmt, ebenso wie alle anderen, die Jesus Christus auf der ganzen Welt als ihren Herrn anbeten.

3Ich wünsche euch Gnade und Frieden
von Gott, unserem Vater, und unserem Herrn Jesus Christus.

Dank für Gottes Geschenk

4Immer wieder danke ich Gott für das un-
verdiente Geschenk, das er euch in Jesus
Christus gegeben hat. 5Durch ihn seid ihr
wirklich reich geworden, denn ihr habt
sein Wort und könnt es verstehen.[b] 6Die
Botschaft von Christus hat euer Leben
völlig verändert. 7Es fehlt euch keine der
Gaben, die Gottes Geist den Glaubenden
schenkt.

a) Wörtlich: Bruder. b) Wörtlich: in jedem Wort und in jeder Erkenntnis.

So wartet ihr darauf, daß Jesus Christus, unser Herr, wiederkommt. [8]Er wird euch die Kraft geben, im Glauben festzubleiben und das Ziel zu erreichen, so daß ihr vor ihm bestehen könnt, wenn er wiederkommt. [9]Darauf könnt ihr euch verlassen, denn Gott steht zu seinem Wort. Er selbst hat euch ja für immer zur Gemeinschaft mit seinem Sohn, unserem Herrn Jesus Christus, berufen.

Warnung vor Spaltungen

[10]Liebe Brüder, im Auftrag[a] unseres Herrn Jesus Christus möchte ich euch aber bitten: Hört auf, euch zu streiten! Duldet keine Spaltungen in der Gemeinde, sondern steht fest zusammen, seid einig in allem, was ihr denkt und glaubt! [11]Von den Verwandten der Chloe habe ich erfahren, daß ihr Streit miteinander habt. [12]Es soll einige bei euch geben, die sagen: »Wir richten uns nach dem, was Paulus gesagt hat«, während andere erklären: »Wir halten uns an Apollos!« Die nächsten meinen: »Was Petrus sagt, ist richtig!«; und die letzte Gruppe behauptet schließlich: »Wir glauben allein an Christus!«

[13]Was soll das? Wollt ihr etwa Christus zerreißen? Bin denn ich, Paulus, für euch gekreuzigt worden? Oder wurdet ihr auf meinen Namen getauft? [14]Ich danke Gott dafür, daß ich außer Krispus und Gajus niemanden von euch getauft habe. [15]Sonst würdet ihr vielleicht noch behaupten, ich hätte euch getauft, damit ihr *mir* nachfolgt![b] [16]Da fällt mir ein, daß ich auch die Familie des Stephanus getauft habe. Von anderen aber weiß ich nichts.

[17]Christus hat mich nicht beauftragt, die Menschen zu taufen, sondern seine Heilsbotschaft zu verkündigen. Dabei geht es mir nun wirklich nicht darum, meine Zuhörer durch geschliffene Reden zu beeindrucken. Denn auf diese Weise würde ich die Menschen nur daran hindern zu erkennen, warum Christus verachtet am Kreuz für uns starb.[c]

Die Botschaft vom Kreuz und die menschliche Weisheit

[18]Daß Jesus Christus am Kreuz für uns starb,[d] muß freilich all denen, die verlorengehen, unsinnig erscheinen. Wir aber, die gerettet werden, erfahren gerade durch diese Botschaft vom Kreuz die ganze Macht Gottes.

[19]Es ist so, wie Gott gesagt hat: »Bei mir zählt nicht die Weisheit der Welt, nicht die Klugheit der Klugen. Ich werde sie verwerfen.«[e] [20]Was aber haben sie dann noch zu sagen, all diese gescheiten Leute, die Gelehrten und Philosophen dieser Welt? Hat Gott ihre Weisheiten nicht als Unsinn entlarvt? [21]Obwohl Gottes Weisheit sich in seinen Werken zeigt, haben die Menschen mit all ihrem Scharfsinn Gott nicht erkannt. Deshalb beschloß er, alle zu retten, die einer scheinbar so unsinnigen Botschaft glauben.

[22]Die Juden wollen Wunder sehen, und die Griechen suchen die Antwort auf ihre Fragen in der Philosophie.[f] [23]Wir aber sagen den Menschen, daß Christus – der Sohn Gottes – für uns sterben mußte, auch wenn das für die Juden eine Gotteslästerung ist und für die Griechen schlichtweg Unsinn. [24]Und dennoch erfahren alle, die von Gott berufen sind – Juden wie Griechen –, daß sich gerade in diesem gekreuzigten Christus Gottes Kraft und Gottes Weisheit zeigen. [25]Was Gott getan hat, übersteigt alle menschliche Weisheit, auch wenn es unsinnig erscheint; und was bei ihm wie Schwäche aussieht, übertrifft alle menschliche Stärke.

[26]Seht doch einmal auf euch selbst, liebe Brüder! Sind unter euch, die Jesus nachfolgen,[g] wirklich viele, die man als gebildet, einflußreich oder angesehen bezeichnen könnte? [27]Nein, denn Gott hat sich die Schwachen ausgesucht, die aus menschlicher Sicht Einfältigen, um so die Klugen zu beschämen. Gott nahm sich der Schwachen dieser Welt an, um die Starken zu demütigen. [28]Wer von Men-

a) Wörtlich: im Namen. b) Wörtlich: ihr wäret auf meinen Namen getauft. c) Wörtlich: nicht in Wortweisheit, damit nicht das Kreuz Christi entleert werde. d) Wörtlich: Das Wort vom Kreuz. e) Jesaja 29,14 f) Wörtlich: die Griechen fragen nach Weisheit. g) Wörtlich: Seht eure Berufung.

schen geringschätzig behandelt, ja verachtet wird, wer bei ihnen nichts zählt, den will Gott für sich haben. Aber alles, worauf Menschen so großen Wert legen, das hat Gott für null und nichtig erklärt.[a] 29Vor Gott stehen wir alle mit leeren Händen.

30Auch ihr verdankt alles, was ihr seid, der Gemeinschaft mit Jesus Christus. Er ist Gottes Weisheit für uns. Durch ihn haben wir Anerkennung vor Gott gefunden, durch ihn können wir ein Leben führen, wie es Gott gefällt, und durch ihn sind wir auch befreit von unserer Schuld und Sünde.[b] 31So trifft nun zu, was die Heilige Schrift sagt: »Wenn jemand stolz sein will, soll er auf das stolz sein, was Gott für ihn getan hat!«[c]

Erste Predigt in Korinth

2 Liebe Brüder! Als ich zu euch kam und euch Gottes Botschaft brachte, habe ich das auch nicht mit hochtrabenden Worten und klugen Gedanken getan. 2Ich wollte von nichts anderem sprechen als von Jesus Christus und von seinem Tod am Kreuz. 3Dabei fühlte ich mich schwach und elend, war voller Angst und Furcht. 4Was ich euch sagte und predigte, war nicht ausgeklügelte Überredungskunst, durch mich sprach Gottes Geist und wirkte seine Kraft. 5Denn euer Glaube sollte sich nicht auf Menschenweisheit gründen, sondern auf Gottes rettende Kraft.

Gottes Weisheit

6Dennoch erkennt jeder im Glauben gereifte Christ[d], wie wahr und voller Weisheit diese Botschaft ist, auch wenn diese Welt und ihre Machthaber das nicht als Weisheit gelten lassen wollen. Aber die Welt mit aller ihrer Macht wird untergehen. 7Die Weisheit, die wir verkündigen, ist Gottes Weisheit. Sie bleibt ein Geheimnis und vor den Augen der Welt verborgen. Und doch hat Gott, noch ehe er die Welt schuf, in seiner Weisheit beschlossen, uns an seiner Herrlichkeit teilhaben zu lassen. 8Von den Herrschern dieser Welt hat das keiner erkannt. Sonst hätten sie Christus, den Herrn der Herrlichkeit, nicht ans Kreuz geschlagen. 9Es ist vielmehr das eingetreten, was schon der Prophet Jesaja vorausgesagt hat: »Was kein Auge jemals sah, was kein Ohr jemals hörte und was sich kein Mensch vorstellen kann, das hält Gott für die bereit, die ihn lieben.«[e]

10Uns aber hat Gott durch den Heiligen Geist sein Geheimnis enthüllt. Denn der Geist Gottes weiß alles, er kennt auch Gottes tiefste Gedanken. 11So wie jeder Mensch nur ganz allein weiß, was in ihm vorgeht, so weiß auch nur der Geist Gottes, was Gottes Gedanken sind. 12Als Christen haben wir nicht den Geist dieser Welt bekommen, sondern den Geist Gottes. Und deshalb können wir auch erkennen, was Gott für uns getan hat.

13Was wir euch verkündigen, kommt nicht aus menschlicher Klugheit oder menschlichem Wissen, sondern wird uns vom Heiligen Geist eingegeben. Deshalb kann nur der Gottes Geheimnisse verstehen und erklären, der sich von Gottes Geist leiten läßt. 14Der Mensch kann von sich aus, mit seinen natürlichen Fähigkeiten, nicht erfassen, was Gottes Geist sagt. Für ihn ist das alles Unsinn, denn Gottes Geheimnisse erschließen sich nur durch Gottes Geist. 15Der von Gottes Geist erfüllte Mensch aber beurteilt alles, was ihm Gott zeigt und sagt. Er selbst aber untersteht nicht dem Urteil anderer, wenn er in Gottes Auftrag redet. 16Denn hat nicht schon der Prophet Jesaja gefragt: »Wer kann die Gedanken des Herrn erkennen, oder wer könnte gar Gottes Ratgeber sein?«[f] Nun, wir haben seinen Geist und kennen seine Gedanken.[g]

Einer ist so notwendig wie der andere

3 Liebe Brüder! Ich konnte allerdings zu euch nicht wie zu Menschen re-

a) Wörtlich: Das Niedriggeborene der Welt und das Verachtete erwählte Gott, das, was nichts ist, um das, was etwas ist, zu vernichten. b) Wörtlich: welcher uns geworden ist von Gott: Weisheit, Gerechtigkeit und Heiligung und Erlösung (Loskauf). c) Jeremia 9,23 d) Wörtlich: die Vollkommenen. e) Jesaja 64,3; 65,17 f) Jesaja 40,13 g) Wörtlich: Wir aber haben den Sinn (Geist) Christi.

den, die sich vom Heiligen Geist führen lassen[a] und im Glauben erwachsen sind. Ihr wart noch wie kleine Kinder, die ihren eigenen Wünschen folgen.[b] 2Darum habe ich euch nur Milch und keine feste Nahrung gegeben, denn die hättet ihr gar nicht vertragen. Selbst jetzt könnt ihr das noch nicht; 3denn ihr lebt immer noch so, als würdet ihr Christus nicht kennen.[c] Beweisen Rivalität und Streit unter euch nicht, daß ihr immer noch wie alle anderen Menschen denkt und lebt?

4Oder ist das etwa ein Beweis für den Heiligen Geist in euch, wenn die einen sagen: »Ich gehöre zu Paulus!« und andere: »Ich zu Apollos!«? 5Wer ist denn schon Apollos oder Paulus, daß ihr euch deshalb streitet? Wir sind doch nur Diener Gottes, durch die ihr zum Glauben gekommen seid. Jeder von uns hat lediglich getan, was ihm von Gott aufgetragen wurde. 6Ich habe gepflanzt, Apollos hat begossen, aber Gott hat euern Glauben wachsen lassen. 7Es ist nicht so wichtig, wer pflanzt und wer begießt; wichtig ist allein Gott, der euern Glauben wachsen läßt. 8Von Gottes Mitarbeitern ist einer so notwendig wie der andere, ob er nun das Werk beginnt oder weiterführt. Macht euch darüber keine Gedanken: Jeder wird von Gott den gerechten Lohn für seine Arbeit bekommen.

Jeder Mitarbeiter ist Gott verantwortlich

9Wir sind Gottes Mitarbeiter, ihr aber seid Gottes Ackerland und sein Bauwerk. 10Gott hat mir in seiner Gnade den Auftrag und die Fähigkeit gegeben, wie ein tüchtiger Bauleiter das Fundament zu legen. Doch andere bauen nun darauf weiter. Und jeder muß darauf achten, daß er wirklich sorgfältig arbeitet. 11Das Fundament, das bei euch gelegt wurde, ist Jesus Christus. Niemand kann ein anderes oder gar besseres Fundament legen.

12Nun kann man mit den unterschiedlichsten Materialien weiterbauen. Manche verwenden Gold, Silber, kostbare Steine, andere nehmen nur Holz, Schilf oder Stroh. 13Doch an dem Tag, an dem Christus sein Urteil spricht, wird sich zeigen, womit jeder gebaut hat. Dann nämlich wird alles im Feuer auf seinen Wert geprüft, und es wird sichtbar, wessen Arbeit dem Feuer standhält. 14Hat jemand fest und dauerhaft auf dem Fundament Christus weitergebaut, wird Gott ihn belohnen. 15Verbrennt aber sein Werk, wird er alles verlieren. Er selbst wird zwar aus dem Feuer gerettet werden, aber nur mit knapper Not.

16Denkt also daran, daß ihr Gottes Bauwerk und sein Tempel seid, daß Gottes Geist in euch wohnt! 17Wer diesen Tempel zerstört, den wird Gott richten. Denn Gottes Tempel ist heilig, und dieser Tempel seid ihr!

Warnung vor Überheblichkeit

18Macht euch doch nichts vor! Wenn sich jemand einbildet, in dieser Welt besonders klug und weise zu sein, der muß den Mut aufbringen, als töricht zu gelten. Nur dann wird er wirklich weise. 19Denn alle Weisheit dieser Welt ist in den Augen Gottes nichts als Torheit. So heißt es schon in der Heiligen Schrift: »Er fängt die Klugen mit ihrer eigenen Klugheit.«[d] 20Und in den Psalmen steht: »Der Herr durchschaut die menschlichen Gedanken in all ihrer Sinnlosigkeit.«[e]

21Merkt ihr, wie unsinnig es ist, sich auf Menschen etwas einzubilden? Euch gehört doch alles: 22Paulus, Apollos und Petrus, ja die ganze Welt, das Leben wie der Tod, die Gegenwart wie die Zukunft – alles gehört euch! 23Ihr selbst aber gehört Christus, und Christus gehört Gott.

Allein Gott verantwortlich

4 Deshalb sollt ihr das in uns sehen, was wir wirklich sind, nämlich Diener Christi und Verwalter, die in seinem Auftrag den Menschen Gottes Geheimnisse verkündigen. 2Von Verwaltern verlangt man vor allem Zuverlässigkeit. 3Wie es bei mir damit steht? Mir ist es nicht so wichtig, wie ihr oder andere[f] in

a) Wörtlich: wie zu Geistbegabten. b) Wörtlich: (Ihr wart noch) Fleischliche. c) Wörtlich: Denn ihr seid noch fleischlich. d) Hiob 5,13 e) Psalm 94,11 f) Wörtlich: oder ein menschlicher Gerichtstag.

diesem Punkt über mich urteilen. Hier ist sogar mein eigenes Urteil unwichtig. 4Zwar bin ich mir keiner Schuld bewußt, aber damit bin ich noch nicht freigesprochen. Entscheidend ist allein Gottes Urteil! 5Deshalb urteilt nicht voreilig über mich. Wenn Christus kommt, wird er alles ans Licht bringen, auch unsere geheimsten Gedanken. Dann wird Gott jeden so loben, wie er es verdient hat.

6Ich habe mit Rücksicht auf euch jetzt nur von Apollos und mir gesprochen. An unserem Beispiel sollt ihr lernen, was es bedeutet, nach Gottes Wort zu leben.[a] Spielt darum nicht einen von uns gegen den anderen aus! 7Woher nimmst du dir das Recht dazu? Bist du etwas Besonderes? Alles, was du besitzt, hat Gott dir doch geschenkt. Hat er dir aber alles geschenkt, wie kannst du dann damit prahlen, als wäre es dein eigenes Verdienst?

Noch nicht am Ziel

8Aber ihr seid ja so satt und selbstzufrieden. Ihr haltet euch für so reich, daß ihr anscheinend nichts mehr braucht. Ihr bildet euch ein, schon jetzt herrschen zu können, als ob Christus bereits wiedergekommen wäre. Uns braucht ihr dabei nicht.[b] Ich wünschte, ihr würdet wirklich schon mit Christus herrschen. Dann wären auch wir am Ziel unseres Glaubens und könnten mit euch regieren. 9Doch ich meine, daß Gott uns, seine Botschafter, auf den letzten Platz verwiesen hat, dem Tode näher als dem Leben. Wie in einer Arena kämpfen wir vor aller Welt Augen. Menschen und Engel beobachten gespannt, wie dieser Kampf ausgehen wird. 10Uns hält man um Christi willen für Narren; ihr aber seid die hervorragenden Christen[c]. Wir sind mit unserer Kraft am Ende; ihr aber seid stark. Ihr werdet geachtet und geehrt; wir aber werden ausgelacht.

11Bis heute leiden wir Hunger und Durst, und unsere Kleider sind kaum mehr als Lumpen. Wir werden geschlagen und herumgestoßen, nirgendwo haben wir ein Zuhause. 12Mühsam sorgen wir selbst für unseren Lebensunterhalt. Doch wenn man uns beleidigt, dann segnen wir. Verfolgt man uns, wehren wir uns nicht dagegen; und wenn man uns verhöhnt, antworten wir freundlich. 13Wir waren schon immer die Sündenböcke für die ganze Welt, der Müllhaufen, auf dem jeder seinen Unrat ablädt.

14Ich schreibe das alles nicht, um euch zu beschämen. Vielmehr möchte ich euch, meine geliebten Kinder, ermahnen und wieder auf den rechten Weg bringen. 15Selbst wenn ihr zehntausend Erzieher hättet, die euch im Glauben unterweisen, so habt ihr doch nicht viele Väter. Denn ich habe euch das Evangelium von Jesus Christus gebracht, und dadurch habt ihr das Leben empfangen.[d] 16Darum bitte ich euch: Folgt meinem Beispiel, wie Kinder dem Beispiel ihres Vaters folgen.

17Aus demselben Grund habe ich Timotheus zu euch geschickt, der mir durch den Glauben ein lieber und treuer Sohn geworden ist. Er wird euch an all die Anweisungen erinnern, die ich euch und jeder anderen Gemeinde im Auftrag Jesu Christi gegeben habe.

18Einige von euch behaupten lautstark, ich würde es gar nicht mehr wagen, selbst nach Korinth zu kommen. 19Aber wenn es der Herr zuläßt, werde ich bald bei euch sein! Dann interessieren mich nicht die großen Sprüche dieser Leute, sondern was hinter ihren Worten steckt.[e] 20Gottes Herrschaft besteht nämlich nicht in Worten; sie zeigt sich vielmehr in einem Leben, in dem die Wirkung des Evangeliums für jeden erkennbar ist.[f] 21Entscheidet also selbst: Soll ich den Stock bei euch gebrauchen oder mit Liebe und Freundlichkeit zu euch kommen?

Klare Verhältnisse

5 Ich habe gehört, daß ihr in eurer Gemeinde Unzucht duldet, und zwar soll einer von euch mit seiner Stiefmutter zusammenleben. So etwas gibt es nicht

a) Wörtlich: nicht über das hinaus (zu denken), was geschrieben steht. b) Wörtlich: ohne uns seid ihr zur Herrschaft gekommen. c) Wörtlich: klug in Christus. d) Wörtlich: Ich habe euch gezeugt in Christus Jesus durch das Evangelium. e) Wörtlich: sondern die Kraft. f) Wörtlich: denn das Reich Gottes (besteht) nicht in Worten, sondern in Kraft.

einmal bei den schlimmsten Heiden! 2Ihr
aber seid auch noch eingebildet. Müßtet
ihr nicht statt dessen traurig und be
schämt diesen Mann aus der Gemeinde
ausschließen? 3Ich selbst bin zwar nicht
persönlich, aber doch im Geist bei euch.[a]
Und so habe ich – als wäre ich mitten
unter euch – bereits mein Urteil über
den Schuldigen gefällt.
4Wenn ihr im Namen Jesu Christi zu-
sammenkommt, werde ich im Geist bei
euch sein. Dann wollen wir gemeinsam
in der Kraft unseres Herrn Jesus 5diesen
Mann dem Satan ausliefern. Er soll die
zerstörende Macht des Bösen an seinem
Leib erfahren, damit er zur Besinnung
kommt und sein Geist am Tag des Ge-
richtes gerettet werden kann.
6Ihr habt wirklich nicht den geringsten
Grund zur Überheblichkeit. Wißt ihr
nicht, daß schon ein wenig Sauerteig ge-
nügt, um den ganzen Teig zu durch-
säuern? 7Entfernt jeden, auch den aller-
kleinsten Rest des alten Sauerteigs, damit
ihr und eure Gemeinde ein neuer, unge-
säuerter Teig werdet. Ihr seid doch rein,
weil Jesus Christus als unser Passahlamm
geopfert wurde. 8Darum meidet ent-
schlossen den Sauerteig des Bösen und
Schlechten, und lebt euer neues Leben im
ungesäuerten Teig der Reinheit und
Wahrheit.
9Ich habe euch schon einmal geschrie-
ben, daß ihr als Christen nichts mit Leu-
ten zu tun haben sollt, die Unzucht trei-
ben. 10Damit habe ich freilich nicht alle
auf der Welt gemeint, die zügellos leben,
die habgierig und abergläubisch[b] sind
oder stehlen. Ich fürchte, dann müßtet
ihr die Welt verlassen. 11Nein, ich meinte,
daß ihr euch von all denen trennen sollt,
die sich Christen nennen und trotzdem
Unzucht treiben, geldgierig oder aber-
gläubisch sind, Gotteslästerer, Trinker
oder Diebe. Mit solchen Leuten sollt ihr
überhaupt nichts zu tun haben[c]. 12/13Es
ist nicht unsere Aufgabe, Leute zu ver-
urteilen, die nicht zur Gemeinde ge-
hören. Das wird Gott tun. Aber für das,
was in der Gemeinde geschieht, tragt ihr
die Verantwortung. »Entfernt den Bösen
aus eurer Mitte!« heißt es schon bei Mo-
se.[d]

Rechtsstreit unter Christen?

6 Wie ist es möglich, daß ihr als Chri-
sten eure Streitigkeiten vor heidni-
schen Richtern[e] austragt, statt die Ge-
meinde um Rat zu bitten![f] 2Wißt ihr
denn nicht, daß wir als Christen einmal
über die Welt richten werden? Dann
müßtet ihr doch auch diese Kleinigkeiten
unter euch selbst regeln können. 3Habt
ihr vergessen, daß wir sogar die Engel
richten werden? Müßtet ihr dann nicht
erst recht eure alltäglichen Streitigkeiten
entscheiden können? 4Aber ihr lauft da-
mit zu Richtern, die nicht einmal Chri-
sten sind.
5Traurig, daß ich darüber reden muß!
Gibt es denn in der ganzen Gemeinde kei-
nen einzigen, der Streit zwischen euch
schlichten kann? 6Statt dessen zieht einer
den andern vor Gericht und verklagt
seinen Bruder vor den Ungläubigen.
7Schlimm genug, daß ihr überhaupt
Streit miteinander habt! Weshalb ertragt
ihr nicht lieber Unrecht, und warum seid
ihr nicht bereit, eher Nachteile in Kauf
zu nehmen, anstatt auf euer Recht zu po-
chen? 8Doch ihr tut selbst Unrecht und
betrügt andere; sogar eure eigenen
Brüder!
9Habt ihr vergessen, daß für Men-
schen, die Unrecht tun, in Gottes Reich
kein Platz sein wird? Darauf könnt ihr
euch verlassen: Keiner, der unzüchtig
lebt, keiner, dem irgend etwas wichtiger
ist als Gott,[g] kein Ehebrecher, kein
Mensch, der sich von seinen Begierden
treiben läßt und homosexuell verkehrt,
wird einen Platz in Gottes Reich haben;
10auch kein Dieb, kein Ausbeuter, kein
Trinker, kein Verleumder oder Räuber.
11Und all das sind einige von euch ge-
wesen. Aber jetzt sind eure Sünden abge-
waschen. Durch Jesus Christus gehört
ihr ganz zu Gott, und durch seinen Geist
seid ihr freigesprochen.[h]

a) Wörtlich: Ich bin zwar dem Leibe nach abwesend, aber dem Geiste nach anwesend. b) Wörtlich: Götzendiener. c) Wörtlich: nicht einmal zusammen essen. d) 5. Mose 13,6 e) Wörtlich: vor Ungerechten. f) Wörtlich: statt vor den Heiligen. g) Wörtlich: Götzendiener. h) Wörtlich: Aber ihr seid geheiligt worden, aber ihr seid gerechtgesprochen worden durch den Namen des Herrn Jesus Christus und durch den Geist unseres Gottes.

Unser Körper gehört Gott

12»Es ist alles erlaubt«, sagt ihr. Das mag stimmen, aber es ist nicht alles gut für euch. Diese Parole »Es ist alles erlaubt« darf aber nicht dazu führen, daß ich mich von irgend etwas beherrschen lasse und meine Freiheit verliere. 13Wenn ihr schreibt: »Das Essen ist für den Bauch, und der Bauch für das Essen«, dann ist das schon richtig. Und ebenso gewiß hat Gott beides – das Essen wie den Bauch – zur Vergänglichkeit bestimmt. Aber das bedeutet nicht, daß Gott uns den Leib gab, damit wir unsittlich leben! Vielmehr wurde auch unser Körper zum Dienst für den Herrn geschaffen. Deshalb ist es Gott nicht gleichgültig, wie wir damit umgehen.[a] 14Denn Gott wird uns vom Tod zum ewigen Leben auferwecken, so wie er Christus durch seine Kraft auferweckt hat.

15Wißt ihr denn nicht, daß auch euer Körper zum Leib Jesu Christi gehört? Wollt ihr wirklich den Leib Christi mit dem einer Hure vereinigen? Niemals! 16Denn wer sich mit einer Hure einläßt, der wird ein Leib mit ihr. So heißt es schon in der Heiligen Schrift von Mann und Frau: »Die Zwei werden *ein* Leib sein.«[b] 17Wenn ihr euch dagegen dem Herrn zuwendet, werdet ihr mit Christus *eins* sein durch seinen Geist. 18Deshalb warne ich euch eindringlich vor jeder Unzucht! Denn mit keiner anderen Sünde vergeht man sich so sehr am eigenen Leib wie mit einem unsittlichen Leben.[c] 19Oder habt ihr etwa vergessen, daß euer Leib ein Tempel des Heiligen Geistes ist, den euch Gott gegeben hat? Ihr gehört also nicht mehr euch selbst. 20Gott hat einen hohen Preis gezahlt, um euch freizukaufen; deshalb dient nun auch mit eurem Leib dem Ansehen Gottes in der Welt.

Verheiratet oder ledig?

7 Nun zu der Frage, die ihr mir in euerm Brief gestellt habt. Ich meine: Es wäre gut für einen Mann, überhaupt nicht zu heiraten. 2Aber damit niemand zur Unzucht verleitet wird, ist es besser, wenn jeder Mann seine Frau und jede Frau ihren Mann hat. 3Der Mann soll seine Frau nicht vernachlässigen, und die Frau soll sich ihrem Mann nicht entziehen, 4denn weder die Frau noch der Mann dürfen eigenmächtig über ihren Körper verfügen; sie gehören einander. 5Keiner soll sich dem Ehepartner verweigern, es sei denn, beide sind eine Zeitlang bereit, auf den ehelichen Verkehr zu verzichten, weil sie für das Gebet frei sein wollen. Danach kommt wieder zusammen, damit euch der Satan nicht in Versuchung führen kann, weil ihr euch nicht enthalten könnt.

6Was ich euch jetzt sage, ist ein Rat, kein Befehl. 7Ich wünschte zwar, jeder würde wie ich ehelos leben. Aber wir sind nicht alle gleich. Nach Gottes Willen leben die einen in der Ehe, die anderen bleiben unverheiratet.[d]

8Den Unverheirateten und Verwitweten rate ich, lieber ledig zu bleiben, wie ich es bin. 9Wenn ihnen das Alleinsein aber zu schwer fällt, sollen sie heiraten. Denn das ist besser, als von unerfülltem Verlangen beherrscht zu werden.

Ehescheidung?

10Was ich jetzt den Verheirateten sage, ist kein persönlicher Rat, sondern ein Gebot unseres Herrn Jesus Christus: Keine Frau darf sich von ihrem Mann scheiden lassen. 11Hat sie sich aber doch von ihm getrennt, soll sie unverheiratet bleiben oder sich wieder mit ihrem Mann versöhnen. Dasselbe gilt für den Mann.

12Für alle anderen Fälle gibt es keinen ausdrücklichen Befehl des Herrn. Deshalb rate ich: Wenn ein Christ eine ungläubige Frau hat, die bei ihm bleiben will, soll er sich nicht von ihr trennen. 13Und wenn eine Christin einen ungläubigen Mann hat, der bei ihr bleiben will, soll sie ihn nicht verlassen. 14Denn der ungläubige Mann ist durch seine gläubige Frau und die ungläubige Frau durch ihren gläubigen Mann Christus sehr nahe[e].

a) Wörtlich: Der Leib aber ist nicht für die Unzucht da, sondern für den Herrn, und der Herr für den Leib. b) 1. Mose 2,24 c) Wörtlich: Jede Sünde, die der Mensch tut, ist außerhalb seines Leibes. Wer aber hurt, sündigt gegen seinen eigenen Leib. d) Wörtlich: Aber jeder hat seine eigene Gnadengabe von Gott, der eine so, der andere so. e) Wörtlich: geheiligt.

Deshalb stehen ja auch eure Kinder unter Gottes Segen.[a]

15 Wenn aber der ungläubige Partner auf einer Trennung besteht, dann willigt in die Scheidung ein. In einem solchen Fall ist der christliche Partner nicht länger an den anderen gebunden. Denn Gott will, daß ihr in Frieden lebt. 16 Es ist ja nicht sicher, ob du als Frau deinen Mann zu Christus führen kannst oder ob du als Mann deiner Frau zum Glauben verhelfen wirst.

Jeder an seinem Platz

17 Abschließend möchte ich sagen, daß jeder in der Lebensform bleiben sollte, in der er lebte, als er Christ wurde, ob nun verheiratet oder unverheiratet. So ordne ich es in allen Gemeinden an.

18 Darum soll jemand, der nach jüdischem Gesetz beschnitten wurde, sich auch als Christ zu seiner Beschneidung bekennen. Wurde er aber nicht beschnitten, soll er die Beschneidung auch nicht nachholen. 19 Denn Gott kommt es nicht darauf an, ob wir beschnitten sind oder nicht. Bei ihm zählt allein, ob wir seinen Geboten gehorchen.

20 Jeder soll Gott an dem Platz dienen, an dem ihn Gottes Ruf erreichte. 21 Bist du als Sklave ein Christ geworden? Mach dir deswegen keine Sorgen! Selbst wenn du freiwerden kannst, warum willst du nicht Sklave bleiben?[b] 22 Denn wer als Sklave Christus gehört, der ist ja von ihm aus der Sklaverei der Sünde freigekauft worden. Ein freier Mann aber, der dem Herrn gehört, ist dadurch ein Sklave Christi. 23 Christus hat einen hohen Preis für euch gezahlt. Ihr gehört allein ihm; werdet also nicht wieder von Menschen abhängig!

24 Deshalb, liebe Brüder, soll jeder an dem Platz bleiben, an dem er war, als Gott ihn rief. Dort soll er ihm dienen.

Bereit, dem Herrn zu dienen

25 Für die unverheirateten Frauen hat der Herr keine ausdrückliche Anweisung gegeben. Aber als Botschafter des Herrn, dem ihr vertrauen könnt, möchte ich euch meine Meinung sagen.[c]

26 Wenn ich daran denke, welch schwere Zeiten uns bevorstehen, scheint es mir das beste zu sein, wenn man unverheiratet bleibt. 27 Hast du dich allerdings schon an eine Frau gebunden, dann sollst du diese Bindung nicht lösen. Bist du aber noch frei, dann bleibe es auch und suche nicht überall nach einer Frau. 28 Wenn du heiratest, begehst du jedoch keine Sünde. Das gilt in gleicher Weise für Männer wie für Frauen. Nur werdet ihr als Verheiratete besonderen Belastungen ausgesetzt sein, und das würde ich euch gern ersparen.

29 Denn eins steht fest, Brüder: Wir haben nicht mehr viel Zeit, für den Herrn zu arbeiten. Deshalb sollen sich jetzt auch die Verheirateten so für den Herrn einsetzen, als wären sie nicht verheiratet. 30 Weder Trauer noch Freude sollen uns daran hindern, Gott zu dienen. Was wir besitzen, sollte uns nicht davon abhalten, mit anderen zu teilen.[d] 31 Verliert euch nicht an diese Welt, auch wenn ihr in ihr lebt. Denn diese Welt mit allem, was wir haben, wird bald vergehen.

32 Ich möchte euch in all diesen Dingen unbelastet und ohne Sorgen wissen. Wer unverheiratet ist, kann sich uneingeschränkt für die Sache Gottes einsetzen und so dem Herrn gefallen. 33 Ist aber jemand verheiratet, so muß er sich seiner Frau zuliebe um viele andere Dinge kümmern, und er kann Gott nur mit einem Teil seiner Kraft dienen. 34 Genauso kann eine unverheiratete Frau mit Leib und Seele, von allen anderen Pflichten unbelastet, dem Herrn dienen. Aber eine verheiratete Frau muß auch an ihren Haushalt und an ihren Mann denken.

a) Wörtlich: Denn sonst sind eure Kinder unrein; nun aber sind sie heilig. b) Andere Übersetzungsmöglichkeit: Kannst du aber frei werden, dann nutze die Gelegenheit. c) Wörtlich: Ich sage aber meine Meinung als einer, dem vom Herrn die Barmherzigkeit widerfahren ist, Vertrauensmann zu sein. d) Wörtlich: Und die weinen, als weinten sie nicht, und die kaufen, als behielten sie es nicht.

35 Ich sage dies alles nicht, um euch irgendwelche Vorschriften zu machen, sondern um euch zu helfen. Ich möchte, daß ihr ein vorbildliches Leben führt und unbeirrt nur das eine Ziel verfolgt, dem Herrn zu dienen. 36 Wenn aber jemand meint, es sei Unrecht, seine Braut allzu lange auf die Ehe warten zu lassen, so soll er tun, was er für richtig hält. Er soll ruhig heiraten. Damit begeht er keine Sünde. 37 Wer aber die innere Bereitschaft und Kraft zur Ehelosigkeit aufbringt und nicht durch ein Eheversprechen gebunden ist, der ist gut beraten, wenn er nicht heiratet.[a] 38 Wer also heiratet, der handelt richtig. Besser ist es allerdings, nicht zu heiraten.

39 Solange ein Mann lebt, gehört seine Frau untrennbar zu ihm. Wenn er aber stirbt, darf sie wieder heiraten, wen sie will. Nur sollte sie darauf achten, daß der neue Partner ein Christ ist! 40 Nach meiner Meinung bliebe sie aber besser allein und würde nicht noch einmal heiraten. Das sage ich, weil ich schließlich auch Gottes Geist empfangen habe.

Grenzen christlicher Freiheit

8 Nun wolltet ihr wissen, ob wir als Christen das Opferfleisch essen dürfen, das den Göttern geweiht wurde. Wir wissen zwar, daß Götzen keine Macht haben. Doch Einsicht allein führt leicht zum Hochmut. Unerläßlich ist auch hier nur die Liebe, sie baut die Gemeinde auf. 2 Wenn sich einer einbildet, alles zu wissen, so zeigt das nur, daß er noch nicht weiß, worauf es wirklich ankommt. 3 Nur wer Gott liebt, hat die rechte Erkenntnis und ist von Gott angenommen.[b]

4 Dürfen wir also Opferfleisch essen oder nicht? Wir wissen doch alle, daß es außer dem *einen* Gott gar keine anderen Götter gibt. 5 Wenn auch in der Vorstellung der Menschen sogenannte Götter im Himmel und auf der Erde existieren – und es gibt ja tatsächlich viele Mächte und Gewalten –, 6 so haben *wir* doch nur *einen* Gott, den Vater, der alles erschaffen hat und vor dem wir einmal stehen werden.[c] Und wir haben auch nur *einen* Herrn, Jesus Christus, durch den alles geschaffen wurde. Durch ihn haben wir ein völlig neues Leben empfangen.[d] 7 Einige Christen, die noch unsicher in ihrem Glauben sind, haben das aber noch nicht erkannt. Bisher waren sie davon überzeugt, daß es wirklich Götter gibt. Wenn sie nun vom Opferfleisch essen, fürchten sie, damit zugleich auch die Götter anzuerkennen und bekommen ein schlechtes Gewissen.

8 Ihr dagegen sagt: »Wir werden vor Gott weder besser noch schlechter, ob wir nun das Fleisch essen oder nicht.« 9 Das ist zwar richtig, aber ihr solltet trotzdem darauf achten, daß ihr mit euerm Verhalten dem nicht schadet, dessen Glaube noch schwach ist. 10 Angenommen, er sieht dich in irgendeinem heidnischen Tempel Opferfleisch essen. Wird er dann nicht ermutigt, es dir nachzumachen, obwohl er dabei gegen sein Gewissen handelt? 11 Und so würde an deiner durchaus richtigen Erkenntnis dein im Glauben schwacher Bruder zugrundegehen, für den doch Christus gestorben ist. 12 Wenn ihr euch euren Brüdern gegenüber so verhaltet und ihr Gewissen verletzt, so versündigt ihr euch an Christus. 13 Darum: Wenn ich befürchten muß, daß mein Bruder zur Sünde verführt wird, weil ich bedenkenlos Opferfleisch esse, dann will ich lieber mein Leben lang überhaupt kein Fleisch mehr essen, als ihm das anzutun!

Nur ein Starker kann verzichten!

9 Wie halte ich es denn selbst in solchen Dingen? Bin ich nicht ein freier Mann? Habe ich nicht unseren Herrn Jesus mit eigenen Augen gesehen? Hat er mich denn nicht zu seinem Botschafter berufen? Daß ihr Christen geworden seid, beweist deutlich, daß ich für den Herrn gearbeitet habe. 2 Mögen die anderen auch behaupten, ich sei kein Botschafter Christi, ihr könnt das nicht sagen!

a) Wörtlich: Wer aber in seinem Herzen feststeht und keine Not hat, sondern Gewalt über seinen eigenen Willen hat und in seinem Herzen beschlossen hat, seine Jungfrau zu bewahren, der tut wohl. b) Wörtlich: von Gott erkannt. c) Wörtlich: von dem her alles (ist) und auf den hin wir (leben). d) Wörtlich: durch den alles (ist) und wir durch ihn.

Denn ihr selbst seid ja das Siegel und die
Bestätigung dafür.[a]
3Meine Kritiker aber frage ich: 4Hätten
eigentlich meine Mitarbeiter und ich
nicht das Recht, uns auf Kosten der Ge-
meinde versorgen zu lassen? 5Dürften
nicht auch wir eine Ehefrau mit auf die
Reise nehmen, wie es die anderen Apo-
stel tun, die Brüder des Herrn und auch
Petrus? 6Müssen etwa nur Barnabas und
ich unseren Lebensunterhalt selbst verdie-
nen? 7Die Antwort kann sich jeder selbst
geben. Wo zahlt je ein Soldat seinen eige-
nen Sold, und wer würde einen Wein-
berg anlegen, ohne die Trauben auch zu
ernten? Oder welcher Hirte würde nicht
von der Milch seiner Tiere trinken?
8Das ist nicht nur allgemein so üblich;
das verlangt auch Gottes Wort. 9Es heißt
doch im Gesetz, das Gott dem Mose gab:
»Du sollst einem Ochsen nicht das Maul
zubinden, wenn er das Getreide
drischt!«[b] Hat Gott dies angeordnet,
weil er sich um die Ochsen sorgt? 10Oh-
ne Frage dachte er dabei an uns! Denn
wir sind gemeint, wenn es dort heißt, daß
alle, die pflügen und das Getreide dre-
schen, ihren Anteil an der Ernte erwarten
dürfen.
11Wir haben nun unter euch die geist-
liche Saat – das Wort Gottes – ausgesät.
Ist es da wirklich zuviel verlangt, wenn
ihr uns dafür mit dem versorgen würdet,
was wir zum Leben brauchen? 12Ihr un-
terstützt doch auch noch andere Predi-
ger, und das ist richtig so. Aber hätten
wir nicht ein größeres Anrecht darauf?
Dennoch haben wir dieses Recht nie in
Anspruch genommen. Wir haben darauf
verzichtet, damit uns niemand nachsagen
kann: Sie predigen nur, weil sie dafür be-
zahlt werden.
13Ihr wißt doch genau, daß alle, die im
Tempel Dienst tun, damit auch ihren Le-
bensunterhalt verdienen. Und wer am Al-
tar den Opferdienst übernimmt, erhält
auch einen Teil von den Opfertieren.
14Ebenso hat der Herr angeordnet: Wer
das Evangelium verkündigt, soll von die-
sem Dienst auch leben können. 15Trotz-
dem habe ich darauf verzichtet und nie
auch nur einen Pfennig von euch ver-
langt. Ich schreibe das nicht, weil ich in
Zukunft etwas von euch haben möchte.
Lieber würde ich verhungern, als daß ich
mir nachsagen ließe, ich hätte das Evan-
gelium nur gegen Bezahlung verkündigt.[c]
16Denn daß ich das Evangelium pre-
dige, ist nicht mein persönliches Ver-
dienst; ich muß es tun! Dieser Aufgabe
kann ich mich unmöglich entziehen.
17Hätte ich sie freiwillig übernommen, so
könnte ich dafür Lohn beanspruchen.
Doch Gott hat mich dazu beauftragt, ich
habe keine andere Wahl. 18Aber worin be-
steht denn nun mein Lohn? Um es ganz
klar zu sagen: Mein Lohn besteht darin,
daß ich jedem die Botschaft von Jesus ver-
kündige, und zwar ohne Bezahlung und
ohne auf meine Rechte zu pochen.

Kompromißloser Einsatz

19Ich bin also frei und von niemandem
abhängig. Aber um möglichst viele für
Christus zu gewinnen, habe ich mich
zum Sklaven aller Menschen gemacht.
20Damit ich die Juden für Christus ge-
winne, lebe ich wie ein Jude. Und wo
man religiöse Vorschriften genau befolgt,
lebe ich auch danach, obwohl sie für
mich keine Gültigkeit mehr haben. Denn
ich möchte auch diese Leute gewinnen.
21Bin ich aber bei Menschen, die ohne
diese Gesetze leben, dann passe ich mich
ihnen genauso an, um sie für Christus zu
gewinnen. Das bedeutet aber nicht, daß
ich mich nicht an Gottes Gebote halte,
sondern ich befolge die Gebote Christi.[d]
22Wenn ich bei Menschen bin, deren
Glaube noch schwach und unsicher ist,
achte ich sorgfältig darauf, ihnen nicht zu
schaden. Wer es auch sei, ich stelle mich
ihm gleich, um auf jede erdenkliche
Weise wenigstens einige Menschen zu ret-
ten. 23Dies alles tue ich für das Evan-
gelium, damit auch ich Anteil an dem Se-
gen erhalte, den es verspricht.
24Ihr kennt das doch: Von allen Läu-
fern, die im Stadion zum Wettlauf star-
ten, gewinnt nur einer die Goldmedaille.
Lauft so, daß ihr sie gewinnt! 25Wer im

a) Wörtlich: Denn das Siegel meines Apostelamtes seid ihr in dem Herrn. b) 5. Mose 25,4
c) Wörtlich: Denn lieber will ich sterben ... meinen Ruhm soll niemand zunichte machen. d) Wörtlich: (Ich bin) den Gesetzlosen wie ein Gesetzloser, obwohl ich nicht vom Gesetz Gottes los bin, sondern im Gesetz Christi bin.

Wettkampf siegen will, setzt dafür alles
ein. Ein Athlet verzichtet auf vieles, um
zu siegen. Und wie schnell ist sein Sieg
vergessen! Wir dagegen kämpfen um ei-
nen Preis, der unvergänglichen Wert hat.
26 Ich weiß genau, wofür ich kämpfe. Ich
laufe nicht irgendeinem ungewissen Ziel
entgegen. Wenn ich kämpfe, geht mein
Schlag nicht ins Leere. 27 Ich setze mich
für diesen Sieg ganz ein und nehme keine
Rücksicht auf meinen Körper. Er muß
sich meinem Willen fügen. Denn ich will
nicht andere zum Kampf des Glaubens
auffordern und selbst untauglich sein
oder vorzeitig ausscheiden.

Israel als warnendes Beispiel

10 Liebe Brüder, erinnert euch
daran, was unsere Väter während
ihrer Wüstenwanderung erlebten. Sie
wurden alle durch die vorausziehende
Wolke von Gott geführt und von ihm si-
cher durch das Rote Meer geleitet. 2 Alle
wurden im Meer und unter der Wolke
auf Mose getauft, als sie ihm nachfolgten
und ihn als Führer anerkannten. 3 Gott
gab ihnen allen auf wunderbare Weise
dieselbe Speise und denselben Trank[a].
4 Sie tranken Wasser aus einem Felsen;
das bedeutet, Christus selbst war bei ih-
nen.[b] 5 Aber es gefiel Gott nicht, wie die
meisten von ihnen lebten. Deshalb ka-
men sie in der Wüste um. 6 Das soll uns
eine Warnung sein, damit wir nicht wie
sie am Bösen Gefallen finden.

7 Werdet nicht zu Menschen, die Gott
vergessen, weil sie allen möglichen Göt-
zen nachlaufen, so wie manche von ih-
nen. Die Heilige Schrift berichtet: »Sie
aßen und tranken, und dann feierten sie
ein rauschendes, ausschweifendes Fest.«[c]
8 Laßt euch auch nicht wie sie zur Un-
zucht verleiten, sondern denkt daran,
daß an einem einzigen Tag dreiundzwan-
zigtausend Menschen dafür mit dem To-
de bestraft wurden. 9 Fordert Gott nicht
heraus. Damals taten sie es; sie wurden
von Schlangen gebissen und starben.
10 Lehnt euch nicht gegen Gott und seine
Führungen auf wie einige von ihnen.
Gott vernichtete sie durch seinen Engel.[d]

11 Alle diese Ereignisse sollen uns ein
abschreckendes Beispiel sein. Sie wurden
niedergeschrieben, damit wir gewarnt
sind; denn das Ende der Welt ist nahe.
12 Deshalb seid vorsichtig! Gerade wenn
jemand denkt: »So etwas kann mir doch
nicht passieren!«, muß er besonders auf-
passen.[e] 13 Das, was euerm Glauben bis-
her an Prüfungen zugemutet wurde, über-
stieg nicht eure Kraft. Gott steht zu
euch. Er läßt nicht zu, daß ihr in der Ver-
suchung zugrundegeht. Wenn euer
Glaube auf die Probe gestellt wird,
schafft Gott auch die Möglichkeit, sie zu
bestehen.

Abendmahl oder Götzendienst

14 Liebe Freunde, hütet euch vor jedem
Götzendienst! 15 Als Christen wißt ihr
doch, worum es geht. Überlegt einmal
selbst: 16 Haben wir durch den Abend-
mahlskelch, über dem wir das Dankgebet
sprechen, nicht Anteil an dem, was uns
Christus durch sein Blut erworben hat?[f]
Haben wir durch das Brot, das wir
brechen und gemeinsam essen, nicht An-
teil an dem neuen Leben, das uns Chri-
stus durch das Opfer seines Leibes am
Kreuz erworben hat?[g]

17 Es gibt beim Abendmahl nur *ein*
Brot. Und obwohl wir so viele sind, sind
wir doch *ein* Leib, weil wir alle von dem
einen Brot essen. 18 Seht euch den Gottes-
dienst an, den das Volk Israel feiert! Dort
haben alle Gemeinschaft mit Gott, weil
sie gemeinsam vom Fleisch der Opfertie-
re essen.[h]

19 Was will ich damit sagen? Daß es
doch Götter gibt oder die Opfer, die ih-
nen gebracht werden, irgendeinen Wert
haben? 20 Natürlich nicht! »Sie bringen ih-
re Opfer den Dämonen, nicht etwa
Gott.«[i] Ich will aber nicht, daß ihr Ge-
meinschaft mit dämonischen Mächten
habt.

21 Ihr könnt unmöglich aus dem Kelch
des Herrn und zugleich aus dem Kelch

a) Wörtlich: geistliche Speise und geistlichen Trank. b) Wörtlich: Sie tranken nämlich aus einem geistlichen Felsen, der ihnen folgte. Der Fels aber war Christus. c) 2. Mose 32,6 d) 4. Mose 21,5-6; 25,9 e) Wörtlich: Wer zu stehen glaubt, sehe zu, daß er nicht falle. f) Wörtlich: Ist er nicht die Teilhabe des Blutes Christi? g) Wörtlich: Ist das nicht die Teilhabe des Leibes Christi? h) Wörtlich: Sind nicht die Opfer Essenden die Anteilhabenden des Altars? i) 5. Mose 32,17; Psalm 106,37

der Dämonen trinken. Ihr könnt nicht
Gäste am Tisch des Herrn sein und auch
noch am Tisch der Dämonen sitzen.
22Oder wollen wir etwa den Herrn her-
ausfordern?[a] Bilden wir uns wirklich ein,
stärker zu sein als er?

Rücksicht auf das Gewissen der andern

23Ihr lebt nach dem Grundsatz: »Es ist
alles erlaubt!« Ich antworte darauf: Aber
nicht alles, was erlaubt ist, ist auch gut.
24Denkt bei dem, was ihr tut, nicht nur
an euch. Denkt vor allem an die anderen
und daran, was für sie gut ist.

25Kauft also unbesorgt das Fleisch, das
auf dem Markt angeboten wird, und
fragt nicht lange danach, ob es von Opfer-
tieren stammt. Dann wird euer Gewissen
mit diesem Problem nicht belastet.
26Denn »die Erde und alles, was auf ihr
lebt, gehört dem Herrn.«[b] 27Lädt euch je-
mand, der kein Christ ist, zum Essen ein
und ihr wollt hingehen, so eßt, was aufge-
tragen wird, ohne viel zu fragen, damit
euer Gewissen nicht belastet wird.
28Sollte euch aber jemand ausdrücklich sa-
gen: »Dieses Fleisch stammt vom Götzen-
opfer!«, dann eßt es seinetwegen nicht,
damit ihr das Gewissen nicht belastet.
29Es geht dabei nicht um dein eigenes Ge-
wissen, sondern um das des andern.

Nun mag jemand einwenden: Weshalb
soll ich denn meine persönliche Freiheit
vom Gewissen eines anderen einengen
lassen? 30Wenn ich Gott für eine Speise
danken kann, warum soll ich sie dann
nicht essen, nur weil ein anderer sie aus
Gewissensgründen ablehnt?

31Darauf will ich antworten: Bei all
diesen Fragen, beim Essen und Trinken
oder was ihr auch tut, denkt immer
daran, daß alles zur Ehre Gottes ge-
schieht. 32Gebt deshalb niemandem An-
laß zur Verärgerung, weder den Juden
noch den Heiden und auch nicht euern
Brüdern in der Gemeinde. 33Das ist auch
mein Grundsatz. Ich versuche, allen in
jeder Beziehung gerecht zu werden. Da-
bei geht es nicht um mich, sondern
darum, daß möglichst viele Menschen
durch Jesus Christus gerettet werden.

Verhalten der Frauen im Gottesdienst

11 Folgt meinem Beispiel, so wie ich
Christus folge. 2Ich freue mich dar-
über, daß ihr immer daran denkt, was ich
euch gesagt habe, und euch nach den An-
weisungen[c] richtet, die ich euch weiter-
gab.

3Dazu gehört auch folgendes: Nach
Gottes Willen untersteht jeder Mann
Christus, die Frau ihrem Mann, und
Christus untersteht Gott. 4Aus diesem
Grunde entehrt ein Mann Christus,
wenn er betet oder im Auftrag Gottes re-
det und dabei eine Kopfbedeckung trägt.
5Trägt dagegen eine Frau keine Kopfbe-
deckung, wenn sie im Gottesdienst betet
oder im Auftrag Gottes spricht, dann ent-
ehrt sie ihren Mann. Das wäre genauso,
als wenn sie wie eine Dirne kahlgescho-
ren herumliefe. 6Will eine Frau ihren
Kopf nicht bedecken, kann sie sich auch
gleich die Haare abschneiden lassen.
Aber weil es jede Frau entehrt, wenn ihr
das Haar kurzgeschnitten oder der Kopf
kahlgeschoren ist, soll sie ihren Kopf be-
decken.

7Ein Mann aber soll im Gottesdienst
keine Kopfbedeckung tragen, denn er ist
nach Gottes Bild geschaffen und dient sei-
ner Ehre.[d] Die Frau dagegen ist zur Ehre
ihres Mannes geschaffen. 8Denn Adam,
der erste Mensch, wurde nicht von einer
Frau geboren, aber Eva, die erste Frau,
wurde aus dem Mann erschaffen. 9Wie
die Schöpfungsgeschichte berichtet, wur-
de der Mann auch nicht für die Frau ge-
schaffen, sondern die Frau für den Mann.
10Deshalb soll sie im Gottesdienst eine
Kopfbedeckung tragen, und das schon
wegen der Engel, die über Gottes Ord-
nungen wachen.

11Bedenkt aber, daß nach Gottes
Ordnung Mann und Frau füreinander da
sind.[e] 12Denn obwohl Eva aus Adam ge-
schaffen wurde, so werden doch alle Män-
ner von Frauen geboren. Beide aber,
Mann und Frau, sind Geschöpfe Gottes.

13Nun sagt doch selbst: Gehört es sich
für eine Frau, ohne Kopfbedeckung öf-
fentlich zu beten? 14Empfindet ihr nicht
auch, daß es für den Mann eine Schande

a) 5. Mose 32,21; Jesaja 65,11ff. b) Psalm 24,1 c) Wörtlich: Überlieferungen. d) Wörtlich: da er Abbild und Abglanz Gottes ist. e) Wörtlich: Allerdings ist im Herrn weder die Frau ohne den Mann noch der Mann ohne die Frau.

ist, lange Haare zu haben, 15während sie
einer Frau gut stehen? Das lange Haar ist
ihr als Schleier gegeben. 16Doch wer es
darüber zum Streit kommen lassen will,
dem möchte ich nur sagen: *Wir* kennen
die Sitte nicht, daß Frauen im Gottes-
dienst ohne Kopfbedeckung beten, und
die anderen Gemeinden Gottes auch
nicht.

Wie Christen das Abendmahl feiern sollen

17Was ich euch jetzt noch zu sagen habe,
ist kein Lob. Wie ihr eure Gottesdienste
feiert, kann ich wirklich nicht gutheißen.
Sie scheinen euch mehr zu schaden als zu
nützen. 18Zunächst höre ich da von Unei-
nigkeit bei euren Gemeindeversammlun-
gen. Etwas Wahres muß wohl daran sein.
19Bei eurer Einstellung lassen sich aller-
dings Spaltungen gar nicht vermeiden,
denn nur so wird sichtbar, wer sich im
Glauben bewährt hat.

20Was ihr in euren Gottesdiensten fei-
ert, ist gar nicht das Mahl des Herrn.
21Weil jeder das ißt und trinkt, was er mit-
gebracht hat, bleibt der eine hungrig und
durstig, während der andere so viel hat,
daß er sich betrinkt. 22Könnt ihr denn
nicht zu Hause essen und trinken? Oder
bedeutet euch die Bruderschaft[a] so we-
nig, daß ihr die geringschätzig behandelt,
die wegen ihrer Armut kein Essen mit-
bringen konnten? Soll ich euch dafür
auch noch loben? Darauf könnt ihr lange
warten!

23Denn diese Anweisung habe ich vom
Herrn empfangen und an euch weiterge-
geben:

In der Nacht, in der unser Herr Jesus
verraten wurde, nahm er das Brot, 24dank-
te Gott dafür, teilte es und sprach: »Das
ist mein Leib, der für euch hingegeben
wird. Denkt daran, sooft ihr dieses Brot
eßt!«

25Dann nahm er den Kelch und sprach:
»Dieser Kelch ist der neue Bund zwi-
schen Gott und euch, der durch mein
Blut besiegelt wird. Denkt daran, sooft
ihr daraus trinkt!«

26Denn jedesmal, wenn ihr dieses Brot
eßt und aus diesem Kelch trinkt, verkün-
digt ihr den Opfertod des Herrn. Und
daran sollt ihr festhalten, bis er wieder-
kommt. 27Wer aber gedankenlos und
leichtfertig[b] von diesem Brot ißt und aus
dem Kelch des Herrn trinkt, der wird
schuldig am Leib und Blut unseres
Herrn.

28Darum soll sich jeder prüfen, ehe er
von dem Brot ißt und aus dem Kelch
trinkt. 29Denn wer davon nimmt, ohne
zu bedenken, daß es hier um den Leib
Christi geht, der liefert sich selbst dem
Gericht Gottes aus. 30Deshalb sind so vie-
le von euch schwach und krank; gar nicht
zu reden von denen, die schon gestorben
sind. 31Wenn wir uns selbst prüfen, brau-
chen wir die Prüfung Gottes nicht zu
fürchten. 32Straft uns aber der Herr, so
will er uns erziehen, damit wir nicht zu-
sammen mit der gottlosen Welt verurteilt
werden.

33Darum, meine Brüder, wartet auf-
einander, wenn ihr zusammen das
Abendmahl feiert. 34Wer hungrig ist, soll
vorher zu Hause etwas essen; sonst
bringt euch dieses Mahl nicht Gottes Se-
gen, sondern seine Strafe. Alles andere
werde ich klären, wenn ich bei euch bin.

Gott gibt jedem seine Gabe

12 Nun möchte ich mit euch, liebe
Brüder, noch über die Gaben des
Heiligen Geistes sprechen.

2Ihr wißt, daß es euch mit unwider-
stehlicher Gewalt zu den stummen Göt-
zen getrieben hat, als ihr noch keine Chri-
sten wart. 3Deshalb erkläre ich euch aus-
drücklich: Niemand kann sagen: »Ver-
flucht sei Jesus!«, wenn in ihm der Heili-
ge Geist wirkt. Auch kann keiner von
Herzen bekennen: »Jesus ist der Herr!«,
wenn er nicht den Heiligen Geist hat.

4So verschieden die Gaben auch sind,
die Gott uns gibt, sie stammen alle von
ein und demselben Geist. 5Und so unter-
schiedlich auch die Aufgaben in der Ge-
meinde sind, sie kommen doch alle von
dem einen Herrn. 6Es gibt verschiedene
Wirkungen des Heiligen Geistes; aber
Gott allein ist es, der dies alles in denen
wirkt, die zur Gemeinde gehören.

7Wie auch immer sich die Gaben des
Heiligen Geistes bei jedem einzelnen von
euch zeigen, sie sind zum Nutzen der

a) Wörtlich: Gemeinde Gottes. b) Wörtlich: unwürdig (auf unwürdige Weise); vgl. Verse 20-22

ganzen Gemeinde bestimmt. 8Dem einen schenkt er im rechten Moment das richtige Wort[a]. Ein anderer kann durch den Heiligen Geist den Willen Gottes klar erkennen.[b] 9Wieder anderen schenkt Gott durch seinen Geist unerschütterliche Glaubenskraft und dem nächsten die Gabe, Kranke zu heilen. 10Manchen ist es gegeben, Wunder zu wirken. Einige sprechen aus, was Gott ihnen zeigt oder sagt[c]; andere erkennen, was es bedeutet und aus welchem Geist gesprochen wird[d]. Einige beten in anderen Sprachen[e], und manche schließlich können dieses Gebet für die Gemeinde auslegen.

11Dies alles bewirkt ein und derselbe Geist. Und so empfängt jeder die Gabe, die Gott ihm zugedacht hat.

Jeder wird gebraucht

12So wie unser Leib aus vielen Gliedern besteht und diese Glieder einen Leib bilden, so besteht auch die Gemeinde Christi aus vielen Gliedern und ist doch ein einziger Leib. 13Wir haben alle denselben Geist empfangen und gehören darum durch die Taufe zu dem einen Leib Christi[f], ganz gleich, ob wir nun Juden oder Griechen, Sklaven oder Freie sind; alle sind wir mit demselben Geist erfüllt.[g]

14Nun besteht aber ein Körper aus vielen einzelnen Gliedern und Organen, nicht nur aus einem einzigen. 15Selbst wenn der Fuß behaupten würde: »Ich gehöre nicht zum Leib, weil ich keine Hand bin!«, er bliebe trotzdem ein Teil des Körpers. 16Und wenn das Ohr erklären würde: »Ich bin kein Auge, darum gehöre ich nicht zum Leib!«, es gehörte dennoch dazu. 17Angenommen, der ganze Körper bestünde nur aus Augen, wie könnten wir dann hören? Oder der ganze Leib bestünde nur aus Ohren; wie könnten wir dann riechen?

18Deshalb hat Gott jedem einzelnen Organ des Körpers seine besondere Funktion gegeben, so wie er es wollte. 19Was für ein sonderbarer Leib wäre das, der nur *ein* Körperteil hätte! 20Aber so ist es ja auch nicht, sondern viele einzelne Organe bilden gemeinsam den einen Leib.

21Darum kann das Auge nicht zur Hand sagen: »Ich brauche dich nicht!« Und der Kopf nicht zu den Füßen: »Ihr seid überflüssig!« 22Vielmehr sind gerade die Teile des Körpers, die schwach und unbedeutend erscheinen, besonders wichtig. 23Was uns an unserem Körper anstößig erscheint, das verbergen wir sorgfältig, und was uns nicht gefällt, das putzen wir besonders heraus. 24Denn was schön ist, wirkt ohnehin. Gott aber hat unseren Leib so zusammengefügt, daß unwichtig erscheinende Teile in Wirklichkeit besonders wichtig sind.

25Unser Leib soll eine Einheit sein, in der jedes einzelne Körperteil für das andere da ist. 26Leidet ein Teil des Körpers, so leiden alle anderen mit, und wird ein Teil gelobt, freuen sich auch alle anderen.

27An diesem Beispiel wollte ich euch erklären: Ihr alle seid der *eine* Leib Christi, und jeder einzelne von euch gehört als ein Teil dazu.

28Jedem hat Gott seinen ganz bestimmten Platz zugeteilt. Da sind zunächst die Apostel, dann die Propheten und drittens Männer, die in der Gemeinde Gottes Wort lehren. Dann gibt es Christen, die Wunder tun und solche, die Kranke heilen oder Bedürftigen helfen. Einige leiten die Gemeinde, andere beten in unbekannten Sprachen.

29Sind sie nun etwa alle Apostel, Propheten oder Lehrer? Oder kann jeder von uns Wunder tun? 30Kann jeder Kranke heilen, in unbekannten Sprachen beten und das Gesagte erklären? 31Natürlich nicht. Aber jeder einzelne soll sich um die Gaben bemühen, die der Gemeinde am meisten nützen.[h] Und jetzt zeige ich euch den einzigartigen Weg, der dazu führt.[i]

a) Wörtlich: das Wort der Weisheit. b) Wörtlich: dem anderen (wird) das Wort der Erkenntnis (gegeben). c) Wörtlich: Prophetie. d) Wörtlich: Deutung von Geistesoffenbarungen; Unterscheidung von Geistern. e) Wörtlich: Sprachengebet (Glossolalie. Ein vom Geist Gottes gewirktes Gebet in einer Sprache, die man nicht gelernt hat). f) Wörtlich: durch einen Geist zu einem Leib getauft. g) Wörtlich: wir sind alle mit *einem* Geist getränkt. h) Wörtlich: Strebt aber nach den höheren/größeren Gaben! i) Wörtlich: Und ich zeige euch einen noch vorzüglicheren Weg.

Das Wichtigste ist die Liebe

13 Ohne Liebe bin ich nichts. Selbst wenn ich in allen Sprachen der Welt, ja mit Engelszungen reden könnte, aber ich hätte keine Liebe, so wären alle meine Worte hohl und leer, ohne jeden Klang, wie dröhnendes Eisen oder ein dumpfer Paukenschlag.

2Könnte ich aus göttlicher Eingebung reden, wüßte alle Geheimnisse Gottes, könnte seine Gedanken erkennen und hätte einen Glauben, der Berge versetzt, aber mir würde die Liebe fehlen, so wäre das alles nichts.

3Selbst wenn ich all meinen Besitz an die Armen verschenken und für meinen Glauben das Leben opfern würde, hätte aber keine Liebe, dann wäre alles umsonst.

4Liebe ist geduldig und freundlich. Sie kennt keinen Neid, keine Selbstsucht, sie prahlt nicht und ist nicht überheblich. 5Liebe ist weder verletzend noch auf sich selbst bedacht, weder reizbar noch nachtragend. 6Sie freut sich nicht am Unrecht, sondern freut sich, wenn die Wahrheit siegt. 7Diese Liebe erträgt alles, sie glaubt alles, sie hofft alles und hält allem stand.

8Einmal werden keine Propheten mehr zu uns sprechen, das Beten in anderen Sprachen wird aufhören, die Erkenntnis der Absichten Gottes mit uns wird nicht mehr nötig sein. Nur eins wird bleiben: die Liebe. 9Denn unsere Erkenntnis ist bruchstückhaft, ebenso wie unser prophetisches Reden. 10Wenn aber das Vollkommene – Gottes Reich – da ist, wird alles Vorläufige vergangen sein.

11Als Kind redete, dachte und urteilte ich wie ein Kind. Jetzt bin ich ein Mann und habe das kindliche Wesen abgelegt. 12Noch ist uns bei aller prophetischen Schau vieles unklar und rätselhaft. Einmal aber werden wir Gott sehen, wie er ist.[a] Jetzt erkenne ich nur Bruchstücke, doch einmal werde ich alles klar erkennen, so deutlich, wie Gott mich jetzt schon kennt. 13Was bleibt, sind Glaube, Hoffnung und Liebe. Die Liebe aber ist das Größte.

Gottes Geist schafft Klarheit

14 Laßt die Liebe euer höchstes Ziel sein! Bemüht euch um die Gaben, die der Heilige Geist gibt; vor allem darum, Gottes Weisungen weiterzugeben. 2Wenn nämlich jemand in unbekannten Sprachen betet, dann spricht er nicht zu Menschen, denn niemand versteht ihn. Er spricht zu Gott, und was er durch Gottes Geist redet, ist ein Geheimnis. 3Wer aber Gottes Weisungen empfängt, kann sie an andere Menschen weitergeben. Er hilft ihnen, im Glauben zu wachsen, er tröstet und ermutigt sie. 4Wer in unbekannten Sprachen betet, stärkt[b] seinen persönlichen Glauben. Wer aber Gottes Weisungen weitersagt, stärkt[b] die ganze Gemeinde. 5Meinetwegen könnt ihr alle in Sprachen beten. Aber noch besser wäre, ihr könntet alle von Gott Weisungen empfangen und weitergeben. Das ist wichtiger, als in unbekannten Sprachen Gott anzubeten, es sei denn, dieses Gebet wird erklärt, damit die ganze Gemeinde einen Gewinn davon hat.

6Stellt euch doch einmal vor, liebe Brüder, ich komme zu euch und bete in einer Sprache, die niemand kennt. Davon hättet ihr gar nichts. Ich will euch lieber klar sagen, was Gott mir offenbart hat, was seine Absichten mit euch sind, wenn ich in seinem Auftrag rede oder euch unterweise.[c] 7Es ist genauso wie bei Musikinstrumenten. Bei einer Flöte etwa oder einer Harfe muß man unterschiedliche Töne hören können, sonst erkennt keiner die Melodie. 8Wenn der Trompeter nicht ein klares Signal bläst, wird sich kein Soldat auf den Kampf vorbereiten.

9Genauso ist es beim Sprachengebet. Wenn ihr unverständlich redet, wird euch niemand verstehen. Ihr redet nur in den Wind. 10Es gibt auf der Welt unzählige Sprachen, und jede hat ihren Wert für den, der sie versteht.[d] 11Wenn ich aber die Sprache des anderen nicht kenne, können wir uns nicht verständigen. 12So ist es auch mit euch: Wenn ihr euch schon so eifrig um die Gaben des

a) Wörtlich: Denn jetzt sehen wir (noch) rätselhaft (wie) in einem Spiegel, dann aber von Angesicht zu Angesicht. b) Wörtlich: erbaut. c) Wörtlich: Was werde ich euch nützen, wenn ich nicht zu euch rede mit Offenbarung oder Erkenntnis oder Prophetie oder Lehre? d) Wörtlich: und nichts ist sprachlos.

Heiligen Geistes bemüht, dann setzt
auch alles daran, daß die ganze Ge-
meinde etwas davon hat.
13Wer Gott also in einer unbekannten
Sprache anbetet, der soll den Herrn
darum bitten, daß er sie auch auslegen
kann, damit alle ihn verstehen. 14Denn
bei einem solchen Beten spricht Gottes
Geist in mir, es ist keine Sache meines
Verstandes.[a]
15Wie sollen wir uns nun verhalten?
Ich kann durch Gottes Geist in einer
Sprache beten, die keiner versteht; aber
ich will auch für alle verständlich beten.
Ich will ein Loblied singen, wie es mir
der Heilige Geist schenkt, aber ich will
auch so singen, daß alle es verstehen.
16Denn wenn du Gott in unbekannten
Sprachen anbetest, wie soll jemand, der
diese Sprache nicht versteht, dein Gebet
mit einem »Amen« bekräftigen? Er weiß
doch gar nicht, was du gesagt hast! 17Da
kann dein Gebet noch so gut und schön
sein, dem anderen nützt es überhaupt
nichts.
18Ich bin Gott dankbar, daß ich ihn in
fremden Sprachen anbete, und zwar
mehr als ihr alle! 19Dennoch will ich in
der Gemeinde lieber fünf Worte spre-
chen, die jeder versteht und die allen wei-
terhelfen, als zehntausend Worte in einer
Sprache, die niemand versteht.
20Liebe Brüder, seid doch nicht wie
Kinder, die nicht verstehen, was man ih-
nen erklärt. Wenn es darum geht, Böses
zu tun, dürft ihr unschuldig sein wie
Kinder. Im Verstehen aber sollt ihr wie
Erwachsene sein. 21In der Heiligen
Schrift heißt es: »Ich will zu diesem Volk
in fremden, unbekannten Sprachen re-
den. Aber sie wollen nicht auf mich hö-
ren, spricht der Herr.«[b] 22Das Gebet in
unbekannten Sprachen bringt die Men-
schen also nicht zum Glauben.[c] Aber das
Reden in göttlichem Auftrag überzeugt
und führt zum Glauben.
23Stellt euch folgendes vor: Die Ge-
meinde versammelt sich, und jeder betet
in einer anderen, unbekannten Sprache.
Nun kommt jemand dazu, der das nicht
kennt, oder einer, der noch kein Christ
ist. Der wird doch sagen: »Ihr seid alle
verrückt!« 24Wenn ihr dagegen alle in ver-
ständlichen Worten Gottes Weisungen
weitergebt und ein Ungläubiger oder
Fremder kommt dazu, wird ihn dann
nicht alles, was ihr sagt, von seiner
Schuld überzeugen und in seinem Gewis-
sen treffen? 25Was er bis dahin sich selbst
nie eingestanden hat, wird ihm jetzt
plötzlich klar. Er wird auf seine Knie fal-
len, Gott anbeten und bekennen: »Gott
ist wirklich mitten unter euch!«

Regeln für den Gottesdienst

26Was heißt das nun ganz praktisch für
euch, liebe Brüder? Wenn ihr zu-
sammenkommt, hat jeder etwas beizu-
tragen: Einige singen ein Loblied, andere
legen Gottes Wort aus. Einige geben wei-
ter, was Gott ihnen klargemacht hat, an-
dere beten in unbekannten Sprachen, die
dann für alle ausgelegt werden.[d] Wichtig
ist, daß alles zum Aufbau der Gemeinde
geschieht.
27Während eines Gottesdienstes sollen
zwei oder höchstens drei in unbekannten
Sprachen beten, und zwar einer nach
dem anderen. Jedes dieser Gebete soll
gleich für alle erklärt werden. 28Wenn da-
für niemand da ist, sollen sie schweigen.
Sie können ja für sich allein beten; Gott
wird sie hören.
29Auch von denen, die Gottes Wei-
sungen empfangen, sollen nur zwei oder
drei sprechen; die anderen sollen das Ge-
sagte deuten und beurteilen. 30Der Pro-
phet, der etwas schaut, soll seine Rede un-
terbrechen, wenn Gott einen der Anwe-
senden erkennen läßt, was das geschaute
Bild bedeutet. 31Ihr könnt doch alle der
Reihe nach in Gottes Auftrag reden, da-
mit alle lernen und alle ermutigt werden.
32Wer eine Botschaft von Gott bekommt,
hat sich dabei völlig in der Gewalt und
kann warten, bis er an der Reihe ist.[e]
33Denn Gott will keine Unordnung, er
will Harmonie und Frieden.
34Wie in allen Gemeinden sollen auch

a) Wörtlich: mein Verstand ist unfruchtbar. b) Jesaja 28,11-12 c) Wörtlich: Daher sind die Sprachen zum Zeichen nicht den Glaubenden, sondern den Unglaubenden. d) Wörtlich: Was folgt daraus, Brüder? Wenn ihr zusammenkommt, hat jeder ein Lied, eine Belehrung, eine Offenbarung, eine Zungenrede oder eine Übersetzung. e) Wörtlich: Aber die Geister der Propheten sind den Propheten untertan.

bei euch die Frauen in den Gottesdiensten schweigen und dort nicht das Wort ergreifen. Statt dessen sollen sie sich unterordnen, wie es schon das Gesetz vorschreibt. 35Wenn sie etwas nicht verstehen, können sie zu Hause ihren Mann fragen. Denn es gehört sich nicht, daß Frauen in der Gemeinde das Wort führen.

36Ihr seid anderer Meinung? Bildet ihr euch etwa ein, die ersten und einzigen zu sein, die Gottes Wort gehört haben? 37Wenn einer meint, Gott rede durch ihn oder er sei in besonderer Weise vom Heiligen Geist erfüllt, dann muß er auch erkennen, daß alles, was ich hier anordne, dem Willen des Herrn entspricht. 38Deshalb wird jeder, der diese Anweisungen ablehnt, auch von Gott abgelehnt werden.

39Also, meine Brüder, setzt alles daran, Gottes Weisungen weiterzugeben, und hindert keinen, in unbekannten Sprachen zu beten. 40Aber sorgt dafür, daß alles anständig und ordentlich vor sich geht.

Christus ist auferstanden

15 Liebe Brüder! Ich möchte euch an das Evangelium erinnern, das ich euch verkündigt habe. Ihr habt diese Botschaft angenommen und darauf euer Leben gegründet. 2Ganz gewiß werdet ihr durch sie ans Ziel eures Glaubens kommen, vorausgesetzt, ihr bewahrt die Botschaft genau so, wie ich sie euch überliefert habe. Sonst glaubt ihr vergeblich und erreicht das Ziel nicht.

3Zuerst habe ich euch weitergegeben, was ich selbst empfangen habe: Christus ist für unsere Sünden gestorben. Das ist das Wichtigste, und so steht es schon in der Heiligen Schrift. 4Er wurde begraben und am dritten Tag vom Tod auferweckt, wie es die Propheten angekündigt hatten.

5Als der Auferstandene hat er sich zuerst Petrus gezeigt und später den zwölf Aposteln. 6Dann haben ihn mehr als fünfhundert Brüder zur gleichen Zeit gesehen, von denen die meisten noch heute leben; einige sind inzwischen gestorben. 7Später ist er Jakobus und schließlich allen Aposteln erschienen.

8Zuletzt hat er sich auch mir gezeigt, der ich es am wenigsten verdient hatte.[a] 9Denn ich bin der unbedeutendste unter den Aposteln und eigentlich nicht wert, ein Botschafter Jesu zu sein; denn ich habe die Gemeinde Gottes verfolgt. 10Alles, was ich bin, bin ich allein durch Gottes vergebende Gnade. Und seine Gnade hat er mir nicht vergeblich geschenkt. Ich habe mich mehr als alle anderen eingesetzt, aber das war nicht meine Leistung, sondern Gott selbst hat dieses in seiner Gnade bewirkt. 11Doch ganz gleich, ob nun die anderen Apostel oder ich: Wir alle haben dieses eine Evangelium verkündet, und dadurch seid ihr zum Glauben gekommen.

Auch wir werden auferstehen

12Wenn also im Evangelium gesagt wird, daß Gott Christus von den Toten auferweckt hat, wie können da einige von euch behaupten: »Eine Auferstehung der Toten gibt es nicht!«

13Wissen diese Leute eigentlich, was sie damit sagen? Wenn es keine Auferstehung der Toten gibt, dann kann ja auch Christus nicht auferstanden sein. 14Wäre aber Christus nicht auferstanden, so hätte unsere ganze Predigt keinen Sinn, und euer Glaube wäre völlig wertlos. 15Mit Recht könnte man uns dann vorwerfen, wir seien Lügner und keine Zeugen Gottes. Denn wir behaupten doch: Gott hat Christus auferweckt. Das kann ja gar nicht stimmen, wenn mit dem Tode alles aus ist![b]

16Wie schon gesagt, wenn die Toten nicht auferstehen, dann ist auch Christus nicht auferstanden. 17Wenn aber Christus nicht von den Toten auferweckt wurde, ist euer Glaube nichts als eine Illusion, und ihr seid auch von eurer Schuld nicht frei. 18Ebenso wären auch alle verloren, die im Glauben an Christus gestorben sind. 19Wenn der Glaube an Christus uns nur für dieses Leben Hoffnung gibt, sind wir die bedauernswertesten unter allen Menschen.

20Tatsächlich aber ist Christus als erster[c] von den Toten auferstanden. 21Der

a) Wörtlich: mir, der Fehlgeburt (oder: Frühgeburt); vgl. Apostelgeschichte 9,1-9 b) Wörtlich: Weil wir bezeugt haben, daß er Christus auferweckt hat, den er nicht auferweckt hat, wenn doch die Toten nicht auferweckt werden. c) Wörtlich: als Erstling der Entschlafenen.

Tod ist durch die Schuld eines einzigen
Menschen, nämlich Adam, in die Welt ge-
kommen. Ebenso kommt auch durch ei-
nen einzigen, nämlich Christus, die Auf-
erstehung. 22 Wir sind Nachkommen
Adams und müssen alle sterben. Doch al-
le, die Christus nachfolgen, werden
durch ihn zu neuem Leben auferweckt.

23 Die Auferstehung geht in einer be-
stimmten Reihenfolge vor sich: Als erster
ist Christus auferstanden. Wenn er
wiederkommt, werden alle auferstehen,
die zu ihm gehören. 24 Danach kommt das
Ende, wenn er Gott, seinem Vater, die
Herrschaft über diese Welt übergibt. Er
wird dann alles vernichten, was Gewalt
und Macht für sich beansprucht. 25 Denn
wie es in den Psalmen heißt, wird Chri-
stus so lange herrschen, »bis Gott ihm
alle Feinde unterworfen hat.«[a]

26 Als letzten Feind wird er den Tod
vernichten, 27 denn es heißt: »Alles hat
Gott ihm unterworfen.«[b] Wenn nun
Christus »der Herr über alles« ist, dann
bedeutet dies natürlich nicht, daß er auch
Herr über Gott ist, von dem ja alle
Macht ausgeht. 28 Wenn aber zuletzt Chri-
stus der Herr über alles ist, dann wird er
als der Sohn Gottes sich seinem Vater un-
terordnen, der ihm diesen Sieg geschenkt
hat. So wird Gott über alles der Herr
sein.[c]

29 Bei euch haben sich einige stellver-
tretend für Menschen taufen lassen, die
schon gestorben sind. Welchen Sinn hät-
te das, wenn die Toten gar nicht aufer-
stehen? 30 Warum begeben wir uns denn
immer wieder in Gefahr, wenn wir Got-
tes Botschaft weitergeben? 31 Tag für Tag
riskiere ich mein Leben.[d] So gewiß ihr
zum Glauben gekommen seid, kann ich
vor Christus stolz auf euch sein.

32 Hätte ich mich wohl in Ephesus in
Lebensgefahr begeben, wenn ich nicht an
die Auferstehung glauben würde? Wenn
die Toten nicht auferstehen, dann haben
alle recht, die sagen: »Freut euch des Le-
bens, denn morgen ist alles vorbei!«[e]
33 Hütet euch vor solchen Parolen, denn:
»Schlechter Umgang verdirbt gute Sit-
ten!« 34 Kommt endlich zur Besinnung,
und sündigt nicht länger. Denn zu eurer
Schande muß ich feststellen, daß einige
von euch Gott im Grunde noch gar nicht
kennen.

Wie werden wir einmal auferstehen?

35 Vielleicht werdet ihr jetzt fragen: »Wie
werden die Toten denn auferstehen? Was
für einen Leib werden sie haben?«

36 Das ist doch eine törichte Frage! Je-
des Samenkorn, das gesät wird, muß
vergehen, ehe neues Leben daraus
wächst. 37 Und was wir säen, ist ja nicht
schon die fertige Pflanze, sondern es sind
nur Körner, Weizen zum Beispiel oder
anderes Saatgut.

38 Aus jedem Samenkorn läßt Gott eine
Pflanze wachsen, die so aussieht, wie er
es geplant hat. 39 Unterscheiden sich nicht
auch alle Lebewesen in ihrem Aussehen?
Menschen sehen anders aus als Tiere, Vö-
gel anders als Fische. 40 Die Sterne am
Himmel sind ganz anders beschaffen als
die verschiedenen Geschöpfe auf der Er-
de;[f] die Schönheit der einen ist nicht mit
jener der anderen zu vergleichen. 41 Die
Sonne hat ihren eigenen Glanz, anders
als das Leuchten des Mondes oder das
Glitzern der Sterne. Selbst die Sterne un-
terscheiden sich in ihrer Helligkeit von-
einander.

42 Genauso könnt ihr euch die Aufer-
stehung der Toten vorstellen. Unser ir-
discher Leib ist wie ein Samenkorn, das
einmal vergeht. Wenn er aber aufer-
stehen wird, ist er unvergänglich. 43 Was
begraben wird, ist unansehnlich und
schwach, was aufersteht, läßt Gottes
Herrlichkeit und Kraft erkennen.[g] 44 Be-
graben wird unser irdischer Leib; aber
auferstehen werden wir mit einem Leib,
der von göttlichem Leben erfüllt ist.[h]
Denn wenn es einen sterblichen Leib
gibt, dann gibt es auch einen unsterbli-
chen.[h] 45 In der Heiligen Schrift heißt es
ja, daß der erste Mensch, Adam, zu ei-

a) Psalm 110,1 b) Psalm 8,7 c) Wörtlich: damit Gott alles in allem sei. d) Wörtlich: Ich sterbe täglich. e) Wörtlich: Wenn die Toten nicht auferstehen, »laßt uns essen und trinken, denn morgen sterben wir«. f) Wörtlich: Es gibt himmlische Körper und irdische Körper. g) Wörtlich: Gesät wird in Schande, auferweckt in Ehre; gesät wird in Schwäche, auferweckt in Kraft. h) Wörtlich: ein geistlicher Leib.

nem »lebendigen Wesen wurde«.[a] Aber Christus, der erste Mensch einer neuen Schöpfung, gibt uns göttliches Leben.[b]

[46]Jetzt haben wir einen natürlichen, irdischen Leib, dann aber gibt uns Gott einen unvergänglichen Leib, der von seinem Geist erfüllt ist. [47]Adam, den ersten Menschen, erschuf Gott aus Erde; aber der neue Mensch, Christus, kommt vom Himmel. [48]Als Nachkommen Adams haben wir jetzt alle einen irdischen Leib. Als Christen werden wir dann wie Christus einen himmlischen Leib haben.[c] [49]Jetzt hat jeder von uns einen vergänglichen Leib, wie ihn Adam hatte. Aber einmal werden wir – wie Christus – einen unvergänglichen Leib haben.

Der Tod ist besiegt

[50]Eins steht fest, liebe Brüder: Menschen aus Fleisch und Blut können nicht in Gottes Reich kommen. Nichts Vergängliches wird in Gottes Ewigkeit Platz haben. [51]Ich möchte euch aber ein Geheimnis anvertrauen: Wir werden nicht alle sterben, aber Gott wird uns alle völlig umwandeln. [52]Das wird ganz plötzlich geschehen, von einem Augenblick zum andern, wenn die Posaune ankündigt, daß Jesus Christus als Herrscher der Welt wiederkommt. Ihr Schall wird überall zu hören sein. Dann werden die Toten zum ewigen Leben auferweckt, und auch wir Lebenden werden einen neuen Leib bekommen.[d]

[53]Denn das Vergängliche muß mit Unvergänglichkeit und das Sterbliche mit Unsterblichkeit überkleidet werden. [54]Wenn aber dieser vergängliche und sterbliche Leib unvergänglich und unsterblich geworden ist, dann erfüllt sich, was die Propheten vorausgesagt haben:

»Das Leben hat den Tod überwunden!
[55]Tod, wo ist dein Sieg? Tod, wo bleibt nun dein Schrecken?«[e]

[56]Der Tod hat Macht durch die Sünde, deren Herrschaft wir durch das Gesetz erkennen.[f] [57]Aber gelobt sei Gott, der uns den Sieg gibt durch Jesus Christus, unseren Herrn!

[58]Meine lieben Brüder, bleibt fest und unerschütterlich in euerm Glauben! Setzt euch für den Herrn ganz ein; denn ihr wißt, nichts ist vergeblich, was ihr für ihn tut.

Geld für die Gemeinde in Jerusalem

16 Ich will zum Schluß noch etwas zur Geldsammlung für die Christen in Jerusalem sagen. Führt diese Sammlung so durch, wie ich es auch für die Gemeinden in Galatien angeordnet habe. [2]An jedem Sonntag soll jeder von euch so viel Geld zurücklegen, wie er entbehren kann. Dann braucht ihr mit dem Sammeln nicht erst anzufangen, wenn ich komme. [3]Gleich nach meiner Ankunft sollen dann zuverlässige Männer aus eurer Gemeinde das Geld nach Jerusalem bringen. Die erforderlichen Beglaubigungsschreiben werde ich ihnen mitgeben. [4]Sollte es nötig sein, werde ich selbst mit ihnen reisen.

Weitere Reisepläne

[5]Ich werde zu euch kommen, sobald ich die Gemeinden in der Provinz Mazedonien besucht habe. [6]Dort will ich mich nicht länger aufhalten; aber bei euch möchte ich eine Zeitlang bleiben, vielleicht sogar den ganzen Winter über. Es wäre gut, wenn mich dann einige von euch auf meiner Weiterreise begleiten könnten. [7]Diesmal möchte ich euch nicht nur kurz auf der Durchreise besuchen. Wenn der Herr es zuläßt, hoffe ich, einige Zeit bleiben zu können. [8]Bis Pfingsten bleibe ich noch in Ephesus. [9]Hier hat mir Gott große Möglichkeiten gegeben, das Evangelium vielen zu verkündigen; allerdings sind auch viele Gegner da.

[10]Wenn Timotheus zu euch kommt, sorgt bitte dafür, daß er sich bei euch wohlfühlt. Ermutigt ihn, denn er arbeitet wie ich für den Herrn. [11]Niemand soll auf ihn herabsehen, weil er noch jung ist. Seht zu, daß er unbeschwert und ungehindert wieder zu mir zurückkommt, denn

a) 1. Mose 2,7 b) Wörtlich: Der letzte Adam (wurde) zum lebenschaffenden Geist. c) Wörtlich: Wie beschaffen der irdische, so auch die Irdischen, und wie beschaffen der himmlische, so auch die Himmlischen. d) Wörtlich: werden verwandelt werden. e) Jesaja 25,8; Hosea 13,14 f) Wörtlich: Der Stachel des Todes aber ist die Sünde, die Kraft der Sünde aber ist das Gesetz.

wir alle erwarten ihn hier. 12 Unseren
Mitarbeiter Apollos habe ich immer wie-
der gebeten, euch mit den anderen Brü-
dern zu besuchen, aber er meinte, daß es
nicht Gottes Wille sei, wenn er jetzt zu
euch reist. Sobald sich eine andere Ge-
legenheit bietet, wird er kommen.

Grüße und Segenswünsche

13 Bleibt wachsam, und steht fest im Glau-
ben! Seid nicht zaghaft, sondern ent-
schlossen und stark! 14 Bei all euerm Tun
aber laßt euch von der Liebe leiten.

15 Noch eins, Brüder: Ihr kennt doch
Stephanas mit seiner Familie, und ihr
wißt, daß sie die ersten Christen in der
Provinz Achaja waren. Sie haben sich
ganz für den Dienst in der Gemeinde zur
Verfügung gestellt. 16 Hört auf solche
Leute und auf alle anderen, die mit-
arbeiten und ihr Bestes geben. 17 Ich freue
mich, daß Stephanas, Fortunatus und
Achaikus zu mir gekommen sind. Sie ha-
ben mir darüber hinweggeholfen, daß ich
nicht bei euch sein konnte. 18 Ja, sie haben
auch uns neuen Mut gegeben und uns vie-
le Sorgen abgenommen. Nehmt euch
diese Männer zum Vorbild!

19 Die Gemeinden der Provinz Asien
senden euch herzliche Grüße. Aquila
und Priszilla lassen euch im Namen Jesu
ebenfalls grüßen, zusammen mit der Ge-
meinde, die sich in ihrem Haus versam-
melt.

20 Auch die Brüder hier haben mich ge-
beten, euch zu grüßen. Grüßt euch mit
dem Bruderkuß!

21 Und hier noch mein Gruß an euch,
den ich mit eigener Hand schreibe.

22 Wer den Herrn nicht liebt, den wird
Gott strafen! Ja, unser Herr, komm![a]

23 Die Gnade unseres Herrn Jesus Chri-
stus soll immer mit euch sein!

24 In seiner Liebe bleibe ich mit euch
verbunden.

a) Wörtlich: Wenn jemand den Herrn nicht liebt, sei er verflucht! Maranatha! (Komm, Herr Jesus!)

Der zweite Brief des Paulus an die Christen in Korinth

Verfasser: Paulus, Apostel
Ort: Mazedonien
Zeit: 56 n.Chr.

Der erste Brief, den Paulus an die Korinther geschrieben hatte, klärte noch nicht alle Probleme. Manche Korinther bezweifelten die geistliche Autorität des Paulus. Es waren nämlich auch andere, die sich Apostel nannten, in Korinth aufgetreten und hatten die Korinther durch glänzende Reden für sich eingenommen. Paulus warnt die Gemeinde davor, sich allzu schnell von einem prahlerischen Auftreten beeindrucken zu lassen, ohne zu prüfen, was wirklich über Jesus und den Glauben gesagt wurde. Der Brief macht deutlich, wie sehr Paulus darunter gelitten hat, von den Korinthern mißverstanden zu werden. Andererseits freut der Apostel sich darüber, daß die Gemeinde einige Anregungen aus seinem ersten Brief in die Tat umgesetzt hat. Indem er den Korinthern Erfahrungen aus seinem eigenen Leben weitergibt, will er ihnen die Gnade Gottes vor Augen führen, die das Böse zum Guten wenden kann.

Anschrift und Gruß

1 Paulus, der nach Gottes Willen zum
Botschafter Jesu Christi berufen wurde, und sein Mitarbeiter Timotheus
schreiben diesen Brief an die Gemeinde
Gottes in Korinth und an alle Christen in
der Provinz Achaja.
2 Gottes Gnade soll mit euch sein und
der Friede von Gott, unserem Vater, und
unserem Herrn Jesus Christus.

Dank für Gottes Hilfe

3 Gepriesen sei Gott, der Vater unseres
Herrn Jesus Christus, der Vater voller
Barmherzigkeit, der Gott, der uns in jeder Not tröstet!
4 In allen Schwierigkeiten
ermutigt er uns und steht uns bei, so daß
wir auch andere trösten können, die wegen ihres Glaubens zu leiden haben. Wir
trösten sie, wie Gott auch uns getröstet
hat.
5 Weil wir Christus gehören und ihm
dienen, müssen wir viel leiden, aber in
ebenso reichem Maße erfahren wir auch
seine Hilfe.
6 Deshalb kommt es euch zugute, wenn
wir leiden; und wenn wir ermutigt werden, dann geschieht auch das zu euerm
Besten. Das gibt euch Kraft, die gleichen
Leiden wie wir geduldig zu ertragen.
7 Darum sind wir zuversichtlich und haben keine Angst um euch. Denn ihr
werdet zwar leiden müssen wie wir, aber
ihr werdet auch von Gott getröstet werden.
8 Liebe Brüder! Ich meine, ihr solltet
wissen, daß wir in der Provinz Asien

Schweres erdulden mußten. Wir waren
mit unseren Kräften am Ende und hatten
schon mit dem Leben abgeschlossen.
9Unser Tod schien unausweichlich. Aber
Gott wollte, daß wir uns nicht auf uns
selbst verlassen, sondern auf ihn, der die
Toten zu neuem Leben erweckt.

10Und tatsächlich hat Gott uns vor
dem Tod gerettet. Er wird es auch in Zu-
kunft tun; davon bin ich überzeugt.
11Denn auch ihr betet ja für uns. Und so
werden nicht nur wir, sondern viele Gott
dafür danken, daß er uns bewahrt hat.

Paulus wehrt sich gegen falsche Anschuldigungen

12Wir freuen uns, mit gutem Gewissen sa-
gen zu können, daß wir so leben, wie
Gott es will; wir haben euch nichts vor-
gemacht.[a] Nicht eigensüchtige Überle-
gungen haben unser Handeln bestimmt,
sondern allein Gottes Barmherzigkeit.
Gerade ihr solltet das wissen! 13Auch un-
sere Briefe wollen nichts anderes sagen,
als was ihr schwarz auf weiß lesen könnt.
Wir haben dabei keine Hintergedanken.
14Ich hoffe, daß ihr einmal alle begreift,
was einige von euch schon jetzt ver-
standen haben. Sie wissen nämlich, daß
ihr auf uns stolz sein könnt, genauso wie
wir auf euch, wenn Jesus Christus wieder-
kommen wird.

15In dieser Zuversicht wollte ich euch
eine doppelte Freude bereiten 16und so-
wohl auf dem Weg nach Mazedonien als
auch auf der Rückreise von dort zu euch
kommen. Einige von euch hätten mich
dann nach Judäa begleiten können. 17Bin
ich denn nun leichtfertig gewesen, als ich
diese Reise plante? Entscheide ich etwa
so, wie ich selbst es für richtig halte, oh-
ne nach Gottes Willen zu fragen? Oder
gehöre ich zu den unzuverlässigen Leu-
ten, die »Ja« sagen, wenn sie »Nein« mei-
nen?

18Gott weiß, daß wir niemals etwas an-
deres sagen, als wir wirklich meinen.
19Auch Jesus Christus, der Sohn Gottes,
von dem Silvanus, Timotheus und ich
euch berichtet haben, sagte nicht gleich-
zeitig »Ja« und »Nein«. Er selbst ist in
seiner Person das Ja Gottes zu uns,[b]
20denn alle Zusagen Gottes haben sich in
ihm erfüllt. Und deshalb sprechen wir im
Blick auf Christus und zur Ehre Gottes
unser Amen.

21Gott selbst hat unser und euer Leben
durch Christus auf ein festes Fundament
gestellt und uns in seinen Dienst geru-
fen.[c] 22Er drückte uns sein Siegel auf, wir
sind sein Eigentum geworden, und er hat
uns seinen Heiligen Geist gegeben. Da-
mit haben wir die Garantie von Gott,
daß er uns noch viel mehr schenken
wird.

23Warum bin ich dann schließlich doch
nicht wie geplant nach Korinth ge-
kommen? Nur um euch zu schonen, mit
Rücksicht auf euch! Gott soll mich
strafen, wenn das nicht die Wahrheit ist.[d]
24Denn wir möchten nicht über euch und
euren Glauben herrschen, sondern mit-
helfen, daß ihr euch freuen könnt. Daß
ihr fest im Glauben steht, davon gehe ich
aus.

2 Ein Besuch bei euch schien mir nicht
sinnvoll zu sein, weil er uns allen nur
neuen Kummer gebracht hätte. 2Denn
wenn ich euch nur zurechtweisen muß,
sind wir am Ende alle traurig und be-
drückt. Wer aber, wenn nicht ihr, könnte
mich dann wieder froh stimmen?

3Deshalb schrieb ich euch den letzten
Brief, damit ihr eure Angelegenheiten in
Ordnung bringt, ehe ich zu euch kom-
me. Ich wollte nämlich nicht über euch
traurig sein, sondern mich über euch
freuen.[e] Denn ich hoffe doch, daß auch
ihr euch freut, wenn ich mich freuen
kann. 4In großer Sorge, mit schwerem
Herzen und unter Tränen hatte ich euch
geschrieben. Aber ich wollte euch damit
nicht verletzen. Im Gegenteil! Ihr solltet
vielmehr erkennen, wie sehr ich gerade
euch liebe.

a) Wörtlich: Denn dies ist unser Ruhm, das Zeugnis unseres Gewissens, daß wir in Heiligkeit und Lauterkeit Gottes ... gewandelt sind. b) Wörtlich: Denn der Sohn Gottes, Christus Jesus, der unter euch durch uns verkündigt wurde, durch mich und Silvanus und Timotheus, war nicht Ja und Nein, sondern in ihm ist ein Ja geworden. c) Wörtlich: Gott (selbst) ist es, der uns mit euch auf Christus festgemacht und gesalbt hat. d) Wörtlich: Ich aber rufe Gott zum Zeugen auf gegen meine Seele. e) Wörtlich: Und gerade dies habe ich euch geschrieben, um nicht, wenn ich komme, Betrübnis zu erfahren von denen, derer ich mich freuen sollte.

Strafe genügt nicht – Vergebung ist nötig

5Wenn einer von euch so lebt, daß er Är-
gernis erregt, dann hat er nicht mir, son-
dern vielmehr euch allen Kummer berei-
tet – oder doch den meisten von euch,
um nicht zuviel zu sagen. 6Ihr habt sein
Verhalten bestraft, damit soll es gut sein.
7Jetzt müßt ihr ihm vergeben und ihn er-
mutigen, damit er nicht verzweifelt.
8Zeigt ihm deshalb, daß ihr alle ihn liebt.
9Der Zweck meines Briefes ist ja erreicht:
Ihr habt meine Anweisungen befolgt und
getan, was nötig war. 10Wem ihr vergebt,
dem vergebe ich auch. Wenn ich etwas
zu vergeben hatte, dann habe ich es um
euretwillen vor Christus[a] längst getan.
11Denn wir wissen nur zu gut, wie uns
der Satan zu Fall bringen möchte. Aber
das soll ihm nicht gelingen.

Mit Christus siegen

12Als ich nach Troas kam, um dort das
Evangelium von Christus zu verkün-
digen, waren die Menschen sehr offen für
diese Botschaft. 13Trotzdem war ich be-
unruhigt, weil ich meinen Mitarbeiter Ti-
tus nicht antraf. Darum verabschiedete
ich mich bald wieder von den Christen in
Troas und reiste ihm nach Mazedonien
entgegen.
14Von ganzem Herzen danke ich Gott
dafür, daß er uns überall im Triumphzug
Christi mitführt. Wohin wir auch kom-
men, verbreitet sich die Erkenntnis Got-
tes wie ein angenehmer Duft, dem sich
niemand entziehen kann. 15Ob die Men-
schen nun das Evangelium annehmen
und gerettet werden, ob sie es ablehnen
und verlorengehen: Unser Leben als
Christen ist ein Wohlgeruch für Gott.
16Für die einen ist er ein Verwesungsge-
ruch, der ihren Tod bestätigt; aber den
anderen ist er ein angenehmer Duft, der
ihr neues Leben anzeigt.[b]
Wer aber ist für diese große Aufgabe
geeignet? 17Nun, wir machen jedenfalls
mit dem Wort Gottes keine Geschäfte
wie so manche andere. Wir reden in aller
Aufrichtigkeit und in Gottes Auftrag,
weil wir mit Christus eng verbunden
sind und uns Gott verantwortlich wis-
sen.[c]

Alter und neuer Bund – Gesetz und Heiliger Geist

3 Vielleicht denkt ihr jetzt, wir wollten
uns damit schon wieder selbst loben.
Sollen wir euch etwa, wie es gewisse
Leute tun, Empfehlungsschreiben vorzei-
gen oder uns solche von euch geben las-
sen? 2Ich denke, ihr selbst seid der beste
Empfehlungsbrief für uns. Er ist in un-
ser[d] Herz geschrieben und kann von al-
len gelesen werden. 3Jeder weiß auch,
daß ihr selbst ein Brief Christi seid, den
wir in seinem Auftrag geschrieben ha-
ben; wenn auch nicht mit Tinte, sondern
mit dem Geist des lebendigen Gottes,
nicht auf steinerne Gesetzestafeln wie bei
Mose, sondern in eure lebendigen Her-
zen.
4Das wagen wir nur deshalb zu sagen,
weil wir Gott vertrauen, der uns durch
Christus beauftragt hat.[e] 5Wir bilden uns
nicht ein, aus eigener Kraft irgend etwas
tun zu können. Was bei euch geschehen
ist, das hat allein Gott getan. 6Nur durch
ihn sind wir befähigt, euch das Evan-
gelium zu verkünden, den neuen Bund,
den Gott mit uns Menschen geschlossen
hat. Wir verkünden nicht länger die Herr-
schaft des geschriebenen Gesetzes, son-
dern das neue Leben durch Gottes Geist.
Denn die Forderungen des Gesetzes
brachten uns den Tod, weil wir sie nicht
erfüllen konnten; der Heilige Geist aber
führt uns zu einem neuen Leben.[f]
7Schon die Verkündigung des Ge-
setzes, das in Stein gehauen war und
doch nur den Tod brachte, ließ etwas
von Gottes Herrlichkeit erkennen. War
das Leuchten auf dem Gesicht des Mose,
nachdem Gott ihm das Gesetz gegeben
hatte, nicht so stark, daß es das Volk Isra-
el nicht ertragen konnte? Doch wie
schnell war dieser Glanz vergangen!

a) Wörtlich: vor dem Angesicht Christi. b) Wörtlich: Den einen ein Duft vom Tode zum Tode, den anderen ein Duft vom Leben zum Leben. c) Wörtlich: Aus reiner Gesinnung, als aus Gott reden wir in Christus vor Gott. d) In einigen Handschriften: euer. e) Wörtlich: Solche Zuversicht aber haben wir durch Christus vor Gott. f) Wörtlich: Welcher uns ja befähigt hat zu Dienern des neuen Bundes, nicht des Buchstabens, sondern des Geistes; denn der Buchstabe tötet, der Geist aber macht lebendig.

[8]Wieviel herrlicher muß es dann sein, das Evangelium von Christus zu verkündigen, das die Menschen durch den Heiligen Geist zum Leben führt! [9]Wenn schon der Auftrag, der schließlich alle zum Tode verurteilte, so sichtbar Gottes Herrlichkeit zum Ausdruck brachte, wieviel herrlicher ist dann der Auftrag, durch den die Menschen von ihrer Schuld vor Gott freigesprochen werden![a]

[10]Die Herrlichkeit des Gesetzes ist nichts, verglichen mit der Herrlichkeit der Botschaft von Jesus Christus. [11]Wenn schon das Gesetz, das doch nur für eine bestimmte Zeit galt, die Herrlichkeit Gottes erkennen ließ, um wieviel mehr wird sich Gottes Herrlichkeit durch das Evangelium offenbaren, das ewig gilt!

[12]Weil wir diese Hoffnung haben, können wir Gottes Wort voller Zuversicht verkündigen. [13]Und wir brauchen auch nicht unser Gesicht mit einer Decke zu verhüllen, wie Mose es getan hat, damit die Israeliten nicht sehen sollten, wie der Glanz Gottes auf seinem Gesicht verschwand.

[14]Aber nicht nur das, Gott strafte sie auch mit Blindheit. Denn bis zum heutigen Tag ist das Alte Testament für sie wie mit einer Decke verhüllt. Sie lesen es zwar, aber seinen Sinn verstehen sie nicht. Weil diese Decke erst dann weggenommen wird, wenn sie an Christus glauben, [15]liegt sie bis heute auf ihren Herzen, wenn aus den Büchern des Mose vorgelesen wird. [16]Aber »wenn sich Israel dem Herrn zuwendet, wird die Decke weggenommen«.[b]

[17]Mit dem ›Herrn‹ ist der Heilige Geist gemeint. Wenn er in uns wohnt, sind wir frei von der Herrschaft des Gesetzes. [18]Als Christen ist uns die Herrlichkeit Gottes nicht länger verhüllt. Sie ist für jedermann sichtbar, und je mehr Gottes Geist unser Leben bestimmt, um so mehr bekommen wir Anteil an dieser Herrlichkeit.[c]

Zeitliche Leiden – ewige Herrlichkeit

4 Weil Gott uns in seiner Barmherzigkeit die unvergleichliche Aufgabe übertragen hat, seine Botschaft überall zu verkündigen, verlieren wir nicht den Mut. [2]Wir verzichten dabei auf alle möglichen Tricks und verfälschen auch nicht Gottes Wort. Im Gegenteil, wir sind Gott verantwortlich und verkündigen frei und unverfälscht seine Wahrheit. Das ist unsere Selbstempfehlung! Jeder gewissenhafte Mensch wird das bestätigen.

[3]Die Botschaft, daß Jesus Christus unsere Rettung ist, bleibt nur für die dunkel, die verloren sind. [4]Diese Ungläubigen hat der Satan[d] so verblendet, daß sie das helle Licht des Evangeliums und damit die Herrlichkeit Christi nicht sehen können. Und doch erkennen wir Gott selbst nur durch Christus. [5]Nicht wir sind der Mittelpunkt unserer Predigt, sondern Christus, der Herr! Wir sind nur eure Diener, und das aus Liebe zu Jesus.

[6]Denn so wie Gott einmal befahl: »Es werde Licht!«, so hat er auch die Finsternis in uns durch sein helles Evangelium vertrieben.[e] Durch uns sollen alle Menschen Gottes Herrlichkeit erkennen, die in Jesus Christus sichtbar wird.

[7]Diesen kostbaren Schatz tragen wir allerdings in einem zerbrechlichen Gefäß. Denn so wird jeder erkennen, daß die außerordentliche Kraft, die in uns wirkt, von Gott kommt und nicht von uns selbst. [8]Denn obwohl uns die Schwierigkeiten von allen Seiten bedrängen, lassen wir uns nicht von ihnen überwältigen. Wir sind oft ratlos, aber nie verzweifelt.

[9]Von Menschen werden wir verfolgt, aber bei Gott finden wir Zuflucht. Wir werden zu Boden geschlagen, aber wir kommen dabei nicht um. [10]Indem wir tagtäglich unser Leben für Jesus einsetzen, erfahren wir am eigenen Leib etwas von

a) Wörtlich: Wenn nämlich der Dienst der Verurteilung Herrlichkeit bedeutet, um wieviel mehr ist der Dienst der Gerechtigkeit überreich an Herrlichkeit. b) 2. Mose 34,34 c) Wörtlich: und werden in das gleiche Bild verwandelt von Herrlichkeit zu Herrlichkeit als vom Herrn des Geistes. d) Wörtlich: der Gott dieser Weltzeit. e) Wörtlich: Denn Gott ist es, der gesagt hat, aus der Finsternis soll Licht leuchten, der es hat Licht werden lassen in unseren Herzen.

seinem Sterben. Wir erfahren dadurch
aber auch etwas vom Leben des auferstan-
denen Jesus. 11So sind wir also um Jesu
willen ständig dem Tod ausgeliefert; aber
an unserem sterblichen Leib wird auch
immer wieder sein Leben sichtbar. 12Uns
bringt der Dienst für Jesus ständig in To-
desgefahr, euch dagegen hat er neues Le-
ben gebracht.

13Weil wir an Jesus Christus glauben,
müssen wir von ihm reden. Denn wie der
Beter im Alten Testament können auch
wir von uns sagen: »Ich glaube, deshalb
rede ich!«[a] 14Wir wissen: Gott, der Jesus
vom Tod auferweckt hat, wird auch uns
auferwecken. Dann werden wir mit euch
gemeinsam vor Gott stehen.

15Alle Entbehrungen aber ertragen wir
für euch. Denn je mehr Menschen für
Christus gewonnen werden, um so mehr
werden Gott danken und ihn über alles
ehren.[b]

16Darum geben wir auch nicht auf. Frei-
lich gehen diese Strapazen nicht spurlos
an mir vorüber. Wenn auch meine kör-
perlichen Kräfte nachlassen, wird doch
das Leben, das Gott mir schenkt, von
Tag zu Tag erneuert. 17Was wir jetzt lei-
den müssen, dauert nicht lange und ist
leicht zu ertragen, wenn wir bedenken,
welch unendliche, unvorstellbare Herr-
lichkeit uns erwartet. 18Deshalb lassen
wir uns von dem, was uns zur Zeit so
sichtbar bedrängt, nicht ablenken, son-
dern wir richten unseren Blick auf Got-
tes neue Welt, auch wenn sie noch un-
sichtbar ist. Denn das Sichtbare vergeht,
doch das Unsichtbare bleibt ewig.

Hoffnung auf eine neue Heimat

5 Das wissen wir: Wenn unser Leib ein-
mal zerfallen wird wie eine baufällige
Hütte, werden wir einen neuen Leib er-
halten, ein festes Haus, das nicht von
Menschen errichtet ist. Gott hält es im
Himmel für uns bereit, ein Haus, das
ewig bleibt. 2Voller Verlangen sehnen
wir uns danach, den neuen Leib anzuzie-
hen wie ein Kleid,[c] 3ohne daß wir vorher
sterben müssen.[d] 4Solange wir in un-
serem natürlichen Leib leben, fürchten
wir uns vor dem Tod. Es wäre uns viel
lieber, wir brauchten nicht zu sterben[e],
sondern könnten einfach in das neue Le-
ben überwechseln[f], damit alles Ver-
gängliche vom Leben überwunden wird.
5Darauf hat uns Gott vorbereitet, indem
er uns als sicheres Pfand dafür schon
jetzt den Heiligen Geist gab.

6Deshalb sind wir jederzeit zuver-
sichtlich, auch wenn wir Gott in unserem
irdischen Leib noch nicht unmittelbar na-
he sein können. 7Jetzt glauben wir an ihn,
auch wenn wir ihn noch nicht sehen kön-
nen.[g] 8Aber wir rechnen fest damit und
würden am liebsten diesen Leib verlas-
sen, um endlich ganz beim Herrn zu
sein.

9Aber ganz gleich, ob wir nun bei ihm
sind oder noch auf dieser Erde leben, es
kommt nur darauf an, alles zu tun, was
Gott gefällt. 10Denn einmal werden wir
uns alle vor Jesus Christus als unserem
Richter verantworten müssen. Dann
wird jeder das bekommen, was er für
sein Tun auf dieser Erde verdient hat,
mag es nun gut oder schlecht gewesen
sein.

Friede mit Gott

11Weil wir wissen, daß wir Gott als un-
bestechlichen Richter zu fürchten haben,
wollen wir so viele Menschen wie nur
möglich für Christus gewinnen. Gott
weiß, daß wir nur dies eine wollen,[h] und
ich hoffe, auch ihr unterstellt uns keine
anderen Absichten.[i]

12Das sagen wir nun wirklich nicht, um
uns selbst zu loben. Aber wenn ihr euch
mit Leuten auseinandersetzen müßt, für
die Äußerlichkeiten wichtiger sind als in-
nere Überzeugung, dann könnt ihr ihnen
die Gründe nennen, warum ihr stolz auf
uns seid. 13Ihr sagt, ich sei »von Sinnen«

a) Psalm 116,10 b) Wörtlich: Denn das alles geschieht um euretwillen, damit die Gnade wachse durch eine immer größere Zahl (der Gläubigen) und die Danksagung überreich mache zur Ehre Gottes. c) Wörtlich: Deshalb auch seufzen wir, weil wir uns sehnen, unsere Behausung aus dem Himmel anzuziehen. d) Wörtlich: Wenn es wenigstens richtig ist, daß wir, nachdem wir das (irdische) Gewand abgelegt haben, nicht nackt dastehen werden. e) Wörtlich: nicht entkleidet zu werden. f) Wörtlich: überkleidet werden. g) Wörtlich: Denn wir wandeln im Glauben, nicht im Schauen. h) Wörtlich: Vor Gott sind wir offenbar. i) Wörtlich: auch in euern Gewissen offenbar zu sein.

gewesen? Nun gut, dann war ich es für
Gott. Euch gegenüber war ich immer
»bei Sinnen« und habe klar und verständ-
lich geredet.
14 Was wir auch tun, wir tun es aus der
Liebe, die Christus uns geschenkt hat.
Denn wir sind davon überzeugt: Weil Je-
sus Christus stellvertretend für alle Men-
schen starb, sind sie gewissermaßen alle
gestorben. 15 Und Christus ist deshalb für
alle gestorben, damit alle, die durch
seinen Tod das Leben geschenkt be-
kamen, nicht länger für sich selbst leben.
Ihr Leben soll jetzt Christus gehören,
der für sie gestorben und auferstanden
ist.
16 Wir beurteilen auch niemanden mehr
nach äußeren Maßstäben. Selbst wenn
wir Christus früher danach beurteilt ha-
ben, so gelten diese Maßstäbe jetzt nicht
mehr. 17 Gehört jemand zu Christus,[a]
dann ist er ein neuer Mensch. Was vorher
war, ist vergangen, etwas Neues hat be-
gonnen. 18 All dies verdanken wir Gott,
der durch Christus mit uns Frieden ge-
schlossen hat. Er hat uns beauftragt,
diese Botschaft überall zu verkündigen.
19 Denn Gott hat durch Christus Frieden
mit der Welt geschlossen, indem er den
Menschen ihre Sünden nicht länger an-
rechnet, sondern sie vergibt. Gott hat
uns dazu bestimmt, diese Botschaft von
der Versöhnung öffentlich bekanntzuge-
ben.[b]
20 Als Botschafter Christi fordern wir
euch deshalb im Namen Gottes auf: Laßt
euch mit Gott versöhnen! Wir bitten
euch darum im Auftrag Christi. 21 Denn
Gott hat Christus, der ohne jede Sünde
war, mit all unserer Schuld beladen und
verurteilt, damit wir von dieser Schuld
frei sind und Menschen werden, die Gott
gefallen.[c]

Bewährung im Dienst

6 Als Gottes Mitarbeiter bitten wir
euch: Seht zu, daß die Gnade, die
Gott euch geschenkt hat, in eurem Leben
nicht ohne Auswirkung bleibt. 2 Denn
Gott hat gesagt: »Ich will dein Gebet er-
hören. Es wird eine Zeit der Gnade für
dich geben, einen Tag, an dem du meine
Hilfe erfährst!«[d] Genau diese Zeit ist
jetzt da, der Tag der Rettung ist nun ge-
kommen.
3 Niemand soll uns persönlich etwas
Schlechtes nachsagen können, damit
nicht unser Auftrag in Verruf gerät. 4 In
allem empfehlen wir uns als Gottes Mitar-
beiter: in Bedrängnissen, in Not und
Angst bleiben wir standhaft. 5 Auch wenn
man uns schlägt und einsperrt, wenn wir
aufgehetzten Menschen ausgeliefert sind,
bis zur Erschöpfung arbeiten, uns kaum
Schlaf gönnen und auf Nahrung ver-
zichten, soll sichtbar werden, daß wir
Gott gehören. 6 Wir beweisen dies durch
ein untadeliges Leben und darin, daß wir
Gottes Absichten erkennen; durch Ge-
duld und Freundlichkeit, in allem, was
Gottes Heiliger Geist durch uns wirkt,
und durch eine aufrichtige Liebe zu je-
dem Menschen wird sichtbar, daß wir
Gottes Mitarbeiter sind.
7 Wir verkünden Gottes Wahrheit und
leben aus seiner Kraft. Zum Angriff wie
zur Verteidigung gebrauchen wir die
Waffen Gottes: Rechtschaffenheit vor
Gott und Menschen.
8 Dabei lassen wir uns nicht beirren: we-
der durch Lob noch Verachtung, weder
durch gute Worte noch böses Gerede.
Man nennt uns Lügner, und wir sagen
doch die Wahrheit. 9 Für die Welt sind
wir Unbekannte, aber Gott kennt uns.
Wir sind Sterbende, und dennoch leben
wir. Wir werden geschlagen und kom-
men doch nicht um. 10 In allen Traurigkei-
ten bleiben wir fröhlich. Wir sind arm
und beschenken doch viele reich. Wir ha-
ben nichts und besitzen doch alles.
11 Ihr lieben Christen in Korinth! Wir
haben euch sehr offen unsere Meinung
gesagt und euch dabei in unser Herz blik-
ken lassen. 12 Der Platz in unserem Her-
zen ist euch sicher, auch wenn ihr für uns
nicht viel übrig habt.[e] 13 Ich rede zu euch

a) Wörtlich: Wenn jemand in Christus ist. b) Wörtlich: ... und unter uns die Predigt der Versöhnung eingesetzt hat. c) Wörtlich: Den, der Sünde nicht kannte, hat er für uns zur Sünde gemacht, damit wir Gottes Gerechtigkeit in ihm würden. d) Jesaja 49,8 e) Wörtlich: Ihr seid beengt in euren Herzen.

wie ein Vater zu seinen Kindern. Schenkt mir doch euer Vertrauen, und öffnet mir eure Herzen!

Warnung vor falschen Wegen

14 Macht nicht gemeinsame Sache mit Leuten, die nicht an Christus glauben. Gottes Gerechtigkeit und die Gesetzlosigkeit dieser Welt haben so wenig miteinander zu tun wie das Licht mit der Finsternis. 15 Wird Christus jemals mit dem Teufel übereinstimmen? Oder was verbindet einen an Christus Glaubenden mit einem Ungläubigen? 16 Was haben die Götzenbilder mit dem Tempel Gottes zu tun?

Vergeßt nicht: Wir selbst sind Gottes lebendiger Tempel. So hat Gott gesagt: »Ich will mitten unter ihnen leben. Ich will ihr Gott und sie sollen mein Volk sein!«[a] 17 Darum befiehlt Gott: »Verlaßt sie, und trennt euch von ihnen! Rührt nichts Unreines an! Dann will ich euch annehmen. 18 Ich werde euer Vater und ihr werdet meine Söhne und Töchter sein. So spricht der allmächtige Herr.«[b]

7 Meine lieben Freunde! All dies hat uns Gott versprochen. Darum wollen wir uns auch von jeder Sünde trennen, die unseren Körper oder unseren Geist verunreinigt. In Ehrfurcht vor Gott wollen wir so leben, wie es ihm gefällt.[c]

Bitte um Vertrauen

2 Vertraut uns doch! Wir haben ja keinem von euch Unrecht getan. Wir haben niemanden zum Bösen verführt und keinen von euch betrogen. 3 Ich will euch damit keine Vorwürfe machen. Denn ich habe euch ja vorhin gesagt, wie sehr ich euch liebe. Wir sind untrennbar, auf Gedeih und Verderb, miteinander verbunden.[d] 4 Ich vertraue euch in jeder Beziehung und bin stolz auf euch. Trotz aller Schwierigkeiten bin ich getröstet, und meine Freude ist unbeschreiblich groß.

Umkehr einer Gemeinde

5 Als wir nach Mazedonien kamen, waren wir sehr beunruhigt. Überall gab es Schwierigkeiten. Wir mußten alle möglichen Anfeindungen ertragen und waren doch selber voller Angst und Sorgen. 6 Aber Gott hilft den Mutlosen und Verzagten. Er hat uns durch die Ankunft des Titus getröstet; 7 und das nicht nur, weil Titus endlich wieder bei uns war. Noch mehr haben wir uns darüber gefreut, daß Titus bei euch so viel Gutes[e] erfahren hat. Er hat mir davon berichtet, wie sehr ihr auf meinen Besuch wartet, wie leid es euch tut, was geschehen ist, und mit welchem Eifer ihr euch für mich einsetzt. Ich kann euch gar nicht sagen, wie sehr ich mich darüber gefreut habe.

8 Jetzt bereue ich auch nicht, daß ich euch den Brief geschrieben habe, der euch so erschüttert hat. Und wenn ich auch schon dachte, es wäre besser gewesen, ich hätte ihn gar nicht abgeschickt – eben weil ihr wegen des Briefes tief betroffen gewesen seid –, 9 so bin ich jetzt doch froh, daß ich ihn geschrieben habe. Natürlich nicht, weil ihr bestürzt gewesen seid, sondern weil euch dies zum Nachdenken und zur Umkehr gebracht hat. Genau das war Gottes Absicht, und deshalb hat euch unser Brief auch nicht geschadet. 10 Denn die von Gott ausgelöste Erschütterung bewirkt eine Reue, die uns zu ihm hinführt.[f] Und wer sollte das jemals bereuen! Nur die Erschütterung, die nicht zur Umkehr führt,[g] bewirkt den Tod.

11 Bedenkt doch nur, was Gott alles durch eure Reue und Umkehr erreicht hat! Mit welcher Begeisterung geht ihr jetzt ans Werk, und wie bereitwillig habt ihr mich verteidigt! Jetzt seid ihr über das Vorgefallene empört, wie groß ist eure Furcht! Eure Entschlossenheit hat dazu geführt, daß der Schuldige bestraft wurde. Ihr habt damit bewiesen, daß diese Sache bereinigt ist.[h]

12 Ich habe euch meinen Brief nicht ge-

a) 3. Mose 26,11-12 b) Jesaja 52,11; Jeremia 31,9 c) Wörtlich: (unsere) Heiligung vollenden in der Furcht Gottes. d) Wörtlich: daß ihr in unseren Herzen seid, mitzusterben und mitzuleben. e) Wörtlich: Trost. f) Wörtlich: eine Reue zum Heil. g) Wörtlich: die Traurigkeit der Welt. h) Wörtlich: In allem habt ihr den Erweis gebracht, daß ihr rein seid in dieser Sache.

schrieben, weil es mir um den ging, der Unrecht getan hat, oder den, dem Unrecht geschehen ist. Es kam mir allein darauf an, daß ihr vor Gott beweisen konntet, auf wessen Seite ihr steht. [13]Deshalb sind wir nun getröstet, und das um so mehr, als mir Titus voller Freude berichtete, wie sehr er von euch ermutigt worden ist. [14]Ich hatte ihm so viel Gutes von euch erzählt, und ihr habt mich nicht enttäuscht. Titus konnte mir auch bestätigen, daß ich die Wahrheit über euch gesagt habe und zu recht auf euch stolz bin. [15]Er liebt euch jetzt noch mehr, weil er eure Bereitschaft zum Gehorsam gesehen hat, nachdem ihr ihn voller Angst und Bangen aufgenommen habt. [16]Ich freue mich, daß ich euch so ganz und gar vertrauen kann.

Mit anderen teilen

8 Nun will ich euch berichten, was Gottes Gnade in den Gemeinden der Provinz Mazedonien bewirkt hat. [2]Obwohl die Christen dort wegen ihres Glaubens viele Schwierigkeiten ertragen mußten, waren sie doch voller Freude und haben trotz ihrer großen Armut sehr viel für andere gegeben. [3]Ich kann bezeugen, daß sie bereitwillig gaben, was sie nur geben konnten, und sogar mehr als das. [4]Dabei brauchte ich um ihre Spende gar nicht zu bitten. Im Gegenteil! Sie haben es als ein Vorrecht angesehen, sich an der Hilfe für die Christen in Jerusalem beteiligen zu dürfen. [5]Sie haben sehr viel mehr getan, als wir jemals erwarten konnten, denn sie opferten sich geradezu selbst. Zuerst stellten sie sich dem Herrn zur Verfügung, danach auch uns. Das taten sie im Gehorsam Gott gegenüber.

[6]Nach dieser Erfahrung habe ich Titus zugeredet, daß er auch bei euch eine solche Sammlung durchführt. Er hatte ja bereits damit begonnen und wird dieses Liebeswerk bei euch bald zum Abschluß bringen. [7]Ihr seid in so vielen Dingen überaus reich gesegnet: in eurem Glauben, in der Verkündigung und Erkenntnis des Wortes Gottes, in eurem Einsatz für den Herrn und durch die Liebe, die wir in euch geweckt haben. Seht zu, daß sich dieser Reichtum auch in eurer Hilfsbereitschaft für die Gemeinde in Jerusalem zeigt.

[8]Natürlich will ich euch nichts befehlen. Aber angesichts der Opferbereitschaft der anderen würde ich gern sehen, wie echt eure Liebe ist. [9]Denkt daran, was unser Herr Jesus Christus für euch getan hat.[a] Er war reich und wurde doch arm, um euch durch seine Armut reich zu machen.

[10]Nach meiner Meinung kann es nur gut für euch sein, wenn ihr nun endlich mit der Sammlung beginnt, wie ihr es euch seit einem Jahr vorgenommen habt. [11]Nur solltet ihr diesmal die Sache auch tatsächlich zu Ende führen, damit es nicht bei guten Vorsätzen bleibt. Gebt so viel, wie ihr geben könnt!

[12]Wenn ihr wirklich etwas geben wollt, dann ist es nicht entscheidend, wie viel ihr geben könnt. Denn Gott wird eure Gabe nach dem beurteilen, was ihr habt, und nicht nach dem, was ihr nicht habt. [13]Ihr sollt nicht dadurch in Not geraten, weil ihr anderen aus der Not helft. Es geht nur um einen Ausgleich. [14]Heute habt ihr so viel, daß ihr ihnen helfen könnt. Ein andermal werden sie euch von ihrem Überfluß abgeben, wenn es nötig ist. Das meine ich mit Ausgleich. [15]Erinnert euch daran, was die Heilige Schrift dazu sagt: »Wer viel sammelte, hatte nicht zuviel; und wer wenig sammelte, dem fehlte nichts.«[b]

Gewissenhafter Umgang mit Geld

[16]Ich bin Gott von Herzen dankbar, daß sich auch Titus so sehr für euch einsetzt. [17]Er war gleich bereit, zu euch zu reisen, ohne daß ich ihn erst lange darum bitten mußte. [18]Mit ihm kommt noch ein anderer Bruder, den man in allen Gemeinden wegen seiner Arbeit für Christus sehr schätzt. [19]Dieser Mann wurde von den Gemeinden ausdrücklich dazu bestimmt, gemeinsam mit uns das gesammelte Geld nach Jerusalem zu bringen. Das war auch unser Wunsch, damit alles zur Ehre Gottes geschieht. [20]So soll allen Verdächtigungen vorgebeugt werden – es handelt sich immerhin um eine recht hohe Geldsumme. [21]Wir wollen uns nämlich nicht nur Gott, sondern auch den

a) Wörtlich: Denn ihr kennt die Gnade unseres Herrn Jesus Christus. b) 2. Mose 16,18

Menschen gegenüber gewissenhaft verhalten.

22 Zusammen mit den beiden schicken wir noch einen anderen Bruder zu euch. Wir haben ihn bei vielen Gelegenheiten als überaus tatkräftigen und zuverlässigen Christen kennengelernt. Weil er schon so viel von euch gehört hat, kommt er besonders gern zu euch. 23 Sowohl mein Freund und Mitarbeiter Titus als auch diese beiden Männer können zu euch kommen. Sie wurden von den Gemeinden für diese Aufgabe ausgewählt und sind als Christen ein leuchtendes Vorbild.[a] 24 Nehmt sie deshalb in aller Liebe auf, und beweist damit vor allen Gemeinden, daß wir euch zu Recht so sehr gelobt haben.

9 Über die Sammlung für die Gemeinde in Jerusalem brauche ich wohl keine weiteren Worte zu verlieren. 2 Eure Bereitschaft zu helfen ist mir ja bekannt. Schließlich habe ich euch deswegen in den mazedonischen Gemeinden schon gelobt und berichtet, daß ihr in der Provinz Achaja bereits im vorigen Jahr mit der Sammlung begonnen habt. Euer Beispiel hat viele angespornt.

3 Ihr könnt jetzt beweisen, ob ich eure Hilfsbereitschaft richtig eingeschätzt habe. Damit eure Sammlung nun auch wirklich abgeschlossen wird, wie ich es überall erzählt habe, schicke ich diese Männer zu euch. 4 Dann brauche ich den Leuten aus Mazedonien, wenn sie mit mir nach Korinth kommen, nicht beschämt einzugestehen, daß wir uns geirrt haben, weil es mit eurer Opferbereitschaft nicht weit her ist. Doch im Grunde müßtet ihr euch dann schämen. 5 Deshalb hielt ich es für zweckmäßig, die Brüder vorauszuschicken, damit sie dafür sorgen, daß die von euch zugesagte Spende auch wirklich bereitliegt. Es soll doch eine reiche Liebesgabe sein und keine Spende von Geizhälsen.

Wie Christen geben sollen

6 Ich bin davon überzeugt: Wer wenig sät, der wird auch wenig ernten; wer aber viel sät, der wird auch viel ernten. 7 So soll jeder für sich selbst entscheiden, wieviel er geben will, und zwar freiwillig und nicht, weil die anderen es tun. Denn Gott liebt den, der fröhlich und bereitwillig gibt. 8 Er wird euch dafür alles schenken, was ihr braucht, ja mehr als das. So werdet ihr nicht nur selbst genug haben, sondern auch noch den anderen Gutes tun können.[b] 9 Schon in den Psalmen heißt es ja von dem Mann, den Gott reich beschenkt hat: »Er hat viel gesät und von seiner reichen Ernte den Armen abgegeben. Auf seine barmherzige Liebe kann man immer zählen.«[c]

10 Gott aber, der dem Sämann Saat und Brot schenkt, wird auch euch Saatgut geben. Er wird es wachsen lassen und dafür sorgen, daß eure Opferbereitschaft Früchte trägt.[d] 11 Ihr werdet alles so reichlich haben, daß ihr unbesorgt weitergeben könnt. Außerdem würden wir auf diese Weise dazu beitragen, daß viele Gott danken.

12 Eure Gabe hätte demnach zwei gute Auswirkungen: Sie wäre nicht nur eine Hilfe für die notleidenden Christen in Jerusalem, sie würde auch bewirken, daß viele Menschen Gott danken. 13 Denn für diese dringend benötigte Unterstützung werden die Beschenkten Gott loben, weil ihr euch so treu zum Evangelium von Jesus Christus bekennt und so bereitwillig und freudig mit den Christen in Jerusalem und mit allen anderen teilt. 14 Sie werden für euch beten und wären gern mit euch zusammen, weil sich an euch die Gnade Gottes auf so wunderbare Weise gezeigt hat. 15 Wir aber danken Gott für seine unaussprechlich große Gabe.

a) Wörtlich: ein Abglanz Christi. b) Wörtlich: Gott vermag aber jede Gnade reichlich auf euch kommen zu lassen, daß ihr in allem allewege alles Genüge habt und noch Überfluß zu jedem guten Werk. c) Wörtlich: Seine Gerechtigkeit bleibt in Ewigkeit. Psalm 112,9 d) Wörtlich: Der aber, welcher dem Sämann Samen und Brot zur Speise gibt, wird auch euch Samen geben und ihn mehren und die Früchte eurer Gerechtigkeit reichlich werden lassen.

Abwehr persönlicher Angriffe

10 Da wäre nun noch eine persönliche Angelegenheit zu klären, die ich mit euch im Geist der Liebe und Güte Christi regeln möchte. Einige von euch sagen mir nach, ich sei unterwürfig und ängstlich, solange ich bei euch bin, aber mutig und zu allem entschlossen, wenn ich mich nur weit genug von euch entfernt habe. 2Zwingt mich bitte nicht dazu, tatsächlich hart durchgreifen zu müssen, wenn ich zu euch komme. Auf jeden Fall werde ich energisch gegen alle vorgehen, die mir allzu menschliche, ja selbstsüchtige Absichten unterstellen[a].

3Natürlich bin auch ich nur ein Mensch, aber mit selbstsüchtigen Mitteln kämpfe ich nicht. 4Die Waffen, mit denen ich kämpfe, sind die Waffen Gottes. Sie sind mächtig genug, jede Festung zu zerstören, jedes menschliche Gedankengebäude niederzureißen, 5einfach alles zu vernichten, was sich stolz gegen Gott und seine Wahrheit erhebt. Alles menschliche Denken nehmen wir gefangen und unterstellen es Christus.[b] 6In diesem Sinn werden wir auch jeden Ungehorsam strafen, sobald ihr nur als Gemeinde zum Gehorsam bereit seid.

7Verschließt eure Augen doch nicht vor den Tatsachen! Ist jemand davon überzeugt, zu Christus zu gehören, dann soll er uns das auch nicht absprechen. 8Immerhin könnte ich noch für mich in Anspruch nehmen, daß Gott mir als Apostel besondere Vollmacht gegeben hat. Damit würde ich nicht einmal übertreiben. Doch mein Auftrag ist, euch zu helfen, nicht euch zu schaden.

9Ihr sollt aber nicht denken, ich wollte euch mit meinen Briefen einschüchtern. 10Das könnte man fast annehmen, wenn ihr sagt: »In seinen Briefen gebraucht er große Worte, doch bei uns ist er ängstlich und zaghaft. Und wen beeindruckt schon, was er sagt?« 11Wer das von mir behauptet, der soll wissen: Genauso wie ich in meinen Briefen mit euch rede, werde ich handeln, wenn ich bei euch bin.

12Wir würden es natürlich niemals wagen, uns mit denen zu vergleichen, die sich überall selbst empfehlen, oder uns gar auf eine Stufe mit ihnen zu stellen. Denn wir haben es doch gar nicht nötig, uns an anderen zu messen und uns mit ihnen zu vergleichen. 13Deshalb überschätzen wir uns auch nicht so maßlos, wie sie es tun. Wir möchten ausschließlich mit dem Maß gemessen werden, mit dem Gott uns mißt; und dazu gehört auch unsere Arbeit bei euch. 14Wir gehen also nicht zu weit, wenn wir von euch Gehorsam erwarten, denn wir haben euch doch schließlich die rettende Botschaft von Christus gebracht. 15Dabei schmücken wir uns keineswegs mit fremden Federn. Wenn ihr erst einmal im Glauben fest und stark geworden seid, hoffen wir sogar, unsere Missionsarbeit noch weiter ausdehnen zu können.[c] 16Denn wir wollen auch den Menschen das Evangelium bringen, die jenseits eurer Grenzen leben. Sonst würden wir uns ja mit einer Arbeit brüsten, die andere getan haben.

17Es heißt doch: »Wer sich rühmen will, sollte wissen, daß er nur rühmen kann, was Gott getan hat.«[d] 18Niemand ist schon deshalb ein bewährter Diener Gottes, weil er sich selbst empfiehlt. Entscheidend ist, daß Gott ihm ein gutes Zeugnis ausstellt.

Paulus verteidigt sich gegen falsche Apostel

11 Ihr gestattet mir sicher, wenn ich mich jetzt auch einmal so töricht verhalte wie die anderen. 2Ich werbe geradezu eifersüchtig um euch, so wie Gott um euch wirbt. Wie eine Braut sollt ihr nur einem einzigen Mann gehören. Denn ich habe euch mit Christus verlobt, dem ich euch wie ein Brautvater zuführen möchte. 3Zur Zeit aber fürchte ich, daß mir dies nicht gelingt. Denn schon die Schlange konnte Eva im Paradies mit ihrer List verführen. Ebenso könntet ihr von dem reinen und unverfälschten Glau-

a) Wörtlich: als wandelten wir nach dem Fleisch. b) Wörtlich: (Wir zerstören) alle Gegnerschaft, die sich gegen die Erkenntnis Gottes auflehnt, und führen jeden Anschlag unter den Gehorsam Christi gefangen. c) Wörtlich: Wir aber haben die Hoffnung, wenn euer Glaube unter euch wächst, groß zu werden nach unserem Maßstab bis zum Übermaß. d) Wörtlich: Wer sich aber rühmt, der rühme sich des Herrn. Jeremia 9,22-23

ben an Jesus Christus abgebracht werden. 4Ihr seid allzu leichtgläubig. Wenn jemand zu euch kommt und etwas anderes über Jesus sagt, als wir euch gelehrt haben, wenn irgend etwas anderes von euch Besitz ergreift und den Heiligen Geist aus euren Herzen vertreibt oder wenn ein anderes Evangelium verkündet wird, dann nehmt ihr das alles bereitwillig hin.

5Ich schätze mich wahrhaftig nicht geringer ein als diese großartigen Apostel[a], vor denen ihr solchen Respekt habt. 6Vielleicht bin ich kein besonders geschickter Redner, aber was meine Erkenntnis des Evangeliums von Jesus Christus betrifft, nehme ich es gern mit ihnen auf. Das habe ich in aller Öffentlichkeit und unmißverständlich zu jeder Zeit bewiesen.

7Wollt ihr mir etwa vorwerfen,[b] daß ich euch das Evangelium verkündigt habe, ohne etwas für meinen Lebensunterhalt zu erwarten? War es falsch, daß ich auf alles verzichtet habe, nur damit euer Glaube stark und fest wird?[c] 8Um euch ungehindert dienen zu können, habe ich andere Gemeinden geradezu beraubt und Geld von ihnen genommen. 9Auch als ich während meines Aufenthaltes bei euch in Not geriet, habt ihr keinen Pfennig für mich zahlen müssen. Versorgt haben mich die Gemeinden aus Mazedonien, so daß ich euch niemals zur Last gefallen bin. Und dabei wird es auch in Zukunft bleiben. 10Das ist die Wahrheit; so wahr wie das Evangelium von Christus.[d] Und niemand in der ganzen Provinz Achaja wird mir diesen Ruhm nehmen können. 11Warum ich das alles getan habe? Etwa weil ich euch nicht liebe? Gott weiß, wie sehr ich euch liebe!

12Trotzdem will ich auch in Zukunft kein Geld von euch annehmen. Keiner von diesen anderen soll noch länger behaupten dürfen, er sei ein Apostel wie ich. Wir unterscheiden uns in vielen Dingen!

13Denn sie sind falsche Apostel, Betrüger, die lediglich behaupten, sie seien Botschafter Christi. 14Und das ist nicht einmal erstaunlich! Gibt sich nicht sogar der Satan als Engel Gottes aus? 15Es ist also kein Wunder, wenn auch seine Helfer als Diener Gottes auftreten. Doch ihr Ende wird ihren Taten entsprechen.

Leiden für das Evangelium

16Ich sage es noch einmal: Niemand soll mich für einen Narren halten. Wenn ihr es aber doch tut, dann hört mir trotzdem zu; ich bin ja gezwungen, mich selbst zu loben. 17Was ich jetzt sage, ist allerdings nicht im Sinne unseres Herrn. Ich bin mir bewußt, daß ich damit wie ein Narr rede. Aber ich sage es trotzdem, wenn wir schon einmal beim Prahlen sind. 18Wie die anderen dauernd ihre guten Seiten herausstellen, will ich es auch einmal tun. 19Ihr seid ja so klug, daß ihr bereitwillig hinter jedem Narren herlauft. 20Und ihr habt ja nichts dagegen, wenn man euch schindet und ausnutzt, wenn man euch einfängt, euch herumkommandiert oder gar ins Gesicht schlägt. 21Zu meiner Schande muß ich gestehen: Dazu war ich nicht fähig!

Aber da ich mich nun einmal zum Eigenlob entschlossen habe: Womit diese Leute so selbstbewußt prahlen, damit kann ich schon lange dienen. 22Sie sind Hebräer? Das bin ich auch! Sie sind Israeliten und gehören zu dem von Gott auserwählten Volk? Dazu gehöre ich auch! Sie sind Nachkommen Abrahams? Ich etwa nicht? 23Sie sind Diener Christi? Ich sage, ich habe Christus weit mehr gedient und – das kann jetzt wirklich nur noch ein Narr sagen –: Ich habe viel mehr auf mich genommen als sie. Ich bin öfter im Gefängnis gewesen und häufiger ausgepeitscht worden. Unzählige Male hatte ich den Tod vor Augen.

24Fünfmal habe ich von den Juden die neununddreißig Schläge erhalten. 25Dreimal wurde ich von den Römern ausgepeitscht, und einmal hat man mich gesteinigt. Dreimal habe ich Schiffbruch erlitten; einmal trieb ich sogar einen Tag und eine ganze Nacht hilflos auf dem Meer. 26Auf meinen vielen Reisen bin ich immer wieder in Gefahr geraten durch Flüsse, die über die Ufer getreten waren, und durch Räuber, die mich ausrauben

a) Wörtlich: Überapostel. b) Wörtlich: Oder habe ich eine Sünde begangen? c) Wörtlich: indem ich mich selbst erniedrigte, damit ihr erhöht würdet. d) Wörtlich: Bei der Wahrheit Christi, die in mir ist.

wollten. Gefahr drohte mir von meinem eigenen Volk ebenso wie von den Nichtjuden. In den Städten verfolgten sie mich. In der Wüste und auf dem Meer bangte ich um mein Leben. Und wie oft wollten mich falsche Brüder verraten!

[27]Mein Leben bestand aus Mühe und Plage, aus durchwachten Nächten, aus Hunger und Durst. Ich habe oft gefastet und war schutzlos der Kälte ausgesetzt. [28]Aber das ist noch längst nicht alles. Tag für Tag bedrängt man mich und erwartet meinen Rat als Seelsorger.[a] Dazu kommt die Sorge um alle Gemeinden. [29]Wo gibt es jemanden, dessen Sünde nicht auch mich belastet? Wer wird zum Bösen verführt, ohne daß ich brennenden Zorn empfinde?[b]

[30]Wenn ich mich also schon selbst loben muß, dann will ich mit meinen Leiden prahlen, die ich für Christus auf mich genommen habe. [31]Gott weiß, daß dies alles wahr ist. Ihm, dem Vater unseres Herrn Jesus Christus, sei Lob und Ehre in Ewigkeit.

[32]Einmal, es war in Damaskus, ließ der Gouverneur des Königs Aretas die Stadttore bewachen, um mich festnehmen zu lassen. [33]Dort hat man mich in einem Korb durch eine Luke in der Stadtmauer hinuntergelassen, und nur so konnte ich entkommen.

Gottes Kraft und unsere Schwachheit

12 Freilich ist solches Eigenlob im Grunde Unsinn und nützt niemandem. Trotzdem möchte ich jetzt diese Gedanken zu Ende führen und von Visionen und Offenbarungen berichten, die Gott einigen Menschen schenkt. [2]Ich kenne einen Christen, der vor vierzehn Jahren in den dritten Himmel entrückt wurde. Gott allein weiß, ob dieser Mensch leibhaftig oder mit seinem Geist dort war.[c] [3]Und wenn ich auch nicht verstehe, wie er dorthin kam – auch das weiß allein Gott –, [4]er war im Paradies und hat dort Worte gehört, die für Menschen unaussprechlich sind.

[5]Dieser Mensch bin ich, und darauf könnte ich stolz sein. Ich bin aber nur auf meine Leiden für Christus stolz und auf nichts anderes.[d] [6]Doch selbst wenn ich mit solchen Erlebnissen prahlte, wäre ich noch lange nicht verrückt, denn ich sage die Wahrheit. Ich verzichte aber darauf, weil ich möchte, daß ihr mich nicht überschätzt, sondern mich nur nach dem beurteilt, was ihr an meinem Leben sehen und aus meinen Worten hören könnt.

[7]Gott selbst hat dafür gesorgt, daß ich mir auf diese unbeschreiblichen Offenbarungen nichts einbilde. Deshalb läßt er mich unter einer Krankheit leiden, die mir schwer zu schaffen macht.[e] Es ist, als ob ein Engel des Satans mir ins Gesicht schlägt, damit ich nicht überheblich werde. [8]Dreimal schon habe ich Gott angefleht, daß er mich davon befreit. [9]Aber er hat zu mir gesagt: »Verlaß dich ganz auf meine Gnade. Denn gerade wenn du schwach bist, kann sich meine Kraft an dir besonders zeigen.« Darum will ich vor allem auf meine Leiden und meine Schwäche stolz sein. Dann nämlich wirkt die Kraft Christi an mir. [10]Und so trage ich alles, was Christus mir auferlegt hat: alle Mißhandlungen und Entbehrungen, alle Verfolgungen und Ängste. Denn ich weiß: Gerade wenn ich schwach bin, bin ich stark durch Christus.

Werben um Vertrauen

[11]Ihr habt mich gezwungen, mich wie ein Narr aufzuführen. Denn nicht ich sollte mich loben, sondern ihr solltet es tun. Zwar weiß ich, daß ich ein »Nichts« bin, aber mit euern großartigen Aposteln kann ich mich sehr wohl messen. [12]Durch meine unermüdliche Arbeit bei euch und durch Zeichen, Wunder und andere Taten habe ich bewiesen, daß ich ein Botschafter Gottes bin. [13]Habe ich euch etwa schlechter behandelt als andere Gemeinden, nur weil ich euch kein Geld abnahm? Dann verzeiht mir dieses »Unrecht«!

a) Wörtlich: Der tägliche Andrang zu mir. b) Wörtlich: Wer ist schwach, und ich bin nicht schwach? Wer wird zu Bösem verführt, und ich glühe nicht vor Erregung? c) Wörtlich: Ob im Leibe oder außer dem Leibe, weiß ich nicht. d) Wörtlich: Für diesen will ich mich rühmen. Für mich selbst aber will ich mich nicht rühmen, außer meinen Schwachheiten. e) Wörtlich: Deshalb wurde mir gegeben ein Pfahl ins Fleisch.

14 Ich werde jetzt zum dritten Mal zu euch kommen, und auch diesmal soll es euch nichts kosten. Schließlich geht es mir nicht um euer Geld, sondern um euch selbst. Außerdem versorgen[a] in der Regel nicht die Kinder ihre Eltern, sondern die Eltern ihre Kinder. 15 Für euch würde ich alles hingeben, was ich habe, sogar mein Leben. Sollte tatsächlich meine große Liebe der Anlaß sein, von euch weniger geliebt zu werden?

16 Nun gut, ich habe von euch kein Geld genommen. Aber vielleicht denkt ihr sogar, ich sei ganz besonders raffiniert gewesen und hätte euch auf hinterlistige Weise ausgenutzt. 17 Haben euch meine Mitarbeiter ausgebeutet, die ich zu euch schickte? 18 Titus etwa, den ich selbst beauftragt habe, oder der von den Gemeinden entsandte Bruder? Das halte ich für ausgeschlossen! Denn in dieser Frage sind wir vollkommen einer Meinung und gehen denselben Weg.

19 Ihr meint wohl, wir sagen dies alles, um uns vor euch zu verteidigen. Ganz und gar nicht; denn als Christen sind wir allein Gott verantwortlich.[b] Mit allem, was wir euch gesagt haben, liebe Brüder, wollen wir euch doch nur weiterhelfen. 20 Denn ich befürchte, daß ich euch bei meiner Ankunft nicht so antreffen werde, wie ich es erwarten könnte. Und dann – fürchte ich – werdet auch ihr von mir enttäuscht sein. Hoffentlich erwarten mich bei euch nicht wieder Streit, Neid, Zorn und häßliche Auseinandersetzungen! Hoffentlich gibt es nicht wieder Verleumdung und bösartiges Gerede, Hochmut und Unfrieden! 21 Ich habe Angst, daß Gott mich bei euch erneut demütigen könnte und ich über viele von euch traurig sein müßte, die nicht bereit waren, ihr sittenloses, ausschweifendes Leben zu bereuen und umzukehren.

Abschließende Bitte und Grüße

13 Jetzt werde ich zum dritten Mal zu euch kommen. Denkt daran: »Jeder Streitfall soll durch die Aussage von zwei oder drei Zeugen entschieden werden.«[c] 2 Ich habe euch schon gewarnt, als ich das letzte Mal bei euch war. Jetzt sage ich es noch einmal in diesem Brief. Allen, die Schuld auf sich geladen haben, erkläre ich ohne alle Umschweife: Ich werde keine Nachsicht üben, wenn ich wieder bei euch bin.

3 Ihr selbst wollt ja den Beweis, daß Christus durch mich spricht. Nun, Christus ist euch gegenüber nicht schwach, sondern stark und mächtig. 4 Als er gekreuzigt wurde, war er schwach; aber jetzt ist er auferstanden und lebt aus der Kraft Gottes. Auch wir sind schwach, wie es Christus am Kreuz war; doch euch gegenüber wird sich zeigen, daß wir mit Christus aus der Kraft Gottes leben.

5 Prüft euch! Stellt selbst fest, ob euer Glaube noch lebendig ist! Oder ist bei euch nichts mehr davon zu merken, daß Jesus Christus unter euch lebt? Dann allerdings hättet ihr diese Prüfung nicht bestanden.[d] 6 Ich hoffe aber, ihr werdet erkennen, daß wir diese Probe bestanden haben.

7 Wir beten zu Gott, daß ihr nichts Böses tut; und das nicht, weil wir eine Bestätigung für unsere Arbeit haben wollen. Es geht uns nur darum, daß ihr das Gute tut, selbst wenn man uns für Versager hält. 8 Gegen Gottes Wahrheit können wir ohnehin nichts ausrichten, wir können nur für sie eintreten. 9 Gern wollen wir schwach sein, wenn ihr nur stark seid. Darum beten wir, daß euer Leben wieder mit Gott in Ordnung kommt.[e]

10 Ich habe euch das alles geschrieben, ehe ich zu euch komme, damit ich nicht zu streng mit euch sein muß, wenn ich bei euch bin. Denn Gott hat mir seine Vollmacht gegeben, um euch weiterzuhelfen, nicht um euch zu bestrafen.[f]

11 Zum Schluß, meine lieben Brüder, noch einmal meine Bitte: Freut euch! Kehrt von euren falschen Wegen um! Hört auf alles, was ich euch geschrieben habe. Haltet fest zusammen, und schafft

a) Wörtlich: sammeln Schätze. b) Wörtlich: Wir reden vor Gott in Christus. c) 5. Mose 19,15 d) Wörtlich: Wenn nicht, seid ihr ja Unbewährte. e) Wörtlich: um eure Vervollkommnung. f) Wörtlich: zur Erbauung, nicht zur Zerstörung.

Frieden in eurer Gemeinde. Dann wird Gott, der ja ein Gott der Liebe und des Friedens ist, mit euch sein.

12Grüßt euch mit dem Bruderkuß[a]. Die Gemeinde hier läßt euch grüßen.

13Ich wünsche euch, daß die Gnade unseres Herrn Jesus Christus, die Liebe Gottes und die Gemeinschaft des Heiligen Geistes euer Leben bestimmen.

a) Wörtlich: mit dem heiligen Kuß.

Der Brief des Paulus an die Christen in Galatien

Verfasser: Paulus, Apostel
Ort: Ephesus oder Mazedonien
Zeit: 54 n.Chr.

Als sich die Botschaft von Jesus Christus im ganzen Mittelmeerraum verbreitete, tauchte immer wieder die Frage auf, ob Christen das jüdische Gesetz des Alten Testamentes befolgen müßten. Dieses Problem bildete auch den Hintergrund für den Brief des Paulus an die Gemeinden in Galatien. Dort waren jüdische Christen aufgetreten und hatten gefordert, daß man sich dem Gesetz des Mose unterwerfen müsse, um gerettet zu werden. Gegen diese Behauptung geht Paulus entschieden vor: Allein durch den Glauben an Jesus Christus können Menschen vor Gott bestehen, nicht durch eigene Leistungen oder durch die genaue Erfüllung des jüdischen Gesetzes. Das ist der Kernpunkt der guten Nachricht von Jesus Christus, die Paulus den Galatern wieder neu ins Gedächtnis rufen will: »Durch Christus sind wir frei geworden, damit wir als Befreite leben. Jetzt kommt es darauf an, daß ihr euch nicht wieder vom Gesetz gefangennehmen laßt«, heißt es in Kapitel 5, Vers 1.

Botschaft und Gruß

1 Diesen Brief schreibt Paulus an die
Gemeinden in der Provinz Galatien.
Ich bin weder von Menschen berufen
noch durch sie ausgesandt worden. Jesus
Christus selbst hat mich zu seinem Botschafter bestimmt und Gott, unser Vater,
der Jesus von den Toten auferweckte.
2 Ich schreibe euch im Namen aller meiner Mitarbeiter[a], die hier bei mir sind.
3 Euch allen wünschen wir Gnade und
Frieden von Gott, unserem Vater, und
dem Herrn Jesus Christus. 4 Er hat sein
Leben für unsere Sünden hingegeben
und hat uns davon befreit, so leben zu
müssen wie diese vergängliche, vom Bösen beherrschte Welt. Damit erfüllte er
den Willen Gottes, unseres Vaters. 5 Ihn
wollen wir in alle Ewigkeit loben und ehren. Das ist ganz gewiß! Amen.

Es gibt nur einen Weg zu Gott

6 Ich muß mich wirklich wundern, daß
ihr so schnell bereit seid, euch von Gott
abbringen zu lassen, der euch doch in seiner Gnade durch Jesus Christus das neue
Leben geschenkt hat.[b] Ihr meint, ein anderes Evangelium, einen anderen Weg
zur Rettung, gefunden zu haben? 7 Dabei
kann es gar kein anderes Evangelium ge-

a) Wörtlich: Brüder. b) Wörtlich: der euch in die Gnade (Christi) gerufen hat.

ben! Es gibt nur ein paar Leute, die unter euch Verwirrung stiften, indem sie die Botschaft von Christus verfälschen.

8 Wer euch aber einen anderen Weg zum Heil zeigen will als das Evangelium, das wir euch verkündigt haben, den wird Gottes Urteil treffen; auch wenn wir selbst das wären oder gar ein Engel vom Himmel. 9 Ich sage es noch einmal: Wer euch ein anderes Evangelium verkündet, als ihr angenommen habt, der soll verflucht sein!

10 Rede ich so, wie die Menschen es hören wollen, oder geht es mir darum, Gott zu gefallen? Erwarte ich, daß die Menschen mir Beifall klatschen? Dann würde ich nicht länger Christus dienen.[a]

Paulus – von Gott selbst berufen

11 Ihr könnt sicher sein, liebe Brüder: Das Evangelium, wie ich es euch gelehrt habe, ist nicht das Ergebnis menschlicher Überlegungen. 12 Denn auch mir hat es niemand überliefert, kein Mensch hat es mich gelehrt. Jesus Christus selbst ist mir erschienen und hat mir sein Evangelium offenbart. 13 Ihr wißt sicherlich, wie ich als strenggläubiger Jude gelebt habe, daß ich die Christen[b] überall unbarmherzig verfolgte und ihre Gemeinden zerstören wollte. 14 Mein Fanatismus, mit dem ich mich für den jüdischen Glauben einsetzte, wurde von keinem meiner Altersgenossen in unserem Volk erreicht. Ich wollte unbedingt die überlieferten Gesetze unserer Väter buchstabengetreu erfüllen.

15 Aber Gott hatte mich in seiner Gnade schon vor meiner Geburt dazu bestimmt, ihm einmal zu dienen. Als die Zeit dafür gekommen war, 16 ließ er mich Jesus Christus sehen und erkennen. Die anderen Völker sollten durch mich erfahren, daß Jesus ihr Retter ist. Ohne zu zögern, habe ich diesen Auftrag angenommen und keinen Menschen um Rat gefragt. 17 Ich bin nicht einmal nach Jerusalem gereist, um die nach ihrer Meinung zu fragen, die schon vor mir Gottes Botschafter waren. Nein, ich bin sofort nach Arabien gezogen und von dort wieder nach Damaskus zurückgekehrt.

18 Erst drei Jahre später kam ich nach Jerusalem, weil ich Petrus[c] kennenlernen wollte. Fünfzehn Tage bin ich damals bei ihm geblieben. 19 Von den anderen Aposteln habe ich bei diesem Aufenthalt keinen gesehen, außer Jakobus, den Bruder unseres Herrn. 20 Gott weiß, daß alles wahr ist, was ich euch sage.

21 Danach bin ich in den Gebieten von Syrien und Zilizien gewesen, um dort das Evangelium zu verkündigen. 22 Die christlichen Gemeinden in Judäa haben mich damals noch nicht persönlich gekannt. 23 Nur vom Hörensagen wußten sie: »Der Mann, der uns früher verfolgt hat, verkündigt jetzt selbst die Botschaft von Christus[d], die er früher so erbittert bekämpfte.« 24 Und sie dankten Gott für alles, was er an mir getan hat.

Paulus – von den anderen Aposteln anerkannt

2 Erst vierzehn Jahre später bin ich – zusammen mit Barnabas und Titus – wieder nach Jerusalem gekommen. 2 Gott selbst hatte mir den Auftrag zu dieser Reise gegeben.[e] In Jerusalem habe ich der Gemeinde – vor allem ihren führenden Männern – vorgetragen, was ich den Menschen aus anderen Völkern verkündige. Ich wollte sicher sein, daß ich nicht vergeblich arbeite oder bisher gearbeitet habe, indem ich etwas anderes lehrte als sie. 3 Alle Verantwortlichen stimmten meiner Arbeit zu. Nicht einmal von Titus, meinem griechischen Reisebegleiter, wurde verlangt, daß er sich beschneiden läßt.

4 Die Frage der Beschneidung wäre überhaupt nicht zum Problem geworden, wären da nicht einige falsche »Brüder« gewesen, die hinter meinem Rücken spioniert hatten. Sie wollten unbedingt beweisen, daß ich die Freiheit mißbrauche, die uns Christus schenkt, und erwarteten, daß wir uns wieder ihren Gesetzen unterwerfen. 5 Aber wir haben ihnen keinen Augenblick nachgegeben und ihnen in keinem einzigen Punkt zu-

a) Wörtlich: Beschwätze ich denn jetzt Menschen oder Gott? Oder suche ich Menschen zu gefallen? Wenn ich noch Menschen gefiele, wäre ich nicht Christi Sklave. b) Wörtlich: die Gemeinde Gottes. c) Wörtlich: Kephas (Fels). d) Wörtlich: den Glauben. e) Wörtlich: aufgrund einer Offenbarung.

gestimmt. Denn für uns ist nur eins
wichtig: daß euch die Wahrheit des Evan-
geliums erhalten bleibt.
[6]Die verantwortlichen Männer in der
Gemeinde – wobei es mir unwichtig ist,
was sie früher einmal waren; denn das ist
vor Gott ganz ohne Bedeutung –, diese
Männer haben mir jedenfalls keine Vor-
schriften gemacht. [7]Im Gegenteil! Ihnen
ist klar geworden, daß Gott mir den Auf-
trag gegeben hat, den nichtjüdischen Völ-
kern[a] die Botschaft von Christus zu ver-
kündigen, so wie er Petrus aufgetragen
hat, sie den Juden[b] zu bringen. [8]Denn alle
konnten sehen, daß meine Arbeit als Apo-
stel ebenso von Gott bestätigt wurde wie
die des Petrus.
[9]Und nachdem Jakobus, Petrus und Jo-
hannes erkannt hatten, daß Gott mir
diesen besonderen Auftrag gegeben hat,
da gaben sie[c] mir und Barnabas brüder-
lich die Hand. Wir einigten uns, daß sie
das Evangelium weiter unter den Juden
verkündigen sollten und wir unter den
anderen Völkern. [10]Nur um eins haben
sie uns gebeten: daß wir die Armen in der
Gemeinde von Jerusalem nicht vergessen
sollten. Und dafür habe ich mich auch
immer eingesetzt.

Auseinandersetzung zwischen Paulus und Petrus

[11]Als aber Petrus später nach Antiochia
kam, mußte ich ihm öffentlich widerspre-
chen, weil er sich einfach falsch verhalten
hatte. [12]Zunächst hatte er ohne Bedenken
mit den Christen, die keine Juden waren,
an den gemeinsamen Mahlzeiten teilge-
nommen. Als aber einige jüdische Chri-
sten aus dem Kreis um Jakobus dazuka-
men, zog er sich zurück und wollte nicht
mehr wie bisher mit allen zusammen
sein[d]. Er fürchtete nämlich die Vorwürfe
der jüdischen Christen.
[13]So wie Petrus heuchelten auch die an-
deren Juden in der Gemeinde, und
schließlich brachten sie sogar Barnabas
dazu, gegen seine Überzeugung zu han-
deln.
[14]Als ich merkte, daß sie durch ihre
Heuchelei von der Wahrheit des Evan-
geliums abwichen, sagte ich in aller Öf-
fentlichkeit zu Petrus: »Obwohl du als
Jude geboren wurdest, befolgst du jetzt
das jüdische Gesetz nicht mehr, weil du
Christ geworden bist. Weshalb verlangst
du dann von den Christen, die aus den
Heidenvölkern stammen, daß sie nach
den Regeln des jüdischen Gesetzes leben
sollen?
[15]Zwar sind wir beide durch unsere Ge-
burt Juden und keine gottlosen Heiden[e].
[16]Trotzdem wissen wir inzwischen sehr
genau, daß wir nicht durch gute Werke,
wie das Gesetz sie von uns fordert, vor
Gott bestehen können, sondern allein
durch den Glauben an Jesus Christus.
Wir sind doch deshalb Christen ge-
worden, weil wir davon überzeugt sind,
daß wir nur durch den Glauben an Chri-
stus von unserer Schuld freigesprochen
werden; nicht aber, weil wir die Forde-
rungen des Gesetzes peinlich genau er-
füllen. Denn wie die Heilige Schrift sagt,
findet kein Mensch allein durch gute
Werke Gottes Anerkennung.«[f]
[17]Wenn wir aber nicht durch gute
Werke, sondern nur durch den Glauben
an Christus Anerkennung bei Gott fin-
den wollen, geben auch wir zu, Sünder
zu sein. Bedeutet dies nun, daß Christus
zum Komplizen[g] der Sünde wird, wenn
durch den Glauben an ihn das Gesetz auf-
gehoben ist? Auf gar keinen Fall! [18]Nicht
Christus, sondern ich selbst bin ein
Komplize der Sünde, wenn ich dem Ge-
setz wieder Geltung verschaffen will, das
ich vorher als nutzlos erkannt habe.
[19]Durch das Gesetz nämlich war ich
zum Tode verurteilt, und dieses Urteil ist
tatsächlich an mir vollstreckt worden;
das heißt, mein altes Leben ist beendet,
damit ich jetzt ganz neu für Gott leben
kann. Durch den Glauben erkenne ich,
daß mein altes Leben mit Christus am
Kreuz gestorben ist.
[20]Jetzt habe ich ein neues Leben! Es
wird nicht mehr von meinem alten Ich
bestimmt, sondern von dem auferstande-
nen Christus, der in mir lebt. Mein Le-
ben auf dieser Erde erhält seinen Sinn
durch den Glauben an Jesus Christus,
den Sohn Gottes, der mich geliebt und

a) Wörtlich: den Unbeschnittenen. b) Wörtlich: Beschneidung. c) Wörtlich: die als die Säulen gelten. d) Wörtlich: und sonderte sich ab. e) Wörtlich: Sünder aus den Heiden. f) Psalm 143,2 g) Wörtlich: Diener.

sich in seiner Liebe für mich geopfert hat.[a] 21Niemals werde ich Gottes unverdientes Geschenk ablehnen. Könnte ich nämlich durch das Befolgen des Gesetzes erreichen, von Gott angenommen zu werden, dann hätte Christus nicht zu sterben brauchen.

Vom Fluch des Gesetzes befreit

3 Warum wollt ihr Christen in Galatien das denn nicht endlich begreifen! Wer konnte euch bloß so durcheinanderbringen? Habe ich euch das Sterben Jesu am Kreuz nicht so geschildert, als hättet ihr alles mit eigenen Augen gesehen? 2Beantwortet mir nur diese eine Frage: Wodurch habt ihr den Heiligen Geist empfangen? Indem ihr die Forderungen des Gesetzes erfüllt habt oder weil ihr die Frohe Botschaft von Jesus Christus angenommen habt[b]?

3Wie könnt ihr nur so blind sein! Wollt ihr jetzt etwa aus eigener Kraft zu Ende führen, was Gottes Geist in euch begonnen hat? 4Ihr habt doch so Großes mit Gott erfahren. Soll das wirklich alles vergeblich gewesen sein? Das kann ich einfach nicht glauben! 5Ich frage euch darum noch einmal: Schenkt Gott euch seinen Geist und läßt er Wunder bei euch geschehen, weil ihr das Gesetz erfüllt oder weil ihr an Christus glaubt[b]?

6Erinnert euch einmal daran, was von Abraham gesagt wird: »Abraham hat Gott geglaubt, und deswegen hat er bei ihm Anerkennung gefunden.«[c] 7Das bedeutet doch: Gottes Volk, die wirklichen Kinder Abrahams, sind alle, die an Gott und an Jesus Christus glauben und ihm vertrauen.[d] 8Die Heilige Schrift selbst hat schon längst darauf hingewiesen, daß Gott auch die anderen Völker durch den Glauben retten wird. Gott verkündigte schon Abraham die Frohe Botschaft: »Durch dich sollen alle Völker gesegnet werden.«[e] 9Mit Abraham, der unerschütterlich Gott vertraute, werden alle gesegnet, die ebenso glauben wie er.

10Wer dagegen darauf vertraut, von Gott angenommen zu werden, weil er das Gesetz erfüllt, der steht unter einem Fluch. Die Heilige Schrift sagt ganz klar: »Jeden soll der Fluch treffen, der nicht in allen Punkten Gottes Gesetz erfüllt.«[f] 11Daß aber niemand durch das Gesetz Anerkennung bei Gott finden kann, ist klar. Denn schon der Prophet Habakuk sagt: »Nur der wird Gottes Anerkennung finden und leben, der ihm vertraut.«[g] 12Das Gesetz aber fragt nicht nach dem Glauben. Hier gilt: »Nur wer seine Forderungen erfüllt, wird leben.«[h]

13Von diesem Fluch des Gesetzes hat uns Christus erlöst. Als er den Tod am Kreuz starb, hat er diesen Fluch auf sich genommen, so wie es vorausgesagt war: »Wer am Kreuz hängt, der ist verflucht.«[i] 14Der Segen, den Gott Abraham zugesagt hatte, sollte durch den Tod Jesu am Kreuz allen Völkern geschenkt werden. Und durch diesen Glauben sollten sie alle den Heiligen Geist empfangen, wie Gott es zugesagt hatte.

Das Gesetz und die Verheißung

15Liebe Brüder! Ich möchte einmal ein ganz alltägliches Beispiel gebrauchen. Ist ein Testament ausgefertigt und rechtsgültig, dann kann niemand etwas hinzufügen oder gar das Testament selbst für ungültig erklären. 16Sehen wir uns die Zusagen Gottes an Abraham genauer an, dann stellen wir fest: Gott gab sein Versprechen Abraham und *seinem* Nachkommen. Es heißt nicht: Abraham und *seinen* Nachkommen. Gottes Zusagen gelten demnach ganz eindeutig einem einzigen und nicht den vielen Nachkommen Abrahams. Dieser eine ist Christus.

17Ich will damit sagen: Gottes Verheißung ist wie ein Testament rechtsgültig, und das Gesetz, das erst vierhundertdreißig Jahre später gegeben wurde, ändert daran nichts. Gottes Versprechen an Abraham wird deshalb nicht ungültig. 18Würde Gott jetzt seine Zusage von der Erfüllung des Gesetzes abhängig machen, so wäre seine frühere Verheißung

a) Wörtlich: Es lebt aber nicht mehr mein Ich, es lebt vielmehr in mir Christus. Was ich aber jetzt im Fleisch (noch) lebe, im Glauben lebe ich an den Sohn Gottes, der mich geliebt und sich für mich hingegeben hat. b) Wörtlich: oder aus dem Hören (der Predigt) des Glaubens. c) 1. Mose 15,6 d) Wörtlich: die aus dem Glauben sind. e) 1. Mose 12,3; 18,18 f) 5. Mose 27,26 g) Wörtlich: Der Gerechte wird aus dem Glauben leben. Habakuk 2,4 h) 3. Mose 18,5 i) 5. Mose 21,23

aufgehoben. Aber Gott hat Abraham
seine Zusage ausdrücklich ohne jede Be-
dingung gegeben.[a]

Welche Aufgabe hat das Gesetz?

19Was aber soll dann noch das Gesetz?
Gott hat es zusätzlich gegeben, damit wir
das Ausmaß unserer Sünden erkennen.
Dieses Gesetz – von den Engeln durch
den Vermittler Mose zu uns gebracht –
sollte gelten, bis der Nachkomme Abra-
hams da war, an dem Gott sein Verspre-
chen erfüllen wollte. 20Bei dieser Zusage
war kein Vermittler notwendig, sondern
Gott, der Eine, hat selbst zu Abraham ge-
sprochen.

21Soll man nun daraus schließen, daß
die Verheißung Gottes und das Gesetz
einander widersprechen? Natürlich
nicht. Das wäre nur der Fall, wenn es ein
Gesetz gäbe, das uns neues Leben
schenkt, indem es uns von unserer
Schuld freispricht. Dann allerdings käme
unsere Anerkennung vor Gott tatsäch-
lich aus dem Gesetz. 22Aber in der Heili-
gen Schrift heißt es eindeutig, daß wir al-
le Gefangene der Sünde sind und daß wir
allein durch den Glauben an Jesus Chri-
stus befreit werden können. Denn in
Christus hat sich die Verheißung Gottes
erfüllt.[b]

23Das Gesetz hielt uns gefangen, bis
Christus[c] kam, der von Gott schon lange
versprochene Retter. 24/25Bis dahin hatte
das Gesetz für uns die Funktion eines
strengen Erziehers. Seitdem aber Chri-
stus[c] gekommen ist und wir durch den
Glauben an ihn Gottes Anerkennung ge-
funden haben, sind wir dem Gesetz, die-
sem strengen Erzieher, nicht mehr unter-
stellt. 26Denn durch den Glauben an Je-
sus Christus seid ihr nun alle zu Kin-
dern[d] Gottes geworden. 27Ihr gehört zu
Christus,[e] weil ihr auf seinen Namen ge-
tauft seid. 28Jetzt ist es nicht mehr
wichtig, ob ihr Juden oder Griechen,
Sklaven oder Freie, Männer oder Frauen
seid: in Christus seid ihr alle eins. 29Ge-
hört ihr aber zu Christus, dann seid auch
ihr Nachkommen Abrahams und habt
Anspruch auf alles, was Gott ihm zu-
gesagt hat.

Nicht mehr Gefangene des Gesetzes, sondern Kinder Gottes

4 Überlegt einmal: Solange jemand
nicht über sein Erbe verfügen kann,
weil er noch nicht volljährig ist, besteht
zwischen ihm und einem Besitzlosen
kein Unterschied, obwohl ihm als Erben
schon alles gehört. 2Aber bis zu dem vom
Vater festgesetzten Termin bestimmen
sein Vormund und seine Vermögensver-
walter über den Besitz.

3Genauso ging es auch uns. Wie Un-
mündige waren wir allen Mächten und
Zwängen dieser Welt ausgeliefert[f],
wurden wir von ihnen ausgebeutet und
unterdrückt. 4Aber zu der von Gott
festgesetzten Zeit sandte er seinen Sohn
zu uns. Christus wurde wie wir als
Mensch geboren und den Forderungen
des Gesetzes unterstellt.[g] 5Er sollte uns
befreien, die wir Gefangene des Gesetzes
waren, damit Gott uns als seine Kinder
annehmen konnte.

6Weil ihr nun seine Kinder seid,
schenkte euch Gott seinen Heiligen
Geist, denselben Geist, den auch der
Sohn hat. Deshalb dürft ihr jetzt im Ge-
bet zu Gott sagen: »Lieber Vater!«[h] 7Ihr
seid nicht länger Gefangene des Ge-
setzes, sondern Kinder Gottes. Und als
Kinder Gottes seid ihr auch seine Erben,
denen alles gehört, was Gott versprochen
hat.

Paulus sorgt sich um seine Gemeinden

8Als ihr von Gott noch nichts wußtet,
habt ihr zu Göttern gebetet und ihnen
gedient, die in Wirklichkeit nichts an-
deres als von Menschen geschaffene Göt-
zen sind. 9Nachdem ihr nun aber Gott
kennt – genauer gesagt, nachdem Gott
euch kennt –, wie ist es da möglich, daß

a) Wörtlich: Denn wäre das Erbe aus dem Gesetz, dann käme es nicht mehr aus (der) Verheißung. Dem Abraham aber hat Gott es durch Verheißung frei geschenkt. b) Wörtlich: damit die Verheißung aus Glauben an Jesus Christus den Glaubenden gegeben werde. c) Wörtlich: der Glaube. d) Wörtlich: Söhnen. e) Wörtlich: Ihr habt Christus angezogen. f) Wörtlich: waren wir unter die Weltelemente versklavt. g) Wörtlich: Als aber kam die Fülle der Zeit, sandte Gott seinen Sohn, geworden aus einer Frau, gestellt unter das Gesetz. h) Wörtlich: Gott sandte den Geist seines Sohnes in unsere Herzen, rufend: Abba, Vater!

ihr euch diesen armseligen und kümmerlichen Vorstellungen wieder zuwendet und sogar sklavisch danach lebt? 10Oder warum sonst legt ihr so großen Wert auf die Einhaltung bestimmter Tage, Monate, Feste und Jahre? 11Muß ich da nicht befürchten, daß meine ganze Arbeit bei euch sinnlos gewesen ist?

12Liebe Brüder, ich bitte euch: Folgt meinem Beispiel, und erwartet nicht eure Rettung vom Gesetz des Mose. Als ich zum ersten Mal bei euch war, habe ich mich ja auch nach euch gerichtet und nicht erwartet, daß ihr nach dem Gesetz lebt. Ihr habt mich nie gekränkt und werdet mich doch auch jetzt nicht kränken![a]

13Ihr erinnert euch sicherlich daran, als ich das erste Mal bei euch war und euch das Evangelium verkündigte. Damals wurde ich krank und konnte nicht weiterreisen. 14Und obwohl meine Krankheit für euch nicht leicht zu ertragen war, habt ihr mich weder verachtet noch abgewiesen. Im Gegenteil, ihr habt mich wie einen Engel Gottes aufgenommen, ja wie Jesus Christus selbst. 15Wie glücklich und dankbar wart ihr doch damals! Und heute? Ich bin sicher, zu der Zeit hättet ihr sogar eure Augen für mich ausgerissen. 16Weshalb nur seht ihr jetzt einen Feind in mir? Etwa, weil ich euch die Wahrheit sage?

17Vielleicht liegt es an den Leuten, die euch im Moment so umwerben. Doch sie meinen es nicht ehrlich mit euch. Sie wollen nur erreichen, daß ihr euch von mir abwendet und ihnen folgt. 18Nun habe ich gar nichts dagegen, wenn ihr andere zum Vorbild nehmt, allerdings müssen es gute Vorbilder sein. Wie gern wäre ich euer Vorbild, auch wenn ich nicht bei euch bin.

19Euretwegen, meine lieben Kinder, leide ich noch einmal alle Schmerzen und Ängste, wie sie eine Mutter bei der Geburt ihres Kindes auszustehen hat. Wenn man doch endlich an euch erkennen könnte, daß Christus euer Herr ist und euer Leben bestimmt! 20Könnte ich doch nur bei euch sein und mit meinen Worten euer Herz erreichen! Denn ich weiß mir keinen Rat mehr mit euch.

Die beiden Söhne Abrahams

21Ihr wollt also nach dem Gesetz leben. Wißt ihr denn eigentlich, was im Gesetz steht? 22Dort heißt es, daß Abraham zwei Söhne hatte: einen von der Sklavin Hagar und einen von seiner Frau Sara, die als Freie geboren war. 23Der Sohn der Sklavin wurde geboren, weil Abraham endlich einen Sohn haben wollte, der Sohn der Freien dagegen, weil Gott ihn verheißen hatte.[b]

24Am Beispiel dieser beiden Frauen will uns Gott zeigen, wie verschieden die beiden Bündnisse sind, die er mit den Menschen geschlossen hat. Den einen Bund schloß Gott auf dem Berge Sinai mit dem Volk Israel, als er ihm durch Mose das Gesetz gab. Dieses Gesetz aber knechtet uns und bringt nur Sklaven hervor wie Hagar. 25Hagar ist übrigens der arabische Name für den Berg Sinai. Er entspricht dem Jerusalem unserer Zeit, den Juden, die am Gesetz festhalten, aber nie frei werden, weil sie nicht an Christus glauben wollen.

26Die andere Frau aber, von der wir abstammen, ist frei. Sie weist auf das neue Jerusalem im Himmel hin, auf den neuen Bund, den Gott mit uns durch Jesus Christus geschlossen hat. 27Davon spricht schon der Prophet Jesaja: »Sei fröhlich, du Unfruchtbare, auch wenn du nie ein Kind geboren hast. Juble und jauchze, du Kinderlose. Denn du, die du allein bist, wirst mehr Kinder haben als die Frau, die einen Mann hat.«[c] 28So steht ihr, liebe Brüder, nicht länger unter dem Gesetz, weil euch wie Isaak Gottes Verheißung gilt.

29Allerdings verfolgte schon damals der Sohn der Sklavin – der geboren wurde, weil Menschen es so wollten – den Sohn der Freien, der geboren wurde, weil Gott es wollte. Genauso ist es auch noch heute. 30Aber was sagt die Heilige Schrift dazu? »Verstoße die Sklavin mit ihrem Sohn! Denn nicht er, sondern der

a) Wörtlich: Werdet wie ich; denn ich wurde wie ihr; Brüder, ich bitte euch. In keiner Weise habt ihr mir ein Leid zugefügt. b) Wörtlich: Doch der Sohn der Magd wurde kraft des Fleisches gezeugt, der Sohn der Freien aber kraft der Verheißung. c) Jesaja 54,1

Sohn der Freien soll dein Erbe sein!«[a] [31]Wir aber, meine lieben Brüder, sind nicht die Kinder der Sklavin. Wir sind Kinder der Freien und nicht dem Gesetz verpflichtet, denn durch Jesus Christus sind wir davon befreit.

Bewahrt die Freiheit, die Christus euch schenkt!

5 Durch Christus sind wir frei geworden, damit wir als Befreite leben. Jetzt kommt es darauf an, daß ihr euch nicht wieder vom Gesetz gefangennehmen laßt.

[2]Ich, Paulus, sage euch deshalb in aller Deutlichkeit: Wenn ihr euch den Forderungen des jüdischen Gesetzes beugt und euch beschneiden laßt, ist alles nutzlos, was Christus für euch getan hat. [3]Und noch einmal erkläre ich jedem einzelnen von euch: Wer sich beschneiden läßt, der muß das ganze Gesetz von A bis Z – mit allen seinen Forderungen – befolgen. [4]Wenn ihr aber durch das Gesetz vor Gott bestehen wollt, dann habt ihr euch von Christus losgesagt, und Gottes Gnade gilt nicht länger für euch.[b]

[5]Wir aber vertrauen darauf, daß wir durch den Glauben an Jesus Christus von Gott angenommen werden. Er hat uns ja durch seinen Heiligen Geist diese Hoffnung geschenkt.[c] [6]Vor Jesus Christus ist es völlig gleich, ob wir beschnitten oder unbeschnitten sind. Bei ihm gilt allein der Glaube, der sich in selbstloser Liebe zeigt.

[7]Es hat so gut mit euch angefangen! Wer hat euch nur dazu gebracht, daß ihr der Wahrheit nicht mehr folgen wollt? [8]Bestimmt nicht Gott, der euch auf diesen Weg des Glaubens führte! [9]Wie ihr wißt, genügt schon ein wenig Sauerteig, um den ganzen Teig zu durchsäuern. [10]Aber ich verlasse mich auf den Herrn und vertraue euch, daß ihr in dieser Frage mit mir übereinstimmen werdet. Wer euch aber im Glauben durcheinanderbringt, wird seiner Strafe nicht entgehen, wer er auch sein mag.

[11]Manche Leute behaupten, ich selbst würde alle Christen dazu drängen, sich beschneiden zu lassen. Würden mich die Juden dann aber noch verfolgen? Dann brauchte sich auch niemand mehr darüber aufzuregen, daß ein Gekreuzigter der von Gott versprochene Retter ist.[d] [12]Sollen sie sich doch selbst verstümmeln, die euch so hartnäckig die Beschneidung aufschwatzen wollen!

Nur wer liebt, ist wirklich frei

[13]Liebe Brüder! Durch Christus wurde euch die Freiheit geschenkt. Das bedeutet aber nicht, daß ihr jetzt tun und lassen könnt, was ihr wollt. Nehmt vielmehr in gegenseitiger Liebe Rücksicht aufeinander. [14]Denn das ganze Gesetz hat nur erfüllt, wer dieses eine Gebot befolgt: »Liebe deinen Mitmenschen wie dich selbst!«[e] [15]Wenn ihr aber wie wütende Hunde übereinander herfallt, dann paßt nur auf, daß ihr euch dabei nicht gegenseitig auffreßt!

[16]Darum rate ich euch: Laßt euer Leben vom Heiligen Geist bestimmen. Wenn er euch führt, werdet ihr allen selbstsüchtigen Wünschen und Verlokkungen[f] widerstehen können. [17]Denn, selbstsüchtig wie wir sind, wollen wir immer das Gegenteil von dem, was Gottes Geist will. Doch der Geist Gottes duldet unseren Egoismus nicht. Beide kämpfen gegeneinander, so daß ihr nicht ungehindert tun könnt, was ihr wollt. [18]Wenn ihr aber aus der Kraft des Heiligen Geistes lebt, seid ihr den Forderungen des Gesetzes nicht länger unterworfen.

[19]Gebt ihr dagegen euern selbstsüchtigen Wünschen nach, ist allen klar, wohin das führt:[g] zu einem sittenlosen Leben, Unzucht und hemmungsloser Zügellosigkeit, [20]zur Anbetung selbstgewählter Idole und zu abergläubischem Vertrauen auf übersinnliche Kräfte. Feindseligkeit, Streitsucht, unberechenbare Eifersucht, Intrigen, Uneinigkeit und Spaltungen bestimmen dann das Leben ebenso [21]wie Neid, Trunksucht, üppige Gelage und ähnliche Dinge. Ich habe es schon oft gesagt und warne euch hier

a) 1. Mose 21,10 b) Wörtlich: Ihr seid aus der Gnade herausgefallen. c) Wörtlich: Denn wir erwarten durch den Geist aus Glauben die erhoffte Gerechtigkeit. d) Wörtlich: Dann ist ja das Ärgernis des Kreuzes beseitigt. e) 3. Mose 19,18 f) Wörtlich: Begehren des Fleisches. g) Wörtlich: Offenbar aber sind die Werke des Fleisches.

noch einmal: Wer so lebt, wird niemals
in Gottes Reich kommen.
22Dagegen bringt der Heilige Geist in
unserem Leben nur Gutes hervor: Liebe
und Freude, Frieden und Geduld,
Freundlichkeit, Güte und Treue, Beson-
nenheit und Selbstbeherrschung. 23Ist das
bei euch so? Dann braucht ihr kein Ge-
setz zu fürchten.
24Es ist wahr: Wer zu Christus gehört,
der hat sein selbstsüchtiges Wesen mit al-
len Leidenschaften und Begierden an das
Kreuz geschlagen. 25Durch den Heiligen
Geist haben wir neues Leben, und das
soll jetzt auch bei uns sichtbar werden.
26Blinder Ehrgeiz, der nur unsere Eitel-
keit befriedigt, gegenseitige Kränkungen
und Neid dürfen bei uns keine Rolle
mehr spielen.

Tragt die Lasten gemeinsam!

6 Liebe Brüder! Wenn sich aber einer
von euch etwas zuschulden kommen
läßt und sündigt, dann sollt ihr ihn als
Menschen, die Gottes Geist leitet, ver-
ständnisvoll wieder zurechtbringen. Seht
aber zu, daß ihr dabei nicht in dieselbe
Gefahr geratet. 2Kümmert euch um die
Schwierigkeiten und Probleme des ande-
ren, und tragt die Last gemeinsam. Auf
diese Weise verwirklicht ihr, was Chri-
stus von euch erwartet.[a] 3Wer sich ein-
bildet, besser zu sein als die anderen, der
betrügt sich selbst. 4Darum soll jeder sein
eigenes Leben sehr genau überprüfen.
Dann wird er nämlich erkennen, wie un-
berechtigt es ist, sich über andere zu er-
heben. 5Denn jeder ist für sein eigenes
Tun vor Gott verantwortlich. Das ist
schon schwer genug!
6Wer in Gottes Wort unterwiesen
wird, soll auch zum Lebensunterhalt sei-
nes Lehrers beitragen, so gut er kann.
7Glaubt nur nicht, ihr könntet Gott ir-
gend etwas vormachen! Ihr werdet genau
das ernten, was ihr gesät habt. 8Wer nicht
Gott, sondern sich selbst vertraut, den er-
wartet das ewige Verderben. Wer sich
aber durch den Geist Gottes führen läßt,
dem wird Gott das ewige Leben schen-
ken.[b]
9Laßt also nicht nach in euerm Bemü-
hen, Gutes zu tun. Es kommt eine Zeit,
in der ihr eine reiche Ernte einbringen
werdet. Gebt nur nicht vorher auf! 10So-
lange uns noch Zeit bleibt, wollen wir al-
len Menschen Gutes tun; vor allem aber
denen, die mit uns an Jesus Christus glau-
ben.

Worauf es ankommt

11Wie ihr an den großen Buchstaben se-
hen könnt, schreibe ich diesen Brief ei-
genhändig zu Ende.
12Leute, denen es nur um ihr Ansehen
und ihre Geltung vor Menschen geht,
wollen euch einreden, ihr müßtet euch
noch beschneiden lassen. Dabei haben sie
doch nur Angst, verfolgt zu werden,
wenn sie sich einzig und allein zum ge-
kreuzigten Jesus Christus bekennen.
13Doch obwohl sie für die Beschneidung
eintreten, erfüllen sie die Forderungen
des Gesetzes nicht. Sie wollen nur damit
prahlen, daß sie euch zur Beschneidung
überredet haben.
14Ich aber kenne nur eins, das ich rüh-
men kann: das Kreuz unseres Herrn Je-
sus Christus. Durch seinen Tod am
Kreuz ist die Welt für mich gestorben,
und ich bin tot für ihre Ansprüche und
Forderungen. 15Vor Gott ist es voll-
kommen gleichgültig, ob wir beschnitten
oder unbeschnitten sind. Wichtig ist al-
lein, daß wir in Christus neue Menschen
geworden sind. 16Wer sich daran hält, der
gehört zu Gottes auserwähltem Volk.
Ihm schenkt Gott seinen Frieden und
seine Barmherzigkeit.[c]
17Haltet euch daran, und macht mir
nicht noch mehr Mühe. Im Dienst für Je-
sus habe ich genug gelitten, wie die Nar-
ben an meinem Körper zeigen. 18Die Gna-
de unseres Herrn Jesus Christus sei mit
euch allen[d], liebe Brüder. Amen!

a) Wörtlich: So werdet ihr das Gesetz Christi erfüllen. b) Wörtlich: Denn wer auf sein Fleisch sät, wird vom Fleisch Verwesung ernten. Wer aber auf den Geist sät, wird vom Geist ewiges Leben ernten. c) Wörtlich: Und alle, die dieser Regel folgen, Friede und Erbarmen über sie und über das Israel Gottes! d) Wörtlich: mit euerm Geist.

Der Brief des Paulus an die Christen in Ephesus

Verfasser: Paulus, Apostel
Ort: wahrscheinlich Rom
Zeit: 60 oder 61 n.Chr.

Paulus schrieb diesen Brief wahrscheinlich während seiner Gefangenschaft in Rom an die Gemeinde in Ephesus und an alle Christen in Kleinasien. Er entfaltet darin Gedanken über das Zusammenleben der Christen: Gott selbst hat sie zu einer Gemeinde zusammengerufen. Der Grund ihres Glaubens ist der gekreuzigte und auferstandene Jesus Christus. Paulus vergleicht die Gemeinde mit dem menschlichen Körper: So wie kein Körperteil ohne den anderen existieren kann, so kann auch ein Christ nicht für sich alleine leben. Keiner ist wichtiger als der andere, und jeder hat eine bestimmte Aufgabe. Nur gemeinsam können Christen dem Bösen in der Welt widerstehen. Am Schluß des Briefes spricht Paulus Bereiche des christlichen Alltags an: Mann und Frau, Eltern und Kinder, Vorgesetzte und Untergebene.

Anschrift und Gruß

1 Paulus, ein Botschafter Jesu Christi,
den Gott berufen hat, schreibt diesen
Brief an die Christen[a] in Ephesus. 2Ich
wünsche euch Gnade und Frieden von
Gott, unserem Vater, und unserem
Herrn Jesus Christus.

Dank für Gottes Erlösung

3Lob und Dank sei Gott, dem Vater unseres Herrn Jesus Christus! Er hat uns mit seinem Geist reich beschenkt, und durch Christus haben wir Zugang zu Gottes himmlischer Welt erhalten.[b]

4Schon vor Beginn der Welt, von allem
Anfang an, hat Gott uns auserwählt. Wir
sollten zu ihm gehören, befreit von aller
Sünde und Schuld. 5Ja, seine eigenen
Kinder sollten wir werden, durch seinen
Sohn Jesus Christus. Das hat Gott schon
damals aus Liebe zu uns beschlossen.

6Darum wollen wir Gottes herrliche,
unverdiente Güte rühmen und preisen,
die wir durch Jesus Christus, seinen geliebten Sohn, erfahren haben. 7Denn
durch das Sterben Jesu am Kreuz[c] sind
wir erlöst, sind unsere Sünden vergeben.
Und das verdanken wir allein Gottes unermeßlich großer Gnade, mit der er uns
so reich beschenkt hat. 8Ihr verdanken
wir es auch, daß wir von Gottes Plan zu
unserer Rettung erfahren haben und
seinen Willen kennen. 9Danach wollte er
von Anfang an Jesus Christus zu uns

a) Wörtlich: an die Heiligen und Glaubenden an Christus Jesus. b) Wörtlich: der uns gesegnet hat mit allem geistlichen Segen in den himmlischen Bereichen in Christus. c) Wörtlich: durch sein Blut.

schicken,[a] [10]damit – wenn die Zeit dafür gekommen ist – alles im Himmel und auf der Erde unter der Herrschaft Christi zusammengefaßt wird. [11]Nach seinem Plan und Willen hat Gott uns schon im voraus durch Christus als seine Erben eingesetzt.

[12]Jetzt sollen wir mit unserem Leben Gott verherrlichen, die wir schon lange auf unseren Retter gewartet haben.[b] [13]Das gilt aber auch für euch, die ihr erst jetzt das Wort der Wahrheit gehört habt, die Frohe Botschaft von eurer Rettung. Nachdem ihr diese Botschaft im Glauben angenommen habt, gehört ihr Gott und habt den Heiligen Geist, den er jedem Glaubenden zugesagt hat.[c] [14]Diesen Heiligen Geist hat Gott uns als ersten Anteil[d] am himmlischen Erbe gegeben, das wir bekommen sollen. Er verbürgt uns das vollständige Erbe, die vollkommene Erlösung, die wir noch erhalten. Und dann werden wir Gott in seiner Herrlichkeit loben und preisen.

Christus, der Herr über alles

[15]Seitdem ich von euerm festen Glauben an den Herrn Jesus gehört habe und davon, wie ihr allen Christen in Liebe verbunden seid, [16]höre ich nicht auf, Gott dafür zu danken und für euch zu beten. [17]Ihn, den Gott unseres Herrn Jesus Christus, den Vater, dem alle Herrlichkeit gehört, bitte ich darum, euch Weisheit zu geben, daß ihr ihn immer besser erkennt und er euch zeigt, was sein Wille ist.[e] [18]Er öffne euch die Augen, damit ihr seht, wozu ihr berufen seid, worauf ihr hoffen könnt und welch unvorstellbar reiches Erbe auf alle wartet, die an Christus glauben.

[19]Ihr sollt erfahren, wie unermeßlich groß die Kraft ist, mit der Gott in uns, den Glaubenden, wirkt. Ist es doch dieselbe Kraft, [20]mit der er Christus von den Toten auferweckte und ihm den Ehrenplatz zu seiner Rechten gab! [21]Damit hat Gott ihn zum Herrscher eingesetzt über alle Mächte und Gewalten, über alle Kräfte und Herrschaften dieser und der zukünftigen Welt. [22]Alles ist ihm unterstellt. Er, der über alles herrscht, ist auch das Haupt seiner Gemeinde. [23]Und diese Gemeinde ist sein Leib, der von Christus, dem Schöpfer und Vollender aller Dinge, erfüllt ist.[f]

Das neue Leben

2 Aber wie sah euer Leben früher aus? Ihr seid Gott ungehorsam gewesen und habt gegen ihn rebelliert. Für ihn wart ihr tot. [2]Die Sünden dieser Welt waren eure Sünden, und ihr wart dem Satan verfallen. Sein böser Geist beherrscht auch heute noch das Leben aller Menschen, die Gott nicht gehorchen.[g] [3]Zu ihnen haben wir früher auch gehört, damals, als wir eigensüchtig unser Leben selbst bestimmen wollten. Wir haben den Leidenschaften und Verlockungen der Sünde nachgegeben, und wie alle anderen Menschen waren wir dem Zorn Gottes ausgeliefert.

[4/5]Aber Gottes Barmherzigkeit ist groß. Wegen unserer Sünden waren wir in Gottes Augen tot. Doch er hat uns so sehr geliebt, daß er uns mit Christus neues Leben schenkte. Haben wir das verdient? Niemals! Das verdanken wir allein der Gnade Gottes. [6]Durch den Glauben an Christus sind wir dem Tod entrissen und haben einen Platz in Gottes Reich[h]. [7]So will Gott in seiner Liebe zu uns, die in Jesus Christus sichtbar wurde, für alle Zeiten die Größe seiner Gnade zeigen.

[8]Denn nur durch seine unverdiente Güte seid ihr vom Tod errettet worden. Ihr habt sie erfahren, weil ihr an Jesus Christus glaubt. Aber selbst dieser Glaube ist ein Geschenk Gottes [9]und nicht euer eigenes Werk. Durch eigene Leistungen kann man bei Gott nichts erreichen. Deshalb kann sich niemand etwas auf seine guten Taten einbilden. [10]Gott hat etwas aus uns

a) Verse 8-9 wörtlich: In aller Weisheit und Einsicht hat er uns das Geheimnis seines Willens kundgetan nach seinem Huld-Ratschluß, den er zuvor in ihm gefaßt hatte. b) Wörtlich: daß wir seien zum Preis seiner Herrlichkeit, die wir zuvor schon gehofft auf Christus. c) Wörtlich: In ihm seid auch ihr, als ihr gläubig wurdet, mit dem Heiligen Geist der Verheißung versiegelt worden. d) Wörtlich: als Anzahlung. e) Wörtlich: Er gebe euch Geist der Weisheit und Offenbarung zu seiner Erkenntnis. f) Wörtlich: die sein Leib ist, die Fülle dessen, der alles in allen erfüllt. g) Wörtlich: dem Herrscher im Machtbereich der Luft, dem Geist, der jetzt noch in den Söhnen des Ungehorsams wirkt. h) Wörtlich: und sind in die Himmel versetzt in Christus Jesus.

gemacht: Wir sind sein Werk, durch Je-
sus Christus neu geschaffen, um Gutes
zu tun. Damit erfüllen wir nur, was Gott
schon immer mit uns vorhatte.

Versöhnt mit Gott und miteinander

11 Vergeßt nie, daß ihr früher Heiden ge-
wesen seid und man euch verächtlich die
»Unbeschnittenen« nannte. Die Juden
wollten sich als »Beschnittene« von euch
unterscheiden, obwohl ihre Beschnei-
dung nur von Menschen durchgeführt
wird und nicht mehr als ein äußeres Zei-
chen ist. 12 Ihr habt damals ohne Christus
gelebt und wart ausgeschlossen von Got-
tes Volk. Darum galten für euch die
Verheißungen Gottes nicht, die er sei-
nem Volk gegeben hatte. Ohne jede Hoff-
nung und ohne Gott habt ihr in dieser
Welt gelebt. 13 Aber weil Jesus am Kreuz
sein Blut vergossen hat, gehört ihr jetzt
zu ihm. Ihr seid ihm jetzt nahe, obwohl
ihr vorher so weit von ihm entfernt leb-
tet.

14 Durch Christus haben wir Frieden.
Er hat Juden und Heiden in seiner Ge-
meinde vereint und die Mauer niederge-
rissen, die trennend zwischen ihnen
stand. Sie sind nun sein Volk. Als er sein
Leben opferte, hat er ihre Feindschaft be-
endet.[a] 15 Denn die Mauer war das jüdi-
sche Gesetz mit all seinen Geboten und
Forderungen, und dieses Gesetz hat er
endgültig außer Kraft gesetzt. Durch
Christus leben wir nicht länger von-
einander getrennt, der eine als Jude, der
andere als Heide. Als Christen sind wir
eins.[b] So hat er zwischen uns Frieden ge-
stiftet. 16 Christus ist für alle Menschen
am Kreuz gestorben, damit wir alle Frie-
den mit Gott haben. In seinem neuen
Leib, der Gemeinde Christi, können wir
nun als Versöhnte miteinander leben.[c]

17 Christus ist gekommen und hat seine
Friedensbotschaft allen gebracht, die fern
von Gott lebten, und allen, die nahe bei
ihm waren. 18 Durch Christus dürfen jetzt
alle, Juden wie Heiden, vereint in *einem*
Geist, zu Gott, dem Vater, kommen.

19 So seid ihr nicht länger Fremde und
Heimatlose; ihr gehört jetzt als Bürger
zum Volk Gottes, ja sogar zu seiner Fami-
lie.[d] 20 Als Gemeinde Jesu Christi steht
ihr auf dem Fundament der Apostel und
Propheten. Doch der Stein, der dieses Ge-
bäude trägt und zusammenhält, ist Jesus
Christus selbst. 21 Auf ihm ruht der ganze
Bau, dessen Teile, untereinander fest ver-
bunden, zu einem Tempel Gottes heran-
wachsen. 22 Auch ihr seid ein Teil dieses
Baus, in dem Gottes Geist wohnt.

Gottes Auftrag für Paulus

3 Weil ich, Paulus, euch Heiden diese
Frohe Botschaft verkündigte, bin ich
nun im Gefängnis. Als Gefangener Jesu
Christi bete ich für euch. 2 Sicher wißt
ihr, daß Gott mir den Auftrag gegeben
hat, gerade euch, den Menschen aus ande-
ren Völkern, von seiner Gnade zu be-
richten. 3 Daß auch ihr durch Christus zu
Gottes Volk gehört, habe ich schon er-
wähnt. Gott selbst hat mir dieses Ge-
heimnis offenbart.

4 Wenn ihr meinen Brief lest, werdet
ihr merken, welche Einsichten in das Ge-
heimnis Christi mir Gott gegeben hat.
5 Früher wußten die Menschen noch
nicht, was Gott jetzt seinen berufenen
Aposteln und Propheten durch den Heili-
gen Geist offenbart hat. 6 Daß nämlich –
durch Christus – die Heiden zusammen
mit den Juden Erben des Gottesreiches
sind, daß sie zur Gemeinde Jesu Christi
gehören und daß auch für sie die Verhei-
ßungen gelten, die Gott seinem aus-
erwählten Volk gab.[e] Das ist die Frohe
Botschaft.

7 Dieser Botschaft diene ich, weil Gott
mir in seiner großen Gnade und unbe-
grenzten Macht einen Auftrag gegeben
hat. 8 Ausgerechnet ich, der geringste un-
ter allen Christen, darf anderen Völkern
verkünden, welch unermeßlichen Reich-
tum Christus für jeden von uns bereit-
hält. 9 Allen darf ich erklären, was Gott,
der das Weltall geschaffen hat, von An-
fang an mit uns Menschen vorhatte und

a) Wörtlich: Denn er ist unser Friede. Er machte die beiden Teile zu einem und zerbrach die trennende Zwischenwand, die Feindschaft zerstörte er durch sein Fleisch. b) Wörtlich: daß er die zwei (Juden und Heiden) in ihm zu *einem* neuen Menschen schaffe. c) Wörtlich: um die beiden in einem Leib mit Gott durch das Kreuz zu versöhnen, die Feindschaft tötend in sich. d) Wörtlich: Ihr seid Mitbürger der Heiligen und Hausgenossen Gottes. e) Wörtlich: Die Heiden sind in Christus Jesus Mit-Erben, Mit-Leib, Mit-Teilhaber der Verheißung.

was bisher verborgen blieb. [10]Jetzt sollen alle Mächte und Gewalten[a] an der Gemeinde die unendliche Weisheit Gottes erkennen.

[11]Alle sollen nun wissen, daß Gott seinen ewigen Plan durch unseren Herrn Jesus Christus verwirklicht hat. [12]Jetzt können wir zu jeder Zeit furchtlos und voller Zuversicht zu Gott kommen, wenn wir an ihn glauben. [13]Darum bitte ich euch: Werdet durch meine Gefangenschaft nicht mutlos. Was ich hier für euch leide, soll euch vielmehr ermutigen, denn es kommt euch zugute.[b]

Fürbitte und Anbetung

[14]Darum knie ich nieder vor Gott, dem Vater, und bete ihn an, [15]ihn, dem alle Geschöpfe im Himmel und auf der Erde ihr Leben verdanken.[c] [16]Ich bitte Gott, daß er euch aus seinem unerschöpflichen Reichtum Kraft schenkt, damit ihr durch seinen Geist innerlich stark werdet [17]und Christus durch den Glauben in euch lebt. In seiner Liebe sollt ihr fest verwurzelt sein; auf sie sollt ihr bauen. [18]Denn nur so könnt ihr mit allen anderen Christen das ganze Ausmaß[d] dieser Liebe erfahren, [19]die wir doch mit unserem Verstand niemals fassen können. Dann wird diese göttliche Liebe euch immer mehr erfüllen.[e]

[20]Gott aber kann viel mehr tun, als wir von ihm erbitten oder uns auch nur vorstellen können. So groß ist seine Kraft, die in uns wirkt. [21]Deshalb wollen wir ihn mit der ganzen Gemeinde durch Jesus Christus ewig und für alle Zeiten loben und preisen. Amen.

Die Einheit der Gemeinde und die Vielfalt der Aufgaben

4 Vergeßt nicht, daß ich um Jesu willen im Gefängnis bin. Als sein Gefangener bitte ich euch: Lebt so, wie Gott es von denen erwartet, die er zu seinen Kindern gemacht hat. [2]Seid freundlich und geduldig, gebt andere nicht so schnell auf und dient einander in selbstloser Liebe! [3]Setzt alles daran, daß die Einheit – wie sie der Heilige Geist schenkt – nicht durch Unfrieden zerstört wird.[f]

[4]Gott hat uns in seine Gemeinde berufen. Darum sind wir *ein* Leib. In uns wirkt *ein* Geist, und uns erfüllt ein und dieselbe Hoffnung. [5]Wir haben nur *einen* Herrn, *einen* Glauben und *eine* Taufe. [6]Und wir haben nur *einen* Gott. Er ist der Vater, der über uns allen steht, der durch uns alle und in uns allen wirkt.

[7]Jedem einzelnen von uns aber hat Christus besondere Gaben geschenkt, so wie er sie in seiner Gnade jedem zugedacht hat. [8]Nicht ohne Grund heißt es von Christus: »Er ist in den Himmel zurückgekehrt, er hat die gottfeindlichen Mächte besiegt und den Menschen Gaben geschenkt.«[g] [9]Wenn es aber heißt: »Er ist in den Himmel zurückgekehrt«, so bedeutet dies doch, daß er vorher zu uns auf die Erde gekommen ist. [10]Der zu uns herabkam, ist derselbe, der auch wieder zu Gott zurückkehrte. Jetzt ist er Herr über alles.[h]

[11]Einige hat er beauftragt, Gemeinden zu gründen, einige reden in Gottes ausdrücklichem Auftrag, und andere gewinnen Menschen für Christus. Wieder andere leiten die Gemeinde oder unterrichten sie in Gottes Wort.[i] [12]Sie alle sollen die Christen für ihren Dienst ausrüsten, damit die Gemeinde Jesu aufgebaut und vollendet werden kann. [13]Wenn das geschieht, werden wir im Glauben immer mehr eins werden und Jesus Christus, den Sohn Gottes, immer besser kennenlernen. Wir sollen zu mündigen Christen heranreifen, zu einer Gemeinde, in der Christus mit der ganzen Fülle seiner Gaben wirken kann.[j]

a) Wörtlich: Mächte und Gewalten in den himmlischen Bereichen. b) Wörtlich: zu eurer Verherrlichung dienen. c) Wörtlich: von dem her jede Vaterschaft im Himmel und auf der Erde ihren Namen hat. d) Wörtlich: die Länge und Breite und Höhe und Tiefe. e) Wörtlich: und zu erkennen die Liebe Christi, die die Erkenntnis übersteigt, auf daß ihr erfüllt werdet in die ganze Fülle Gottes hinein. f) Wörtlich: voll Eifer, die Einheit des Geistes zu wahren durch das Band des Friedens. g) Psalm 68,19 h) Wörtlich: Der hinabfuhr, er ist es, der auch hinauffuhr über alle Himmel, damit er das All erfülle. i) Wörtlich: Und er gab die einen als Apostel, die anderen als Propheten, andere als Evangelisten, andere als Hirten und Lehrer. j) Wörtlich: Bis daß wir alle gelangen zur Einheit im Glauben und in der Erkenntnis des Sohnes Gottes, zum vollkommenen Mann, zum Ausmaß der Größe der Fülle Christi.

14Dann sind wir nicht länger wie un-
mündige Kinder, die sich von jeder be-
liebigen Lehrmeinung aus der Bahn wer-
fen und durch geschickte Täuschungsma-
növer hinterlistiger Menschen irreführen
lassen. 15Statt dessen wollen wir an der
Wahrheit des Evangeliums festhalten.
Und durch die Liebe soll all unser Glau-
ben und Handeln sich immer mehr an
Christus ausrichten, der das Haupt sei-
ner Gemeinde ist.[a] 16Dieses Haupt be-
stimmt über den ganzen Leib, wobei die
einzelnen Körperteile miteinander ver-
bunden sind. Jedes hilft auf seine Weise
mit, daß der ganze Körper funktionsfä-
hig bleibt. So wachsen wir durch die
Liebe zusammen, zu seiner Gemeinde,
die sein Leib ist.

Wie Christen leben sollen

17Darum hat mir der Herr aufgetragen,
euch in aller Deutlichkeit zu sagen: Lebt
nicht länger wie Menschen, die Gott
nicht kennen! Ihr Denken ist verkehrt
und ohne Ziel, 18denn ohne Gottes Licht
ist es finster in ihnen. Sie wissen nicht,
was es bedeutet, mit Gott zu leben, und
widersetzen sich ihm hartnäckig.[b] 19Ihr
Gewissen ist abgestumpft, deshalb geben
sie sich allen nur denkbaren Lastern hin
und sind in ihrer Gier, das Leben zu ge-
nießen, unersättlich.

20Aber ihr habt gelernt, daß solch ein
Leben mit Christus nichts zu tun hat.
21Was Jesus wirklich von uns erwartet,
habt ihr gehört und auch verstanden:
22Ihr sollt euch von euerm alten Leben,
dem »alten Menschen« mit all seinen trü-
gerischen Leidenschaften, endgültig tren-
nen und euch nicht länger selbst zer-
stören. 23Gottes Geist will euch mit einer
völlig neuen Gesinnung erfüllen. 24Ihr
sollt den »neuen Menschen« anziehen,
wie man ein Kleid anzieht. Diesen neuen
Menschen hat Gott selbst nach seinem
Bild geschaffen; er ist gerecht und heilig,
weil er sich an das Wort der Wahrheit
hält.

25Belügt euch also nicht länger, son-
dern sagt die Wahrheit. Wir sind doch als
Christen die Glieder eines Leibes, der Ge-
meinde Jesu. 26Wenn ihr zornig seid,
dann macht es nicht noch schlimmer, in-
dem ihr unversöhnlich bleibt. Laßt die
Sonne nicht untergehen, ohne daß ihr
euch vergeben habt. 27Gebt dem Teufel
keine Chance, Unfrieden zu stiften.
28Wer früher gestohlen hat und davon
lebte, der soll sich jetzt eine ehrliche Ar-
beit suchen, damit er Notleidenden hel-
fen kann. 29Redet auch nicht schlecht von-
einander. Was ihr sagt, soll für jeden gut
und hilfreich sein, eine Wohltat für alle.
30Sonst beleidigt ihr den Heiligen Geist,
den Gott euch gegeben hat. Er ist doch
euer Bürge dafür, daß der Tag der Er-
lösung kommt, an dem ihr von aller Sün-
de befreit seid.[c]

31Mit Bitterkeit, Jähzorn, Wut, gehäs-
sigem Gerede oder anderen Gemeinhei-
ten sollt ihr nichts mehr zu tun haben.
32Seid vielmehr freundlich und barm-
herzig, immer bereit, einander zu verge-
ben, so wie Gott euch durch Jesus Chri-
stus vergeben hat.

Christus – das Licht unseres Lebens

5 Weil ihr Gottes geliebte Kinder seid,
sollt ihr in allem seinem Vorbild fol-
gen. 2Geht liebevoll miteinander um, so
wie auch Christus euch seine Liebe erwie-
sen hat. Aus Liebe hat er sein Leben für
uns gegeben. Und Gott hat dieses Opfer
angenommen.

3Ist es da nicht selbstverständlich, daß
ihr euch von allen Ausschweifungen fern-
haltet, von Schamlosigkeiten ebenso wie
von Habgier? Ihr sollt nicht einmal dar-
über reden, geschweige denn, daß man
euch so etwas nachsagt! 4Genausowenig
paßt unanständiges, gemeines und zwei-
deutiges Gerede zu euch. Eure Sache ist
es vielmehr, Gott zu danken und ihn zu
loben. 5Denn eins ist klar: In Gottes
Reich ist kein Platz für solche, die ein aus-
schweifendes, schamloses Leben führen
oder von Habgier besessen sind; denn sol-
che Menschen beten ihre eigenen Götzen
an.

6Laßt euch von niemandem zur Sünde

a) Wörtlich: Vielmehr die Wahrheit in Liebe sagen und so alles zu ihm hin wachsen lassen, der das Haupt ist, Christus. b) Wörtlich: Verdunkelt in ihrem Verstand, entfremdet dem Leben Gottes, weil Unwissenheit in ihnen wohnt und ihre Herzen verhärtet sind. c) Wörtlich: Und betrübt nicht den Heiligen Geist Gottes, mit dem ihr versiegelt wurdet auf den Tag der Erlösung.

verführen, der euch durch sein leeres Geschwätz einreden will, daß dies alles harmlos ist. Gott nimmt unsere Sünde sehr ernst, und sein Zorn wird alle treffen, die ihm nicht gehorchen. [7]Darum meidet solche Leute! [8]Früher war es auch in euch dunkel und finster wie bei ihnen; aber heute ist das anders: Durch Christus ist es licht und hell in euch geworden.[a] [9]Darum lebt nun auch wie Kinder des Lichts! Ein solches Leben führt zu aufrichtiger Liebe, Gerechtigkeit und Wahrheit.[b] [10]Prüft in allem, was ihr tut, ob es auch Gottes Wille ist. [11]Laßt euch auf keine finsteren Machenschaften ein; im Gegenteil, helft sie ans Licht zu bringen.

[12]Denn was manche im Verborgenen treiben, ist so abscheulich, daß man nicht einmal davon reden soll. [13]Doch wenn das Licht Gottes auf diese Dinge fällt, werden sie erst richtig sichtbar. [14]Was Gott ans Licht bringt, kann hell werden. Denn sein Licht ist stärker als alle Finsternis und Sünde. Deshalb heißt es auch in einem Lied: »Erwache aus deinem Schlaf! Erhebe dich von den Toten! Und Christus wird dein Licht sein.«

[15]Achtet also genau darauf, wie ihr lebt: Nicht wie Menschen, die von Gott nichts wissen wollen, sondern als Menschen, die ihn kennen und lieben.[c] [16]Dient Gott, solange ihr es noch könnt, denn wir leben in einer schlimmen Zeit. [17]Sträubt euch nicht gegen das, was der Herr von euch erwartet; begreift endlich, was er von euch will! [18]Betrinkt euch nicht; das führt nur zu einem liederlichen Leben. Laßt euch vielmehr von Gottes Heiligem Geist erfüllen. [19]Singt miteinander Psalmen, und lobt den Herrn mit Liedern, wie sie euch sein Geist schenkt. Singt und jubelt aus vollem Herzen! [20]Und immer gilt: Im Namen unseres Herrn Jesus Christus dankt Gott, dem Vater, zu jeder Zeit, überall und für alles!

Die christliche Ehe

[21]Ordnet euch einander unter; so ehrt ihr Christus[d].

[22]So wie ihr Frauen Christus gehorcht, sollt ihr euch euern Männern unterordnen. [23]Denn wie Christus als Haupt für seine Gemeinde verantwortlich ist, die er erlöst hat, so ist auch der Mann für seine Frau verantwortlich. [24]Und wie sich die Gemeinde Christus unterordnet, weil sie ihn liebt, so sollen sich auch die Frauen in allem ihren Männern unterordnen.

[25]Ihr Männer, liebt eure Frauen so, wie Christus seine Gemeinde liebt, für die er sein Leben gab, [26]damit sie ihm ganz gehört. Durch sein Wort hat er sie von aller Schuld gereinigt.[e] [27]Wie eine Braut soll seine Gemeinde sein: schön und makellos, ohne jeden Fehler, weil sie allein Christus gehören soll.[f]

[28]Darum müssen auch die Männer ihre Frauen lieben wie sich selbst, weil sie als Ehepartner untrennbar zusammengehören. Wer nun seine Frau liebt, der hat sich selbst angenommen.[g] [29]Niemand haßt doch seinen eigenen Leib. Vielmehr hegt und pflegt er ihn. So sorgt auch Christus für seine Gemeinde; [30]denn wir sind Glieder seines Leibes. [31]Erinnert euch an das Wort: »Ein Mann verläßt seine Eltern und verbindet sich so eng mit seiner Frau, daß die beiden eins sind mit Leib und Seele.«[h] [32]Das ist ein großes Geheimnis. Denn für mich zeigt sich an der Ehe beispielhaft die Verbindung zwischen Christus und seiner Gemeinde. [33]Deshalb sage ich noch einmal: Ein Mann soll seine Frau so lieben wie sich selbst. Und die Frau soll ihren Mann achten und ehren.

Eltern und Kinder

6 Ihr Kinder, gehorcht euern Eltern! So erwartet es Gott von euch. [2]»Du

a) Wörtlich: Denn ihr wart einst Finsternis, jetzt seid ihr Licht im Herrn. b) Wörtlich: Lebt als Kinder des Lichts. Denn die Frucht des Lichts ist alle Art Gutes und Gerechtigkeit und Wahrheit. c) Wörtlich: Nicht wie Toren, sondern wie Weise. d) Wörtlich: in der Furcht Christi. e) Wörtlich: um sie zu heiligen, da er sie gereinigt hat durch das Wasserbad im Wort. f) Wörtlich: Daß er selbst die Gemeinde sich bereite herrlich, ohne Flecken oder Falte oder sonst dergleichen, daß sie vielmehr heilig sei und tadellos. g) Wörtlich: Wer seine Frau liebt, liebt sich selbst. h) 1. Mose 2,24

sollst deinen Vater und deine Mutter eh-
ren!« Dies ist das erste Gebot, das Gott
mit einer Zusage verbunden hat: 3» … da-
mit es dir gut geht und du lange auf die-
ser Erde lebst.«[a]

4Ihr Eltern, behandelt eure Kinder
nicht ungerecht! Sonst fordert ihr sie nur
zum Widerspruch heraus. Eure Er-
ziehung muß vielmehr in Wort und Tat
von der Liebe zu Christus bestimmt
sein.[b]

Vorgesetzte und Untergebene

5Gehorcht euern Vorgesetzten! Begegnet
ihnen ohne Anmaßung mit dem nötigen
Respekt und dient ihnen so aufrichtig,
wie ihr Christus dient.[c] 6Bei eurer Arbeit
geht es nicht darum, anderen zu imponie-
ren. Ihr sollt euch vielmehr als Diener
Christi betrachten, die bereitwillig und
gern den Willen Gottes erfüllen. 7Denkt
daran: Ihr arbeitet nicht für Menschen,
sondern für unseren Herrn Jesus Chri-
stus! 8Er wird euch den Lohn geben, den
ihr verdient, ganz gleich, ob ihr nun als
Vorgesetzte oder Untergebene euren
Dienst tut. 9Das sollen vor allem die
nicht vergessen, deren Anweisungen an-
dere auszuführen haben.[d] Schüchtert eu-
re Untergebenen nicht mit Drohungen
ein. Denkt immer daran, daß ihr densel-
ben Herrn im Himmel habt wie sie. Vor
ihm sind alle Menschen gleich.

Ausgerüstet zum Kampf

10Für euch alle gilt: Werdet stark durch
den Glauben an Christus und im Ver-
trauen auf seine Macht! 11Greift zu den
Waffen Gottes, damit ihr alle heimtük-
kischen Anschläge des Teufels abwehren
könnt. 12Denn wir kämpfen nicht gegen
Menschen, sondern gegen Mächte und
Gewalten des Bösen, die über diese gott-
lose Welt herrschen[e] und im Unsichtba-
ren ihr unheilvolles Wesen treiben.
13Darum nehmt die Waffen Gottes! Nur
gut gerüstet könnt ihr den Mächten des
Bösen widerstehen, wenn es zum Kampf
kommt.

14Rüstet euch gut für diesen Kampf!
Die Wahrheit Gottes ist euer Gürtel und
seine Gerechtigkeit eure Rüstung.
15Marschiert mutig voran und verkündet
überall, daß Gott Frieden mit uns ge-
schlossen hat. 16Verteidigt euch mit dem
Schild des Glaubens, an dem die Brand-
pfeile des Teufels wirkungslos abprallen.
17Die Gewißheit, daß euch Jesus Christus
gerettet hat, ist euer Helm, der euch
schützt. Und nehmt das Wort Gottes. Es
ist das Schwert, das euch der Heilige
Geist gibt.

18Hört nie auf, zu bitten und zu beten!
Gottes Heiliger Geist wird euch dabei lei-
ten. Bleibt wach und bereit. Bittet Gott
inständig für alle Christen in der Welt.
19Betet auch für mich, damit Gott mir
zur rechten Zeit das rechte Wort gibt
und ich überall das Evangelium von Jesus
Christus frei und offen verkündigen
kann. 20Auch hier im Gefängnis will ich
das tun. Betet darum, daß ich auch in Zu-
kunft diese Aufgabe mutig erfülle, so wie
Gott sie mir aufgetragen hat.

Grüße und Segenswünsche

21Tychikus, mein lieber Bruder und
treuer Mitarbeiter im Dienst für den
Herrn, wird euch von mir berichten.
22Ich schicke ihn zu euch, damit ihr er-
fahrt, wie es uns geht. Er soll euch ermuti-
gen.

23Gott schenke euch seinen Frieden,
meine lieben Brüder. Er gebe euch Liebe
und bewahre euern Glauben an ihn, den
Vater, und unseren Herrn Jesus Christus.
24Gottes Gnade und unvergängliches Le-
ben sei mit allen, die unseren Herrn Jesus
Christus unerschütterlich lieben.[f]

a) 5. Mose 5,16 b) Wörtlich: Ihr Väter, erzürnt eure Kinder nicht, sondern erzieht sie in der Zucht und Mahnung des Herrn. c) Wörtlich: Ihr Sklaven, gehorcht euren irdischen Herren unter Furcht und Zittern in der Einfalt eures Herzens als wie Christus. d) Wörtlich: Und ihr Herren. e) Wörtlich: die Weltbeherrscher der Finsternis. f) Wörtlich: Die Gnade mit allen, die unseren Herrn Jesus Christus lieben, samt Unverweslichkeit.

Der Brief des Paulus an die Christen in Philippi

Verfasser: Paulus, Apostel
Ort: wahrscheinlich Rom
Zeit: 60 oder 61 n.Chr.

Als Paulus den Brief an die Philipper schreibt, ist er gerade in Rom wegen seines Glaubens in Untersuchungshaft. Er wartet auf seinen Prozeß und hofft, bald freigesprochen zu werden. Der Brief an die Philipper ist ein sehr persönliches Schreiben. Paulus dankt darin der Gemeinde für finanzielle Unterstützung und kündigt einen baldigen Besuch an. Er freut sich, daß die Philipper trotz vieler Schwierigkeiten so leben, wie es dem Evangelium von Jesus Christus entspricht. Obwohl aus dem Gefängnis geschrieben, ist dieser Brief von großer Freude gekennzeichnet. Paulus freut sich über sein gutes Verhältnis zu den Christen in Philippi, über ihre Hilfsbereitschaft und ihren Glauben, und er ermutigt sie, sich weiterhin an Jesus Christus zu orientieren: an seiner Liebe, seiner Selbstlosigkeit und Hilfsbereitschaft. Den tiefen Grund der Freude macht Paulus in einem Satz deutlich: »Freut euch, daß ihr zu Jesus Christus gehört!«, heißt es in Kapitel 4, Vers 4.

Anschrift und Gruß

1 Diesen Brief schreiben Paulus und Timotheus, die Jesus Christus dienen, an alle Christen[a] in Philippi, an die Leiter in der dortigen Gemeinde und an ihre Mitarbeiter[b].
2 Wir wünschen euch Gnade und Frieden von Gott, unserem Vater, und unserem Herrn Jesus Christus.

Ich bete für euch

3 Immer bin ich meinem Gott dankbar,
wenn ich an euch denke, 4 und das tue ich
in jedem meiner Gebete mit großer Freude. 5 Denn ihr habt euch vom ersten Tag
an bis heute mit mir für das Evangelium
eingesetzt. 6 Deshalb bin ich auch ganz sicher, daß Gott sein Werk, das er bei euch durch den Glauben begonnen hat, zu Ende führen wird, bis zu dem Tag, an dem Jesus Christus wiederkommt.
7 Es ist ja nicht erstaunlich, daß ich so von euch denke, denn ihr liegt mir ganz besonders am Herzen. Daran ändert sich nichts, auch wenn ich jetzt im Gefängnis bin und vor Gericht die Wahrheit des Evangeliums verteidigen und bezeugen muß. Durch eure Gaben und Gebete für

a) Wörtlich: Heiligen. b) Wörtlich: Bischöfe und Diakone.

mich habt ihr auch Anteil an dem Segen, den Gott mir schenkt.[a]

8 Gott allein weiß, wie sehr ich mich nach euch allen sehne; liebe ich euch doch so, wie auch Jesus Christus euch liebt.

9 Ich bete darum, daß eure Liebe immer reicher und tiefer wird, je mehr ihr Gottes Willen erkennt und euch danach richtet.[b] 10 So lernt ihr entscheiden, wie ihr leben sollt, um am Gerichtstag Jesu Christi untadelig und ohne Schuld vor euern Richter treten zu können. 11 Alles Gute, was Christus in einem von Schuld befreiten Leben schafft, wird dann bei euch zu finden sein. Und das alles zu Gottes Ehre und zu seinem Lob!

Jeder soll erfahren, wer Christus ist!

12 Meine lieben Brüder! Ihr sollt wissen, daß meine Untersuchungshaft die Ausbreitung des Evangeliums nicht hinderte. Im Gegenteil! 13 Allen meinen Bewachern hier und auch den übrigen Prozeßteilnehmern ist inzwischen klargeworden, daß ich nur deswegen eingesperrt bin, weil ich an Christus glaube. 14 Außerdem haben durch meine Gefangenschaft viele Christen neuen Mut und Zuversicht gewonnen. Furchtlos und ohne Scheu predigen sie jetzt Gottes Wort.

15 Zwar verkündigen manche nur deswegen die Botschaft von Christus, weil sie neidisch sind und mir eine erfolgreiche Missionsarbeit nicht gönnen; andere aber sind aufrichtig und lassen sich bei ihrer Predigt von den besten Absichten leiten. 16 Sie handeln aus Liebe, weil sie wissen, daß ich im Gefängnis bin, um für das Evangelium einzutreten. 17 Die anderen aber reden von Jesus Christus, weil sie mir beweisen wollen, daß sie es besser können. Sie meinen es nicht ehrlich und wollen mir noch zusätzlich Kummer bereiten.

18 Doch was macht das schon! Wichtig ist allein, daß die Frohe Botschaft von Jesus Christus verbreitet wird; mag das nun unter einem Vorwand oder in ehrlicher Absicht geschehen. Wenn nur jeder erfährt, wer Jesus Christus ist! Darüber freue ich mich, und ich werde mich auch in Zukunft darüber freuen!

19 Weil ihr für mich betet und der Heilige Geist[c] mir beisteht, vertraue ich darauf, daß hier alles zum Besten[d] für mich ausgehen wird. 20 Ich hoffe, daß ich während meiner Gefangenschaft nicht schwach werde und versage, sondern daß Jesus Christus durch mich in aller Öffentlichkeit verherrlicht wird, sei es durch mein Leben oder durch meinen Tod.

21 Denn Christus bedeutet für mich alles; er ist mein Leben. Deshalb kann das Sterben für mich nur Gewinn sein. 22 Weil ich aber mehr für Christus erreichen kann, wenn ich am Leben bleibe, weiß ich nicht, was ich mir wünschen soll. 23 Beides erscheint mir verlockend: Manchmal würde ich am liebsten schon jetzt sterben, um bei Christus zu sein. Gibt es etwas Besseres? 24 Andererseits ist mir klar, daß ich bei euch noch eine wichtige Aufgabe zu erfüllen habe. 25 Deshalb bin ich auch davon überzeugt, daß ich am Leben bleiben und zu euch zurückkommen werde. Dann will ich euch helfen, damit euer Glaube wächst und eure Freude noch größer wird. 26 Wenn ich erst wieder bei euch bin, werdet ihr noch mehr loben und danken können für alles, was Jesus Christus getan hat.

Ein Vorrecht, für Christus zu leiden

27 Vor allem ist wichtig, daß ihr als ganze Gemeinde so lebt, wie es dem Evangelium entspricht. Ob ich nun bei euch sein kann oder nur davon höre, ich möchte, daß ihr alle *ein* Ziel habt und wie *ein* Mann für die Ausbreitung des Evangeliums kämpft.[e] 28 Laßt euch von euern Gegnern nicht einschüchtern! Denn ihre Feindschaft gegen das Evangelium ist nur ein Zeichen dafür, daß sie verloren sind, für euch aber der Beweis, daß ihr von Gott gerettet seid. 29 Ihr habt nicht nur das Vorrecht, an Christus zu glauben, ihr

a) Wörtlich: die ihr alle in meinen Fesseln und in der Verteidigung und Bekräftigung des Evangeliums Teilhaber der Gnade seid. b) Wörtlich: daß eure Liebe noch mehr überfließen soll in Erkenntnis und jeglichem Feingefühl. c) Wörtlich: der Geist Jesu Christi. d) Wörtlich: zum Heil (Hiob 13,16). e) Wörtlich: daß ihr in einem Geist feststeht, aus einer Seele zusammen kämpft für den Glauben des Evangeliums.

dürft sogar für ihn leiden. [30]Damit
kämpft ihr nun denselben Kampf wie
ich. Und wie dieser Kampf aussieht, habt
ihr ja früher selbst mitangesehen. Jetzt
kann ich euch davon nur berichten.

Orientiert euch an Jesus Christus!

2 Helft und ermutigt ihr euch als Chri-
sten gegenseitig? Seid ihr zu liebevol-
lem Trost bereit? Spürt man bei euch et-
was von der Gemeinschaft, die der Heili-
ge Geist schafft? Verbindet euch herzli-
che und mitfühlende Liebe? [2]Darüber
würde ich mich sehr freuen. Voll-
kommen aber ist meine Freude, wenn ihr
die gleiche Gesinnung habt, in der einen
Liebe miteinander verbunden bleibt und
fest zusammenhaltet. [3]Weder Neid noch
blinder Ehrgeiz sollen euer Handeln be-
stimmen. Im Gegenteil, denkt von euch
selbst gering, und achtet den anderen
mehr als euch selbst. [4]Denkt nicht immer
zuerst an euch, sondern kümmert und
sorgt euch auch um die anderen. [5]Orien-
tiert euch an Jesus Christus: [6]Obwohl er
Gott in allem gleich war und Anteil an
Gottes Herrschaft hatte, bestand er nicht
auf seinen Vorrechten.[a] [7]Nein, er verzich-
tete darauf und wurde rechtlos wie ein
Sklave. Er wurde wie jeder andere
Mensch geboren und lebte als Mensch un-
ter uns Menschen. [8]Er erniedrigte sich
selbst und war Gott gehorsam bis zum
Tod, ja, bis zum schändlichen Tod am
Kreuz. [9]Darum hat ihn Gott auch herr-
lich zu sich erhoben und ihm den Namen
gegeben, der über allen Namen steht.
[10]Vor Jesus werden sich einmal alle beu-
gen: alle Mächte im Himmel, alle Men-
schen auf der Erde und alle im Toten-
reich. [11]Und jeder ohne Ausnahme soll
zur Ehre Gottes, des Vaters, bekennen:
Jesus Christus ist der Herr!

Viel Grund zur Freude

[12]Meine lieben Freunde! Ihr habt immer
befolgt, was ich euch geraten habe. Hört
aber nicht nur auf mich, wenn ich bei
euch bin, sondern erst recht während mei-
ner Abwesenheit. Ihr seid gerettet, und
das soll sich an euerm Leben zeigen. Des-
halb lebt nun auch in Ehrfurcht vor Gott
und in ganzer Hingabe an ihn.[b] [13]Er
selbst bewirkt ja beides in euch: den gu-
ten Willen und die Kraft, ihn auch aus-
zuführen.

[14]Bei allem, was ihr tut, hütet euch vor
unzufriedenem Murren und mißtrau-
ischen Zweifeln. [15]Dann wird euer Leben
hell und makellos sein, und ihr werdet als
Gottes vorbildliche Kinder mitten in die-
ser verdorbenen und dunklen Welt wie
Sterne in der Nacht leuchten. [16]Dazu
müßt ihr unerschütterlich am Wort des
Lebens festhalten. Wenn Jesus Christus
dann wiederkommt, kann ich stolz auf
euch sein, daß ich nicht umsonst zu euch
gekommen bin und mich nicht ver-
geblich um euch gemüht habe.

[17]Und selbst wenn ich sterben muß
und mein Blut wie ein Opfer vergossen
wird im Dienst für euren Glauben, so bin
ich doch voller Freude. Ich freue mich
mit euch allen, daß ihr Christus ken-
nengelernt habt und ihm dient.[c] [18]Dar-
über sollt auch ihr froh sein und euch mit
mir freuen.

Zuverlässige Mitarbeiter

[19]Im Vertrauen auf unseren Herrn Jesus
hoffe ich, daß ich Timotheus bald zu
euch schicken kann. Könnte er mir doch
endlich berichten, wie es euch geht, denn
das würde mir auch neuen Mut und neue
Kraft geben! [20]Mit niemandem bin ich im
Glauben so verbunden wie mit Ti-
motheus, und kein anderer wird sich so
um euch kümmern wie er. [21]Alle andern
beschäftigen sich mit ihren eigenen Ange-
legenheiten und nicht mit der Sache Jesu
Christi. [22]Aber ihr wißt ja selbst, wie zu-
verlässig Timotheus ist. Wie ein Kind sei-
nem Vater hilft, so hat er sich eingesetzt
und mit mir das Evangelium verkündigt.
[23]Ich will ihn zu euch schicken, sobald
ich weiß, wie es hier mit mir weitergeht.
[24]Im übrigen hat mir Gott die Zuversicht
geschenkt, daß ich bald selbst zu euch
kommen kann.

a) Wörtlich: der in der Daseinsweise Gottes sich befand, hielt nicht gierig daran fest, Gott gleich zu sein. b) Wörtlich: Wirket eure Rettung mit Furcht und Zittern. c) Wörtlich: Aber wenn ich auch als Trankopfer ausgegossen werde, freue ich mich und freue ich mich mit euch allen über den Opfer- und Gottesdienst eures Glaubens.

25 Ich hielt es für notwendig, Epaphroditus zu euch zurückzuschicken. Er hat mir eure Gaben überbracht und sollte mir beistehen. Nun, er ist mir wirklich ein Bruder, ein guter Mitarbeiter und Mitkämpfer geworden. 26 Inzwischen aber hat er große Sehnsucht nach euch allen. Es hat ihn sehr beunruhigt, daß ihr von seiner Krankheit erfahren habt. 27 Tatsächlich war er todkrank, aber Gott hatte Erbarmen mit uns beiden. Er wollte mir zusätzliche Trauer ersparen.

28 Jetzt soll Epaphroditus so schnell wie möglich zu euch zurückkehren. Ihr sollt ihn gesund wiedersehen und euch über ihn freuen. Dann werde auch ich eine Sorge weniger haben. 29 Nehmt ihn herzlich als euren Bruder auf, und freut euch, wenn er schon jetzt zu euch kommt. Menschen wie ihn sollt ihr achten und ehren. 30 Denn er hat sein Leben eingesetzt. Weil ihr nichts für mich tun konntet, hat er sich an eurer Stelle für mich aufgeopfert.

Was allein zählt, ist Christus

3 Was auch immer geschehen mag, meine lieben Brüder: Freut euch, weil ihr zu Christus gehört! Ich werde nicht müde, euch das immer und immer wieder zu sagen; weiß ich doch, daß eure Gewißheit dadurch größer wird.

2 Hütet euch aber vor allen, die eure Gemeinde zerstören wollen. Sie sind wie bösartige Hunde, diese falschen Lehrer, die euch einreden wollen, daß ihr euch beschneiden lassen müßt.[a] 3 Glaubt ihnen nicht, denn zu Gottes Volk gehört man nicht durch äußere Zeichen. Nein, wir sind Gottes Volk, weil Gott uns seinen Heiligen Geist geschenkt hat und wir ihm dienen. Wir verlassen uns auf Jesus Christus und nicht länger auf das, was wir selbst tun können.

4 Ich selbst könnte mich mit größerem Recht als manch anderer auf diese Vorzüge berufen, wenn es wirklich auf die Beschneidung ankäme. 5 Ich wurde acht Tage nach meiner Geburt beschnitten, wie es das Gesetz vorschreibt. Ich stamme aus dem Volk Israel und kann sogar meine Herkunft aus dem Stamm Benjamin nachweisen. Von Geburt an bin ich ein Jude wie schon alle meine Vorfahren. Außerdem gehörte ich zu den Pharisäern, der Gruppe, die am strengsten darauf achtet, daß Gottes Gesetz eingehalten wird. 6 Ich habe die christliche Gemeinde mit fanatischem Eifer verfolgt und die Regeln des Gesetzes bis in alle Einzelheiten erfüllt. Gemessen an dem, was das Gesetz fordert, brauchte ich mir nichts vorzuwerfen.

7 Aber seit ich Christus kenne,[b] ist für mich alles ein Verlust, was ich früher als großen Gewinn betrachtet habe. 8 Denn das ist mir klargeworden: Gegenüber dem unvergleichlichen Gewinn, daß Jesus Christus mein Herr ist, hat alles andere seinen Wert verloren. Ja, alles andere ist für mich nur noch Dreck, wenn ich bloß Christus habe. 9 Zu ihm will ich gehören. Durch meine Leistung kann ich vor Gott nicht bestehen, selbst wenn ich das Gesetz genau befolge. Was Gott für mich getan hat, das zählt. Darauf will ich vertrauen.[c] 10 Um ihn allein geht es mir. Ihn will ich immer besser kennenlernen und die Kraft seiner Auferstehung erfahren, damit ich auch seine Leiden mit ihm teilen und seinen Tod mit ihm sterben kann. 11 Dann werde ich auch mit allen, die an Christus glauben, von den Toten auferstehen.[d]

Unterwegs zum Ziel

12 Dabei ist mir klar, daß ich dies alles noch lange nicht erreicht habe, daß ich noch nicht am Ziel bin. Doch ich setze alles daran, das Ziel zu erreichen, damit der Siegespreis einmal mir gehört, wie ich jetzt schon zu Christus gehöre. 13 Wie gesagt, meine lieben Brüder, ich weiß genau: Noch habe ich den Preis nicht in der Hand. Aber eins steht fest, daß ich alles vergessen will, was hinter mir liegt. Ich konzentriere mich nur noch auf das vor mir liegende Ziel. 14 Mit aller Kraft laufe

a) Wörtlich: Gebt acht auf die Hunde, die schlechten Werkleute, die Zerschneidung. b) Wörtlich: Aber um Christi willen. c) Wörtlich: ... und in ihm erfunden werde – nicht meine Gerechtigkeit will ich haben, die aus dem Gesetz kommt, sondern jene, die aus dem Glauben an Christus kommt, die Gerechtigkeit aus Gott aufgrund des Glaubens. d) Wörtlich: ob ich wohl hingelange zur Auferstehung aus den Toten.

ich darauf zu, um den Siegespreis zu ge-
winnen, das Leben in Gottes Herrlich-
keit. Denn dazu hat uns Gott durch Jesus
Christus berufen.
15Wir alle, die wir auf dem Weg zum
Ziel sind,[a] wollen uns so verhalten. Wenn
ihr in dem einen oder anderen Punkt
nicht meiner Meinung seid, wird Gott
euch Klarheit und Einsicht schenken.
16Doch an dem, was ihr schon erreicht
habt, müßt ihr auch festhalten. Bleibt
nicht auf halbem Wege stehen!
17Liebe Brüder, nehmt euch ein Bei-
spiel an mir und an den Menschen, die so
leben wie ich. 18Denn ich habe es euch
schon oft gesagt, und jetzt beschwöre ich
euch unter Tränen: Hütet euch vor allen,
die von sich behaupten, Christen zu sein,
aber durch ihr Leben erkennen lassen,
daß sie Feinde des Kreuzes Jesu Christi
sind.
19Ihr Weg führt unausweichlich ins
Verderben. Im Grunde leben sie nur für
ihre Triebe und Begierden, und worüber
sie sich schämen müßten, darauf sind sie
sogar noch stolz.[b] Sie denken an nichts
anderes als an das Leben auf dieser Erde.
20*Unser* Bürgerrecht aber haben wir im
Himmel. Von dort erwarten wir auch Je-
sus Christus, unseren Retter. 21Dann
wird unser hinfälliger, sterblicher Leib
verwandelt und seinem auferstandenen,
unvergänglichen Leib gleich werden.
Denn Christus hat die Macht über alles.

Wie Christen leben sollen

4 Darum, meine lieben Brüder, bleibt
fest in euerm Glauben an den Herrn
Jesus Christus! Ich habe große Sehnsucht
nach euch, denn ihr seid meine ganze
Freude, die Krönung meiner Arbeit.
2Euodia und Syntyche sollen sich wie-
der vertragen. Sie glauben doch beide an
den Herrn Jesus Christus. 3Vielleicht
kannst du, Syzygus, mein treuer Mitar-
beiter, den Frauen dabei helfen! Schließ-
lich haben sie gemeinsam mit Klemens
und meinen anderen Mitarbeitern für die
Sache des Evangeliums gekämpft. Gott
kennt sie alle. Er hat ihre Namen in das
Buch des Lebens eingetragen.
4Freut euch, daß ihr zu Jesus Christus
gehört. Und noch einmal will ich es sa-
gen: Freut euch! 5Jeder soll eure Güte
und Freundlichkeit erfahren. Denn: Der
Herr kommt bald! 6Macht euch keine
Sorgen! Ihr dürft Gott um alles bitten.
Sagt ihm, was euch fehlt, und dankt ihm!
7Gott wird euch seinen Frieden schen-
ken, den Frieden, der all unser Verste-
hen, all unsere Vernunft übersteigt, der
unsere Herzen und Gedanken im Glau-
ben an Jesus Christus bewahrt.
8Schließlich, meine lieben Brüder,
orientiert euch an dem, was wahrhaftig,
gut und gerecht, was anständig, lie-
benswert und schön ist. Wo immer ihr
etwas Gutes entdeckt, das Lob verdient,
darüber denkt nach. 9Haltet an dem Evan-
gelium fest, so wie ihr es von mir gehört
und angenommen habt. Richtet euch
nach dem, was ich euch gelehrt habe, und
lebt nach meinem Vorbild. Dann wird
Gott bei euch sein und euch seinen Frie-
den schenken.

Dank für die Hilfe der Philipper

10Ich habe mich sehr gefreut und bin dem
Herrn von Herzen dankbar, daß es euch
wieder möglich war, mich finanziell zu
unterstützen. Mir ist klar, daß ihr immer
dazu bereit seid und daß ihr in letzter
Zeit nur durch die ungünstigen Umstän-
de daran gehindert wurdet.
11Ich sage das nicht, um euch auf meine
Not aufmerksam zu machen. Schließlich
habe ich gelernt, in allen Lebenslagen zu-
rechtzukommen. 12Ob ich nun wenig
oder viel habe, beides ist mir durchaus
vertraut, und so kann ich mit beidem fer-
tigwerden: Ich kann satt sein und hun-
gern; ich kann Mangel leiden und Über-
fluß haben. 13Das alles kann ich durch
Christus, der mir Kraft und Stärke gibt.
14Trotzdem habt ihr mir diesmal sehr
geholfen. 15Ihr wißt ja, daß ich mich von
keiner anderen Gemeinde als von euch in
Philippi habe unterstützen lassen. Gleich
von Anfang an, als ich von Mazedonien
weiterzog, um das Evangelium zu ver-
kündigen, wart ihr die einzigen, von de-
nen ich Geld annahm, nachdem ich euch
die Frohe Botschaft von Jesus Christus
gebracht hatte. 16Eure Gemeinde hat

a) Wörtlich: die vollkommen sind. b) Wörtlich: Ihr Ende ist Untergang, ihr Gott der Bauch, und ihr Ruhm liegt in ihrer Schande.

mich schon unterstützt, als ich in Thessalonich war, und danach habt ihr mir noch mehrmals geholfen. [17]Dabei geht es mir gar nicht um das Geschenk, sondern um die Frucht, die daraus erwächst: daß Gott euch für eure Liebe und Fürsorge belohnt und ihr dadurch nicht ärmer, sondern reicher werdet.

[18]Alles, was mir Epaphroditus von euch überbrachte, habe ich bekommen. Nun habe ich alles, was ich brauche, ja mehr als das! Eure Gabe ist wie ein wohlriechendes Opfer, das Gott gefällt. [19]Aus seinem Reichtum wird euch Gott, dem ich gehöre, durch Jesus Christus alles geben, was ihr zum Leben braucht. [20]Dafür wollen wir Gott, unseren Vater, in alle Ewigkeit loben und preisen. Amen.

Herzliche Grüße

[21]Grüßt alle Christen in Philippi von mir. Herzliche Grüße von den Brüdern, die bei mir sind. [22]Auch alle anderen Christen hier grüßen euch, besonders die, welche im Dienst des Kaisers stehen.

[23]Unser Herr Jesus Christus bewahre euch in seiner Gnade!

Der Brief des Paulus an die Christen in Kolossä

Verfasser: Paulus, Apostel
Ort: wahrscheinlich Rom
Zeit: 60 oder 61 n.Chr.

Paulus schrieb diesen Brief während seiner Gefangenschaft in Rom an eine ihm persönlich unbekannte Christengemeinde. Er hatte gehört, daß in der Gemeinde in Kolossä eigenartige Lehren verbreitet wurden: Einige behaupteten, daß Jesus nicht der Sohn Gottes sei, sondern eine Art Engelwesen. Sie legten Wert auf Speisevorschriften, bestimmte Feierlichkeiten und die Einhaltung des jüdischen Gesetzes. Als Reaktion darauf beschreibt Paulus, wer Jesus Christus ist und was er für uns getan hat: Er ist der Sohn Gottes, der Herr über alle Mächte und Gewalten. Er hat die Schuld der Menschen auf sich genommen; er ist für sie am Kreuz gestorben und hat sie von ihrer Schuld befreit. Darum wendet sich Paulus gegen alle, die diese Errettung von der Einhaltung bestimmter Gesetze abhängig machen wollen. Wer an Jesus Christus glaubt, braucht sich nicht durch leeres Gerede und falsche Weisheit einfangen zu lassen. Er kann leben, wie es Gott gefällt.

Anschrift und Gruß

1 Paulus, der von Gott zum Botschafter Jesu Christi berufen wurde, und
sein Mitarbeiter Timotheus 2senden
diesen Brief an die Christen in Kolossä,
mit denen wir im Glauben verbunden
sind.[a] Wir wünschen euch Gnade und
Frieden von Gott, unserem Vater.

Wir beten für euch

3Wenn wir für euch beten, danken wir
immer wieder Gott, dem Vater unseres
Herrn Jesus Christus. 4Wir haben von eurem festen Glauben an Jesus Christus gehört und von eurer Liebe zu allen Christen; 5denn ihr wißt ja, daß sich eure
Hoffnung im Himmel erfüllen wird. Von
dieser Hoffnung habt ihr gehört, als man
euch das Evangelium von Jesus Christus,
das Wort der Wahrheit, verkündete.
6Diese Heilsbotschaft wird nicht nur
bei euch, sondern auch in der ganzen
Welt gepredigt. Immer mehr hören die
Botschaft des Evangeliums, nehmen sie
an, und ihr Glaube trägt reiche Frucht.
So ist es auch bei euch vom ersten Tage
an gewesen, an dem ihr erkannt habt, wie
barmherzig Gott ist. 7Euch brachte unser
lieber Mitarbeiter Epaphras dieses Evangelium. Wir wissen, daß er euch ein
treuer und guter Lehrer war. 8Er hat uns
auch davon berichtet, welch brüderliche

a) Wörtlich: an die Heiligen, die gläubigen Brüder in Christus.

Liebe der Heilige Geist in euch geweckt
hat.[a]
[9]Seitdem haben wir nicht aufgehört,
für euch zu beten und Gott darum zu bit-
ten, daß ihr seinen Willen erkennt und
sein Geist euch mit Weisheit und Ein-
sicht erfüllt. [10]Dann nämlich könnt ihr so
leben, wie es Gott gefällt, und viel Gutes
tun. Ihr sollt ihn immer besser kennenler-
nen [11]und seine göttliche Kraft erfahren,
damit ihr geduldig und ausdauernd euern
Weg gehen könnt.
[12]Ihr habt wirklich allen Grund, Gott,
dem Vater, von ganzem Herzen dafür zu
danken, daß ihr einmal mit allen anderen
Christen bei ihm sein dürft, in seinem
Reich des Lichts. [13]Er hat uns aus der Ge-
walt der Finsternis befreit, und nun leben
wir unter der Herrschaft seines geliebten
Sohnes Jesus Christus. [14]Durch ihn sind
wir erlöst, unsere Sünden sind vergeben.

Was Christus für uns getan hat

[15]Christus ist das Abbild seines Vaters; in
ihm wird der unsichtbare Gott für uns
sichtbar. Vor Beginn der Schöpfung war
er da.[b] [16]Durch ihn ist alles erschaffen,
was im Himmel und auf der Erde ist, al-
les Sichtbare und Unsichtbare, alle König-
reiche und Mächte, alle Herrscher und
Gewalten. Alles ist durch ihn und auf ihn
hin geschaffen. [17]Denn Christus war vor
allem anderen; und nur durch ihn besteht
alles. [18]Er ist das Haupt der Gemeinde,
die sein Leib ist. Mit ihm hat alles an-
gefangen. Weil er in allen Dingen der Er-
ste ist, war er auch der erste, der von den
Toten zu neuem Leben auferstand.
[19]Denn Gott wollte mit allem, was er ist
und hat, in seinem Sohn wohnen. [20]Alles
im Himmel und auf der Erde sollte
durch Christus mit Gott wieder versöhnt
werden und Frieden mit ihm finden. Das
ist geschehen, als er am Kreuz sein Blut
vergoß.
[21]Auch ihr habt früher von Gott nichts
gewußt und seid mit euerm bösen, sündi-
gen Leben bisher seine Feinde gewesen.
[22]Durch seinen Tod hat euch Christus
mit Gott versöhnt, so daß ihr einmal oh-
ne Sünde und ohne jeden Makel vor Gott
stehen könnt. [23]Bleibt nur fest und un-
erschütterlich in eurem Glauben, und
laßt euch durch nichts davon abbringen!
Keine Macht der Erde soll euch die Hoff-
nung des Evangeliums rauben, das euch
wie allen anderen Menschen dieser Erde
verkündet worden ist.

Im Auftrag Gottes

Im Auftrag Gottes verkündige ich,
Paulus, dieses Evangelium. [24]Und was ich
auch immer dabei erleiden muß, nehme
ich gern auf mich; ich freue mich sogar
darüber. Das Maß der Leiden, die ich für
Christus auf mich nehmen muß, ist noch
nicht voll. Und ich leide für seinen Leib,
für seine Gemeinde.[c] [25]Gott hat mir aufge-
tragen, seiner Gemeinde zu dienen und
euch sein Wort uneingeschränkt und oh-
ne Abstriche zu verkünden. [26]Ihr habt er-
fahren, was von Anfang der Welt, was al-
len Menschen vor euch verborgen war:
ein Geheimnis, das euch als Christen
jetzt enthüllt worden ist. [27]Gott wollte
euch zeigen, wie unbegreiflich und
wunderbar dieses Geheimnis ist, das für
alle Menschen auf dieser Erde gilt: Chri-
stus lebt als der Auferstandene mitten un-
ter euch. Er hat euch die Hoffnung auf
die Herrlichkeit Gottes geschenkt.[d]
[28]Diesen Christus verkündigen wir
euch. Mit aller geistlichen Weisheit, die
Gott mir gegeben hat, ermahne ich die
Menschen und unterrichte sie im Glau-
ben, damit jeder einzelne zu einem rei-
fen, mündigen Christen wird. [29]Das ist
das Ziel meiner Arbeit, dafür kämpfe ich
und mühe ich mich ab. Christus, der mit
seiner Macht in mir wirkt, schenkt mir
die Kraft dazu.
2 Ihr sollt wissen, wie sehr ich um euch
kämpfe, auch um die Gemeinde in
Laodicea und um all die anderen, die
mich persönlich noch gar nicht kennen.
[2]Gott möge euch Mut und Kraft geben
und euch in der Liebe Christi zusammen-
halten; die ganze Größe seines Geheim-
nisses sollt ihr erkennen. Dieses Ge-
heimnis ist Christus. [3]In ihm ist alles, was

a) Wörtlich: von eurer Liebe im Geist. b) Wörtlich: (Er ist der) Erstgeborene vor aller Schöpfung. c) Wörtlich: Jetzt freue ich mich in den Leiden für euch und erfülle, was an den Trübsalen Christi noch fehlt, an meinem Fleisch für seinen Leib, das ist die Gemeinde. d) Wörtlich: Christus unter (in) euch, die Hoffnung auf Herrlichkeit.

es an Weisheit und Erkenntnis Gottes geben kann.

[4]Ich sage das in aller Deutlichkeit, damit ihr euch von niemandem durch wohlklingende Worte betrügen laßt.
[5]Zwar bin ich weit von euch entfernt, aber im Geist bin ich mit euch allen verbunden. Ich bin glücklich, wenn ich sehe, wie fest ihr zusammensteht und wie unerschütterlich ihr an Christus glaubt.

Nur Christus ist wichtig

[6]Ihr habt Christus als euren Herrn angenommen; nun lebt auch mit ihm und
tut seinen Willen. [7]Wie ein Baum in der Erde, so sollt ihr in Christus fest verwurzelt bleiben, und nur er soll das Fundament eures Lebens sein. Haltet fest an dem Glauben, den man euch lehrte, und dankt Gott für alles, was er euch geschenkt hat.

[8]Laßt euch von keiner Ideologie oder irgendwelchem leeren Gerede einfangen. All das haben sich Menschen ausgedacht; aber hinter ihren Gedanken stehen dunkle, dämonische Mächte und nicht Christus.
[9]Nur in Christus ist Gott wirklich zu finden, denn in ihm lebt er ganz und
gar. [10]Deshalb lebt Gott auch in euch, wenn ihr mit Christus verbunden seid. Er ist der Herr über alle Mächte und Gewalten.[a]

[11]Durch euern Glauben an Christus habt ihr euer altes, sündiges Leben aufgegeben, seid auch ihr Beschnittene. Zwar nicht durch eine Beschneidung, wie sie der Priester im Tempel durchführt, sondern durch die Beschneidung, wie ihr sie durch Christus erfahren habt.

[12]Durch die Taufe ist euer altes Leben beendet; ihr wurdet mit Christus gleichsam begraben; aber durch den Glauben seid ihr auch mit ihm zu einem neuen Leben auferweckt worden. Diesen Glauben hat Gott in euch bewirkt, und er war es auch, der Christus von den Toten auferstehen ließ.
[13]Durch euren Egoismus[b] und eure Sünden wart ihr für Gott tot, aber er hat euch mit Christus lebendig gemacht und alle Schuld vergeben.

[14]Gott hat den Schuldschein, der uns mit seinen Forderungen so schwer belastete, eingelöst und auf ewig vernichtet, indem er ihn ans Kreuz nagelte.
[15]Auf diese Weise wurden die finsteren dämonischen Mächte entmachtet und in ihrer Ohnmacht bloßgestellt, als Christus über sie am Kreuz triumphierte.

Freiheit durch Christus

[16]Darum ist es auch unsinnig, daß ihr euch Vorschriften machen laßt über eure Eß- und Trinkgewohnheiten oder bestimmte Feiertage, religiöse Feste und was man am Sabbat tun darf oder nicht.
[17]Das alles sind nur schwache Abbilder, ein Schatten von dem, was in Christus Wirklichkeit geworden ist.

[18]Laßt euch deshalb durch niemanden von euerm Ziel abbringen. Schon gar nicht von solchen Leuten, die sich in falsch verstandener Demut gefallen, zu Engeln beten und sich dabei stolz auf ihre Visionen berufen. Diese Menschen haben nicht den geringsten Grund, sich derart aufzuspielen.
[19]Sie halten sich nicht mehr an Christus, der doch das Haupt der Gemeinde ist. Denn nur von ihm her kann die Gemeinde als sein Leib zusammengehalten werden und so wachsen und gedeihen, wie Gott es will.[c]

[20]Wenn ihr euch nun als Christen vom Wesen dieser Welt und ihren Mächten losgesagt habt,[d] weshalb unterwerft ihr euch dann von neuem ihren Forderungen und lebt so, als wäre diese Welt für euch
maßgebend? [21]Weshalb laßt ihr euch vorschreiben: »Du darfst dieses nicht anfassen, jenes nicht essen und ganz bestimmte Dinge nicht berühren«?
[22]Diese Gebote sind doch nichts anderes als von Menschen erdachte Verhaltensregeln.[e]
[23]Möglich, daß Menschen, die danach leben, den Anschein von Weisheit erwekken, zumal sie fromm wirken und sich selbst bei diesen Anstrengungen nicht

a) Wörtlich: Und ihr seid in ihm Erfüllte, der das Haupt jeder Macht und Gewalt ist. b) Wörtlich: Unbeschnittenheit eures Fleisches. c) Wörtlich: ...und sich nicht an das Haupt halten, von dem her der ganze Leib, durch Sehnen und Bänder gestützt und zusammengefügt, wächst im Wachstum Gottes. d) Wörtlich: Wenn ihr nun mit Christus den Weltelementen abgestorben seid. e) Wörtlich: Das ist doch alles zum Verderb durch Verbrauch bestimmt – nach Satzungen und Lehren der Menschen.

schonen[a]. Tatsächlich aber hat dies alles überhaupt nichts mit der Ehrfurcht vor Gott zu tun, sondern es dient ausschließlich menschlichem Ehrgeiz und menschlicher Eitelkeit.

3 Wenn ihr nun mit Christus zu einem neuen Leben auferstanden seid, dann richtet euer ganzes Leben nach ihm aus. Seht dahin, wo Christus ist, auf dem Ehrenplatz an Gottes Seite. 2Richtet eure Gedanken auf Gottes kommendes Reich und nicht auf das, was diese Welt zu bieten hat.[b] 3Denn für diese Welt seid ihr gestorben, aber Gott hat euch mit Christus bereits ewiges Leben geschenkt, auch wenn das jetzt noch verborgen ist. 4Doch wenn Christus, unser Leben, erscheinen wird, dann wird in Herrlichkeit sichtbar werden, daß ihr mit ihm lebt.

Wie Christen leben sollen

5Also trennt euch ganz entschieden von allen selbstsüchtigen Wünschen, wie sie für diese Welt kennzeichnend sind! Trennt euch von Sittenlosigkeit und Unmoral, von Leidenschaften und Lastern, aber auch von der Habgier, die den Besitz für das Wichtigste im Leben hält und ihn zu ihrem Gott macht! 6Wer diese Dinge in seinem Leben duldet, wird Gottes gerechten Zorn zu spüren bekommen.

7Auch ihr habt früher so gelebt. 8Doch das ist jetzt vorbei. Laßt euch nicht mehr von Zorn und Haß beherrschen. Schluß mit aller Bosheit! Schluß mit dem gotteslästerlichen Reden und Fluchen! 9Hört auf, euch gegenseitig zu belügen. Ihr habt doch euer früheres Leben mit allem, was dazugehörte, wie alte Kleider abgelegt. 10Zieht jetzt neue Kleider an, denn ihr seid neue Menschen geworden! Laßt euch von Gott erneuern. So entsprecht ihr immer mehr dem Bild, nach dem Gott euch geschaffen hat.[c] 11Dann ist unwichtig, ob einer Grieche oder Jude ist, beschnitten oder unbeschnitten, ob er einem unkultivierten oder gar primitiven Volk angehört, ob er ein Sklave oder Herr ist. Entscheidend ist einzig und allein, ob Christus in ihm lebt.[d]

12Weil ihr von Gott auserwählt und seine geliebten Kinder seid, die zu ihm gehören, sollt ihr euch untereinander auch herzlich lieben in Barmherzigkeit, Güte, Demut, Nachsicht und Geduld. 13Streitet nicht miteinander, und seid bereit, einander zu vergeben, selbst wenn ihr glaubt, im Recht zu sein. Denn auch Christus hat euch vergeben. 14Das Wichtigste ist die Liebe. Wenn ihr sie habt, wird euch nichts fehlen.[e] 15Und der Friede, den Christus schenkt, soll euer ganzes Leben bestimmen. Gott hat euch dazu berufen, als Gemeinde Jesu in diesem Frieden eins zu sein. Dankt Gott dafür!

16Laßt das Wort Christi seinen ganzen Reichtum bei euch entfalten. Achtet darauf, daß es bei euch richtig verkündigt und verstanden wird. Ermutigt und ermahnt euch gegenseitig, und dankt Gott von ganzem Herzen mit Psalmen, Lobgesängen und Liedern, die euch der Heilige Geist schenkt. Ihr habt doch Gottes Gnade erfahren! 17Laßt all euer Tun – euer Reden wie euer Handeln – im Namen unseres Herrn Jesus geschehen. So könnt ihr Gott, dem Vater, für alles danken.

Christsein in der Familie

18Ihr Frauen, seid dazu bereit, euch euern Ehemännern unterzuordnen. So erwartet es Christus von euch. 19Ihr Männer, liebt eure Ehefrauen und kränkt sie nicht. 20Ihr Kinder, seid euern Eltern in allen Dingen gehorsam; denn das gefällt dem Herrn. 21Ihr Väter, seid liebevoll zu euern Kindern, damit sie nicht ängstlich und mutlos werden.

Christsein im Beruf

22Wer Vorgesetzte hat,[f] der soll sie in jeder Beziehung als solche anerkennen. Und das nicht, um gut bei ihnen angesehen zu sein. Nein, er soll seine Arbeit aufrichtig und in Ehrfurcht vor Gott tun.

a) Wörtlich: und nicht ihren Leib schonen. b) Wörtlich: Sinnt auf das, was oben ist, nicht auf das, was auf Erden ist. c) Wörtlich: Und zieht den neuen (Menschen) an, der erneuert wird zur Erkenntnis nach dem Bild dessen, der ihn schuf. d) Wörtlich: Wo es nicht mehr Grieche und Jude, Beschneidung und Unbeschnittensein, Barbar, Skythe, Sklave, freier Mann gibt, sondern Christus alles in allen (ist). e) Wörtlich: Über diesen allen aber die Liebe, die das Band der Vollkommenheit ist. f) Wörtlich: Ihr Sklaven...

[23]Denkt bei allem daran, daß ihr für Gott
und nicht für die Menschen arbeitet.
[24]Als Lohn dafür wird Gott euch geben,
was er versprochen hat. Das wißt ihr ja.[a]
Ihm allein, euerm Herrn Jesus Christus,
dient ihr und keinem anderen! [25]Wer al-
lerdings Unrecht tut, wird auch dafür
den entsprechenden Lohn bekommen; er
mag sein, wer er will.
4 Wer Vorgesetzter ist, soll seine Mitar-
beiter gerecht und anständig behan-
deln. Er darf niemals vergessen, daß auch
er über sich einen Herrn hat: Gott im
Himmel.

Für andere leben

[2]Laßt euch durch nichts vom Gebet ab-
bringen, und vergeßt dabei nicht, Gott
zu danken. [3]Betet auch für uns, damit
Gott uns eine Möglichkeit gibt, die Bot-
schaft von Christus zu verkündigen, für
die ich hier im Gefängnis sitze. [4]Und be-
tet, daß ich frei und offen von dem reden
kann, was mir aufgetragen wurde.
[5]Verhaltet euch klug und besonnen de-
nen gegenüber, die keine Christen sind.
Denkt daran, daß euch nicht mehr viel
Zeit bleibt. [6]Redet mit jedem Menschen
freundlich, aber scheut euch nicht, die
Wahrheit zu sagen.[b] Dann werdet ihr
schon für jeden die richtigen Worte fin-
den.

Persönliche Grüße und Wünsche

[7]Unser lieber Bruder Tychikus wird euch
berichten, wie es mir geht. Ich bin
dankbar dafür, in Tychikus einen so
treuen Mitarbeiter für die Sache des
Herrn gefunden zu haben. [8]Durch ihn
sollt ihr nicht nur erfahren, wie es mir
geht, sondern er soll euch ermutigen und
weiterhelfen. [9]Euer Landsmann Onesi-
mus wird ihn begleiten. Auch ihn schätze
ich als treuen und lieben Bruder. Er und
Tychikus werden von allem berichten,
was hier geschehen ist.
[10]Aristarchus, der zusammen mit mir
im Gefängnis ist, läßt euch grüßen,
ebenso Markus, der Vetter von Barnabas.
Seinetwegen hatte ich euch ja schon ge-
schrieben. Ich bitte euch noch einmal,
ihn freundlich aufzunehmen, wenn er zu
euch kommt. [11]Auch Jesus Justus schickt
euch seine Grüße. Diese drei Männer
sind die einzigen Christen jüdischer Her-
kunft, die mit mir hier zusammenarbei-
ten und mir helfen, das Evangelium von
Christus zu verkündigen. Sie sind mir
Trost und Hilfe zugleich.
[12]Euer Landsmann Epaphras grüßt
euch ebenfalls sehr herzlich. Er dient Je-
sus Christus mit ganzer Hingabe und
läßt nicht nach, für euch zu beten. In-
ständig bittet er Gott darum, daß ihr voll-
kommen und untadelig vor Gott werdet
und bereit, in allen Dingen Gottes Willen
zu erfüllen. [13]Ich kann bezeugen, wie er
sich aufopfert und mit welch großem Ei-
fer er sich für euch, für die Christen in
Laodicea und die in Hierapolis einsetzt.
[14]Freundliche Grüße auch von dem Arzt
Lukas, den wir alle sehr schätzen, und
von Demas. [15]Grüßt bitte alle Christen in
Laodicea von mir, vor allem die Nympha
und alle, die sich in ihrem Haus versam-
meln.
[16]Wenn ihr diesen Brief gelesen habt,
dann gebt ihn doch bitte an die Ge-
meinde in Laodicea weiter. Lest auch den
Brief, den ich dorthin geschrieben habe.
[17]Und sagt dem Archippus: Erfülle den
Auftrag, den dir der Herr übertragen hat,
treu und gewissenhaft!
[18]Und hier mein Gruß an euch, den ich
mit eigener Hand dazuschreibe: Betet für
meine Freilassung.[c]
Gottes Gnade sei mit euch!

a) Wörtlich: Wißt ihr doch, daß ihr vom Herrn als Vergeltung das Erbe empfangen werdet.
b) Wörtlich: Euer Wort sei... mit Salz gewürzt. c) Wörtlich: Gedenkt meiner Fesseln!

Der erste Brief des Paulus an die Christen in Thessalonich

Verfasser: Paulus, Apostel
Ort: Korinth
Zeit: 50 oder 51 n.Chr.

Auf seiner zweiten Missionsreise kam Paulus nach Thessalonich, und auf Grund seiner Predigt wurden viele Menschen dort Christen. Doch einige Männer wiegelten die ganze Stadt gegen Paulus auf, so daß er fliehen mußte. Von Korinth aus schickte er seinen Mitarbeiter Timotheus nach Thessalonich, um sich nach der Gemeinde zu erkundigen. Timotheus kam mit guten Nachrichten zurück: Obwohl die Christen in der Stadt verfolgt wurden, blieben sie standhaft und hielten an ihrem Glauben fest. So waren sie für die Christen in ganz Griechenland zu einem Vorbild geworden. Doch sie hatten brennende Fragen: Einige aus ihrer Gemeinde waren gestorben, und die Hinterbliebenen hatten Sorge, ob die Toten wirklich auferstehen würden. Paulus antwortet ihnen: Wenn Jesus wiederkommt, werden die Lebenden den Toten nichts voraushaben. Alle, die an Jesus geglaubt haben, werden dann für immer mit ihm zusammen sein. Paulus erinnert die Gemeinde daran, daß der Glaube an diese Botschaft schon jetzt Konsequenzen hat: Wer auf eine solche Zukunft hofft, der lebt so, als hätte sie bereits begonnen.

Anschrift und Gruß

1 Paulus, Silvanus und Timotheus schreiben diesen Brief an die Gemeinde in Thessalonich, die sich zu Gott, dem Vater, und dem Herrn Jesus Christus bekennt. Gott möge euch seine Gnade und seinen Frieden schenken.

Vorbildlicher Glaube

2Immer, wenn wir für euch alle beten,
danken wir Gott von ganzem Herzen.
3Wir werden dann immer daran erinnert,
mit welcher Selbstverständlichkeit ihr euren Glauben in die Tat umsetzt, mit welcher Liebe ihr für andere sorgt und mit welcher Hoffnung und Geduld ihr auf das Wiederkommen unseres Herrn Jesus
Christus wartet. 4Wir wissen, liebe
Brüder, daß Gott euch liebt; ihr gehört ja zu denen, die er auserwählt hat, seine Kinder zu sein.
5Denn als wir euch das Evangelium von Jesus Christus brachten, da habt ihr nicht nur das Wort gehört und aufgenommen. Nein, Gottes Macht ist unter euch wirksam geworden. Sein Heiliger Geist

erfüllte euch und gab volle Gewißheit.[a]
Ihr wißt selbst, wie sehr ich mich bemüht
habe, euch das Beste zu geben.
[6]Nun seid ihr unserem Beispiel und
dem unseres Herrn gefolgt. Und obwohl
ihr deswegen viel leiden mußtet, habt ihr
Gottes Wort mit einer solchen Freude
aufgenommen, wie sie nur der Heilige
Geist schenken kann. [7]So seid ihr für die
Christen in ganz Mazedonien und in der
Provinz Achaja zum Vorbild geworden.
[8]Aber nicht nur dort habt ihr das Evan-
gelium weitergesagt, auch an vielen ande-
ren Orten spricht man von euerm Glau-
ben, so daß wir darüber nichts mehr be-
richten müssen. [9]Im Gegenteil! Überall
spricht man davon, wie freundlich ihr
uns aufgenommen habt, daß ihr nicht län-
ger die toten Götzenbilder anbetet, son-
dern zu dem lebendigen, wahren Gott
umgekehrt seid und ihm allein dient. [10]Je-
der weiß auch, wie sehr ihr auf Gottes
Sohn wartet, auf Jesus, den er von den
Toten auferweckt hat und der für alle
sichtbar wiederkommen wird. Er allein
rettet uns vor Gottes Zorn im kommen-
den Gericht.

Wie alles angefangen hat

2 Ihr wißt ja selbst, liebe Brüder, wie es
war, als wir zum ersten Mal Gottes
Wort bei euch verkündigten: Viele sind
zum Glauben gekommen. [2]Und ihr wißt
auch, daß wir vorher in Philippi viel zu
leiden hatten und mißhandelt worden wa-
ren. Aber Gott hat uns den Mut und die
Kraft gegeben, euch seine Botschaft zu
verkünden – trotz aller Widerstände, mit
denen wir fertigwerden mußten. [3]Was
wir euch zu sagen haben, kommt schließ-
lich aus offenem, ehrlichem Herzen; oh-
ne hinterlistige und betrügerische Ab-
sichten. [4]Das haben wir gar nicht nötig.
Weil Gott uns für würdig hält, das Evan-
gelium zu verkündigen, darum reden
wir; und wir wollen nicht Menschen da-
mit gefallen, sondern Gott. Ihn können
wir nicht täuschen, denn er kennt alle un-
sere Gedanken.
[5]Ihr wißt auch, daß wir euch niemals
mit Schmeicheleien einfangen wollten
und daß es uns nicht um unseren eigenen
Vorteil ging. Dafür ist Gott unser Zeuge.
[6]Niemals wollten wir bei euch oder ande-
ren Leuten persönliches Ansehen gewin-
nen oder uns wichtig machen.
[7]Obwohl wir als Apostel Jesu Christi
von euch durchaus einen Beitrag zu un-
serem Unterhalt hätten verlangen kön-
nen, bewegte uns nichts anderes als unse-
re Liebe zu euch – eine Liebe, wie sie ei-
ne Mutter für ihre Kinder empfindet.
[8]Weil wir euch so liebgewonnen hatten,
waren wir nicht nur dazu bereit, euch
Gottes Botschaft zu verkünden, sondern
auch uns selbst, unser ganzes Leben für
euch einzusetzen.
[9]Liebe Brüder, erinnert euch doch nur
einmal daran, wie hart wir damals gear-
beitet haben! Tag und Nacht haben wir
uns geplagt; denn wir wollten euch die
Botschaft von Jesus Christus bringen, oh-
ne jemandem zur Last zu fallen. [10]Gott
weiß es, und ihr wißt es auch, wie sehr
wir in der Gemeinde darauf geachtet ha-
ben, nach Gottes Willen zu leben, ge-
recht und vorbildlich zu sein. [11]Denkt ihr
noch daran, daß ich für euch gesorgt ha-
be wie ein Vater für seine Kinder? Daß
ich euch ermahnte und ermutigte, [12]ja be-
schworen habe, so zu leben, daß Gott ge-
ehrt wird? Denn als seine Kinder sollt ihr
in seinem Reich wohnen und seine Herr-
lichkeit mit ihm teilen.

Gottes Kraft wirkt

[13]Immer wieder danken wir Gott dafür,
daß ihr unsere Predigt[b] nicht als Men-
schenwort aufgenommen und verstanden
habt, sondern als das, was es ja tatsäch-
lich ist, als Gottes Wort. Dieses Wort ver-
ändert jeden, der daran glaubt. [14]Ihr,
liebe Brüder, wurdet wegen eures Glau-
bens genauso verfolgt wie die Christen in
Judäa. Sie hatten von den Juden dasselbe
zu erleiden wie ihr von euren Landsleu-
ten. [15]Die Juden haben Jesus Christus ge-
tötet, wie sie vorher schon ihre Prophe-
ten töteten. Jetzt verfolgen sie auch uns.
Mit Gott und aller Welt sind sie verfein-
det, [16]und auch uns wollen sie mit allen
Mitteln daran hindern, anderen[c] die ret-

a) Wörtlich: Unser Evangelium erging an euch nicht bloß im Wort, sondern auch in Kraft und Heiligem Geist und voller Gewißheit. b) Wörtlich: das Wort, das aus dem Hören (auf Gott) kommt. c) Wörtlich: den (Heiden-) Völkern.

tende Botschaft von Jesus Christus zu verkündigen. Das Maß ihrer Sünden ist voll; Gottes Zorn läßt sich nicht mehr abwenden. Er wird sie in ganzer Härte treffen.

17 Liebe Brüder, auch wenn wir uns eine Zeitlang nicht sehen konnten, waren wir in Gedanken immer bei euch. Weil wir euch aber unbedingt wiedersehen wollten, haben wir alles mögliche unternommen, um zu euch zu reisen. 18 Ich selbst versuchte es sogar mehrmals. Aber bisher hat der Satan alle diese Pläne durchkreuzt. 19 Doch wir werden nicht aufgeben. Denn seid ihr nicht unsere Hoffnung und Freude, der Siegespreis, auf den wir stolz sein können, wenn Jesus Christus wiederkommt? 20 Ja, ihr seid wirklich unser Stolz und unsere Freude.

Wie geht es euch?

3 Wir konnten es einfach nicht länger ertragen, ohne Nachricht von euch zu sein. Deswegen hatten wir uns entschlossen, allein in Athen zu bleiben 2 und unseren lieben Bruder Timotheus zu euch zu schicken. Er dient ja Gott und sollte euch ermutigen und in euerm Glauben stärken, 3 damit ihr bei allem, was ihr augenblicklich erleiden müßt, standhaft bleibt. Ihr wißt ja selbst, daß wir als Christen leiden müssen. 4 Das haben wir euch schon gesagt, als wir bei euch waren. Und jetzt wißt ihr es aus eigener Erfahrung.

5 Nun wollte ich aber genau wissen, wie es euch geht, und darum habe ich Timotheus zu euch geschickt. Er sollte mir berichten, ob euer Glaube all diesen Angriffen standgehalten hat oder ob euch der Versucher zu Fall bringen konnte. Dann allerdings wäre all unsere Arbeit vergeblich gewesen.

Freude und Ermutigung

6 Doch jetzt ist Timotheus zurückgekehrt. Er hat uns die besten Nachrichten von euch gebracht: wie ihr an eurem Glauben festhaltet und wie groß eure Liebe zueinander ist, daß ihr uns nicht vergessen habt, ja daß ihr euch ein Wiedersehen ebenso sehnlich wünscht wie wir. 7 Das alles hat uns in unserer eigenen Not und Bedrängnis getröstet. 8 Jetzt haben wir wieder neuen Lebensmut, weil ihr unbeirrt an Jesus Christus festhaltet. 9 Wie sollen wir Gott nur dafür danken, daß er uns durch euch so viel Freude schenkt! 10 Tag und Nacht bitten wir ihn um ein Wiedersehen mit euch. Denn wie gern würden wir euch helfen, daß ihr im Glauben weiter vorankommt.

11 So warten wir jetzt darauf, daß Gott, unser Vater, und Jesus, unser Herr, uns recht bald zu euch führen. 12 Euch aber schenke der Herr immer größere Liebe zueinander und zu allen anderen Menschen; eine Liebe, wie wir sie auch für euch empfinden. 13 So werdet ihr innerlich stark, rein und vollkommen vor Gott, unseren Vater, treten können, wenn Jesus, unser Herr, mit allen seinen Engeln[a] wiederkehren wird.

Wie ein Christ leben soll

4 Um eins möchte ich euch noch bitten, liebe Brüder. Wir haben euch bereits gesagt, wie ihr leben sollt, damit Gott Freude an euch hat. Wir wissen auch, daß ihr unseren Anweisungen folgt. Doch nun bitten wir euch eindringlich im Namen unseres Herrn Jesus, daß ihr euch mit dem Erreichten nicht zufriedengebt. 2 Ihr kennt ja die Gebote, die wir euch in seinem Auftrag gegeben haben.

3 Gott will, daß ihr ganz und gar ihm gehört. Deshalb soll sich niemand mit Dirnen abgeben oder auf andere Weise unzüchtig leben.[b] 4 Jeder soll mit seiner Ehefrau zusammenleben und rücksichtsvoll mit ihr umgehen.[c] 5 Ungezügelte Leidenschaft ist ein Kennzeichen der Menschen, die Gott nicht kennen. 6 Keiner von euch darf eine Ehe zerstören oder seinen Bruder durch Ehebruch betrügen.[d] Denn wir haben es euch bereits mit allem Nachdruck gesagt: Wer so etwas tut, wird in Gott einen unbestechlichen Richter finden. 7 Gott hat uns nicht zu ei-

a) Wörtlich: mit allen seinen Heiligen. b) Wörtlich: Das ist Gottes Wille: eure Heiligung, daß ihr euch der Unzucht enthaltet. c) Wörtlich: Jeder von euch soll sein eigenes Gefäß in Heiligkeit und in Ehren halten. d) Wörtlich: Weder übervorteile noch betrüge jemand seinen Bruder in solcher Angelegenheit.

nem zuchtlosen Leben berufen, sondern
zu einem Leben, das ihn ehrt. [8]Wer sich
darüber hinwegsetzt, der verachtet nicht
Menschen; er verachtet Gott, dessen Hei-
liger Geist in euch wohnt.
[9]Daß ihr euch als Christen unterein-
ander lieben sollt, brauchen wir euch
nicht mehr zu sagen. Ihr wißt es, denn
Gott selbst hat euch gezeigt, wie ihr
einander lieben sollt.[a] [10]Ihr beweist diese
Liebe ja auch an euern Brüdern in ganz
Mazedonien. Trotzdem, gebt euch damit
nicht zufrieden; denn eure Liebe kann
nie groß genug sein. [11]Achtet darauf, daß
ihr ruhig und besonnen lebt. Kümmert
euch um eure eigenen Angelegenheiten,
und sorgt selbst für euern Lebensun-
terhalt, so wie wir es euch schon immer
aufgetragen haben. [12]Auf diese Weise
seid ihr von niemandem abhängig, und
die Menschen außerhalb der Gemeinde
werden euch achten und euch vertrauen.

Hoffnung über den Tod hinaus

[13]Und nun, liebe Brüder, möchten wir
euch nicht im unklaren darüber lassen,
was mit den Christen ist, die schon ge-
storben sind. Ihr sollt doch nicht trauern
wie die Menschen, denen die Hoffnung
auf das ewige Leben fehlt. [14]Wenn wir
glauben, daß Jesus gestorben und auf-
erstanden ist, so dürfen wir auch darauf
vertrauen, daß Gott alle auferwecken
wird, die im Glauben an Jesus Christus
gestorben sind. Wenn er wiederkommt,
werden sie dabeisein.
[15]Denn das hat uns der Herr ganz ge-
wiß zugesagt: Wer bei der Wiederkunft
Jesu noch am Leben ist, wird gegenüber
den Toten nichts voraushaben. [16]Auf den
Befehl Gottes werden die Stimme des
höchsten Engels und der Schall der Po-
saune vom Himmel ertönen, und Chri-
stus wird wiederkommen. Als erste wer-
den die auferstehen, die im Glauben an
Christus gestorben sind. [17]Nach ihnen
werden wir, die wir zu diesem Zeitpunkt
noch leben, unserem Herrn entgegenge-
führt, um ihm zu begegnen.[b] Dann wer-
den wir für immer bei ihm sein. [18]Tröstet
euch untereinander, weil ihr diese Hoff-
nung habt.

Wir warten auf Christus

5 Wann das alles sein wird, zu welcher
Zeit und Stunde, brauchen wir euch,
liebe Brüder, nicht zu schreiben. [2]Ihr
wißt ja genau, daß Jesus Christus[c] so un-
erwartet kommen wird wie ein Dieb in
der Nacht. [3]Wenn sich die Leute in Si-
cherheit wiegen und sagen werden:
»Überall ist Ruhe und Frieden«, wird sie
das Ende so plötzlich überfallen wie die
Wehen eine schwangere Frau. Es wird
für niemanden mehr einen Ausweg ge-
ben.
[4]Doch ihr, liebe Brüder, lebt ja nicht in
der Finsternis. Also kann euch der Tag
des Herrn auch nicht wie ein Dieb in der
Nacht überraschen. [5]Als Christen sind
wir Kinder des Lichts, Kinder des hellen
Tages; wir gehören nicht zur Nacht mit
ihrer Finsternis. [6]Also schlaft nicht wie
die anderen! Bleibt wach und nüchtern!
[7]Denn die Müden schlafen in der Nacht,
und die Säufer feiern nachts ihre Trinkge-
lage.
[8]Wir aber haben uns für den Tag ent-
schieden und wollen wach, nüchtern und
kampfbereit sein. Dazu brauchen wir als
Panzer den Glauben und die Liebe. Die
Hoffnung auf Erlösung wird uns wie ein
Helm schützen. [9]Denn Gott will uns
nicht seinem Zorn und Gericht ausset-
zen; wir sollen vielmehr durch Jesus Chri-
stus gerettet werden. [10]Christus ist für
uns gestorben, damit wir – ganz gleich,
ob wir nun leben oder schon gestorben
sind – mit ihm ewig leben. [11]Vergeßt das
nicht, und erinnert euch gegenseitig
daran. So werdet ihr einander ermutigen
und trösten, wie ihr es ja auch bisher ge-
tan habt.

Anweisungen für die Gemeinde

[12]Liebe Brüder! Ich bitte euch darum, all
die Leute besonders zu achten und anzu-
erkennen, die sich für euch einsetzen, die
eure Gemeinde leiten und euch vor fal-

a) Wörtlich: Ihr seid selbst Gott-Belehrte. b) Wörtlich: Dann werden wir, die Lebenden, die Übriggelassenen, mit ihnen zusammen auf Wolken entrückt werden, dem Herrn entgegen, in die Lüfte.
c) Wörtlich: der Tag des Herrn.

schen Wegen bewahren wollen. [13]Für ihre Mühe sollt ihr sie lieben und ihnen dankbar sein. Vor allem aber lebt in Frieden miteinander.

[14]Außerdem, ihr Lieben, helft denen zurecht, die leichtsinnig in den Tag hineinleben. Ermutigt die Verzagten, helft den Schwachen, und bringt für jeden Menschen Geduld und Nachsicht auf. [15]Keiner von euch soll Böses mit Bösem vergelten, vielmehr sollt ihr euch bemühen, Gutes zu tun; und zwar untereinander wie auch allen anderen Menschen gegenüber.[16]Seid zu jeder Zeit fröhlich! [17]Hört niemals auf zu beten. [18]Vergeßt auch nicht, Gott für alles zu danken. Denn das erwartet Gott von seinen Kindern.

[19]Laßt den Heiligen Geist ungehindert in euch wirken! [20]Hört auf das, was er euch sagt![a] [21]Prüft alles sorgfältig, und behaltet nur das Gute! [22]Das Böse aber – ganz gleich in welcher Form – meidet wie die Pest.

Herzliche Grüße

[23]Mein größter Wunsch ist, daß Gott euch mit seinem Frieden erfüllt und ihr ohne jede Einschränkung ganz ihm gehört.[b] Nur so könnt ihr, wenn unser Herr Jesus Christus wiederkommt, rein und fehlerlos an Geist, Seele und Leib vor ihm erscheinen. [24]Gott hat euch das ja zugesagt; er ist treu, und was er verspricht, das hält er auch.

[25]Betet auch in Zukunft für uns, liebe Brüder, [26]und grüßt alle in der Gemeinde mit dem Bruderkuß. [27]Im Namen unseres Herrn bitte ich euch dringend, diesen Brief allen in der Gemeinde vorzulesen.

[28]Die Gnade unseres Herrn Jesus Christus sei allezeit mit euch.

a) Wörtlich: Prophetische Rede verachtet nicht!

b) Wörtlich: Der Gott des Friedens heilige euch durch und durch.

Der zweite Brief des Paulus an die Christen in Thessalonich

Verfasser: Paulus, Apostel
Ort: Korinth
Zeit: 51 n.Chr.

Die Gedanken über die letzten Tage dieser Erde, die Paulus den Thessalonichern in seinem ersten Brief mitgeteilt hatte, waren teilweise mißverstanden worden. Unter dem Druck der Verfolgung warteten einige Christen nur noch darauf, daß Jesus in unmittelbarer Zukunft wiederkommen würde. Dabei vernachlässigten sie die Arbeiten und Aufgaben des täglichen Lebens. Paulus beschreibt deshalb ausführlich, was vor diesen Ereignissen noch alles geschehen wird: Christen werden dem Leiden nicht entgehen, sie werden verfolgt und verraten werden, man wird sie täuschen und ihren Glauben schlechtmachen. Doch Paulus ermutigt die Thessalonicher, trotz aller Schwierigkeiten am Glauben festzuhalten: »Unser Herr Jesus Christus und Gott, unser Vater, der uns seine Liebe geschenkt und in seiner Barmherzigkeit einen Trost und eine Hoffnung gegeben hat, die niemals aufhören und auch den Tod überdauern werden, er ermutige euch und gebe euch Kraft, Christus in Wort und Tat zu bekennen«, schreibt er in Kapitel 2, Verse 16 und 17.

Anschrift und Gruß

1 Paulus, Silvanus und Timotheus senden diesen Brief an die Gemeinde in Thessalonich, die sich zu Gott, unserem Vater, und zu unserem Herrn Jesus Christus bekennt.

2 Wir wünschen euch Gnade und Frieden von Gott, dem Vater, und dem Herrn Jesus Christus.

Christus, der Retter und Richter

3 Liebe Brüder! Immer wieder müssen wir Gott für euch danken; wir können gar nicht anders, denn euer Glaube wächst ständig, ebenso die Liebe, die ihr füreinander habt. 4 Wir sind stolz auf euch und stellen euch den anderen Gemeinden als leuchtendes Vorbild hin. Wie standhaft ertragt ihr doch alle Verfolgungen und Leiden! 5 An ihnen läßt sich schon jetzt erkennen, daß Gott euch in sein Reich aufnehmen wird, für das ihr hier leidet.

6 Er ist ein gerechter Richter. Deshalb wird er alle bestrafen, die euch jetzt verfolgen. 7 Aber eure Not wird ein Ende haben, und auch wir werden nicht länger leiden müssen, wenn Jesus als der Herr mit allen seinen Engeln vom Himmel kommen wird. 8 Wie ein vernichtendes Feuer wird sein Urteil alle treffen, die von Gott nichts wissen wollen und die

das Evangelium von Jesus Christus abgelehnt haben. [9]Sie werden dem ewigen Verderben ausgeliefert sein; für immer von unserem Herrn getrennt, ausgeschlossen aus seinem herrlichen Reich. [10]Die aber zu ihm gehören, werden ihn an jenem Tag anbeten, und alle, die an ihn glauben, werden ihm voller Freude zujubeln. Und auch ihr werdet unter ihnen sein, weil ihr der Botschaft vertraut habt, die wir euch gebracht haben.

Wir beten für euch

[11]Deshalb hören wir auch nicht auf, für euch zu beten, daß ihr so lebt, wie man es von Menschen erwarten kann, die Gott zu Großem berufen hat. Wir bitten ihn, daß es nicht bei euerm guten Willen bleibt, sondern daß ihr diesen Willen auch in die Tat umsetzt. Alles, was ihr im Glauben begonnen habt, sollt ihr durch Gottes Kraft auch vollenden.[a] [12]Dann wird durch euch der Name unseres Herrn Jesus gerühmt und geehrt. Und euch wird man auch achten und ehren, weil unser Gott und Herr Jesus Christus euch seine Barmherzigkeit erwiesen hat.

Christus und Anti-Christus

2 Im Zusammenhang mit dem Wiederkommen unseres Herrn Jesus Christus und seinem Versprechen, daß wir für alle Zeiten bei ihm sein werden, haben wir noch eine Bitte an euch, liebe Brüder: [2]Laßt euch nicht durch Gerüchte verwirren und erschrecken, der Tag des Herrn sei schon da. Bleibt kritisch und besonnen, wenn ihr von Visionen und angeblichen Offenbarungen Gottes hört. Glaubt es nicht, wenn man euch Briefe mit derartigen Behauptungen zeigt, die wir geschrieben haben sollen.

[3]Laßt euch von niemandem so etwas einreden, auf gar keinen Fall dürft ihr darauf hören! Denn bevor Christus wiederkommt, werden sehr viele Menschen von Gott abfallen. Dann wird der Antichrist erscheinen, ein Mensch, der das Böse verkörpert, der Sohn der Hölle.[b] [4]Er ist der Feind Gottes schlechthin und maßt sich an, über Gott und jede Art von Gottesverehrung erhaben zu sein. Ja, er wird sich im Tempel Gottes selbst als Gott verehren und anbeten lassen.

[5]Erinnert ihr euch nicht daran, daß ich euch das alles schon gesagt habe, als ich noch bei euch war? [6]Ihr wißt doch auch, was den Antichrist daran hindert, schon jetzt zu erscheinen, noch vor seiner Zeit. [7]Zwar spüren wir schon überall, wie sich die Mächte des Bösen regen, aber noch werden sie von dem Einen aufgehalten. [8]Doch dann wird der Antichrist in aller Öffentlichkeit erscheinen, aber Jesus Christus wird ihn bei seinem Wiederkommen vernichten. Ein Hauch seines Mundes genügt.

[9]Doch seht euch vor: Mit Hilfe des Teufels wird der Antichrist Taten vollbringen, über die man staunen wird. Und doch ist alles durch und durch verlogen. [10]Mit seinen Verführungskünsten wird er alle auf seine Seite bringen, die verloren sind, weil sie die Wahrheit nicht anerkennen wollten, die ihre Rettung gewesen wäre. [11]Weil sie nicht der Wahrheit, sondern der Lüge glauben, überläßt sie Gott ihrem Irrtum.[c] [12]So wird jeder gerichtet, der die Wahrheit nicht liebt, sondern der Lüge glaubt.

Bleibt fest im Glauben!

[13]Euch aber, liebe Brüder, wollte Gott von Anfang an vor der Verdammnis bewahren.[d] Dafür danken wir ihm immer wieder. Weil ihr durch den Heiligen Geist euer Leben nach Gottes Willen führt und an Jesus Christus glaubt[e], seid ihr gerettet. [14]Durch das Evangelium, das wir euch gebracht haben, seid ihr von Gott dazu berufen, an der Herrlichkeit unseres Herrn Jesus Christus teilzuhaben. [15]Bleibt also standhaft und treu im Glauben, liebe Brüder. Haltet fest an dem, was wir euch mündlich und schriftlich gelehrt haben.

[16]Unser Herr Jesus Christus aber und

a) Wörtlich: Deshalb beten wir auch allezeit für euch, daß unser Gott euch würdig mache der Berufung und erfülle allen guten Willen der Rechtschaffenheit und das Werk des Glaubens in Kraft. b) Wörtlich: der Mensch der Gesetzlosigkeit, der Sohn des Verderbens. c) Wörtlich: Und deswegen schickt ihnen Gott die Kraft der Verführung, damit sie der Lüge glauben. d) Wörtlich: vom Anbeginn an erwählt zur Rettung. e) Wörtlich: im Glauben der Wahrheit.

Gott, unser Vater, der uns seine Liebe ge-
schenkt und in seiner Barmherzigkeit ei-
nen Trost und eine Hoffnung gegeben
hat, die niemals aufhören und auch den
Tod überdauern werden, [17]er ermutige
euch und gebe euch Kraft, Christus in
Wort und Tat zu bekennen.[a]

Betet für uns

3 Liebe Brüder! Jetzt möchten wir
euch noch darum bitten, daß ihr für
uns betet. Bittet Gott, daß auch hier das
Evangelium von Jesus Christus seinen
Siegeslauf antritt – wie schon bei euch.
[2]Bittet Gott auch darum, daß er uns vor
den Angriffen all der niederträchtigen
und böswilligen Menschen schützt, die
vom Glauben einfach nichts wissen wol-
len.
[3]Gott ist treu. Er wird euch Mut und
Kraft geben und euch vor allem Bösen
bewahren. [4]Im Glauben an den Herrn
vertrauen wir darauf, daß ihr euch jetzt
und in Zukunft an alle unsere Anweisun-
gen haltet. [5]Wir beten, daß die Liebe Got-
tes euer Leben bestimmt und daß ihr ge-
duldig auf die Wiederkunft Jesu Christi
wartet.[b]

Wer nicht arbeiten will, der soll auch nicht essen

[6]Liebe Brüder! Im Namen unseres Herrn
Jesus Christus fordern wir euch noch ein-
mal auf: Trennt euch von all den Men-
schen in eurer Gemeinde, die faul sind
und nicht so leben, wie wir es euch ge-
lehrt und aufgetragen haben. [7]Ihr wißt
doch genau, daß ihr auch darin unserem
Beispiel folgen sollt. Und wir sind nicht
faul gewesen. [8]Oder haben wir jemals auf
Kosten anderer gelebt? Im Gegenteil:
Tag und Nacht haben wir gearbeitet und
uns abgemüht, um niemandem von euch
zur Last zu fallen. [9]Wir hätten zwar von
euch Unterstützung verlangen können,
doch wir wollten euch ein Vorbild sein,
dem ihr folgen sollt. [10]Schon damals ha-
ben wir euch eindringlich aufgefordert,
nach dem Grundsatz zu leben: Wer nicht
arbeiten will, der soll auch nicht essen.
[11]Trotzdem haben wir gehört, daß ei-
nige von euch ein liederliches Leben füh-
ren, nicht arbeiten und sich nur her-
umtreiben. [12]Sie alle fordern wir im Na-
men Jesu Christi auf, einer geregelten Ar-
beit nachzugehen und für ihren Le-
bensunterhalt selbst zu sorgen.
[13]Euch aber, liebe Brüder, bitten wir:
Werdet nicht müde, Gutes zu tun!
[14]Sollte sich jemand unter euch weigern,
den Anweisungen dieses Briefes zu fol-
gen, dann brecht jede Verbindung mit
ihm ab, damit ihm sein beschämendes
Verhalten bewußt wird. [15]Doch be-
handelt ihn nicht als euern Feind, son-
dern als Bruder, dem man helfen muß.

Abschließende Grüße

[16]Unser Herr, von dem aller Friede
kommt, schenke euch seinen Frieden im-
mer und überall. Er sei mit euch allen!
[17]Diesen Gruß an euch schreibe ich,
Paulus, eigenhändig darunter. So schließe
ich alle meine Briefe, damit ihr erkennt,
daß sie auch wirklich von mir sind.
[18]Die Gnade unseres Herrn Jesus Chri-
stus sei mit euch allen!

a) Wörtlich: er tröste eure Herzen und stärke euch in allem guten Werk und Wort. b) Möglich auch: Der Herr aber lenke eure Herzen hin zur Liebe gegen Gott und zur Geduld Christi.

Der erste Brief des Paulus an Timotheus

Verfasser: Paulus, Apostel
Ort: vielleicht Mazedonien
Zeit: 64 n.Chr.

Dieser Brief, den Paulus wahrscheinlich kurz vor seinem Tod schrieb, ist an seinen Freund und Mitarbeiter Timotheus gerichtet. Timotheus war auf Wunsch des Paulus in Ephesus geblieben, um zu verhindern, daß dort falsche Lehren über das Evangelium verbreitet wurden. Paulus wollte selbst wieder nach Ephesus kommen, wurde aber aufgehalten. Deshalb schreibt er Timotheus und ermutigt ihn, seine Arbeit zuversichtlich fortzuführen. Timotheus hatte in Ephesus mit einigen Problemen zu kämpfen: Gerede und Streit waren an der Tagesordnung, manche forderten ein Heiratsverbot für Christen, andere wieder erklärten bestimmte Speisevorschriften für verbindlich. Paulus schreibt deshalb ausführlich zu vielen Fragen des Gemeindelebens. Seine Ausführungen sollen eine Hilfe für die Gemeinde in Ephesus sein, sich wieder auf ihre Grundlagen zu besinnen: auf Jesus Christus und die Erlösung, die er den Menschen anbietet. Denn Gott will, daß alle Menschen gerettet werden und seine Wahrheit erkennen. Deshalb dürfen Christen diese Wahrheit nicht verschleiern, sondern sollen so leben, daß ihr Glaube sichtbare Auswirkungen hat.

Anschrift und Gruß

1 Diesen Brief schreibt Paulus, ein Apostel Jesu Christi. Von Gott, unserem Retter, und Jesus Christus, der unsere Hoffnung ist, bin ich zu seinem Botschafter berufen.

2 Ich grüße dich, lieber Timotheus. Du bist durch mich zum Glauben gekommen und stehst mir deshalb so nahe wie ein Sohn. Ich wünsche dir Gnade, Barmherzigkeit und Frieden von Gott, unserem Vater, und unserem Herrn Jesus Christus.

Warnung vor falschen Lehren

3 Als ich nach Mazedonien reiste, hatte ich dich gebeten, in Ephesus zu bleiben. Du solltest verhindern, daß dort bestimmte Leute falsche Lehren über das
Evangelium verbreiten. 4 Sie sollen endlich mit diesem sinnlosen Nachforschen in Legenden und allen möglichen Abstammungstafeln aufhören; das führt zu nichts als zu nutzlosem Gerede und Streit. Was wir brauchen, ist ein Gehorsam, der aus dem Glauben an Gott
kommt.[a] 5 Die Unterweisung in der christ-

a) Wörtlich: noch auf Fabeln und endlose Geschlechtsregister achten, die eher zu Streitfragen führen als zur Haushalterschaft Gottes im Glauben.

lichen Lehre will nur das eine: die Liebe,
die aus einem reinen Herzen, einem gu-
ten Gewissen und einem unverfälschten
Glauben kommt. [6]Doch es gibt Leute,
die das bestreiten und sich lieber mit
nutzlosem Geschwätz abgeben. [7]Sie
bilden sich ein, die Heilige Schrift be-
sonders gut zu kennen; dabei verstehen
sie nicht einmal das, was sie selbst reden,
und haben keine Ahnung von dem, was
sie so kühn behaupten.

[8]Wir dagegen wissen: Das Gesetz des
Mose ist gut, wenn es nur richtig ge-
braucht wird. [9]Aber für wen gilt denn
das Gesetz? Doch nicht für Menschen,
die nach Gottes Willen leben, sondern
für solche, die gegen das Recht verstoßen
und sich gegen Gott und seine Gebote
wenden: Es gilt für Gotteslästerer und
Gottesleugner, für Niederträchtige und
Gewissenlose, für Mörder und Totschlä-
ger, [10]für Menschen, die unmoralisch le-
ben, Kinder sexuell mißbrauchen, andere
rücksichtslos ausbeuten; für Lügner und
solche, die Meineide schwören, oder für
Menschen, die in irgendeiner anderen
Weise gegen Gottes Gebote[a] verstoßen.
[11]So lehrt es das Evangelium, das mir von
Gott anvertraut wurde und das Gottes
Herrlichkeit zeigt.

Die Botschaft für alle

[12]Ich danke unserem Herrn Jesus Chri-
stus immer wieder, daß er gerade mich
bestimmt hat, für seine Sache zu ar-
beiten, und mir für diese Aufgabe auch
die Fähigkeit und Kraft schenkte. [13]Frü-
her habe ich ihn verhöhnt, ich habe Chri-
stus und seine Gemeinde mit blindem
Haß verfolgt und bekämpft. Aber Gott
hat sich über mich erbarmt und mir alles
vergeben. Denn in meinem Unglauben
wußte ich nicht, was ich tat. [14]Um so
reicher habe ich dann Gottes unverdiente
Güte erfahren. Er hat mir den Glauben
und die Liebe geschenkt, wie sie nur bei
Jesus Christus zu finden sind.

[15]Denn das ist unumstößlich wahr und
gilt für jeden: Jesus Christus ist auf diese
Welt gekommen, um uns gottlose Men-
schen zu retten. Ich selbst bin der
schlimmste von ihnen. [16]Doch gerade des-
halb war Gott mir ganz besonders barm-
herzig. An mir wollte Jesus Christus zei-
gen, wie groß seine Geduld mit uns sündi
gen Menschen ist. An meinem Beispiel
soll jeder erkennen, daß wirklich alle
durch den Glauben an Christus ewiges
Leben finden können. [17]Gott aber, den
ewigen König, der unvergänglich ist und
den keine menschliche Vorstellungskraft
jemals erfassen kann, diesen einzig wah-
ren Gott wollen wir bis in alle Ewigkeit
loben und ehren. Amen, das ist wahr und
gewiß!

[18]Mein lieber Timotheus! Du weißt,
daß du mir lieb bist wie ein eigener Sohn.
Dir vertraue ich jetzt diese Botschaft an,
damit du tapfer und unerschrocken für
sie kämpfst. Vergiß nicht, daß Gott
selbst dir diesen Auftrag gegeben hat.[b]
[19]Bleibe in deinem Glauben fest, und be-
wahre dir ein reines Gewissen. Denn wie
du weißt, haben einige das nicht getan,
und deshalb hat ihr Glaube Schiffbruch
erlitten. [20]Hymenäus und Alexander ge-
hören zu ihnen. Ich habe sie aus der Ge-
meinde ausgeschlossen und dem Satan
übergeben, damit sie zur Besinnung kom-
men und Gott nicht länger verhöhnen.

Unsere Gottesdienste

2 Sorge vor allem und zuerst dafür, daß
die Gemeinde nicht aufhört zu beten.
Betet für alle Menschen auf dieser Welt
und dankt Gott. [2]Betet besonders für al-
le, die in Regierung und Staat Verant-
wortung tragen, damit wir in Ruhe und
Frieden leben können, ehrfürchtig vor
Gott und aufrichtig unseren Mitmen-
schen gegenüber. [3]So soll es sein, und so
gefällt es Gott, unserem Retter. [4]Denn er
will, daß alle Menschen gerettet werden
und seine Wahrheit erkennen.

[5]Es gibt nur einen einzigen Gott und
nur einen Einzigen, der zwischen Gott
und den Menschen vermittelt und Frie-
den schafft. Das ist der Mensch Jesus
Christus. [6]Er hat sein Leben am Kreuz
geopfert, damit wir alle erlöst werden, so
wie es schon lange vorhergesagt war.[c]
[7]Ich bin von Gott beauftragt, als sein Bot-

a) Wörtlich: gegen die gesunde Lehre. b) Wörtlich: (Dir vertraue ich jetzt diese Botschaft an ...) gemäß den Voraussagen der Propheten über dich. c) Wörtlich: der sich selbst für alle als Lösegeld gab – zum Zeugnis zur festgesetzten Zeit.

schafter besonders denen die Frohe Botschaft zu verkündigen, die Gott bisher nicht kennen. Sie sollen glauben und Gott gehorchen.[a] Und das ist die Wahrheit. Ich lüge nicht.

[8]Ich will, daß die Männer in allen Gemeinden beten, mit reinem Gewissen,[b] ohne Zorn und Zweifel. [9]Ebenso sollen die Frauen unauffällig und schlicht gekleidet zum Gottesdienst kommen. Sie sollen sich weder durch ausgefallene Frisuren noch durch kostbaren Schmuck oder irgendwelche Modetorheiten hervortun. [10]Der wahre Schmuck der Frauen ist es, Gutes zu tun. Damit beweisen sie, daß sie Gott lieben und ehren.

[11]Die Frau soll lernen, sich in der Gemeinde unterzuordnen und still zuzuhören. [12]Einer Frau erlaube ich nicht, öffentlich zu lehren oder dem Mann Anweisungen zu geben[c]. Sie soll vielmehr still und zurückhaltend sein. [13]Denn Gott hat zuerst Adam geschaffen, den Mann, und danach Eva, die Frau. [14]Außerdem ließ sich auch nicht Adam von der Schlange verführen, sondern Eva. Sie hat Gottes Gebot übertreten. [15]Doch auch sie wird gerettet werden, wenn sie ihre Aufgabe als Frau und Mutter erfüllt, ihr Vertrauen auf Gott setzt, in seiner Liebe bleibt und bereit ist, seinen Willen zu tun.

Wer eine Gemeinde leiten kann

3 Es ist richtig: Wer eine Gemeinde leiten will, der ist bereit, eine schöne und große Aufgabe zu übernehmen. [2]Allerdings muß ein solcher Mann einen vorbildlichen Lebenswandel führen; das heißt, er soll nur *eine* Frau haben, nüchtern und besonnen sein und keinen Anstoß erregen. Gastfreundschaft muß ihn auszeichnen, und er soll als ein guter Lehrer den christlichen Glauben weitergeben können. [3]Außerdem darf er weder ein Trinker sein noch unbeherrscht oder streitsüchtig; vielmehr soll er gütig und friedfertig seine Arbeit tun und nicht am Geld hängen.

[4]Sein Familienleben soll geordnet sein, die Kinder gehorsam und gut erzogen. [5]Denn wie kann jemand, der schon in seiner eigenen Familie keine Ordnung halten kann, die Gemeinde Gottes leiten? [6]Er soll nicht erst vor kurzem Christ geworden sein, sondern sein Glaube muß sich schon bewährt haben. Nur allzuleicht verliert er sonst das rechte Augenmaß und wird überheblich. Dann hätte der Teufel ein leichtes Spiel mit ihm.[d] [7]Ein Gemeindeleiter soll auch bei Nichtchristen in einem guten Ruf stehen, damit er sich nicht in den Stricken des Teufels verfängt, wenn andere über ihn reden.

Wer in der Gemeinde mitarbeiten kann

[8]Auch die Mitarbeiter[e] in der Gemeinde sollen geachtete Leute sein, ehrlich und glaubwürdig in ihrem Reden; sie sollen sich nicht betrinken und auch nicht auf Gewinn bedacht sein. [9]Sie sollen nicht nur nach außen hin untadelig erscheinen, denn das, was ihnen mit dem Glauben anvertraut wurde,[f] können sie nur in einem reinen Gewissen bewahren. [10]Auch die Mitarbeiter müssen sich zuerst bewähren. Nur wenn an ihnen nichts auszusetzen ist, darf man sie zum Dienst zulassen. [11]Auch ihre Frauen sollen in ihrer Lebensführung untadelig sein, keine bösartigen Klatschmäuler, sondern besonnene und in allen Dingen zuverlässige Frauen. [12]Wie der Gemeindeleiter soll auch der Mitarbeiter nur mit *einer* Frau verheiratet sein, und auch er muß ein vorbildliches Familienleben führen. [13]Wer sich aber in seinem Dienst als Mitarbeiter bewährt, den wird die Gemeinde achten, und er selbst wird die Zuversicht und Freude ausstrahlen, wie sie der Glaube an Jesus Christus schenkt.

Das Geheimnis des Glaubens

[14]Ich habe dir, lieber Timotheus, das alles geschrieben, obwohl ich hoffe, bald selbst zu dir zu kommen. [15]Aber falls sich mein Besuch noch hinauszögern sollte, weißt du nun, wie man sich im

a) Wörtlich: Sein Herold und Apostel zu sein, bin ich eingesetzt als Lehrer der Heiden in Glauben und Wahrheit. b) Wörtlich: aufhebend die reinen Hände. c) Wörtlich: auch nicht zu herrschen über den Mann. d) Wörtlich: damit er nicht ... dem Gericht des Teufels verfällt. e) Wörtlich: Diakone. f) Wörtlich: das Geheimnis des Glaubens.

Hause Gottes, in seiner Gemeinde, zu verhalten hat. Die Gemeinde des lebendigen Gottes ist der tragende Pfeiler und das Fundament der Wahrheit. 16 Und tatsächlich: Wie unermeßlich groß und einzigartig ist das Geheimnis des Evangeliums! Als Mensch ist Christus in diese Welt gekommen. Bestätigt wurde er durch den Heiligen Geist. Er erschien seinen Jüngern[a], wurde gepredigt den Völkern der Erde. In aller Welt glauben nun Menschen an ihn. Er wurde aufgenommen in Gottes Herrlichkeit.

Warnung vor falsch verstandener Frömmigkeit

4 Gottes Heiliger Geist sagt uns ausdrücklich, daß in Zukunft manche vom Glauben an Gott abfallen werden, weil sie falschen Propheten hinterherlaufen und teuflischen Lehren glauben. 2 Diese gewissenlosen Verführer sind durch und durch verlogen[b]. 3 Sie verbieten beispielsweise, zu heiraten oder bestimmte Speisen zu essen. Dabei hat Gott doch alles geschaffen, damit jeder, der an ihn glaubt und seine Wahrheit erkannt hat, auch diese Dinge dankbar von ihm annimmt. 4 Denn alles, was Gott geschaffen hat, ist gut; und nichts ist schlecht, was wir mit Dank gegen Gott genießen. 5 Durch das Wort Gottes und das Gebet wird alles rein; nichts kann uns da von Gott trennen.

Ratschläge für den Dienst

6 Wenn du, lieber Timotheus, der Gemeinde das alles so weitergibst,[c] bist du ein guter Diener Jesu Christi. Du lebst nach dem Wort des Glaubens und richtest dich nach der wahren Lehre, zu der du dich schon immer bekannt hast. 7 Gib dich nicht mit dem gottlosen Geschwätz dieser falschen Prediger ab, sondern setze deine ganze Zeit und Kraft dafür ein, Gott immer besser zu dienen. 8 Wie ein Asket zu leben ist ganz gut und schön, aber sich im Gehorsam gegen Gott zu üben, ist in jedem Fall besser. Denn damit werden wir dieses und das zukünftige Leben gewinnen. 9 Das ist unumstößlich wahr, darauf dürfen wir fest vertrauen. 10 Für nichts anderes arbeiten und kämpfen wir. Auf Gott allein haben wir unsere Hoffnung gesetzt, auf den lebendigen Gott. Er ist der Retter für alle Menschen, wenn sie nur an ihn glauben.[d] 11 Das alles sollst du jedem in der Gemeinde klarmachen[e].

12 Niemand hat ein Recht, auf dich herabzusehen, weil du noch so jung bist. Allerdings mußt du in jeder Beziehung ein Vorbild sein, in allem, was du sagst und tust: in der Liebe, im Glauben und in deiner ganzen Gesinnung[f]. 13 Solange ich nicht wieder bei euch bin, lies du in der Gemeinde aus der Heiligen Schrift vor, ermutige die Christen und unterrichte sie. 14 Setze die Gabe ein, die Gott dir schenkte, als er dich durch ein prophetisches Wort in der Gemeinde für diese Aufgabe bestimmte und die Ältesten dir segnend die Hände auflegten. 15 Gebrauche diese deine Gabe, dann wird jeder erkennen, wie dein Glaube in jeder Hinsicht wächst. 16 Achte auf dich selbst; sieh zu, daß du die Lehre von Jesus Christus rein und unverfälscht weitergibst. Laß dich auf keinen Fall davon abbringen. Dann wirst du selbst gerettet und alle, die auf dich hören.

5 Einem älteren Mann begegne mit Achtung, und rede mit ihm wie mit einem Vater, wenn du ihn ermahnen mußt. Die jungen Männer behandle als deine Brüder. 2 Sei zu den älteren Frauen wie zu deiner Mutter und zu den jüngeren wie zu deinen Schwestern, aufrichtig und zurückhaltend.

Wie die Gemeinde für ihre Witwen sorgen soll

3 Sorge für die Witwen, wenn sie keine Angehörigen haben, die sie unterstützen. 4 Sind aber Kinder oder Enkel da, dann sollen diese lernen, zuerst in der eigenen Familie Gottes Willen zu tun und ihre Angehörigen zu versorgen. Es gefällt Gott, wenn sie auf diese Weise ihre Dankbarkeit zeigen für das, was sie von ihnen empfangen haben. 5 Es gibt aber auch Wit-

a) Möglich auch: geschaut von den Engeln. b) Wörtlich: gebrandmarkt in ihrem eigenen Gewissen. c) Wörtlich: Wenn du dieses die Brüder lehrst. d) Wörtlich: besonders (zumal für) die Gläubigen. e) Wörtlich: verkündigen und lehren. f) Wörtlich: Keuschheit.

wen, die niemanden mehr haben, die ihre
ganze Hoffnung auf Gott setzen und Tag
und Nacht zu ihm flehen und beten. 6An-
dere wieder meinen, jetzt müßten sie ihr
Leben erst einmal genießen. Sie sind
schon tot, auch wenn sie noch leben. 7Da-
vor warne die Witwen ganz entschieden,
damit man ihnen nichts nachsagen kann.
8Wer sich aber weigert, seine Angehöri-
gen zu versorgen – und das gilt be-
sonders für Familienmitglieder –, der ist
kein Christ; er ist schlimmer als ein Hei-
de.

Witwen im Dienst der Gemeinde

9Für den Dienst in der Gemeinde sollte
eine Witwe erst ausgewählt werden,
wenn sie mindestens sechzig Jahre alt ist
und nur *einen* Mann hatte. 10Außerdem
sollte sie dafür bekannt sein, daß sie viel
Gutes getan hat. Hat sie ihre Kinder gut
erzogen? War sie gastfreundlich? Hat sie
anderen Christen selbstlos geholfen und
Notleidenden beigestanden? Hat sie sich
auch sonst überall eingesetzt, um ande-
ren zu helfen?

11Junge Witwen sind für den beson-
deren Dienst in der Gemeinde nicht ge-
eignet. Denn wenn sie eines Tages doch
wieder heiraten wollen, halten sie ihr Ver-
sprechen nicht, Christus allein zu dienen.
12Auf ihnen lastet dann der Vorwurf, ihr
Versprechen Christus gegenüber ge-
brochen zu haben. 13Außerdem ist für sie
dieses »Von-Haus-zu-Haus-Gehen« gar
nicht gut. Denn statt zu helfen, besteht
die Gefahr, daß sie träge und geschwät-
zig werden. Neugierig beschäftigen sie
sich mit Dingen, die sie überhaupt nichts
angehen.

14Deshalb ist es besser, wenn die jun-
gen Witwen wieder heiraten, Kinder be-
kommen und ihre eigene Familie ver-
sorgen. Dann wird an ihrem Lebens-
wandel niemand etwas aussetzen kön-
nen. 15Leider aber haben sich schon ei-
nige von Christus abgewandt und folgen
jetzt dem Satan.

16Wenn aber eine Christin in ihrer Ver-
wandtschaft Witwen hat, dann soll sie
für diese Witwen sorgen. Auf keinen Fall
darf die Gemeinde damit belastet wer-
den. Denn die Gemeinde hat genug zu
tun, wenn sie sich um die Witwen küm-
mert, die gar keine Angehörigen haben.

Die Ältesten der Gemeinde

17Alle, die als Leiter der Gemeinde, als
Älteste, ihren Dienst verantwortungsvoll
ausüben, sollen nicht nur gut versorgt,
sondern auch hoch geachtet werden; vor
allem, wenn sie mit ganzem Einsatz Got-
tes Wort verkündigen und die Gemeinde
unterrichten. 18Denn in der Heiligen
Schrift heißt es: »Du sollst einem Ochsen
beim Dreschen nicht das Maul zubin-
den«,[a] und an anderer Stelle: »Jeder Ar-
beiter soll für seine Arbeit den gerechten
Lohn bekommen.«[b]

19Weigere dich auch, eine Klage gegen
einen Ältesten der Gemeinde anzu-
nehmen, wenn nicht mindestens zwei
oder drei Zeugen sie bestätigen. 20Aber
sollte sich einer tatsächlich etwas zu-
schulden kommen lassen, dann weise ihn
vor allen[c] zurecht, damit auch die ande-
ren gewarnt sind.

21Vor Gott, dem Herrn Jesus Christus
und seinen heiligen Engeln ermahne ich
dich: In solchen Fällen mußt du ohne je-
des Vorurteil und unparteiisch handeln.
22Übertrage nicht voreilig jemandem eine
wichtige Aufgabe in der Gemeinde, und
sprich niemanden leichtfertig von seinen
Sünden frei, sonst machst du dich mit-
schuldig.[d] Dulde auch keine Sünde in dei-
nem eigenen Leben.

23Hier noch ein persönlicher Rat:
Trinke nicht länger nur Wasser. Du bist
so oft krank, und da ist es für deinen Ma-
gen besser, wenn du etwas Wein trinkst.

24Im übrigen erinnere dich daran: Die
Sünden mancher Menschen kann jeder se-
hen; sie sind schon vor dem Gerichtstag
Gottes allen offenkundig. Die Sünden an-
derer wieder bleiben uns verborgen; erst
Gott wird sie einmal aufdecken. 25Ge-
nauso ist es auch mit den guten Taten der
Menschen: Manche sind schon jetzt für
jedermann sichtbar, während wir andere

a) 5. Mose 25,4 b) 1. Korinther 9,9; Lukas 10,7 c) Wahrscheinlich: vor allen *Ältesten!*
d) Wörtlich: Sei nicht eilig mit der Handauflegung, werde nicht mitverantwortlich für fremde Sünden.

überhaupt nicht erkennen. Doch auch sie werden nicht für immer und ewig verborgen bleiben.

Untergebene und Vorgesetzte

6 Wer sich als Christ einem Vorgesetzten unterordnen muß,[a] der soll ihm Achtung und den notwendigen Respekt entgegenbringen, damit der Name Gottes und der christliche Glaube nicht durch sein schlechtes Verhalten in Verruf
geraten. 2Das gilt auch, wenn der Vorgesetzte selbst Christ ist. Der Untergebene soll sich nicht mit ihm auf eine Stufe stellen, nur weil sie durch den Glauben Brüder sind. Im Gegenteil, er soll ihm um so bereitwilliger dienen. Wenn er an Christus glaubt und von ihm geliebt wird, ist er auch bereit, Gutes zu tun. Das sollst du allen klarmachen, und daran sollst du sie immer wieder erinnern.

Warnung vor geldgierigen Irrlehrern

3Wer aber etwas anderes behauptet, wer sich nicht an die heilsamen Worte unseres Herrn Jesus Christus hält und die christliche Lehre in den Wind schlägt,
4der nimmt nur sich selbst wichtig, weiß aber überhaupt nichts. Solche Leute sind auf ihr hohles Geschwätz stolz und auf ihr Herumdiskutieren, das keinem nützt, woraus sich aber oft Neid, Zank, böses Gerede und gemeine Verdächtigungen ergeben. Wie eine Krankheit, wie eine Seuche ist das.
5Man könnte meinen, sie hätten den Verstand verloren und die Wahrheit nie gehört; versuchen sie doch sogar, aus dem Glauben an Jesus Christus Kapital zu schlagen und sich daran zu bereichern.
6Dabei ist in der Tat jeder reich, der an Gott glaubt und mit dem zufrieden ist, was er hat.
7Denn wir sind auf diese Welt gekommen, ohne etwas zu besitzen, und genauso werden wir sie auch wieder verlassen.

8Wenn wir zu essen haben und uns kleiden können, sollen wir zufrieden sein.
9Wie oft sind die Menschen, die um jeden Preis reich werden wollten, den Versuchungen des Teufels erlegen; wie oft haben sie sich in seinen Netzen gefangen! Solche unsinnigen und schädlichen Wünsche stürzen die Menschen in den Untergang und ins Verderben.
10Denn alles Böse wächst aus der Habgier. Schon so mancher ist ihr verfallen und hat dadurch seinen Glauben verloren. Wieviel Not und Leid hätte er sich ersparen können!

Seelsorgerliche Ratschläge

11Du aber, mein lieber Timotheus, gehörst Gott und dienst ihm. Laß dich deshalb von all diesen Dingen nicht gefangennehmen. Bemühe dich vielmehr mit aller Kraft um ein Leben, mit dem du einmal vor Gott bestehen kannst.[b] Setze alles daran, daß dir nichts wichtiger wird als Gott, daß du an ihn glaubst und deine Mitmenschen von ganzem Herzen liebst. Begegne ihnen mit Geduld und Freundlichkeit.[c]
12Kämpfe den guten Kampf des Glaubens! Erringe so das ewige Leben. Dazu hat dich Gott berufen, und das hast du vor vielen Zeugen bekannt.

13Vor Gott, der alles Leben gibt, und vor Christus Jesus, der von Pontius Pilatus zum Tode verurteilt wurde, weil er sich zu Gott bekannte, befehle ich dir
nun: 14Führe deinen Auftrag so aus, daß niemand etwas daran auszusetzen hat, bis unser Herr Jesus Christus wieder-
kommt. 15Die Zeit dafür bestimmt Gott selbst, der einzige und allmächtige Gott, der König aller Könige, der Herr aller
Herren. 16Er, der allein unsterblich ist, der in einem Licht lebt, das niemand sonst ertragen kann, den kein Mensch je gesehen hat und auch keiner auf dieser Erde sehen kann, ihm allein gehören Ehre und ewige Herrschaft. Amen. Das ist unumstößlich wahr!

17Zum Schluß noch eins: Den Reichen mußt du unbedingt einschärfen, daß sie sich nichts auf ihren irdischen Besitz einbilden oder ihre Hoffnung auf etwas so Unsicheres wie den Reichtum setzen. Sie sollen vielmehr auf Gott hoffen, der uns reich beschenkt mit allem, was wir brauchen.
18Sage ihnen, daß sie Gutes tun sollen und gern von ihrem Reichtum ab-

a) Wörtlich: Alle, die als Sklaven unter dem Joch stehen. b) Wörtlich: Jage vielmehr der Gerechtigkeit nach. c) Wörtlich: Jage ... der Frömmigkeit, dem Glauben, der Liebe, der Geduld, der Sanftmut nach.

geben, um anderen zu helfen. So werden
sie wirklich reich sein [19]und sich ein gu-
tes Fundament für die Zukunft schaffen,
um das wahre und ewige Leben zu gewin-
nen.
[20]Lieber Timotheus! Bewahre sorgfäl-
tig, was Gott dir anvertraut hat! Halte
dich fern von allem gottlosen Geschwätz
und dem leeren Gerede von Leuten mit
ihren angeblich so neuen Erkenntnissen.
[21]Manche sind schon vom Glauben abge-
kommen, weil sie sich darauf eingelassen
haben.

Gottes Gnade sei mit euch allen!

Der zweite Brief des Paulus an Timotheus

Verfasser: Paulus, Apostel
Ort: Rom
Zeit: 66 n.Chr.

Dieser wahrscheinlich letzte Brief, den Paulus geschrieben hat, ist wieder an seinen Mitarbeiter Timotheus gerichtet. Es ist ein sehr persönlicher Brief, der die innersten Gefühle des Paulus widerspiegelt. Paulus befindet sich wegen seines Glaubens im Gefängnis und rechnet mit einer Verurteilung und seinem baldigen Tod. Er rühmt die Treue Gottes, die ihn sein ganzes Leben lang getragen hat, und ist voller Zuversicht, daß er nach seinem Tod für immer bei Gott sein wird. Er ist aber auch voller Sorgen um die Zukunft der Gemeinden, denn er weiß, daß auch sie erwartet, was er bereits erlebt: Ablehnung und Verfolgung. Paulus sagt voraus, daß viele Menschen sich von der Wahrheit abwenden und Gott nicht mehr als Herrn anerkennen werden. Deshalb ermahnt er Timotheus und mit ihm alle Christen, auch angesichts von Verfolgung und Bedrohung fest im Glauben zu bleiben. Denn Jesus Christus ist der Herr über alle Mächte und Gewalten. »Er hat dem Tod die Macht genommen und Leben – unvergänglich und ewig – ans Licht gebracht«, schreibt er in Kapitel 1, Vers 10.

Anschrift und Gruß

1 Diesen Brief schreibt Paulus, den Gott zum Botschafter Jesu Christi bestimmt hat. In Gottes Auftrag verkündige ich das ewige Leben, wie es uns durch Jesus Christus geschenkt wird.
2Ich grüße dich, lieber Timotheus. Du bist mir lieb wie ein eigener Sohn, und ich wünsche dir Gnade, Barmherzigkeit und Frieden von Gott, unserem Vater, und unserem Herrn Jesus Christus.

Gott hat uns viel gegeben

3Immer, Tag und Nacht, danke ich Gott, wenn ich für dich bete. Ihm diene ich mit allem, was ich bin und habe,[a] so wie es schon meine Vorfahren getan haben.
4Wenn ich an deine Abschiedstränen denke, dann sehne ich mich danach, wieder bei dir zu sein. Darüber würde ich mich sehr freuen.
5Denn ich erinnere mich sehr gern daran, wie aufrichtig und überzeugend dein Glaube ist; genauso war es

a) Wörtlich: mit reinem Gewissen.

schon bei deiner Großmutter Lois und deiner Mutter Eunike. Ich weiß, daß dieser Glaube auch in dir lebt.

[6]Darum bitte ich dich: Laß Gottes Gabe voll in dir wirksam werden. Du hast sie bekommen, als ich dir segnend die Hände auflegte. [7]Denn Gott hat uns seinen Heiligen Geist gegeben. Und das ist kein Geist der Furcht, sondern ein Geist, der uns mit Kraft, Liebe und Selbstüberwindung erfüllt.

Bekenntnis zu Christus auch im Leiden

[8]Schäme dich also nicht, dich in aller Öffentlichkeit zu unserem Herrn Jesus Christus zu bekennen. Halte auch weiter zu mir, obwohl ich jetzt für ihn im Gefängnis bin. Sei auch du bereit, für das Evangelium zu leiden. Gott wird dir die Kraft dazu geben. [9]Er hat uns gerettet, und er selbst, der heilige Gott, hat uns zu seinem Dienst berufen. Nicht etwa, weil wir das verdient hätten, sondern aus Gnade, und weil dies von Anfang an Gottes Absicht war. Denn noch ehe diese Welt bestand, war es Gottes Plan, uns in seinem Sohn Jesus Christus seine erbarmende Liebe zu schenken. [10]Das ist jetzt Wirklichkeit geworden, denn unser Retter Jesus Christus ist gekommen. Das ist das Evangelium: Er hat dem Tod die Macht genommen und das Leben – unvergänglich und ewig – ans Licht gebracht. [11]Eben dieses Evangelium soll ich bekanntmachen, in Gottes Auftrag verkündigen und lehren.[a]

[12]Darum hat man mich auch in das Gefängnis geworfen. Aber ich schäme mich nicht und verliere nicht den Mut. Denn ich weiß genau, an wen ich glaube, und ich bin ganz sicher, daß Gott mich und all das, was er mir anvertraut hat, bis zum Tag seines Kommens bewahren wird. [13]Halte dich genau an die Lehre, wie du sie von mir gehört hast. Halte dich an den Glauben und die Liebe, die wir in Jesus Christus haben. [14]Bewahre diese kostbare Gabe, die man dir anvertraut hat. Die Kraft dazu wird dir Gottes Heiliger Geist geben, der in uns wohnt.

[15]Wie du weißt, haben sich alle Christen aus der Provinz Asien von mir abgewandt, sogar Phygelus und Hermogenes. [16]Ich bitte den Herrn darum, daß er der Familie des Onesiphorus barmherzig ist. Denn Onesiphorus hat mir immer wieder geholfen. Er war einer der wenigen, die treu zu mir hielten, obwohl ich im Gefängnis war. [17]Als er nach Rom kam, ließ er nichts unversucht, bis er mich fand. [18]Gott möge ihm am Tage des Gerichts sein Erbarmen schenken. Gerade du, mein lieber Timotheus, weißt ja, wieviel er auch in Ephesus für mich getan hat.

Für Christus kämpfen und leiden

2 Mein lieber Timotheus! Werde stark im Glauben durch die Kraft, die Jesus Christus dir schenkt. [2]Was du von mir in Gegenwart vieler Zeugen gehört hast, das gib jetzt an zuverlässige Christen weiter, die fähig sind, auch andere im Glauben zu unterweisen.

[3]Als ein guter Kämpfer für die Sache Jesu Christi mußt du so wie ich bereit sein, auch für ihn zu leiden. [4]Kein Soldat, der in den Krieg zieht, darf sich von seinen privaten Angelegenheiten ablenken lassen, wenn sein Vorgesetzter mit ihm zufrieden sein soll. [5]Ein Sportler wird niemals eine Medaille gewinnen, wenn er sich nicht an die Wettkampfregeln hält. [6]Auch ein Bauer kann die Früchte seiner Arbeit erst genießen, wenn er zuvor schwer gearbeitet hat. [7]Denke darüber nach, was das heißt. Im übrigen wird dir der Herr in allen Dingen die richtige Einsicht geben.

[8]Eins aber vergiß nie: Jesus Christus, ein Nachkomme Davids, wurde von Gott aus den Toten auferweckt.

Das ist die Frohe Botschaft, die ich verkündige. [9]Dafür leide ich, und allein deswegen hat man mich wie einen Verbrecher ins Gefängnis gesperrt. Aber Gottes Wort läßt sich nicht einsperren. [10]Für alle, die Gott retten will, nehme ich das gern auf mich, damit sie durch Jesus Christus das ewige Leben bekommen und für immer in Gottes Herrlichkeit sein dürfen. [11]Denn das steht unwiderruflich fest: Sind wir mit Christus gestorben, werden wir auch mit ihm leben. [12]Leiden wir hier mit ihm, werden wir auch mit ihm herrschen. Verleugnen wir ihn, wird er uns

a) Wörtlich: Dazu bin ich bestimmt worden als Herold und Botschafter und Lehrer

auch verleugnen. 13Sind wir untreu, bleibt er treu. Ihm können wir vertrauen.[a]

Warnung vor Irrlehrern

14An dieses Bekenntnis sollst du alle immer wieder erinnern. Weise sie vor Gott eindringlich darauf hin, daß sie endlich mit diesem sinnlosen Gezänk um Worte aufhören, was keinem nützt, aber viele verwirrt und durcheinanderbringt. 15Setze alles daran, daß du in deiner Arbeit zuverlässig bist und dich dafür nicht schämen mußt. Sorge dafür, daß Gottes Wort[b] richtig und klar verkündigt wird.

16Beteilige dich nicht an dem heillosen, leeren Geschwätz gewisser Leute. Sie geraten dadurch nur immer tiefer in die Gottlosigkeit. 17Wie ein todbringendes Krebsgeschwür breitet sich ihre Irrlehre aus. Ich rede hier von solchen Leuten wie Hymenäus und Philetus. 18Sie haben den Weg der Wahrheit verlassen und behaupten unter anderem, die Auferstehung sei schon geschehen. Auf diese Weise haben sie schon manchen vom Glauben abgebracht. 19Aber das feste Fundament, das Gott gelegt hat, können sie nicht erschüttern. Es trägt die Aufschrift: »Der Herr kennt alle, die zu ihm gehören«, und ebenso: »Wer sich zu Jesus Christus bekennt, der darf nicht länger Unrecht tun.«

20Nun gibt es ja selbst in einem reichen Haushalt nicht nur goldene und silberne Gefäße, sondern auch solche aus Holz oder Ton. Während die einen bei Festen und großen Feiern auf den Tisch kommen, gebraucht man die anderen für den Abfall. 21Wer sich von diesen Schwätzern fernhält, der wird wie eins der edlen Gefäße sein: rein und wertvoll, nützlich für den Hausherrn, geeignet für alles, was gut ist und Gott gefällt.

22Widerstehe den Verlockungen und Leidenschaften, die besonders jungen Menschen zu schaffen machen. Setze vielmehr alles daran, daß du vor Gott bestehen kannst,[c] daß dein Glaube fest wird und du in Liebe und Frieden mit allen lebst, die Gott aufrichtig anbeten. 23Den törichten und nutzlosen Auseinandersetzungen gehe aus dem Weg. Du weißt ja, daß sie nur zu unsinnigem Streit führen, 24und wer Gott dienen will,[d] sollte sich nun wirklich nicht durch ein zänkisches Wesen auszeichnen. Er soll allen Menschen freundlich begegnen, ein geduldiger Lehrer sein, bereit, auch Böses zu ertragen.

25Wer sich dir widersetzt, den versuche mit Güte auf den richtigen Weg zu bringen. Denn vielleicht führt Gott ihn ja zur Einsicht, daß er zur Besinnung kommt, umkehrt und die Wahrheit erkennt. 26Solche Menschen können frei werden von den Schlingen des Satans, in denen sie sich verfangen hatten und sich von ihm für seine Zwecke mißbrauchen ließen.

Zeichen der letzten Zeit

3 Das eine sollst du noch wissen: In den letzten Tagen dieser Welt werden schreckliche Zeiten kommen. 2Dann werden die Menschen nur sich selbst und ihr Geld lieben. Wichtigtuerei und maßlose Selbstüberschätzung werden sie ebenso kennzeichnen wie Verleumdung, Ungehorsam ihren Eltern gegenüber, Undankbarkeit und Ehrfurchtslosigkeit. 3Lieblos und unversöhnlich werden sie sein, ihre Mitmenschen verleumden und hemmungslos leben, brutal und rücksichtslos. 4Sie hassen alles Gute und kennen keine Treue, diese unverschämten und aufgeblasenen Sprücheklopfer, die nur ihr Vergnügen und ihre Bequemlichkeit im Kopf haben und von Gott nichts wissen wollen. 5Nach außen tun sie zwar, als seien sie fromm, aber von der Kraft des wirklichen Glaubens wissen sie nichts. Hüte dich vor solchen Menschen!

6Einige gehen sogar von Haus zu Haus und versuchen dort – listig und verschlagen – vor allem leichtgläubige Frauen auf ihre Seite zu ziehen. Diese Frauen sind mit Sünden beladen und werden nur von ihren Leidenschaften getrieben, 7wollen jederzeit etwas Neues hören, sind aber nie willig, die Wahrheit zu erkennen.

8So wie sich die ägyptischen Zauberer Jannes und Jambres gegen Mose auf-

a) Wörtlich: denn er kann sich selbst nicht verleugnen. b) Wörtlich: das Wort der Wahrheit. c) Wörtlich: Jage der Gerechtigkeit nach. d) Wörtlich: ein Sklave des Herrn.

lehnten, so widersetzen sich diese fal-
schen Lehrer der Wahrheit. Es sind
durch und durch verdorbene Menschen,
deren Glaube keiner Prüfung standhält.
9Auf die Dauer werden sie aber ihr Un-
wesen nicht treiben können. Mit der Zeit
wird jeder erkennen, wie töricht und un-
sinnig alles ist, was sie sagen und tun. Ge-
nauso ist es den beiden ägyptischen Zau-
berern ergangen.

Wer glaubt, muß mit Widerstand rechnen

10Du aber, Timotheus, bist bei dem geblie-
ben, was du von mir gelernt hast. Du
hast dir mein Leben, meine Gesinnung,
meinen Glauben zum Vorbild ge-
nommen, dazu auch meine Langmut, mei-
ne Liebe und Geduld. 11Du weißt, welche
Verfolgungen und Leiden ich in Antio-
chia, in Ikonium und Lystra ertragen
mußte. Wie unerbittlich hat man mich
dort verfolgt! Aber der Herr hat mich
aus allen Gefahren gerettet. 12Doch ver-
giß nicht: Jeder, der an Jesus Christus
glaubt und so leben will, wie es Gott ge-
fällt, muß mit Verfolgung rechnen. 13Die
Verführer aber und die Betrüger werden
es immer schlimmer treiben und sich im-
mer stärker in die Sünde verstricken. Sie
betrügen andere und merken nicht, daß
sie selbst die Betrogenen sind.
14Darum bitte ich dich: Halte an dem
Glauben fest, so wie du es gelernt hast.
Von seiner Wahrheit bist du ja über-
zeugt. Schließlich weißt du genau, wer
deine Lehrer waren. 15Außerdem bist du
von frühester Kindheit an mit der Heili-
gen Schrift vertraut. Sie zeigt dir den ein-
zigen Weg zur Rettung, den Glauben an
Jesus Christus. 16Denn die ganze Heilige
Schrift ist von Gottes Geist eingegeben.
Sie lehrt uns, die Wahrheit zu erkennen,
unsere Schuld einzusehen, uns von
Grund auf zu ändern und so zu leben,
daß wir vor Gott bestehen können.[a]
17Sein Wort zeigt uns, wie wir als verän-
derte Menschen fähig werden, in jeder Be-
ziehung Gutes zu tun.[b]

Auftrag und Vermächtnis des Paulus

4 Vor Gott und vor unserem Herrn Je-
sus Christus, der wiederkommen
wird, um über die Lebenden und die To-
ten Gericht zu halten und sein König-
reich aufzurichten, bitte ich dich ein-
dringlich: 2Verkündige den Menschen
Gottes Wort. Setze dich dafür ein, und
zwar überall und zu jeder Zeit! Rede ih-
nen ins Gewissen, weise sie zurecht, und
ermutige sie, wo es nötig ist. Lehre sie
geduldig, den richtigen Weg zu gehen[c].
3Denn es wird eine Zeit kommen, in
der die Menschen von der wahren Lehre
nichts mehr wissen wollen. So wie es ih-
nen gerade gefällt, werden sie sich Lehrer
aussuchen, die ihnen nur das sagen, was
sie gerne hören möchten. 4Und weil ih-
nen die Wahrheit nicht gefällt, folgen sie
allen möglichen phantastischen Ideen.
5Doch du sollst wachsam und besonnen
bleiben; laß dir nichts vormachen! Sei
vielmehr bereit, für Christus zu leiden.
Predige unerschrocken die Frohe Bot-
schaft, und führe deinen Dienst treu und
gewissenhaft aus.
6Ich sage dir das, weil ich mit dem To-
desurteil rechnen muß[d] und mein Leben
nun bald für Gott geopfert wird. 7Doch
ich habe mit vollem Einsatz gekämpft;
jetzt ist das Ziel erreicht, und ich bin
Christus im Glauben treu geblieben.
8Nun hält Gott für mich auch den Sieges-
preis bereit: seine Gerechtigkeit[e]. Er, der
gerechte Richter, wird ihn mir am Tag
des Gerichts geben; aber nicht mir allein,
sondern allen, die wie ich voller Sehn-
sucht auf sein Kommen warten.

Persönliche Bitten und Anliegen

9Nun bitte ich dich: Komm doch so
schnell wie möglich zu mir! 10Demas hat
mich im Stich gelassen und ist nach
Thessalonich gereist, weil ihm die Dinge
dieser Welt wichtiger waren. Crescens ist
in Galatien und Titus in Dalmatien.
11Nur Lukas ist bei mir geblieben. Wenn
du kommst, bringe Markus mit, denn er

a) Wörtlich: Alle Schrift ist von Gott eingegeben und nützlich zur Belehrung, zur Überführung, zur Besserung, zur Erziehung in der Gerechtigkeit. b) Wörtlich: Damit der Mensch Gottes allen Anforderungen gewachsen sei, zu jedem guten Werk zugerüstet. c) Wörtlich: mit aller Geduld und Lehre. d) Wörtlich: Die Zeit meines Todes ist da. e) Wörtlich: den Kranz der Gerechtigkeit.

könnte mir hier viel helfen. 12Tychikus
habe ich nach Ephesus geschickt.
13Bringe mir aus Troas meinen Mantel
mit, den ich bei Karpus zurückgelassen
habe, ebenso die Bücher, vor allem aber
die Pergamentrollen.
14Der Schmied Alexander hat mir viel
Böses angetan. Er wird dafür die ge-
rechte Strafe erhalten. 15Hüte dich vor
ihm, denn er hat unsere Botschaft von Je-
sus Christus erbittert bekämpft.
16Bei meiner ersten Gerichtsverhand-
lung war niemand auf meiner Seite. Alle
ließen mich allein. Gott möge ihnen ver-
zeihen. 17Der Herr aber war bei mir. Er
hat mir Kraft gegeben, daß ich selbst an
diesem Ort die Frohe Botschaft von Je-
sus verkündigen konnte und Menschen
aus aller Welt sie hörten. Er hat mich vor
dem sicheren Tod[a] bewahrt. 18Auch in
Zukunft wird mir Gott in allen Gefahren
beistehen und mich in sein himmlisches
Reich aufnehmen. Ihm gehört für immer
alle Ehre. Amen.

Grüße

19Grüße bitte Priska und Aquila und
auch die Familie des Onesiphorus.
20Erastus ist in Korinth geblieben, und
Trophimus habe ich krank in Milet zu-
rücklassen müssen. 21Ich wäre sehr froh,
wenn du noch vor Beginn des Winters
hier sein könntest.

Eubulus läßt dich herzlich grüßen,
ebenso Pudens, Linus, Klaudia und alle
anderen Christen hier.
22Unser Herr Jesus Christus sei mit dir
und seine Gnade mit euch allen!

a) Wörtlich: aus dem Rachen des Löwen.

Der Brief des Paulus an Titus

Verfasser: Paulus, Apostel
Ort: vielleicht Mazedonien
Zeit: 65 n.Chr.

Auf einer seiner letzten Reisen hatte Paulus seinen Mitarbeiter Titus auf der Insel Kreta zurückgelassen, um die dortigen Gemeinden zu betreuen. Keine leichte Aufgabe: Mit harten Worten tadelt Paulus das Verhalten der Kreter. Er weiß, wie schnell das Evangelium von Jesus Christus dort zerredet und verfälscht wurde. In den Gemeinden herrschte Unordnung, und einige benutzten jede Gelegenheit, um Verwirrung zu stiften. Diese Zustände bewogen Paulus, an Titus zu schreiben und ihm klare Anweisungen für die Organisation der Gemeinden auf Kreta zu geben. Zugleich enthält der Brief viele Anregungen für ein glaubhaftes Leben jedes einzelnen Christen – ein Leben, das mehr sagt, als viele Worte es können.

Anschrift und Gruß

1 Diesen Brief schreibt Paulus, ein Diener Gottes und Botschafter Jesu
Christi. Er hat mich berufen, damit alle,
die Gott als seine Kinder annahm, im
Glauben gestärkt werden. Viele sollen
noch erkennen, wer Jesus Christus ist,
und gerettet werden.[a] [2]Wir hoffen auf das
ewige Leben, das Gott uns zugesagt hat,
noch ehe die Welt bestand. Und Gott
lügt nicht. [3]Jetzt ist die Zeit gekommen,
daß alle Menschen von seiner Zusage erfahren sollen. Gott, unser Retter und Erlöser, hat mir deshalb den Auftrag gegeben, diese Botschaft überall zu verkündigen.
[4]Ich grüße dich, lieber Titus. Durch unseren gemeinsamen Glauben bist du mir lieb wie ein eigener Sohn. Ich wünsche dir Gnade und Frieden von Gott, unserem Vater, und unserem Retter Jesus Christus.

Wer eine Gemeinde leiten kann

[5]Ich habe dich auf Kreta zurückgelassen, damit du die Arbeit zu Ende führst, die wir dort gemeinsam begonnen haben. Vor allem sollst du in den einzelnen Städten geeignete Männer einsetzen, die als
Älteste die Gemeinden leiten. [6]Es müssen
Männer sein, die einen untadeligen Lebenswandel führen und in einem guten Ruf stehen. Sie dürfen nur *eine* Frau haben. Ihre Kinder sollen an Jesus Christus glauben und nicht als zügellos und ungehorsam bekannt sein.
[7]Ein Ältester muß tatsächlich in jeder Beziehung vorbildlich leben, denn er trägt die Verantwortung für die Gemeinde Gottes. Darum darf er weder rechthaberisch noch jähzornig oder streitsüchtig sein, kein Trinker, kein Ge-
schäftemacher. [8]Dagegen soll er gastfreundlich, gütig und besonnen sein, gerecht urteilen, so leben, wie es Gott ge-

a) Wörtlich: (abgesandt) für (den Dienst am) Glauben der Auserwählten Gottes und (an der Ausbreitung der) Wahrheitserkenntnis unseres Glaubens.

fällt, und sich selbst beherrschen können. [9]Außerdem muß er sich an das Wort Gottes halten, ohne es zu verändern oder zu verfälschen. Denn nur so kann er die Gemeinde im Glauben festigen und andere, die einer falschen Lehre verfallen sind, von ihrem Irrweg abbringen.

Dulde keine Irrlehre!

[10]Denn es gibt viele, die dem Wort Gottes nicht gehorchen wollen; Männer, die unnützes Zeug daherreden und dadurch andere Menschen in die Irre führen. Solche Leute waren früher oft strenggläubige Juden. [11]Diese Schwätzer muß man unbedingt zum Schweigen bringen; denn es ist ihnen schon gelungen, ganze Familien vom rechten Glauben abzubringen. Und dafür lassen sie sich auch noch teuer bezahlen!

[12]Einer von ihnen muß geradezu ein Prophet gewesen sein, als er sagte: »Die Leute auf Kreta sind durch und durch verlogen. Sie sind faul und gefräßig und benehmen sich wie wilde Tiere.« [13]Dieser Mann hat die Wahrheit gesagt. Darum weise sie scharf zurecht, damit sie wieder zum rechten Glauben zurückfinden. [14]Keiner soll diese jüdischen Ammenmärchen glauben und sich nach den Vorschriften von Leuten richten, die der Wahrheit den Rücken gekehrt haben.

[15]Wer ein reines Gewissen hat, für den ist alles rein, was Gott geschaffen hat.[a] Wer aber ein schlechtes Gewissen hat, dem helfen auch keine Gesetze und Vorschriften. Alles, was er fühlt und denkt, ist böse und gemein. [16]Zwar behaupten diese Leute, Gott zu kennen, aber ihre Taten beweisen das Gegenteil. Sie widersetzen sich Gottes Wort und sind zu nichts Gutem fähig. Was sie tun, kann man nur verabscheuen.

Wie Christen leben sollen

2 Du aber sollst dich in allem, was du sagst, nach Gottes unverfälschtem Wort richten. [2]Den älteren Männern sage, daß sie maßvoll, ehrbar und besonnen leben sollen; dabei treu in ihrem Glauben, voller Liebe und Geduld. [3]Von den älteren Frauen verlange, daß sie ein Leben führen, wie es Gott Ehre macht. Sie sollen nicht klatschen und tratschen noch sich betrinken, sondern in allen Dingen mit gutem Beispiel vorangehen. [4]So können sie die jungen Frauen zu einem guten, geordneten Leben anleiten: dazu, daß sie ihre Männer und Kinder lieben, [5]nicht anstößig und unbeherrscht handeln, ihren Haushalt gut versorgen, sich liebevoll und gütig verhalten und ihre Männer achten[b], damit Gottes Wort durch sie nicht in Verruf gerät.

[6]Ebenso mußt du die jungen Männer ermahnen, beherrscht und ordentlich zu leben. [7]Vor allem sei du ihnen in jeder Hinsicht ein gutes Vorbild. Das gilt für alles, was du lehrst, aber auch für dein persönliches Leben. [8]Was immer du sagst, soll wahr und überzeugend sein. Nur so kannst du die Gegner des Wortes Gottes entlarven. Sie werden beschämt sein und nichts Nachteiliges gegen uns vorbringen können.

[9]Sage allen, die Vorgesetzte haben, daß sie sich ihnen in jeder Beziehung unterordnen, und zwar mit innerer Bereitschaft und nicht widerstrebend. [10]Sie sollen ehrlich und zuverlässig sein, damit ihr Beispiel die Menschen davon überzeugt, wie wahr und gut das Evangelium von Jesus Christus ist.

Gottesdienst im Alltag

[11]Denn in der Person Jesu Christi ist jetzt Gottes Barmherzigkeit sichtbar geworden, mit der er alle Menschen retten will. [12]Sie bringt uns dazu, daß wir uns von aller Gottlosigkeit, allen selbstsüchtigen Wünschen trennen, dafür aber besonnen und rechtschaffen leben, so wie es Gott gefällt. [13]Denn wir warten darauf, daß sich bald erfüllt, was wir sehnlichst erhoffen, daß unser Herr und Erlöser Jesus Christus in seiner ganzen göttlichen Herrlichkeit und Größe erscheinen wird. [14]Er hat sein Leben für uns gegeben und uns von allem Bösen und von aller Schuld befreit. So sind wir sein Volk geworden; bereit, ihm dankbar zu dienen.

[15]Das sollst du lehren und allen nachdrücklich klarmachen. An der Ernsthaf-

a) Wörtlich: Den Reinen ist alles rein (vgl. Markus 7,15). b) Wörtlich: sich ihren Männern unterordnen.

tigkeit deiner Worte darf es keinen Zweifel geben.

Der Christ in Staat und Gesellschaft

3 Erinnere die Christen daran, daß sie sich dem Staat und seinen Behörden unterzuordnen haben. Sie sollen die Gesetze des Staates befolgen und sich tatkräftig für das Gemeinwohl einsetzen.
[2]Kein Christ darf gehässig über andere reden oder gar Streit suchen. Er soll vielmehr jedem freundlich und liebevoll begegnen.

[3]Vergessen wir nicht: Auch wir wußten es früher nicht besser. Wir waren Gott ungehorsam, kannten den richtigen Weg nicht und wurden von allen möglichen Wünschen und Leidenschaften beherrscht. Bosheit und Neid bestimmten unser Leben. Wir haßten alle, und alle haßten uns.

[4]Aber dann haben wir Gottes Liebe und Güte erfahren durch unseren Erlöser und Retter Jesus Christus. [5]Nicht, weil wir etwas geleistet hätten, womit wir diese Liebe verdienten, nein, seine Barmherzigkeit war es, die uns durch eine neue Geburt zu neuen Menschen gemacht hat.[a] Das war ein Werk des Heiligen Geistes, [6]den Gott uns durch unsern Erlöser Jesus Christus in reichem Maße geschenkt hat.

[7]So sind wir allein durch seine unverdiente Güte von aller Schuld befreit und warten voller Hoffnung auf sein himmlisches Reich, das wir als seine Kinder erben werden.[b] [8]Darauf können wir vertrauen.

Irrlehrer in der Gemeinde

Ich will, daß du dies alles sehr nachdrücklich denen klarmachst, die zum Glauben an Gott gekommen sind. Sie sollen alles daransetzen, Gutes zu tun. Das dient uns selbst und hilft auch anderen. [9]Wo aber nur leeres Stroh gedroschen wird und man völlig sinnlos über Abstammungslinien und Geschlechtsregister streitet, da hast du nichts zu suchen. Beteilige dich nicht an dem Gezänk über bestimmte religiöse Vorschriften. Das führt zu nichts und hat gar keinen Wert.

[10]Wer die Wahrheit verfälscht wie diese Sektierer, den sollst du ein- oder zweimal zurechtweisen. Kommt er trotzdem nicht zur Einsicht, dann trenne dich von ihm. [11]Denn eins ist sicher: Du kannst solchen Menschen, die ihre Sünde nicht einsehen wollen, nicht helfen. Sie sprechen sich selbst das Urteil.

Bitten und Grüße

[12]Sobald Artemas oder Tychikus bei dir sind, komme so schnell wie möglich zu mir nach Nikopolis. Dort will ich den ganzen Winter über bleiben. [13]Den Rechtsanwalt Zenas und auch Apollos rüste mit allem aus, was sie für die Reise brauchen, damit ihnen unterwegs nichts fehlt. [14]Alle, die sich zu Jesus Christus bekennen, müssen lernen, überall da zu helfen, wo es nötig ist. Denn sonst vertun sie ihr Leben, und ihr Glaube ist nichts wert.[c]

[15]Meine Mitarbeiter lassen dich herzlich grüßen. Viele Grüße an alle Christen, die uns in Liebe verbunden sind.

Die Gnade Gottes sei mit euch allen!

a) Wörtlich: Nicht aus den Werken und der Gerechtigkeit, die wir getan hätten, sondern aufgrund seines Erbarmens rettete er uns durch das Bad der Wiedergeburt. b) Wörtlich: Damit wir, gerechtfertigt durch seine Gnade, Erben des ewigen Lebens würden, auf das wir hoffen. c) Wörtlich: Aber auch die Unsrigen sollen lernen, in guten Werken vorauszugehen für die notwendigen Bedürfnisse, damit sie nicht ohne Frucht seien.

Der Brief des Paulus an Philemon

Verfasser: Paulus, Apostel
Ort: Rom
Zeit: 60 oder 61 n.Chr.

Der Brief an Philemon ist der kürzeste Brief des Apostels Paulus, der uns erhalten geblieben ist. Philemon gehörte zur Gemeinde in Kolossä. Einer seiner Sklaven mit Namen Onesimus war ihm weggelaufen und nach Rom geflohen. Dort begegnete er dem Apostel Paulus. Onesimus hörte, was Jesus auch für ihn getan hatte, und wurde Christ. Daraufhin erklärte er sich bereit, zu seinem Herrn zurückzukehren, selbst wenn dieser ihn schwer bestrafen würde. Paulus schrieb den vorliegenden Brief, um Philemon um Milde und Nachsicht gegenüber Onesimus zu bitten, der genau wie er an Jesus Christus glaubte. Obwohl Paulus die bestehende Einrichtung der Sklaverei rechtlich gelten läßt, macht er doch in Vers 16 deutlich, daß es nun ein neues Verhältnis zwischen Philemon und Onesimus gibt: »Nun kommt er nicht nur als dein Sklave wieder, du wirst viel mehr an ihm haben: einen geliebten Bruder.«

Anschrift und Gruß

[1]Paulus, der im Gefängnis ist, weil er das
Evangelium von Jesus Christus verkündigt, und Timotheus schreiben diesen
Brief an ihren lieben Freund und Mitarbeiter Philemon. [2]Wir grüßen auch unse-
re liebe Schwester Appia sowie Archippus, der sich wie wir mit aller Kraft für das Evangelium einsetzt, und alle anderen Christen in Philemons Haus.
[3]Wir wünschen euch allen Gnade und Frieden von Gott, unserem Vater, und unserem Herrn Jesus Christus.

Ein Glaube, der ermutigt

[4]Lieber Philemon! Ich danke meinem Gott immer wieder, wenn ich für dich
bete. [5]Denn ich habe erfahren, wie fest du an unseren Herrn Jesus glaubst und mit welch liebevoller Fürsorge du allen
Christen begegnest. [6]Ich bete, daß der Glaube, der uns miteinander verbindet, in dir weiter wächst und du immer mehr erkennst, wie reich uns Jesus Christus be-
schenkt hat. [7]Durch deine Liebe habe ich viel Freude und Ermutigung erfahren, denn ich weiß, wie oft du andere Christen in ihrem Glauben gestärkt hast.

Fürsprache für einen entlaufenen Sklaven

[8]Aus diesem Grunde möchte ich dich jetzt um etwas bitten, was ich als Botschafter Jesu Christi auch mit gutem
Recht von dir verlangen könnte. [9]Doch
weil wir beide von Christus geliebt werden, möchte ich dir nichts befehlen, sondern dich schlicht und einfach bitten als ein alter Mann, den man ins Gefängnis

geworfen hat, weil er das Evangelium von Jesus Christus verkündigt.

10Es geht um deinen Sklaven Onesimus, der hier durch mich zum Glauben an Christus gefunden hat und mir ein lieber Sohn geworden ist. 11Möglich, daß er früher seinem Namen keine Ehre[a] gemacht hat und für dich nicht besonders nützlich war. Aber wie nützlich wird er von nun an für dich und für mich sein!

12Ich schicke ihn jetzt zu dir zurück und mit ihm mein eigenes Herz. 13Wie gern hätte ich ihn noch bei mir behalten, solange ich für das Evangelium im Gefängnis sein muß. Er hätte mir helfen können, so wie du selbst es tun würdest. 14Aber ich wollte ihn nicht ohne deine Einwilligung hierbehalten. Denn zu einer guten Tat sollte man nicht gezwungen werden, sondern freiwillig bereit sein.

15Eins bitte ich dich noch zu bedenken: Vielleicht ist dir Onesimus nur deshalb für eine kurze Zeit genommen worden, damit er endgültig und für immer zu dir zurückkehrt. 16Nun kommt er nicht nur als dein Sklave wieder, du wirst viel mehr an ihm haben: einen geliebten Bruder. Das ist er für mich gewesen. Wieviel mehr wird er es für dich sein, wo er doch zu dir gehört, als Mensch und nun auch als Christ.

17Wenn ich nun dein Freund und Bruder bin, dann nimm Onesimus auf, als würde ich selbst zu dir kommen. 18Sollte dir durch seine Flucht irgendein Schaden entstanden sein oder sollte er dir etwas schulden, dann stelle es mir in Rechnung. 19Ich werde es bezahlen. Damit verbürge ich mich hier mit meiner Unterschrift. Was du mir schuldest, weil du durch mich zum Glauben an Jesus Christus gefunden hast, davon will ich hier gar nicht reden.[b] 20Lieber Philemon! Bereite mir doch diese Freude und erfülle meine Bitte! Sei mir auch einmal von Nutzen! Das würde mich im Glauben sehr ermutigen.[c]

21Ich habe dir diesen Brief geschrieben, weil ich darauf vertraue, daß du meine Bitte erfüllst. Doch ich denke, du wirst noch mehr tun, als ich von dir erbitte.

22Übrigens rechne ich damit, daß Gott eure Gebete erhört und ich bald zu euch kommen kann. Dann würde ich gern bei dir wohnen.

Herzliche Grüße

23Epaphras läßt dich herzlich grüßen. Er ist mit mir für Christus im Gefängnis. 24Herzliche Grüße auch von meinen Mitarbeitern Markus, Aristarchus, Demas und Lukas.

25Die Gnade unseres Herrn Jesus Christus soll euch leiten![d]

a) Onesimus bedeutet »der Nützliche«. b) Wörtlich: Ich, Paulus, schreibe es mit eigener Hand: Ich werde es bezahlen – um dir nicht zu sagen, daß du dich selbst mir schuldig bist. c) Wörtlich: Erquikke mein Innerstes (mein Herz) in Christus. d) Wörtlich: Die Gnade des Herrn Jesus Christus sei mit euerm Geist!

Der Brief an die Hebräer

Verfasser: unbekannt
Ort: unbekannt
Zeit: zwischen 60 und 70 n.Chr.

Der Hebräerbrief war an Christen jüdischer Herkunft gerichtet, die überlegten, ob sie zum jüdischen Glauben zurückkehren sollten. Der Verfasser dieses Briefes setzt sich darum ausführlich mit dem jüdischen und dem christlichen Glauben auseinander. Dabei nimmt er das Gesetz des Mose sehr ernst und greift auch immer wieder auf die Geschichte des Volkes Israel zurück. Doch gleichzeitig betont er, daß alles, was zur Zeit des Alten Testamentes geschah, nur ein Vorgeschmack war von dem, was Gott nun bereithält. Mit Jesus ist etwas ganz Neues angebrochen. Die Opfer, die Israel Gott brachte, konnten keinen Menschen für immer von seiner Schuld befreien. Sie mußten wiederholt werden und erinnerten die Menschen Jahr für Jahr an ihre Schuld. Doch »als Jesus Christus am Kreuz für unsere Sünde starb, hat er ein Opfer gebracht, das ein für allemal gilt« (Kap.7,27). Er hat uns für immer und ewig von unserer Schuld vor Gott befreit. Die Gemeinde, die diesen Brief empfing, glaubte der Botschaft von Jesus, und doch mußte der Schreiber sie immer wieder ermahnen, sich durch nichts davon abbringen zu lassen. Er spornt sie an, sich gegenseitig zu ermutigen und die Gottesdienste zu besuchen. Ihr Glaube muß sich im Alltag bewähren, auch in Verfolgung und Leid. Dafür haben sie viele Vorbilder – Menschen, die in ihrem täglichen Leben Gott vertrauten.

Gott spricht durch seinen Sohn

1 Immer wieder hat Gott schon vor un-
serer Zeit auf unterschiedliche Art
und Weise durch die Propheten zu un-
seren Vätern gesprochen. 2 Doch jetzt, in
diesen letzten Tagen, sprach Gott durch
seinen Sohn Jesus Christus zu uns.
Durch ihn schuf Gott die Welt, und ihn
hat er auch zum Erben über diese Welt
eingesetzt. 3 In dem Sohn zeigt sich die
göttliche Herrlichkeit seines Vaters,
denn er ist ganz und gar Gottes Eben-
bild. Sein Wort ist die Kraft, die das Welt-
all zusammenhält. Durch seinen Tod hat
er uns von der Last unserer Schuld be-
freit und nun den Ehrenplatz an der Seite
Gottes eingenommen, dem alle Macht ge-
hört.

Christus – höher als die Engel

4 Gott hat Christus seinen Sohn genannt
und ihm damit eine Stellung weit über

allen Engeln gegeben. 5Zu welchem En-
gel hätte Gott wohl jemals gesagt: »Du
bist mein Sohn. Heute setze ich dich zum
König ein«?[a] Und zu keinem Engel hat
Gott je gesagt: »Ich werde sein Vater
sein, und er wird mein Sohn sein.«[b] 6Als
Gott seinen erstgeborenen Sohn in diese
Welt sandte, erfüllte sich das Wort: »Alle
Engel sollen ihn anbeten.«[c]

7Von den Engeln heißt es in den
Psalmen: »Gottes Engel sind Boten, die
schnell sind wie die Stürme, wie ein Feu-
er, das niemand löscht.«[d] 8Von dem Sohn
aber heißt es: »Gott, deine Herrschaft
bleibt immer und ewig bestehen. In dei-
nem Reich herrscht die Gerechtigkeit.
9Denn du liebst das Recht, aber du haßt
die Sünde. Darum hat dich dein Gott als
Herrscher eingesetzt und mehr als alle an-
deren mit Freude beschenkt.«[e]

10Christus ist gemeint, wenn gesagt
wird: »Am Anfang hast du, Herr, alles
geschaffen. Die Erde und die Himmel, al-
les ist das Werk deiner Hände. 11Sie wer-
den vergehen, du aber bleibst. Wie alte
Kleider werden sie zerfallen, 12und wie
einen alten Mantel wirst du sie weg-
hängen, um sie gegen etwas Neues aus-
zuwechseln. Du aber bleibst ein und der-
selbe, du wirst immer und ewig leben.«[f]

13Oder hat Gott jemals zu einem Engel
gesagt: »Setze dich auf den Ehrenplatz an
meiner rechten Seite, bis ich dir alle deine
Feinde unterworfen habe, bis du deinen
Fuß auf ihren Nacken setzt«?[g] 14Alle En-
gel sind nur Wesen, die Gott dienen. Er
sendet sie aus, damit sie allen helfen, de-
nen er Rettung und Erlösung schenken
will.

Verfehlt nicht das Ziel!

2 Weil wir das wissen, müssen wir um
so mehr auf die Worte achten, die wir
von Jesus Christus gehört haben. Sonst
verfehlen wir noch das Ziel! 2Denn schon
das Gesetz, das die Engel dem Mose über-
brachten, war für alle verbindlich, und je-
der, der diese Gebote Gottes übertrat, er-
hielt seine gerechte Strafe. 3Wieviel weni-
ger werden wir der Strafe entkommen,
wenn wir Gottes unvergleichliches Ret-
tungsangebot ausschlagen! Jesus Chri-
stus selbst hat es zuerst bekanntgemacht,
und es wurde uns von Zeugen bestätigt,
die unseren Herrn mit eigenen Ohren ge-
hört haben. 4Gott selbst hat diese Bot-
schaft beglaubigt durch erstaunliche Zei-
chen und Wunder, durch seine machtvol-
len Taten und die Gaben des Heiligen
Geistes, die er nach seinem Willen aus-
teilt.

Christus führt zu Gott

5Über die kommende, zukünftige Welt,
von der wir hier reden, werden keine En-
gel herrschen. 6An einer Stelle der Heili-
gen Schrift heißt es dazu: »Was ist schon
der Mensch, daß du überhaupt an ihn
denkst? Und was ist der Menschensohn,
daß du so um ihn besorgt bist? 7Für eine
kurze Zeit hast du ihn zwar so erniedrigt,
daß er noch unter den Engeln stand.
Aber dann hast du ihn mit Ruhm und Eh-
re gekrönt. Du hast ihm den Auftrag ge-
geben, über deine Schöpfung zu herr-
schen. 8Alles hast du ihm zu Füßen ge-
legt.«[h]

Wenn Gott aber seinen Sohn zum
Herrscher eingesetzt hat, dann gilt das
ohne jede Ausnahme. Freilich können
wir das jetzt noch nicht sehen. 9Aber wir
sehen, daß Gott seinen Sohn Jesus Chri-
stus, der für eine kurze Zeit niedriger
war als die Engel, mit Ruhm und Ehre
gekrönt hat. Dies war der Lohn für sein
Sterben am Kreuz. Denn Gott hatte in
seiner großen Liebe beschlossen, daß
Christus für uns alle den Tod erleiden
sollte.

10So ist es auch kein Widerspruch, daß
Gott – für den alles geschaffen wurde
und durch den alles ist – seinen Sohn
durch das Leiden am Kreuz zur Vollen-
dung gelangen ließ. Dadurch hat Jesus
Christus den Weg für viele Menschen ge-
bahnt, die er als Gottes Kinder in sein
herrliches Reich führt. 11Jetzt haben sie
alle den einen Vater: sowohl Christus,
der die Menschen in die Gemeinschaft
mit Gott führt, als auch die Menschen,
die durch Christus zu Gott geführt wer-
den.[i] Darum schämt sich Christus auch

a) Wörtlich: Heute habe ich dich gezeugt. Psalm 2,7 b) 2. Samuel 7,14 c) Psalm 97,7
d) Psalm 104,4 e) Psalm 45,7-8 f) Psalm 102,26-28 g) Psalm 110,1 h) Psalm 8,5-7
i) Wörtlich: Stammen doch, der da heiligt und die geheiligt werden, alle von Einem ab.

nicht, sie seine Brüder zu nennen, 12wenn er sagt:

»Ich will meinen Brüdern deinen Namen bekanntmachen, vor der ganzen Gemeinde will ich dich loben und ehren.«[a] 13Durch den Propheten Jesaja bekennt Christus: »Gott allein will ich vertrauen! Hier bin ich, und hier sind die Kinder, die Gott mir gegeben hat.«[b]

14Die Kinder aber sind wir, Menschen aus Fleisch und Blut. Christus ist nun auch ein Mensch geworden wie wir, damit er durch seinen Tod dem Satan – als dem Herrscher des Todes – die Macht entreißen konnte. 15So hat er alle befreit, die aus Furcht vor dem Tod ihr ganzes Leben hindurch Gefangene des Satans waren.

16Denn Christus geht es ja nicht um die Engel. Ihm geht es um die Menschen, um die Nachkommen Abrahams. 17Deshalb mußte er uns, seinen Brüdern, auch in allem gleich sein, das heißt, er mußte Mensch werden. Dadurch konnte er ein barmherziger und zuverlässiger Hoherpriester für uns werden und sich selbst als Sühneopfer für unsere Sünden Gott darbringen. 18Denn weil er selbst gelitten hat und denselben Versuchungen des Satans ausgesetzt war wie wir Menschen, kann er uns in allen Versuchungen helfen.

Christus – höher als Mose

3 Euch, meine lieben Brüder, hat Gott dazu bestimmt, an seiner Herrschaft teilzuhaben. Seht deshalb auf Jesus, den Beauftragten Gottes und Hohenpriester, zu dem wir uns bekennen.[c] 2Er ist seinem Vater, der ihn dazu beauftragt hat, ebenso treu gewesen wie Mose, der dem Volk Gottes treu gedient hat. 3Und doch ist Christus viel höher zu ehren als Mose; ein Baumeister genießt ja auch ein größeres Ansehen als das Haus, das er gebaut hat. 4Jedes Haus hat seinen Baumeister. Gott aber ist der Baumeister, der alle Dinge geschaffen hat.

5Mose war Gottes treuer *Diener* im Volk Israel, dem Haus, das ihm der Herr anvertraut hatte. So konnte er auf Ereignisse hinweisen, die erst in der Zukunft geschehen sollten. 6Christus dagegen ist Gottes treuer *Sohn* in dem Haus, das ihm gehört. Dieses Haus sind wir, seine Gemeinde, wenn wir bis zum Ende entschlossen und freudig auf Christus vertrauen und uns durch nichts von der Hoffnung abbringen lassen, daß unser Herr wiederkommt.

Gottes Zusagen für sein Volk

7Deshalb fordert uns der Heilige Geist auf: »Heute, wenn ihr meine Stimme hört, 8dann verschließt eure Herzen nicht, wie es eure Väter getan haben; damals, als ich sie in der Wüste auf die Probe stellte und sie sich erbittert gegen mich auflehnten. 9Vierzig Jahre lang haben sie jeden Tag erlebt, daß ich sie führte. Und trotzdem haben sie immer wieder neue Beweise von mir verlangt. 10Voller Zorn über dieses Volk habe ich deshalb gesagt: ›Ihr ganzes Wünschen und Wollen ist falsch und führt sie in die Irre. Aber die Wege, die ich sie führen will, verstehen sie nicht.‹ 11Ich habe geschworen in meinem Zorn: ›Niemals sollen sie in das verheißene Land kommen, nie die Ruhe finden, die ich für sie bereithielt.‹«[d]

12Achtet deshalb darauf, liebe Brüder, daß ihr nicht ebenso töricht und voller Unglauben seid und euch – wie eure Väter – von dem lebendigen Gott abwendet. 13Ermahnt und ermutigt euch immer wieder, solange Gott zu euch redet. Nur so seid ihr sicher, daß ihr seine Stimme nicht überhört und die Sünde euch nicht betrügen kann. 14Denn nur wenn wir wirklich bis zuletzt im Glauben fest bleiben, gehören wir zu Christus.[e] 15Darum gilt: »Wenn ihr *heute* seine Worte hört, dann verschließt eure Herzen nicht wie das Volk Israel, als es sich gegen Gott auflehnte.«

16Aber wer hat denn Gottes Worte gehört und trotzdem gegen ihn rebelliert? Es waren doch dieselben Leute, die Mose aus Ägypten geführt hatte! 17Und wer for-

a) Psalm 22,23 b) Jesaja 8,17 c) Wörtlich: Daher betrachtet genau, heilige Brüder und Teilhaber himmlischer Berufung, den Sendboten und Hohenpriester unseres Bekenntnisses, Jesus. d) Psalm 95,7-11 e) Wörtlich: Denn wir sind Genossen des Christus geworden, wenn wir die anfängliche Zuversicht bis zum Ende fest bewahren.

derte vierzig Jahre lang Gottes Widerwil-
len heraus? Waren es nicht eben diese Re-
bellen, die sich gegen Gott auflehnten
und deshalb in der Wüste so elend umka-
men? 18Hatte ihnen Gott nicht geschwo-
ren, daß sie niemals in das verheißene
Land gelangen würden, wo sie zur Ruhe
kommen sollten? 19Das alles zeigt uns
ganz klar: Sie konnten ihr Ziel, das von
Gott verheißene Land, nicht erreichen,
weil sie Gott nicht gehorchen wollten.

Die Ruhe Gottes

4 Deshalb müssen wir alles daran-
setzen, um das Ziel nicht zu verfeh-
len, solange Gottes Zusage noch nicht er-
füllt ist, uns seine Ruhe und seinen voll-
kommenen Frieden zu schenken.[a] 2Denn
auch uns hat Gott diese Zusage gegeben,
die er unseren Vätern gab. Ihnen freilich
nutzte dies nichts; denn sie haben Gottes
Wort zwar gehört, aber nicht danach ge-
handelt. 3Doch wir, die wir im Glauben
daran festhalten, werden in sein Reich
des Friedens kommen.

Gott hat gesagt: »In meinem Zorn
über ihren Unglauben habe ich geschwo-
ren: Niemals sollen sie in das verheißene
Land kommen, nie die Ruhe finden, die
ich ihnen geben wollte.«[b] Und das sagte
Gott, obwohl er diesen Ort der Ruhe
von allem Anfang an bereithielt. 4Es
heißt doch vom siebten Schöpfungstag:
»Am siebten Tag hatte Gott sein Werk
vollendet und ruhte von seiner Arbeit
aus.«[c] 5Dennoch schwört Gott: »Niemals
sollen sie in das verheißene Land ge-
langen, wo sie zur Ruhe kommen.«

6Das bedeutet: Gottes Angebot, uns in
sein Reich des Friedens aufzunehmen, be-
steht auch heute noch. Denn unsere Vä-
ter, denen dieses Versprechen zuerst galt,
haben seine Erfüllung nur deswegen
nicht erlebt, weil sie sich Gottes Willen
widersetzten. 7Gott hat jetzt einen neuen
Tag festgesetzt, an dem er sein Verspre-
chen erfüllen will. Dieser Tag heißt *Heu-
te*. Von ihm sprach schon König David:
»Wenn ihr *heute* Gottes Stimme hört,
dann verschließt eure Herzen nicht, wie
es eure Väter getan haben.« 8Hätte Josua
sie tatsächlich zum Ort der Ruhe ge-
führt, würde Gott nicht später von einem
anderen Tag sprechen.

9Gottes Volk wartet also noch immer
auf die Zeit der Ruhe, die ihm Gott zu-
gesagt hat. 10Wer zu dieser Ruhe ge-
funden hat, wird von aller seiner Arbeit
ausruhen können, so wie Gott am sieb-
ten Schöpfungstag von seinen Werken
ruhte. 11Darum setzt alles daran, zu die-
ser Ruhe Gottes zu gelangen, damit nie-
mand durch Ungehorsam das Ziel ver-
fehlt. Unsere Väter sind uns darin ein
warnendes Beispiel.

12Gottes Wort ist voller Leben und
Kraft. Es ist schärfer als die Klinge eines
zweischneidigen Schwertes; dringt es
doch bis in unser Innerstes, trennt dort
Menschliches von Göttlichem[d] und trifft
uns tief in Mark und Bein. Dieses Wort
ist ein unbestechlicher Richter über die
Gedanken und geheimsten Wünsche un-
seres Herzens. 13Gottes Augen bleibt
nichts verborgen; vor ihm ist alles sicht-
bar und offenkundig. Jeder – ohne Aus-
nahme – muß Gott Rechenschaft geben.

Christus ist der einzig wahre Hohepriester

14Laßt uns also unerschütterlich an un-
serem Bekenntnis zu Gott festhalten,
denn wir haben einen Hohenpriester, der
vor Gott für uns eintritt. Das ist Jesus,
Gottes Sohn, der in das Reich seines Va-
ters gegangen ist.[e] 15Doch er gehört nicht
zu denen, die unsere Schwächen nicht
verstehen und zu keinem Mitleiden fähig
sind. Jesus Christus mußte mit denselben
Versuchungen kämpfen wie wir, auch
wenn er nie gesündigt hat. 16Aber weil er
für uns eintritt, dürfen wir mit Zuver-
sicht und ohne Angst zu Gott kommen.
Er wird uns seine Barmherzigkeit und
Gnade zuwenden, wenn wir seine Hilfe
brauchen.

5 Jeder Mensch, der zum Hohenprie-
ster ernannt wird, ist zum Dienst für

a) Wörtlich: So laßt uns nun Furcht haben, daß nicht etwa, während die Verheißung, in seine Ruhe einzugehen, noch aussteht, jemand von euch zurückgeblieben erscheint. b) Wörtlich: Wie ich schwur in meinem Zorn, sie sollen nicht zu meiner Ruhe eingehen. Psalm 95,11 c) 1. Mose 2,2 d) Wörtlich: Es dringt durch bis zur Scheidung von Seele und Geist. e) Wörtlich: Da wir nun einen großen Hohenpriester haben, der durch die Himmel hindurchgeschritten ist, Jesus, den Sohn Gottes, so laßt uns am Bekenntnis festhalten.

Gott eingesetzt: Stellvertretend muß er Gott Gaben und Opfer bringen, um die Schuld der Menschen zu sühnen. 2Und weil er selbst ein Mensch mit allen seinen Schwächen ist, kann er mit den unwissenden und irrenden Menschen fühlen und sie verstehen. 3Doch gerade deshalb muß er nicht nur für die Sünden anderer opfern, sondern auch für seine eigenen.

4Niemand kann sich selbst zum Hohenpriester ernennen. Gott beruft in diese Aufgabe, so wie er es mit Aaron getan hat. 5Auch Christus hat sich nicht die Würde des Hohenpriesters angemaßt. In diese Aufgabe hat Gott ihn berufen, als er zu ihm sprach: »Du bist mein Sohn, heute habe ich dich dazu gemacht.«[a] 6Oder wie Gott an anderer Stelle sagt: »In alle Ewigkeit sollst du ein Priester sein, so wie es Melchisedek war.«[b]

7Als Jesus unter uns Menschen lebte, hat er Gott, der ihn allein vom Tod retten konnte, unter Tränen und voller Verzweiflung angefleht. Und Gott erhörte sein Gebet und befreite ihn aus seiner Angst, weil Jesus den Vater ehrte und ihm gehorsam war. 8Auch Jesus, der Sohn Gottes, mußte durch sein Leiden lernen, was Gehorsam heißt. 9Nachdem er aber sein Opfer am Kreuz vollbracht hatte, ist er für alle, die ihm gehorsam sind, zum Retter und Erlöser geworden.[c] 10Gott selbst hat ihn für uns zum Hohenpriester eingesetzt, so wie Melchisedek.

Werdet endlich im Glauben erwachsen!

11Darüber hätten wir euch noch sehr viel mehr zu sagen. Aber weil ihr so wenig hinhört, ist es schwer, euch das klarzumachen. 12Eigentlich müßtet ihr es in euerm Glauben schon zum Meister gebracht haben und andere unterweisen. Tatsächlich aber seid ihr erst wie Lehrlinge, denen man die allerersten Grundlagen des christlichen Glaubens beibringen muß. Wie Säuglingen kann man euch nur Milch geben, weil ihr feste Nahrung noch nicht vertragt. 13In euerm Wissen um Gottes Wort und euerm Glauben seid ihr ahnungslos wie kleine Kinder und vertragt nichts als Milch. 14Nur wer erwachsen und reif ist, kann feste Nahrung zu sich nehmen. Ich meine: Nur wer im ständigen Gebrauch des Wortes Gottes seine Urteilsfähigkeit geschult hat, der kann auch zwischen Gut und Böse unterscheiden.

6 Dennoch wollen wir jetzt aufhören, euch immer wieder in den einfachsten Grundlagen eures Glaubens an Christus zu unterweisen. Wir möchten vielmehr darüber sprechen, was Christen wissen müssen, die in ihrem Glauben erwachsen sind. Es geht jetzt also nicht mehr darum, euch klarzumachen, daß man nicht durch eigenes Tun vor Gott bestehen kann; auch nicht darum, wie notwendig es ist, zu Gott umzukehren. 2Ebensowenig wollen wir über die Taufe[d], die Handauflegung, die Auferstehung der Toten und über Gottes letztes Gericht reden. 3Wir wollen Schritte nach vorn tun. Gott wird uns helfen, daß es gelingt.[e]

4In aller Entschiedenheit möchte ich euch jetzt nur dies eine sagen: Für alle, die das helle Licht des Evangeliums schon erleuchtete, die an sich selbst erfahren haben, wie herrlich Gottes himmlische Gaben sind, und denen der Heilige Geist geschenkt wurde, 5die Gottes heilbringendes Wort hörten und dadurch etwas von der Kraft der ewigen Welt spürten, – 6für all diese Menschen ist es unmöglich, Buße zu tun und wieder zu Gott zurückzukehren, wenn sie sich bewußt von ihm abgewendet haben und ihm untreu geworden sind. Ihre Untreue würde nichts anderes bedeuten, als daß sie den Sohn Gottes noch einmal ans Kreuz schlagen und ihn dem Spott seiner Feinde ausliefern.

7Wer für Gott ein guter Acker ist, der wird von ihm gesegnet. Er nimmt den Regen auf, der immer wieder über ihm niedergeht und nützliche Pflanzen wachsen läßt. Schließlich bringt er eine gute Ernte. 8Wer aber einem schlechten Acker gleicht, weil auf ihm nichts als Dornen und Disteln wachsen, dem droht Gottes

a) Wörtlich: Heute habe ich dich gezeugt. Psalm 2,7 b) Psalm 110,4. Vgl. 1. Mose 14,8 c) Wörtlich: Und vollendet, wurde er allen, die ihm gehorchen, der Urheber ewigen Heils. d) Wörtlich: Taufen (oder: Waschungen). e) Gemeint ist: Wir wollen zur »vollkommenen« Lehre schreiten.

Fluch. Wie ein Bauer seinen Unkrautak-
ker abbrennt, so wird ein solcher Mensch
Gottes vernichtenden Zorn erfahren.
[9]Das mußten wir euch, liebe Freunde,
ganz offen und unmißverständlich sagen.
Trotzdem sind wir überzeugt, daß ihr ge-
rettet werdet und das Ziel erreicht.
[10]Denn Gott ist nicht ungerecht. Er ver-
gißt nicht, was ihr getan habt und wie ihr
aus Liebe zu ihm anderen Christen gehol-
fen habt und immer noch helft.
[11]Wir haben nur einen Wunsch: Haltet
mit diesem Eifer an der Hoffnung des
Glaubens fest, bis ihr das Ziel erreicht.
[12]Werdet in euerm Glauben nicht träge
und gleichgültig, sondern folgt dem Bei-
spiel der Christen, die durch ihr Ver-
trauen zum Herrn standhaft geblieben
sind und alles erhalten werden, was Gott
verheißen hat.

Gott hält, was er verspricht

[13]Als Gott dem Abraham sein Verspre-
chen gab, da bekräftigte er seine Zusage
mit einem Eid. Und weil es niemanden
gibt, der diesen Eid Gottes beglaubigen
könnte, schwor Gott bei seinem eigenen
Namen [14]und gab Abraham die Zusage:
»Du kannst dich fest darauf verlassen:
Ich will dich mit Segen überschütten,
und du sollst viele Nachkommen ha-
ben.«[a] [15]Abraham wartete geduldig; und
schließlich ging in Erfüllung, was Gott
ihm versprochen hatte.
[16]Menschen schwören einen Eid, um
zu bekräftigen, daß ihre Aussage wahr
ist, und um mögliche Zweifel auszuräu-
men. Dabei berufen sie sich auf eine Au-
torität, die über ihnen steht und von allen
anerkannt wird. [17]Gott hat einen Eid ge-
schworen, und zwar zusätzlich zu sei-
nem Versprechen, damit wir als Erben
seiner Verheißung die unumstößliche Ge-
wißheit haben, daß er seine Zusage ein-
löst. [18]Und weil Gott niemals lügt, haben
wir jetzt zwei Tatsachen, auf die wir uns
verlassen können. Gottes Verheißung
und sein Schwur ermutigen und stärken
alle, die an der von Gott zugesagten Hoff-
nung festhalten. [19]Diese Hoffnung ist für
uns ein sicherer und fester Anker, der bis
in den Himmel, bis zu Gott selbst
reicht.[b] [20]Dorthin ist uns Jesus voraus-
gegangen. Er ist unser Hoherpriester für
alle Zeiten – wie es Melchisedek war.

Melchisedek und das jüdische Priestertum

7 Melchisedek war König von Salem
und ein Priester des höchsten Gottes.
Als Abraham aus der Schlacht gegen die
Könige siegreich zurückkehrte, ging ihm
Melchisedek entgegen und segnete ihn.[c]
[2]Abraham gab ihm damals den zehnten
Teil seiner ganzen Kriegsbeute. Melchise-
dek heißt eigentlich »König der Gerech-
tigkeit«. Aber weil Melchisedek auch Kö-
nig von Salem war, heißt er auch »König
des Friedens«. [3]Weder der Vater noch die
Mutter Melchisedeks sind bekannt, auch
keiner seiner Vorfahren. Man weiß nicht,
wann er geboren, auch nicht, wann er ge-
storben ist; sein Leben war gewisser-
maßen ohne Anfang und ohne Ende. Er
gleicht dem Sohn Gottes und bleibt Prie-
ster für alle Zeit.
[4]Wie mächtig muß dieser König und
Priester gewesen sein, dem Abraham, der
Stammvater Israels, den zehnten Teil sei-
ner Siegesbeute übergab! [5]Zwar haben
die jüdischen Priester als Nachkommen
Levis ein Anrecht darauf, von den An-
gehörigen ihres Volkes den »Zehnten«[d]
zu nehmen; und das, obwohl sie ihre
Brüder sind und wie diese von Abraham
abstammen. [6]Melchisedek aber gehörte
gar nicht zu Abrahams Volk. Dennoch
nahm er den zehnten Teil der Beute an
und segnete ihn, weil Gott dem Abraham
seine Verheißungen gegeben hatte.
[7]Nun steht ohne jede Frage der Seg-
nende über dem, der den Segen emp-
fängt. [8]Die jüdischen Priester, die den
»Zehnten« erhalten, sind sterbliche Men-
schen. Mit Melchisedek aber nahm einer
den »Zehnten« entgegen, von dem die
Heilige Schrift bezeugt, daß er weiter-
lebt. [9]Indem Abraham dem Melchisedek
den »Zehnten« gab, hat ihn sozusagen
auch Levi entrichtet, obwohl er als Prie-
ster doch selbst den »Zehnten« emp-
fängt. [10]Zwar war Levi damals noch gar

a) 1. Mose 22,16-17 b) Wörtlich: der auch hineinreicht in das Innere des Vorhangs (das Allerheiligste). c) 1. Mose 14,17-20 d) Zehnter = der zehnte Teil vom Ernteertrag (Korn, Wein, Öl); vgl. 1. Mose 28,22; 3. Mose 27,30-33; 4. Mose 18,21-32; Maleachi 3,8-10

nicht geboren, aber bei der Begegnung Abrahams mit Melchisedek stand schon fest, daß Levi zu Abrahams Nachkommen zählen würde.

[11]Das Priestertum der Leviten – über das im Gesetz klare Bestimmungen vorliegen – war offensichtlich nicht dazu imstande, uns die Vergebung Gottes zu vermitteln.[a] Sonst hätte Gott doch nicht einen ganz anderen Priester vom Range Melchisedeks zu uns schicken müssen. Dann hätte auch ein Priester vom Range Aarons genügt.

Christus, der Hohepriester des neuen Bundes

[12]Setzt Gott nun aber ein anderes Priestertum ein, dann muß auch das Gesetz geändert werden, das von den Priestern vertreten wird. [13]Immerhin kommt ja Christus, von dem hier die Rede ist, aus einem Stamm unseres Volkes, von dem nie einer als Priester am Altar Gottes gedient hat. [14]Denn wie jeder weiß, gehört unser Herr Jesus Christus zum Stamm Juda, obwohl Mose nie gesagt hat, daß aus diesem Stamm Priester kommen werden.

[15]Schickt Gott also einen anderen Priester, einen vom Range des Melchisedek zu uns, dann wird ganz klar, daß er damit eine besondere Absicht verfolgt. [16]Das wird noch deutlicher, wenn wir bedenken, daß Christus nicht aufgrund menschlicher Verordnungen und Gesetze Hoherpriester geworden ist, sondern weil in ihm unzerstörbares, ewiges Leben ist. [17]So heißt es ja von Christus: »In alle Ewigkeit sollst du ein Priester sein, so wie es Melchisedek war.«[b]

[18]Das alte Gesetz, die alte Ordnung ist damit ungültig geworden; sie war wirkungslos und brachte keinen Nutzen. [19]Das Gesetz, so wie es uns von Mose übergeben wurde, konnte uns nicht ans Ziel bringen und mit Gott versöhnen. Doch jetzt haben wir die Gewißheit, daß wir wirklich zu Gott kommen dürfen.[c]

[20]Das hat Gott durch einen Eid bekräftigt; die Leviten sind ohne Schwur Priester geworden. [21]Nur zu Christus hat Gott gesagt: »Der Herr hat es geschworen, und diesen Schwur wird er niemals bereuen: ›Für immer und ewig sollst du Priester sein!‹«[d] [22]So wurde Jesus für uns zum Bürgen eines neuen, besseren Bundes mit Gott. [23]Zur Zeit des alten Bundes mußte es außerdem viele Priester geben, denn sie waren alle sterbliche Menschen. [24]Christus aber lebt in alle Ewigkeit; sein Priesteramt wird nie von einem anderen eingenommen. [25]Und weil Jesus Christus ewig lebt und für uns bei Gott eintritt, wird er auch alle endgültig retten, die durch ihn zu Gott kommen.

[26]Er allein ist der Hohepriester, den wir brauchen: Er ist heilig und ohne jede Schuld, rein und ohne Fehler, von Gott hoch erhoben auf den Ehrenplatz im Himmel.[e] [27]Christus muß nicht – wie die anderen Hohenpriester – an jedem Tag zuerst wegen der eigenen Sünden für sich selbst ein Opfer bringen, ehe er für sein Volk opfert. Als Jesus Christus am Kreuz für unsere Schuld starb, hat er ein Opfer gebracht, das ein für allemal gilt. [28]Das Gesetz des Mose bestimmte Menschen mit all ihren Schwächen und Fehlern zu Hohenpriestern. Doch dieses Gesetz gilt nicht mehr, nachdem Gott seinen eigenen Sohn mit einem Schwur als unseren Hohenpriester einsetzte. Und das wird er bleiben – für alle Zeiten in göttlicher Vollkommenheit.[f]

Christus, der Vermittler des neuen Bundes

8 Hierbei geht es vor allem um folgendes: Wir haben einen Hohenpriester, der auf dem Thron zur Rechten des allmächtigen Gottes sitzt. [2]Er dient dort als Priester in dem einzig wahren Heiligtum, das von Gott selbst und nicht von Menschen errichtet wurde.

[3]So wie jeder Hohepriester dazu eingesetzt ist, Gott Opfer und Gaben zu

a) Wörtlich: Wenn nun durch das levitische Priestertum – das Volk hat ja im Gesetz darüber Bestimmungen erhalten – die Vollendung erreicht worden wäre ... b) Psalm 110,4 c) Wörtlich: Das Gesetz hat nichts zur Vollendung gebracht – eine bessere Hoffnung wird aber eingeführt, durch die wir Gott nahen. d) Psalm 110,4 e) Wörtlich: Denn ein solcher Hoherpriester geziemte sich auch für uns, heilig, sündlos, unbefleckt, von den Sündern geschieden und über die Himmel erhöht. f) Wörtlich: Das Wort des Eidschwurs aber, das später als das Gesetz gegeben ist, einen, der Sohn ist, auf ewig vollendet.

bringen, muß auch Christus etwas haben, was er opfern kann. [4]Freilich, hier auf der Erde könnte Christus kein Priester sein; denn hier gibt es schon genügend Priester, die den Opferdienst leisten, wie es das Gesetz vorschreibt.

[5]Sie dienen allerdings in einem Tempel, der nur eine schwache Nachbildung, ein unvollkommenes Abbild des himmlischen Heiligtums ist. Als Mose das heilige Zelt errichten sollte, befahl ihm Gott: »Achte genau darauf, daß alles nach dem Vorbild angefertigt wird, das ich dir hier auf dem Berg zeige.«[a]

[6]Nun hat Christus eine viel größere Aufgabe erhalten als alle anderen Priester auf der Erde. Deshalb hat er auch als Vermittler zwischen Gott und uns Menschen einen weitaus besseren Bund geschlossen, der außerdem auf festeren Zusagen beruht als der alte Bund. [7]Wenn dieser alte Bund vollkommen gewesen wäre, hätte ein neuer Bund nicht geschlossen werden müssen. [8]Gott tadelte sein Volk, als er sagte:

»Der Tag wird kommen, an dem ich mit dem Volk Israel und dem Volk Juda einen neuen Bund schließen werde. [9]Er ist nicht mit dem zu vergleichen, den ich damals mit ihren Vorfahren schloß, als ich sie mit starker Hand aus Ägypten befreite. Denn sie sind wortbrüchig und untreu geworden und haben sich nicht an meinen Bund gehalten. Deshalb habe ich mich von ihnen abgewandt«, spricht der Herr.

[10]»Aber nach dieser Zeit werde ich mit dem Volk Israel einen neuen Bund schließen. Und der wird so aussehen: Ich schreibe mein Gesetz in ihre Herzen, es soll ihr ganzes Denken und Handeln bestimmen. Ich will ihr Gott sein, und sie sollen mein Volk sein. [11]Niemand muß dann seinen Nächsten noch belehren, keiner braucht seinem Bruder mehr zu sagen: ›Erkenne doch den Herrn!‹ Denn alle – vom Kleinsten bis zum Größten – werden erkennen, wer ich bin. [12]Ich will sie begnadigen, ihnen ihren Ungehorsam vergeben und nicht mehr an ihre Sünden denken.«[b]

[13]Gott selbst hat hier von einem neuen Bund gesprochen. Das bedeutet, daß der erste Bund nicht mehr gilt. Was aber alt und überholt ist, wird bald nicht mehr bestehen.

Das Opfer im alten Bund

9 Auch im ersten Bund gab es Regeln und Vorschriften für den Gottesdienst und das Zelt-Heiligtum, das Menschen hier auf der Erde für Gott errichtet hatten. [2]Im vorderen Teil des Heiligtums standen ein Leuchter und ein Tisch mit den Schaubroten. Diesen Teil des Zeltes nannte man das Heilige. [3]Dahinter lag ein zweiter Raum, durch einen Vorhang abgetrennt. Dies war das Allerheiligste. [4]Hier befanden sich der goldene Rauchopferaltar und eine rundum mit Gold beschlagene Truhe, die sogenannte Bundeslade. Darin lagen die Steintafeln mit den Zehn Geboten, ein goldener Krug mit Manna, dem Himmelsbrot, und der Stab Aarons, der Knospen getrieben hatte. [5]Über der Bundeslade breiteten die Cherubim[c], die Wächter über Gottes Herrlichkeit, ihre Flügel aus und bedeckten so diese Stätte der Vergebung und Versöhnung. Doch nun genug von diesen Einzelheiten.

[6]Das Heiligtum besteht also aus zwei Räumen: In dem ersten Raum verrichten die Priester an jedem Tag ihren Dienst. [7]Den anderen Raum, das Allerheiligste, darf aber nur der Hohepriester betreten, und auch das nur ein einziges Mal im Jahr. Hier bringt er das Blut eines Tieres als Opfer, damit Gott ihm seine eigene Schuld vergibt und die Sünden seines Volkes auslöscht.

[8]Der Heilige Geist wollte auf diese Weise sichtbar werden lassen: Solange das erste Zelt noch steht, bleibt uns der Zugang zum Allerheiligsten, zu Gott, verschlossen. [9]Das erste Zelt ist nichts anderes als ein Bild, ein Gleichnis für unsere gegenwärtige Zeit. In ihm werden zwar Gaben und Opfer gebracht, aber nichts davon kann uns vollkommen mit Gott versöhnen.[d] [10]Denn in einem solchen Gottesdienst werden doch nur Vor-

a) 2. Mose 25,40 b) Jeremia 31,31-34 c) Vgl. 1. Mose 3,24; 2. Samuel 6,2; Psalm 80,2; 99,1
d) Wörtlich: Werden doch in diesem Zelt Gaben und Opfer dargebracht, die nicht im Gewissen vollenden können den, der im Gottesdienst tätig ist.

schriften befolgt, die das äußere Leben
regeln. Es geht dabei um Essen und Trin-
ken oder bestimmte Reinigungsvor-
schriften. Diese Anordnungen galten
aber nur solange, bis Gott die neue
Ordnung in Kraft setzte.

Christus – das einmalige Opfer

11Seit Christus da ist, gilt diese neue
Ordnung. Er ist der Hohepriester über
alles, was Gott uns verheißen hat. Seinen
Dienst verrichtet er in einem Heiligtum,
das größer und vollkommener ist als je-
des andere, was je von Menschen betre-
ten wurde. Denn dieses Heiligtum haben
nicht Menschenhände errichtet, es gehört
nicht zu dieser Welt. 12Christus opferte
auch nicht das Blut von Böcken und Käl-
bern für unsere Sünden. Als er im Aller-
heiligsten sein eigenes Blut ein für alle-
mal zum Opfer gab, hat er uns für immer
und ewig von unserer Schuld vor Gott
befreit.
13Nach den Regeln des alten Bundes
wurde jemand, den die Sünde unrein ge-
macht hatte, wieder rein, wenn er mit
dem Blut von Böcken und Stieren oder
mit der Asche einer geopferten Kuh be-
sprengt wurde. 14Wieviel mehr wird uns
das Blut Jesu Christi von unseren Sünden
reinwaschen![a] Erfüllt vom Heiligen
Geist, hat er, der ohne jede Sünde war,
sich selbst für uns als fehlerloses Opfer
Gott dargebracht. Jetzt brauchen wir
unser Vertrauen nicht länger auf Ord-
nungen zu setzen, die uns doch nicht
vom Tod erretten. Wir sind frei, um dem
lebendigen Gott zu dienen.

Der neue Bund zwischen Gott und den Menschen

15So hat Christus den neuen Bund zwi-
schen Gott und uns Menschen ver-
mittelt: Er starb, damit die Sünden auf-
gehoben werden, die während des alten
Bundes geschehen sind. Nun können al-
le, die dazu berufen sind, das von Gott
zugesagte, unvergängliche Erbe emp-
fangen, das ewige Leben bei Gott.
16Ein Testament wird erst eröffnet,
wenn der Tod seines Verfassers nachge-
wiesen ist. 17Solange er lebt, ist es ohne
jede Rechtskraft. Erst durch seinen Tod
wird es gültig. 18So wurde auch schon der
alte Bund erst rechtskräftig, nachdem er
mit Blut besiegelt war. 19Als Mose dem
Volk Israel alle Gebote des Gesetzes mit-
geteilt hatte, nahm er das Blut von Käl-
bern und Böcken, vermengte es mit Was-
ser und besprengte mit Hilfe von Ysop-
zweigen und roter Wolle das Gesetzbuch
und das ganze Volk. 20Dann sagte er:
»Dieses Blut ist das Siegel für den Bund,
den Gott mit euch geschlossen hat.«[b]
21Ebenso besprengte Mose das heilige
Zelt und alle Geräte für den Gottes-
dienst. 22Nach den Bestimmungen des al-
ten Bundes wird fast alles mit Blut gerei-
nigt. Eine Vergebung der Schuld ohne
Blut ist nicht möglich.

Christus setzt alles für uns ein

23Deshalb mußte das heilige Zelt, das als
Abbild des himmlischen Heiligtums hier
auf der Erde stand, durch das Blut von
Tieren gereinigt werden. Als es aber um
das wirkliche, das himmlische Heiligtum
ging, war ein besseres Opfer nötig.
24Schließlich ging Christus nicht in ein
von Menschen erbautes Heiligtum, das ja
nur ein Abbild des wahren Heiligtums
ist. Er betrat den Himmel selbst, um sich
bei Gott für uns einzusetzen.
25Christus brauchte sich nur ein ein-
ziges Mal zu opfern. Der Hohepriester
dagegen muß jedes Jahr aufs neue ins Al-
lerheiligste gehen und Gott das Blut ei-
nes Tieres opfern. 26Wie oft hätte Chri-
stus dann seit Beginn der Welt schon lei-
den müssen! Aber er ist jetzt, am Ende
der Zeit, erschienen, um ein für allemal
durch seinen Opfertod die Sünden zu til-
gen.
27Jeder von uns, jeder Mensch muß ein-
mal sterben und kommt danach vor Got-
tes Gericht. 28So ist auch Christus ein ein-
ziges Mal gestorben, um viele von ihren
Sünden zu erlösen. Wenn er zum zwei-
ten Mal kommen wird, dann nicht, um
uns noch einmal von unserer Schuld zu
befreien. Dann kommt er, um alle, die

a) Wörtlich: Wieviel mehr wird das Blut des Christus... unser Gewissen reinigen von toten Werken. b) 2. Mose 24,8

auf ihn warten, in sein Reich aufzuneh-
men.[a]

Einmalig und endgültig

10 Das Gesetz des alten Bundes war
lediglich ein matter Abglanz und
Vorgeschmack all dessen, was Gott für
uns bereithält. Es brachte uns noch nicht
in eine enge Gemeinschaft mit Gott.
Denn die Opfer der alten Ordnung konn-
ten keinen Menschen für immer von sei-
ner Schuld befreien. Jahr für Jahr mußte
man erneut Opfer bringen. 2Niemand hät-
te mehr ein Opfer gebracht, wenn alle
schon nach dem ersten Opfer von ihren
Sünden befreit worden wären. Dann hät-
te ja auch die Schuld ihr Gewissen nicht
länger belastet. 3Tatsächlich aber erin-
nern diese wiederholten Opfer die Men-
schen Jahr für Jahr an ihre Sünde und
Schuld. 4Dabei ist es vollkommen unmög-
lich, daß wir durch das Blut von Stieren
und Böcken von unserer Schuld befreit
werden können.

5Deshalb sprach Christus zu Gott, als
er in die Welt kam: »Opfer und andere
Gaben wolltest du nicht. Aber du hast
mir einen Leib gegeben; er soll das Opfer
sein. 6Dir gefallen weder die Brandopfer
noch all die anderen Opfer, die man dir
bringt, um von der Sünde freizukom-
men. 7Deshalb habe ich gesagt: ›Ich kom-
me, damit ich deinen Willen, mein Gott,
erfülle. So heißt es von mir bereits in der
Heiligen Schrift.‹«[b]

8Obwohl das Gesetz diese Opfer ver-
langte, hat Christus gesagt: »Opfer und
andere Gaben hast du nicht gewollt. Sie
gefallen dir so wenig wie die Brandopfer
und die anderen Opfer.« 9Außerdem
sagte er: »Ich komme, mein Gott, um dei-
nen Willen zu erfüllen.« Das bedeutet:
An die Stelle der alten Opfer setzt Chri-
stus sein eigenes Opfer.[c] 10Er hat mit sei-
nem Tod am Kreuz diesen Willen Gottes
erfüllt; und deshalb sind wir durch sein
Opfer ein für allemal von Gott angenom-
men.[d]

11Fassen wir zusammen: An jedem Tag
hat der Priester erneut die Aufgabe, den
Altardienst zu verrichten und Gott im-
mer wieder Opfer zu bringen. Dennoch
können diese Opfer keinen Menschen
für immer von seiner Schuld befreien.
12Jesus Christus dagegen hat ein einziges
Opfer für alle Sünden gebracht. Jetzt
sitzt er für immer auf dem Ehrenplatz an
der Seite Gottes. 13Dort wartet er, bis alle
seine Feinde besiegt sind und sie wie ein
Fußschemel unter seinen Füßen liegen.
14Für immer und ewig hat Christus mit
dem einen Opfer alle Menschen, die Gott
als seine Kinder annimmt, in eine voll-
kommene Gemeinschaft mit ihm ge-
bracht.[e]

15Das bezeugt uns auch der Heilige
Geist. Denn nachdem Gott gesagt hatte:
16»Dies ist der Bund, den ich mit meinem
Volk Israel schließen werde«, sprach er:
»Ich schreibe mein Gesetz in ihre Her-
zen, es soll ihr ganzes Denken und Han-
deln bestimmen. 17Ihren Ungehorsam
will ich ihnen vergeben und nicht mehr
an ihre Sünden denken.«[f] 18Sind aber die
Sünden vergeben, dann ist kein Opfer
mehr nötig.

Haltet an der Hoffnung fest!

19Und so, liebe Brüder, können wir jetzt
durch das Sterben Jesu Christi, durch das
Opfer seines Blutes frei und ungehindert
in das Heiligtum eintreten und zu Gott
selbst kommen. 20Christus hat sein Le-
ben geopfert und damit den Vorhang nie-
dergerissen, der uns von Gott trennte. So
hat er uns einen neuen Weg gebahnt, der
zum Leben führt. 21Als unser Hoherprie-
ster herrscht er nun über das Haus Got-
tes, seine Gemeinde. 22Darum wollen wir
uns Gott nähern mit aufrichtigem Her-
zen und im festen Glauben; denn das
Blut Jesu Christi hat uns von unserem
schlechten Gewissen befreit und von al-
ler Schuld reingewaschen.[g] 23Haltet an
dieser Hoffnung fest, zu der wir uns be-
kennen, und laßt euch durch nichts da-

a) Wörtlich: Zum zweiten Mal wird er ohne (Beziehung zur) Sünde erscheinen zum Heil für diejenigen, die auf ihn warten. b) Psalm 40,7-9 c) Wörtlich: Er hebt das Erste auf, um das Zweite in Geltung zu setzen. d) Wörtlich: Kraft dieses Willens sind wir ein für allemal geheiligt durch die Darbringung des Leibes Jesu Christi. e) Wörtlich: Denn durch eine einzige Darbringung (seines Leibes) hat er für immer vollendet, die geheiligt werden. f) Jeremia 31,33-34 g) Wörtlich: So laßt uns mit wahrhaftigem Herzen in völligem Glauben hinzutreten, die Herzen besprengt und losgelöst vom bösen Gewissen, und den Leib gewaschen mit reinem Wasser.

von abbringen. Ihr könnt euch felsenfest auf sie verlassen, weil Gott sein Wort hält.

24 Achtet aufeinander! Ermutigt euch zu gegenseitiger Liebe, und spornt einander an, Gutes zu tun. 25 Versäumt nicht die Zusammenkünfte eurer Gemeinde, wie es sich einige angewöhnt haben. Ermahnt euch gegenseitig dabeizubleiben. Ihr seht ja, daß der Tag nahe ist, an dem der Herr wiederkommt.

26 Sündigen wir auch jetzt noch mutwillig weiter, obwohl wir in Christus die Wahrheit erkannt haben, wird uns kein anderes Opfer mehr von unseren Sünden befreien. 27 Dann bleibt nichts als das schreckliche Warten auf das Gericht, in dem Gottes verzehrendes Feuer alle seine Feinde vernichten wird.

28 Wenn jemand gegen das Gesetz des Mose verstößt und dieses Vergehen von zwei oder drei Zeugen bestätigt wird, kann er keine Gnade erwarten. Er muß sterben! 29 Was meint ihr, um wieviel härter die Strafe für den sein wird, der den Sohn Gottes verachtet, ihn gleichsam mit Füßen tritt, dem das Blut Jesu[a] nichts mehr bedeutet, das doch zu seiner Vergebung vergossen wurde? Ein solcher Mensch beleidigt Gottes Heiligen Geist, von dem er nichts als Gnade und Barmherzigkeit erfahren hat! 30 Wir alle kennen doch den, der gesagt hat: »Ich werde Rache nehmen und Vergeltung üben!«[b] Von ihm heißt es auch: »Der Herr wird über sein Volk das Urteil sprechen.«[b] 31 Wie furchtbar wird es allen ergehen, die dem Glauben an Christus absagen. Sie werden in die Hände des lebendigen Gottes fallen!

Glaube muß sich bewähren

32 Erinnert euch nur einmal an die Zeit, kurz nachdem ihr die Wahrheit kennengelernt habt und Christen geworden seid. Damals mußtet ihr euch in einem schweren und leidvollen Kampf bewähren. 33 Viele von euch wurden in aller Öffentlichkeit verspottet und gequält; andere halfen denen, die so leiden mußten. 34 Ihr habt mit den Gefangenen gelitten, und ihr habt es sogar mit Freuden ertragen, wenn man euch euer Hab und Gut wegnahm. Denn ihr wißt, daß ihr durch Christus etwas viel Besseres besitzt; etwas, das einen bleibenden, unvergänglichen Wert hat.

35 Werft nun euer Vertrauen nicht weg! Es wird sich erfüllen, worauf ihr hofft.[c] 36 Aber ihr müßt standhaft bleiben und tun, was Gott von euch erwartet. Er wird euch alles geben, was er zugesagt hat. 37 Denn das steht fest: »Es dauert nur noch eine kurze Zeit, bis der kommen wird, der angekündigt ist. Er wird nicht mehr lange auf sich warten lassen. 38 Wer an ihn glaubt, wird leben, weil ihm die Schuld vergeben ist.[d] Wer aber zurückweicht und aufgibt, an dem wird Gott kein Gefallen finden.«[e]

39 Doch wir gehören nicht zu denen, die zurückweichen und verlorengehen. Wir gehören zu denen, die am Glauben festhalten und das ewige Leben gewinnen.

Vorbilder des Glaubens

11 Was aber heißt: Glaube? Der Glaube ist die feste Gewißheit, daß sich erfüllt, was Gott versprochen hat; er ist die tiefe Überzeugung, daß die unsichtbare Welt Gottes Wirklichkeit ist, auch wenn wir sie noch nicht sehen können.[f] 2 Unsere Väter lebten diesen Glauben. Deshalb sind sie Vorbilder für uns.

3 Weil wir an Gott glauben, wissen wir, daß die ganze Welt durch sein Wort geschaffen wurde; daß alles, was wir sehen, aus dem Nichts entstanden ist.

4 Weil *Abel* an Gott glaubte, war sein Opfer besser als das seines Bruders Kain. Gott nahm sein Opfer an, und Abel fand Gottes Anerkennung.[g] Obwohl Abel schon lange tot ist, zeigt er uns noch immer, was es heißt, Gott zu vertrauen.

5 Weil *Henoch* glaubte, mußte er nicht sterben. Gott nahm ihn zu sich; er war plötzlich nicht mehr da. Die Heilige Schrift bestätigt, daß Henoch so gelebt hatte, wie es Gott gefiel.[h] 6 Freude kann

a) Wörtlich: das Blut des Bundes. b) 5. Mose 32,35-36 c) Wörtlich: Werft nun eure Zuversicht nicht weg, die ja einen großen Lohn hat. d) Wörtlich: Mein Gerechter aber wird aus Glauben leben. e) Habakuk 2,3-4 f) Wörtlich: Es ist aber der Glaube ein Unterpfand für Gehofftes und ein Überführtsein von Dingen, die man nicht sieht. g) 1. Mose 4,3-10 h) 1. Mose 5,21-24

Gott aber nur an jemandem haben, der ihm fest vertraut. Ohne Glauben ist das unmöglich. Wer nämlich zu Gott kommen will, muß darauf vertrauen, daß es ihn gibt und daß er alle belohnen wird, die ihn suchen und nach seinem Willen fragen.

7 Auch *Noah* glaubte Gott und befolgte seine Anweisungen. Er baute ein großes Schiff, obwohl von einer Gefahr weit und breit nichts zu sehen war. Deshalb wurde er mit seiner ganzen Familie gerettet. Durch seinen Glauben wurden auch der Unglaube und Ungehorsam der anderen Menschen offenkundig. Und dieser Glaube war es, durch den Noah Gottes Anerkennung fand.[a]

8 Sein fester Glaube brachte *Abraham* dazu, Gott zu gehorchen. Als Gott ihm befahl, in ein Land zu ziehen, das ihm erst viel später gehören sollte, verließ er, ohne zu zögern, seine Heimat.[b] Dabei wußte er überhaupt nicht, wohin er kommen würde.
9 Er vertraute Gott. Das gab ihm die Kraft, in dem Land, das Gott ihm versprochen hatte, als Fremder zu leben. Wie Isaak und Jakob, denen Gott dieselbe Zusage gegeben hatte, wohnte er nicht in einem festen Haus, sondern in Zelten.
10 Denn Abraham wartete darauf, daß er einmal in die Stadt einziehen würde, die wirklich auf festen Fundamenten steht und deren Gründer und Erbauer Gott selbst ist.

11 Auch *Sara*, Abrahams Frau, glaubte unerschütterlich an Gottes Zusage, daß sie noch ein Kind bekommen würde, obwohl sie dafür schon viel zu alt war. Wußte sie doch, daß Gott alle seine Zusagen einhält.[c]
12 So hatte dieser eine Mann, der zudem schon in einem Alter war, in dem er eigentlich keine Kinder mehr zeugen konnte, so viele Nachkommen, wie es Sterne am Himmel und Sandkörner am Meeresstrand gibt, die niemand zählen kann.

13 Sie alle waren Menschen, die sich fest auf Gott verließen. Doch sie starben, ohne daß sich Gottes Verheißung zu ihren Lebzeiten erfüllte. Lediglich aus der Ferne haben sie etwas davon gesehen und sich darüber gefreut; denn sie wußten genau, daß sie auf dieser Erde nur Gäste und Fremde sind.
14 Wer aber zugibt, hier nur ein Fremder zu sein, der sagt damit auch, daß er seine wirkliche Heimat noch sucht.
15 Unsere Väter betrachteten das Land, aus dem sie weggezogen waren, nicht als ihre Heimat; dorthin hätten sie ja jederzeit zurückkehren können.
16 Nein, sie sehnten sich nach einer besseren Heimat, nach der Heimat im Himmel. Deshalb bekennt sich Gott zu ihnen. Er will ihr Gott und Herr sein; denn für sie hat er seine Stadt im Himmel gebaut.

Vorbildlicher Glaube

17 *Abraham* glaubte so unerschütterlich an Gott, daß er sogar bereit war, seinen einzigen Sohn Isaak zu opfern, als Gott es von ihm forderte.[d] Und das, obwohl ihm Gott versprochen hatte:
18 »Die Nachkommen deines Sohnes Isaak werden das auserwählte Volk sein.«[e]
19 Abraham traute es Gott zu, daß er Isaak selbst von den Toten auferwecken könnte. Darum schenkte Gott Isaak das Leben noch einmal.

20 *Isaak*, ein Mann des Glaubens, segnete zuerst Jakob und danach Esau. Ohne es zu wissen, erfüllte er damit Gottes zukünftige Absichten.[f]

21 *Jakob* segnete kurz vor seinem Tod in festem Glauben die beiden Söhne Josephs. Auf seinen Stab gestützt, neigte er sich demütig vor Gott.[g]

22 Weil er an Gottes Zusagen glaubte, konnte *Joseph* vor seinem Tod den Auszug des Volkes Israel aus Ägypten voraussagen. Er rechnete so fest damit, daß er anordnete, beim Auszug seine Gebeine mitzunehmen.[h]

23 Weil die Eltern des Mose unerschütterlich an Gott glaubten, hatten sie keine Angst, gegen den Befehl des Königs zu handeln, als sie ihr gesundes und schönes Kind drei Monate lang versteckt hielten.[i]

24 Auch *Mose* vertraute Gott. Sonst hätte er sich – als er erwachsen war – nicht geweigert, noch länger als Sohn der Pha-

a) 1. Mose 6,13-27; 1. Petrus 3,20 b) 1. Mose 12,1-2 c) 1. Mose 17,19; 18,11-14; 21,2 d) 1. Mose 22,1-4; Jakobus 2,21 e) 1. Mose 21,12 f) Wörtlich: Im Glauben segnete Isaak auch im Hinblick auf die zukünftigen Dinge den Jakob und den Esau. 1. Mose 27,27-40 g) 1. Mose 47,31-48,20 h) 1. Mose 50,24-25; 2. Mose 13,19 i) 2. Mose 1,22; 2,2

raonentochter zu gelten. [25]Lieber wollte er gemeinsam mit dem Volk Gottes Unterdrückung und Verfolgung erleiden, als weiter das gottlose Leben am Königshof zu genießen.[a] [26]Wie Christus auf die Herrlichkeit bei Gott verzichtete und die Schmach des Kreuzes auf sich nahm, so verzichtete auch Mose auf das Gold und die Schätze Ägyptens, um sein Volk aus der Sklaverei zu befreien.[b] Er wußte, wie reich Gott ihn belohnen würde.

[27]Im Vertrauen auf Gott verließ er später Ägypten, ohne den Zorn des Königs zu fürchten. Er rechnete so fest mit Gott, als könnte er ihn sehen. Deshalb gab er nicht auf.[c]

[28]Weil er Gott glaubte, hielt Mose die Passahfeier und ließ die Türpfosten mit dem Blut eines Lammes bestreichen. So blieben alle Israeliten am Leben, als Gottes Engel die ältesten Söhne der Ägypter tötete.[d]

[29]Auch das *Volk Israel* bewies seinen Glauben, als es durch das Rote Meer wie über trockenes Land ging. Das ägyptische Heer verfolgte die Israeliten und versank in den Fluten.[e]

[30]Nicht militärische Stärke, sondern allein der Glaube Israels war es, der die Mauern Jerichos einstürzen ließ, nachdem das Volk Israel sieben Tage lang um die Stadt gezogen war.[f]

[31]Nur weil die Dirne *Rahab* Gott vertraute und die Kundschafter Israels freundlich aufnahm, wurde sie nicht getötet wie alle anderen Bewohner Jerichos, die sich Gottes Willen widersetzt hatten.[g]

Glaube, der zum Ziel führt

[32]Es wären noch viele andere zu nennen. Nur würde die Zeit wohl nicht ausreichen, wollte ich sie alle aufzählen: Gideon und Barak, Simson, Jephta, David, Samuel und die Propheten. [33]Weil sie glaubten und Gott vertrauten, konnte er Großes durch sie tun. Sie bezwangen Königreiche, sorgten für Recht und Gerechtigkeit und erlebten, wie sich Gottes Verheißungen erfüllten. Vor dem Rachen des Löwen wurden sie bewahrt, [34]und die Glut des Feuers konnte ihnen nichts anhaben. Sie entgingen dem Schwert des Henkers. Sie waren todkrank und wurden doch wieder gesund. Weil sie sich auf Gott verließen, vollbrachten sie wahre Heldentaten und schlugen die Feinde in die Flucht. [35]Und Frauen erlebten, wie ihre verstorbenen Angehörigen von Gott auferweckt wurden.

Andere, die auch Gott vertrauten, wurden gequält und zu Tode gefoltert. Sie verzichteten lieber auf ihre Freiheit, als ihren Glauben zu verraten. Die Hoffnung auf ihre Auferstehung gab ihnen Kraft. [36]Wieder andere wurden verhöhnt und gefoltert, weil sie an Gott festhielten. Man legte sie in Ketten und warf sie ins Gefängnis. [37]Sie wurden gesteinigt, als Ketzer verbrannt, auf qualvolle Weise getötet oder mit dem Schwert hingerichtet. Heimatlos, nur mit einem Schafpelz oder Ziegenfell bekleidet, zogen sie umher, hungrig, verfolgt und mißhandelt. [38]Sie irrten in Wüsten und im Gebirge umher und mußten sich in einsamen Tälern und Höhlen verstecken; Menschen, zu schade für diese Welt.

[39]Sie alle haben durch den Glauben die Anerkennung Gottes gefunden. Und doch warteten sie vergeblich darauf, daß sich die Verheißung Gottes noch zu ihren Lebzeiten erfüllte. [40]Denn Gott hatte einen besseren Plan: Sie sollten mit uns zusammen ans Ziel kommen, in sein Reich.[h]

Gott erzieht seine Kinder

12 Wie Zuschauer im Stadion die Wettkämpfer anfeuern, so sind diese Zeugen des Glaubens Vorbilder für unseren Kampf.[i] Darum wollen wir alles ablegen, was uns in diesem Kampf behindert, vor allem die Sünde, die uns immer wieder fesseln will. Mit zäher Ausdauer wollen wir auch noch das letzte Stück bis zum Ziel durchhalten. [2]Dabei wollen wir nicht nach links oder rechts schauen, son-

a) Wörtlich: als einen zeitweiligen Genuß der Sünde zu haben. 2. Mose 2,10-12 b) Wörtlich: Er achtete die Schmach Christi für größeren Reichtum als die Schätze Ägyptens. c) 2. Mose 2,15; 12,41 d) 2. Mose 12,1-14 e) 2. Mose 14,21-29 f) Josua 6,12-21 g) Josua 2,11-12; 6,21-25; Matthäus 1,5; Jakobus 2,25 h) Wörtlich: Darum, weil Gott etwas Besseres für uns vorgesehen hat, damit sie nicht ohne uns vollendet würden. i) Wörtlich: Darum wollen auch wir, die wir eine solche Wolke von Zeugen um uns haben …

dern allein auf Jesus. Er hat uns gezeigt,
wie man diesen Lauf beginnt und als Sie-
ger ans Ziel gelangt.[a] Weil große Freude
auf ihn wartete, erduldete Jesus den
schmachvollen Tod am Kreuz. Jetzt hat
er als Sieger den Platz an der rechten Sei-
te Gottes eingenommen. 3Vergeßt nicht,
wieviel Haß und Anfeindung er von
gottlosen Menschen ertragen mußte, da-
mit auch ihr in Zeiten der Verfolgung
nicht den Mut verliert und aufgebt.

4Bis jetzt hat euch der Kampf gegen
die Sünde noch nicht das Letzte abver-
langt, euer Leben habt ihr noch nicht ein-
gesetzt. 5Trotzdem werdet ihr schon
mutlos. Habt ihr denn vergessen, was
Gott euch als seinen Kindern[b] sagt:
»Mein Sohn, wenn der Herr dich zurecht-
weist, dann sei nicht entrüstet, sondern
nimm es an, 6denn darin zeigt sich seine
Liebe. Wie ein Vater seinen Sohn erzieht,
den er liebt, so schlägt der Herr jeden,
den er als sein Kind annimmt.«[c]

7Wenn ihr also leiden müßt, dann will
euch Gott erziehen. Es zeigt, daß ihr
wirklich seine Kinder[b] seid. Welcher
Sohn wird von seinem Vater nicht streng
erzogen und auch einmal bestraft? 8Viel
schlimmer wäre es, wenn Gott euch an-
ders behandeln würde. Dann nämlich
wärt ihr gar nicht seine rechtmäßigen
Kinder[b]. 9Außerdem: Haben uns nicht
auch unsere leiblichen Väter gestraft, und
wir haben sie trotzdem geachtet? Wieviel
mehr müßten wir dann die Erziehung un-
seres göttlichen Vaters[d] annehmen, der
uns ja für das ewige Leben erzieht.

10Unsere leiblichen Väter haben uns ei-
ne bestimmte Zeit erzogen, wie sie es für
richtig hielten. Gott aber weiß wirklich,
was zu unserem Besten dient. Wir sollen
ihm als seine Kinder ähnlich werden.[e]
11Nun freut sich allerdings niemand dar-
über, wenn er gestraft wird; denn Strafe
tut weh. Aber später wird sich zeigen,
wozu das alles gut war. Wer auf diese
Weise den Gehorsam lernte, der hat ge-
lernt, im Frieden Gottes und nach sei-
nem Willen zu leben.[f]

Wie wir Gott dienen sollen

12Richtet eure kraftlos und müde ge-
wordenen Hände wieder auf zum Gebet,
damit ihr stark werdet. Eure zitternden
Knie sollen wieder fest werden, damit ihr
sichere Schritte im Glauben tun könnt.
13Bleibt auf dem geraden Weg, damit die
Verzagten und Schwachen nicht fallen,
sondern neuen Mut fassen und wieder ge-
sund werden.

14Setzt alles daran, mit jedem Men-
schen Frieden zu haben und ein Leben
zu führen, das Gott gefällt.[g] Sonst werdet
ihr den Herrn niemals sehen. 15Achtet
darauf, daß keiner von euch an Gottes
Gnade gleichgültig vorübergeht, damit
sich das Böse nicht bei euch breitmacht
und Zank und Streit die ganze Gemeinde
vergiften.[h] 16Keiner von euch soll die
Treue brechen wie Esau, für den nur ma-
terielle Dinge erstrebenswert waren. Für
ein Linsengericht verschleuderte er das
Vorrecht, als ältester Sohn sein Erbe und
den besonderen Segen seines Vaters zu
erhalten. 17Zwar wollte er später alles wie-
der rückgängig machen, als er seinen Va-
ter unter Tränen um diesen Segen bat.
Doch da war es zu spät.

18Ihr habt noch Größeres erlebt als da-
mals die Israeliten. Sie sahen den Berg Si-
nai im Feuer lodern, als Mose von Gott
die Gebote erhielt. Dann wurde es finster
wie in der Nacht, ein Sturm heulte, 19und
nach einem lauten Fanfarenstoß hörten
die Israeliten eine mächtige Stimme wie
das Rollen des Donners. Erschrocken bat
das Volk, diese Stimme nicht länger hö-
ren zu müssen. 20Sie hatten Angst vor
dem Befehl Gottes: »Jeder Mensch und
jedes Tier, das diesen Berg auch nur be-
rührt, soll gesteinigt werden.«[i] 21Was sich
vor ihren Augen und Ohren abspielte,
war so furchterregend, daß sogar Mose
bekannte: »Ich zittere vor Angst und
Schrecken!«[j]

22Ihr dagegen seid zum Berg Zion ge-
kommen und in die Stadt des lebendigen
Gottes. Das ist das himmlische Je-

a) Wörtlich: Laßt uns aufsehen auf Jesus, den Anfänger und Vollender des Glaubens. b) Wörtlich: Söhne. c) Sprüche 3,11-12 d) Wörtlich: Vater der Geister. e) Wörtlich: Damit wir an seiner Heiligkeit Anteil haben. f) Wörtlich: Danach aber bringt sie denen, die durch sie geübt sind, eine friedsame Frucht der Gerechtigkeit. g) Wörtlich: Jagt nach dem Frieden gegen jedermann und der Heiligung. h) Wörtlich: Und seht darauf, daß nicht jemand Gottes Gnade versäumt, daß nicht eine bittere Wurzel aufwächst, beschwerlich wird und die vielen durch sie befleckt werden. i) 2. Mose 19,13 j) 5. Mose 9,19

rusalem, wo ihr Gott zusammen mit seinen vielen tausend Engeln voller Freude anbetet. [23]Ihr gehört zu seinen Kindern, die er besonders gesegnet hat[a] und die ein Bürgerrecht im Himmel haben. Ihr habt eure Zuflucht zu Gott genommen, der alle Menschen richten wird. Ihr gehört zu derselben großen Gemeinde wie alle diese Vorbilder des Glaubens, die bereits am Ziel sind und Gottes Anerkennung gefunden haben.[b]

[24]Ja, ihr seid zu Jesus selbst gekommen, durch den Gott einen neuen Anfang mit uns Menschen gemacht hat. Um euch von euren Sünden zu reinigen, hat Christus am Kreuz sein Blut vergossen. Das Blut Abels, der von seinem Bruder umgebracht wurde, schrie nach Rache, aber das Blut Christi spricht von der Vergebung.[c]

[25]Hört also auf den, der jetzt zu euch redet. Weigert euch nicht – wie damals das Volk Israel –, auf seine Stimme zu hören. Sie sind ihrer Strafe nicht entgangen, weil sie am Berg Sinai Gott nicht gehorchen wollten. Uns wird die Strafe noch viel härter treffen, wenn wir den zurückweisen, der jetzt vom Himmel her zu uns spricht. [26]Damals hat seine Stimme nur die Erde erbeben lassen. »Noch einmal werde ich die Erde erschüttern und auch den Himmel!« spricht er durch den Propheten.[d] [27]Dieses »Noch einmal« bedeutet: Alles, was Gott geschaffen hat, wird er dann grundlegend verändern. Bleiben wird allein das Ewige, das nicht erschüttert werden kann. [28]Auf uns wartet also ein ewiges, durch nichts zu erschütterndes Reich. Dafür wollen wir Gott von Herzen danken und ihm voller Ehrfurcht dienen, damit er Freude an uns hat. [29]Denn unser Gott ist wie ein verzehrendes Feuer.

Wie Christen leben sollen

13 Bleibt auch weiter in brüderlicher Liebe fest miteinander verbunden. [2]Vergeßt nicht, Gastfreundschaft zu üben; denn ohne es zu wissen, haben manche auf diese Weise Engel bei sich aufgenommen. [3]Kümmert euch um alle, die wegen ihres Glaubens gefangen sind. Sorgt für sie wie für euch selbst. Steht den Christen bei, die verhört und mißhandelt werden. Leidet mit ihnen, denn es kann euch jederzeit genauso ergehen.[e]

[4]Achtet die Ehe, und haltet euch als Ehepartner die Treue. Gott wird jeden verurteilen, der unsittlich lebt und die Ehe bricht.

[5]Seid nicht hinter dem Geld her, sondern zufrieden mit dem, was ihr habt. Denn Gott hat uns versprochen: »Niemals werde ich euch verlassen. Ich werde für euch sorgen, daß es euch an nichts fehlt!«[f] [6]Deshalb können wir voller Vertrauen bekennen: »Der Herr hilft mir, und ich brauche mich vor nichts und niemandem zu fürchten. Was kann mir ein Mensch schon antun?«[g]

[7]Denkt an die Leiter eurer Gemeinden, die euch Gottes Wort weitersagten! Vergeßt nicht, wie sie Gott bis zu ihrem Lebensende die Treue gehalten haben. Nehmt euch ihren Glauben zum Vorbild. [8]Jesus Christus ist und bleibt derselbe. Wie er gestern war, so ist er auch heute, und so wird er für immer und ewig bleiben. [9]Darum laßt euch nicht durch alle möglichen Heilslehren in die Irre führen. Es gibt nichts Größeres, als wenn jemand seine ganze Hoffnung auf Gottes Gnade setzt und sich durch nichts davon abbringen läßt. Fest im Glauben wird man nicht, indem man auf bestimmte Speisen verzichtet. Das haben alle erfahren, die es versuchten.

[10]Wenn an unserem Altar das Abendmahl ausgeteilt wird, dürfen diejenigen nicht davon essen, die ihre Rettung noch immer von der Erfüllung des Gesetzes erwarten statt vom Opfertod Christi am Kreuz.[h] [11]Einmal im Jahr – am großen Versöhnungstag – bringt der Hohepriester das Blut von Opfertieren in das Allerheiligste des Tempels, um die Sünden des Volkes zu sühnen. Die Tiere selbst werden aber außerhalb der Stadt Jerusalem verbrannt. [12]So starb auch Je-

a) Wörtlich: zur Gemeinde der Erstgeborenen. b) Wörtlich: (Ihr seid gekommen) zu den Geistern der vollendeten Gerechten. c) Wörtlich: (Ihr seid gekommen) zu dem Mittler des neuen Bundes, Jesus, und dem Blut der Reinigung, das da besser redet als das Blut Abels. d) Haggai 2,6 e) Wörtlich: Gedenkt der Gefangenen als solche, die mitgefangen sind, der Notleidenden als solche, die ebenfalls im Leibe leben. f) Josua 1,5; 5. Mose 31,6 g) Psalm 118,6 h) Wörtlich: Wir haben einen Altar, von dem zu essen diejenigen, die dem Zelt dienen, keine Befugnis haben.

sus außerhalb der Stadt, als er sein Blut
für die Sünden der Menschen opferte.
13 Laßt uns zu ihm hinausgehen und die
Verachtung mittragen, die ihn getroffen
hat. 14 Denn auf dieser Erde gibt es keine
Stadt, in der wir wirklich und für immer
zu Hause sein können. Sehnsüchtig war-
ten wir auf die Stadt, die im Himmel für
uns erbaut ist.
15 Wir wollen nicht aufhören, Gott im
Namen Jesu zu loben und ihm zu dan-
ken. Das sind unsere Opfer, mit denen
wir uns zu Gott bekennen. 16 Und ver-
geßt nicht, Gutes zu tun und allen zu hel-
fen, die in Not sind. An solchen Opfern
hat Gott Freude.
17 Hört auf die Leiter eurer Gemeinden
und folgt ihrem Rat. Sie müssen einmal
Rechenschaft über euch ablegen, denn sie
sind für euch verantwortlich. Macht ih-
nen das nicht zu schwer; sie sollen doch
ihre Aufgabe mit Freude tun und nicht
als eine bedrückende Last empfinden.
Dies würde euch nur selber schaden.
18 Betet für uns! Wir haben ein gutes
Gewissen, denn wir wollen in jeder
Weise ein Leben führen, das Gott gefällt.
19 Betet vor allem darum, daß ich bald wie-
der zu euch kommen kann.

Segenswunsch und Grüße

20/21 Ich wünsche euch nun von Herzen,
daß Gott selbst euch hilft, das Gute zu
tun und seinen Willen zu erfüllen. Er ist
es ja, der uns seinen Frieden schenkt. Er
hat unseren Herrn Jesus Christus von
den Toten auferweckt. Ihn, durch dessen
Blut der neue und ewig gültige Bund ge-
schlossen wurde, ihn hat er zum wahren
Hirten seiner Herde gemacht. Jesus Chri-
stus wird euch die Kraft geben, das zu
tun, was Gott gefällt. Deswegen wollen
wir ihn bis in alle Ewigkeit loben und eh-
ren. Amen.
22 Ich bitte euch, liebe Brüder: Laßt
euch von meinem Brief ermutigen,
nehmt diese Ermahnung an! Ich habe
euch ja nur kurz schreiben können.
23 Zum Schluß möchte ich euch noch
mitteilen, daß unser Bruder Timotheus
freigelassen worden ist. Sobald er
kommt, wollen wir euch gemeinsam be-
suchen.
24 Viele Grüße sende ich an eure Ge-
meinden und an alle, die sie leiten. Die
Christen aus Italien lassen euch grüßen.
25 Gottes Gnade sei mit euch allen!

Der Brief des Jakobus

Verfasser: Jakobus, ein Bruder Jesu
Ort: unbekannt
Zeit: zwischen 45 und 49 n.Chr.

Der Brief des Jakobus richtete sich an Christen, die offensichtlich Schwierigkeiten mit den praktischen Konsequenzen ihres Glaubens hatten. Auf viele Probleme geht Jakobus ausführlich ein: Manche Christen prahlten mit ihrem Reichtum und behandelten die Armen verächtlich, andere richteten durch üble Nachrede und Verleumdung viel Unheil an. Wieder andere waren überheblich und voller Vorurteile, Streit und Zank waren an der Tagesordnung. Jakobus macht es sich deshalb zur Aufgabe, mit seinem Brief den Mangel an Aufrichtigkeit und Konsequenz im Leben eines Christen zu bekämpfen. Er fragt in Kapitel 2, Vers 14 die Gemeinden: »Welchen Wert hat es, wenn jemand behauptet, an Christus zu glauben, aber an seinen Taten ist das nicht zu erkennen?« Jakobus stellt damit in den Vordergrund, was Jesus selbst schon formuliert hatte: Wer an Gott glaubt, der tut, was Gott von ihm will.

Anschrift und Gruß

1 Jakobus, der Gott und unserem
Herrn Jesus Christus dient, grüßt mit
diesem Brief das Volk Gottes, das über
die ganze Welt zerstreut in der Fremde
lebt.[a]

Durch Anfechtung wird der Glaube stark

2 Liebe Brüder! Ihr braucht nicht zu ver-
zweifeln, wenn euer Glaube immer wie-
der hart auf die Probe gestellt wird. Im
Gegenteil: Freut euch darüber! 3 Denn
durch solche Bewährungsproben wird
euer Glaube fest und unerschütterlich.
4 Bis zuletzt sollt ihr so unerschütterlich
festbleiben, damit ihr in jeder Beziehung
zur vollen geistlichen Reife gelangt und
niemand euch etwas vorwerfen kann
oder etwas an euch zu bemängeln hat.
5 Falls jemand von euch nicht weiß, was
der Wille Gottes in einer bestimmten
Sache ist, soll er um Weisheit bitten.[b] Ihr
wißt doch, wie reich Gott jeden be-
schenkt und wie gern er allen hilft. Also
wird er auch euer Gebet erhören. 6 Betet
aber in großer Zuversicht, und zweifelt
nicht; denn wer zweifelt, gleicht den Wel-
len im Meer, die vom Sturm hin- und her-
getrieben werden. 7 Ein solcher Mensch

a) Wörtlich: den zwölf Stämmen, die in der Zerstreuung sind. b) Wörtlich: Wenn aber einer von euch Mangel hat an Weisheit, so soll er sie erbitten von Gott.

kann nicht erwarten, daß Gott ihm etwas
gibt. 8 In allem, was er tut, ist er unbe-
ständig und hin- und hergerissen.

Der Reichtum der Armen

9 Wer arm ist und wenig beachtet wird,
soll deshalb nicht mutlos sein, sondern
sich darüber freuen, daß er vor Gott viel
gilt. 10 Ein Reicher dagegen soll niemals
vergessen, wie wenig sein irdischer Be-
sitz vor Gott zählt.[a] Wie eine Blume auf
dem Feld wird auch sein Reichtum verge-
hen. 11 Sobald die Sonne in ihrer Mittags-
hitze glüht, verdorrt das Gras, die Blüten
fallen ab, und alle Schönheit ist dahin.
Ebenso wird es den Reichen ergehen. All
ihre Geschäftigkeit bewahrt sie nicht vor
Tod und Verderben.

Was uns zur Sünde verführt

12 Glücklich ist der zu nennen, der die Be-
währungsproben besteht und im Glau-
ben fest bleibt. Gott wird ihn mit dem
Siegeskranz, dem ewigen Leben, krönen.
Das hat er allen versprochen, die ihn lie-
ben. 13 Niemand, der in Versuchung ge-
rät, kann behaupten: »Diese Versuchung
kommt von Gott.« Denn Gott, der für
das Böse unangreifbar ist, wird nieman-
den zum Bösen verführen. 14 Es sind viel-
mehr unsere eigenen begehrlichen Wün-
sche, die uns immer wieder zum Bösen
verlocken. 15 Geben wir ihnen nach, dann
folgt diesen Wünschen die böse Tat. Sie
aber führt unweigerlich zum Tod.[b]

16 Laßt euch also nichts vormachen,
liebe Brüder! 17 Alles, was gut und voll-
kommen ist, das kommt von Gott, dem
Vater des Lichts. Er ist unwandelbar; nie-
mals wechseln bei ihm Licht und Finster-
nis, Gutes und Böses. 18 Es war sein freier
Wille, daß er uns durch das Wort der
Wahrheit neues Leben geschenkt hat. So
sollten wir der Anfang einer neuen
Schöpfung sein.[c]

Worte und Taten

19 Denkt daran, liebe Brüder: Seid immer
sofort bereit, jemandem zuzuhören; aber
überlegt genau, bevor ihr selbst redet.
Und hütet euch vor unkontrolliertem
Zorn! 20 Denn im Zorn tun wir niemals,
was Gott gefällt.[d] 21 Deshalb trennt euch
ganz entschieden von allem Gemeinen
und Bösen. Nehmt vielmehr bereitwillig
Gottes Wort an, das er wie ein Sa-
menkorn in euch gelegt hat. Es hat die
Kraft, euch zu retten.

22 Nun genügt es aber nicht, sein Wort
nur anzuhören; ihr müßt auch danach
handeln. Alles andere ist Selbstbetrug!
23 Wer Gottes Wort nur hört, es aber
nicht in die Tat umsetzt, dem geht es wie
einem Mann, der in den Spiegel schaut.
24 Er betrachtet sich, geht wieder weg und
hat auch schon vergessen, wie er aus-
sieht. 25 Wer aber die Botschaft von der
Rettung und Befreiung[e] erkannt hat und
immer wieder danach handelt, der hat sie
nicht vergeblich gehört. Er kann glück-
lich sein, denn Gott wird ihn segnen und
alles, was er tut.

26 Wer sich für fromm hält, dabei aber
geschwätzig ist und seine Zunge nicht zü-
geln kann, der macht sich selbst etwas
vor. Seine Frömmigkeit ist nichts wert.
27 Witwen und Waisen in ihrer Not zu hel-
fen und sich vom gottlosen Treiben die-
ser Welt nicht verführen zu lassen: das ist
wirkliche Frömmigkeit, mit der man
Gott, dem Vater, dient.

Falsche Maßstäbe

2 Liebe Brüder! Wenn ihr wirklich an
Jesus Christus glaubt, den Herrn al-
ler Herrlichkeit, dann laßt euch nicht
vom Rang und Ansehen der Menschen
beeindrucken! 2 Stellt euch einmal vor, in
eure Gemeinde kommt ein vornehm ge-
kleideter Mann mit dicken, goldenen Rin-
gen an den Fingern. Zur selben Zeit

a) Wörtlich: (V.9 und 10a) Es rühme sich aber der Bruder, der arm ist, seiner Höhe, der Reiche aber seiner Niedrigkeit. b) Wörtlich: Dann empfängt die Begierde und gebiert eine Sünde, die Sünde aber, die vollendet ist, gebiert den Tod. c) Wörtlich: damit wir gewissermaßen Erstlingsfrucht seiner Schöpfungen seien. d) Wörtlich: Denn Manneszorn bewirkt nicht Gottes Gerechtigkeit. e) Wörtlich: das vollkommene Gesetz der Freiheit.

kommt einer, der arm und schäbig ge-
kleidet ist. 3Wie würdet ihr euch verhal-
ten? Ihr würdet euch von dem Reichen
beeindrucken lassen und ihm eilfertig an-
bieten: »Hier ist noch ein guter Platz für
Sie!« Aber zu dem Armen würdet ihr si-
cherlich sagen: »Bleib stehen, oder setze
dich da hinten auf den Fußboden.«[a]
4Dürft ihr als Christen solche Unter-
schiede machen? Dann wären doch
menschliche Eitelkeit und Geltungssucht
euer Maßstab![b]

5Hört mir einmal gut zu, liebe Brüder:
Hat Gott nicht gerade die erwählt, die
vor der Welt arm, aber im Glauben reich
sind? Sie wird Gott in sein Reich aufneh-
men, das er allen zugesagt hat, die ihn lie-
ben. 6Wie töricht also von euch, daß ihr
die Armen verachtet und geringschätzig
behandelt. Habt ihr denn noch nicht ge-
merkt, daß es gerade die Reichen sind,
die euch unterdrücken und vor die Ge-
richte schleppen? 7Wie oft sind gerade sie
es, die Jesus Christus verhöhnen, den Na-
men, auf den ihr getauft seid.[c]

8Lebt nach dem wichtigsten Gebot,
das Gott uns gegeben hat: »Liebe deinen
Mitmenschen wie dich selbst!«[d] Wenn
ihr das in die Tat umsetzt, handelt ihr
richtig. 9Beurteilt ihr dagegen Arme und
Reiche nach unterschiedlichen Maß-
stäben, dann verstoßt ihr gegen Gottes
Gebot und werdet schuldig. 10Es hilft
dann nichts, wenn ihr alle anderen Ge-
bote Gottes genau einhaltet. Wer näm-
lich auch nur gegen ein einziges seiner
Gebote verstößt, der hat das ganze Ge-
setz übertreten.

11Denn Gott, der gesagt hat: »Du sollst
nicht ehebrechen!«, der hat auch be-
stimmt: »Du sollst nicht töten!« Wenn
du nun zwar keine Ehe zerstörst, aber ei-
nen Menschen tötest, so hast du Gottes
Gesetz übertreten und bist damit schul-
dig vor ihm.

12Maßstab eures Redens und Handelns
soll das Gesetz Gottes sein, das euch zur
Liebe verpflichtet und euch Freiheit
schenkt. Danach werdet ihr einmal ge-
richtet.[e] 13Ohne Gnade wird dann über
den das Urteil gesprochen, der selbst
kein Erbarmen gehabt hat. Wer aber
barmherzig ist, braucht das Gericht nicht
zu fürchten.

Der Glaube muß sich durch die Tat beweisen

14Liebe Brüder! Welchen Wert hat es,
wenn jemand behauptet, an Christus zu
glauben, aber an seinen Taten ist das
nicht zu erkennen! Kann ihn ein solcher
Glaube vor Gottes Urteil retten? 15Stellt
euch vor, in eurer Gemeinde sind einige
in Not. Sie haben weder etwas anzuzie-
hen noch genug zu essen. 16Wäre ihnen
schon damit geholfen, wenn du zu ihnen
sagst: »Ich wünsche euch alles Gute! Hof-
fentlich habt ihr warme Kleider und
könnt euch satt essen!«, ohne daß ihr ih-
nen gebt, was sie zum Leben brauchen?
17Genauso nutzlos ist ein Glaube, der
sich nicht in der Liebe zum Nächsten be-
weist: Er ist tot.[f]

18Nun könnte jemand sagen: »Der eine
glaubt, und der andere tut Gutes.« Ihm
müßte ich antworten: »Zeige doch ein-
mal deinen Glauben her, der keine guten
Taten hervorbringt! Meinen Glauben
kann ich dir zeigen. Du brauchst dir nur
anzusehen, was ich tue.« 19Du glaubst,
daß es nur einen einzigen Gott gibt? Gut
und schön. Aber das glauben sogar die
Dämonen – und zittern vor Angst.

20Wann endlich wirst du törichter
Mensch einsehen, daß der Glaube nichts
wert ist, wenn wir nicht auch *tun*, was
Gott von uns will! 21Erinnert ihr euch
nicht daran, daß sogar Abraham, unser
Stammvater und Vorbild im Glauben,
vor Gott erst Anerkennung fand, nach-
dem er tat, was Gott von ihm verlangte?
Er war bereit, seinen Sohn Isaak zu op-
fern. 22Hier wird ganz deutlich: Bei ihm
gehörten Glaube und Tun zusammen;
und erst durch sein gehorsames Handeln
wurde sein Glaube vollkommen. 23Das
meint auch die Heilige Schrift, wenn sie

a) Wörtlich: Setz dich auf den Schemel unterhalb meiner Füße. b) Wörtlich: Habt ihr da nicht bei euch selbst Unterscheidungen getroffen und wurdet Richter von schlechter Gesinnung? c) Wörtlich: Sind nicht sie es, die den guten Namen lästern, der über euch angerufen wurde? d) 3. Mose 19,18 e) Wörtlich: So redet und handelt als solche, die durch das Gesetz der Freiheit gerichtet werden! f) Wörtlich: So ist auch der Glaube, wenn er keine Werke aufweist, tot, für sich allein (gesehen).

sagt: »Abraham glaubte Gott, und da-
durch fand er seine Anerkennung.«[a] Ja,
er wurde sogar der »Freund Gottes«[b] ge-
nannt. [24]Ihr seht also: Wir werden nur
dann von Gott angenommen, wenn unse-
re Taten beweisen, daß unser Glaube
echt ist. Anders geht es nicht.

[25]Auch die Dirne Rahab ist dafür ein
Beispiel. Sie wurde von Gott gerettet,
weil sie in Jericho die Kundschafter der
Israeliten vor den Soldaten des feindli-
chen Königs versteckte und ihnen auf ei-
nem sicheren Weg die Flucht ermöglich-
te.[c]

[26]So wie der Körper ohne den Geist tot
ist, so ist auch der Glaube tot, wenn er
ohne praktisches Handeln bleibt.

Warnung vor Geschwätzigkeit

3 Liebe Brüder! Es sollten sich nicht so
viele in der Gemeinde danach drän-
gen, andere belehren zu wollen. Denkt
vielmehr daran, daß alle, die Gottes Wort
lehren, von ihm nach besonders strengen
Maßstäben beurteilt werden. [2]Und haben
wir nicht alle unsere Fehler? Wem es frei-
lich gelingt, nur das zu sagen, was dem
anderen hilft und ihm nicht schadet, den
kann man als vollkommen bezeichnen.
Denn wer seine Zunge beherrscht, der
kann auch seinen ganzen Körper beherr-
schen. [3]So legen wir zum Beispiel den
Pferden das Zaumzeug ins Maul und be-
herrschen sie damit. [4]Und selbst die
großen Schiffe, die nur von starken Win-
den vorangetrieben werden können,
lenkt der Steuermann mit einem kleinen
Ruder, wohin er will.

[5]Genauso ist es mit unserer Zunge. So
klein sie auch ist, was kann sie nicht alles
anrichten! Ein kleiner Funke setzt einen
ganzen Wald in Brand. [6]Mit einem sol-
chen Feuer läßt sich auch die Zunge ver-
gleichen. Sie kann eine ganze Welt voller
Ungerechtigkeit und Bosheit sein, die
uns und unser Leben vergiftet. Es gibt
nichts und niemand, der vor ihrem Höl-
lenfeuer sicher wäre.[d]

[7]Die Menschen haben es gelernt, wilde
Tiere, Vögel, Schlangen und Fische zu
zähmen und unter ihre Gewalt zu
bringen. [8]Aber seine Zunge kann kein
Mensch zähmen. Ungebändigt und un-
kontrolliert verbreitet sie ihr tödliches
Gift.

[9]Mit unserer Zunge loben wir Gott, un-
seren Herrn und Vater, und mit der-
selben Zunge verfluchen wir unsere Mit-
menschen, die doch nach Gottes Eben-
bild geschaffen sind. [10]Segen und Fluch
kommen aus ein und demselben Mund.
Aber genau das, meine lieben Brüder,
darf es bei euch nicht geben! [11]Fließt
denn aus einer Quelle gleichzeitig fri-
sches und ungenießbares Wasser? [12]Kann
man Oliven von Feigenbäumen pflücken
oder Feigen vom Weinstock? Ebensowe-
nig kann man aus einem stinkenden Tüm-
pel frisches Wasser schöpfen.

Wirkliche Weisheit

[13]Wer von euch meint, klug und weise zu
sein, der soll das durch sein ganzes Leben
zu erkennen geben, durch seine Freund-
lichkeit und Güte. Sie sind Kennzeichen
der wahren Weisheit. [14]Seid ihr aber
voller Neid und Haß, dann braucht ihr
euch auf eure angebliche Weisheit nichts
einzubilden. In Wirklichkeit seid ihr
dann Lügner und Betrüger. [15]Eine solche
Weisheit kann niemals von Gott kom-
men. Sie ist irdisch, ungeistlich, ja teuf-
lisch. [16]Wo Mißgunst und Streit herr-
schen, da gerät alles in Unordnung; da
wird jeder Gemeinheit Tür und Tor ge-
öffnet.

[17]Die Weisheit aber, die von Gott
kommt, ist lauter und rein. Sie sucht den
Frieden. Sie ist freundlich, bereit nachzu-
geben und läßt sich etwas sagen. Sie hat
Mitleid mit anderen und bewirkt immer
und überall Gutes; sie ist unparteiisch,
ohne Vorurteile und ohne alle Heuchelei.
[18]Nur wer selber Frieden schafft, wird er-
fahren, daß seine Gerechtigkeit und
Friedfertigkeit Früchte tragen.[e]

a) Wörtlich: Es glaubte aber Abraham Gott, und angerechnet wurde (es) ihm zur Gerechtigkeit. 1. Mose 15,6 b) 2. Chronik 20,7; Jesaja 41,8 c) Josua 2 d) Wörtlich: Sie entflammt den »Umkreis unseres Werdens« (d.h. die ganze Welt), angezündet von der Hölle. e) Wörtlich: Die Frucht aber der Gerechtigkeit wird im Frieden gesät denen, die den Frieden schaffen.

Freundschaft mit der Welt – Feindschaft mit Gott

4 Wieso gibt es denn bei euch so viel
Streit, Krieg und Kampf? Kommt al-
les nicht daher, daß ihr euren Leiden-
schaften und Trieben nicht widerstehen
könnt? 2Ihr wollt alles haben und werdet
nichts bekommen. Ihr seid voller Neid
und tödlichem Haß; doch gewinnen
werdet ihr dadurch nichts. Streitet, zankt
und kämpft also, soviel ihr wollt! Es
nützt euch gar nichts. Solange ihr nicht
Gott bittet, werdet ihr nichts empfangen.
3Wenn ihr freilich Gott nur darum bittet,
eure selbstsüchtigen Wünsche zu er-
füllen, wird er euch nichts geben.
4Wie erbärmlich vergeltet ihr Gottes
Treue![a] Ist euch denn nicht klar, daß
Freundschaft mit der Welt zugleich
Feindschaft mit Gott bedeutet? Wer also
ein Freund dieser Welt sein will, der wird
zum Feind Gottes. 5Oder meint ihr, die
Heilige Schrift sagt ohne jeden Grund:
»Gottes Geist, der in uns wohnt, will uns
ganz allein besitzen«?[b] 6Gott wird allen,
die ihm treu sind, noch mehr Gnade
schenken. Darum heißt es auch: »Die
Stolzen und Hochmütigen weist Gott
von sich, aber er hilft denen, die wissen,
daß sie ihn brauchen.«[c]
7Unterstellt euch Gott im Gehorsam,
und widersetzt euch mit aller Entschie-
denheit dem Teufel. Dann muß er vor
euch fliehen. 8Wendet euch Gott zu,
dann wird er zu euch kommen. Wascht
die Schuld von euren Händen, ihr Sün-
der, und laßt Gott allein in euren Herzen
wohnen, ihr Unentschiedenen! 9Seht
doch endlich ein, wie groß eure Schuld
ist; erschreckt und trauert darüber! Dann
werdet ihr nicht mehr lachen, sondern
weinen; und aus eurer Freude wird Leid.
10Erkennt eure Unwürdigkeit, und beugt
euch vor dem Herrn! Erst dann wird
Gott euch helfen und aufrichten.

Nicht über andere urteilen!

11Redet nicht schlecht übereinander,
liebe Brüder! Denn wer jemandem
Schlechtes nachsagt oder ihn verurteilt,
der verstößt gegen Gottes Gebot. An-
statt Gottes Wort zu befolgen, spielt er
sich als Richter auf. 12Gott allein ist bei-
des: Gesetzgeber und Richter. Nur er
kann verurteilen oder von der Schuld
freisprechen. Woher nimmst du dir also
das Recht, deine Mitmenschen zu ver-
urteilen?

Keine selbstsichere Überheblichkeit

13Da ist noch etwas. Manche von euch sa-
gen: »Heute oder morgen wollen wir
hier- und dorthin reisen. Wir wollen dort
ein Jahr bleiben, gute Geschäfte machen
und viel Geld verdienen.« 14Ihr plant so
großartig und wißt nicht einmal, was
morgen geschieht! Was ist denn schon
euer Leben? Nichts als ein leiser Hauch,
der – kaum ist er da – auch schon wieder
verschwindet.
15Darum sollt ihr immer nur sagen:
»Wenn der Herr will und wir leben, wol-
len wir dieses oder jenes tun!« 16Ihr aber
seid stolz auf eure Pläne und gebt damit
an. Doch eine solche Überheblichkeit ist
durch und durch verwerflich. 17Wer aber
weiß, was richtig ist, und tut es trotzdem
nicht, der wird vor Gott schuldig.

Gottes Urteil über die Reichen

5 Nun zu euch, ihr Reichen! Ihr
werdet noch weinen und klagen über
all das Elend, das über euch hereinbricht.
2Euer Reichtum verkommt, und die Mot-
ten zerfressen eure kostbaren Kleider.
3Euer Gold und Silber ist so wertlos wie
verrostetes Eisen. All das wird euch an-
klagen. Ihr selbst werdet vergehen wie
euer Reichtum.[d] Warum habt ihr euch –
so kurz vor dem Ende dieser Welt – nur
darum gekümmert, euern Reichtum zu
vermehren? 4Aber Gott hat den Schrei
der Arbeiter gehört, die ihr um ihren ver-
dienten Lohn betrogen habt. 5Euch dage-
gen ist es auf dieser Erde gut ergangen,
ihr habt in Saus und Braus gelebt und
euch doch nur für den Schlachttag ge-
mästet. 6Alle, die euch dabei im Wege wa-

a) Wörtlich: Ihr Ehebrecher! b) Wörtlich: Eifersüchtig verlangt er nach dem Geist, den er in uns wohnen ließ. 2. Mose 20,3 c) Sprüche 3,34 d) Wörtlich: Und ihr Rost wird Zeugnis gegen euch geben und euer Fleisch fressen wie Feuer.

ren,[a] habt ihr verurteilt und umgebracht,
weil sie sich nicht gegen euch wehren
konnten.

Laßt euch nicht entmutigen!

7 Meine Brüder, laßt euch nicht entmuti-
gen, und wartet geduldig auf den Tag, an
dem der Herr kommt. Muß nicht auch
der Bauer mit viel Geduld Sonne und Re-
gen abwarten, bis er im Herbst die Ernte
einfahren kann? 8 Auch ihr müßt gedul-
dig sein und dürft nicht mutlos werden,
denn der Herr kommt bald. 9 Macht euch
mit eurer Ungeduld nicht das Leben
schwer,[b] liebe Brüder. Sonst wird Gott
euch verurteilen. Bedenkt: Der Tag des
Gerichts ist nahe, und der Richter steht
schon vor der Tür.

10 Nehmt euch ein Beispiel an den Pro-
pheten, die im Auftrag Gottes gespro-
chen haben. Wie vorbildlich und mit wel-
cher Geduld haben sie alle Leiden ertra-
gen! 11 Solche Menschen sind wirklich
glücklich zu nennen, die so standhaft wa-
ren und Gott treu geblieben sind! Denkt
doch nur an Hiob! Ihr habt alle schon
gehört, wie geduldig er sein Leiden ertra-
gen hat. Und ihr wißt, daß Gott in seiner
Barmherzigkeit und Liebe alles zu einem
guten Ende führte.

12 Um eines möchte ich euch vor allem
noch bitten, meine Brüder: Schwört
nicht; weder beim Himmel noch bei der
Erde, noch bei sonst etwas! Wenn ihr
»Ja« sagt, dann muß man sich darauf ver-
lassen können. Und wenn ihr »Nein«
sagt, dann steht auch dazu. Sonst ist euch
Gottes Urteil sicher.

Gebet für die Kranken

13 Leidet jemand unter euch? Dann soll er
beten! Wem es aber gutgeht und wer
Grund zur Freude hat, der soll Gott Lob-
lieder singen. 14 Wenn jemand von euch
krank ist, soll er die Ältesten der Ge-
meinde zu sich rufen, damit sie für ihn
beten, ihn im Namen des Herrn segnen
und ihn mit Öl salben. 15 Wenn sie im fe-
sten Vertrauen beten, wird Gott den
Kranken heilen. Er wird ihn aufrichten
und ihm vergeben, wenn er gesündigt
hat.

16 Darum sollt ihr einander eure Sün-
den bekennen und füreinander beten, da-
mit ihr geheilt werdet. Denn das Gebet
eines Menschen, der unbeirrt glaubt,[c] hat
große Kraft. 17 Elia war ein Mensch wie
wir, und doch erreichte er durch sein Ge-
bet, daß es drei Jahre und sechs Monate
nicht regnete. 18 Dann betete er um Re-
gen. Da regnete es, und alles Land wurde
grün und brachte wieder seine Früchte.[d]

19 Liebe Brüder! Wenn einer von euch
vom rechten Weg abkommt und Gottes
Wahrheit nicht mehr erkennt, dann sollt
ihr ihn wieder auf den rechten Weg zu-
rückbringen. 20 Ihr müßt nämlich wissen:
Wer einen Sünder von seinem falschen
Weg abbringt, der hat diesen Menschen
vor dem sicheren Verderben gerettet,
denn Gott hat ihm seine Sünden verge-
ben.

a) Wörtlich: Den Gerechten. b) Wörtlich: Seufzet nicht gegeneinander. c) Wörtlich: des Gerechten. d) 1. Könige 17,1; 18,41-45

Der erste Brief des Petrus

Verfasser: Petrus, Jünger Jesu, Apostel
Ort: vielleicht Rom
Zeit: 63 oder 64 n.Chr.

Der erste Brief des Apostels Petrus ist ein Rundschreiben an die Gemeinden in Kleinasien. Der Anlaß war die schwierige Situation der dortigen Christen: wegen ihres Glaubens wurden sie angefeindet und verhöhnt. Darum standen sie in der Gefahr, sich entweder anzupassen oder mit Gewalt zu widersetzen. Petrus erinnert sie daran, daß sie bereit sein müssen, für ihren Glauben auch Leiden auf sich zu nehmen, denn das Leben eines Christen ist oft eine Provokation für seine Umgebung. Der Brief enthält neben diesen grundsätzlichen Feststellungen viele praktische Ratschläge, wie sich Christen in solchen Situationen verhalten können. Petrus kommt dabei immer wieder auf die Hoffnung zurück, von der Christen leben. Er sagt seinen Lesern in Kapitel 4, Vers 13: »Freut euch darüber, daß ihr um Christi willen leidet; dann werdet ihr auch jubeln und euch mit ihm freuen, wenn er in all seiner Herrlichkeit wiederkommt.«

Anschrift und Gruß

1 Diesen Brief schreibt Petrus, den Jesus Christus zu seinem Botschafter berufen hat, an alle Christen, die als Fremde überall in den Provinzen Pontus, Galatien, Kappadozien, Asien und Bithynien mitten unter Menschen leben, die nicht an Christus glauben.
2Liebe Freunde! Ihr seid Gottes Kinder geworden, weil Gott, unser Vater, euch von Anfang an dazu auserwählt hat. Durch die Kraft des Heiligen Geistes könnt ihr jetzt Jesus Christus als euren Herrn anerkennen, weil er am Kreuz sein Blut für euch vergossen und euch von eurer Schuld befreit hat.[a] Gott schenke euch immer mehr seine Gnade und seinen Frieden.

Die Hoffnung der Christen

3Gelobt sei Gott, der Vater unseres Herrn Jesus Christus! In seinem grenzenlosen Erbarmen hat er uns neues Leben geschenkt. Weil Jesus Christus von den Toten auferstanden ist, haben wir die Hoffnung auf ein neues, ewiges Leben.[b]
4Es ist die Hoffnung auf ein ewiges, von keiner Sünde beschmutztes und unzerstörbares Erbe, das Gott in seinem Reich für euch bereithält. 5Bis dahin wird euch Gott in seiner Allmacht bewahren, weil ihr an ihn glaubt. Aber dann, am Ende

a) Wörtlich: ... zu Gehorsam und Besprengung mit dem Blut Jesu Christi. b) Wörtlich: (Jesus Christus), der nach seinem vielen Erbarmen uns wiedergeboren hat zu lebendiger Hoffnung durch die Auferstehung Jesu Christi von den Toten.

der Zeit, werdet ihr selbst sehen, wie herr-
lich das unvergängliche Leben ist, das
Gott schon jetzt für euch bereithält.

6 Darüber freut ihr euch von ganzem
Herzen, auch wenn Gott euch jetzt noch
für eine kurze Zeit durch manche Prüfun-
gen führt und ihr viel erleiden müßt. 7 So
wird sich euer Glaube bewähren und
sich wertvoller und beständiger erweisen
als pures Gold, das im Feuer voll-
kommen gereinigt wurde. Lob, Preis und
Ehre werdet ihr dann an dem Tag emp-
fangen, an dem Christus wiederkommt.
8 Ich weiß: Ihr habt ihn nie gesehen und
liebt ihn doch. Ihr glaubt an ihn, obwohl
ihr ihn auch jetzt nicht sehen könnt, und
ihr freut euch unbeschreiblich auf den
Tag, an dem er wiederkommt. 9 Dann
werdet ihr am Ziel eures Glaubens sein:
Ihr seid gerettet für alle Ewigkeit.[a]

10 Schon die Propheten haben danach
gesucht und geforscht, und sie haben vor-
ausgesagt, wie reich Gott euch beschen-
ken wird, wenn Christus kommt. 11 In ih-
nen wirkte bereits der Geist Christi. Sie
hatten auch schon erkannt, wann und auf
welche Weise Christus leiden mußte.
Und ebenso hatten sie seine Herrlichkeit
vorausgesehen, die danach folgt. 12 Gott
hatte sie wissen lassen, daß diese Bot-
schaft nicht ihnen selbst galt, sondern
euch. Nun ist sie euch verkündigt wor-
den, und zwar von den Männern, die
euch das Evangelium gebracht haben.
Gott hatte sie dazu mit dem Heiligen
Geist ausgerüstet. Was euch erwartet, ist
so unvorstellbar, daß selbst die Engel
gern mehr davon erfahren würden.

Ein neues Leben

13 Darum seid bereit und stellt euch ganz
und gar auf dieses Ziel ein. Laßt euch
nichts vormachen, seid nüchtern und
richtet all eure Hoffnung auf Gottes
Barmherzigkeit, die er euch in vollem
Ausmaß an dem Tag erweisen wird,
wenn Jesus Christus als Herr der Welt
wiederkommt.[b] 14 Weil ihr Gottes Kinder
seid, gehorcht ihm und lebt nicht mehr
wie früher, als ihr euren Leidenschaften
hilflos ausgeliefert wart und Gott noch
nicht kanntet. 15 Jetzt sollt ihr leben wie
Christus, der euch als seine Jünger beru-
fen hat: Vorbildlich, ja heilig soll euer
ganzes Leben sein. 16 Genau das meint
Gott, wenn er sagt: »Ihr sollt heilig sein,
denn ich bin heilig.«[c]

17 Ihr betet zu Gott als euerm Vater
und wißt, daß er jeden von euch nach sei-
nem Verhalten richten wird, und zwar
ohne jedes Ansehen der Person. Des-
wegen führt euer Leben in Gehorsam
und Ehrfurcht vor Gott, solange ihr
noch nicht am Ziel seid.[d] 18 Denkt daran,
was es Gott gekostet hat, euch aus der
Sklaverei der Sünde zu befreien, aus ei-
nem sinnlosen Leben, wie es schon eure
Väter geführt haben. Christus hat euch
losgekauft, aber nicht mit Geld, 19 son-
dern mit seinem eigenen kostbaren Blut,
das er als unschuldiges, reines Lamm Got-
tes für uns geopfert hat.

20 Daß er für uns sterben sollte, hatte
Gott schon vor Erschaffung der Welt be-
stimmt. Aber erst jetzt, in dieser letzten
Zeit, ist Christus zu euch gekommen, um
euch zu retten. 21 Durch ihn habt ihr zum
Glauben an Gott gefunden. Er hat Jesus
Christus von den Toten auferweckt und
ihm seine göttliche Herrlichkeit gegeben,
damit ihr an ihn glaubt und eure ganze
Hoffnung auf ihn richtet.

22 Nachdem ihr euch nun Christus zu-
gewandt habt und ihm gehorcht, könnt
ihr auch einander aufrichtig lieben.[e] So
handelt auch danach, und liebt einander
von ganzem Herzen. 23 Ihr seid ja neu ge-
boren worden. Und das verdankt ihr
nicht euren Eltern, Gott selbst hat euch
durch sein lebendiges und ewiges Wort
neues Leben geschenkt. 24 Ja, es stimmt:
»Alles menschliche Leben ist wie Gras,
und alle Schönheit unseres Lebens ist wie
die Schönheit der Blumen. Das Gras ver-
dorrt, und die Blumen welken. 25 Aber

a) Wörtlich: Da ihr ja das Ziel eures Glaubens erhaltet, das Heil der Seelen. b) Wörtlich: Darum setzt eure ganze Hoffnung, die Lenden eures Sinnes umgürtet und nüchtern, auf die Gnade, die euch bei der Offenbarung Jesu Christi zuteil wird. c) 3. Mose 19,2 d) Wörtlich: Wandelt in Furcht die Zeit eurer Fremdlingsschaft. e) Wörtlich: Da ihr eure Seelen im Gehorsam gegen die Wahrheit zu ungeheuchelter Bruderliebe gereinigt habt …

Gottes Wort bleibt immer und ewig.«[a]
Und genau dieses Wort ist die rettende
Botschaft, die euch verkündigt wurde.

Christen – das Volk Gottes

2 Hört auf mit aller Bosheit und allem
Betrug! Heuchelei, Neid und böses
Gerede darf es bei euch nicht länger ge-
ben. 2Wie ein neugeborenes Kind nach
der Milch schreit, so sollt ihr nach dem
unverfälschten Wort Gottes verlangen.
Dann werdet ihr im Glauben wachsen
und das Ziel erreichen. 3Ihr habt ja selbst
erfahren, wie gut der Herr ist.

4Zu ihm dürft ihr kommen. Er ist der
lebendige Stein, den die Menschen weg-
geworfen haben, weil sie seinen Wert
nicht erkannten. Aber Gott hat ihn ausge-
sucht, weil er weiß, wie wertvoll und
kostbar dieser Stein ist. 5Auch ihr seid sol-
che lebendigen Steine, aus denen Gott
sein Haus, die Gemeinde, aufbauen will.
Darin sollt ihr als seine Priester dienen,
die ihm als Opfer ihr Leben zur Verfü-
gung stellen. Um Jesu willen nimmt Gott
diese Opfer an.

6Es steht ja schon in der Heiligen
Schrift: »Einen ausgewählten, kostbaren
Grundstein werde ich in Jerusalem legen.
Wer auf ihn baut, steht fest und sicher.«[b]

7Ihr habt durch euern Glauben er-
kannt, wie wertvoll dieser Grundstein
ist. Für alle aber, die nicht glauben, gilt
das Wort: »Der Stein, den die Bauarbei-
ter weggeworfen haben, weil sie ihn für
unbrauchbar hielten, ist zum Grundstein
des ganzen Hauses geworden. 8Er ist ein
Stein, an dem sich die Menschen stoßen,
ja, der sie zu Fall bringt.«[c] Denn sie sto-
ßen sich nur deshalb daran, weil sie dem
Wort Gottes nicht gehorchen. Wenn sie
stolpern und fallen, ist das unvermeid-
lich.

9Ihr aber seid das von Gott auser-
wählte Volk, seine königlichen Priester,
Menschen, die ihm gehorchen und sein
Eigentum sind. Deshalb sollt ihr die
großen Taten Gottes verkündigen, der
euch aus der Finsternis befreit und in
sein wunderbares Licht geführt hat. 10Frü-
her konnte man euch nicht einmal als
Volk bezeichnen; wer wart ihr schon?
Aber jetzt seid ihr Gottes Volk! Früher
kanntet ihr Gottes Gnade nicht; doch
jetzt habt ihr seine Barmherzigkeit erfah-
ren.[d]

Christen als Staatsbürger

11Meine lieben Freunde! Ihr wißt, daß ihr
in dieser Welt Fremde seid, nur auf der
Durchreise. Deshalb bitte ich euch ein-
dringlich: Gebt den Wünschen und Ver-
lockungen dieser Welt nicht nach, die
euern Glauben gefährden.[e] 12Führt statt
dessen einen untadeligen Lebenswandel,
der sich vom Leben der Nichtglauben-
den abhebt. Durch euer Verhalten sollen
auch die überzeugt werden, die euch so
bösartig verleumden. Wenn die Wahrheit
ans Licht kommt,[f] werden selbst sie Gott
noch ehren.

13Denkt daran: Es entspricht dem Wil-
len des Herrn, wenn ihr euch den staatli-
chen Ordnungen und Gesetzen fügt. Ge-
horsam schuldet ihr nicht nur der Regie-
rung eures Landes, 14sondern auch seinen
Beamten. Denn sie haben den Auftrag,
die Gesetzesbrecher zu bestrafen und die
guten Bürger zu loben.

15Gott will, daß ihr durch euer vor-
bildliches Verhalten alle überzeugt, die
aus Unwissenheit oder Dummheit euch
verleumden. 16Das könnt ihr tun, weil ihr
durch Christus freie Menschen ge-
worden seid. Keiner von euch darf aber
diese Freiheit mißbrauchen, um damit
sein schlechtes Verhalten zu entschuldi-
gen. Denn ihr seid frei geworden, damit
ihr immer und überall Gott dient. 17Be-
gegnet allen Menschen mit Achtung, und
liebt eure Brüder! Fürchtet Gott, und
bringt der Regierung den schuldigen Re-
spekt entgegen.

Unser Vorbild

18Euren Vorgesetzten sollt ihr euch mit
der notwendigen Achtung unterordnen;
aber nicht nur den guten und freundli-
chen, sondern auch den ungerechten und
lieblosen müßt ihr gehorchen. 19Es ist ei-
ne besondere Gnade, wenn jemand des-

a) Jesaja 40,6-8 b) Jesaja 28,16 c) Psalm 118,22; Jesaja 8,14 d) Hosea 2,25 e) Wörtlich: (Ihr sollt euch) der fleischlichen Begierden enthalten, die gegen die Seele streiten. f) Wörtlich: Am Tage der Heimsuchung.

halb Böses erträgt und Unrecht erduldet,
weil er in seinem Gewissen an Gott ge-
bunden ist. 20 Kann denn jemand stolz dar-
auf sein, wenn er die gerechte Strafe für
sein böses Handeln annimmt? Erträgt
aber jemand Strafe und Leid, obwohl er
nichts Böses, sondern nur Gutes getan
hat, dann ist das ein Geschenk Gottes.
21 Als Christen hat euch Gott dazu beru-
fen.

Denn auch Christus hat für euch ge-
litten, und er hat euch ein Beispiel ge-
geben, dem ihr folgen sollt. 22 Er hat keine
Sünde getan; keine Lüge, kein betrü-
gerisches Wort ist je über seine Lippen
gekommen. 23 Wenn man ihn beschimpfte
oder mißhandelte, hat er es ohne Wi-
derspruch ertragen; denn er wußte, daß
Gott ein gerechter Richter ist und seine
Sache vertritt.

24 Christus hat unsere Sünden auf sich
genommen und sie selbst zum Kreuz hin-
aufgetragen. Das bedeutet, daß wir frei
sind von der Sünde und jetzt leben kön-
nen, wie es Gott gefällt.[a] Durch seine
Wunden hat Christus uns geheilt. 25 Rat-
los und ohne jede Orientierung seid ihr
herumgeirrt wie Schafe, die sich verlau-
fen hatten. Aber jetzt habt ihr zu euerm
Hirten zurückgefunden, zu Christus, der
euch auf den rechten Weg führt.[b]

Mann und Frau in der Ehe

3 So wie wir uns Christus unterord-
nen, so sollen sich auch die *Frauen*
ihren Männern unterordnen. Auch ohne
viele Worte sollt ihr Frauen allein durch
euer Vorbild eure Männer für Christus
gewinnen, die bisher nicht an sein Wort
glaubten. 2 Ein vorbildlicher Lebens-
wandel und die Achtung ihnen gegen-
über wirken überzeugender als viele
Worte. 3 Nicht äußerliche Dinge – wie
kunstvolle Frisuren, wertvoller Schmuck
oder modische Kleidung – dürfen für
euch Frauen wichtig sein. 4 Nein, euch
sollen vielmehr Eigenschaften von unver-
gänglichem Wert schmücken, wie
Freundlichkeit und Güte; denn wahre
Schönheit kommt von innen. Und diese
Werte zählen vor Gott. 5 So haben sich
auch die frommen Frauen zur Zeit unse-
rer Väter geschmückt: Sie setzten ihre
ganze Hoffnung auf Gott und ordneten
sich ihren Männern unter. 6 Ich denke an
Sara, die sich Abrahams Führung anver-
traute und ihn ihren Herrn nannte. Ihr
könnt euch als ihre Töchter betrachten,
wenn ihr wie Sara das Gute tut und euch
durch nichts davon abbringen laßt.

7 Aber auch ihr *Männer*, verhaltet euch
euern Frauen gegenüber einsichtig und
verständnisvoll. Ihr müßt ihnen die
Achtung und Hilfe entgegenbringen, die
sie als die Schwächeren brauchen. Ver-
geßt nicht, daß Gott in seiner Gnade al-
len das ewige Leben schenkt, Männern
wie Frauen. Nichts soll zwischen euch
stehen, das euch am gemeinsamen Gebet
hindert.

Vergeltet nicht Böses mit Bösem!

8 Schließlich möchte ich euch allen noch
eins sagen: Haltet fest zusammen!
Nehmt Anteil am Leben des andern, und
liebt euch wie Brüder! Seid barmherzig
zueinander, und haltet nicht so viel von
euch selbst. 9 Vergeltet nicht Böses mit Bö-
sem, bleibt freundlich, auch wenn man
euch beleidigt. Denkt und redet Gutes
über den andern, denn ihr wißt ja,
wieviel Segen Gott euch zugedacht hat.
10 Es heißt doch in der Heiligen Schrift:

»Wer sich am Leben freuen und gute
Tage erleben will, der achte auf das, was
er sagt. Keine Lüge, kein gemeines Wort
soll über seine Lippen kommen. 11 Vom
Bösen soll er sich abwenden und das Gu-
te tun. Er setze sich unermüdlich und mit
ganzer Kraft für den Frieden ein. 12 Denn
Gott sieht mit Freude auf solche Men-
schen und wird ihre Gebete erhören.
Wer aber Böses tut, wird Gottes Zorn zu
spüren bekommen.«[c]

13 Könnte euch jemand schaden, wenn
ihr wirklich Gutes tun wollt? 14 Doch
selbst wenn ihr leiden müßt, weil ihr so
lebt, wie es Gottes Wille ist, kann man
euch glücklich nennen. Darum fürchtet
euch nicht vor dem Leid, das euch die
Menschen zufügen, und laßt euch durch
sie nicht verwirren. 15 Laßt Christus den

a) Wörtlich: Er hat unsere Sünden selber an seinem Leib auf das Holz hinaufgetragen, damit wir, der Sünde gestorben, der Gerechtigkeit leben. b) Wörtlich: Aber jetzt seid ihr hingewandt zum Hirten und Hüter eurer Seelen. c) Psalm 34,13-17

Mittelpunkt eures Lebens sein.[a] Seid immer dazu bereit, denen Rede und Antwort zu stehen, die euch nach der Begründung eures Glaubens fragen[b]. 16Seid dabei freundlich, aber vergeßt nicht, welche Verantwortung ihr vor Gott habt.[c] Ihr habt ja ein gutes Gewissen! Dann nämlich werden sich alle die selbst richten, die euch schlechtgemacht und über euer vorbildliches Leben als Christen Lügen verbreitet haben. 17Es ist doch besser – wenn Gott es so will –, für das Gute zu leiden als für etwas Schlechtes.

Gelegenheiten zur Umkehr

18Vergeßt nicht, wieviel Christus für unsere Sünden erlitten hat! Er, der frei von jeder Schuld war, starb für uns schuldige Menschen, und zwar ein für allemal. So hat er uns zu Gott geführt; Jesus Christus, der am Kreuz gestorben ist, den aber Gottes Geist zu neuem Leben erweckte.[d]

19So ist er auch zu den Verstorbenen in die Totenwelt[e] gegangen, um ihnen die Botschaft der Befreiung zu verkündigen; 20und zwar denen, die zur Zeit Noahs lebten und Gott ungehorsam waren, obwohl er ihnen lange Zeit Gelegenheit zur Umkehr gegeben hatte. Geduldig wartete er auf sie, während Noah schon die Arche baute. Nur acht Menschen wurden in der Arche vor der Wasserflut gerettet.

21So wie diese acht Menschen damals, erfahrt ihr heute eure Rettung in der Taufe. Denn in der Taufe soll ja nicht der Schmutz von euerm Körper abgewaschen werden. Vielmehr bitten wir Gott darum, uns ein reines, gutes Gewissen zu schenken. Und das ist möglich geworden, weil Jesus Christus auferstanden ist. 22Er ist jetzt bei Gott und hat den Ehrenplatz an seiner rechten Seite eingenommen. Alle Engel, alle Mächte und Gewalten unterstehen seiner Herrschaft.

Alle müssen sich vor Gott verantworten

4 Weil Christus für uns gelitten und viele Schmerzen ertragen hat, sollt auch ihr bereit sein, Leiden auf euch zu nehmen. Wer körperlich leidet, über den verliert die Sünde ihre Macht.[f] 2Die Zeit, die euch noch bleibt, soll Gott gehören und nicht euren Leidenschaften. 3Es ist schlimm genug, daß ihr früher ein gottloses Leben in Saus und Braus geführt habt. Ihr wart euren Leidenschaften ausgeliefert, der Trunksucht ergeben, dem sinnlosen Prassen, und gefangen in einem abstoßenden Götzendienst.

4Natürlich können eure alten Freunde nicht verstehen, weshalb ihr von diesem zügellosen Leben auf einmal nichts mehr wissen wollt. Und deshalb verhöhnen sie euch. 5Doch dafür werden sie sich verantworten müssen, wenn sie von dem zur Rechenschaft gezogen werden, der bald sein Urteil über alle Menschen sprechen wird, über die Lebenden wie über die Toten. 6Denn auch Toten ist die Botschaft der Rettung durch Jesus verkündet worden. Was sie getan hatten, brachte ihnen den Tod ein, aber durch seinen Geist gab Gott ihnen die Möglichkeit, zum ewigen Leben zu gelangen.

Jeder soll Gott mit seiner Gabe dienen

7Bald wird das Ende dieser Welt kommen. Deshalb seid wachsam und nüchtern, werdet nicht müde zu beten. 8Vor allem aber laßt nicht nach, einander zu lieben. Denn »die Liebe deckt viele Sünden zu«.[g] 9Seid gastfrei, und klagt nicht über die vermehrte Arbeit. 10Jeder soll dem anderen mit der Begabung dienen, die ihm Gott gegeben hat. Wenn ihr die vielen Gaben Gottes in dieser Weise gebraucht, verwaltet ihr sie richtig. 11Bist du dazu berufen, Gottes Wort auszulegen, dann soll Gott durch dich sprechen.

a) Wörtlich: Den Herrn Christus heiligt in euren Herzen. b) Wörtlich: der von euch Rechenschaft fordert über die Hoffnung in euch. c) Wörtlich: Aber tut dies mit Sanftmut und Furcht. d) Wörtlich: der getötet wurde dem Fleische nach, der aber lebendig gemacht wurde dem Geiste nach. e) Wörtlich: zu den Geistern im Gefängnis. f) Wörtlich: Denn wer am Fleische gelitten hat, hat mit der Sünde aufgehört. g) Sprüche 10,12

Hat jemand in der Gemeinde die Aufgabe übernommen, anderen Menschen zu helfen, dann arbeite er in der Kraft, die Gott ihm gibt. So preisen wir Gott durch Jesus Christus mit allem, was wir sind und haben. Ihm allein gehören alle Ehre und alle Macht für immer und ewig. Das ist gewiß.

Leiden gehört zum Christsein

12Meine lieben Freunde! Wundert euch nicht über die heftigen Anfeindungen, die ihr jetzt erfahrt. Sie sollen euren Glauben prüfen und festigen. Denkt nur nicht, daß solche Angriffe etwas Außergewöhnliches sind; sie gehören zum Christsein. 13Freut euch vielmehr darüber, daß ihr um Christi willen leidet;[a] dann werdet ihr auch jubeln und euch mit ihm freuen, wenn er in all seiner Herrlichkeit wiederkommt.

14Ihr dürft euch glücklich nennen, wenn man euch nur deshalb angreift und verhöhnt, weil ihr Christen seid. Daran zeigt sich nämlich, daß der Geist Gottes, der Geist seiner Herrlichkeit, bei euch ist. 15Freilich soll keiner von euch leiden, weil er als Mörder, Dieb oder wegen anderer Verbrechen bestraft werden mußte oder weil er sich Rechte anmaßt, die ihm nicht zustehen. 16Wer dagegen leidet, weil er ein Christ ist, der braucht sich nicht zu schämen. Er soll Gott dafür danken, daß er zu Christus gehört.

17Denn es ist Zeit für das Gericht Gottes, und es beginnt bei denen, die zu ihm gehören. Wenn aber schon wir als seine Kinder gerichtet werden,[b] welches Ende werden dann die nehmen, die Gottes Frohe Botschaft ablehnen! 18Wenn schon der Gottes Urteil fürchten muß, der nach Gottes Willen lebt, wie wird es erst Gottlosen und Sündern ergehen? 19Wer nach Gottes Willen leiden muß, der soll sich nicht davon abbringen lassen, Gutes zu tun und seinem Schöpfer in allen Dingen zu vertrauen.

Die Gemeinde und ihre Leiter

5 Jetzt noch ein Wort an die Gemeindeältesten unter euch. Ich selbst habe die gleiche Aufgabe wie ihr, bin ein Zeuge der Leiden Christi und werde auch an seiner Herrlichkeit Anteil haben, wenn er wiederkommt. Deshalb möchte ich euch bitten: 2Versorgt die Gemeinde gut, die euch Gott anvertraut hat. Hütet die Herde Gottes als gute Hirten, und das nicht, weil es eure Pflicht ist, sondern freiwillig und gern. Das erwartet Gott. Es geht dabei auch nicht ums Geldverdienen, sondern darum, daß ihr mit Lust und Liebe Gott dient. 3Spielt euch nicht als die Herren eurer Gemeinde auf, sondern seid ihre Vorbilder. 4Nur dann werdet ihr eine unvergängliche Auszeichnung – das ewige Leben – erhalten, wenn Christus wiederkommt, der ja der oberste Hirte seiner Gemeinde ist.

5Den jungen Leuten unter euch sage ich: Ordnet euch den Gemeindeältesten unter, und hütet euch alle vor Überheblichkeit und Hochmut! Denn die Hochmütigen und Stolzen werden niemals Gottes Barmherzigkeit erfahren. Seine Gnade gilt denen, die zum demütigen Gehorsam bereit sind. 6Deshalb beugt euch in Demut unter Gottes mächtige Hand. Gott wird euch aufrichten, wenn seine Zeit da ist.

7Überlaßt alle eure Sorgen Gott, denn er sorgt für euch. 8Bleibt besonnen und wachsam! Denn der Teufel, euer Todfeind, schleicht wie ein hungriger Löwe um euch herum. Er wartet nur auf ein Opfer, das er verschlingen kann. 9Stark und fest im Glauben sollt ihr seine Angriffe abwehren. Und denkt daran, daß alle Christen in der Welt diese Leiden ertragen müssen.

10Gott aber, von dem ihr nichts als Gnade und Liebe erfahrt, hat euch durch Jesus Christus zugesagt, daß er euch nach dieser kurzen Leidenszeit in seine ewige Herrlichkeit aufnimmt. Er wird euch ans Ziel bringen, euch Kraft und Stärke geben, so daß ihr fest und sicher

a) Wörtlich: Sondern, da ihr an den Leiden Christi teilhabt, freut euch. b) Wörtlich: Denn die Zeit ist da, daß das Gericht beim Hause Gottes beginnt. Wenn es aber bei uns beginnt …

steht. [11]Denn Gott allein gehört alle
Macht für immer und ewig. Das ist ganz
gewiß!

Grüße und Segenswünsche

[12]Silvanus, den ich als treuen Bruder sehr
schätze, hat mir geholfen, diesen kurzen
Brief an euch zu schreiben. Damit wollte
ich euch Mut machen. Ihr könnt ganz sicher sein, daß Gott barmherzig ist und
euch wirklich liebt. Daran haltet fest!

[13]Die Gemeinde hier in Babylon[a] sendet euch Grüße, ebenso Markus, den ich
wie einen Sohn liebe. [14]Grüßt euch untereinander mit dem Bruderkuß. Gottes
Friede sei mit euch allen, die ihr im Glauben an Jesus Christus miteinander verbunden seid.

a) Babylon ist vielleicht ein Deckname für Rom.

Der zweite Brief des Petrus

Verfasser: Petrus, Jünger Jesu, Apostel
Ort: vielleicht Rom
Zeit: 66 n.Chr.

Dieser Brief, den Petrus noch kurz vor seinem Tod schrieb, richtet sich wieder an die Gemeinden in Kleinasien. Dort waren falsche Apostel aufgetreten, die durch großartige Worte viele zu einem zügellosen Leben verführten. Sie mißbrauchten die christliche Freiheit, um nur das zu tun, wozu sie Lust hatten. Sie machten Jesus lächerlich und bezeichneten Gott als einen Lügner. Die Zusage, daß Jesus einmal wiederkommen wird, um für immer mit seiner Gemeinde zusammenzusein, wurde von ihnen nicht ernstgenommen. Petrus will mit seinem Brief die Gemeinden vor diesen »Aposteln« warnen und ihrem Treiben ein Ende machen. Er fordert die Christen auf, sich nicht von ihrem Glauben abbringen zu lassen. Sie sollen vielmehr ihre Hoffnung weiter auf Gottes Zusagen setzen und ein Leben führen, das Gott gefällt.

Anschrift und Gruß

1 Diesen Brief schreibt Simon Petrus, ein Diener und Botschafter Jesu Christi, an alle, die denselben Glauben haben wie wir. Dieser kostbare Glaube wurde uns geschenkt, weil wir durch Jesus Christus, unseren Retter, von Gott angenommen sind.

2 Ich wünsche euch, daß Gottes Gnade und sein Friede euch immer mehr erfüllen. Das wird geschehen, wenn ihr Gott und unseren Herrn Jesus Christus immer besser kennenlernt.

Bewährung im Glauben

3 Alles, was wir brauchen, um ein Leben zu führen, wie es Gott gefällt, hat uns Christus geschenkt. Denn durch ihn haben wir Gott kennengelernt, der uns in seiner Macht und Herrlichkeit zu einem
neuen Leben berufen hat. 4 Dadurch hat er uns das Größte und Wertvollste überhaupt geschenkt: Seine Zusagen, daß alle, die dem verdorbenen und todbringenden Wesen dieser Welt entflohen sind, an Gottes ewigem Wesen und Leben Anteil haben werden.

5 Deshalb setzt alles daran, und beweist durch einen vorbildlichen Lebenswandel, daß ihr an Gott glaubt. Jeder soll
sehen, daß ihr Gott kennt. 6 Diese Erkenntnis Gottes zeigt sich in eurer Selbstbeherrschung. Selbstbeherrschung lernt man nur in Geduld und Ausdauer, und dadurch wieder kommt man zur wahren
Liebe und Ehrfurcht vor Gott. 7 Wer Gott liebt, wird auch seine Brüder lieben, und schließlich werden alle Menschen diese Liebe zu spüren bekommen.

8 Wenn ihr diesen Weg geht und dabei weiter vorankommt, wird euer Christsein nicht leer und wirkungslos bleiben.[a]
9 Wer aber nicht auf diesem Weg ist, der tappt wie ein Blinder im Dunkeln, weil

a) Wörtlich: Wenn diese bei euch vorhanden sind und wachsen, lassen sie euch weder träge noch fruchtlos sein für die Erkenntnis unseres Herrn Jesus Christus.

er vergessen hat, daß er von seiner Schuld
befreit wurde.
10 Setzt deshalb alle eure Kräfte ein, daß
ihr euch darin bewährt, wozu Gott euch
berufen und auserwählt hat. Wenn ihr
das tut, werdet ihr nicht vom richtigen
Weg abkommen, 11 und die Tür zum ewi-
gen Reich unseres Herrn und Retters Je-
sus Christus wird dann für euch weit ge-
öffnet sein.
12 Weil ihr dieses herrliche Ziel vor Au-
gen habt, will ich nicht aufhören, euch
daran zu erinnern, selbst wenn ich euch
damit nichts Neues sage. Ihr seid ja
längst davon überzeugt und in der Wahr-
heit gefestigt, die euch verkündigt wurde.
13 Trotzdem halte ich es für meine Pflicht,
euch immer wieder daran zu erinnern
und euch wach zu halten, solange ich le-
be. 14 Durch unseren Herrn Jesus Chri-
stus weiß ich aber, daß ich diese Erde[a]
bald verlassen muß. 15 Deswegen setze ich
alles daran, daß ihr auch nach meinem To-
de nicht vergeßt, was ich euch gesagt ha-
be.

Zeugen der Wahrheit

16 Wir haben euch doch keine schönen
Märchen erzählt, als wir euch von der
Macht unseres Herrn Jesus Christus und
von seinem Wiederkommen berichteten.
Mit unseren eigenen Augen haben wir
ihn in seiner ganzen Größe und Herrlich-
keit selbst gesehen. 17/18 Gott, der Vater,
hat ihm diese Ehre und Macht gegeben.
Als Jesus mit uns auf dem Berg war, ha-
ben wir selber die Stimme Gottes vom
Himmel gehört: »Das ist mein geliebter
Sohn, an dem ich meine Freude habe.«
19 Um so fester verlassen wir uns jetzt
auf das, was Gott durch seine Propheten
zugesagt hat. Auch ihr tut gut daran,
wenn ihr darauf hört. Denn Gottes Zusa-
gen sind wie ein Licht, das in der Dunkel-
heit leuchtet und Klarheit schenkt, bis es
endgültig Tag wird und der aufgehende
Morgenstern Licht in unsere Herzen
bringt.
20 Doch eins dürft ihr dabei nicht ver-
gessen: Kein Mensch kann jemals die pro-
phetischen Worte der Heiligen Schrift
aus eigenem Wissen deuten. 21 Denn nie-
mals haben sich die Propheten selbst aus-
gedacht, was sie verkündigten. Immer
war es der Heilige Geist, der sie beauf-
tragte und dazu trieb, das auszusprechen,
was Gott ihnen eingab.

Gottes Gericht über die Irrlehrer

2 Doch schon damals hat es im Volk
Israel falsche Propheten gegeben. Sol-
che Leute werden auch bei euch auf-
treten und Lehren verbreiten, die euch
ins Verderben stürzen. Damit verraten
sie Christus, der sie doch von ihren Sün-
den freigekauft hat. Aber sie sollen ein
schnelles Ende finden! 2 Trotzdem wer-
den viele auf sie hören und sich ihrem
schamlosen Treiben und zügellosen Le-
ben anschließen. Diese Leute bringen
den Weg der Wahrheit in Verruf.[b] 3 Dabei
sind sie in ihrer Habgier nur darauf aus,
euch zu belügen und zu betrügen, um an
euer Geld zu kommen. Doch das Urteil
über sie ist längst gefällt; sie werden ih-
rem Untergang nicht entgehen.
4 Gott hat nicht einmal die Engel, die
sich gegen ihn auflehnten, vor der Strafe
verschont, sondern sie in die Tiefe der
Hölle gestoßen. Dort müssen sie – gefes-
selt in der Finsternis – auf ihr Ver-
dammungsurteil warten. 5 Ebensowenig
hat er die Menschen[c] geschont, die zu
Noahs Zeiten lebten. Als die große Flut
über die Gottlosen hereinbrach, kamen
alle um; nur acht wurden gerettet: Noah,
der die Menschen zur Umkehr aufrief,
und sieben andere aus seiner Familie.[d]
6 Auch die Städte Sodom und Gomorra
hat Gott in Schutt und Asche sinken las-
sen und damit sein Urteil an ihnen voll-
streckt.[e] Dies sollte ein warnendes Bei-
spiel für die gottlosen Menschen aller
Zeiten sein. 7 Nur Lot hat er gerettet, der
nach Gottes Willen lebte und durch das
lasterhafte Treiben der Bewohner So-
doms viel erleiden mußte. 8 Für ihn, der
Gott vertraute, war es geradezu eine Fol-
ter, Tag für Tag hören und sehen zu müs-
sen, wie sehr die Leute Gottes Gebote
mißachteten.
9 Denkt daran: Gott weiß genau, wie er
alle, die sich nach seinem Willen richten,
aus Versuchungen und Gefahren rettet.

a) Wörtlich: mein Zelt. b) Wörtlich: Um ihretwillen wird der Weg der Wahrheit gelästert werden. c) Wörtlich: die frühere Welt. d) 1. Mose 8,18 e) 1. Mose 19,24-25

Aber ebenso gewiß wird er am Tag des Gerichts alle strafen, die seinen Willen mißachten. [10]Sein Gericht wird vor allem die treffen, die sich wie die Bewohner von Sodom und Gomorra von ihren Trieben und Leidenschaften beherrschen lassen und so tun, als gäbe es keinen Herrn, der sie zur Rechenschaft zieht.

Gefährliche Folgen der Irrlehre

Frech und überheblich, wie diese Irrlehrer sind, verspotten sie sogar unsichtbare Mächte. [11]Das wagen nicht einmal die Engel, die doch viel stärker und mächtiger sind. Niemals würden sie diese Mächte vor Gott lächerlich machen und verurteilen.

[12]Diese falschen Lehrer, von denen ich hier rede, haben genausowenig Vernunft und Verstand wie das Vieh, das zu nichts anderem geboren wird, als daß man es einfängt und schlachtet. Weil sie sich über das lustig machen, was sie gar nicht verstehen, werden sie an ihrer eigenen Bosheit zugrundegehen. [13]Das wird der Lohn für ihren Unglauben und ihre Verdorbenheit sein. Besteht doch ihr ganzes Vergnügen darin, von morgens früh bis abends spät die üppigsten Gelage zu veranstalten. Ein schmutziger Schandfleck sind sie in eurer Gemeinde; denn sie verbreiten selbst dann noch ihre betrügerischen Irrlehren, wenn sie an euren Mahlzeiten teilnehmen.

[14]Keine Frau entgeht ihren lüsternen, ehebrecherischen Blicken. Sie sind geradezu unersättlich in ihrem Verlangen zu sündigen. Sie haben es darauf abgesehen, jeden zu verführen, der im Glauben noch nicht gefestigt ist. Habgier und Neid haben alles andere aus ihrem Herzen verdrängt. Gottes Fluch wird sie treffen. [15]Den richtigen Weg haben sie verlassen und gehen in die Irre; genauso wie Bileam, der Sohn Beors. Er war bereit, Unrecht zu tun, wenn er nur Geld dafür bekommen konnte.[a] [16]Aber Bileam wurde von seinem Unrecht überführt. Ein Esel war es, der mit menschlicher Stimme zu ihm sprach und den Propheten hinderte, sein wahnwitziges Unternehmen auszuführen.

[17]Diese falschen Lehrer sind wie Brunnen ohne Wasser, wie Wolken, die vorüberziehen, ohne den ersehnten Regen zu bringen. In der tiefsten Finsternis werden sie einmal für ihre Bosheit büßen müssen. [18]Was sie reden, klingt großartig und ist doch hohl und leer. Noch schlimmer ist, daß sie mit ihrem zügellosen Leben alle wieder in die Sünde hineinreißen, die gerade erst mit knapper Not dem falschen Weg entkommen sind.[b] [19]Sie versprechen anderen die Freiheit, sind aber selbst Gefangene ihrer Leidenschaften. Denn wer von der Sünde beherrscht wird, ist ihr Gefangener.

[20]Viele haben Jesus Christus als ihren Herrn und Retter kennengelernt und sich von der Verdorbenheit dieser Welt getrennt. Wenn sie sich aber dann wieder von der Sünde überwinden und gefangennehmen lassen, so sind sie schlimmer dran als je zuvor. [21]Es wäre besser, sie hätten nie etwas von Christus erfahren! Denn so haben sie ihn zwar kennengelernt, sich dann aber doch wieder von seinem Wort abgewandt.[c] [22]Ihr kennt sicher das Sprichwort: »Der Hund frißt noch einmal, was er eben herausgewürgt hat.« Oder das andere: »Auch ein gewaschenes Schwein wälzt sich wieder im Dreck.« Nichts anderes tun diese Menschen.

Christus kommt wieder

3 Das ist nun mein zweiter Brief an euch, liebe Freunde. Ich wollte euch wieder an so manches erinnern, damit ihr auch in Zukunft in euerm Glauben und Leben aufrichtig und standhaft bleibt.[d] [2]Vergeßt nicht, was schon die Propheten Gottes vor langer Zeit gesagt haben! Erinnert euch an die Worte unseres Herrn und Retters Jesus Christus, die euch die Apostel weitergegeben haben.

[3]Vor allen Dingen müßt ihr wissen, daß in dieser letzten Zeit Menschen auftreten werden, die nicht nach Gottes Wil-

a) 4. Mose 22,7-28 b) Wörtlich: Mit hochtrabender Rede ohne Gehalt ködern sie in ausschweifenden Fleischeslüsten jene, die kaum denen entflohen sind, die im Irrtum wandeln. c) Wörtlich: Besser wäre es für sie, den Weg der Gerechtigkeit nicht erkannt zu haben, als ihn erkannt zu haben und sich wieder abzuwenden von dem heiligen, ihnen überlieferten Gebot. d) Wörtlich: In beiden (Briefen) will ich euren reinen Sinn durch Erinnerung wachhalten.

len fragen, sondern rücksichtslos nur das
tun, wozu sie Lust haben. Nichts ist ih-
nen heilig; sie machen sich über alles lu-
stig. 4Spöttisch werden sie euch fragen:
»Wo ist denn nun euer Christus? Hat er
nicht versprochen, daß er wiederkommt?
Schon unsere Väter haben vergeblich ge-
wartet. Sie sind längst gestorben, und al-
les ist so geblieben, wie es von Anfang an
war!«
5/6Dabei wollen sie nicht wahrhaben,
daß Gott schon einmal durch das Wasser
der Sintflut diese Erde zerstörte, die er
durch sein Wort am Anfang der Welt aus
dem Wasser erschuf.[a] 7Auch unser Him-
mel und unsere Erde werden nur so lan-
ge bestehen, wie Gott es will. Dann aber,
am Tage des Gerichts, wird er sein Urteil
über alle Gottlosen sprechen, und auf
sein Wort hin wird das Feuer Himmel
und Erde vernichten.
8Doch eins dürft ihr dabei nicht ver-
gessen, liebe Freunde: Gott steht über al-
ler Zeit. Was für uns ein Tag ist, das ist
für Gott wie tausend Jahre; und was für
uns tausend Jahre sind, das ist für ihn wie
ein Tag. 9Wenn manche also behaupten,
Gott würde seine Zusage nicht einhalten,
dann stimmt das einfach nicht. Gott
kann sein Versprechen jederzeit einlösen.
Aber er hat Geduld mit euch und will
nicht, daß auch nur einer von euch verlo-
rengeht. Jeder soll Gelegenheit haben,
vom falschen Weg umzukehren.

Ein neuer Himmel und eine neue Erde

10Doch der Tag des Gerichts[b] wird so
plötzlich und unerwartet da sein wie ein
Dieb. Krachend werden dann die Him-
mel zerbersten, die Elemente werden
sich auflösen und im Feuer verglühen,
und die Erde wird verbrennen mit allem,
was auf ihr ist. 11Wenn aber alles in dieser
Weise zugrundegehen wird, müßt ihr
euch erst recht darauf vorbereiten, das
heißt, ihr müßt ein Leben führen, das
Gott gefällt.
12Erwartet diesen Tag und lebt so, daß
Gott mit seinem Gericht nicht mehr lan-
ge warten muß. An diesem Tag werden
die Himmel im Feuer verbrennen und
die Elemente in der Glut zerschmelzen.
13Wir alle aber warten auf den neuen
Himmel[c] und die neue Erde, die Gott
uns zugesagt hat. Wir warten auf diese
neue Welt, in der es endlich Gerechtig-
keit gibt.

Ermahnungen und Segenswünsche

14Weil ich weiß, daß ihr, meine Freunde,
voller Hoffnung darauf wartet, ermahne
ich euch: Lebt so, daß ihr dem Herrn oh-
ne Schuld und mit einem guten Gewissen
im Frieden entgegengehen könnt. 15Er-
kennt doch in der Geduld, die euch der
Herr entgegenbringt, einen Weg zu eurer
Rettung! Das hat euch ja auch schon
unser lieber Bruder Paulus gesagt, dem
Gott in all diesen Fragen viel Weisheit
geschenkt hat. 16Er schreibt in seinen
Briefen mehrfach darüber. Freilich ist
manches davon nur schwer zu verstehen.
Und deshalb haben Leute, die entweder
unwissend oder im Glauben noch nicht
gefestigt sind, vieles verdreht und ver-
fälscht. So machen sie es ja auch mit den
anderen heiligen Schriften und bringen
sich damit selbst ins Verderben.
17Ihr aber, meine Lieben, wißt nun,
wie gefährlich diese Irrlehrer sind. Hütet
euch vor ihnen! Laßt euch nicht von
euerm unerschütterlichen Glauben ab-
bringen, und geht nicht mit ihnen in die
Irre. 18Ich wünsche euch vielmehr, daß
ihr in euerm Leben immer mehr die un-
verdiente Liebe und Gnade unseres
Herrn und Retters Jesus Christus erfahrt
und ihn immer besser kennenlernt. Denn
ihm allein gehört alle Ehre – jetzt und in
Ewigkeit! Amen.

a) Wörtlich: eine Erde aus Wasser und im Wasser bestehend. b) Wörtlich: Tag des Herrn.
c) Wörtlich: auf neue Himmel.

Der erste Brief des Johannes

Verfasser: Johannes, Jünger Jesu, Apostel
Ort: unbekannt
Zeit: zwischen 90 und 100 n.Chr.

Am Ende des ersten Jahrhunderts fanden falsche Lehren über die Person Jesu und den christlichen Glauben immer mehr Beachtung. Sogar in den Gemeinden wurden diese Ansichten oft bereitwillig und ungeprüft übernommen. Einige Irrlehrer leugneten zum Beispiel, daß Jesus Christus, der Sohn Gottes, ein Mensch aus Fleisch und Blut gewesen war. Der Apostel Johannes macht deshalb in diesem Brief deutlich, was das Entscheidende des christlichen Glaubens ist und woran man Christen erkennt: Sie bekennen, daß Gott Mensch geworden ist und uns seine Liebe zeigte, als er sein Leben für uns gab. Sie haben diese Liebe selbst erfahren und wollen sie an andere weitergeben. Johannes erinnert in Kapitel 2, Vers 6 an die Konsequenzen, die eine solche Erfahrung mit sich bringt: »Wer von sich sagt, daß er zu Christus gehört, der soll auch so leben, wie Christus gelebt hat.«

Wir haben Christus gesehen

1 Christus war von allem Anfang an
da.[a] Jetzt aber haben wir ihn selbst
gehört. Wir haben ihn mit unseren eige-
nen Augen gesehen und mit unseren Hän-
den berühren können, ihn, der uns die
Botschaft vom Leben brachte. 2Ja, Chri-
stus selbst ist das Leben.[b] Das haben wir
gesehen, und das können wir bezeugen.
Deshalb verkünden wir diese Botschaft
von Christus, der das ewige Leben
bringt. Er ist von Gott, dem Vater, ge-
kommen und hat als Mensch unter uns
gelebt.
3Wir geben euch nur das weiter, was
wir selbst gesehen und gehört haben, da-
mit ihr mit uns im Glauben verbunden
seid. Gemeinsam gehören wir zu Gott,
dem Vater, und zu seinem Sohn Jesus
Christus. 4Wir schreiben euch das, damit
wir uns von ganzem Herzen freuen kön-
nen.

Leben im Licht Gottes

5Das ist die Botschaft, die wir von Chri-
stus gehört haben und die wir euch wei-
tersagen: Gott ist Licht. Bei ihm gibt es
keine Finsternis. 6Wenn wir also be-
haupten, daß wir zu Gott gehören und
dennoch in der Finsternis der Sünde le-
ben, dann lügen wir und widersprechen
mit unserem Leben der Wahrheit. 7Leben
wir aber im Licht Gottes, dann sind wir
auch miteinander verbunden. Und das
Blut, das sein Sohn Jesus Christus für
uns vergossen hat, befreit uns von aller
Schuld.
8Freilich werden immer wieder Leute

a) Wörtlich: Was von Anfang an war ... Vgl. Johannes 1,1-5 b) Wörtlich: Und das Leben ist erschienen.

behaupten, sie hätten das nicht nötig, sie seien frei von aller Schuld. Wer so etwas sagt, betrügt sich selbst. In ihm ist kein Fünkchen Wahrheit. 9Wenn wir aber unsere Sünden bereuen und sie bekennen, dann dürfen wir darauf vertrauen, daß Gott seine Zusage treu und gerecht erfüllt: Er wird unsere Sünden vergeben und uns von allem Bösen reinigen. 10Doch wenn wir behaupten, wir hätten gar nicht gesündigt, dann machen wir Gott zum Lügner und beweisen damit nur, daß wir Christus noch gar nicht kennen.[a]

Woran man einen Christen erkennt

2 Meine geliebten Kinder, ich schreibe euch, damit ihr nicht länger sündigt. Sollte aber doch einer Schuld auf sich laden, dann haben wir einen, der selbst ohne jede Sünde ist und beim Vater für uns Sünder eintritt: Jesus Christus. 2Denn Christus hat unsere Sünden, ja die Sünden der ganzen Welt auf sich genommen; er hat sie gesühnt.

3Daß wir nun Gottes Gebote halten, ist der Beweis dafür, daß wir Gott kennen. 4Sollte allerdings jemand behaupten: »Ich kenne Gott«, seinen Geboten aber trotzdem nicht gehorchen, so ist er ein Lügner, der Christus gar nicht kennt.[b] 5Doch wer sich an Gottes Wort hält und danach lebt, an dem zeigt sich Gottes ganze Liebe. Daran ist zu erkennen, ob wir wirklich Christen sind.[c] 6Wer von sich sagt, daß er zu Christus gehört, der soll auch so leben, wie Christus gelebt hat.

Das alte und das neue Gebot

7Was ich euch jetzt schreibe, meine Lieben, ist für euch nicht neu. Es ist kein neues Gebot, sondern die Botschaft Gottes, die ihr von Anfang an gehört habt. 8Und trotzdem ist dieses Gebot neu, weil Christus es verwirklicht hat und ihr jetzt danach lebt. Denn die Finsternis schwindet, weil das wahre Licht – Jesus Christus – für uns leuchtet.

9Nun kann freilich jeder behaupten, daß er in diesem Licht lebt. Wenn er aber seinen Bruder haßt, dann beweist er damit nur, daß er immer noch in der Finsternis ist. 10Nur wer seinen Nächsten liebt, der lebt wirklich im Licht. An ihm läßt sich nichts Anstößiges finden.[d] 11Wer dagegen seinen Nächsten haßt, der lebt ganz und gar in der Finsternis und weiß nicht, wohin er geht. Er ist wie ein Blinder, der nichts sehen kann in all der Dunkelheit, die ihn umgibt.

12Ihr aber, meine geliebten Kinder, müßt nicht hilflos in der Finsternis umherirren; denn durch Jesus Christus ist eure Schuld vergeben. 13Euch Väter soll mein Brief im Glauben ermutigen; ihr kennt ja Christus, der schon immer, von aller Ewigkeit her, da ist. Ich schreibe aber auch euch, ihr jungen Leute; denn ihr habt den Bösen besiegt. 14Euch Kindern schreibe ich, weil ihr den Vater kennt. Ebenso habe ich euch Vätern geschrieben, weil ihr den kennt, der von allem Anfang an da war. Und euch, ihr jungen Leute, habe ich geschrieben, weil ihr in euerm Glauben stark geworden seid. Gottes Wort ist in euch lebendig, und ihr habt den Bösen besiegt.

15Liebt nicht diese Welt, die von Gott nichts wissen will. Hängt euer Herz nicht an sie, auch nicht an irgend etwas, das zu dieser Welt gehört. Denn wer die Welt liebt, kann nicht zugleich Gott, den Vater, lieben. 16Was gehört nun zum Wesen dieser Welt? Menschliche Leidenschaften, die Gier nach Besitz und Macht, überhaupt ein Leben voller Selbstgefälligkeit und Hochmut. All dies kommt nicht von Gott, unserem Vater, sondern gehört zur Welt. 17Die Welt aber mit ihren Verführungen und Verlockungen wird vergehen. Nur wer den Willen Gottes tut, wird bleiben und ewig leben.

Nichts soll euch von Christus trennen

18Das Ende dieser Welt ist nahe, meine geliebten Kinder! Ihre letzte Stunde ist angebrochen. Ihr wißt, daß zu dieser Zeit der Feind Christi, der Antichrist, kommen wird. Schon jetzt sind viele aufgetreten, die von sich behaupten, Christus zu

a) Wörtlich: und sein Wort wohnt nicht in uns. b) Wörtlich: In ihm wohnt die Wahrheit nicht. c) Wörtlich: Daran erkennen wir, daß wir in ihm sind. d) Möglich auch: In ihm gibt es nichts, wodurch er (selbst) zu Fall kommen könnte.

sein. Daran können wir erkennen, daß
die Welt ihrem Ende entgegengeht.
19Diese Feinde Christi kommen zwar aus
unseren eigenen Reihen, in Wirklichkeit
aber haben sie nie zu uns gehört. Denn
wären sie wirklich Christen gewesen, hät-
ten sie sich niemals so weit von uns ent-
fernt. Nun aber ist für jedermann sicht-
bar geworden, daß sie gar nicht zu uns
gehörten.
20Doch euch hat Christus seinen Heili-
gen Geist gegeben, und deshalb kennt ihr
die Wahrheit.[a] 21Ich schreibe euch also
nicht, weil ich meinte, ihr müßtet die
Wahrheit über Gott erst noch erfahren.
Ihr kennt diese Wahrheit sehr gut und
wißt auch, daß aus ihr keine verlogene
Irrlehre kommen kann.[b]
22Wenn nun jemand behauptet, Jesus
sei gar nicht Christus, der von Gott ge-
sandte Retter, muß der nicht ein Lügner
sein? Wer den Vater und den Sohn ab-
lehnt, ist ohne jeden Zweifel ein Feind
Christi, ja der Antichrist. 23Denn wer
sich gegen den Sohn stellt, der stellt sich
auch gegen den Vater. Doch wer sich
zum Sohn bekennt, der hat auch Gemein-
schaft mit dem Vater.
24Laßt euch also nicht von dem ab-
bringen, was ihr von Anfang an gehört
habt. Wenn ihr daran festhaltet, kann
euch nichts von Gott, dem Vater, tren-
nen und von Jesus Christus, seinem
Sohn. 25Denn genau das hat uns Gott zu-
gesagt: ewiges Leben bei ihm.
26Das müßt ihr über diese Leute wis-
sen, die euch vom richtigen Weg ab-
bringen wollen. 27Doch der Heilige
Geist[c], den euch Christus gegeben hat, er
bleibt in euch. Deshalb braucht ihr keine
anderen Lehrer, der Heilige Geist selbst
ist euer Lehrer. Was er euch sagt, ist
wahr und ohne Lüge. Haltet also an dem
fest, was euch Gottes Geist lehrt, und
bleibt bei Christus.
28Meine Kinder, laßt euch durch nichts
von Christus trennen. Dann werden wir
ihm voll Zuversicht entgegengehen und
brauchen sein Urteil nicht zu fürchten,
wenn er wiederkommt. 29Ihr wißt, daß
Christus gerecht ist. Also können wir da-
von ausgehen, daß jeder, der nach Gottes
Geboten lebt, zu seinen Kindern gehört.[d]

Was es bedeutet, Gottes Kind zu sein

3 Seht doch, wie groß die Liebe ist, die
der Vater uns schenkt! Denn wir dür-
fen uns nicht nur seine Kinder nennen,
sondern wir sind es wirklich. Als seine
Kinder sind wir Fremde für diese Welt,
weil Gott fur sie ein Fremder ist. 2Meine
Lieben! Wenn wir schon jetzt Kinder
Gottes sind, was werden wir erst sein,
wenn Christus wiederkommt! Dann wer-
den wir ihm ähnlich sein und ihn sehen,
wie er wirklich ist. 3Wer diese Hoffnung
hat, wird alles daransetzen, ganz für Gott
zu leben, so wie Christus es getan hat.[e]
4Wer sündigt, lehnt sich gegen Gott
und seine Gebote auf, denn sündigen
heißt: Gottes Gebote mißachten. 5Doch
ihr wißt ja, daß Gottes Sohn Mensch wur-
de, damit er – der ohne jede Sünde ist –
uns von unseren Sünden befreit. 6Wer
fest mit Christus verbunden bleibt, der
wird nicht länger sündigen. Wer aber wei-
ter sündigt, der weiß nichts von Christus
oder hat ihn nicht verstanden.
7Meine geliebten Kinder! Laßt euch
durch niemanden vom richtigen Weg ab-
bringen! Ihr dürft nur dem vertrauen,
der wie Christus ein Leben führt, das
Gott gefällt.[f] 8Wer aber gottlos lebt, be-
weist damit nur, daß er dem Teufel ge-
hört. Denn der Teufel hat sich schon im-
mer gegen Gott aufgelehnt, von Anfang
an. Doch Christus, der Sohn Gottes, ist
gerade deswegen zu uns gekommen, um
die Werke des Teufels zu zerstören.
9Wer von Gott ein neues Leben be-
kommen hat und zu seinen Kindern ge-
hört, der sündigt nicht; denn Gott hat
ihm seinen Geist geschenkt, der in ihm
wirkt.[g] Als Kind Gottes kann er gar
nicht länger sündigen. 10Daran kann also
jeder erkennen, wer ein Kind Gottes
oder wer ein Kind des Teufels ist. Alle,
die Unrecht tun und ihren Bruder nicht
lieben, sind niemals Gottes Kinder.

a) Wörtlich: Ihr habt die Salbung von dem Heiligen und seid alle Wissende. b) Wörtlich: daß keine Lüge (Irrlehre) aus der Wahrheit stammt. c) Wörtlich: die Salbung; oder: das Salböl. d) Wörtlich: Wenn ihr wißt, daß er gerecht ist, so erkennt ihr, daß auch jeder, der Gerechtigkeit übt, aus ihm (Gott) gezeugt ist. e) Wörtlich: der heiligt sich, so wie jener (Christus) heilig ist. f) Wörtlich: Wer die Gerechtigkeit übt, der ist gerecht, so wie jener gerecht ist. g) Wörtlich: weil sein (Gottes) Samen in ihm bleibt.

Der Maßstab für unsere Liebe

11 Von Anfang an habt ihr gehört: Christen sollen einander lieben. 12 Nicht Kain darf unser Vorbild sein. Er war ein Kind des Teufels und tötete seinen Bruder Abel. Und warum hat er ihn ermordet? Weil seine eigenen Taten böse waren, aber das Leben seines Bruders Gott gefiel.

13 Genau aus demselben Grund haßt euch die Welt. Wundert euch also nicht darüber, meine Lieben. 14 Wir wissen, daß wir durch Christus vom ewigen Tod gerettet wurden und jetzt ein neues Leben haben. Das zeigt sich an der Liebe zu unseren Brüdern. Wer diese Liebe nicht hat, der bleibt dem ewigen Tod ausgeliefert. 15 Jeder, der seinen Bruder haßt, ist ein Mörder. Und das wißt ihr: Ein Mörder wird das ewige Leben verlieren.[a]

16 Die Liebe Christi haben wir daran erkannt, daß er sein Leben für uns opferte. Ebenso müssen auch wir bereit sein, unser Leben für andere hinzugeben. 17 Denn wie kann Gottes Liebe in einem Menschen bleiben, dem die Not seines Bruders gleichgültig ist, obwohl er selbst alles im Überfluß besitzt?

Gott ist größer als unser Gewissen

18 Deshalb, meine Kinder, laßt uns einander lieben: nicht mit leeren Worten, sondern mit tatkräftiger Liebe und in aller Aufrichtigkeit. 19 Daran zeigt es sich, daß Jesus Christus unser Leben bestimmt.[b] So können wir mit einem guten Gewissen vor Gott treten.[c] 20 Doch auch wenn unser Gewissen uns anklagt und schuldig spricht, dürfen wir darauf vertrauen, daß Gott größer ist als unser Gewissen. Er kennt uns ganz genau. 21 Kann uns also unser Gewissen nicht mehr verurteilen, meine Lieben, dann dürfen wir voller Freude und Zuversicht zu Gott kommen. 22 Er wird uns geben, worum wir ihn bitten; denn wir gehorchen seinen Geboten und leben, wie es ihm gefällt. 23 Und so lautet Gottes Gebot: Wir sollen an seinen Sohn[d] Jesus Christus glauben und einander so lieben, wie Christus es uns aufgetragen hat. 24 Wer seinen Geboten gehorcht, den wird nichts von Gott trennen, und auch Gott hält ihm die Treue.[e] Das wissen wir, weil der Heilige Geist, den Gott uns geschenkt hat, dies bestätigt.

Der Geist der Wahrheit und der Geist der Lüge

4 Meine Lieben! Glaubt nicht jedem, der behauptet, daß er Gottes Geist hat. Prüft vielmehr genau, ob es wirklich von Gott stammt, was er sagt.[f] Es hat in dieser Welt schon viele falsche Propheten gegeben, die alle vorgaben, im Auftrag Gottes zu reden. 2 Daran zeigt sich, ob jemand tatsächlich vom Geist Gottes erfüllt ist: Er wird bekennen, daß Jesus Christus als Mensch aus Fleisch und Blut von Gott zu uns gekommen ist. 3 Wer das leugnet, hat nicht den Geist Gottes. Aus ihm spricht der Geist des Antichristen. Daß er kommen wird, habt ihr schon gehört, ja ihr bekommt ihn schon jetzt zu spüren.

4 Doch ihr, meine geliebten Kinder, gehört zu Gott. Ihr habt diese Lügenpropheten durchschaut und besiegt. Denn der Geist Gottes, der euer Leben bestimmt, ist stärker als der Geist der Lüge, von dem die Welt beherrscht wird. 5 Sie gehören ganz zu dieser Welt. Deshalb verbreiten sie ihre eigenen Vorstellungen und Gedanken, und alle Welt hört auf sie.[g] 6 Wir dagegen gehören zu Gott. Jeder, der sich zu Gott bekennt, wird auf uns hören. Wer aber nicht zu Gott gehört, wird uns ablehnen. Daran erkennen wir den Geist Gottes und den Geist der Verführung.

Gottes Liebe und die Liebe zum Nächsten

7 Meine Freunde! Laßt uns einander lieben, denn die Liebe kommt von Gott. Wer seinen Bruder liebt, beweist damit,

a) Wörtlich: Kein Mörder hat ewiges Leben bleibend in sich. b) Wörtlich: daß wir aus der Wahrheit sind. c) Wörtlich: Und so werden wir unser Herz vor ihm beschwichtigen. d) Wörtlich: an den Namen seines Sohnes. e) Wörtlich: der bleibt in ihm (Gott), und er (Gott) bleibt in ihm. f) Wörtlich: Geliebte, schenkt nicht jedem Geist Glauben, sondern prüft die Geister, ob sie aus Gott sind. g) Wörtlich: Sie sind von der Welt; deswegen reden sie von der Welt (her), und die Welt hört auf sie.

daß er ein Kind Gottes ist und Gott wirk-
lich kennt. 8Wer aber den anderen nicht
liebt, der weiß nichts von Gott; denn
Gott ist Liebe. 9Gottes Liebe zu uns ist
für alle sichtbar geworden, als er seinen
einzigen Sohn in die Welt sandte, damit
wir durch Christus ein neues und ewiges
Leben bekommen. 10Das Einzigartige an
dieser Liebe ist: Nicht wir haben Gott
geliebt, sondern er hat uns seine Liebe
geschenkt. Er gab uns seinen Sohn, der
alle Schuld auf sich nahm, um uns von
unserer Schuld freizusprechen.

11Meine Freunde, wenn uns Gott so
sehr liebt, dann müssen auch wir einan-
der lieben. 12Niemand hat Gott jemals ge-
sehen. Doch wenn wir einander lieben,
wird sichtbar, daß Gott in uns lebt und
wir von seiner Liebe erfüllt sind.

13Ich sage es noch einmal: Daß wir mit
Gott verbunden bleiben und er mit uns,
wissen wir, weil er uns seinen Heiligen
Geist gegeben hat. 14Wir haben es selbst
erlebt und darum bezeugen wir: Gott,
der Vater, hat seinen Sohn in diese Welt
gesandt, um sie zu retten. 15Wer glaubt
und bekennt, daß Jesus Christus der
Sohn Gottes ist, den wird nichts von
Gott trennen.[a] 16Das haben wir erkannt,
und wir vertrauen fest auf Gottes Liebe.
Gott ist Liebe, und wer in dieser Liebe
bleibt, der bleibt in Gott und Gott in
ihm.

17Das ganze Ausmaß der göttlichen
Liebe zeigt sich darin, daß wir dem Tag
des Gerichts ohne Angst entgegengehen
können. Denn wir leben in dieser Welt
so, wie Christus es will.[b] 18Wirkliche
Liebe ist frei von Angst. Ja, die Liebe ver-
treibt sogar die Angst. Wer sich also
fürchtet und vor der Strafe zittert, der be-
weist damit nur, daß er wirkliche Liebe
noch nicht kennt.

19Wir wollen lieben, weil Gott uns
zuerst geliebt hat. 20Sollte nun jemand be-
haupten: »Ich liebe Gott«, und dabei
seinen Bruder hassen, dann ist er ein Lüg-
ner. Denn wie kann man Gott lieben,
den wir doch gar nicht sehen, aber den
Bruder hassen, der leibhaftig vor uns
steht? 21Vergeßt nicht, daß Christus
selbst uns aufgetragen hat: Wer Gott
liebt, der muß auch seinen Bruder lieben.

Ein Glaube, der die Welt besiegt

5 Wer glaubt, daß Jesus Christus der
von Gott verheißene Retter ist, der
ist ein Kind Gottes. Kinder aber, die ih-
ren Vater lieben, die lieben auch ihre
Brüder und Schwestern.[c] 2Daß wir wirk-
lich Gottes Kinder lieben, erkennen wir
an unserer Liebe zu Gott und daran, daß
wir seine Gebote halten. 3Denn Gott lie-
ben heißt nichts anderes als das tun, was
er uns sagt; und das ist nicht schwer.
4Denn das Leben, das Gott uns gegeben
hat, ist mächtiger als alle Verlockungen
dieser Welt. Wir können sie durch den
Glauben besiegen.[d] 5Diesen Sieg aber
kann nur erringen, wer fest daran glaubt,
daß Jesus der Sohn Gottes ist.

Drei Zeugen für Jesus Christus

6Jesus Christus kam zu uns. Daß er tat-
sächlich Gottes Sohn ist, bestätigte Gott
selbst bei seiner Taufe. Jesus hat sein Blut
für uns am Kreuz vergossen. Nicht allein
das Wasser seiner Taufe, sondern auch
sein Blut bestätigen ihn als Sohn Gottes.
Das bezeugt auch Gottes Geist. Und Got-
tes Geist ist die Wahrheit. 7Für Jesus
Christus als den Sohn Gottes sprechen
also drei Zeugen: 8Gottes Heiliger Geist,
das Wasser der Taufe und das Blut seines
Kreuzestodes. Alle drei Zeugen stimmen
in ihrer Aussage völlig überein.

9Wenn wir schon den Zeugenaussagen
von Menschen Glauben schenken,
wieviel mehr müssen wir dann dem ver-
trauen, was Gott selbst bezeugt. Und
Gott hat bezeugt, daß Jesus Christus sein
Sohn ist. 10Wer an den Sohn Gottes
glaubt, der ist in seinem Innersten von
der Wahrheit dieser Aussage überzeugt.
Wer Gott nicht glaubt, stellt ihn als Lüg-
ner hin; denn er behauptet ja, Gottes Aus-
sage über Jesus Christus sei falsch. 11Gott
aber hat ganz eindeutig erklärt, daß er

a) Wörtlich: in dem bleibt Gott und er in Gott. b) Wörtlich: Darin kommt die Liebe bei uns zur Vollendung, daß wir Zuversicht haben am Tag des Gerichts; denn so wie jener ist, sind auch wir in dieser Welt. c) Wörtlich: Jeder, der glaubt, daß Jesus der Christus ist, ist aus Gott gezeugt. Und jeder, der den Erzeuger liebt, liebt auch den von ihm Erzeugten. d) Wörtlich: Denn jeder aus Gott Gezeugte besiegt die Welt; und das ist der Sieg, der die Welt besiegt hat: unser Glaube.

uns das ewige Leben schenkt, und zwar
nur durch seinen Sohn Jesus Christus.
12Wer also an den Sohn glaubt, der hat
das Leben; wer aber nicht an Jesus Chri-
stus glaubt, der hat auch das Leben nicht.
13Ich weiß, daß ihr an Jesus Christus,
den Sohn Gottes, glaubt. Mein Brief
sollte euch noch einmal versichern, daß
ihr das ewige Leben habt.

Gott erhört unsere Gebete

14Wir dürfen uns darauf verlassen, daß
Gott unser Beten erhört, wenn wir ihn
um etwas bitten, was seinem Willen ent-
spricht. 15Und weil Gott solche Gebete
ganz gewiß erhört, dürfen wir auch dar-
auf vertrauen, daß er uns gibt, worum
wir ihn bitten.[a]
16Wenn jemand von euch merkt, daß
ein anderer Christ sündigt,[b] soll er für
ihn beten. Gott wird dem Sünder Ge-
legenheit zur Umkehr geben, damit er
das ewige Leben nicht verliert. Das gilt
aber nicht für die eine Sünde, die un-
weigerlich Gottes Verdammungsurteil
und damit den ewigen Tod zur Folge hat.
Wer vom Glauben abfällt und Gott
lästert, für den sollt ihr nicht beten.[c] 17Na-
türlich ist jedes Unrecht Sünde. Aber
nicht jede Sünde führt in den ewigen
Tod.
18Wer ein Kind Gottes ist, der sündigt
nicht. Das wissen wir, und wir wissen
auch, daß Gott seine Kinder bewahrt, da-
mit der Satan sie nicht zu Fall bringt.
19Als Christen gehören wir zu Gott, auch
wenn die ganze Welt um uns herum vom
Satan beherrscht wird.
20Doch wir wissen, daß der Sohn Got-
tes zu uns gekommen ist, damit wir
durch ihn Gott kennenlernen, der die
Wahrheit ist. Durch Jesus Christus,
seinen Sohn, haben wir Gemeinschaft
mit Gott. Ja, Jesus Christus ist selbst der
wahre Gott. Er ist das ewige Leben.
21Darum, meine Kinder, hütet euch da-
vor, falschen Göttern nachzulaufen!

a) Wörtlich: daß wir das von ihm Erbetene haben. b) Wörtlich: Wenn jemand seinen Bruder eine Sünde begehen sieht, (die) nicht zum Tode (führt). c) Wörtlich: Es gibt Sünde, (die) zum Tode (führt); nicht im Hinblick auf sie sage ich, daß er bitten soll.

Der zweite Brief des Johannes

Verfasser: Johannes, Jünger Jesu, Apostel
Ort: unbekannt
Zeit: zwischen 90 und 100 n.Chr.

Dieser kurze Brief des Johannes richtet sich an eine unbekannte Gemeinde. Er mahnt die Christen zur Wachsamkeit gegenüber falschen Lehren. Die Probleme ähneln denen, die Johannes in seinem ersten Brief aufgegriffen hat. Deshalb ist auch hier der zentrale Punkt das Bekenntnis zu Jesus Christus: Er, der Sohn Gottes, ist ein Mensch aus Fleisch und Blut geworden.

Anschrift und Gruß

1 Als verantwortlicher Ältester wende ich
mich heute an eure Gemeinde und an je-
den einzelnen von euch.[a] Ich liebe euch
von ganzem Herzen; aber nicht nur ich,
sondern auch alle anderen, die in Chri-
stus die Wahrheit erkannt haben, lieben
euch. 2 Diese Wahrheit verbindet uns und
wird uns immer und ewig miteinander
verbinden. 3 Ich bitte für uns alle um Gna-
de, Erbarmen und Frieden von Gott, un-
serem Vater, und seinem Sohn Jesus Chri-
stus, damit wir in Gottes Wahrheit und
in seiner Liebe bleiben.

Die Wahrheit Gottes und die Liebe zum Nächsten

4 Ich bin sehr froh darüber, daß ich in eu-
rer Gemeinde einige gefunden habe, die
sich nach Gottes Wahrheit richten, so
wie es Gottes Willen entspricht. 5 Eure
ganze Gemeinde möchte ich jetzt an das
wichtigste Gebot erinnern: Wir sollen
einander lieben. Ihr wißt ja, daß ich da-
mit nichts Neues sage, sondern nur wie-
derhole, was Gott von Anfang an er-
wartet hat. 6 Diese Liebe zeigt sich darin,
daß wir nach Gottes Geboten leben. Von
Anfang an ist euch das gesagt worden,
damit ihr euch auch wirklich danach
richtet.

Warnung vor falschen Lehrern

7 Überall begegnen wir Betrügern, die in
der ganzen Welt ihre Irrlehren ver-
breiten. Sie wollen die Menschen auf ei-
nen falschen Weg locken und behaupten,
daß Jesus Christus nicht als Mensch aus
Fleisch und Blut zu uns gekommen ist.
Diese Betrüger sind Werkzeuge des größ-
ten Verführers aller Zeiten und des
schlimmsten Feindes Christi, des Anti-
christen. 8 Seht euch vor, daß ihr nicht al-
les verliert, was ihr durch Christus er-
halten habt, sondern daß ihr von Gott
den vollen Lohn für eure Arbeit erhaltet.
9 Wer über das hinausgeht, was Chri-
stus uns gelehrt hat, der wendet sich von
Gott ab. Nur wer sich an die Lehre von
Christus hält, hat mit dem Sohn auch den
Vater. 10 Sollte also jemand zu euch kom-
men, der euch etwas anderes erzählen
will, den schickt gleich wieder weg. Ver-
meidet jeden Kontakt mit ihm. 11 Denn
wer diese Verführer auch nur grüßt, un-
terstützt ihre bösen Absichten und
macht sich mitschuldig.
12 Ich habe noch so viele Anliegen auf
dem Herzen, aber die möchte ich euch

a) Wörtlich: Der Älteste (Presbyter) an die auserwählte Herrin und ihre Kinder.

lieber persönlich sagen und nicht schreiben. Ich hoffe, bald bei euch zu sein. Dann können wir alles miteinander besprechen, und nichts wird unsere Freude trüben.

13 Alle Christen hier lassen euch herzlich grüßen.[a]

a) Wörtlich: Es grüßen dich die Kinder deiner auserwählten Schwester.

Der dritte Brief des Johannes

Verfasser: Johannes, Jünger Jesu, Apostel
Ort: unbekannt
Zeit: zwischen 90 und 100 n.Chr.

Dieses kurze Schreiben ist eine persönliche Notiz des Apostels Johannes. Er ermutigt seinen Freund Gajus, durchreisende Missionare, die das Evangelium verkündigen, zu unterstützen. Er verbindet diese Bitte mit einer Warnung vor Überheblichkeit gegenüber anderen Gemeindegliedern. Christen sollen einander vielmehr bei der Verbreitung der Botschaft von Jesus Christus beistehen.

Anschrift und Gruß

1 Als verantwortlicher Ältester schreibe
ich an meinen Freund Gajus, den ich auf-
richtig liebe. 2 Lieber Gajus! Ich hoffe,
daß es dir gutgeht und du an Leib und
Seele so gesund bist wie in deinem Glau-
ben.

Vorbildliches Verhalten

3 Ich habe mich sehr gefreut, als einige
Brüder zu mir kamen und berichteten,
wie unerschütterlich du dich zu Christus
bekennst und wie konsequent du nach
seinen Worten lebst.[a] 4 Für mich gibt es
keine größere Freude, als zu hören, daß
alle treu im Glauben leben, die durch
mich Christen geworden sind.[b]
5 Mein lieber Freund! Es ist gut, daß du
dich für die Missionare so tatkräftig ein-
setzt, die eure Gemeinde besuchen. 6 Sie
selbst haben uns vor der ganzen Ge-
meinde deine Liebe bestätigt. Es ist gut
und richtig, wenn du ihnen alles gibst,
was sie für ihre Weiterreise benötigen
und wie es ihnen als Dienern Gottes zu-
steht. 7 Denn sie wagen diese Reisen, um
die Botschaft von Jesus Christus zu ver-
kündigen, und wollen auf keinen Fall
von den Nichtchristen etwas für ihren Le-
bensunterhalt annehmen. 8 Darum ist es
unsere Aufgabe, diese Männer zu unter-
stützen. So helfen wir mit, daß Gottes
Wahrheit weitergetragen wird.

Ein schlechtes Beispiel

9 Ich habe bereits an eure Gemeinde ge-
schrieben. Aber Diotrephes, der bei euch
gern die führende Rolle spielen möchte,
will nicht auf uns hören. 10 Wenn ich zu
euch komme, muß ich sein ganzes Tun
und Treiben aufdecken; denn er bringt
uns mit seinen Verdächtigungen und Lü-
gen überall in Verruf. Er ist nicht bereit,
durchreisende Missionare aufzunehmen,
ja er schließt sogar die Leute aus der Ge-
meinde aus, die das tun. 11 Doch du, mein
lieber Freund, sollst diesem schlechten
Beispiel nicht folgen, sondern dem guten.
Denn nur, wer das Gute tut, ist ein Kind
Gottes. Wer das Böse tut, kennt Gott
nicht.
12 Von Demetrius aber hört man
überall nur Gutes. Gott selbst hat sich zu

a) Wörtlich: und Zeugnis ablegten für deine Wahrheit, wie du auch in (der) Wahrheit wandelst.
b) Wörtlich: daß meine Kinder in der Wahrheit wandeln.

seinem Dienst bekannt.[a] Auch wir können dies bestätigen. Und wie du weißt, sagen wir die Wahrheit.
13Es gibt noch so vieles, was ich dir gern mitteilen würde. Aber ich möchte es nicht schriftlich tun. 14Doch ich hoffe, bald bei dir zu sein, und dann können wir über alles ausführlich sprechen.
15Ich wünsche dir Gottes Frieden. Die Freunde von hier lassen dich grüßen. Grüße auch du bitte jeden einzelnen unserer Freunde!

a) Wörtlich: Ihm ist von der Wahrheit selbst ein gutes Zeugnis ausgestellt worden.

Der Brief des Judas

Verfasser: Judas, ein Bruder Jesu
Ort: unbekannt
Zeit: zwischen 65 und 70 n.Chr.

Es ist nicht bekannt, an wen dieser Brief gerichtet ist, aber das Problem, das Judas hier anspricht, ist eindeutig. Er warnt vor Gemeindegliedern, die Gottes Gnade als Freibrief für ihr zügelloses, ausschweifendes Leben mißbrauchten und nur auf ihren persönlichen Vorteil aus waren. Sie hielten großartige Reden und fanden viele Anhänger. Deshalb bittet Judas die Gemeinde, sich nicht im Glauben beirren zu lassen und ihr Vertrauen allein auf Gott zu setzen. »Denn Gott allein kann uns davor bewahren, daß wir vom rechten Weg abirren. Wenn Christus dann in seiner Herrlichkeit wiederkommt, dürfen wir mit reinem Gewissen und voller Freude zu ihm kommen«, schreibt er in Vers 24.

Anschrift und Gruß

1 Judas, der Jesus Christus dient, ein Bruder des Jakobus, schreibt diesen Brief an alle, die Gott zum Glauben berufen hat. Gott, der Vater, liebt euch alle, und Jesus Christus wird euch sicher ans Ziel bringen[a].
2 Ich wünsche euch, daß Gottes reiche Barmherzigkeit, sein Friede und seine Liebe euch immer mehr erfüllen.

Warnung vor falschen Lehren

3 Liebe Freunde! Eigentlich wollte ich euch davon schreiben, wie Gott uns vor Tod und Verderben gerettet hat. Das liegt mir sehr am Herzen. Doch nun muß ich in meinem Brief ermahnen und warnen. Haltet entschlossen am Glauben fest, und bewahrt ihn genau so, wie er euch überliefert wurde; denn was Gott gesagt hat, ist für alle Zeit gültig.

4 Bei euch haben sich einige Leute eingeschlichen, über die schon längst das Urteil gefällt wurde. Gewissenlos mißbrauchen sie die Gnade Gottes als Freibrief für ihr zügelloses, ausschweifendes Leben; ja, sie verraten Jesus Christus, der doch allein unser Herr ist.
5 Was ich jetzt sage, ist euch allen längst bekannt. Und doch möchte ich euch eindringlich daran erinnern. Zwar hat Gott das ganze Volk Israel sicher aus Ägypten geführt und aus der Sklaverei befreit. Trotzdem hat er später alle umkommen lassen, die sich von ihm abgewandt hatten.
6 Unnachsichtig strafte Gott auch die Engel, die ihm ungehorsam waren. Sie hatten ihren Auftrag mißachtet und den Platz verlassen, der ihnen von Gott zugewiesen war. Dafür hält Gott sie bis zum Tag des letzten Gerichts mit unlösbaren Ketten in der Finsternis eingeschlossen.[b]
7 Vergeßt auch nicht Sodom und Gomorra und die umliegenden Städte. Auch sie

a) Wörtlich: bewahrt für Jesus Christus. b) Wörtlich: (Ich will euch daran erinnern,) wie er die Engel, die ihre Herrschaft nicht bewahrten, sondern ihre Wohnstatt verließen, für das Gericht des großen Tages mit ewigen Fesseln in der Finsternis bewahrt hält.

waren Gott ungehorsam. Denn sie führten ein lasterhaftes Leben voller Unzucht und gaben sich den widerlichsten Ausschweifungen hin. Sie sind ein warnendes Beispiel: Jetzt müssen sie die Qualen des ewigen Feuers erleiden.

[8]Genauso verhalten sich diese Wirrköpfe in euern Gemeinden. Auch sie lassen sich von ihren Trieben und Leidenschaften beherrschen, lehnen jede Autorität ab, ja sie verspotten alle sichtbaren und unsichtbaren Mächte und lästern sie. [9]Das wagte nicht einmal Michael, und er ist doch ein Fürst der Engel. Als der Teufel ihm den Leichnam des Mose streitig machen wollte, sagte er nur: »Der Herr soll dich bestrafen!«, ohne ihn zu beschimpfen und zu verurteilen.[a] [10]Diese Leute aber spotten über Dinge, die sie überhaupt nicht kennen. Ohne jede Vernunft, wie die Tiere, folgen sie nur ihren Trieben. Damit richten sie sich selbst zugrunde.

[11]Wehe ihnen! Sie folgen dem Beispiel des Kain, der seinen Bruder umbrachte.[b] Wie Bileam sind sie für Geld zu allem bereit.[c] Und wie Korah gehen sie an ihrer Aufsässigkeit zugrunde.[d] [12]Wenn ihr euch zu euren Mahlzeiten versammelt, haben sie keine Hemmungen, sich die Bäuche vollzuschlagen. Ein Schandfleck sind sie für eure Gemeinde! Sie sind wie Wolken, die der Wind vor sich hertreibt, ohne daß sie den ersehnten Regen bringen; wie verdorrte Bäume, auf denen man zur Erntezeit die Früchte vergeblich sucht. Sie sind tot, vollkommen tot; abgestorben bis zur Wurzel. [13]Sie sind wie die wilden Meereswogen, die ihren Schmutz und Unrat ans Ufer werfen. Sie gleichen Sternen, die aus der Bahn geraten sind, und werden in der ewigen Finsternis versinken.

[14]Henoch, der in der siebten Generation nach Adam lebte, hatte schon damals über solche Leute gesagt: »Seht, der Herr kommt mit vielen tausend heiligen Engeln, [15]um über alle Menschen Gericht zu halten und alle Gottlosen zu verurteilen, die sich gegen seinen Willen aufgelehnt haben. Ihr gottloses Treiben und ihr höhnisches Geschwätz wird er dann bestrafen.«

[16]Dabei sind diese Leute keineswegs glücklich, sondern ständig unzufrieden und beklagen voller Selbstmitleid ihr Schicksal. Sie lassen sich von ihren niedrigen Begierden antreiben, halten großartige Reden und kriechen dabei vor den Leuten, wenn sie nur ihre Macht und ihr persönliches Ansehen erweitern können.

Laßt euch im Glauben nicht beirren!

[17]Ihr aber, meine lieben Freunde, sollt daran denken, was euch die Apostel unseres Herrn Jesus Christus schon vor langer Zeit gesagt haben. [18]Sie warnten euch davor, daß in den letzten Tagen dieser Welt Spötter auftreten werden, die sich von nichts anderem als von ihren selbstsüchtigen Begierden leiten lassen. [19]Durch diese Leute kommt es zu Spaltungen in der Gemeinde. Ihr ganzes Tun und Denken ist auf diese Welt ausgerichtet; aber Gottes Geist ist nicht in ihnen.[e]

[20]Doch ihr, meine lieben Freunde, sollt euch im Glauben nicht irremachen lassen, den Gott euch selbst geschenkt hat.[f] Er ist das Fundament, auf dem ihr euer Leben aufbaut. Betet in der Kraft des Heiligen Geistes! [21]Bleibt fest in der Liebe Gottes, und wartet geduldig auf den Tag, an dem euch unser Herr Jesus Christus in seiner Barmherzigkeit zum ewigen Leben führen wird. [22]Kümmert euch um alle, die im Glauben unsicher sind. [23]Rettet sie vor Gottes Strafgericht.[g] Auch allen anderen Menschen sollt ihr mit Güte und Erbarmen begegnen. Aber hütet euch davor, daß ihr dabei nicht selber in ihr böses und gottloses Leben hineingezogen werdet.[h]

Lob Gottes

[24]Gott allein kann uns davor bewahren, daß wir vom rechten Weg abirren. Wenn Christus dann in seiner Herrlichkeit wiederkommt, dürfen wir mit reinem Gewissen und voller Freude zu ihm kommen.

a) 5. Mose 34,6 b) 1. Mose 4 c) 4. Mose 22 d) 4. Mose 16 e) Wörtlich: Sie sind es, die Spaltungen machen, irdisch Gesinnte, ohne Geist. f) Wörtlich: euer heiligster Glaube. g) Wörtlich: Reißt sie aus dem Feuer. h) Wörtlich: Aber haßt sogar das vom Fleisch befleckte Kleid.

25
Gott, der uns durch Jesus Christus, unseren Herrn, gerettet hat, gehört seit allen Zeiten Ehre, Ruhm, Macht und Herrlichkeit für immer und ewig. Amen.

Die Offenbarung des Johannes

Verfasser: Johannes, Jünger Jesu, Apostel
Ort: die Insel Patmos
Zeit: zwischen 90 und 96 n.Chr.

Der Apostel Johannes war in den letzten Jahrzehnten seines Lebens Leiter der Gemeinde von Ephesus. Zu dieser Zeit herrschte der römische Kaiser Domitian, der sich als Gott verehren ließ und die Christen erbarmungslos verfolgte. Johannes wurde auf die Sträflingsinsel Patmos verbannt, und hier empfing er die Botschaft der Offenbarung. Sie war in erster Linie an die Gemeinden in Kleinasien gerichtet, um sie zur Standhaftigkeit in Verfolgung und Leid zu ermutigen und vor falschen Lehrern in ihrer Mitte zu warnen. Auf die brennende Frage, was aus den bedrängten Gemeinden werden sollte, gibt dieses Buch eine Antwort: Jesus Christus wird schließlich über alle feindlichen Mächte siegen, die sich von Gott losgesagt haben. Er ist der König über alle Könige und der Herr über alle Herren. Darüber hinaus gilt dieses Schreiben aber auch den Christen aller Zeiten, es will ihnen Trost und Halt geben in Zeiten von Anfeindung und Verfolgung. Ein großer Teil des Buches handelt von dem, was in der Zukunft geschehen wird. Johannes beschreibt dabei keinen genauen Ablauf, sondern beleuchtet einzelne Ereignisse mit Hilfe von Bildern und Symbolen. Im Mittelpunkt seiner Botschaft steht Jesus Christus, der als Sieger wiederkommen wird. Mit dieser Zusage endet das letzte Buch der Bibel: »Der alle diese Dinge bezeugt, der sagt: ›Ja, ich komme bald!‹ Amen! Ja, komm, Herr Jesus!«

Wie dieses Buch entstanden ist

1 In diesem Buch enthüllt Jesus Christus Gottes Geheimnisse und Pläne, damit seine Diener wissen, was bald geschehen wird. Durch einen Engel hat Christus dies alles seinem Diener Johannes gezeigt.
2 Alles, was er gesehen und gehört hat, gibt Johannes hier weiter. Er bezeugt, was Gott gesagt und Jesus Christus ihm
gezeigt und bestätigt hat. 3 Wer die pro-
phetischen Worte dieses Buches liest, auf sie hört und danach handelt, der ist wirklich glücklich zu nennen. Denn schon bald wird dies alles in Erfüllung gehen.

Grüße an sieben Gemeinden

4 Dies schreibt Johannes an die sieben Gemeinden in der Provinz Asien:

Ich wünsche euch Gnade und Frieden von Gott; von ihm, der immer da ist, der von Anfang an war und der kommen

wird. Gnade und Frieden auch von sei-
nem Heiligen Geist[a], der vor Gottes
Thron ist, 5und von Jesus Christus, der
uns zuverlässig Gottes Wahrheit be-
zeugt. Er ist als erster von den Toten auf-
erstanden[b] und herrscht über alle Könige
dieser Erde. Er, der uns liebt und durch
seinen Tod am Kreuz[c] von unseren Sün-
den befreit hat, 6er gibt uns Anteil an sei-
ner Herrschaft und hat uns zu Priestern
gemacht, die Gott, seinem Vater, dienen.
Ihm gehören Ehre und alle Macht für im-
mer und ewig. Das steht unumstößlich
fest![d]

7Seht! Jesus Christus wird – für alle
sichtbar[e] – wiederkommen. Alle Men-
schen werden ihn sehen, auch die, die ihn
ans Kreuz geschlagen haben. Dann wer-
den alle Völker dieser Erde jammern und
klagen. Das ist ganz sicher!

8»In meiner Macht steht alles, von A
bis Z. Ich bin der Anfang, und ich bin
das Ziel«,[f] spricht Gott, der Herr. Er ist
immer da, von allem Anfang an, und er
wird kommen: der Herr über alles!

»Schreibe alles auf!«

9Ich bin Johannes, euer Bruder, und teile
mit euch Bedrängnis und Verfolgung.
Wie ihr warte auch ich geduldig und
standhaft darauf, daß Jesus Christus
wiederkommt; dann werde ich mit euch
an seiner Herrschaft teilhaben. Weil ich
Gottes Wort verkündet und Jesus öffent-
lich bezeugt habe, wurde ich auf die Insel
Patmos verbannt.

10An einem Sonntag war es, als Gottes
Geist mich ergriff.[g] Ich hörte hinter mir
eine gewaltige Stimme, durchdringend
wie eine Posaune: 11»Schreibe alles auf,
was du siehst, und sende das Buch an die
sieben Gemeinden: nach Ephesus, Smyr-
na und Pergamon, nach Thyatira, Sardes,
Philadelphia und Laodicea.«

12Ich drehte mich um, weil ich sehen
wollte, wer zu mir sprach. Da sah ich sie-
ben goldene Leuchter. 13Mitten zwischen
ihnen stand einer, der wie ein Mensch[h]
aussah. Er hatte einen langen Mantel an,
und um die Brust trug er einen goldenen
Gürtel. 14Die Haare auf seinem Kopf wa-
ren wie weiße Wolle, ja leuchtend weiß
wie Schnee. Seine Augen glühten wie
Feuerflammen, 15die Füße glänzten wie
flüssiges Gold im Schmelzofen, und
seine Stimme dröhnte wie ein tosender
Wasserfall. 16In seiner rechten Hand hielt
er sieben Sterne, und die Worte aus sei-
nem Mund wirkten wie ein scharfes, dop-
pelschneidiges Schwert. Sein Gesicht
leuchtete strahlend hell wie die Sonne.

17Als ich das sah, fiel ich wie tot vor
seinen Füßen nieder. Aber er legte seine
rechte Hand auf mich und sagte:
»Fürchte dich nicht! Ich bin der Erste
und der Letzte, 18und ich bin der Le-
bendige. Ich war tot, doch nun lebe ich
für immer und ewig, und ich habe Macht
über den Tod und das Reich des Todes.

19Schreibe alles auf, was du siehst: das,
was jetzt schon geschieht und was in Zu-
kunft geschehen wird.

20Die sieben Sterne in meiner Hand
und die sieben goldenen Leuchter, die du
gesehen hast, haben folgende Bedeutung:
Die sieben Sterne sind die von Gott be-
auftragten Leiter[i] der sieben Gemeinden,
und die sieben Leuchter sind diese Ge-
meinden selbst.«

Der Brief an die Gemeinde in Ephesus

2 »Schreibe an den Leiter[j] der Ge-
meinde in *Ephesus:*

Der in seiner rechten Hand die sieben
Sterne hält und zwischen den sieben gol-
denen Leuchtern einhergeht, der läßt eu-
rer Gemeinde sagen:

2Ich weiß, wieviel Gutes du tust, weiß
von all deiner Arbeit, und ich kenne auch
deine Standhaftigkeit. Es ist gut, daß du
die Bösen in eurer Mitte nicht duldest
und die als Lügner entlarvst, die sich als
Apostel ausgeben und es doch nicht sind.
3Geduldig hast du für mich Schweres er-
tragen und niemals aufgegeben.

4Aber das eine habe ich gegen dich: Du
liebst mich nicht mehr so wie früher. 5Er-
innere dich daran, mit welch leidenschaft-

a) Wörtlich: von den sieben Geistern. Vgl. Jesaja 11,2 b) Wörtlich: Erstgeborener. c) Wörtlich: durch sein Blut. d) Wörtlich: Amen. e) Wörtlich: mit den Wolken. Vgl. Daniel 7,13; Matthäus 24,30 f) Wörtlich: Ich bin das A (Alpha) und das O (Omega). g) Wörtlich: Ich geriet in Verzückung am Tag des Herrn. h) Wörtlich: Menschensohn. i) Wörtlich: Engel (= von Gott gesandter Bote). Möglich ist auch, unter »Engel« die himmlischen Vertreter der irdischen Gemeinden zu verstehen. j) Vgl. Kap. 1,20

licher Hingabe du dich einmal für mich
entschieden hast. Was ist davon geblie-
ben? Kehre um, und werde wieder so,
wie du am Anfang warst.[a] Wenn du dich
nicht von Grund auf änderst und zu mir
umkehrst, werde ich kommen und dei-
nen Leuchter von seinem Platz stoßen.
6Eins aber will ich dir zugutehalten: Dir
ist das Treiben der zügellosen Nikolai-
ten[b] ebenso verhaßt wie mir.
7Hört genau hin, und achtet darauf,[c]
was Gottes Geist den Gemeinden sagt.
Denn wer durchhält und das Böse be-
siegt, dem will ich die Früchte vom
Baum des Lebens zu essen geben, der in
Gottes Paradies steht.«

Der Brief an die Gemeinde in Smyrna

8»An den Leiter der Gemeinde in *Smyr-
na* schreibe:
Diese Botschaft kommt von dem, der
zugleich der Erste und der Letzte ist, der
tot war und nun wieder lebt.
9Ich kenne alle deine Leiden und weiß,
in welcher Armut du lebst; doch in Wirk-
lichkeit bist du reich.[d] Mir ist auch nicht
entgangen, wie bösartig euch die Leute
verleumden, die sich für fromm halten,[e]
in Wirklichkeit aber Gehilfen des Satans
sind. 10Fürchte dich nicht vor dem, was
dir noch bevorsteht. Der Teufel wird ei-
nige von euch ins Gefängnis bringen, um
euch auf die Probe zu stellen. Zehn Tage
lang werdet ihr leiden müssen. Doch
wenn du mir treu bleibst, treu bis zum
Tod, werde ich dir den Preis des Siegers
geben: das ewige Leben.
11Hört genau hin, und achtet darauf,
was Gottes Geist den Gemeinden sagt.
Wer durchhält und das Böse besiegt, dem
wird der zweite, der ewige Tod nichts an-
haben können.«

Der Brief an die Gemeinde in Pergamon

12»Schreibe an den Leiter der Gemeinde
in *Pergamon:*
Das läßt dir der sagen, der das scharfe,
doppelschneidige Schwert trägt.
13Ich weiß, daß du in einer Stadt
wohnst, die vom Satan regiert und be-
herrscht wird.[f] Trotzdem bekennst du
dich treu zu mir und hast deinen Glau-
ben nicht widerrufen; selbst dann nicht,
als Antipas, mein treuer Zeuge, in dieser
Hochburg des Satans getötet wurde.
14Und doch habe ich etwas an dir aus-
zusetzen: Du duldest in eurer Mitte
Leute, die an der Lehre Bileams festhal-
ten. Aber Bileam brachte Balak dazu, das
Volk Israel ins Verderben zu stürzen. Er
verführte sie, das Fleisch von Götzenop-
fern zu essen, und verleitete sie zu sexuel-
ler Zügellosigkeit[g]. 15Außerdem gibt es
unter euch Leute, die den Nikolaiten und
ihrer Irrlehre folgen.[h] 16Wenn du dich
nicht von Grund auf änderst und zu mir
umkehrst, werde ich sehr schnell zu dir
kommen. Meine Worte werden diese
Leute treffen wie ein scharfes Schwert.[i]
17Hört genau hin, und achtet darauf,
was Gottes Geist den Gemeinden sagt.
Wer durchhält und das Böse besiegt,
wird Brot vom Himmel essen[j]. Als Zei-
chen des Sieges werde ich ihm ein Täfel-
chen aus weißem Marmor[k] geben. Dar-
auf steht ein neuer Name, den nur der
kennt, der ihn erhält.«

Der Brief an die Gemeinde in Thyatira

18»Schreibe an den Leiter der Gemeinde
in *Thyatira:*
Dies sagt dir der Sohn Gottes, dessen
Augen wie Feuerflammen glühen und
dessen Füße wie flüssiges Golderz glän-
zen. 19Ich sehe alles, was du tust. Ich
weiß, mit welcher Liebe du mir dienst
und mit welcher Treue du am Glauben
festhältst. Ich weiß, daß du dich in dei-
nem Dienst für andere aufopferst, und
ich kenne deine Geduld. Und heute setzt
du dich noch mehr ein als früher.
20Trotzdem habe ich etwas an dir aus-
zusetzen: Du unternimmst nichts gegen
diese Isebel, die sich als Prophetin aus-

a) Wörtlich: Gedenke nun, von welcher Höhe du gefallen bist, und kehre um und tue wieder die ersten Werke. b) Irrlehrer, deren Oberhaupt wohl Nikolaus hieß. c) Wörtlich: Wer Ohren hat zu hören, der höre. d) Vgl. Lukas 6,20; 2. Korinther 6,10; Jakobus 2,5 e) Wörtlich: die von sich sagen, sie seien Juden. f) Wörtlich: wo der Thron des Satans ist. g) Wörtlich: Hurerei. Vgl. 4. Mose 31,16; 25,1-2 h) Vgl. Kap. 2,6 i) Wörtlich: Ich werde sie bekämpfen mit dem Schwerte meines Mundes. j) Wörtlich: von dem verborgenen Manna. Vgl. 2. Mose 16; 4. Mose 11 k) Wörtlich: einen weißen Stein.

gibt. Durch ihre Lehre verführt sie die
Gläubigen zu einem zügellosen Leben[a]
und ermuntert sie, ohne Bedenken das
Fleisch der Götzenopfer zu essen.
[21]Diese Frau hat genug Zeit gehabt, ihr
Leben zu ändern. Aber sie weigert sich
umzukehren. [22]Darum wird sie nun im
Krankenbett für ihre Untaten büßen.
Und alle, die sich mit ihr eingelassen ha-
ben, werden ebenso Schlimmes erdulden
müssen, wenn sie nicht bereit sind, sich
von ihr zu trennen. [23]Ihre Kinder werde
ich dem Tod ausliefern. Dann werden al-
le Gemeinden wissen, daß ich die Men-
schen durch und durch kenne, selbst ihre
geheimsten Gedanken und Wünsche.
Und jeder wird den Lohn von mir be-
kommen, den er verdient.

[24]Allen anderen in Thyatira, die der Irr-
lehre nicht gefolgt sind und sich auf diese
sogenannten tiefen Erkenntnisse über
den Satan nicht eingelassen haben, will
ich keine zusätzlichen Lasten auferlegen.
[25]Haltet nur unerschütterlich an dem
fest, was ihr habt, bis ich wiederkomme.

[26]Denn wer durchhält und das Böse be-
siegt, wer bis zuletzt nach meinem Wil-
len lebt und handelt, dem werde ich
Macht über die Völker der Erde geben.
[27]Mit eiserner Hand[b] wird er über sie
herrschen und sie zerschlagen, so wie
man Tongefäße in tausend Stücke
schlägt. [28]Und wie mein Vater mir Macht
und Herrschaft gab, will ich sie auch je-
dem geben, der im Glauben festbleibt.
Zeichen dieser Macht soll der Morgen-
stern[c] sein, den ich ihm schenken werde.

[29]Hört genau hin, und achtet darauf,
was Gottes Geist den Gemeinden sagt.«

Der Brief an die Gemeinde in Sardes

3 »Schreibe an den Leiter der Ge-
meinde in *Sardes:*

Das sagt der, dem die sieben Geister[d]
Gottes dienen und der die sieben Sterne
in seiner Hand hält.

Ich weiß alles, was du tust. Man sagt
von euch, daß ihr eine lebendige Ge-
meinde seid. Aber in Wirklichkeit seid
ihr tot. [2]Wache auf und stärke die we-
nigen, deren Glaube noch lebendig ist, be-
vor auch ihr Glaube stirbt. Denn so, wie
du bisher gelebt hast, kannst du vor Gott
nicht bestehen. [3]Hast du denn ganz ver-
gessen, wie du Gottes Wort gehört und
aufgenommen hast? Besinne dich wieder
darauf, kehre um und ändere dich von
Grund auf. Wenn du nicht wach wirst,
werde ich plötzlich da sein, unerwartet
wie ein Dieb. Und du wirst nicht wissen,
wann ich komme.

[4]Aber auch bei euch in Sardes sind ei-
nige, denen der Schmutz dieser Welt
nichts anhaben konnte. Sie werden im-
mer bei mir sein und weiße Kleider tra-
gen; denn sie sind es wert.

[5]Wer durchhält und das Böse besiegt,
der wird solch ein weißes Kleid tragen.
Ich werde seinen Namen nicht aus dem
Buch des Lebens streichen, sondern mich
vor meinem Vater und seinen Engeln zu
ihm bekennen.

[6]Hört genau hin, und achtet darauf,
was Gottes Geist den Gemeinden sagt!«

Der Brief an die Gemeinde in Philadelphia

[7]»Schreibe an den Leiter der Gemeinde
in *Philadelphia:*

Das sagt dir der eine, der heilig und
wahrhaftig ist. Er allein hat als Nach-
komme Davids den Schlüssel zum Heil.
Wo er aufschließt, kann niemand mehr
zuschließen; wo er aber zuschließt, kann
niemand mehr öffnen.

[8]Ich weiß, was du getan und geleistet
hast. Siehe, ich habe dir eine Tür geöff-
net, die niemand verschließen kann. Dei-
ne Kraft ist klein; doch du hast an mei-
nem Wort festgehalten und dich un-
erschrocken zu mir bekannt. [9]Achte jetzt
auf alles, was geschehen wird: Es werden
Leute zu dir kommen, die von sich be-
haupten, fromme, gottesfürchtige Men-
schen zu sein. Aber sie lügen; in Wirklich-
keit gehören sie zur Gefolgschaft des Sa-
tans.[e] Diese Männer werde ich dazu be-
wegen, daß sie vor dir auf die Knie fallen;
denn sie sollen erkennen, daß ich dich
liebe.

[10]Ihr habt meinem Wort gehorcht und
geduldig ausgehalten. Deshalb will ich

a) Wörtlich: Hurerei. b) Wörtlich: eisernem Stab. c) Ein Bild für den wiederkommenden Christus. d) Vgl. Kap. 1,4 e) Wörtlich: Einige aus der Synagoge des Satans, die behaupten, sie seien Juden …

dich auch in der schweren Prüfung bewahren, die über die ganze Erde kommen wird, um alle Menschen auf die Probe zu stellen. [11]Ich komme schnell und unerwartet. Darum halte fest, was du hast, damit dir niemand deinen Siegeskranz nehmen kann.

[12]Denn wer durchhält und das Böse besiegt, den werde ich zu einer Säule im Tempel meines Gottes machen; er wird dort immer bleiben. Und er soll den Namen meines Gottes tragen und wird ein Bürger des neuen Jerusalem sein, der Stadt, die Gott selbst auf dieser Erde errichten wird.[a] Auch meinen eigenen neuen Namen wird er erhalten.

[13]Hört genau hin, und achtet darauf, was Gottes Geist den Gemeinden sagt.«

Der Brief an die Gemeinde in Laodicea

[14]»An den Leiter der Gemeinde in *Laodicea* schreibe:

Dies sagt dir der eine, der die Erfüllung aller Zusagen Gottes ist.[b] Christus ist Gottes treuer und wahrhaftiger Zeuge. Von ihm kommt alles, was Gott geschaffen hat.

[15]Ich kenne dich genau und weiß alles, was du tust. Du bist weder kalt noch heiß. Ach, wärst du doch das eine oder das andere! [16]Aber du bist lau. Das ekelt mich an, und ich werde dich ausspucken. [17]Du hältst viel von dir und sagst: ›Ich bin reich und habe alles, was ich brauche!‹ Was bist du nur für ein Narr! Du merkst gar nicht, wie es wirklich um dich steht und wie jämmerlich du dran bist: arm, blind und nackt bist du.

[18]Wäre es da nicht an der Zeit, du würdest dich endlich um den wahren Reichtum bemühen, um das reine Gold, das im Feuer geläutert wurde? Nur dieses Gold macht dich reich, und nur von mir kannst du es bekommen. Laß dir auch die weißen Kleider von mir geben, damit du nicht länger nackt und bloß dastehst. Kaufe dir Augensalbe, die deine blinden Augen heilt. [19]Es ist ein Zeichen meiner Liebe, wenn ich deine Schuld aufdecke und dich mit Strenge erziehe. Nimm dir das zu Herzen und kehre um!

[20]Merkst du es denn nicht? Noch stehe ich vor deiner Tür und klopfe an. Wer jetzt auf meine Stimme hört und mir die Tür öffnet, bei dem werde ich einkehren. Gemeinsam werden wir das Festmahl essen.

[21]Wer durchhält und das Böse besiegt, wird mit mir auf meinem Thron sitzen, so wie auch ich mich als Sieger auf den Thron meines Vaters gesetzt habe.

[22]Hört genau hin, und achtet darauf, was Gottes Geist den Gemeinden sagt.«

Gottes Thron

4 Danach, als ich aufblickte, sah ich eine Tür am Himmel, die war offen. Dieselbe Stimme, die schon vorher zu mir gesprochen hatte, gewaltig wie der Schall einer Posaune, sagte: »Komm herauf! Ich will dir zeigen, was in Zukunft geschehen wird!« [2]Gottes Geist ergriff mich, und dann sah ich: Im Himmel stand ein Thron, auf dem jemand saß. [3]Die Gestalt leuchtete wie ein Edelstein, wie ein Jaspis oder Karneol. Und um den Thron strahlte ein Regenbogen, leuchtend wie lauter Smaragde.

[4]Dieser Thron war von vierundzwanzig anderen Thronen umgeben, auf denen vierundzwanzig Älteste saßen. Sie trugen weiße Gewänder und auf dem Kopf goldene Kronen. [5]Blitze, Donner und gewaltige Stimmen gingen von dem Thron aus. Davor brannten sieben Fackeln: Das sind die sieben Geister Gottes.[c] [6]Gleich vor dem Thron war so etwas wie ein Meer, durchsichtig wie Glas, strahlend und hell wie Kristall.

In der Mitte und um den Thron herum standen vier mächtige Lebewesen, die überall Augen hatten. [7]Die erste dieser Gestalten sah aus wie ein Löwe, die zweite glich einem Stier; die dritte hatte ein Gesicht wie ein Mensch, und die vierte glich einem fliegenden Adler. [8]Jede dieser Gestalten hatte sechs Flügel. Auch die Flügel waren innen und außen voller Augen. Unablässig, Tag und Nacht, singen sie: »Heilig, heilig, heilig ist der Herr, der allmächtige Gott, der schon immer war, der heute da ist und der kommen wird!«

a) Wörtlich: Ich werde auf ihn den Namen meines Gottes schreiben und den Namen der Stadt meines Gottes, des neuen Jerusalem, das herabkommt vom Himmel von meinem Gott. b) Wörtlich: So spricht, der Amen heißt. c) Vgl. 1,4; 3,1

9 Diese vier Lebewesen loben und preisen den mit ihrem Gesang, der vor ihnen auf dem Thron sitzt und immer und ewig leben wird. 10 Und jedesmal fallen die vierundzwanzig Ältesten dabei vor ihm nieder und beten den an, dem alle Macht gegeben ist und der ewig lebt. Sie legen ihre Kronen vor seinem Thron nieder und rufen: 11 »Dich, unseren Herrn und Gott, beten wir an. Du allein bist würdig, daß wir dich ehren und rühmen, uns deiner Macht unterordnen. Denn du hast alles erschaffen. Nach deinem Willen entstand die Welt und alles, was auf ihr lebt.«

Das Buch mit sieben Siegeln

5 Ich sah, daß der auf dem Thron in seiner rechten Hand ein Buch hielt. Es war innen und außen beschrieben und mit sieben Siegeln verschlossen. 2 Und ich sah einen mächtigen Engel, der mit gewaltiger Stimme rief: »Wer ist würdig, dieses Buch zu öffnen und seine Siegel zu brechen?« 3 Doch es war niemand da, der es öffnen und hineinsehen konnte; niemand im Himmel, niemand auf der Erde und auch niemand im Totenreich. 4 Da weinte ich sehr, weil niemand da war, der würdig gewesen wäre, das Buch zu öffnen und hineinzusehen. 5 Doch einer von den Ältesten sagte zu mir: »Weine nicht! Einer hat gesiegt; er kann das Buch öffnen und seine sieben Siegel brechen. Es ist der Löwe aus dem Stamm Juda, der Nachkomme König Davids.«

6 Und dann sah ich es: In der Mitte vor dem Thron, umgeben von den vier mächtigen Gestalten und den Ältesten, stand ein Lamm, das aussah, als ob es geschlachtet wäre. Es hatte sieben Hörner und sieben Augen. Das sind die sieben Geister Gottes, die in die ganze Welt ausgesandt worden sind. 7 Und Christus, das Lamm, ging zu dem, der auf dem Thron saß, und empfing das Buch aus dessen rechter Hand. 8 Im selben Augenblick fielen die vier Gestalten und die vierundzwanzig Ältesten vor dem Lamm nieder. Jeder von ihnen hatte eine Harfe und goldene Schalen voller Weihrauch. Das sind die Gebete des Volkes Gottes. 9 Und alle sangen ein neues Lied: »Du allein bist würdig, das Buch zu nehmen, nur du darfst seine Siegel brechen. Denn du bist geopfert worden, und mit deinem Blut hast du Menschen für Gott freigekauft; Menschen aller Sprachen, aus allen Völkern und Nationen. 10 Durch dich sind sie jetzt Könige und Priester unseres Gottes, und sie werden über die ganze Erde herrschen.«

11 Danach sah ich viele tausend Engel, eine unzählbare Menge, und ich hörte sie singen. Sie standen um den Thron, um die vier Gestalten und um die Ältesten. 12 Gewaltig ertönte ihre Stimme: »Allein dem Lamm, das geopfert wurde, gehören alle Macht und aller Reichtum. Christus allein gehören Weisheit und Kraft, Ehre, Herrlichkeit und Anbetung!« 13 Dann hörte ich, wie auch alle anderen Geschöpfe in diesen Lobgesang einstimmten. Alle, die im Himmel und auf der Erde leben, die Toten unter der Erde wie die Geschöpfe des Meeres, sie alle sangen: »Lob und Ehre, alle Herrlichkeit und Macht gehören dem, der auf dem Thron des Siegers sitzt, und dem Lamm für immer und ewig!« 14 Die vier Gestalten bekräftigten dies mit ihrem »Amen«. Und die vierundzwanzig Ältesten fielen nieder und beteten Gott an.

Die ersten sechs Siegel

6 Nun sah ich, wie das Lamm das erste der sieben Siegel aufbrach. Da hörte ich eine der vier Gestalten mit gewaltiger Donnerstimme rufen: »Los!« 2 Und als ich mich umsah, erblickte ich ein weißes Pferd. Sein Reiter trug einen Bogen und erhielt die Krone des Siegers. Er kam als Sieger, um erneut zu siegen.

3 Als das Lamm das zweite Siegel aufbrach, hörte ich die zweite der mächtigen Gestalten sagen: »Los!« 4 Diesmal kam ein Reiter auf einem feuerroten Pferd. Ihm gab man ein großes Schwert. Damit sollte er den Frieden von der Erde nehmen und sie mit Krieg und Mord überziehen. Erbarmungslos würden sich die Menschen gegenseitig umbringen.

5 Dann brach das Lamm das dritte Siegel auf, und ich hörte die dritte Gestalt sagen: »Los!« Und nun sah ich ein schwarzes Pferd. Sein Reiter hielt eine Waage in der Hand, die eine Teuerung ankündigen sollte. 6 Da rief eine von den vier Gestalten: »Für den Lohn eines ganzen Arbeitstages gibt es ein Kilo Weizen

oder drei Kilo Gerste. Nur von den Lu-
xusgütern – Öl und Wein – ist genug
da!«
7 Nachdem das vierte Siegel aufge-
brochen war, hörte ich die vierte Gestalt
sagen: »Los!« 8 Da sah ich ein fahlbleiches
Pferd. Sein Reiter hieß Tod, und ihm folg-
te ein Heer von Toten aus der Unterwelt.
Er und sein Gefolge hatten die Macht
über ein Viertel der Erde, um die Men-
schen durch Kriege, Hungersnöte, Seu-
chen und wilde Tiere dahinzuraffen.
9 Jetzt brach das Lamm das fünfte Sie-
gel auf. Ich sah unten am Altar all die
Menschen, die man getötet hatte, weil sie
sich treu zu Gottes Wort bekannt und
durch nichts von ihrem Glauben hatten
abbringen lassen. 10 Laut riefen sie: »Du
heiliger und wahrhaftiger Gott! Wann
endlich sprichst du dein Urteil über all
die Menschen auf der Erde, die uns ver-
folgt und getötet haben? Wann wirst du
sie dafür bestrafen?« 11 Jeder von ihnen be-
kam ein weißes Gewand, und man sagte
ihnen: »Wartet noch so lange, bis sich
das Schicksal eurer Brüder und Leidens-
gefährten auf der Erde erfüllt hat, die
auch noch getötet werden müssen.«
12 Als das Lamm das sechste Siegel öff-
nete, gab es ein gewaltiges Erdbeben. Die
Sonne wurde schwarz und finster und
der Mond rot wie Blut. 13 Und wie der
Feigenbaum seine reifen Früchte abwirft,
wenn er vom Sturm geschüttelt wird, so
fielen die Sterne vom Himmel auf die Er-
de. 14 Wie eine Buchrolle, die man zusam-
menrollt, verschwand der Himmel vor
meinen Augen. Die Berge wankten und
stürzten in sich zusammen, und die In-
seln versanken. 15 Angst und Schrecken er-
griff die Mächtigen und Herrscher der Er-
de, die Heerführer, die Reichen und die
Starken, die Herren ebenso wie ihre Un-
tergebenen. Sie alle suchten Schutz in
Höhlen und zwischen den Felsen der
Berge. 16 Und alle schrien zu den Bergen:
»Stürzt doch auf uns herab! Verbergt uns
vor den Augen dessen, dem alle Macht
gehört! Bewahrt uns vor dem Zorn des
Lammes! 17 Der Tag seines Gerichts ist
jetzt gekommen. Wer kann da be-
stehen?«

Wer trägt das Zeichen Gottes?

7 Dann sah ich in jeder der vier Him-
melsrichtungen einen Engel stehen.
Sie hielten die Winde und Stürme zu-
rück, und es war vollkommen still. Kein
Lufthauch war zu spüren, weder auf der
Erde noch auf dem Meer; nicht ein Blätt-
chen raschelte an den Bäumen. 2 Aus dem
Osten, da wo die Sonne aufgeht, sah ich
einen anderen Engel heraufsteigen; der
trug das Siegel des lebendigen Gottes.
Den vier Engeln, die von Gott die Macht
erhalten hatten, das Verderben über
Land und Meer zu bringen, rief er mit
lauter Stimme zu: 3 »Wartet! Bringt noch
kein Unheil über das Land, das Meer und
die Bäume. Erst wollen wir allen, die zu
Gott gehören und ihm dienen, sein Siegel
auf die Stirn drücken.« 4 Dann hörte ich,
wie viele dieses Zeichen erhielten. Es wa-
ren 144 000; sie kamen aus allen Stäm-
men Israels: 5-8 je zwölftausend aus den
Stämmen Juda, Ruben, Gad, Asser,
Naphtali, Manasse, Simeon, Levi, Isa-
schar, Sebulon, Joseph und Benjamin.

Die Auserwählten aus allen Völkern

9 Jetzt sah ich eine Menschenmenge, so un-
übersehbar groß, daß niemand sie zählen
konnte. Die Menschen kamen aus allen
Nationen, Stämmen und Völkern; alle
Sprachen der Welt waren zu hören. Sie
standen vor dem Thron und vor dem
Lamm. Als Zeichen ihres Sieges hatten
sie weiße Gewänder an und trugen Pal-
menzweige in ihren Händen. 10 Mit lauter
Stimme riefen sie: »Heil und Rettung
kommen allein von unserem Gott, der al-
le Macht in seinen Händen hält,[a] und von
Christus, dem Lamm!« 11 Alle Engel stan-
den um den Thron, um die Ältesten und
die vier mächtigen Gestalten. Sie fielen
vor dem Thron nieder und beteten Gott
an. 12 »Ja, das steht fest«, sagten sie,
»Anbetung und Herrlichkeit, Weisheit
und Dank, Ehre, Macht und Kraft ge-
hören unserem Gott für immer und
ewig. Amen!«
13 Da fragte mich einer von den Älte-
sten: »Weißt du, wer diese Menschen mit

a) Wörtlich: der auf dem Thron sitzt. Vgl. 6,16

den weißen Kleidern sind und wo sie herkommen?« 14»Nein, Herr«, antwortete ich, »aber du weißt es. Sage es mir doch!« Da antwortete er mir: »Sie kommen aus Verfolgung, Leid und Bedrängnis. Im Blut des Lammes haben sie ihre Kleider reingewaschen. 15Deshalb stehen sie hier vor dem Thron Gottes und dienen ihm Tag und Nacht in seinem Tempel. Gott selbst wird sie beschützen! 16Sie werden nie wieder Hunger oder Durst leiden; keine Sonnenglut oder sonst etwas wird sie jemals wieder quälen. 17Denn das Lamm, das vor dem Thron steht, wird ihr Hirte sein. Es wird sie zu den Quellen führen, aus denen das Wasser des Lebens entspringt. Und Gott wird ihnen alle Tränen von ihren Augen abwischen!«

Das siebte Siegel

8 Als das Lamm das siebte Siegel aufbrach, wurde es im Himmel ganz still. Diese Stille dauerte etwa eine halbe Stunde lang. 2Ich sah die sieben Engel vor Gott stehen, und sie erhielten sieben Posaunen.

3Dann kam ein anderer Engel. Mit einem goldenen Weihrauchgefäß trat er vor den Altar. Ihm wurde viel Weihrauch gereicht, den er vor dem Thron opfern sollte als Zeichen dafür, daß die Gebete des Volkes Gottes zu Gott gelangen. 4Und so geschah es auch. Der Duft des Weihrauchs stieg aus der Hand des Engels zusammen mit den Gebeten all der Menschen, die Gott gehören, zu ihm auf. 5Jetzt füllte der Engel das Weihrauchgefäß mit Feuer vom Altar und schleuderte es auf die Erde. Da begann es zu blitzen und zu donnern, und die Erde erbebte.

Die ersten vier Posaunen

6Nun machten sich die sieben Engel bereit, die sieben Posaunen zu blasen. 7Der erste Engel begann. Kaum ertönte seine Posaune, da fielen Hagel und Feuer, mit Blut vermischt, auf die Erde. Ein Drittel der Erde verbrannte mit allen Bäumen und dem grünen Gras.

8Jetzt blies der zweite Engel seine Posaune. Etwas, das wie ein großer feuerglühender Berg aussah, stürzte brennend in das Meer. Und ein Drittel des Meeres wurde zu Blut. 9Auch ein Drittel aller Lebewesen des Meeres ging zugrunde, und ein Drittel aller Schiffe versank in den Fluten.

10Dann ertönte die Posaune des dritten Engels. Ein riesiger Stern fiel wie eine brennende Fackel vom Himmel. Er stürzte auf ein Drittel aller Flüsse und Quellen. 11Dieser Stern heißt »Bitterkeit«. Er vergiftete ein Drittel des Wassers auf der Erde. Viele Menschen starben, die von dem bitteren Wasser getrunken hatten.

12Jetzt hörte ich die Posaune des vierten Engels. Schlagartig erloschen ein Drittel der Sonne und des Mondes; auch ein Drittel aller Sterne verfinsterte sich. Das Licht des Tages wurde um ein Drittel schwächer, aber die Finsternis der Nacht nahm um ein Drittel zu.

13Ich blickte auf und bemerkte einen Adler, der hoch oben am Himmel flog und laut schrie: »Wehe! Wehe euch Menschen auf der Erde! Bald werden die drei anderen Engel ihre Posaune blasen. Und dann wird Furchtbares geschehen!«

Die fünfte Posaune

9 Da stieß der fünfte Engel in seine Posaune. Ich sah einen Stern, der vom Himmel auf die Erde gefallen war. Dieser Stern hatte den Schlüssel zum Abgrund der Hölle. 2Er öffnete den Abgrund, und heraus quollen Rauch und beißender Qualm wie aus einem riesigen Schmelzofen. Die Luft war vom Rauch so verpestet, daß man die Sonne nicht mehr sehen konnte.

3Aus dem Rauch quollen Heuschrekken und überfielen die Erde. Ihre giftigen Stiche waren bösartig und schmerzhaft wie die von Skorpionen. 4Doch sie durften weder dem Gras noch den Bäumen oder irgendeiner Pflanze auf der Erde Schaden zufügen. Sie sollten nur die Menschen peinigen und quälen, die nicht das Siegel Gottes auf ihrer Stirn trugen. 5Aber sie durften die Menschen nicht töten, sondern sie mußten ihnen fünf Monate lang qualvolle Schmerzen zufügen, wie sie der Stich eines Skorpions hervorruft. 6In dieser Zeit werden sich die Menschen verzweifelt den Tod wünschen, aber er wird sie nicht erlösen. Sie wollen nichts mehr als nur sterben, aber der Tod wird vor ihnen fliehen.

7Die Heuschrecken sahen aus wie Streitrosse, die in den Kampf ziehen. Auf ihren Köpfen glänzte es, als würden sie goldene Kronen tragen, und ihre Gesichter hatten menschliche Züge. 8Sie hatten eine Mähne, lang und dicht wie Frauenhaar, und Zähne, wie sie sonst nur Löwen haben. 9Brustschilde hatten sie wie Eisenpanzer, und ihre Flügel lärmten laut und bedrohlich wie das Rasseln der Kampfwagen, auf denen die Kämpfer in die Schlacht ziehen. 10Sie hatten Schwänze und Stacheln wie Skorpione. Mit ihrem Gift konnten sie die Menschen fünf Monate lang quälen. 11Als König herrschte über sie ein Engel der Hölle. Die Juden nennen ihn Abaddon, bei den Griechen heißt er Apollyon. Das bedeutet: Zerstörer.

12Aber das ist noch nicht alles. Diesem ersten Unheil werden noch zwei weitere folgen.

Die sechste Posaune

13Jetzt blies der sechste Engel seine Posaune. Ich hörte eine Stimme von allen vier Ecken des goldenen Altars, der vor dem Thron Gottes steht. 14Diese Stimme forderte den sechsten Engel auf: »Befreie die vier Engel, die am Euphratstrom gefangen sind!« 15Und die vier Engel wurden befreit. Auf dieses Jahr, diesen Monat, diesen Tag, ja genau auf diese Stunde hatten sie gewartet, um ein Drittel der Menschheit zu töten. 16Sie hatten ein riesiges Heer. Jemand sagte, daß es zweihundert Millionen Reiter waren.

17Und dann sah ich dieses Bild: Die Pferde trugen ebenso wie ihre Reiter feuerrot, himmelblau und schwefelgelb glänzende Rüstungen. Mächtig wie Löwenköpfe waren die Köpfe der Pferde. Feuer, Rauch und brennender Schwefel schossen aus ihren Mäulern. 18Mit diesen drei Waffen töteten sie ein Drittel der Menschheit. 19Aber nicht nur aus ihren Mäulern kamen Tod und Zerstörung, auch von ihren Schwänzen gingen tödliche Wirkungen aus. Denn ihre Schwänze sahen aus wie Schlangen. Sie bissen zu und töteten.

20Doch trotz all dieser entsetzlichen Katastrophen dachten die Überlebenden nicht daran, sich zu ändern und umzukehren. Nach wie vor beteten sie die Dämonen an und ihre selbstgemachten Götzen aus Gold, Silber, Eisen, Stein oder Holz. Und dabei merkten sie nicht, daß diese Götzen völlig unfähig sind. Sie können weder hören noch sehen, ja nicht einmal den kleinsten Schritt tun. 21Aber die Menschen kehrten nicht um. Sie hörten nicht auf, einander umzubringen, sich mit okkulten Dingen zu beschäftigen, Unzucht zu treiben und einander zu bestehlen.

Das kleine Buch

10 Dann sah ich einen anderen mächtigen Engel vom Himmel herabkommen. Eine Wolke umgab ihn, und über seinem Kopf wölbte sich ein Regenbogen. Sein Gesicht leuchtete wie die Sonne, und seine Beine glichen lodernden Feuersäulen. 2In seiner Hand hielt er ein kleines, aufgeschlagenes Buch. Seinen rechten Fuß setzte er auf das Meer, seinen linken auf das Land. 3Wie Löwengebrüll dröhnte seine Stimme, und laut krachend antworteten ihm sieben Donnerschläge. 4Doch als ich aufschreiben wollte, was ich hörte, rief mir eine Stimme vom Himmel zu: »Schreibe nicht auf, was die sieben Donner geredet haben. Behalte es für dich!«

5Jetzt erhob der Engel, den ich mit einem Fuß auf dem Meer und mit dem anderen auf dem Land stehen sah, seine rechte Hand zum Himmel. 6Und er schwor bei dem, der immer und ewig lebt, der den Himmel, die Erde, das Meer und alles Leben geschaffen hat: »Es wird keine Zeit zur Umkehr mehr geben! 7Denn wenn der siebte Engel seine Posaune bläst, wird Gott seinen geheimen Plan vollenden, so wie er es seinen Dienern, den Propheten, zugesagt hat.«

8Noch einmal sprach die Stimme vom Himmel zu mir und forderte mich auf: »Geh und nimm das aufgeschlagene Buch aus der Hand des Engels, der auf dem Meer und auf dem Land steht!« 9Da ging ich zu dem Engel und bat ihn um das kleine Buch. Er antwortete mir: »Nimm das Büchlein, und iß es auf! Es schmeckt süß wie Honig, aber du wirst Magenschmerzen davon bekommen.« 10So nahm ich das kleine Buch aus seiner Hand und aß es. Es schmeckte wirklich süß wie Honig; aber dann lag es mir schwer im Magen.

11Dann sagte mir jemand: »Gott wird dir noch einmal zeigen, was er mit den Völkern, den Nationen und ihren Herrschern vorhat. Das sollst du auch noch bekanntmachen!«

Der Auftrag der beiden Zeugen

11 Nun erhielt ich einen Meßstab, der wie ein langes Rohr aussah, und jemand forderte mich auf: »Steh auf und miß den Tempel Gottes aus und den Altar. Zähle alle, die dort beten. 2Nur den Vorhof draußen vor dem Tempel sollst du nicht messen. Denn ihn werden die Heiden besetzen, wenn sie Gottes heilige Stadt zweiundvierzig Monate lang belagern und zerstören.[a] 3Ich werde ihnen meine zwei Zeugen schicken. Sie kommen in Trauerkleidung und werden in diesen 1260 Tagen verkünden, was Gott ihnen aufgetragen hat.

4Diese beiden Zeugen sind die zwei Ölbäume und die zwei Leuchter, die vor dem Herrn der Welt stehen. 5Jeder, der es wagt, sie anzugreifen, wird durch das Feuer aus ihrem Mund getötet. Ja, wer sich an ihnen vergreift, der wird sterben. 6Sie haben die Macht, den Himmel zu verschließen, damit es nicht regnet, solange sie im Auftrag Gottes sprechen. Ebenso liegt es in ihrer Macht, jedes Gewässer in Blut zu verwandeln und Unheil über die Erde zu bringen, sooft sie wollen.

7Wenn sie Gottes Auftrag ausgeführt haben, wird aus dem Abgrund der Hölle ein Tier heraufsteigen und gegen sie kämpfen. Es wird siegen und die beiden Zeugen töten. 8Ihre Leichen wird man auf dem Platz der großen Stadt zur Schau stellen, in der auch ihr Herr gekreuzigt wurde. Diese Stadt ist sozusagen ein neues »Sodom« oder »Ägypten«. 9Aus allen Völkern, von allen Stämmen werden sie kommen, Menschen aller Sprachen und Rassen, um sich die Toten dreieinhalb Tage lang anzusehen. Denn man wird es nicht gestatten, die Toten zu beerdigen. 10Alle Menschen auf der Erde werden über den Tod der beiden Zeugen so erleichtert sein, daß sie Freudenfeste feiern und sich gegenseitig Geschenke machen. Denn was ihnen diese beiden Zeugen sagten, wollten die Menschen nicht hören; Gottes Wahrheit hat sie gestört und wurde ihnen zur Qual.[b]

11Nach dreieinhalb Tagen aber gab Gottes Geist ihnen neues Leben, und sie standen wieder auf! Alle, die das sahen, waren wie gelähmt vor Angst und Schrekken. 12Dann forderte eine gewaltige Stimme vom Himmel die beiden Zeugen auf: »Kommt herauf!« Vor den Augen ihrer Feinde wurden sie in einer Wolke zum Himmel hinaufgehoben. 13In demselben Augenblick gab es ein schweres Erdbeben. Ein Zehntel der Stadt stürzte ein, und siebentausend Menschen kamen ums Leben. Die Überlebenden waren entsetzt. Sie fürchteten sich und unterwarfen sich endlich der Herrschaft Gottes.

14Aber das Unheil ist noch immer nicht vorüber. Der zweiten Schreckenszeit wird sehr bald eine dritte folgen.

Die siebte Posaune

15Jetzt ertönte die Posaune des siebten Engels. Und im Himmel erklangen mächtige Stimmen: »Von jetzt an gehört die Herrschaft über die Welt unserem Gott und seinem Sohn Jesus Christus. Sie werden für immer und ewig herrschen!«

16Die vierundzwanzig Ältesten, die vor Gott auf ihren Thronen sitzen, warfen sich vor ihm nieder. Mit ihrem Lobgesang beteten sie: 17»Wir danken dir, Herr, du großer, allmächtiger Gott, der du bist und immer warst. Du hast deine große Macht bewiesen und die Herrschaft übernommen. 18Die Völker haben sich in Zorn von dir abgewandt. Darum trifft sie jetzt dein Zorn. Die Zeit des Gerichts ist gekommen, und die Toten wirst du richten. Allen wirst du ihren Lohn geben: deinen Dienern, den Propheten, allen, die dir gehören und nach deinem Willen leben, den Großen wie den Kleinen. Ohne Ausnahme wirst du alle vernichten, die unsere Erde zerstört haben.« 19Da öffnete sich der Tempel Gottes im Himmel, und die Bundeslade[c] – das Zeichen der Gegenwart und Treue Gottes – war zu sehen. Blitze zuckten über den

a) Vgl. Daniel 7,25; 12,7 b) Wörtlich: Diese beiden Propheten haben die Bewohner der Erde gepeinigt. c) Vgl. 1. Könige 8,1.6

Himmel, und Donner, Erdbeben und ge-
waltige Hagelstürme erschütterten die Er-
de.

Die Frau und der Drache

12 Am Himmel sah man jetzt eine ge-
waltige Erscheinung: eine Frau,
die mit der Sonne bekleidet war und den
Mond unter ihren Füßen hatte. Auf dem
Kopf trug sie eine Krone aus zwölf Ster-
nen. [2]Die Geburt ihres Kindes stand un-
mittelbar bevor, und sie schrie, weil die
Geburtswehen sie quälten.

[3]Dann gab es noch eine Erscheinung
am Himmel: Plötzlich sah ich einen
großen, feuerroten Drachen mit sieben
Köpfen und sieben Kronen; außerdem
hatte er zehn Hörner. [4]Mit seinem
Schwanz fegte er ein Drittel aller Sterne
vom Himmel und schleuderte sie auf die
Erde. Der Drache stellte sich vor die
Frau; denn er wollte ihr Kind verschlin-
gen, sobald es geboren war. [5]Die Frau
brachte einen Sohn zur Welt, der einmal
mit eiserner Hand über die Völker der
Erde herrschen sollte. Aber das Kind
wurde gerettet und sofort zu Gott vor
seinen Thron gebracht. [6]Die Frau aber
floh in die Wüste, wo Gott selbst einen
Zufluchtsort für sie vorbereitet hatte.
1260 Tage sollte sie dort versorgt wer-
den.

[7]Dann brach im Himmel ein Kampf
aus: Michael und seine Engel griffen den
Drachen an. Der Drache schlug mit sei-
nem Heer von Engeln zurück; [8]doch er
verlor den Kampf und durfte nicht län-
ger im Himmel bleiben. [9]Der große
Drache – es ist niemand anders als der
Teufel oder Satan, der als listige Schlange
die ganze Welt zum Bösen verführt –, er
wurde mit allen seinen Engeln aus dem
Himmel auf die Erde hinuntergestürzt.

[10]Jetzt hörte ich eine gewaltige Stimme
im Himmel rufen: »Nun ist der Sieg Got-
tes endlich sichtbar, seine Stärke und
seine Herrschaft sind endgültig! Alle
Macht liegt in den Händen seines Sohnes
Jesus Christus. Denn er ist endgültig ge-
stürzt, der Ankläger, der unsere Brüder
Tag und Nacht vor Gott beschuldigte.
[11]Sie haben ihn besiegt durch das Blut des
Lammes und durch die Wahrheit des
Wortes Gottes, die sie bezeugt haben. Da-
für haben sie ihr Leben eingesetzt und
den Tod nicht gefürchtet. [12]Darum freut
euch nun, ihr Himmel und alle, die ihr
darin wohnt! Aber weh euch, ihr Men-
schen auf der Erde.[a] Der Satan wurde auf
euch losgelassen. Er ist voller Wut und
Zorn; denn er weiß, daß er besiegt ist
und ihm nicht mehr viel Zeit bleibt.«
[13]Als der Drache merkte, daß er auf der
Erde war, verfolgte er die Frau, die den
Sohn geboren hatte. [14]Doch Gott gab der
Frau die starken Flügel eines Adlers. So
konnte sie an ihren Zufluchtsort in der
Wüste fliehen. Dreieinhalb Jahre wurde
sie hier versorgt und war vor den An-
griffen des Drachens, der bösen Schlan-
ge, sicher. [15]Doch die Bestie gab nicht
auf. Eine gewaltige Wasserflut schoß aus
ihrem Rachen, und die Frau geriet in gro-
ße Gefahr. [16]Aber die Erde half der Frau.
Sie öffnete sich und verschlang das Was-
ser, das der Drache ausspuckte. [17]Dar-
über wurde der Drache so wütend, daß
er jetzt alle bekämpfte, die zu dieser Frau
gehören.[b] Das sind die Menschen, die
nach Gottes Geboten leben und sich zu
Jesus bekennen.

[18]Und der Drache begab sich an den
Strand des Meeres.

Das Tier aus dem Meer: der Antichrist

13 Ich sah ein seltsames Tier aus dem
Meer auftauchen. Es hatte sieben
Köpfe und zehn Hörner; auf jedem
Horn trug es eine Krone. Auf den Köp-
fen standen Namen, die sich gegen Gott
richteten und ihn beleidigten. [2]Das Tier
sah aus wie ein Panther, aber es hatte die
Füße eines Bären und den Rachen eines
Löwen. Der Drache gab ihm seine ganze
Macht, setzte es auf den Herrscherthron
und übertrug ihm alle Befehlsgewalt. [3]An
einem Kopf des Tieres sah ich eine tödli-
che Wunde; aber diese Wunde wurde ge-
heilt. Alle Welt lief dem Tier voller Be-
wunderung nach. [4]Und die Menschen fie-
len vor dem Drachen nieder und beteten
ihn an, weil er seine Macht dem Tier ge-
geben hatte. Auch das Tier beteten sie an
und riefen: »Wo auf der ganzen Welt ist

a) Wörtlich: Wehe der Erde und dem Meer! b) Wörtlich: Und der Drache ergrimmte gegen die Frau und ging hin, um mit den übrigen ihres Samens Krieg zu führen.

jemand, der sich mit ihm vergleichen
kann? Wer wagt es, den Kampf mit ihm
aufzunehmen?«
5 Das Tier wurde ermächtigt, an-
maßende und gotteslästerliche Reden zu
halten. Zweiundvierzig Monate lang durf-
te es seinen Einfluß ausüben. Niemand
hinderte es daran. 6 Wenn das Tier sein
Maul aufriß, beleidigte und beschimpfte
es Gott auf gemeinste Weise. Es verhöhn-
te seinen Namen, sein Heiligtum und al-
le, die im Himmel wohnen. 7 Nichts und
niemand hinderte das Tier daran, gegen
Gottes Volk zu kämpfen und es sogar zu
besiegen. Das Tier herrschte uneinge-
schränkt über alle Völker und Nationen,
über die Menschen aller Rassen und Spra-
chen; alle beteten es an. 8 Und alle Men-
schen auf der Erde werden das Tier vereh-
ren und anbeten: Alle, deren Namen
nicht schon seit Beginn der Welt im Le-
bensbuch des Lammes stehen.
9 Hört genau hin und achtet darauf:[a]
10 Wer dazu bestimmt ist, ins Gefängnis
zu kommen, der wird auch gefangen ge-
nommen. Und wer durch das Schwert
sterben soll, der wird auch mit dem
Schwert getötet. Hier muß sich die Stand-
haftigkeit der Kinder Gottes und ihre
Treue zu Christus bewähren.

Das zweite Tier: der Lügenprophet

11 Aus der Erde sah ich dann ein anderes
Tier aufsteigen. Es hatte zwei Hörner
wie ein Lamm, aber eine furchterregende
Stimme wie der Drache. 12 Dieses Tier üb-
te dieselbe Macht und Gewalt aus wie
das erste, von dem es seine Aufträge er-
hielt. Es brachte die ganze Erde und alle
ihre Bewohner dazu, das erste Tier, des-
sen tödliche Wunde geheilt war, wie ei-
nen Gott zu verehren und anzubeten.
13 Dieses zweite Tier vollbrachte er-
staunliche Wunder. Vor den Augen der
Menschen ließ es sogar Feuer vom Him-
mel auf die Erde fallen. 14 Und immer,
wenn das erste Tier dabei war, verführte
es die Menschen durch solche Taten. Es
forderte sie auf, ein Standbild zu Ehren
des ersten Tieres zu errichten, das durchs
Schwert tödlich getroffen und dann wie-
der lebendig geworden war. 15 Doch das
war noch nicht alles. Es gelang ihm so-
gar, dem Standbild Leben zu geben. Es
begann zu sprechen und verlangte, daß
jeder getötet werden sollte, der das Bild
nicht verehrt und anbetet.
16 Jeder – ob groß oder klein, reich
oder arm, ob Herr oder Sklave – wurde
gezwungen, auf der rechten Hand oder
der Stirn ein Zeichen zu tragen. 17 Nie-
mand konnte Arbeit finden oder etwas
einkaufen,[b] wenn er das Zeichen nicht
hatte. Und dieses Zeichen war nichts an-
deres als der Name des Tieres, in Buchsta-
ben geschrieben oder in Zahlen ausge-
drückt. 18 Doch um das zu ergründen, ist
Gottes Weisheit nötig. Wer Einsicht und
Verstand hat, wird herausfinden, was die
Zahl des Tieres bedeutet. Hinter ihr ver-
birgt sich die Zahl eines Menschen. Und
diese Zahl ist 666.

Das Lied der Befreiten

14 Ich sah das Lamm auf dem Berg
Gottes[c] stehen, umgeben von
144000 Menschen. Auf ihrer Stirn stand
sein Name und der Name seines Vaters.
2 Jetzt hörte ich Stimmen vom Himmel –
gewaltig wie ein rauschender Wasserfall
und wie heftige Donnerschläge und doch
so zart und schön wie das schönste Har-
fenspiel. 3 Vor dem Thron Gottes, vor
den vier Gestalten und den vierundzwan-
zig Ältesten sangen sie ein neues Lied.
Aber nur die 144 000, die das Lamm
durch sein Opfer losgekauft hat und die
von allem Irdischen frei sind, können die-
ses Lied singen.[d] 4 Sie sind ihrem Herrn
treu geblieben und haben sich nicht
durch Götzendienst verunreinigt.[e] Sie
sind rein und folgen dem Lamm überall-
hin. Als erste von allen Menschen sind
sie durch das Opfer Jesu Christi losge-
kauft und ganz Gott und dem Lamm ge-
weiht. 5 Weder Lüge noch Falschheit gibt
es bei ihnen; sie sind ohne Tadel, und nie-
mand kann ihnen etwas vorwerfen.[f]

a) Wörtlich: Wer Ohren hat, der höre! Vgl. 2,7 b) Wörtlich: Daß keiner kaufen oder verkaufen kann … c) Wörtlich: Zion. Vgl. Jesaja 4,5; Joel 3,5; Hebräer 12,22 d) Wörtlich: Und niemand konnte das Lied lernen außer den 144 000, die von der Erde losgekauft waren. e) Wörtlich: die sich mit Frauen nicht befleckt haben, denn sie sind jungfräulich. f) Wörtlich: Und in ihrem Mund wurde keine Lüge gefunden; sie sind ohne Fehl.

Drei Engel verkünden das Gericht

[6]Jetzt sah ich einen Engel mitten durch den Himmel fliegen. Er hatte die Aufgabe, allen Menschen auf der Erde, allen Nationen und Völkern, den Menschen aller Rassen und Sprachen eine ewig gültige Heilsbotschaft zu verkündigen. [7]Laut rief er: »Fürchtet Gott und gebt ihm die Ehre! Denn jetzt wird er Gericht halten. Betet den an, der alles geschaffen hat: den Himmel und die Erde, das Meer und alle Wasserquellen.«

[8]Diesem Engel folgte ein zweiter. Er rief: »Babylon ist gefallen, die große Stadt Babylon! Sie, die alle Völker der Erde irregeführt und in ihre Sünde hineingerissen hat.«[a] [9]Nun kam ein dritter Engel. Niemand konnte überhören, als er rief: »Wehe allen, die das Tier aus dem Meer und sein Standbild verehren und anbeten, die das Kennzeichen des Tieres an ihrer Stirn oder Hand tragen![b] [10]Denn sie werden schonungslos und ohne Erbarmen Gottes Zorn erfahren.[c] In Gegenwart der Engel und vor den Augen des Lammes werden sie in Feuer und Schwefel qualvoll leiden. [11]Dieses Feuer wird niemals verlöschen; immer und ewig steigt sein Rauch auf. Niemals werden die Ruhe finden, die das Tier und sein Standbild angebetet und sein Zeichen angenommen haben. [12]Hier muß das Volk Gottes seine Standhaftigkeit beweisen; denn nur die können bestehen, die Gottes Gebote halten und dem Glauben an Jesus treu bleiben.«

[13]Dann hörte ich eine Stimme vom Himmel, die mich aufforderte: »Schreibe: Von jetzt an kann sich jeder freuen, der im Vertrauen auf den Herrn stirbt!« »Ja«, antwortete der Geist, »sie dürfen von ihrer Arbeit und ihrem Leiden ausruhen. Der Lohn für all ihre Mühe ist ihnen gewiß!«[d]

Gottes Ernte

[14]Danach sah ich eine weiße Wolke. Darauf saß einer, der wie ein Mensch aussah. Er trug eine goldene Krone auf seinem Kopf, und in der Hand hielt er eine scharfe Sichel. [15]Nun kam ein Engel aus dem Heiligtum und rief ihm zu: »Gebrauche deine Sichel, und fange an zu ernten! Denn die Erntezeit ist gekommen, und die Erde ist reif für die Ernte.« [16]Und der auf der Wolke saß, schwang seine Sichel über die Erde, und die Ernte wurde eingebracht.

[17]Ein anderer Engel trat aus dem Heiligtum im Himmel. Er hatte ein scharfes Messer. [18]Dazu kam noch ein Engel vom Altar, der Gewalt über das Feuer hatte. Er rief dem Engel mit dem Messer zu: »Nimm dein scharfes Messer, und schneide die Trauben vom Weinstock der Erde; sie sind reif.« [19]Da schleuderte der Engel sein Messer auf die Erde und erntete die Trauben. Er warf sie in die große Weinpresse, die ein Bild ist für den Zorn Gottes. [20]Draußen vor der Stadt wurde der Saft aus den Trauben gekeltert. Ein riesiger Blutstrom ergoß sich aus der Weinpresse: dreihundert Kilometer weit und so hoch, daß er den Pferden bis an die Zügel reichte.

Die sieben letzten Katastrophen

15 Danach sah ich am Himmel eine andere gewaltige Erscheinung, die mich betroffen machte: Sieben Engel waren dort, und jeder brachte eine neue Katastrophe auf die Erde. Erst damit sollte Gottes Gericht zu Ende gehen.

[2]Ich sah so etwas wie ein Meer, durchsichtig wie Glas und leuchtend wie Feuer. An seinem Ufer standen alle, die Sieger geblieben waren über das Tier, die sein Standbild nicht angebetet und die Zahl seines Namens nicht angenommen hatten. In ihren Händen hielten sie Harfen, die Gott ihnen gegeben hatte. [3]Sie sangen das Siegeslied, das schon Mose, der Diener Gottes, gesungen hatte, und das Lied des Lammes: »Groß und wunderbar sind deine Taten, Herr, du allmächtiger Gott! Gerecht und zuverlässig sind deine Wege, du König aller Völker! [4]Wer sollte dich, Herr, nicht anerkennen, und wer deinen Namen nicht rühmen

a) Wörtlich: die mit dem Zorneswein ihrer Hurerei alle Völker trunken gemacht hat. b) Vgl. Kap. 13,15 c) Wörtlich: Der bekommt auch von dem Wein des Zorngerichtes Gottes zu trinken, der unvermischt in den Becher seines Zorngerichtes gegossen ist. d) Wörtlich: denn ihre Werke folgen ihnen nach.

und ehren? Nur du allein bist heilig! Alle
Völker werden kommen und dich an-
beten, denn alle werden deine Gerechtig-
keit erkennen!« [5]Dann sah ich, wie im
Himmel das Allerheiligste des Tempels
weit geöffnet wurde.[a] [6]Und aus dem Hei-
ligtum kamen die sieben Engel mit den
letzten Katastrophen. Sie trugen strah-
lendweiße Leinengewänder und ein gol-
denes Band um die Brust. [7]Eine von den
vier mächtigen Gestalten gab den sieben
Engeln sieben goldene Schalen. Jede von
ihnen war angefüllt mit dem Zorn Got-
tes, der ewig lebt. [8]Die Wolke der Herr-
lichkeit und Macht Gottes erfüllte den
Tempel. Und niemand konnte den Tem-
pel betreten, bevor die sieben Engel nicht
die sieben Katastrophen zum Abschluß
gebracht hatten.

Die Schalen mit dem Zorn Gottes

16 Jetzt hörte ich, wie eine gewaltige
Stimme den sieben Engeln aus
dem Heiligtum zurief: »Geht und über-
schüttet die Erde mit den sieben Schalen
des Zornes Gottes.«

[2]Da ging der erste Engel und goß seine
Schale auf die Erde. Sofort bildeten sich
bei allen Menschen, die das Zeichen des
Tieres trugen und sein Standbild angebe-
tet hatten, bösartige und schmerzhafte
Geschwüre.

[3]Der zweite Engel goß seine Schale in
das Meer. Da wurde das Wasser zu Blut.
Es war wie das Blut von einem Toten.
Und alle Lebewesen im Meer kamen um.

[4]Der dritte Engel goß seine Schale über
die Flüsse und Quellen. Alles wurde zu
Blut. [5]Dabei hörte ich, wie der Engel, der
über das Wasser herrscht, sagte: »Du
hast dein Urteil gesprochen, du heiliger
Gott, der du bist und immer warst. Dein
Urteil ist richtig und gerecht. [6]Weil sie
die getötet haben, die an dich glaubten,
und das Blut deiner Propheten ver-
gossen, hast du ihnen dieses Blut zu trin-
ken gegeben. Das haben sie verdient!«
[7]Und ich hörte, wie eine Stimme vom Al-
tar her sagte: »Ja, Herr, du allmächtiger
Gott! Deine Urteile sind wahr und ge-
recht.«

[8]Dann goß der vierte Engel seine
Schale über die Sonne. Sie konnte jetzt
die Menschen mit ihrem Feuer peinigen.
[9]Alle Menschen litten unter der sengen-
den Sonnenglut. Doch keiner kehrte um
und erkannte Gott als den Herrn an. Sie
verfluchten vielmehr seinen Namen und
lehnten sich weiter gegen den auf, der sie
mit solch schrecklichen Katastrophen
heimsuchte.

[10]Der fünfte Engel schüttete seine
Schale über dem Thron des Tieres aus.
Da versank das Reich des Tieres in tiefste
Finsternis. Die Menschen, die dort leb-
ten, zerbissen sich vor lauter Schmerzen
die Zunge. [11]Aber auch sie bereuten
nichts und kehrten nicht um, sondern ver-
fluchten Gott, weil sie solche Schmerzen
und qualvollen Geschwüre ertragen muß-
ten.

[12]Der sechste Engel goß seine Schale in
den großen Fluß, den Euphrat. Der Fluß
trocknete aus, so daß die Könige aus dem
Osten ungehindert mit ihren Armeen in
das Land eindringen konnten. [13]Ich sah,
wie aus dem Maul des Drachen, des Tie-
res und des falschen Propheten[b] drei un-
reine Geister hervordrangen, die wie
Frösche aussahen. [14]Es sind dämonische
Geister, die Wunder vollbringen und die
Herrscher dieser Erde für sich gewinnen
wollen. Alle sollen sich mit ihnen zum
Kampf gegen den allmächtigen Gott ver-
bünden, wenn der große Tag der Ent-
scheidung kommt.

[15]»Doch vergiß nicht!« sagt Christus.
»Ich komme plötzlich und unerwartet
wie ein Dieb! Nur wer wach bleibt und
bereit ist, wird an diesem Tag glücklich
sein. Nur wer seine Kleider griffbereit
hat, braucht dann nicht nackt herumzu-
laufen und sich zu schämen.«

[16]Die dämonischen Geister versammel-
ten die Heere der Welt an dem Ort, der
auf hebräisch Harmagedon heißt.

[17]Der siebte Engel schüttete seine
Schale in die Luft. Da erklang vom
Thron des Heiligtums im Himmel eine
gewaltige Stimme: »Es ist geschehen!«
[18]Blitze zuckten über den Himmel, und
der Donner krachte. Die Erde bebte so
heftig, wie es noch niemals vorher gesche-
hen war, solange Menschen auf ihr leben.
[19]Die große Stadt zerbrach in drei Teile,

a) Wörtlich: Und danach schaute ich, und der Tempel »des Zeltes des Zeugnisses« im Himmel wurde geöffnet. b) Vgl. Kap. 13,11-15

und die Städte der Welt sanken in Trümmer. Gott hatte das große Babylon und seine Sünden nicht vergessen. Schonungslos und ohne Erbarmen bekam es Gottes Gericht zu spüren.[a] [20]Die Inseln versanken, und die Berge stürzten in sich zusammen. [21]Riesige Hagelbrocken – einen halben Zentner schwer – fielen vom Himmel auf die Menschen und brachten Tod und Verderben. Und die Menschen verfluchten Gott wegen dieser furchtbaren Katastrophe.

Babylon – die große Hure

17 Nun kam einer von den sieben Engeln, die die sieben Schalen erhalten hatten, zu mir und sagte: »Komm mit, ich will dir zeigen, wie Gott die große Hure straft, die an den vielen Wasserläufen so sicher thront. [2]Die Mächtigen dieser Welt sind ihr hinterhergelaufen und haben sich mit ihr eingelassen. Alle Menschen waren berauscht und begeistert von ihren lockenden Angeboten.«[b]

[3]Jetzt nahm mich der Engel und versetzte mich im Geist in die Wüste. Dort sah ich eine Frau auf einem grellroten Tier. Der Körper des Tieres mit den sieben Köpfen und den zehn Hörnern war überall beschrieben mit frechen Beleidigungen gegen den Namen Gottes. [4]Die Frau trug dunkel- und grellrote Kleider, dazu kostbaren, goldenen Schmuck mit wertvollen Edelsteinen und Perlen. In ihrer Hand hielt sie einen Becher aus Gold, der bis an den Rand gefüllt war mit der Bosheit ihrer Verführung und Unzucht. [5]Auf ihrer Stirn stand ein geheimnisvoller Name: »Das große Babylon, die Mutter aller Verführung und Abgötterei auf der Erde!« [6]Und ich sah, wie sie sich berauschte an dem Blut all der Menschen, die Gott gehörten und getötet wurden, weil sie Jesus die Treue hielten. Ich war erschüttert und betroffen von all dem, was ich sah. [7]»Warum bist du so fassungslos?« fragte mich der Engel. »Ich will dir verraten, wer diese Frau ist und was das Tier mit den sieben Köpfen und den zehn Hörnern bedeutet, auf dem sie sitzt.

[8]Das Tier, das du gesehen hast, war einmal da, auch wenn es jetzt verschwunden ist. Aber es wird aus dem Abgrund der Hölle aufsteigen und dann seinem endgültigen Untergang nicht entgehen. Und die Menschen auf der Erde, deren Namen nicht schon seit Beginn der Welt im Buch des Lebens stehen, werden sprachlos vor Staunen sein, wenn sie dieses Tier sehen. Sie werden sich wundern, daß es zuerst da war, jetzt verschwunden ist und einmal wieder da sein wird.

[9]Um das zu verstehen, ist Weisheit von Gott nötig: Die sieben Köpfe bedeuten sieben Hügel, von denen die Frau ihre Macht ausübt. Zugleich sind sie auch ein Bild für sieben Könige. [10]Fünf von ihnen sind schon gefallen. Der sechste regiert jetzt, und der siebte wird noch kommen. Aber seine Regierungszeit wird nur kurz sein. [11]Das Tier, das früher da war und jetzt nicht da ist, dieses Tier ist ein achter König; er ist genau wie die sieben anderen. Auch sein Weg führt in den Untergang.

[12]Die zehn Hörner, die du gesehen hast, bedeuten zehn Könige, die noch nicht an die Macht gekommen sind. Aber wie Könige werden sie mit dem Tier herrschen, wenn auch nur für kurze Zeit.[c] [13]Sie sind sich in allem einig, haben ein gemeinsames Ziel und stellen sich mit ihrer Macht und ihrem Einfluß dem Tier zur Verfügung. [14]Gemeinsam werden sie gegen das Lamm kämpfen. Aber das Lamm wird sie besiegen. Denn es ist Christus, der Herr über alle Herren, der König über alle Könige. Und mit ihm siegen alle, die von ihm berufen und auserwählt wurden und ihm treu sind.«

[15]Weiter sprach der Engel zu mir: »Die Wasserläufe, die du gesehen hast und an denen die Hure sitzt, sind ein Bild für die Völker aller Rassen, Nationen und Sprachen. [16]Das Tier und seine zehn Hörner, die du auch gesehen hast, werden die Hure hassen. Sie werden sie völlig ausplündern, so daß sie nackt und bloß dasteht.

a) Wörtlich: Und der großen (Stadt) Babylon wurde gedacht vor Gott, ihr den Becher mit dem Wein des grimmigen Zornes zu geben. b) Wörtlich: Mit der die Könige der Erde Hurerei getrieben haben, und die Bewohner der Erde sind von dem Wein ihrer Hurerei trunken geworden. Vgl. Kap. 14,8 c) Wörtlich: für eine Stunde.

Ihr Fleisch werden sie fressen und alles
andere im Feuer verbrennen. 17 Damit
aber erfüllen sie nur die Absicht Gottes.
Sie werden alles gemeinsam tun und ihre
ganze Macht und ihren ganzen Einfluß
dem Tier überlassen, bis alles erfüllt ist,
was Gott gesagt hat. 18 Die Frau, die du
gesehen hast, ist die große Stadt, die über
alle Könige der Erde herrscht.«

Das Ende Babylons

18 Danach sah ich, wie ein anderer
Engel vom Himmel herabkam. Er
hatte besondere Macht, und von seinem
Glanz erstrahlte die ganze Erde. 2 Mit ge-
waltiger Stimme rief er: »Gefallen ist Ba-
bylon, die große Stadt! Ja, sie ist gefallen!
Nur noch Teufel und Dämonen leben in
Babylon. Alle bösen und unreinen Gei-
ster sind dort zu Hause, und die Aasgeier
suchen ihre Beute.[a] 3 Haben sich nicht alle
Völker von dieser Stadt und ihren Ver-
lockungen berauschen lassen! Sie konn-
ten gar nicht genug bekommen! Auch
die Herrscher dieser Erde haben sich mit
ihr eingelassen.[b] Und durch ihren ver-
schwenderischen Luxus rafften sich die
Händler der Welt ihre Reichtümer zu-
sammen.«

4 Dann hörte ich eine andere Stimme
vom Himmel her rufen: »Verlasse diese
Stadt, du mein Volk! Nur wenn du dich
von ihren Sünden fernhältst, kannst du
dem Gericht Gottes über diese Stadt ent-
gehen. 5 Denn ihre Sünden sind so un-
ermeßlich groß, daß sie bis an den Him-
mel reichen. Aber Gott hat nicht eine ein-
zige ihrer Schandtaten vergessen. 6 Gebt
ihr zurück, was sie euch angetan hat. Ja,
zahlt es ihr doppelt heim! Gab sie euch
einen Kelch ihres Weines zu trinken, so
gießt ihr doppelt ein! 7 So wie sie einst in
Saus und Braus gelebt hat, soll sie jetzt
Qual und Leid ertragen. Insgeheim aber
denkt sie: ›Ich bin Königin und werde
weiter herrschen. Ich bin keine hilflose
Witwe; Not und Trauer werde ich nie-
mals erfahren.‹ 8 Aber an einem einzigen
Tag wird alles über sie hereinbrechen:
Hunger, Trauer und Tod. Im Feuer wird
sie verbrennen. Denn Gott, der Herr, der
mit ihr abrechnet, ist stark und mächtig.

9 Wer wird sie dann beweinen, wer ihr
Ende beklagen? All die Mächtigen, die
Herrscher der Erde, die ihr nachgelaufen
sind und sich mit ihr eingelassen haben,
werden jammern und klagen, wenn sie
den Rauch der brennenden Stadt sehen.
10 Zitternd vor Angst werden sie aus gro-
ßer Entfernung alles mitansehen und laut
schreien: ›Ach, Babylon! Du großes, du
starkes Babylon! Von einem Augenblick
zum andern ist das Gericht über dich her-
eingebrochen!‹

11 Auch die Kaufleute der Erde weinen
und trauern; denn niemand kauft mehr
ihre Waren: 12 all das Gold und Silber, die
Edelsteine und Perlen, feine Leinwand,
teuerste Stoffe, Seide und scharlachrotes
Tuch; edle Hölzer, Gefäße aus Elfenbein,
kostbare Schnitzereien, Kupfer, Eisen
und Marmor; 13 Gewürze, duftende Sal-
ben und Weihrauch, Wein und Olivenöl,
feinstes Mehl und Weizen, Rinder und
Schafe, Pferde und Wagen, ja sogar le-
bendige Menschen. 14 Auch die Früchte,
die du so sehr liebtest, gibt es nicht mehr.
Aller Glanz und alle Pracht sind dahin.
Nie mehr wird dieser Reichtum wieder-
kehren.

15 So werden die Kaufleute, die durch
ihren Handel mit Babylon reich ge-
worden sind, alles von ferne mitansehen,
weil sie Angst haben vor den Qualen die-
ser Stadt. Weinend und jammernd wer-
den sie rufen: 16 ›Welch ein Elend hat dich
getroffen, du mächtige Stadt! Wo sind all
deine Schätze, die kostbare Leinwand,
die Purpur- und Scharlachstoffe? Du
strahltest doch in goldenem Glanz und
warst geschmückt mit Gold, Edelsteinen
und Perlen! 17 Und in einem Augenblick
ist alles vernichtet, zerstört und verlo-
ren!‹

Von weitem beobachteten Kapitäne
und Steuermänner mit ihren Schiffsbe-
satzungen, was dort geschah. 18 Als die
den Rauch der brennenden Stadt sahen,
riefen sie: ›Was auf der Welt konnte man
mit dieser Stadt vergleichen?‹ 19 In ihrer
Trauer streuten sie sich Asche auf den

a) Wörtlich: (Babylon ist) zu einer Behausung für allerlei unreine Geister und zu einer Behausung für allerlei unreine und verhaßte Vögel geworden. b) Wörtlich: Denn von dem Zorneswein ihrer Hurerei haben alle Völker getrunken, und die Könige der Erde haben mit ihr gehurt.

Kopf, und laut weinend klagten sie:
›Welch ein Jammer um dich, du mächtige
Stadt! Mit unseren Schiffen wurden wir
reich durch deinen Reichtum. Und so
schnell ist es damit nun endgültig vor-
bei!‹
20 Doch du, Himmel, freue dich dar-
über! Freut euch, die ihr Gott vertraut!
Freut euch, ihr Apostel und Propheten!
Gott hat sein Urteil an ihr vollstreckt für
alles Unrecht, das ihr erleiden mußtet.«[a]
21 Dann hob ein mächtiger Engel einen
Stein auf, so groß wie ein Mühlstein. Den
warf er ins Meer und rief: »So wie dieser
Stein wird auch das große Babylon unter-
gehen. Nichts wird davon übrigbleiben.
22 Nie wieder wird man dort Musik hö-
ren: keine Harfen, keine Sänger, weder
Flöten noch Trompeten. Nie mehr wird
ein Handwerker in dieser Stadt arbeiten,
und der Lärm der Fabriken wird verstum-
men.[b] 23 Alle Lichter werden für immer
verlöschen, und die fröhlichen Hochzeits-
feste sind für alle Zeiten vorbei. Deine
Kaufleute waren die fähigsten und be-
herrschten die Erde. Durch deinen be-
törenden Zauber hast du alle Völker ver-
führt. 24 Du bist schuldig am Tod der Pro-
pheten und der Menschen, die zu Gott
gehörten. Ja, du bist verantwortlich für
den Tod aller Menschen, die auf der Erde
umgebracht wurden.«

Siegesjubel im Himmel

19 Da hörte ich im Himmel viele
Stimmen wie von einem großen
Chor singen: »Halleluja! Lobt den
Herrn! In ihm allein ist alles Heil, alle
Herrlichkeit und Macht! 2 Er ist der un-
bestechliche und gerechte Richter. Denn
er hat sein Urteil über die große Hure
vollstreckt, die mit ihrem verlockenden
Zauber[c] die ganze Welt verführte. Das
Blut seiner Kinder, das sie vergossen
hatte, forderte er von ihr zurück.« 3 Im-
mer wieder sangen sie: »Halleluja! Lobt
den Herrn! Für alle Zeiten wird der
Rauch dieser brennenden Stadt zum Him-
mel aufsteigen.« 4 Da fielen die vierund-
zwanzig Ältesten und die vier mächtigen
Gestalten vor dem Thron Gottes nieder.
Sie beteten Gott an und riefen laut:
»Amen! Lobt den Herrn. Halleluja!«
5 Jetzt erklang vom Thron eine Stimme:
»Rühmt unseren Gott! Alle, ob groß
oder klein, die ihr zu ihm gehört und ihm
dient!« 6 Und wieder hörte ich Stimmen
wie von einem gewaltigen Chor: mächtig
wie Wassermassen, die zu Tal stürzen,
und wie das Grollen des Donners. Sie san-
gen: »Halleluja! Lobt den Herrn! Denn
der allmächtige Gott, unser Herr, ist der
Sieger. Er hat seine Herrschaft angetre-
ten. 7 Wir wollen uns darüber freuen, ju-
beln und Gott ehren. Jetzt ist der große
Hochzeitstag des Lammes gekommen;
seine Braut ist bereit! 8 In feines, strah-
lend weißes Leinen durfte sie sich klei-
den.« Das Leinen ist ein Bild für die ge-
rechten Taten der Christen, die nach Got-
tes Willen leben.[d]
9 Dann befahl mir der Engel: »Schreibe:
›Glücklich darf sich nennen, wer zum
Hochzeitsfest des Lammes eingeladen
ist!‹« Und er fügte hinzu: »Gott selber
hat das gesagt!«[e] 10 Da fiel ich vor dem En-
gel nieder und wollte ihn anbeten. Aber
er wehrte ab und sagte: »Nein, tu das
nicht! Ich bin nichts anderes als du und
deine Brüder, ein Diener, der von Jesus
Christus beauftragt wurde. Bete allein
Gott an! Wenn Jesus Christus spricht,
dann schenkt uns sein Geist prophetische
Worte.«[f]

Der Reiter auf dem weißen Pferd

11 Da öffnete sich der Himmel vor meinen
Augen, und ich sah ein weißes Pferd. Der
darauf saß, heißt der Treue und Wahrhaf-
tige. Es ist der gerechte Richter und der
Kämpfer für Gerechtigkeit![g] 12 Seine Au-
gen leuchteten wie flammendes Feuer,
und sein Kopf war mit vielen Kronen ge-
schmückt. Der Reiter trug einen Namen,
dessen Bedeutung nur er selber kannte.
13 Sein Gewand war voller Blut, und
man nannte ihn: »Das Wort Gottes«.
14 Die Heere des Himmels folgten ihm auf

a) Wörtlich: denn Gott hat für euch an ihr Gericht gehalten. b) Wörtlich: und das Geräusch eines Mühlsteins wird nicht mehr in ihr gehört werden. c) Wörtlich: Hurerei. d) Wörtlich: Die Leinwand nämlich, das sind die Rechttaten der Heiligen. e) Wörtlich: Dies sind die wahrhaftigen Worte Gottes. f) Wörtlich: Ich bin dein Mitknecht und einer von deinen Brüdern, die das Zeugnis Jesu haben. Bete Gott an! Denn das Zeugnis Jesu ist der Geist der Weissagung. g) Wörtlich: Und mit Gerechtigkeit richtet und kämpft er.

weißen Pferden. Sie alle trugen Ge-
wänder aus reinem, strahlend weißem
Leinen. 15Sein Mund war wie ein scharfes
Schwert, mit dem er die Völker besiegt.
Er wird sie mit eiserner Hand regieren.
Und wie beim Keltern der Saft aus den
Trauben gepreßt wird, so wird er sie zer-
treten, und sie werden den furchtbaren
Zorn des allmächtigen Gottes zu spüren
bekommen. 16Auf seinem Gewand – un-
gefähr an der Hüfte – stand der Name:
»König über alle Könige! Herr über alle
Herren!«

17Dann sah ich einen Engel, umstrahlt
vom Sonnenlicht. Mit lauter Stimme rief
er allen Vögeln zu, die am Himmel flo-
gen: »Kommt her! Versammelt euch zum
großen Schlachtfest Gottes. 18Stürzt euch
auf das Fleisch der Könige, der Heerfüh-
rer und aller Mächtigen dieser Erde.
Freßt das Fleisch der Pferde und ihrer
Reiter, das Fleisch der Herren und der
Sklaven, der Großen und der Kleinen.«

19Und ich sah das Tier und die Herr-
scher der Erde. Mit ihren Armeen waren
sie angetreten, um gegen den Reiter auf
dem weißen Pferd und gegen sein Heer
zu kämpfen. 20Doch das Tier wurde er-
griffen und mit ihm der Lügenprophet,
der im Auftrag des Tieres die großen
Wunder getan hatte. Damit täuschte und
verführte er alle, die das Zeichen des Tie-
res angenommen und sein Standbild an-
gebetet hatten. Bei lebendigem Leib
wurden beide – das Tier und der Lügen-
prophet – in einen See voller Feuer ge-
worfen, in dem Schwefel brannte. 21Die
anderen wurden mit dem Schwert erschla-
gen, das aus dem Munde des Reiters
kam,[a] der auf dem weißen Pferd saß.
Und alle Vögel fraßen sich satt an ihrem
Fleisch.

Die tausendjährige Herrschaft

20 Danach sah ich einen Engel vom
Himmel herabkommen. In seiner
Hand hielt er den Schlüssel zum Ab-
grund der Hölle und eine schwere Kette.
2Er ergriff den Drachen, die alte Schlan-
ge – sie ist nichts anderes als der Satan –,
und legte ihn für tausend Jahre in Fes-
seln. 3Dann warf er ihn in den Abgrund
der Hölle, verschloß den Eingang und
versiegelte ihn. Nun konnte diese Bestie
die Völker nicht mehr verführen, bis die
tausend Jahre vorüber waren. Nach die-
ser Zeit muß er noch einmal für kurze
Zeit freigelassen werden.

4Und ich sah mehrere Thronsessel.
Auf ihnen nahmen alle Platz, die das
Recht hatten, über andere Gericht zu hal-
ten. Ich sah die Menschen, die man ge-
tötet hatte,[b] weil sie sich treu zu Jesus be-
kannt hatten und sich durch nichts von
ihrem Glauben abbringen ließen. Sie hat-
ten das Tier und sein Standbild nicht an-
gebetet, hatten sein Zeichen nicht auf ih-
rer Stirn oder Hand getragen. Jetzt leb-
ten sie mit Christus und herrschten mit
ihm tausend Jahre lang. 5Dies ist die erste
Auferstehung. Die anderen Toten er-
wachten erst wieder zu neuem Leben,
nachdem die tausend Jahre vorüber wa-
ren. 6Glücklich und von Gott angenom-
men sind alle, die an der ersten Aufer-
stehung teilhaben. Über sie hat der zwei-
te Tod (der für immer und ewig von
Gott trennt) keine Macht. Als Priester
Gottes und seines Sohnes werden sie tau-
send Jahre mit Christus herrschen.

Der Sieg über den Satan

7Wenn die tausend Jahre vorüber sind,
wird der Satan für kurze Zeit aus seinem
Gefängnis freigelassen. 8Alle Völker der
Welt, den Gog und den Magog[c], wird er
dann anstiften und zum Kampf aufmar-
schieren lassen. So zahlreich wie der
Sand am Meer werden sie sein. 9Sie zogen
herauf, überrannten die ganze Erde und
umzingelten das Lager des Gottesvolkes
und die geliebte Stadt Gottes. Doch da
fiel Feuer vom Himmel und vernichtete
die Heere des Satans. 10Der Teufel, der
sie verführt hatte, wurde nun auch in den
See von Feuer und Schwefel geworfen zu

a) Vgl. V. 15; Kap. 1,16 b) Wörtlich: die Seelen der Menschen, die enthauptet worden waren.
c) Schon die Propheten haben vom Erscheinen des Königs Gog geweissagt, der mit seinem Volk Magog die ganze Erde mit Krieg überziehen wird. Vgl. Hesekiel 38 und 39.

dem Tier und dem Lügenpropheten. Immer und ewig müssen sie dort Tag und Nacht schreckliche Qualen erleiden.

Das letzte Gericht

[11]Ich sah einen großen, weißen Thron und erkannte den, der darauf saß. Erde und Himmel konnten seinen Blick nicht ertragen, sie verschwanden im Nichts.[a] [12]Und ich sah alle Toten vor dem Thron Gottes stehen: die Mächtigen und die Namenlosen. Nun wurden Bücher geöffnet, auch das Buch des Lebens. Über alle wurde das Urteil gesprochen, und zwar nach ihren Taten, wie sie in den Büchern aufgezeichnet waren. [13]Das Meer gab seine Toten zurück, ebenso der Tod und sein Reich. Alle, ohne jede Ausnahme, wurden entsprechend ihren Taten gerichtet. [14]Der Tod und sein ganzes Reich wurde in den See aus Feuer geworfen. Das ist der zweite Tod. [15]Und diesen endgültigen Tod, der für immer von Gott trennt, mußten alle erleiden, deren Namen nicht im Buch des Lebens verzeichnet waren.

Die neue Welt Gottes

21 Dann sah ich eine neue Welt: den neuen Himmel und die neue Erde. Denn der vorige Himmel und die vorige Erde waren vergangen, und auch das Meer war nicht mehr da. [2]Ich sah, wie die Stadt Gottes, das neue Jerusalem, von Gott aus dem Himmel herabkam: festlich geschmückt wie eine Braut an ihrem Hochzeitstag. [3]Eine gewaltige Stimme hörte ich vom Thron her rufen: »Hier wird Gott mitten unter den Menschen sein![b] Er wird bei ihnen wohnen, und sie werden sein Volk sein. Ja, von nun an wird Gott selbst als ihr Herr in ihrer Mitte leben. [4]Er wird alle ihre Tränen trocknen, und der Tod wird keine Macht mehr haben. Leid, Angst und Schmerzen wird es nie wieder geben; denn was einmal war, ist für immer vorbei.«

[5]Der auf dem Thron saß, sagte: »Siehe, alles werde ich jetzt neu schaffen!« Und mich forderte er auf: »Schreibe auf, was ich dir sage, alles ist zuverlässig und wahr.« [6]Und weiter sagte er: »Alles ist in Erfüllung gegangen. Von A bis Z steht alles in meiner Macht. Ich bin der Anfang, und ich bin das Ziel.[c] Allen Durstigen werde ich Wasser aus der Quelle des Lebens schenken. [7]Wer durchhält bis zum Sieg, wird dies alles besitzen. Ich werde sein Gott sein, und er wird mein Sohn sein. [8]Furchtbar aber wird es denen ergehen, die mich feige verleugneten und von mir abgefallen sind, den Mördern und Ehebrechern, allen, die okkulte Praktiken ausüben und sich ihre Götzen und Idole geschaffen haben, den Lügnern und Betrügern. Sie alle werden in den See aus Feuer und Schwefel geworfen. Das ist der zweite Tod, der für immer von Gott trennt.«

Die neue Stadt Gottes

[9]Dann kam einer von den sieben Engeln, die in ihren Schalen die letzten sieben Katastrophen gebracht hatten, zu mir und sagte: »Komm, ich will dir die Braut zeigen, die Frau des Lammes!« [10]Gottes Geist ergriff mich und führte mich auf einen großen, hohen Berg. Dort zeigte er mir die heilige Stadt Jerusalem, wie sie von Gott aus dem Himmel herabkam. [11]Die Stadt erstrahlte im Glanz der Herrlichkeit Gottes. Sie leuchtete wie ein Edelstein, wie ein kostbarer Jaspis, strahlend wie Kristall.

[12]Die hohe und breite Mauer rund um die Stadt hatte zwölf Tore, die von zwölf Engeln bewacht wurden. An den Toren standen die Namen der zwölf Stämme Israels. [13]Auf jeder Seite – im Norden, Süden, Osten und Westen – gab es drei Tore. [14]Die Mauer ruhte auf zwölf Grundsteinen, auf denen die Namen der zwölf Apostel des Lammes standen.

[15]Der Engel, der mit mir redete, hielt in seiner Hand einen goldenen Meßstab, um die Stadt, ihre Tore und Mauern auszumessen. [16]Die Stadt hatte die Form eines Vierecks und war ebenso lang wie breit. Mit seinem Meßstab hatte der Engel gemessen, daß die Stadt etwa zweitausendfünfhundert Kilometer lang, breit und hoch ist. [17]Dann maß er auch die

a) Wörtlich: Vor seinem Angesicht flohen die Erde und der Himmel, und es fand sich keine Stätte mehr für sie. b) Wörtlich: Siehe, die Wohnstätte Gottes bei den Menschen! c) Wörtlich: Ich bin das A und das O, der Anfang und das Ende.

Mauer der Stadt. Nach unseren heutigen
Maßen war sie siebzig Meter hoch[a] 18und
bestand ganz und gar aus Jaspis. Die
Stadt war aus reinem Gold gebaut, klar
und durchsichtig wie Glas.
19Die Grundsteine der Stadtmauer
schmückten die verschiedensten Edel-
steine. Der erste Grundstein ist ein Jas-
pis, der zweite ein Saphir, der dritte ein
Chalzedon, der vierte ein Smaragd, 20der
fünfte ein Sardonyx, der sechste ein Kar-
neol, der siebte ein Chrysolith, der achte
ein Beryll, der neunte ein Topas, der
zehnte ein Chrysopras, der elfte ein Hya-
zinth und der zwölfte ein Amethyst.
21Die zwölf Tore bestanden aus zwölf
Perlen, jedes Tor aus einer einzigen Per-
le. Aus reinem Gold, klar und durch-
sichtig wie Glas, waren die Straßen.
22Nirgendwo in der Stadt sah ich einen
Tempel. Ihr Tempel ist der Herr selbst,
der allmächtige Gott, und mit ihm Chri-
stus, das Lamm. 23Die Stadt braucht als
Lichtquelle weder Sonne noch Mond,
denn in ihr leuchtet die Herrlichkeit Got-
tes und das Licht des Lammes. 24In die-
sem Licht werden die Völker der Erde
leben, und die Herrscher der Welt wer-
den kommen und ihre Reichtümer in die
Stadt bringen. 25Weil es keine Nacht gibt,
werden die Tore niemals geschlossen; sie
stehen immer offen. 26Alles, was die Völ-
ker der Welt an Schätzen und Kostbarkei-
ten besitzen, werden sie in die Stadt
bringen. 27Doch wer Böses tut und die
Sünde liebt, wer lügt und betrügt, der
darf diese Stadt niemals betreten. Nur
wer im Lebensbuch des Lammes steht,
wird eingelassen.
22 Nun zeigte mir der Engel den
Fluß, in dem das Wasser des Le-
bens fließt. Er entspringt am Thron Got-
tes und des Lammes, und sein Wasser ist
so klar wie Kristall. 2An beiden Ufern
des Flusses – zwischen dem Fluß und
der großen Straße der Stadt – wachsen
Bäume des Lebens. Sie tragen zwölfmal
im Jahr Früchte, jeden Monat aufs neue.
Mit den Blättern dieser Bäume werden
die Völker geheilt. 3In der Stadt wird
nichts und niemand mehr unter dem
Fluch Gottes stehen. Denn der Thron
Gottes und des Lammes steht in ihr, und
alle, die dort wohnen, werden Gott die-
nen. 4Sie werden Gott sehen, wie er wirk-
lich ist,[b] und seinen Namen werden sie
auf ihrer Stirn tragen. 5Dort wird es kei-
ne Nacht geben, und man braucht weder
Lampen noch das Licht der Sonne. Denn
Gott, der Herr, wird ihr Licht sein, und
sie werden immer und ewig mit ihm herr-
schen.

Jesus Christus kommt

6Danach sprach Jesus Christus[c] zu mir:
»Diesen Worten kannst du vertrauen; sie
sind zuverlässig und wahr. Gott, der
Herr, dessen Geist durch den Mund der
Propheten spricht, hat seinen Engel ge-
schickt, damit alle, die Gott dienen, von
ihm selbst erfahren, was bald geschehen
muß. 7Macht euch bereit! Ich bin schon
unterwegs. Wirklich glücklich zu nennen
ist jeder, der an dem festhält, was in die-
sem Buch vorausgesagt ist!«
8Dies alles habe ich, Johannes, gehört
und gesehen. Ich fiel vor dem Engel, der
mir alles gezeigt hatte, nieder und wollte
ihn anbeten. 9Aber er wehrte ab und
sagte: »Nein, tu es nicht! Ich diene Gott
ebenso wie du und deine Brüder, die Pro-
pheten und wie all die anderen, die nach
den Worten dieses Buches leben. Gott al-
lein sollst du anbeten!«
10Dann sagte Jesus zu mir: »Halte die
prophetischen Worte nicht geheim, die
du aufgeschrieben hast.[d] Jeder soll sie
kennen, denn bald wird alles in Erfüllung
gehen. 11Wer dennoch in der Sünde leben
will, der soll nur weiter darin leben. Wer
seinen Lastern nicht absagen will, der
wird weiter daran gebunden bleiben.
Doch wer ein Leben führt, wie es Gott
gefällt, der soll darauf achten, daß sich
daran nichts ändert. Und wer Gott ge-
hört, der soll alles daransetzen, daß er
ihm immer mehr zur Verfügung steht.[e]
12Macht euch bereit! Ich komme schnell
und unerwartet und werde jedem den
Lohn geben, den er verdient. 13Von A bis
Z steht alles in meiner Macht. Ich bin der

a) Wörtlich: Einhundertvierundvierzig Ellen nach Menschenmaß, das auch das Maß der Engel ist. b) Wörtlich: Und sie werden sehen sein Angesicht. c) Wörtlich: Und er sprach zu mir. (Möglicherweise ist auch der Engel von Kap. 1,1 gemeint.) d) Wörtlich: Versiegle die Worte der Weissagung dieses Buches nicht. e) Wörtlich: und wer heilig ist, heilige sich weiter.

Erste und der Letzte, der Anfang und das Ziel.

14Glücklich werden alle sein, die ihre Kleider rein gewaschen haben. Sie dürfen durch die Tore in die Stadt hineingehen und die Früchte vom Baum des Lebens essen. 15Draußen vor den Toren der Stadt müssen alle Feinde Gottes bleiben: alle, die Gott den Rücken gekehrt haben und sich mit okkulten Praktiken abgeben,[a] die Ehebrecher und Mörder, alle, die ihren Götzen und Idolen nachjagen, die Lügner und Betrüger.

16Ich, Jesus, habe meinen Engel zu dir gesandt, damit du den Gemeinden alles mitteilst. Ich bin die Wurzel und der Nachkomme aus dem Geschlecht Davids. Ich bin der helle Morgenstern.«

17Der Geist und die Braut sagen: »Komm!« Und wer das hört, soll auch rufen: »Komm!« Wer durstig ist, der soll kommen. Jedem, der es haben möchte, wird Gott das Wasser des Lebens schenken.

18Wer auch immer die prophetischen Worte dieses Buches hört, den warne ich nachdrücklich: Wer diesen Worten etwas hinzufügt, über den wird Gott all das Unheil kommen lassen, das in diesem Buch beschrieben wurde. 19Und wer etwas von diesen prophetischen Worten unterschlägt, dem wird Gott auch seinen Anteil am Baum des Lebens und an der heiligen Stadt wegnehmen, wie es in diesem Buch beschrieben ist.

20Der alle diese Dinge bezeugt, der sagt: »Ja, ich komme bald!«

Amen! Ja, komm, Herr Jesus!

21Die Gnade unseres Herrn Jesus Christus sei mit euch allen!

a) Wörtlich: die Hunde und Zauberer.

Liebe Leser,

manchmal ist es hilfreich, einen kurzen Überblick über die zentralen Aussagen eines Buches zu bekommen, besonders wenn es sich um ein so vielschichtiges Buch wie das Neue Testament handelt. Es besteht nämlich aus 27 einzelnen Schriften, die sich in Form und Zielsetzung unterscheiden. Aus diesem Grunde finden Sie auf den nächsten Seiten wichtige Themen des Neuen Testamentes kurz dargestellt. Die Hinweise auf einzelne Textabschnitte sollen eine Anregung sein, sich weiter mit diesem Buch zu beschäftigen und die Erfahrung zu machen: Gott redet auch heute noch.

Gott, der Schöpfer der Welt

Gott ist der Schöpfer der Welt und des Universums. Alles Leben auf der Erde kommt von ihm. Er schuf Sonne und Mond, Berge und Meere, Pflanzen und Tiere.

Die Krone seiner Schöpfung ist der Mensch.

Gott hat ihn geschaffen als ein Gegenüber, mit dem er Gemeinschaft haben will. Er möchte, daß Menschen auf ihn hören, mit ihm reden und ihn loben. Die Gemeinschaft mit Gott ist Sinn und Ziel des menschlichen Lebens.

Leseempfehlung zum Thema:

Hebräer 11,3

Apostelgeschichte 17, 24-28

Offenbarung 4,11

Menschen ohne Gott

Obwohl Gott oft zu den Menschen gesprochen hat, haben sie ihm den Rücken gekehrt. Sie haben ihr Leben selbst in die Hand genommen und stehen Gottes Liebe gleichgültig gegenüber. Diese Lebenshaltung nennt die Bibel »Sünde«. Die Menschen spüren die Folgen der zerstörten Beziehung zu Gott: Sie lügen und verleumden, sie sind voller Neid und Habgier, sie sind gleichgültig, hartherzig und selbstgerecht. So ist zwischen Gott und den Menschen eine Kluft entstanden, die der Mensch auch durch gute Taten nicht überbrücken kann.

Leseempfehlung zum Thema:
Römer 1,18-32
Römer 3,9-20+23
1. Johannes 1,8

Gott wird Mensch

Was kein Mensch kann, das tut Gott: Weil er uns liebt, will er den Abgrund zwischen sich und uns überwinden. Hier setzt das Neue Testament ein: Obwohl wir verdient hätten, daß Gott sich für immer von uns abwendet, sucht er die Gemeinschaft mit uns. Obwohl wir den ewigen Tod verdient hätten, will er uns das Leben geben. Dazu sandte er seinen Sohn in diese Welt. Dieser Sohn, Jesus Christus, nahm unsere Schuld auf sich, als er am Kreuz an unserer Stelle sein Leben ließ. Weil er starb, können wir leben. Doch Gott hat noch mehr getan: Er hat dem Tod die Macht genommen, als er Jesus Christus von den Toten auferweckte.

Leseempfehlung zum Thema:
Johannes 1,14
Philipper 2,6-11
Römer 5,8
Epheser 2,4+5
Johannes 3,16
2. Timotheus 1,9+10

Leben mit Sinn und Ziel

Durch den Tod und die Auferstehung Jesu ist eine neue Situation entstanden: Die Trennung zwischen Gott und Mensch ist überwunden. Jeder, der darauf vertraut, daß dies für ihn geschehen ist, kann erfahren: Gott macht ihn nicht länger für seine Schuld verantwortlich, weil Jesus sie auf sich genommen hat. Gott vergibt und schenkt neues Leben.

Wer zu Jesus Christus gehört und ihm glaubt, der hat ein neues Ziel: Er möchte so leben, daß die Botschaft von der Versöhnung mit Gott für alle Menschen sichtbar wird.
Weil Jesus auferstanden ist und die Macht des Todes gebrochen hat, ist mit dem Tod nicht alles zu Ende. Gott wird eine neue Welt schaffen, in der es kein Leid und keinen Tod mehr gibt. Wer ihm hier vertraut hat, der wird dann für immer mit ihm zusammensein.

Leseempfehlung zum Thema:
1.Johannes 1,9
Johannes 5,24
2.Korinther 5,14-21
Römer 1,16+17
1.Korinther 15,1-20
2.Korinther 4,14
Johannes 11,25+26
Offenbarung 21,1-4

Hoffnung für alle

Altes und Neues Testament
Die Gesamtbibel

1808 Seiten. Format 13,5 x 20,5 cm
Fadengeheftet, fester Einband
Mit unterschiedlichen Einbandmotiven
Preisgünstigste Ausgabe: Bestell-Nr. 3-7655-6032-4
Skivertex (besonders haltbar): Bestell-Nr. 3-7655-6031-6

„Trend edition“ Hoffnung für alle. Die Gesamtbibel für junge Leute
Im handlichen Format 10 x 15,6 cm
Fadengeheftet. Fester Einband
Bestell-Nr. 3-7655-6037-5

„Hoffnung für alle“ ist aus dem Grundtext in heutiges Deusch übersetzt: eine lebendige, textgenaue Wiedergabe des Alten und Neuen Testaments. Wenn sich der deutsche Text zugunsten der Verständlichkeit von der wörtlichen Fassung des Grundtextes entfernen muß, so wird diese wörtliche Version in einer Fußnote wiedergegeben.

BRUNNEN VERLAG GIESSEN/BASEL